Ursula Frede

Herausforderung Schmerz
Psychologische Begleitung von Schmerzpatienten

PABST SCIENCE PUBLISHERS
Lengerich, Berlin, Bremen, Miami,
Riga, Viernheim, Wien, Zagreb

Bibliografische Information der Deutschen Nationalbibliothek
Die Deutsche Nationalbibliothek verzeichnet diese Publikation in der Deutschen Nationalbibliografie; detaillierte bibliografische Daten sind im Internet über <http://dnb.ddb.de> abrufbar.

Das Werk, einschließlich aller seiner Teile, ist urheberrechtlich geschützt. Jede Verwertung außerhalb der engen Grenzen des Urheberrechtsgesetzes ist ohne Zustimmung des Verlages unzulässig und strafbar. Das gilt insbesondere für Vervielfältigungen, Übersetzungen, Mikroverfilmungen und die Einspeicherung und Verarbeitung in elektronischen Systemen.

Kontakt:
Dipl.-Psych. Ursula Frede, E-Mail: uhj.frede@t-online.de

© 2007 Pabst Science Publishers, D-49525 Lengerich

Konvertierung: DC
Druck: KM Druck, D-64823 Groß Umstadt

ISBN: 978-3-89967-378-4

Inhaltsverzeichnis

1.	Einführung	9
2.	Weltanschauung und Menschenbild	14
2.1.	Die Frage nach dem Sinn	15
2.1.1.	Sinngebungsversuche der Vergangenheit	17
2.1.2.	Sinngebungsversuche der Gegenwart	20
2.1.3.	Schmerz – unabdingbarer Bestandteil menschlicher Existenz	25
2.2.	Die Frage nach der Kontrollierbarkeit	28
2.2.1.	Die Lehre vom Positiven Denken	28
2.2.2.	Das Fakir-Modell	30
2.2.3.	Schmerzbewältigungsprogramme	33
2.2.4.	„Ich habe diesen Spielraum ..."	49
2.3.	Die Frage nach Gott	51
2.4.	Die Frage nach dem Tod	53
2.5.	Weltanschauliche Grundpositionen – Zusammenfassung	57
3.	Die Situation von Schmerzpatienten	59
3.1.	Einsamkeit	60
3.2.	Psychopathologisierung	63
3.2.1.	Etikettierungen	64
3.2.2.	Phasenmodelle	73
3.3.	Autonomieverlust	76
3.3.1.	Krankenhausroutine	76
3.3.2.	Einseitigkeit der Regeln	80
3.3.3.	Vielfalt der Diagnosen und Therapieempfehlungen	84
3.3.4.	Zuteilung von Medikamenten	92
3.3.5.	Nebenwirkungen von Medikamenten	94
3.3.6.	Compliance	102
3.3.7.	Gesundheitspolitische Rahmenbedingungen	107
3.4.	Nicht der Patient ist schwierig, oft jedoch die Lage	112

4.	**Theoretische Konzepte zur Beschreibung der Situation von Schmerzpatienten und therapeutische Implikationen**	114
4.1.	Rollentheorie	114
4.2.	Das Konzept der erlernten Hilflosigkeit	121
5.	**Neurobiologische Grundlagen**	130
5.1.	Kognitives und emotionales Gehirn	130
5.2.	Die Parallelität von Körper und Geist	131
5.3.	Neuronale Plastizität	135
5.4.	Zwischenmenschliche Beziehungen	136
5.5.	Neuroanatomie der Schmerzverarbeitung	139
5.6.	Implikationen für die psychologische Begleitung von Schmerzpatienten	143
5.6.1.	Die therapeutische Beziehung	144
5.6.2.	Berücksichtigung von Vorerfahrungen	147
5.6.3.	Einbeziehung des emotionalen Gehirns	148
5.6.4.	Differenzierte Wahrnehmung von Einflussmöglichkeiten	150
5.6.5.	Aktivierung positiver Erfahrungen	153
5.6.6.	Liebe und emotionale Zuwendung	157
6.	**Leitlinien für die psychologische Begleitung von Schmerzpatienten**	162
7.	**Verständigung über den Schmerz**	169
7.1.	Ratingskalen	169
7.2.	Schmerzempfindungsskalen	171
7.3.	Schmerztagebücher	173
7.4.	Aktivierung innerer Bilder	175
8.	**Therapeutische Grundprinzipien**	184
8.1.	Das Bedürfnis nach Schmerzlinderung und guter pflegerischer Betreuung	186
8.2.	Das Bedürfnis nach Selbstwerterhöhung und Achtung	189
8.2.1.	Standhalten	190
8.2.2.	Einfühlung	203

8.3.	Das Bedürfnis nach Selbstverwirklichung und autonomer Lebensführung	211
8.3.1.	Wertperspektive	213
8.3.2.	Förderung von Autonomie	234
8.4.	Das Bedürfnis nach Sicherheit und Orientierung	241
8.4.1.	Echtheit	242
8.4.2.	Verlässlichkeit	256
8.5.	Das Bedürfnis nach emotionaler Nähe und Zuwendung	261
8.5.1.	Emotionale Wertschätzung	262
8.5.2.	Mitgefühl	269
8.6.	Orientierung an der Individualität des Patienten	281

9. Therapeutische Interventionen 287

9.1.	Zuhören	287
9.2.	Verbalisierung emotionaler Erlebnisinhalte	290
9.3	Fragen	295
9.4.	Rollenwechsel und Rollentausch	303
9.4.1.	Dialog mit dem inneren Therapeuten	304
9.4.2.	Dialog mit einem Freund	306
9.4.3.	Dialog mit dem Schmerz	308
9.4.4.	Dialog mit Gott	310
9.4.5.	Dialog mit einem inneren Bild	312
9.4.6.	Dialog mit einem Gefühl	314
9.4.7.	Dialog mit dem Tod	317
9.4.8.	Dialog mit einem Konfliktpartner	319
9.5	Techniken zur Aufmerksamkeitslenkung	322
9.5.1.	Meditation	323
9.5.2.	Atemübungen	328
9.5.3.	Visualisierungen	331

10. Fallbeispiel 337

10.1.	Vorgeschichte	337
10.2.	Die erste Stunde	337
10.3.	Verlauf und Abschluss der Therapie	339
10.4.	Begründung des therapeutischen Vorgehens	342

11.	**Der Therapeut –**	
	innere und äußere Belastungen 346	
11.1.	Vor der Therapie 347	
11.1.1.	Erkennen von Belastbarkeitsgrenzen 347	
11.1.2.	Freiwilligkeit 348	
11.1.3.	Selbstauseinandersetzung 350	
11.1.4.	Einstimmung auf den Patienten 351	
11.2.	Während der Therapie 352	
11.2.1.	Rollentausch mit dem Patienten 353	
11.2.2.	Übernahme der Rolle des Lernenden 354	
11.2.3.	Wechsel von Rolle, Ort und Zeit 355	
11.3.	Nach der Therapie 356	
11.3.1.	Supervision 356	
11.3.2.	Rollenwechsel und Rollentausch 357	
11.3.3.	Zentrierung der Aufmerksamkeit 358
12.	**Abschließend** 360	

1. Einführung

Schmerz ist ein radikales Scheitern der Sprache.
(David Le Breton 2003, S. 40)

Den Schmerz kenne ich aus zwei Perspektiven: zum einen aus der Perspektive der Psychologin, insbesondere während meiner langjährigen Arbeit mit Hirntumorpatienten, zum anderen aus der Perspektive der persönlich Betroffenen – nach drei Operationen an der Lendenwirbelsäule. Mein Schmerz verbirgt sich hinter folgender Diagnose im Krankenblatt: „Nucleotomie L5/S1 mit nachfolgendem Postdiskotomiesyndrom infolge narbiger Wurzelkompression, Arachnopathie und Instabilität der caudalen Segmente. Doppelseitige Radikolyse mit anschließender transpediculärer Spondylodese. Sanierung einer Arachnoidalzyste mit Durariss."

In den letzten Jahren wächst die Literatur zum Verständnis sowie zur Bewältigung von Schmerz aus medizinischer und psychologischer Sicht. Berichte über das Leben mit chronischen Schmerzen aus der Sicht von *Betroffenen* sind selten. Besonders eindrücklich sind die Notizen von Alphonse Daudet (1840 – 1897) über seine Schmerzen im Endstadium der Syphilis.[1] In autobiographischen Schilderungen anderer unheilbar Erkrankter geht es nicht so sehr um den Schmerz, als vielmehr um die Auseinandersetzung mit der Endlichkeit des eigenen Lebens (z.B. Diggelmann 1981, Hammerman & Nieraad 2005, Noll 1984, Wander 1981, Wilber 1994). Wenn die Schmerzen stärker werden, hört der Bericht der Betroffenen auf. Manchmal wird er fortgesetzt von Angehörigen oder Freunden. Das aber heißt, anhaltend starker Schmerz wird überwiegend aus der *Außenperspektive* beschrieben. Doch manches - der Schmerz gehört dazu - sieht von außen betrachtet *anders* aus als von innen heraus *erlebt*.

Die Wahrheit über den Schmerz gibt es nicht. Jeder Mensch geht von einer anderen ‚Wahrheit' über ihn aus. Seit die Aufklärung die *Relativität von Wahrheit* und Johann Martin Chladenius (1710 – 1759) die Bedeutung des *Sehepunktes* entdeckt hat, lässt sich nicht mehr so einfach behaupten: ‚Das ist falsch, das ist richtig'. Weil jedes Urteil immer auch eine Frage des *Standpunktes* ist, weil jede Wahrnehmung und jede Bewertung eines Ereignisses immer auch abhängig ist von der inneren und äußeren Beschaffenheit des Betrachters – von seinem „Sehepunkt", wie Chladenius sagt: „Der Sehepunckt ist der innerliche und äußerliche Zu-

---

[1] Veröffentlicht wurde das Buch in Frankreich erst 1930 (unter dem Titel „La Doulou"), in Deutschland 2003 (unter dem Titel „Im Land der Schmerzen").

stand eines Zuschauers, in so ferne daraus eine gewisse und besondere Art, die vorkommenden Dinge anzuschauen und zu betrachten, flüsset" (in: Schödlbauer 1996, S. 36). Der „innerliche und äußerliche Zustand" von Menschen, die hin und wieder an Kopf-, Zahn- oder Rückenschmerzen leiden, ansonsten jedoch ein schmerzfreies Leben führen, unterscheidet sich vom Zustand derer, die anhaltend starke Schmerzen haben. Ihr „Sehepunckt" ist ein anderer und damit auch ihre Einschätzung des Schmerzphänomens.

Ein weiterer Aspekt, der bei der Beschreibung starker Schmerzen bedacht werden muss, bezieht sich auf die *Sprache*, genauer: auf die *Grenzen* der Sprache. Seit der Antike beschäftigen sich Philosophen, Dichter und Sprachwissenschaftler mit der Frage nach der Beziehung zwischen Sprache und Wirklichkeit. In modernen Sprachtheorien wird die Auffassung vertreten, dass Sprache nicht der Erkenntnis von Wahrheit dienen kann, da in den Wörtern nicht die Dinge selbst zum Ausdruck kommen, sondern lediglich die *Vorstellungen*, die wir uns von diesen Dingen machen. Nicht alles Erlebte lässt sich der Sprache unterwerfen. Erfahrungen wie z.B. Liebe, Hass, Trauer, Verzweiflung sind dem sprachlichen Zugriff entzogen. Ebenso der Schmerz. Der Schmerz ist ein höchst persönliches Erlebnis, das sich jedem Bemühen, sein Wesen und seine Stärke mitzuteilen, entzieht.

Schmerzen konfrontieren uns nicht nur mit den Grenzen der Sprache, sondern auch mit den *Grenzen menschlicher Handlungsmöglichkeiten*. Sie konfrontieren uns mit unserer materiellen Existenz, unserer Hilflosigkeit und ‚Zerbrechlichkeit' – trotz aller Fortschritte in Medizin und Pharmakotherapie. Von einem möglichen Scheitern dem Schmerz gegenüber ist in der modernen Schmerztherapie bisher nur selten die Rede. Im Gegenteil: Betont werden Kontroll- und Einflussmöglichkeiten, während Hilflosigkeitserfahrungen vor allem als individuelles Problem des Betroffenen aufgefasst werden, das er durch so genannte „Bewältigungskognitionen" nach Möglichkeit ‚in den Griff' bekommen sollte. Begriffe wie „Schmerz*bewältigungs*programm", „Schmerz*bewältigungs*training", „Behandlungsverfahren zur Schmerz*kontrolle*" wecken Erwartungen, die bei vielen Patienten kaum oder gar nicht erfüllt werden können.[2] Beispielsweise bei Patienten, die an schmerzbezogenen Schädigungen leiden, die nicht mehr zu beheben sind oder sogar noch zunehmen können (etwa bei degenerativen Erkrankungen oder metastasierenden Krebserkrankungen). Die meisten psychologischen Ratgeber zum Thema „Schmerz" suggerieren die Vorstellung, dass wir unsere Schmerzen positiv beeinflussen können, sofern wir nur wirklich wollen, ihre Bot-

---

[2] Aus Gründen leichterer Schreib- und Lesbarkeit verwende ich im Folgenden die *männliche* Form als die *verallgemeinernde* Redewendung - und bitte Leserinnen und Leser darum, sich zu vergegenwärtigen, dass mit dem Begriff „Patienten" sowohl *Patienten* als auch *Patientinnen* gemeint sind, mit dem Begriff „Therapeuten" sowohl *Therapeuten* als auch *Therapeutinnen*.

schaft verstehen, seelische Fehlhaltungen aufgeben, unsere Muskeln stärken, uns ausreichend bewegen – kurz: unser Leben ändern. So richtig diese Empfehlungen im Einzelfall auch sein mögen – eine solche Literatur kann mitunter *falsche* Hoffnungen wecken und Menschen in tiefe Verzweiflung stürzen, wenn die Schmerzen trotz verschiedenster Behandlungsmaßnahmen und höchster persönlicher Anstrengung nur geringfügig gelindert werden können.

Im Folgenden soll ein **Konzept psychologischer Begleitung von Schmerzpatienten** entwickelt werden, das auch die ‚dunkle Seite' des Schmerzes einbezieht. Die Frage „Wie können Schmerzen kontrolliert und bewältigt werden" wird ersetzt durch die Frage: *„Wie kann dieser individuelle Mensch in seiner konkreten Situation lernen, mit seinem Schmerz zu leben?"* Das Bemühen um eine Antwort auf diese Frage ist unabhängig von Ursache, Art und möglicher Linderung der Schmerzen. Das Konzept wird sowohl von meiner *Außensicht* als Psychologin als auch von meiner *Innensicht* als Schmerzpatientin bestimmt. Meine persönliche Sicht wird ergänzt durch Äußerungen von Schmerzpatienten, die ich als Therapeutin sowie als Mitpatientin kennen gelernt habe, darüber hinaus durch Zitate von Schriftstellern, Dichtern und Philosophen über ihre persönlichen Schmerzerfahrungen. Der Kerngedanke des Konzepts besteht darin, dem Schmerz gegenüber weder zu resignieren noch von seiner Kontrollierbarkeit auszugehen, ihn vielmehr als Bestandteil unserer Existenz zu respektieren, mit dem es zu leben gilt.

Zielsetzungen und konkretes Vorgehen im Rahmen einer jeden Therapie werden entscheidend vom Welt- und Menschenbild beeinflusst, das dem jeweiligen therapeutischen Ansatz zugrunde liegt. Der *erste (überwiegend theoretische) Teil* des Buches beginnt deshalb mit **ethischen und anthropologischen Einstellungen**, die als Grundlage einer psychologischen Begleitung von Schmerzpatienten verstanden werden. Diese therapeutischen Positionen werden in zum Teil deutlicher Abgrenzung von Einstellungen diskutiert, wie sie den verhaltenstherapeutisch orientierten Schmerzbewältigungsmodellen zugrunde liegen. Die unterschiedlichen Positionen werden konkretisiert und verdeutlicht im Zusammenhang mit Fragen, die für jeden Schmerzpatienten von Bedeutung sind, auch wenn er sie nicht immer explizit thematisiert: **die Frage nach dem Sinn von Leiden und Schmerz, die Frage nach der Kontrollierbarkeit von Schmerzen, die Fragen nach Gott und dem Tod.**

Im Anschluss an die Diskussion dieser Fragen wird die **Situation von Schmerzpatienten** beschrieben, wobei ich mich auf drei Problembereiche beschränke, von denen fast alle Schmerzpatienten betroffen sind: **Einsamkeit, Psychopathologisierung** und **Autonomieverlust**. Jeder Schmerztherapeut sollte über eine ausreichende Kenntnis dieser Aspekte verfügen, denn was das Leben mit dem Schmerz oft so schwer macht, ist nicht nur die Erkrankung bzw. der Schmerz an sich, sondern die *Lage*, in der sich der Patient seit seiner Erkrankung befindet.

Die möglichen Auswirkungen dieser Lage werden vor dem Hintergrund zweier theoretischer Modelle diskutiert: der **Rollentheorie** von Jakob L. Moreno sowie des **Hilflosigkeitskonzepts** von Martin E. P. Seligman. Beide Modelle tragen zu einem vertieften Verständnis der Reaktionen von Schmerzpatienten bei. Auch lassen sich aus beiden Ansätzen therapeutische Implikationen ableiten, die sowohl den beschriebenen ethischen Grundpositionen entsprechen als auch wesentliche Aspekte der Situation von Schmerzpatienten berücksichtigen.

Anschließend werden die **neuronalen Grundlagen** von Schmerzen beschrieben sowie die jüngsten Erkenntnisse der Neurowissenschaften über das Zusammenspiel von Körper und Geist. Neurophysiologische Erkenntnisse sollten bei der Therapie von Schmerzpatienten allein schon deshalb berücksichtigt werden, weil sie vor einseitiger Psychologisierung bewahren und Hinweise dafür geben, mit welchen Interventionen die naturgegebenen Fähigkeiten des Menschen zur Selbstregulation unterstützt werden können.

Aus dem eingangs beschriebenen Welt- und Menschenbild und der Situation von Schmerzpatienten zum einen, aus den theoretischen Überlegungen und neurobiologischen Erkenntnissen zum anderen werden **Leitlinien** für eine psychologische Begleitung abgeleitet. Diese sind nicht als Erwartungsnorm zu verstehen, sondern als *Orientierungshilfen* im Hinblick auf das übergeordnete Ziel, dem Patienten dabei zu helfen, sich mit sich selbst und seinem Schmerz auszusöhnen sowie mit einer Welt, die nicht nur Gesundheit und Glück, sondern immer auch Krankheit, Schmerzen und Tod enthält.

Der *zweite (überwiegend praktische) Teil* des Buches beginnt mit der Problematik einer **Verständigung über den Schmerz**. Das Schmerzerleben selbst entzieht sich objektiver Messung und Definition. Im Rahmen moderner Schmerztherapie sind verschiedene Skalen, Eigenschaftswörterlisten, Fragebögen und Schmerztagebücher entwickelt worden, um Intensität und Qualität der Schmerzen zu erfassen. Für die *therapeutische* Begegnung mit dem Patienten erscheinen jedoch vor allem *Bilder, Vergleiche, Metaphern* hilfreich. Bildhafte Umschreibungen liefern wertvolle diagnostische und therapeutische Anhaltspunkte, können sowohl zur Verständigung über den Schmerz genutzt werden als auch zur Entwicklung von Möglichkeiten, wie der Betroffene mit ihm umgehen kann.

Im Anschluss daran werden **therapeutische Grundprinzipien** bei der psychologischen Begleitung von Schmerzpatienten diskutiert. Diese orientieren sich nicht an einer bestimmten Therapie-Schule, sondern am *Patienten*. Bei aller Individualität gibt es einige *Grundbedürfnisse*, die bei allen Menschen vorhanden sind und auch im Rahmen einer Therapie berücksichtigt werden sollten. Ihre Verletzung verschlechtert, ihre Befriedigung verbessert das seelisch-körperliche Wohlbefinden. Gemeint sind die Bedürfnisse nach *Selbstwerterhöhung und Achtung, Selbstverwirklichung und autonomer Lebensführung, Sicherheit und Orientierung, emotionaler Nähe und Zuwendung*. Aus diesen Bedürfnissen werden folgende *Therapeutenmerkmale* abgeleitet: *Standhalten* und *Einfühlung*, *Wertperspektive* und *Förderung von Autonomie*, *Echtheit* und *Verlässlichkeit*, *Wertschätzung* und *Mitgefühl*. Möglichkeiten zur Verwirklichung dieser Therapieprinzipien werden veranschaulicht und begründet – mit Verweis auf die Situation von Schmerzpatienten zum einen, auf die jüngsten Erkenntnisse der Neurowissenschaften zum anderen.

In einem weiteren Kapitel werden **konkrete Interventionen** dargestellt, mit denen die therapeutischen Grundpositionen in praktisches Handeln umgesetzt werden können. Indikation und Auswirkungen werden begründet und zu den zuvor entwickelten Leitlinien einer psychologischen Begleitung von Schmerzpatienten in Beziehung gesetzt.

Ein **transkribierter Gesprächsausschnitt** veranschaulicht den Einsatz einiger der beschriebenen Grundhaltungen und Interventionen im Verlauf eines Erstgesprächs mit einem Schmerzpatienten.

Abschließend wird die **Rolle des Therapeuten** bei der Begleitung von Schmerzpatienten reflektiert. Äußere und innere Belastungen vor, während und nach einer Therapie werden diskutiert – vor allem im Hinblick darauf, wie ihnen begegnet werden könnte.

Die *Zitate* unter den einzelnen Kapitelüberschriften sind als *Kurzzusammenfassungen* der jeweils diskutierten Inhalte zu verstehen.

2. Weltanschauung und Menschenbild

Ich wollte herausfinden, was Wissen wert ist und ob der Mensch die Ursachen dessen, was auf der Erde geschieht, begreifen kann. Aber ich musste einsehen: Ein Mensch kann das, was Gott tut und was er unter der Sonne geschehen lässt, niemals in seinem Zusammenhang wahrnehmen, selbst wenn er Tag und Nacht kein Auge zumacht. Mag er sich noch so abmühen, den Zusammenhang der Dinge durchschaut er nicht. Und wenn ein Philosoph es anders behauptet, dann irrt er.
(Kohelet 8, 16 – 17)

Wie ein Mensch mit seinen Schmerzen umgeht, ist weitgehend von seiner persönlichen Weltanschauung abhängig, vom Sinn, dem er seinem Leben im Allgemeinen und seinen Schmerzen im Besonderen gibt. Menschen beispielsweise, die den Schmerz als Bestandteil des Lebens akzeptieren, haben eine wesentlich höhere Toleranzschwelle als Betroffene, die davon ausgehen, dass Schmerzen im Grunde nicht sein dürften:

„Die einen halten das Leben ohnehin für mühevoll und lassen als unumgänglich betrachtete körperliche Beeinträchtigungen klaglos über sich ergehen; die anderen erklären die gleichen körperlichen Zustände für unerträglich und bekämpfen sie mit allen ihnen zur Verfügung stehenden medizinischen Mitteln. Schmerz ist keine bloße Gegebenheit, sondern die menschliche Folge einer Sinngebung, die ein spezifisches Verhalten nach sich zieht" (Le Breton 2003, S. 155).

Die enge Verbindung zwischen Sinngebung und Verhalten zeigt sich auch bei Ärzten und Psychologen. *Wie* sich diese gegenüber Schmerzpatienten verhalten, wird entscheidend von ihrer persönlichen Einstellung gegenüber dem Phänomen „Schmerz" bestimmt. Die gleiche therapeutische Technik kann höchst unterschiedlich durchgeführt werden – je nach Sinngebung und Wertesystem des Therapeuten. Nicht im ‚Was' bestimmter Methoden, sondern im ‚Wie' ihrer Anwendung liegt das Geheimnis ihrer Wirkung. Wobei dieses ‚Wie' im Welt- und Menschenbild des jeweiligen Therapeuten verankert ist. Bevor also die Frage nach den Methoden einer psychologischen Begleitung von Schmerzpatienten diskutiert werden kann, sind *anthropologische und ethische Grundpositionen* zu reflektieren, die im Zusammenhang mit dem Thema *Schmerz* von Bedeutung sind.

2.1. Die Frage nach dem Sinn

O ja, ich glaube sehr wohl dass das Leben einen Sinn hat. Allerdings glaube ich auch, dass dieser Sinn für jeden Menschen anders aussieht, dass jeder Mensch den Sinn, den sein eigenes, ganz speziell nur von ihm und keinem anderen zu lebendes Leben in sich birgt, nur selbst suchen und finden kann.
(Walter Jens, in: Zwerenz 2004)

Trotz zunehmender Publikationen zur Diagnostik und Therapie von Schmerzen in den beiden letzten Jahrzehnten sind viele Fragen zum Wesen des Schmerzes nach wie vor ungeklärt. Dies zeigen allein schon die vielen Versuche, Schmerz zu definieren. In Fachbüchern zum Thema **Schmerz** wird überwiegend die **Definition** durch die International Association for the Study of Pain (IASP) zitiert: „Schmerz ist ein unangenehmes Sinnes- und Gefühlserlebnis, das mit einer tatsächlichen oder potenziellen Gewebeschädigung verknüpft ist oder mit Begriffen einer solchen Schädigung beschrieben wird" (in: Zimmermann 2004, S. 17). Diese Konzeptualisierung des Schmerzes wird vor allem deswegen kritisiert, weil sie „den Schmerz einseitig als Erleben" definiert und „nicht zwischen akutem und chronischem Schmerz" unterscheidet (Kröner-Herwig 2004 b, S. 4).

Der **akute Schmerz** ist *zeitlich begrenzt*. Seine Ursache ist bekannt und kann in der Regel durch Verhaltensweisen des Betroffenen selbst oder durch bestimmte Behandlungsmaßnahmen beseitigt werden, so dass Schmerzfreiheit wieder hergestellt wird. Der Sinn akuter Schmerzen besteht in ihrer *Schutz- und Warnfunktion*: Sie dienen der körperlichen Unversehrtheit des Organismus. Menschen, die an einer angeborenen Schmerzunempfindlichkeit leiden, haben meist nur eine kurze Überlebensdauer, da Körpersignale fehlen, die sie vor Fehl- und Überbelastungen oder vor schädigenden äußeren Reizen warnen könnten. Leprakranke zum Beispiel verlieren deshalb ihre Finger und Zehen, weil sie bei einer Verletzung oder übermäßigen Beanspruchung ihrer Extremitäten keinen Schmerz empfinden.

Vom akuten Schmerz unterschieden wird der **chronische Schmerz**. Der chronische Schmerz ist *anhaltend* oder *immer wiederkehrend*.[3] Die Ursache ist entweder unbekannt bzw. vielschichtig oder aber bekannt, kann aber weder durch Reaktionen des Betroffenen selbst noch durch therapeutische Maßnahmen beseitigt werden. Der Schmerz ist vom Symptom zur eigenständigen Krankheit geworden. Ziel der Behandlung ist nicht mehr Schmerzfreiheit, sondern Schmerz*linderung*: Beim Übergang von einem akuten zu einem chronisch andauernden oder einem chronisch wiederkehrenden Schmerz spielen nach derzeitigem Wissens-

---

[3] Der Begriff „chronisch" ist aus der lateinischen Bezeichnung *morbus chronicus* = *anhaltende Krankheit* entlehnt - „eine Bezeichnung, die langwierige Krankheiten von akuten Krankheiten unterscheidet" (Kluge 1999, S. 155).

stand sowohl biologische, psychologische als auch soziale Faktoren eine Rolle, wobei - je nach fachlicher Orientierung des Autors - mal mehr die biologischen Mechanismen, mal mehr die psychologischen und/oder sozialen Aspekte betont werden. Der Begriff „chronischer Schmerz" bezieht sich auf ein breites Spektrum von leichten Beeinträchtigungen bis hin zu schweren Erkrankungen verbunden mit massiven Behinderungen der körperlichen (u.U. auch geistigen) Leistungsfähigkeit. Um das Ausmaß der Schmerzchronifizierung klassifizieren zu können, sind verschiedene Modelle entwickelt worden. Am bekanntesten ist „Das Mainzer Stadienkonzept des Schmerzes" nach Gerbershagen (vgl. Hasenbring & Pfingsten 2004, S. 114 ff.). Im vorliegenden Text wird die Bezeichnung *chronisch* immer dann verwendet, *wenn ein Schmerz nicht mehr beseitigt, bestenfalls gelindert werden kann, wenn die Grenzen sowohl der persönlichen Beeinflussbarkeit als auch der medizinisch/pharmazeutischen Möglichkeiten erreicht sind.*

Anhaltende oder immer wiederkehrende Schmerzen tun nicht nur weh, sie lösen auch eine Vielzahl von Gefühlen aus – wie z.B. Angst, Trauer, Wut und Verzweiflung. Schmerz als **Wahrnehmungsinhalt** und **körperliche Missempfindung** ist das eine, Schmerz als **Leiden an der Missempfindung** das andere. Nicht immer wird das eine vom anderen unterschieden. Allein die Vielzahl der Synonyme für das Wort „Schmerz" (z.B. Leid, Qual, Weh, Marter, Pein) zeigt die enge Verbindung von physiologischer Empfindung, emotionaler Befindlichkeit sowie damit verbundenen Vorstellungen und Bewertungen. Mit dem Begriff **Schmerzkrankheit** wird gewöhnlich der *gesamte Prozess* bezeichnet, der sich aus dem Krankheitsbild und dem persönlichen Leiden daran zusammensetzt. Der Begriff **Krankheitsbild** bezieht sich auf den *körperlichen*, mit verschiedenen Methoden *mess- und nachweisbaren Teil* der Krankheit (z.B. das Ausmaß einer Schwellung oder Muskelverhärtung, Veränderungen der Durchblutung in bestimmten Hirnarealen, usw.). Mit dem Begriff **Leiden** ist die *persönliche Erfahrung* der Krankheit gemeint. Es gibt kein Maß, womit das Leid eines Menschen objektiv bestimmt oder mit dem Leid eines anderen Menschen verglichen werden könnte. Das Leid lässt sich nicht nachweisen und nur sehr schwer erklären – und doch ist es *wirklich*. Auch ich unterscheide im Folgenden nicht immer genau zwischen den einzelnen Begriffen (die Grenze zwischen „körperlicher Missempfindung" und dem „Leiden an dieser Missempfindung" ist oft fließend). In erster Linie jedoch geht es mir nicht um den Schmerz als Wahrnehmungsinhalt, sondern um den *Schmerz als Leiden.*

Vor allem dann, wenn Schmerzen ihre Schutz- und Warnfunktion (zumindest vordergründig) verloren haben, stellt sich die **Frage nach ihrem Sinn** – damals wie heute, in unserer eigenen ebenso wie in anderen Kulturen. Die Sinnfrage wird nicht immer explizit gestellt, verbirgt sich aber hinter Äußerungen wie „Warum (wozu) muss ich diese Schmerzen haben?". Der kognitiv-verhaltenstherapeutische Ansatz der Schmerztherapie befasst sich kaum mit dieser Frage: „Es ist eine Frage, deren Antwort die Wissenschaft der ‚Psychologie' grundsätzlich *nicht* geben kann, da sie Metaphysisches anspricht. Hier können nur die Philosophie oder die Religion Antworten versuchen" (Kröner-Herwig 2000, S. 186). Mit der Delegation der Sinnfrage an Philosophie und Religion wird jedoch übersehen, dass ein *jeder* Mensch - sowohl der Betroffene als auch sein Therapeut - eine mehr oder minder bewusste Einstellung zu dieser Frage *hat*. Tatsächlich kann die Aufgabe des Therapeuten nicht darin bestehen, Fragen des Patienten nach dem Sinn seiner Schmerzen zu *beantworten*. Doch sollte er diesen Fragen nicht ausweichen, vielmehr den Patienten bei der Suche nach seiner *persönlichen* Antwort darauf *begleiten*. Da die individuelle Auseinandersetzung mit der Sinnfrage immer auch geprägt ist von Sinngebungsversuchen des kulturellen Umfeldes, in dem der Betroffene lebt, sollen die häufigsten Erklärungsansätze der westlichen Welt kurz reflektiert werden.

2.1.1. Sinngebungsversuche der Vergangenheit

Das Schmerzverständnis **archaischer und antiker Hochkulturen** beruht überwiegend auf magisch-religiösen Vorstellungen. Dennoch gibt es bereits damals Versuche, anatomische Strukturen für Schmerzempfindungen zu finden. In der ältesten Beschreibung - dem Papyrus Ebers, das auf Kenntnisse der 3. – 6. Dynastie (2660 – 2160 v. Chr.) zurückgeht -, werden Herz und Gefäße „als Sitz der Seele, der Gefühle und des Schmerzes angesehen" (Müller-Busch 2004, S. 152). Auch Platon und Aristoteles betrachten das Herz als „Empfindungszentrum für Schmerz und andere Gefühle" (ebd.). Dem hippokratischen Modell zufolge resultiert der Schmerz aus einem Ungleichgewicht der im Körper befindlichen Säfte (gelbe und schwarze Galle, Blut und Schleim). Das heißt, er wird zunehmend als ein Symptom pathologischer Mechanismen begriffen. Der *Sinn* menschlicher Leiden jedoch wird überwiegend *metaphysisch* erklärt: Im aussichtslosen Kampf gegen ein übermächtiges Schicksal muss der Mensch unterliegen. Seine Handlungen sind einem transzendenten Willen unterworfen. Der Mensch gilt lediglich als ein Vollstrecker der Absichten von höheren Mächten – von Mächten, die er nicht kontrollieren, oft nicht einmal begreifen kann. Die ausschließliche Orientierung an *metaphysischer Sinngebung* lässt natürliche Wirkkräfte wie eigenes Verschulden, zwischenmenschliche Interaktionen und gesellschaftliche Bedingungen außer Acht. Auch wenn ein bestimmtes Leiden auf menschliches Handeln zurückgeführt werden kann, richten sich die Fragen nach dem „Was?" und „Warum?" der Katastrophe „an Gott als die zulassende Instanz, ohne dessen Willen Gewalt und Leiden nicht statthaben können" (Wölfel 1986, S. 59). In den Tragödien der alten Griechen ist deshalb nicht von einer ‚Untat' die Rede, bei der dem Helden durch das Verhalten anderer Menschen ein Leid zugefügt wird, sondern von einem ‚*Unglück*', das ihm *widerfährt* – als göttliches Verhängnis, als göttliche Bestrafung oder Prüfung.

Im **christlichen Mittelalter** behalten Schmerzen und Leiden ihren religiösen Sinn: Hinter bzw. über allem Geschehen steht der Wille Gottes, wenn auch der Himmel der griechischen Götter durch den Himmel des *einen* - des christlichen - Gottes ausgetauscht worden ist. Der Blick der leidenden Menschen wird vor allem auf das *Jenseits* gelenkt. Man ist davon überzeugt, dass hinter allem Leiden - dem göttlichen Heilsplan zufolge - die Zusage der Erlösung steht, dass irdisches Leiden aufgewogen wird durch ein besseres Jenseits. Der Sinn menschlicher Leiden wird auf zweierlei Weise erklärt: Nach dem *Schuld-Strafe-Modell* sind Krankheit und Schmerz gerechte Strafen Gottes für moralische Schuld. Dem *Bewährungs-Modell* zufolge muss sich der Held durch stoisches Aushalten seiner Schmerzen bewähren und sich der göttlichen Prüfung als würdig erweisen. In Analogie zum Leidensweg Christi wird das Ertragen körperlicher Schmerzen als Weg zur persönlichen Erlösung mystifiziert. Als entscheidend für den Umgang mit Schmerzen gilt die Kraft des Glaubens – gemäß dem Lehrsatz des Thomas von Aquin (1224 – 1274): „Der selige Genuss, der in der Beschauung göttlicher Dinge liegt, vermindert den körperlichen Schmerz, deshalb ertrugen Märtyrer ihre Qualen geduldiger, weil sie ganz in die Liebe Gottes versenkt waren" (in: Müller-Busch 2004, S. 154). Hinter diesem Satz steht die Überzeugung, dass Schmerz durch den menschlichen Willen, d.h. durch mentale Fähigkeiten bezwungen werden kann – eine Auffassung, die im Rahmen verhaltenstherapeutisch orientierter Modelle der Schmerzbewältigung wieder an Aktualität gewonnen hat.

Zu Beginn der **Aufklärung** bleibt die religiöse Sinngebung menschlicher Leiden zunächst noch bestehen, doch interessieren nun zunehmend Fragen des *Diesseits*, in dem nur noch dasjenige gültig sein soll, was der *Verstand* als vernünftig erkannt hat (Rationalismus). Wie aber kann der Verstand die Wirklichkeit des Übels und das damit verbundene menschliche Leiden erklären? Wie kann Gott das Leiden in der Welt überhaupt zulassen? Mit der Entlastung und Rechtfertigung Gottes im Hinblick auf das von ihm zugelassene Übel befasst sich u.a. Gottfried Wilhelm Leibniz (1646 – 1716). In seinen „Essais de Théodicée" bezeichnet er die bestehende Welt als „die beste aller möglichen Welten" – weil in ihr Freiheit möglich ist (Ulfig 1999).[4] Das Böse wird als Konsequenz dieser Freiheit betrachtet, aber auch als ein Mittel zum Zweck, schlimmere Übel zu verhindern und/oder größere Güter herbeizuführen. Der Sinn des Übels wird demnach in dem *Guten* gesehen, das durch das Übel ermöglicht wird. Diesem Erklärungsansatz entsprechen auch die Schmerztheorien des 17. Jahrhunderts, wie sie vor allem von Descartes (1596 – 1650), Spinoza (1632 – 1677) und Locke (1632 – 1704) entwickelt

---

[4] Der Begriff *Theodizee* leitet sich ab aus dem griechischen *theos* = Gott und *dike* = Gerechtigkeit.

worden sind: Der Schmerz wird zunehmend als *Warnsignal* für körperliche und seelische Fehlfunktionen gesehen. Damit gilt er nicht mehr als Strafe oder als Prüfstein der Bewährung, sondern aufgrund seiner funktionellen Bedeutung als etwas *Nützliches*.

In der **zweiten Hälfte des 18. Jahrhunderts** weichen metaphysische und theozentrische Sinngebungen des Leidens einer zunehmend *rationalen* Begründung: Menschliches Leiden wird nicht mehr als schicksalhaft vorgegeben, sondern als natürliche Konsequenz, als *nachvollziehbare Folge* aus dem Fehlverhalten des Betroffenen erklärt. Diese Sichtweise wird begünstigt durch eine *Aufwertung des Individuums* und ein wachsendes Interesse am Charakter des Einzelnen, wobei unter dem *Charakter* eines Menschen das verstanden wird, was ihn von anderen Menschen unterscheidet, was seine unverwechselbare *Individualität* ausmacht. Subjektivismus und Individualisierung sowie die Betonung von Beobachtung, Erfahrung und Experiment (Empirismus) verstärken einen säkularen Prozess, in dem menschliches Leiden entmythisiert wird: Der Blick ist nicht mehr auf rächende oder strafende Götter gerichtet, sondern auf das menschliche Verhalten und seine Folgen. Ausgehend von der Überzeugung ‚Der Mensch bereitet sich sein Schicksal *selbst!*' werden die Ursachen für ein bestimmtes Leid im *Charakter* des Betroffenen gesucht. Der säkulare Anspruch auf Autonomie des Menschen ist somit verbunden mit der Betonung seiner *Selbstverantwortlichkeit*. Die Betonung der Eigenverantwortung des Betroffenen wiederum leitet über zur Frage nach seiner *Schuld*: Das Leid wird nicht mehr als von Göttern verhängt angesehen, sondern als von *Menschen* schuldhaft verursacht.

Zusammengefasst: Aufklärerische Vernunft und Aufwertung des Individuums führen dazu, dass menschliche Leiden - ohne mythisch-religiöse Rückbezüge - allein aus den Aktionen und Interaktionen des Menschen abgeleitet werden, wobei das Interesse zunächst dem *Charakter* der Betroffenen gilt. Erst später werden vermehrt auch soziale und gesellschaftliche Faktoren in ihrer Wirkung auf das Individuum berücksichtigt. Fragen der *Behandlung von Schmerzen* jedoch werden noch bis ins 19. Jahrhundert hinein stark von mittelalterlichen Vorstellungen bestimmt – genauer: von der Haltung der *Kirche*. Beispielsweise werden der Einführung von Betäubungsmitteln zur Geburtserleichterung oder zur Durchführung von Operationen lange Zeit große Widerstände entgegengesetzt, da die Verwendung von Narkotika als Eingriff in natürliche oder göttliche Heilungsprozesse angesehen wird. Auch Auffassungen wie ‚Wunden müssen schmerzen, um zu heilen' zeigen, dass mystische Konzepte nach wie vor wirksam sind, in denen zwar die biologische und funktionelle Bedeutung des Schmerzes als Alarmsignal anerkannt wird, gleichzeitig jedoch Vorstellungen vom Schmerz als gerechte Strafe für begangene Sünden eine Rolle spielen (vgl. Müller-Busch 2004).

2.1.2. Sinngebungsversuche der Gegenwart

Es gibt keinen gefährlicheren Irrtum, als die Folge mit der Ursache zu verwechseln: ich heiße ihn die eigentliche Verderbnis der Vernunft.
(Friedrich Nietzsche 1967 a, S. 346)

Versuche *unserer* Zeit, die Frage nach dem Sinn menschlicher Leiden zu klären, sind nicht grundsätzlich anders als die Sinngebungen früherer Jahrhunderte. In der **christlichen Trostliteratur** beispielsweise heißt es, dass Leiden läutert, dass wir durch das Leid unsere Schuld erkennen oder uns im Leid bewähren können, dass Gott Leid über uns kommen lässt, „um uns dadurch zum Heile zu führen" (Katholischer Katechismus 1955). In seiner Broschüre „Über den christlichen Sinn des menschlichen Leidens" schreibt Papst Johannes Paul II (2000, S. 35): „Während der Mensch *sein Kreuz auf sich nimmt* und sich dabei geistig mit dem Kreuz Christi vereint, enthüllt sich vor ihm mehr und mehr der heilbringende Sinn seines Leidens." Im *Neuen Testament* selbst ist von einer „Heilsbedeutung des Leidens" (ebd. S. 33) allerdings *keine* Rede. Weder Jesus noch seine Jünger bezeichnen das Leid als „eine besondere Gnade" (ebd.) oder als „Grundlage für das endgültige Gute" (ebd. S. 34). An keiner Stelle wird Krankheit als heilbringend oder Strafe Gottes gedeutet. Als Jesus und seine Jünger an einem Blinden vorbeikommen, fragen die Jünger Jesus, wer schuld sei. Der Blinde selbst oder seine Eltern? Jesus antwortet: „Seine Blindheit hat weder mit den Sünden seiner Eltern etwas zu tun noch mit seinen eigenen. Er ist blind, damit Gottes Macht an ihm sichtbar wird" (Johannes 9, 1 - 3). Die Aufforderung zur Kreuzesnachfolge (Lukas 9, 23) bezieht sich auf den Aspekt der *Verfolgung*, nicht aber auf eine Krankheits- und Leidensmystik!

Subjektive Krankheitstheorien ähneln denen der christlichen Traktatliteratur insofern, als auch hier die Existenz der Schmerzen mit ihrem *positiven Ziel* begründet wird. Krankheit selbst sei „der Weg, auf dem der Mensch dem Heil entgegenwandert" betonen Thorwald Dethlefsen und Rüdiger Dahlke in ihrem Bestseller „Krankheit als Weg" (1988, S. 26). Der Schmerz enthalte eine *Botschaft*, die auf Fehler in der Lebensführung aufmerksam machen wolle. Habe der Erkrankte die Botschaft verstanden und in seinem Verhalten berücksichtigt, würde der Schmerz wieder verschwinden. Diesem Ansatz entsprechend verfolgt der Schmerz „eine gute Absicht"; er ist sogar „klüger" als der Mensch, wobei „mit ‚klüger' ... ganz einfach gemeint (ist), dass der Schmerzteil meistens den besseren Plan hat, selbst wenn Sie oder Ihr Arzt sich etwas ganz Kluges zu seiner Bekämpfung ausgedacht haben" (Besser-Siegmund 1989, S. 153). Was wollen Sinngebungsversuche dieser Art sagen? Sollen sich Schmerzkranke als Auserwählte betrachten, weil der Schmerz ihnen dabei hilft, ein besserer Mensch zu werden, während die Gesunden es ohne diese Chance versuchen müssen? Oder besagt das Motto „Krankheit als Chance" genau das Gegenteil – dass nämlich die Kranken den Schmerz als Korrektiv für ihre (falsche) Lebensführung benötigen, während gesunde Menschen dieser Chance nicht (mehr) bedürfen, da sie bereits auf dem rechten Weg *sind* (was ihre Gesundheit beweist)? Der Schmerz wird funktionalisiert, d.h. in ein übergeordnetes Konzept eingeordnet, wonach physische Phänomene einem höheren Ziel verpflichtet sind: dem *Heil* des Patienten. Dieser Optimismus subjektiver Krankheitstheorien gleicht dem Optimismus der Aufklärung und der Leibniz'schen Deutung des Übels. Wer heutzutage noch versucht, Gott mit dem Hinweis darauf zu rechtfertigen, er lasse das Übel zu, um Gutes zu bewirken, wird auf die spekulative Enge seiner Argumentation verwiesen und nicht weiter ernst genommen. Wer den *Schmerz* als Ermöglichungsgrund für das Gute interpretiert, argumentiert im Grunde nicht minder spekulativ – doch seine Bücher verkaufen sich bestens. ‚Chance' und ‚Heil' sind nichts weiter als abstrakte Begriffe, die beliebig mit Inhalt ‚gefüllt' werden können. Der Körper des Menschen jedoch ist eine materielle Realität – jenseits aller Beliebigkeit und Spekulation:

Der Weise sagt uns unerbittlich,
Der Schmerz veredle und sei sittlich.
Jedoch er straft sich Lügen glatt,
Sobald er selber Bauchweh hat.
(Eugen Roth: „Schmerzen" 1950, S. 88)

Einige Menschen werden keineswegs ‚besser', sondern eher bitter, zynisch und gereizt, wenn sie über einen längeren Zeitraum hinweg starke Schmerzen haben. Akute Schmerzen, deren baldiges Ende abzusehen ist, haben meist keine Auswirkungen auf das Identitätsgefühl des Betroffenen. Die Gewissheit über das zu erwartende Ende der Schmerzen hilft, ihnen standzuhalten. Der chronische Schmerz dagegen „greift den Menschen als Person an und gefährdet seine Identität" (Le Breton 2003, S. 13) – eine Festellung, die von Menschen mit starken Schmerzen immer wieder bestätigt wird. Der an Blasenkrebs erkrankte Peter Noll (1984, S. 178) schreibt: „Das Leiden stählt nicht, sondern macht wehleidig." Auch Franz Schoenberner (1957, S. 161) - nach einem Unfall lange Zeit gelähmt - weist die Auffassung von der angeblich „reinigende(n) und verfeinernde(n) Macht des Leidens" entschieden zurück. Der Mensch wird kein grundsätzlich anderer im Leid. Anhaltend seelischer und/oder körperlicher Druck kann jedoch sowohl die guten als auch die schlechten Eigenschaften des Menschen stärker hervortreten lassen.
Vertreter anderer subjektiver Erklärungsansätze spekulieren weniger über Finalitäten, als vielmehr über *Kausalitäten*, indem sie chronischen Schmerz mit der *psychologischen Situation* des Betroffenen verknüpfen und ihn „als Ausdruck dysfunktionaler psychischer Regulation und Instrument innerpsychischer Regelung" betrachten (Raudszus-Nothdurfter 2005, S. 96). Schmerz wird zur Metapher für kognitiv-emotionale Störungen. Olbricht (1989, S. 198) z.B. schreibt: „Einem Bandscheibenschaden vorausgegangen ist immer die äußere und meistens auch die seelische Fehlhaltung." Siegel (1996, S. 111) verkündet: „Glückliche

Menschen werden im Allgemeinen nicht krank, das ist die ganze Wahrheit." Der mit Argumentationen dieser Art verbundene moralisierende Zeigefinger ist unübersehbar. Krankheit (bzw. Gesundheit) wird zum Maßstab der Lebensführung eines Menschen, zum Prüfstein seiner Moral.

Offensichtlich ist es eine menschliche Eigenart, Phänomene, die nur zum Teil verstanden werden können, auf *moralische* Weise zu erklären. Im 19. Jahrhundert galt Tuberkulose als eine Folge von Trauer und Verzweiflung. Vor etwa zwanzig Jahren wurde Krebs auf die anhaltende Unterdrückung von Gefühlen zurückgeführt, vor allem von Gefühlen aggressiver Art. Obgleich diese These inzwischen entkräftet worden ist, bleibt der Mythos von der Krebspersönlichkeit weiter bestehen. Psychologisierungen dieser Art vermitteln dem Menschen vordergründig ein Gefühl der *Kontrolle* über Ereignisse, die er in Wahrheit nur begrenzt kontrollieren kann (vgl. 2.2.). Betroffenen allerdings suggerieren sie, dass sie ‚falsch' gelebt haben.

Lässt sich keine „seelische Fehlhaltung" feststellen, wird das subjektive Verursachungskonzept dadurch zu retten versucht, dass man der Schmerzerkrankung *unbewusste Motive* unterstellt – den unbewussten Wunsch nach Umsorgtwerden, das unbewusste Gefühl der Überforderung am Arbeitsplatz, das unbewusste Vermeiden von Konflikten, etc.. Überlegungen dieser Art zeugen von einer erheblichen *Überschätzung* des Unbewussten, wird ihm doch unterstellt, dass es mächtiger sei als die *bewusste* Entscheidungskraft des Menschen. Selbst C. G. Jung (1988 a, S. 27), ein Verfechter der unbewussten Seelentätigkeit, warnt vor einer Übertreibung ihrer Macht: „Wenn das Unbewusste dem Bewusstsein tatsächlich überlegen wäre, so wäre schlechterdings nicht einzusehen, worin denn schließlich der Nutzen des Bewusstseins bestände, bzw. warum überhaupt je in der Phylogenese das Bewusstseinsphänomen als Notwendigkeit entstanden wäre."
Trotz oder gerade wegen der logischen Ungenauigkeiten ist die Unterstellung unbewusster Motive „Psychologie der grausamsten Art" (Wilber 1994, S. 249), da jeder Einwand des Patienten als Selbstrechtfertigung oder Schutzbehauptung umgedeutet und damit als Beweis für die Richtigkeit der These benutzt werden kann. Wirkt der Patient bei der Vorstellung, seinen Schmerz selbst bewirkt zu haben, niedergeschlagen und bedrückt, wird dies nicht selten als Ausdruck seiner Depressivität, also als Beweis für eine seelische Fehlhaltung verstanden. Weigert er sich, die Ursache seiner Schmerzen in unbewussten Motiven oder unbewältigten Konflikten zu sehen, wird diese Weigerung als *fehlende Compliance* bewertet. Wie auch immer der Patient also reagiert: Sein Verhalten wird pathologisiert. Das explizite Anliegen subjektiver Erklärungsansätze besteht darin, das Bewusstsein des Patienten für seine *Eigenverantwortlichkeit* zu fördern. Implizit jedoch handelt es sich um *Schuldzuweisungen*: ‚Der Kranke hat nicht genug Verantwortung gezeigt. Also trifft *ihn* die Schuld.' Der Schritt von ‚Er selbst ist schuld an seinem Schmerz' ist nicht weit zu ‚Und deshalb geschieht es ihm recht!'. Hier tauchen die

Bestrafungsideen religiös-moralischer Sinngebungen in neuem Gewand wieder auf: Krankheit als Strafe! Die Auffassung, Krankheit sei eine Strafe Gottes, gilt im 21. Jahrhundert als ‚überholt'. Die Vorstellung, Schmerzen seien *persönlich verschuldet*, lebt weiter.
Subjektive Krankheitstheorien entsprechen dem menschlichen Bedürfnis, eine *Ursache* für menschliches Leid zu finden. Oft jedoch kommt die Suche nach einer Ursache der Suche nach dem Schuldigen gleich. Wie eine solche Suche aussehen kann, hat Friedrich Nietzsche eindrücklich beschrieben: „Die Leidenden ... durchwühlen die Eingeweide ihrer Vergangenheit und Gegenwart nach dunklen, fragwürdigen Geschichten, wo es ihnen freisteht, in einem quälerischen Verdacht zu schwelgen und am eigenen Gifte der Bosheit sich zu berauschen – sie reißen die ältesten Wunden auf, sie verbluten sich an längst ausgeheilten Narben, sie machen Übeltäter aus Freund, Weib, Kind und was sonst ihnen am nächsten steht" (in: Cermak 1983, S. 221 f.). Psychologische Erklärungsansätze unterstützen ein solches „Grübeln über Schlechtigkeiten" (ebd.), begünstigen die Tendenz, sich mit Spekulationen über eigenes und fremdes Fehlverhalten verrückt zu machen. Die Auffassung, Schmerzen, die man nicht mehr loswird, mehr oder weniger *selbst* verursacht (und damit selbst verschuldet) zu haben, macht es somit nicht unbedingt leichter, mit ihnen zu leben. Im Gegenteil: Diese Vorstellung kann bittere Verzweiflung bis hin zum Selbsthass auslösen – Gefühle, die ihrerseits zum ‚Problem' werden können. Das, was geschehen ist, lässt sich nicht mehr rückgängig machen. Auch im Blick auf die Zukunft sind subjektive Krankheitstheorien mit ihrem überfordernden Druck der Verantwortlichkeit kaum entlastend. Wenn nicht nur die Entstehung, sondern auch der weitere Verlauf einer Erkrankung vom Verhalten des Betroffenen abhängt, muss er es dann nicht wiederum als persönliches Versagen ansehen, wenn sein Schmerz bestehen bleibt? Durch internale Attribuierungen dieser Art werden eben diejenigen kognitiv-emotionalen Prozesse begünstigt, die von verhaltenstherapeutisch orientierten Schmerztherapeuten als *Risikofaktoren* für Schmerzchronifizierung betrachtet werden: eine depressive Stimmungslage, Angst, Hilf- und Hoffnungslosigkeit sowie die Tendenz zu katastrophisierendem Denken (vgl. 4.2.).
Die Betonung von Eigenverantwortlichkeit ist an sich eine gute Sache, da sie den Betroffenen in seinem Bedürfnis nach autonomer Lebensführung bestärkt (vgl. 8.3.). Einen Menschen für Entstehung und Aufrechterhaltung seiner Schmerzen verantwortlich zu machen, ist jedoch psychologische Besserwisserei, die vor allem dem *Therapeuten* dient: Behandlungsschwierigkeiten können dem *Patienten* zugeschrieben werden – seiner mangelnden Motivation, seinem Schon- und Vermeidungsverhalten (vgl. 2.2.3.). Susan Sontag (1980, S. 62) bringt es ‚auf den Punkt': „Psychologische Krankheitstheorien sind machtvolle Instrumente, um die Schande auf die Kranken abzuwälzen."

Damit erinnern sie an die **Opfertheorie** der Sozialpsychologie, wonach ein Mensch nicht zufällig zum Opfer von Gewalt wird, sondern deshalb, weil er dem Täter bestimmte Signale gesendet hat. Bei dieser „Das-Opfer-ist-selbstschuld"- Argumentation wird das Opfer getadelt, damit das, was ihm widerfahren ist, nicht mehr ganz so unverständlich erscheint und die Welt auch weiterhin „als gerecht" angesehen werden kann (Montada 1995, S. 25): ‚Wenn Frau X. sich nicht so aufreizend verhalten hätte, wäre sie nicht vergewaltigt worden.' ‚Wenn Herr Y. nicht so negativ denken würde, wäre er seine Schmerzen längst los.' Wer den Opfern die Schuld an ihrem Leid zuschreibt, versucht, in der beruhigenden, wenn auch illusorischen Überzeugung zu leben, selbst von einem solchen Leid verschont zu bleiben: ‚Mir wäre das nicht passiert!' oder ‚Mir wird das nicht passieren! Denn ich denke und verhalte mich anders.'

Für Gesunde mag die Vorstellung tröstlich sein, Krankheiten und Schmerzen vermeiden oder überwinden zu können, sofern sie sich nur gut genug ernähren, sich ausreichend bewegen und positiv denken. Für Betroffene jedoch ist die Auffassung niederschmetternd, dass ihnen eben das *nicht* gelungen, ihr Schmerz somit der Preis (genauer: die Strafe) für ein falsch gelebtes Leben ist. Nun müssen sie nicht nur mit den Schmerzen leben, sondern auch noch mit der Schuld daran. Wie belastend diese Vorstellung ist, zeigt sich u.a. daran, dass die meisten Patienten - zumindest im ersten Moment - *erleichtert* reagieren, wenn ein organischer Befund entdeckt wird, der ihre Beschwerden erklärt: „Wenigstens trifft jetzt nicht mehr *mich* die Schuld an diesem Schmerz" (ein Schmerzpatient)!

Als *Beweis* dafür, dass der Schmerz eine gute Absicht verfolgt oder Ausdruck einer seelischen Fehlhaltung ist, werden hin und wieder Lebensgeschichten von Menschen erwähnt, die sich durch ihre Krankheit weiterentwickelt haben. Wenn einige Schmerzpatienten ihr Leben in bestimmter Hinsicht ändern, so muss das jedoch nicht zwangsläufig bedeuten, dass sie deshalb krank geworden sind, weil ihr früheres Leben falsch gewesen ist. Von der Wirkung auf die Ursache zu schließen, ist unzulässig – schon allein deshalb, weil eine Vielzahl *verschiedenster* Ursachen zu demselben Resultat führen kann und „das Schlussfolgern von den Wirkungen auf die Ursachen eine so schwierige Sache ist, dass allein Gott der Richter sein kann" (Eco 1982, S. 43). Wir können lediglich ein *Nach-* oder *Nebeneinander* von Ereignissen beobachten, aus diesem Nach- oder Nebeneinander jedoch nicht schließen, das eine Ereignis sei von dem anderen *bewirkt*.

2.1.3. Schmerz – unabdingbarer Bestandteil menschlicher Existenz

Wir müssen unser Dasein so weit, als es irgend geht, annehmen; alles, auch das Unerhörte, muss darin möglich sein. Das ist im Grunde der einzige Mut, den man von uns verlangt: mutig zu sein zu dem Seltsamsten, Wunderlichsten und Unaufklärbarsten, das uns begegnen kann.
(Rainer Maria Rilke 1994 a, S. 9)

Angesichts starker Schmerzen lösen sich theoretische Rückführungen auf unbewusste Motive ebenso auf wie romantische Bemäntelungen, die dem Schmerz eine höhere Absicht zu unterstellen suchen. Wenige Tage vor seinem Tod am 29.12.1926 schreibt Rainer Maria Rilke (1992, S. 241) sein letztes Gedicht. Es ist ein Entwurf geblieben:

Komm du, du letzter, den ich anerkenne,
heilloser Schmerz im leiblichen Geweb:
wie ich im Geiste brannte, sieh, ich brenne
in dir; das Holz hat lange widerstrebt,
der Flamme, die du loderst, zuzustimmen,
nun aber nähr' ich dich und brenn in dir.
Mein hiesig Mildsein wird in deinem Grimmen
ein Grimm der Hölle nicht von hier.
Ganz rein, ganz planlos frei von Zukunft stieg
ich auf des Leidens wirren Scheiterhaufen,
so sicher nirgend Künftiges zu kaufen
um dieses Herz, darin der Vorrat schwieg.
Bin ich es noch, der da unkenntlich brennt?
Erinnerungen reiß ich nicht herein.
O Leben, Leben: Draußensein.
Und ich in Lohe. Niemand, der mich kennt.

Die hier vermittelte Schmerzerfahrung macht eine Verklärung von Schmerz als Chance ebenso zunichte wie seine Rationalisierung als Folge seelischer Fehlhaltungen oder als Ausdruck verdrängter Motive. Der Körper ist mehr als ein ausführendes Organ geistiger Interessen, mehr als ein Vollstrecker unbewusster Wünsche. Der Schmerz ist weder „symptomatische Endstrecke eines psychogenen Konflikts" (Franz 1992) noch Folge dysfunktionalen Denkens. Er ist vielmehr ein komplexes Geschehen, das Gesetzen unterliegt, von denen wir trotz aller Fortschritte der Medizin längst noch nicht alle kennen, und über dessen Sinn wir höchstens spekulieren, nicht aber Wahrheiten verkünden können.[5] Schmerz gehört zur Natur des Menschen – ebenso wie es zu seiner Natur gehört, dass sich nach einem Schnitt im Gewebe Narben bilden und sich bei einer Entzündung die Leukozyten vermehren. Die Abläufe der Natur unterliegen eigenen Gesetzen: „Sie weiß gar nicht, die

---

[5] Die neurobiologischen Grundlagen des Schmerzes werden in Kapitel 5.5. beschrieben.

Natur, dass sie, nebenbei, *uns* Schmerzen macht, während sie sich da um ihre Ordnung bemüht und wehrt. Sie rechnet nicht mit unserem Bewusstsein, und deshalb ist's unsere Aufgabe, den Schmerz auch nicht in unserem Bewusstsein aufzulösen; er verträgt keine Auslegung" (Rilke 1994 a, S. 87). Statt den Schmerz zum Objekt von Spekulationen zu machen, sollten wir ihm mit *Respekt* und *Ehrfurcht* begegnen. Das Gefühl der Ehrfurcht ist dem der Furcht in einer Hinsicht ähnlich: Man hat das Empfinden, von etwas überwältigt zu sein (Kushner 1983). Doch ist Ehrfurcht - im Gegensatz zur Furcht - nicht mit dem Impuls zu Kampf oder Flucht verbunden. Man denkt nicht an sich selbst, an die eigene Unfähigkeit, mit der Situation fertig zu werden. Im Vordergrund steht vielmehr die Achtung vor dem, was größer ist als man selbst.

Dass Leben nicht nur Gesundheit und Glück, sondern immer auch Schmerzen und Leiden enthält, gehört zu den Kernaussagen *aller Religionen*. Man denke an den Lehrsatz des *Buddhismus*: „Das Leben ist Leiden" (Kapleau 1984, S. 42) oder an die Vorstellung des *Islam* vom Kismet (dem von Gott zugeteilten bzw. unabwendbaren Schicksal). Menschen leiden – und das ist normal. Auch im *Neuen Testament* wird kein theologischer Überbau des Leidens entworfen. Krankheit, Schmerzen und Leid sind unvermeidlich – ebenso wie Alter und Tod. Wer diese Seite des *Lebens* als Beschränkung auffasst, grenzt einen Teil des Lebens aus. Die einzig hier angebrachte Haltung ist die der *Akzeptanz*. Auch Philosophen, Schriftsteller und Gelehrte unterschiedlichster Kulturen und aller Zeiten haben gelehrt, das wirklich Unbeeinflussbare und Unvermeidbare *anzunehmen*. Schopenhauer (1987, S. 179 f.) beispielsweise schreibt: „Nichts aber wird uns zum gelassenen Ertragen der uns treffenden Unglücksfälle besser befähigen als die Überzeugung: Alles, was geschieht, vom Größten bis zum Kleinsten, geschieht *notwendig* ... Wer davon durchdrungen ist, wird zuvörderst willig tun, was er kann, dann aber willig leiden, was er muss." Nietzsche (1967 b, S. 428) geht noch einen Schritt weiter: Man sollte das Unvermeidbare nicht nur annehmen, man sollte es *lieben*: „Meine Formel für die Größe am Menschen ist *amor fati*: dass man nichts anders haben will, vorwärts nicht, rückwärts nicht, in alle Ewigkeit nicht. Das Notwendige nicht bloß ertragen, noch weniger verhehlen - aller Idealismus ist Verlogenheit vor dem Notwendigen -, sondern es *lieben* ..." Von dem indischen Dichter und Philosophen Rabindranath Tagore (in: Rampe 2004, S. 88) stammen die Verse:

Schicksal, ich folge dir freiwillig,
denn täte ich es nicht,
so müsste ich es ja dennoch unter Tränen tun.

Der deutsche Lyriker Eugen Roth (1950, S. 95) empfiehlt das Gleiche:

Rezept: Trag lieber gleich mit Lust,
was du doch schließlich tragen musst.

2. Weltanschauung und Menschenbild

Die Übereinstimmung zwischen Religionen, Philosophien, Dichtung und Literatur verschiedenster Zeiten und Länder ist erstaunlich – und berechtigt zu dem Schluss, dass *Zustimmung* ganz offensichtlich ein heilsamer Weg ist, um unabänderlichem Leid zu begegnen. Zustimmung bedeutet nicht, sich seinem Schicksal pessimistisch-passiv zu unterwerfen, vielmehr anzuerkennen, was nun einmal nicht zu ändern ist. Ein Therapeut, der diese Haltung vertritt, braucht das Leid seiner Patienten weder zu verdrängen noch zu rationalisieren – etwa durch Spekulationen über seelische Konflikte und unbewusste Motive. Er kann sich auf *alle* Empfindungen des Betroffenen einlassen – in dem Bewusstsein, dass menschliches Dasein immer auch dunkle Seiten hat, dass Schmerzen, Leiden und Sterben zu einem *jedem* Leben dazugehören. Wer den Schmerz psychologisiert und einseitig in die persönliche Verantwortlichkeit des Betroffenen stellt, distanziert sich von diesem. Wer den Schmerz dagegen als naturgegebenen Bestandteil des Lebens ansieht, kann sich mit dem Schmerzkranken solidarisieren, ist dieser doch von etwas betroffen, das jederzeit auch *ihn selbst* treffen kann. Denn der Schmerz ist keine Möglichkeit, die man *wählen* könnte, sondern eine *Wirklichkeit*, mit der man *leben* muss, ob man das will oder nicht.

Patienten, die mit dem Unabänderlichen einverstanden sind, können sich und ihr Leben auch *mit* dem Schmerz leichter bejahen als Patienten, die den Schmerz als zu bekämpfendes Übel und/oder als Folge persönlichen Fehlverhaltens verstehen. Wer seinem Schicksal begegnen kann - *so wie es ist* -, wer einsieht, dass die Frage nach der Gerechtigkeit irrelevant ist und es für den Schmerz, den er erleiden muss, keine Entschädigung gibt, der kann die im Kampf gegen das Schicksal geballten Fäuste wieder lockern, um mit geöffneten Händen das an Leben zu gestalten, was ihm noch gegeben ist. Im *Wie* dieser Gestaltung liegt die Freiheit des Menschen (Frankl 1987). Und in der Art, *so oder so* auf sein Schicksal zu reagieren, verwirklicht er das, was den Sinn seines ganz persönlichen Lebens ausmacht. Nicht für den *Schmerz* ist der Einzelne verantwortlich, sondern dafür, *wie er mit ihm umgeht*.

Dies alles ist geheim – so viel geheim
und man ist dazu da, dass man's erträgt,
und in dem „Wie" -
da liegt der ganze Unterschied.
(Richard Strauss: „Der Rosenkavalier")

Zusammenfassung

Die Frage nach dem Sinn kann, wenn überhaupt, nicht nach rückwärts, sondern nur nach vorwärts beantwortet werden – mit der Art und Weise, *wie* ein Mensch sein Leben mit anhaltendem Schmerz gestaltet. Die Frage nach dem Sinn der eigenen Schmerzen ist letztlich eine Frage nach dem Sinn des eigenen Lebens. Diese Frage kann nur von jedem Einzelnen beantwortet werden. Persönlich betrachte ich es als Sinn meines Lebens, meine Situation - so, wie sie nun einmal ist -, als *Herausforderung* anzunehmen, immer wieder neu herauszufinden, wie ich mit meinen Schmerzen möglichst gut leben, den mir verbliebenen Spielraum nutzen und meine persönlichen Fähigkeiten im Rahmen der bestehenden Grenzen einsetzen, vielleicht sogar noch entfalten kann.

2.2. Die Frage nach der Kontrollierbarkeit

Die Größe des Menschen ist darin groß, dass er sich als elend erkennt.
(Pascal)

Die Fortschritte der Medizin und Pharmakologie seit der zweiten Hälfte des 19. Jahrhunderts „haben zu einer Medikalisierung des Phänomens ‚Schmerz' geführt" (Müller-Busch 2004, S. 162), die Entwicklung psychologischer Bewältigungsprogramme in den letzten zwanzig Jahren zunehmend auch zu seiner *Psychologisierung*. Philosophische und erkenntnistheoretische Überlegungen werden in den modernen Schmerztheorien kaum oder gar nicht mehr berücksichtigt. So ist das Schmerzbewusstsein des 20. und 21. Jahrhunderts vor allem dadurch gekennzeichnet, dass Schmerz nicht mehr als unvermeidlicher Bestandteil des Lebens, sondern als vermeidbares Übel verstanden wird, das mit speziellen Mitteln und Verfahren bekämpft und nach Möglichkeit beseitigt werden muss. Aussagen von Schmerztherapeuten wie „Schmerzen müssen nicht sein" (in: Gesundheit 2005, S. 5), Titel von Audio-CDs und Büchern wie „Chronischen Schmerz bewältigen" (Glier 2002), „Den Schmerz besiegen" (Stein 1990), „Nie mehr Schmerzen" (Müller-Schwefe & Likar 2006) und Werbeslogans von Schmerzzentren wie „Chronische Schmerzen sind heilbar" (in: NOVA 1/2005, S. 17) suggerieren, dass Schmerzen besiegt, überwunden, geheilt werden können. Die solchermaßen geschürte Illusion der Kontrollierbarkeit von Schmerz wird unterstützt und genährt durch die **gesellschaftliche Überschätzung der Machbarkeit des Lebens**. Das Akzeptieren von Grenzen fällt schwer in einer Welt, in der gilt: ‚Nichts ist unmöglich'. Was aber, wenn der Betroffene sein Bestes getan hat und doch nicht eintritt, was er erhofft hat? Im Folgenden werden einige Varianten der Kontrollprämisse beschrieben, mit denen fast jeder Schmerzpatient im Verlauf seiner Erkrankung irgendwann einmal konfrontiert wird.

2.2.1. Die Lehre vom Positiven Denken

Ein Mensch kann zwar tun, was er will, aber nicht wollen, was er will.
(Arthur Schopenhauer)

Als entscheidender Schlüssel für ewige Gesundheit (ebenso wie für Erfolg im Beruf, Reichtum und Glück) gilt das so genannte **Positive Denken**. Das Prinzip des Positiven Denkens ist von Norman Vincent Peale

(1898 – 1993) entwickelt und durch psychologisch-esoterische Ratgeber in einem Maße verbreitet worden, dass es heutzutage zur allgemein anerkannten Lebensregel geworden ist. Sie beruht auf der Überzeugung, dass unsere Gedanken und Wünsche die Kraft haben, die äußeren Umstände zu beeinflussen, und uns nur das geschieht, was wir bewusst oder unbewusst gewollt, was wir mit unseren Gedanken herbeigeführt haben. Louise Hay beispielsweise behauptet, dass wir uns unsere Krankheiten durch bestimmte Gedankenmuster selbst erschaffen. In ihrem Buch mit dem viel versprechenden Titel „Heile Deinen Körper" (1990) verbindet sie Krankheitssymptome in Form einer Tabelle mit alten (krankmachenden) und neuen (gesundmachenden) Gedankenmustern: In der linken Spalte sind verschiedenste Krankheitssymptome von „Abszess" bis „Zystitis" alphabetisch angeordnet. In der mittleren Spalte werden die seelisch-geistigen Ursachen für das jeweilige Symptom angegeben, in der rechten Spalte die symptombeseitigenden Gedanken. Zum „Problem" *Dauerschmerz* ist zu lesen (ebd. S. 20):

Problem	*Wahrscheinlicher Grund*	*Neues Gedankenmuster*
Dauerschmerz	Sehnsucht nach Liebe und Halt.	Ich liebe und akzeptiere mich. Ich bin liebevoll und liebenswert.

Auch Joseph Murphy (1983, S. 52 f.) ist von der Kraft des menschlichen Geistes überzeugt und verkündet: „Bedenken Sie, dass Sie lediglich jene Chancen haben, die Sie sich selbst schaffen. Diese Chancen aber haben Sie Ihr ganzes Leben lang! Beginnen Sie jetzt gleich damit, den unerschöpflichen, unendlichen Vorrat in Ihrem Inneren anzuzapfen, und Sie werden feststellen, dass Sie vorankommen, dass Wohlstand für Sie selbstverständlich wird und dass Sie höher steigen, Gott entgegen." Genau besehen handelt es sich bei Versprechungen dieser Art um wohlklingende Worthülsen, die allein schon deshalb nicht zu befolgen (und damit auch nicht zu widerlegen) sind, weil sie wenig konkret und mehrdeutig sind. Um welchen „Vorrat" handelt es sich? Wie „zapft" man ihn an? Was bedeutet „höher steigen, Gott entgegen"?
Der Glaube an die Macht der Gedanken entspringt einem *magischen Weltbild*, vergleichbar etwa der Vorstellung, dass sich Frömmigkeit in Form von Reichtum, Gesundheit und Glück auszahlen wird – gemäß dem Motto: „Gott ist mit dem Tüchtigen." Ein gottesfürchtiges Leben jedoch stellt keine Versicherung gegen Unglück dar – ebenso wenig wie positives Denken eine Garantie für Schmerzfreiheit ist. Es gibt kein angestammtes Recht auf ein gesundes und schmerzfreies Leben. Es gibt nur spektakuläre Fallgeschichten von Menschen, die es angeblich durch die Kraft ihrer Gedanken geschafft haben, ihre Schmerzen zu überwinden. Auf Schmerztherapiestationen sind solche Geschichten im Umlauf, um Zuversicht und Motivation der Patienten zu stärken: „Auch ihr könnt es schaffen!" Doch man kann nicht einfach *beschließen*, schmerzfrei zu sein. Viele Menschen werden nicht gesund, *obwohl* sie positiv ge-

dacht, *obwohl* sie gewollt haben – sehr sogar! Die Auffassung, dass positive Gedanken den Schmerz verringern oder gar zum Verschwinden bringen können, ist so naiv wie der Glaube von Kindern, dass man nur die Augen zu schließen brauche, um unsichtbar zu werden, dass sich das eigene Schicksal zum Guten wende, wenn man beim Gehen nicht auf die Fugen zwischen den Steinplatten tritt. Sätze wie „Alles kann, wer will!", „Jeder ist seines Glückes Schmied" zeugen von einer grandiosen Überschätzung persönlicher Einflussmöglichkeiten auf das eigene Leben, die zum Hohn wird angesichts von Menschen, die gesund werden *wollen* – und dennoch unsägliche Schmerzen erleiden müssen. Gesundheit als Willenssache? Welch ein Hochmut! Welch ein Druck auf die Kranken! Die Vorstellung, dass wir all das, was uns geschieht, *selbst* bewirkt haben, ist destruktiver Allmachtsglaube, der es erschwert, sich mit dem Gedanken zu versöhnen, dass nicht jede Krankheit geheilt, nicht jeder Schmerz gelindert werden kann, und dass die in den Medien verbreitete Zusage „Heutzutage muss niemand mehr Schmerzen erleiden" einem Wunschdenken, nicht aber der Realität entspricht.

Welche Auswirkungen das Konzept des Positiven Denkens auf Betroffene haben kann, zeigen die Worte einer Schmerztherapeutin, als sie selbst schwer erkrankt: „Die Problematik des positiven Denkens erlebe ich nun selbst. Mit diesem Muss setzt die Umwelt den Kranken unter Druck, der Momente hat, in denen er beim besten Willen nicht positiv denken kann, andererseits lebt er im Bewusstsein der Notwendigkeit des positiven Denkens für die Gesundung. Insgesamt hinterlässt das Unvermögen eine Unsicherheit und das schlechte Gewissen: ‚Ich mache zu wenig für mich selbst, um gesund zu werden'."

2.2.2. *Das Fakir-Modell*

Der von Larbig psychophysiologisch untersuchte und dadurch berühmt gewordene Fakir gab in einem Gespräch allerdings zu, mit seinen Kopfschmerzen ganz und gar nicht „fakirmäßig" umgehen zu können und zeigte auffälliges Schmerzverhalten.
(Birgit Kröner-Herwig 2000, S. 133)

Der kognitiv-verhaltenstherapeutische Ansatz der Schmerztherapie beruft sich zwar nicht auf esoterisches Gedankengut, betont jedoch ebenfalls den Einfluss kognitiver Prozesse auf die Schmerzerfahrung – „und zwar bei jeglicher Art von Schmerz, d.h. auch bei Schmerzen mit erwiesener organischer Grundlage (z.B. Schmerz bei chronischer Polyarthritis, Tumorschmerz" (Flor & Hermann 2004, S. 589). Als Beweis für die prinzipielle Kontrollierbarkeit von Schmerz wird auf **Fakire** verwiesen, die angeblich allein durch Konzentration ihrer Gedanken einen Bewusstseinszustand herbeiführen können, „in welchem jede Schmerzempfindung ausgeschaltet ist" (Weber 1991, S. 48). Fakireigenschaften wie Entspannung und Aufmerksamkeitslenkung sind ohne Zweifel hilfreich im Umgang mit *zeitlich begrenzten* Schmerzen. Gegenüber *anhaltend* starken Schmerzen jedoch erweisen sie sich als unzureichend, allein schon deshalb, weil die *Umstände* unter denen ein Fakir seine Schmerzen kontrolliert, nicht mit den Bedingungen bei *chronischen Schmerzen* verglichen werden können:

– Fakire kennen sich in der Anatomie des Körpers sowie in physikalischen Gesetzmäßigkeiten aus, d.h. sie wissen, wie ein bestimmter Reiz am *günstigsten* (schonendsten) zu setzen ist.
– Fakire setzen sich den Reiz *selbst* und können ihn jederzeit wieder *beenden*.
– Fakire sind dem Reiz (z.B. dem Nagelbrett) nicht 24 Stunden am Tag, 365 Tage im Jahr ausgesetzt, sondern nur für eine *begrenzte* Zeitspanne, in der maximale Entspannung und Aufmerksamkeitslenkung möglich sind.

In ihrem Buch „Was macht der Fakir auf dem Nagelbrett?" weisen der Nobelpreisträger Georges Charpak und sein Physiker-Kollege Henri Broch (2003) ebenso humorvoll wie anschaulich nach, dass die ungewöhnlichen Taten der Fakire weniger auf ihrer Geisteskraft beruhen, als vielmehr auf dem bewussten Ausnutzen *physikalischer Gesetze*. Das Geheimnis des Nagelbretts beispielsweise liegt in der Anzahl der Nägel: „Je mehr Nägel das Brett hat, umso komfortabler ist es. Niemand, nicht einmal ein großer indischer Fakir, könnte sich auf zwei oder drei Nägeln ausstrecken. Sobald die Nägeldichte dagegen so hoch ist, dass der Druck, den der Körper auf die einzelnen Nägel ausübt, hinreichend schwach ist und die Nägel sich nicht in den Körper bohren, ist das Ganze ein Kinderspiel" (ebd. S. 68). Auch die Fähigkeit, über glühende Kohlen zu gehen (das berühmte Feuerlaufen), ist nicht auf die Macht bestimmter Gedanken zurückzuführen, sondern auf „elementare physikalische Faktoren": „die Zeit, die Isolation, den sphäroidalen Zustand, die Wärmekapazität und die Wärmeleitfähigkeit" (ebd. S. 79). Selbst Wolfgang Larbig (1999, S. 52) - bekannt durch seine Feld- und Laborstudien an Fakiren - kommt nach einer Untersuchung an Feuerläufern in Nordgriechenland zu dem Schluss, dass für das Fehlen aktueller Schmerzen vor allem geschicktes *Laufverhalten* verantwortlich ist: „Bei schlechtem Laufverhalten sind massive Verbrennungen möglich", weshalb der Feuerlauf eher „als Mutprobe für erwartete Schmerzen und nicht in jedem Fall als Schmerzkontrollsituation" anzusehen ist. Der Feuerläufer vermag Erstaunliches – nicht aber, weil er positiv denkt, sondern weil er sich die Naturgesetze zunutze macht.
Aussagekräftiger im Hinblick auf Schmerzkontrollprinzipien sind Larbigs neurophysiologische Untersuchungen an einem Fakir während kleinerer Operationen (z.B. einer Blinddarmoperation oder Zahnbehandlung), die ohne Anästhesie durchgeführt wurden. Sowohl in Felduntersuchungen als auch in kontrollierten Laborexperimenten zeigten sich bei EEG-Ableitungen „vor und während der Schmerzreizung starke Verlangsamungen der Hirnströme vor allem über Hirnabschnitten, die mit der Schmerzverarbeitung befasst sind" (Larbig 1999, S. 56). Die deutlich erhöhte Thetaaktivität ähnelte „EEG-Mustern in verschiedenen Schlafstadien" sowie „in tiefen Entspannungs- und Meditationszustän-

den ..., in denen vermutlich die Schmerzempfindlichkeit ebenfalls stark herabgesetzt ist" (ebd.). Auf die Möglichkeit, sich durch mentale Fixation, d.h. durch bewusste Konzentration auf bestimmte Themen, in eine Art *Mikroschlaf* zu versetzen, haben bereits Hypnoseforscher verwiesen: Während Sensorik und Motorik erhalten bleiben, werden Schmerzreize nicht mehr wahrgenommen – ein Phänomen, das als **Dissoziation zwischen Körper und Geist** bezeichnet wird. Eine solche Ablösung von sich selbst kann - unabhängig von willentlicher Aufmerksamkeitslenkung - auch in Situationen eintreten, die ein Mensch seelisch oder körperlich nicht mehr ertragen kann. Neurowissenschaftler führen die Trennung von Körper und Geist auf die Ausschüttung körpereigener Opiate, so genannter Endorphine, zurück (vgl. 5.5.). Wie auch immer es zur Dissoziation zwischen Körper und Geist kommt – ob durch willentliche Aufmerksamkeitslenkung oder durch autonome Freisetzung von Endorphinen: die damit verbundenen Erfahrungen lassen sich, wenn überhaupt, nur eingeschränkt auf den alltäglichen Umgang mit *chronischen Schmerzen* übertragen:

– Zur *endorphinbedingten* Dissoziation zwischen Gehirn und Körper kommt es nur in *extremen* Schmerzsituationen. Der chronische Schmerz jedoch ist überwiegend von *mittlerer*, mitunter auch *starker*, nur selten jedoch von *extremer* Intensität.

– Der von Larbig (1999, S. 53) untersuchte Fakir setzte sich für jeweils „ca. 30 Minuten" einem bestimmten Schmerzreiz aus. Chronischer Schmerz dagegen ist *von Dauer*. Auch immer wiederkehrende Schmerzphasen (z.B. Migräneattacken oder Gichtanfälle) dauern meist *länger* als 30 Minuten. Betroffene können sich jedoch nicht stunden- oder tagelang in einen Mikroschlaf versetzen – es sei denn auf Kosten einer ‚normalen' Lebensführung.

– Gewöhnlich bestimmt der Fakir selbst die *Bedingungen*, unter denen er sich dem Schmerzreiz aussetzt. Er selbst fügt sich den Schmerz zu. Zum Wesen chronischer Schmerzen jedoch gehört, dass sie nicht selbst zugefügt sind und auch nicht jederzeit wieder beendet werden können: „Wenn man sich einer Situation unkontrollierbar ausgeliefert fühlt, werden dieselben unangenehmen Reize, wie etwa Lärm oder Schmerzen, als deutlich unangenehmer erlebt, als wenn man denselben Reizen ausgesetzt wird im Bewusstsein, sie vermeiden, abstellen oder verringern zu können, wenn man wollte" (Grawe 2004, S. 244). Auch willentliche Aufmerksamkeitslenkung fällt in einer *selbst gestalteten* Situation wesentlich leichter als in einer Situation, die durch eine Vielzahl *unbekannter Variablen* gekennzeichnet ist.

– Unerlässliche Voraussetzung für Schmerzkontrolle bei von außen zugefügten Schmerzreizen sind ausführliche *Informationen* über den Schmerz (seine Dauer, Art und zu erwartende Stärke). Larbig (1999, S. 58) erwähnt, dass ‚sein' Fakir „über starke Schmerzen (berichtete), wenn er vor medizinischen Eingriffen kaum Informationen erhielt." Die Situation chronisch Schmerzkranker ist durch ein hohes Maß an *Ungewissheit* gekennzeichnet. Über den weiteren Verlauf der Schmerzen, ihre Dauer und Intensität gibt es - je nach Krankheitsbild - bestenfalls Erfahrungswerte, deren Gültigkeit für den einzelnen Patienten jedoch meist erst im Nachhinein bestimmt werden kann.

Zusammengefasst: Bei chronischen Schmerzen fehlen wesentliche Voraussetzungen, die Fakire für ein Gelingen ihrer ‚Schmerzdemonstrationen' benötigen. Das Fakir-Verhalten ist hilfreich für den Umgang mit *kurzdauernden* Schmerzen. Als Modell für die subjektive Kontrolle *chronischer* Schmerzen kann es jedoch *nicht* gelten. Im Gegenteil: Durch eine Überbetonung von Fakir-Eigenschaften werden überhöhte Erwartungen an die Kraft der eigenen Vorstellung und Aufmerksamkeitslenkung geweckt, die den Betroffenen unter Druck setzen, Anspannung und Versagensängste steigern und damit die Voraussetzungen für einen konstruktiven Umgang mit dem Schmerz eher verschlechtern können. Wie wenig sich das Fakirverhalten als Modell für den *alltäglichen* Umgang mit *länger* anhaltenden Schmerzen eignet, bestätigte der von Larbig untersuchte Fakir selbst, indem er zugab, „mit seinen Kopfschmerzen ganz und gar nicht ‚fakirmäßig' umgehen zu können" (Kröner-Herwig 2000, S. 133)!

2.2.3. Schmerzbewältigungsprogramme

Nur dieses Wort „bewältigen" müsste bewältigt werden.
(Erich Fried 1995, S. 23)

Die im Rahmen psychologischer Schmerztherapie entwickelten Schmerzbewältigungsprogramme bauen auf der **Gate-Control-Theorie** von Melzack und Wall (1965) auf, wonach im Zentralen Nervensystem vier Systeme voneinander unterschieden werden können, die die Schmerzverarbeitung entscheidend beeinflussen (vgl. Weber 1991, S. 31-32):

- Das *Eintrittskontrollsystem* im Hinterhorn des Rückenmarks (als ‚Einfallstor' fungierend): Hier werden die von der Peripherie eintreffenden Schmerzreize vor ihrer Weiterleitung zum Gehirn abgeschwächt oder verstärkt.
- Das *sensorisch-diskriminierende System* in der Großhirnrinde: Hier werden die eintreffenden Afferenzen bezüglich Lokalisation, Dauer und Intensität analysiert.
- Das *motivierend-affektive System* im Stammhirn (v.a. im Thalamus sowie im limbischen und retikulären System): Hier wird über den Schmerz-Charakter entschieden, von dem wiederum die Reaktion auf den Schmerzreiz abhängig ist (z.B. Zurückziehen der Hand von einer heißen Herdplatte).
- Das *zentrale Kontrollsystem* im Großhirn: Hier werden die gesammelten Schmerzinformationen bewertet und beeinflusst – entsprechend der Bewusstseinslage und Aufmerksamkeit des Betroffenen, entsprechend früherer Schmerzerfahrungen sowie seiner aktuellen Situation.

Für die *Praxis* der Schmerztherapie liegt die Bedeutung der Gate-Control-Theorie vor allem in der Unterscheidung eines sensorischen, affektiven und kognitiven Subsystems bei der Schmerzverarbeitung sowie in der Aussage, dass die Schmerzerfahrung durch affektive und kognitiv-evaluative Faktoren *abgeschwächt* oder *verstärkt*, das Schmerztor durch bestimmte Gedanken und Gefühle geöffnet, durch andere Gedanken und Gefühle geschlossen werden kann:

„*Geöffnet* wird dieses Tor und damit die Schmerzintensität durch Traurigkeit, Hoffnungslosigkeit, ängstliche Selbstbeobachtung, Sorgen, ständiges Nachdenken über den Schmerz, Ängste, Anspannung, innere Unruhe und Langeweile. Diese Stimmungen und Gedanken lassen sich von uns selbst beeinflussen. Entsprechend können wir das Tor *schließen* durch Entspannung, Zuversicht, Selbstvertrauen, Hoffnung, Freude, Interesse am Leben, Aktivitäten, Ablenkung durch angenehme Tätigkeiten oder Gedanken und durch die Überzeugung, den Schmerz bewältigen zu können" (Lieb & von Pein 1990, S. 80).

Die neurophysiologischen Grundannahmen der Theorie sind schon früh bezweifelt, inzwischen zum Teil sogar widerlegt worden (u.a. die Kernannahme über den spinalen Gate-Mechanismus). Zudem beschreibt die Theorie „*singuläre* Schmerzepisoden und bleibt gegenüber fortdauernden Schmerzen mit ihren mannigfaltigen psychischen und psychosozialen Bezügen zu undifferenziert" (Geissner 1992, S. 30). Dennoch gehört sie zum wesentlichen Bestand von Schmerzbewältigungsprogrammen. Warum? Weil sie das beruhigende (wenn auch illusorische) Gefühl vermittelt, dass Schmerzen kontrolliert werden können. Weil Menschen das Bedürfnis haben, für unbekannte Phänomene eine Erklärung zu finden: „Etwas Unbekanntes auf etwas Bekanntes zurückführen, erleichtert, beruhigt, befriedigt, gibt außerdem ein Gefühl von Macht. Mit dem Unbekannten ist die Gefahr, die Unruhe, die Sorge gegeben, – der erste Instinkt geht dahin, diese peinlichen Zustände *wegzuschaffen*. Erster Grundsatz: irgendeine Erklärung ist besser als keine" (Nietzsche 1967 a, S. 349). Das Motto „*irgendeine Erklärung ist besser als keine*" gilt offensichtlich auch für die Gate-Control-Theorie. Pfingsten (2001, S. 495 f.) beispielsweise behauptet: „Die Vermittlung der wissenschaftlichen Korrektheit des Modells ist ... von geringerer Bedeutung; wichtiger ist, dass die Erklärungen für die Patienten verständlich sind und möglichst viele ihrer Erfahrungen aufgreifen."[6] Abgesehen von ihrer wissenschaftlichen Fragwürdigkeit zeugen Argumentationen dieser Art von einer erheblichen Geringschätzung, wenn nicht gar Missachtung der Patienten.

---

[6] Ähnlich argumentieren Jungnitsch & Stöveken (1994, S. 147): „Diese (die Gate-Control-Theorie) wird aus pragmatischen Gründen eingesetzt, da es weniger darauf ankommt, ein physiologisch richtiges als ein subjektiv stimmiges Modell in der therapeutischen Arbeit zu verwenden."

Neben der Gate-Control-Theorie erscheinen auch andere Grundannahmen von Schmerzbewältigungsprogrammen mehr oder minder ‚zweifelhaft'. Folgende Aspekte menschlichen Seins werden zu wenig berücksichtigt.

- **Die Relativität von ‚richtig' und ‚falsch'**

Etwas absolut Gutes oder Schlechtes gibt es nicht. Es gibt nur das Gute oder Schlechte - den Schaden im Sinne des Glücks oder Leids -, das unsere Gedanken und Handlungen uns selbst oder anderen zufügen.
(Allan Wallace, in: Goleman 2003, S. 127)

Verhaltenstherapeutisch orientierte Schmerztherapeuten bezeichnen „eine katastrophisierende Verarbeitung des Schmerzgeschehens, eine depressive Affektivität und dysfunktionale Bewältigungsprozesse in Verbindung mit behavioralem Vermeidungsverhalten (Rückzugs- und Schonverhalten) als wichtige Determinanten der Beeinträchtigung und der Inanspruchnahme des Gesundheitssystems" (Kröner-Herwig, in: Brunner & Schmatz 2003, S. 3). Aussagen wie diese erwecken den Anschein von Objektivität und täuschen eine Eindeutigkeit vor, die in Wirklichkeit nicht gegeben ist. Was genau zum Beispiel sind „dysfunktionale Bewältigungsprozesse"? Ebenso mehrdeutig ist das Ziel einer Schmerztherapie, bei dem negative und positive Kognitionen zum Dreh- und Angelpunkt misslungener bzw. erfolgreicher Schmerzbewältigung gemacht werden: Schmerzbezogene negative Gedanken sollen abgebaut und durch positive Affirmationen, so genannte Schmerzbewältigungskognitionen, ersetzt werden (Flor & Hermann 2004). Damit wird impliziert, dass es so etwas wie ‚falsche' und ‚richtige' Gedanken gibt.
Wer aber bestimmt, welche Gedanken *positiv* (und deshalb *richtig*) oder *negativ* (und deshalb *falsch*) sind? Was ist überhaupt ‚richtig' bzw. ‚falsch'? Wenn ein Patient beispielsweise eine Einladung zu einem Besuch erhält und denkt „Ich schaffe das nicht", handelt es sich dann um eine negative, dysfunktionale Selbstinstruktion? Oder entspricht dieser Gedanke einer realistischen Einschätzung seiner Kräfte bzw. Grenzen? Der *Kontext* entscheidet über die Antwort, d.h. der gleiche Gedanke kann für den einen Menschen richtig, für den anderen falsch sein. Das gleiche Verhalten kann zu einem bestimmten Zeitpunkt (in einer bestimmten Situation) funktional, zu einem anderen Zeitpunkt (in einer anderen Situation) dagegen dysfunktional sein. Auch ist die Einschätzung eines Gedankens bzw. einer Verhaltensweise als ‚richtig' oder ‚falsch' eine höchst *subjektive* Angelegenheit, abhängig von den persönlichen Wertsetzungen desjenigen, der dieses Urteil fällt, sowie von seiner Wertschätzung gegenüber der Person, deren Verhalten er bewertet. Die Frage lautet also nicht, ob ein Gedanke richtig oder falsch, funktional oder dysfunktional ist, sondern: *Für wen und in welchem Zusammenhang ist der Gedanke funktional bzw. dysfunktional?* In Schmerzbewältigungs-

gruppen wird der entscheidungswichtige Kontext zu wenig berücksichtigt. Stattdessen werden Listen mit „Positiven Gedanken" verteilt, wodurch suggeriert wird, dass es kontextunabhängige, *absolut* richtige Gedanken gibt, wie zum Beispiel:

– Ich werde den Schmerz schon in den Griff bekommen.
– Ich bin stärker als der Schmerz.
– Kopf hoch - ich schaffe es.
– Bald scheint auch für mich die Sonne wieder.
   (aus einem Merkblatt: „Positive Gedanken bei Schmerz")

Selbstinstruktionen wie diese „beruhen auf der Meinung, dass man ‚mit etwas Willensstärke' seine Lage verbessern kann und dass es daher von einem selbst abhängt, zwischen Normalität und Elend zu wählen. Diese Annahme ist aber nichts anderes als eine Illusion von Alternativen" (Watzlawick et al. 1967, S. 220). Nicht jeder negative Gedanke ist zugleich auch dysfunktional. Beispielsweise kann der negative Gedanke „Ich schaffe das nicht" vor schädigender Überforderung warnen, während der positive Gedanke „Ich schaffe es" zu einer Überschätzung der eigenen Kräfte führen und eben dadurch dysfunktional sein kann. Der Betroffene hat dann nicht nur den Schaden, sondern muss sich zudem noch als Versager fühlen: Er hat *nicht positiv genug* gedacht. Wer sein Denken dauernd zu kontrollieren versucht, traut irgendwann seinen Gedanken und Gefühlen nicht mehr – und verliert schließlich jede Spontaneität. Zudem sind negative Gedanken und Gefühle für die seelische Gesundheit ebenso wichtig wie positive! Denn sie entsprechen der Realität des Lebens, das nicht nur aus Sonnenschein, sondern auch aus Regen besteht. Oft stellt sich erst im Nachhinein heraus, was für einen bestimmten Menschen *wirklich* ‚positiv' gewesen ist. Aufs Ganze gesehen sind Sonne und Regen für unser Überleben gleichermaßen wichtig. Negativ wird beides nur in seinem *Übermaß*, in seiner *Einseitigkeit*.

• **Leben ist Leiden**

Verleugnung verbannt die überall stattfindende schwer ermessbare Mühe und Arbeit, die mit der Bewältigung von chronischem Kranksein verbunden sind, in die Verborgenheit privater Beziehungen.
(Manfred Zaumseil 2000, S. 18)

Positive Sätze wie „Bald scheint auch für mich die Sonne wieder" können wie Hohn klingen angesichts einer Situation, die alles andere als positiv ist. Chronische Schmerzen führen in vielen Fällen zum Verlust des Arbeitsplatzes, zu finanziellen Schwierigkeiten und einer Reduzierung sozialer Kontakte. Aufenthalte in Krankenhäusern, Rehabilitationskliniken oder schmerztherapeutischen Einrichtungen reißen den Betroffenen wiederholt aus seinem vertrauten Umfeld. Einige Aufgaben des Alltags können gar nicht mehr, andere nur mit vermehrten Schmerzen erledigt werden. Vieles wird anstrengend. Selbst Situationen, die der Betroffene früher genossen hat, werden jetzt zur Belastung. Nebenwirkungen von Schmerzmitteln wie Müdigkeit, Übelkeit und Schwindel sind ein hoher Preis für ein oft nur geringes Maß an Schmerzlinderung, da sie das Gesamtbefinden mitunter ebenso einschränken können wie der Schmerz (vgl. 3.3.5.). Über allem schwebt die Bedrohung der Lebensperspektive, das Nicht-Wissen, wie es weitergeht: „Zu unterstellen, man könne vom ‚homo patiens' (Leidenden) in dieser Situation ‚positives Denken' verlangen, mit dem sich vielleicht Bagatellen von Schlaf-, Konzentrations-, Lern- und Leistungsstörungen, Kollegenärger und Kommunikationsunfähigkeit abbauen lässt, ist wissenschaftlicher Unsinn" (Trautmann 1990, S. 164). Nicht nur wissenschaftlicher Unsinn, auch Überheblichkeit, die den Betroffenen in seinem Leid allein lässt. Wie kann ein Mensch über seine Angst, Trauer und Verzweiflung reden, wenn ihm dies als Katastrophisierung und Dramatisierung vorgehalten und er zur Entwicklung von Bewältigungskognitionen aufgefordert wird? Eine solche Aufforderung kommt nicht selten der Aufforderung gleich, das Leid zu verdrängen. Wenn aber Leiderfahrungen des Lebens nicht mehr zugelassen werden dürfen, schwinden häufig auch Kraft und Intensität positiver Gefühle wie z.B. Freude, Neugier und Mut. Es gibt zu denken, „dass gerade jene Gesellschaften, die als Wohlfahrtsstaaten bezeichnet werden und in denen das Leid stark zurückgedrängt wurde, besonders hohe Suizidraten aufzuweisen haben" (Scholl 1990, S. 126). Das Leid ist nicht einfach ‚weg', wenn es von positiven Affirmationen ‚zugedeckt' wird – es wird nur nicht mehr offen *ausgedrückt*, weil es in den Geruch des ‚Falschen', mit einem Makel Behafteten geraten ist. Was aber nicht ausgesprochen werden kann, wirkt oft im Geheimen und entfaltet dort eine unvorhersehbare Macht.

Die einseitige Betonung von Bewältigungskognitionen beinhaltet ein „*Nein*" zu allem, was nur ein wenig nach Angst, Trauer, Wut oder Verzweiflung klingt. Wahrhaft ‚positives' Denken dagegen zeigt sich darin, *wahrzunehmen*, was ist, und das Leben *trotzdem* zu bejahen. Mit dem Leidvollen einer Situation kann sich nur auseinandersetzen, wer es zunächst einmal zur Kenntnis nimmt: „Ja, das *ist* traurig!", „Ja, das *macht* mir Angst!" Wahrhaft ‚positives' Denken besteht aus mehr als einer Ansammlung von Bewältigungssätzen, ist vielmehr Ausdruck und Folge einer *grundsätzlichen Anerkennung aller Aspekte des Lebens* (vgl. 2.1.3.).

- **Vorerfahrungen**

In früherer Zeit durchgemachte Schmerzerfahrungen können - auch nach vielen Jahren - in seelischen Belastungssituationen reaktiviert werden und dann chronische Schmerzen „ohne Befund" hervorrufen.
(Joachim Bauer 2004, S. 161)

Eine „positive bewältigende Einstellung dem Schmerz gegenüber" (Flor & Hermann 2004, S. 590) lässt sich nicht *willentlich* erzeugen, indem man sich die schmerzverstärkenden Folgen dysfunktionaler Gedanken verdeutlicht, negative Gedanken unterdrückt und sich in positiven Autosuggestionen übt. Der Glaube an die Macht von Bewältigungskognitionen überschätzt die Bedeutung der Rationalität, unterschätzt die Bedeutung früherer Erfahrungen. Neurowissenschaftlichen Untersuchungen zufolge wird die Schmerzverarbeitung eines Menschen in hohem Maße von den *Erfahrungen* bestimmt, die er in seinem Leben gemacht hat: Schmerz- und Gewalterfahrungen in der Vergangenheit erhöhen das Risiko, später einmal chronisch schmerzkrank zu werden (vgl. 5.6.2.). Nicht nur intensive, auch schwächere, aber *wiederholte* Schmerzreize hinterlassen eine ‚Inschrift' im Körper, so genannte *Schmerzengramme*, die lange Zeit stumm bleiben, bei einem erneuten Schmerzreiz jedoch wieder zu feuern beginnen können (Bauer 2004). Positive Selbstinstruktionen sind hilfreich. Doch auch noch so viele Wiederholungen von Bewältigungskognitionen können Schmerzengramme nicht einfach auslöschen.

- **Die körperliche Bedürftigkeit des Menschen**

Der Mensch ist nicht zuletzt auch ein materielles Ding, leicht zu zerstören und gar nicht so leicht wieder zu heilen.
(McEwan 2002, S. 436)

Viele Empfehlungen kognitiv orientierter Schmerztherapeuten scheinen einem ‚Gesetz' verpflichtet, wonach alle Materie dem Geist folgt. Meichenbaum beispielsweise entwickelte ein Schema zum „Umgang mit dem Schmerz", in dem es u.a. heißt: „Versuche nicht, den Schmerz vollkommen auszuschalten, halte ihn unter Kontrolle" (in: Schneider 1994, S. 106). Wie aber macht man das – den Schmerz „unter Kontrolle" halten? Mit Aufforderungen dieser Art wird ein entscheidendes Merkmal menschlicher Existenz geleugnet – die *körperliche* Bedürftigkeit. Zwischen biologischen, kognitiven und emotionalen Prozessen besteht eine enge Beziehung – jedoch nicht im Sinne von Linearität, sondern im Sinne *zirkulärer Wechselseitigkeit*, bei welcher der Körper den Geist ebenso beeinflusst wie umgekehrt der Geist den Körper. Die Überschätzung persönlicher Einflussmöglichkeiten auf anhaltenden Schmerz geht einher mit einer mangelnden Berücksichtigung **neurobiologischer Steuerungsmechanismen**, die im Kapitel *Neurobiologische Grundlagen* (5.) ausführlich beschrieben werden. Hier einige Erkenntnisse, die insbesondere im Hinblick auf die *Kontrollprämisse* von Bedeutung sind:
– Gefühle sind – vereinfacht ausgedrückt – *geistige Manifestationen von Körperzuständen* (Damasio 2003). Sie beruhen auf *neuronalen Mustern* (Kartierungen) im Gehirn, die im Allgemeinen durch unsere jeweilige *körperliche Verfassung* ausgelöst werden. Physiologische Unregelmä-

ßigkeiten führen zu Aktivitätsmustern, die mit Gefühlen der Trauer, Niedergeschlagenheit oder Angst verbunden sind. Befinden sich die physiologischen Abläufe in unserem Organismus in einem harmonischen Gleichgewicht, entstehen neuronale Kartierungen, die mit Gefühlen der Freude und Zufriedenheit einhergehen. Trauer, Freudlosigkeit und Angst im Falle chronisch starker Schmerzen können somit nicht ausschließlich auf negative Gedanken zurückgeführt werden, da sie immer auch Folge und Ausdruck *körperlicher Disharmonien* sind.
- Die Tendenz zu überwiegend positiven oder überwiegend negativen Emotionen ist zum großen Teil *angeboren*. Bereits Säuglinge unterscheiden sich in ihrem Ruhe-EEG voneinander. Einige weisen eine mehr rechtsseitige, andere eine überwiegend linksseitige Aktivierung der Stirnlappen auf. In einer Untersuchung von Davidson und Fox (1989) wurden zehn Monate alte Babys für ein paar Minuten von ihrer Mutter getrennt. Babys, bei denen sich eine verstärkte Aktivität im rechten Stirnhirn nachweisen ließ, reagierten mit eindeutigen Anzeichen einer negativen Emotionalität (z.B. Weinen). Babys mit überwiegend linksseitiger Aktivierung blieben dagegen ruhig. Untersuchungen an Erwachsenen bestätigen, dass Personen mit einer deutlichen Aktivierung in der rechten frontalen Rinde auf emotional negative Situationen stärker reagieren als Personen mit linksseitiger Aktivierung (vgl. Goleman 2003). Negative Emotionalität ist also nicht nur eine Frage dysfunktionalen Denkens. Es gibt vielmehr „eine genetische Grundlage für eine Disposition zu negativen Emotionen und zu einem auf Abwehr, Hemmung und Vermeidung ausgerichteten Verhalten mit einer spezifischen neuronalen Grundlage" (Grawe 2004, S. 272). Diese Disposition ist zwar kein unbeeinflussbares Schicksal, stellt jedoch in Kombination mit entsprechenden Umwelteinflüssen ein erhöhtes Risiko dar. Trifft die ererbte Veranlagung zu ängstlicher Erregbarkeit auf ungünstige Lebensbedingungen, kommt es vermehrt zu negativen Emotionen und damit verbundenem Vermeidungsverhalten.
- Die *gedankliche* Reizverarbeitung im Gehirn erfolgt etwas *langsamer* als die *emotionale*, d.h. Bewältigungskognitionen reichen nicht aus, um automatisierte emotionale Reaktionen zu verändern: Springt uns eine hinter Glas gehaltene Schlange oder Spinne an, zucken wir erschrocken zurück, obgleich uns der Verstand sagt, dass wir durch das Glas geschützt sind, obgleich wir uns vorgenommen haben können, *nicht* zu erschrecken (Greenberg 2005). Die Grenzen von Wille und Verstand sind neurowissenschaftlich bestätigt: Unseren Willensentschlüssen gehen unbewusste Prozesse voraus, „die nicht unserer bewussten Kontrolle unterliegen" (Grawe 2004, S. 122).
- Auch die subjektiven Bewertungen, die die Schmerzverarbeitung beeinflussen, beruhen nicht nur auf einem Willensakt, sondern in erster Linie auf den *Erfahrungen*, die der Betroffene im Laufe seines Lebens gemacht hat. Die Spuren, die durch diese Erfahrungen in seinem Gehirn entstanden sind, können durch rationale Einsicht allein *nicht* ver-

ändert werden. Entscheidend ist das unmittelbare wiederholte *Erleben*. Erlebnisse, die mit positiven Emotionen verbunden sind, lösen im limbischen System andere neuronale Muster aus als Schmerz, wodurch sein *affektiver Anteil* u.U. vermindert werden kann (vgl. 5.6.5.). Dass ein Patient Erfahrungen machen kann, die mit positiven Emotionen einhergehen, liegt nicht allein in seiner Hand, da sie immer auch von seinen zwischenmenschlichen Interaktionen abhängig sind sowie von den sozialen und gesellschaftlichen Bedingungen, unter denen er lebt.

Zusammengefasst: Die kognitionswissenschaftliche Überzeugung vom Primat des Geistigen kann aus neurowissenschaftlicher Sicht *nicht* bestätigt werden. Körper und Geist sind vielmehr als *untrennbare Einheit*, als „parallele Merkmale ein- und derselben Substanz" zu betrachten (Damasio 2003, S. 159 f.). Damit erübrigt sich die Frage, wer wen beherrscht. Die Prämisse ‚Der Geist beherrscht den Körper' ist ebenso einseitig wie die Behauptung ‚Der Körper beherrscht den Geist' (vgl. 5.6.).

- **Die soziale und kulturelle Dimension des Menschen**

Wir sind zu sehr miteinander und mit unserer Welt verflochten, das Leben ist ein zu vielschichtiges Wunder, als dass eine Aussage wie „Du schaffst dir deine Wirklichkeit selbst" einfach so stimmen könnte. Der Glaube, dass ich meine Wirklichkeit selber herstelle und in der Hand habe, ... leugnet zugunsten des eigenen Einflusses das Gewebe der Beziehungen, von dem wir alle getragen und in dem wir alle aufgehoben sind.
(Ken Wilber 1994, S. 284)

In der Literatur moderner Schmerztherapie wird zwar betont, dass die Schmerzverarbeitung eines Menschen von biologischen, sozialen und psychologischen Faktoren bestimmt wird. In der *Praxis* jedoch wird der Einfluss *äußerer Faktoren* ebenso vernachlässigt wie die Bedeutung *neurobiologischer Mechanismen* – zugunsten einer auf die Kognitionen des Individuums zentrierten Sichtweise. Man beruft sich dabei auf Erkenntnisse über die menschliche Wahrnehmung, wonach es keine für alle Menschen gleichermaßen gültige Wirklichkeit gibt und das Erleben des Einzelnen vor allem dadurch bestimmt wird, wie er eine gegebene Situation *bewertet*. Unsere Bewertungsmuster sind wie Landkarten, mit deren Hilfe wir uns orientieren; sie steuern unsere Wahrnehmung und unser Verhalten, bestimmen unseren Charakter und unsere zwischenmenschlichen Beziehungen. Doch erzeugen wir diese Deutungsmuster nicht selbst – sozusagen aus dem Nichts heraus. Sie entwickeln sich vielmehr unter dem Einfluss *persönlicher Lebenserfahrungen*. Diese wiederum sind sowohl von **konstitutionellen Faktoren** abhängig als auch von **familiären und sozialen Bedingungen**. Die Deutungsmuster, die das Kind eines Arzt-Ehepaares in einem reichen Wohnviertel einer Kleinstadt lernt, sind andere als die eines Kindes von Sozialhilfeempfängern im Armenviertel einer Großstadt. Der Prozess, in dem unsere Bewertungsmuster entstehen, ist im Wesentlichen „mit Ende der Pubertät abgeschlossen", betont der Gehirnforscher Manfred Spitzer (2004, S. 129). Zwar können „auch später noch ... in manchen Bereichen des Gehirns Nervenzellen nachwachsen und neu verschaltet werden", doch ist dies „sehr viel mühsamer – als wollte man neue Pfade in eine vereiste Schneelandschaft meißeln" (ebd. S. 128). Diese Erkenntnis ist kein Grund zur Resignation, legt jedoch nahe, die Bedeutung positiver Bewältigungskognitionen, die nicht auf entsprechenden Erfahrungen beruhen, zu relativieren.

Die persönlichen Bewertungsmuster eines Menschen, die seine Wahrnehmung von Schmerzen sowie seine Reaktion darauf beeinflussen, sind nicht nur von seinen Lernerfahrungen in seiner engeren sozialen Umgebung geprägt, sondern auch von **kulturhistorischen Erklärungsansätzen** über Ursprung, Bedeutung und Behandlung von Schmerzen. Die Abhängigkeit von kulturellen Determinanten zeigt sich allein schon darin, dass das Repertoire der Schmerzsprache in den indoeuropäischen Kulturen mehrere tausend Wörter umfasst, während es „im Hebräischen, Arabischen, Afrikanischen, Japanischen, Koreanischen und Chinesischen nur ganz wenige verbale Ausdrucksmöglichkeiten für Schmerz gibt" (Müller-Busch 2004, S. 148). Auch die nonverbalen Reaktionen auf Schmerz sind abhängig vom kulturellen Umfeld – die Art und das Ausmaß, in dem der Betroffene seinen Schmerz in Mimik und Gestik ausdrückt, die Bereitschaft zur Verharmlosung oder Übertreibung von Beschwerden, die Tendenz, andere Menschen an persönlichen Leiderfahrungen teilhaben zu lassen oder sie ‚mit sich allein' abzumachen.

Während sich Iren bei Schmerzen eher zurückziehen, neigen Italiener dazu, ihnen offenen Ausdruck zu geben. Während sich Philippiner in die Gegebenheiten fügen, tendieren Deutsche dazu, einen Arzt oder Apotheker aufzusuchen.

Wir *beeinflussen* unsere Wirklichkeit, doch wir *erzeugen* sie nicht, denn die Deutungsmuster, mittels derer wir uns in der Welt orientieren, resultieren aus einer Wechselwirkung *von inneren und äußeren Faktoren*, wobei die Frage nach dem Anfang ebenso sinnlos ist wie die Frage: ‚Wer war zuerst da – die Henne oder das Ei?' Wie bedeutsam die **Lebenssituation** für das Bewältigungsverhalten von Schmerzpatienten ist, bestätigt eine Untersuchung von Cornelia Caspari (2000): Interviewt wurden 63 PatientInnen mit Bandscheibenvorfall zwei bis vier Jahre nach einer operativen oder konservativen Behandlung. Casparis Anliegen bestand zunächst darin, die individuellen Kompetenzen der PatientInnen zu identifizieren, um schmerzfreie von chronischen PatientInnen anhand ihres Bewältigungsstils voneinander unterscheiden zu können. Die Gleichung „Bewältigung der Krankheit = Schmerzfreiheit und Nicht-Bewältigung = Chronizität" ging jedoch nicht auf (ebd. S. 152)! Bei gründlicher Analyse der Krankengeschichten rückten zunehmend die jeweiligen *Lebensumstände* der Betroffenen in den Vordergrund. Schließlich stellte sich heraus, dass für den Krankheitsverlauf nicht Unterschiede in der Kompetenzentwicklung entscheidend sind, sondern „Unterschiede in der *Lebenssituation*" (ebd. S. 141). Natürlich werden die persönlichen Lebensumstände von den PatientInnen mitgestaltet, doch darf „*Kompetenzentwicklung* nicht als alleinige Fähigkeit des Individuums gesehen" werden, da sie „sich nur in einem unterstützenden Umfeld herausbilden kann" (ebd. S. 138). Auch dieser Befund legt nahe, sich bei der Therapie von Schmerzpatienten nicht nur auf die Kognitionen der Betroffenen zu konzentrieren, sondern vermehrt ihr *Umfeld* einzubeziehen.

Zusammengefasst: Reaktionen auf anhaltenden Schmerz sind das Produkt eines komplexen *Zusammenspiels* von neurobiologischen Gegebenheiten, psychologischen, sozialen und kulturellen Faktoren. Das bloße Wissen um die ungünstigen Folgen katastrophisierender Gedanken und das Einüben von positiven Affirmationen („Ich schaffe es!") reichen nicht aus, um eine ‚bewältigende Einstellung' zu entwickeln, die im Alltag des Betroffenen Bestand hat. Es gibt keine reine Willenskraft unabhängig vom *Umfeld*, in dem der Betroffene aufgewachsen ist, unabhängig von seinen früheren und gegenwärtigen Lernerfahrungen, unabhängig von gesellschaftlichen und kulturellen Einflüssen.

- **Schmerz – naturgegebenes Phänomen**

Der Schmerz ist unvermeidlich beim Gang durch dieses Leben, aber sie sagen ja, er ist fast immer erträglich, wenn man ihm keinen Widerstand entgegensetzt und wenn nicht Angst und Kummer hinzukommen.
(Isabel Allende 1995, S. 277)

Die Kontrollprämisse impliziert eine Beziehung zum Schmerz, die überwiegend *negativ* ist. Der ehemalige Präsident der Deutschen Schmerzgesellschaft, Klaus Lehmann (2004, S. 3), hat als Motto der Schmerztherapie formuliert: „Kampf dem Schmerz". Auch viele Betroffene betonen: „Nicht die Krankheit und die Schmerzen dürfen mein Leben bestimmen, sondern ich muss die Krankheit beherrschen" (eine Schmerzpatientin, in: Schellong-Lammel 2004, S. 11). Begriffe wie „bewältigen", „bekämpfen", „beherrschen" implizieren eine hierarchische, man könnte auch sagen eine **Herr-Sklave-Beziehung**. Entsprechend haben Schmerzbewältigungsprogramme zum Ziel, den Patienten vom Sklaven zum Herrn, den Schmerz vom Herrn zum Sklaven zu machen. Das *Herr-Sklave-Verhältnis* als solches bleibt erhalten, lediglich die Rollen sollen vertauscht werden. Der Schmerz wird zum Feind, der *besiegt*, auf jeden Fall *bekämpft* werden muss. Kampf aber *bindet* an den Gegner. Man muss ihn ständig im Auge behalten – in unermüdlicher Wachsamkeit. Kaum kann man es wagen, an etwas anderes zu denken ... Auf diese Weise wird begünstigt, was explizit gelöst werden soll – die Fixierung auf den Schmerz (vgl. 8.3.1.).

Wo hört mein *Ich* auf und fängt mein *Schmerz* an? Mein Schmerz ist unentwirrbar mit mir verbunden, so dass eine feindselige Einstellung gegenüber dem Schmerz nichts anderes bedeutet, als dass ich *mir selbst* gegenüber feindselig eingestellt bin. Wenn ich Herr bin über den Schmerz, der Schmerz aber ein Teil von mir ist, wer ist dann der Sklave? Ich selbst! Es ergibt keinen Sinn, in Kategorien des Kampfes zu denken, wenn das, wogegen man kämpft, zu einem selbst gehört. Ebenso wenig sehe ich einen Sinn darin, mit dem Leben zu warten, bis ‚Feind Schmerz' besiegt worden ist. Denn das wird womöglich niemals der Fall sein. Sinnvoll dagegen erscheint es mir, in jeder Situation - auch mit dem Schmerz - dasjenige Leben zu führen, das unter den gegebenen Umständen das bestmögliche ist, die eigenen Kräfte nicht *gegen* den Schmerz einzusetzen, sie vielmehr *für* das Leben zu nutzen.

Der Begriff „bewältigen" bedeutet „zunächst ‚in seine Gewalt bringen, eine Sache beherrschen', dann ‚mit etwas fertig werden'" (Kluge 1999, S. 106). Bezogen auf den chronischen Schmerz sind beide Bedeutungen unzutreffend: Chronischen Schmerz kann man weder beherrschen noch kann man mit ihm fertig werden. Die Auseinandersetzung mit ihm hört niemals auf. Sie fällt mal leichter, mal schwerer – je nach Intensität der Schmerzen, je nach Anforderung der Situation. Einen Feind kann man besiegen. Mit chronischem Schmerz muss man *leben*. Leben aber ist ein bis zum Tode währender *Prozess*, nicht etwas, das man irgendwann einmal als erledigt betrachten könnte.

Einige Schmerztherapeuten empfehlen, den Schmerz nicht als Feind, sondern als *Freund* zu betrachten, der eine positive Botschaft für uns hat und es gut mit uns meint. Vorstellungen dieser Art mögen zunächst angenehm sein, sind letztlich jedoch ebenso wenig hilfreich wie die Vorstellung vom Schmerz als Feind. Einen anhaltend starken Schmerz als *Freund* zu verstehen, bedarf einer Verzerrung der Wirklichkeit, einer Verkennung von Körpersignalen, die auf Dauer wohl nur von wenigen aufrechterhalten werden kann. Warum den Schmerz überhaupt beurteilen – sei es als Freund oder als Feind? Besser, man nimmt ihn einfach wahr als das, was er ist – ein Phänomen unseres Daseins, das aus sich selbst heraus gerechtfertigt ist.

• Die Grenzen der Eigenverantwortlichkeit

... wer aber sagt, ... dass die Persönlichkeit allein die Erkrankung herbeiführe, der übersieht, dass wir zwar unsere Reaktionen auf das, was uns geschieht, steuern können, nicht immer jedoch das Geschehen selbst. Dieser Wahn, dass wir all das, was uns geschieht, selbst initiiert haben, ist so destruktiv, so aggressiv.
(Ken Wilber 1994, S. 248)

Ein Therapeut, der von der prinzipiellen Kontrollierbarkeit des Schmerzes ausgeht, setzt nicht nur den Patienten unter Druck, sondern auch sich selbst. Denn Schmerzkontrolle wird zwar zum einen als Maß für die ‚bewältigende Einstellung' eines Patienten gesehen, zum anderen gilt sie

jedoch auch als ein Kriterium für die Kompetenz des Therapeuten, der es immerhin schaffen muss, seinen Patienten mit dem Kontrollkonzept auf eine Weise vertraut zu machen, dass dieser es übernehmen und mit Erfolg anwenden kann. Was aber, wenn die Schmerzen nur unzureichend gelindert werden können? Die Schmerztherapeutin Birgit Kröner-Herwig (2000, S. 135) schreibt: „Wie kränkend, wie enttäuschend kann es für den Therapeuten sein zu erkennen, dass der Schmerz trotz seiner Bemühungen sich nicht verringert. Es liegt dann gar nicht so weit, den Patienten dafür persönlich verantwortlich zu machen, seinen ‚Widerstand', seine mangelnde Motivation. Der sich als versagend fühlende Therapeut macht das Versagen des Patienten für die mangelnde Schmerzkontrolle verantwortlich." Übernimmt der Patient das Urteil, für den Behandlungsmisserfolg persönlich verantwortlich zu sein, sind Selbstwertzweifel, Hilflosigkeit und Angst häufige Folgen. *Diese* Auswirkungen der Kontrollprämisse werden von ihren Vertretern nicht reflektiert, stattdessen werden Hilflosigkeit und Selbstwertzweifel des Betroffenen als *Ursachen* für die Aufrechterhaltung seiner Schmerzen gewertet – in einer fast schon makabren Umkehrung von Ursache und Wirkung. Weist der Patient die Einschätzung persönlichen Versagens zurück, wird ihm mangelnde Compliance vorgeworfen, mitunter auch Undankbarkeit gegenüber denen, die ihm helfen wollen. Damit wird aus der ursprünglich als Hilfe gedachten Kontrollprämisse ein *Instrument der Verurteilung*.
Übersehen wird der Einfluss objektiv unkontrollierbarer Faktoren, denen der Mensch ausgesetzt ist, ohne sich dafür entschieden zu haben. Der Fakir beispielsweise kann *wählen*, ob er sich auf drei oder *viele* Nägel legt, ob er sich dem Schmerzreiz dreißig Minuten oder drei Stunden aussetzt. Ein Mensch, der an Krebs erkrankt ist, kann Art und Ausmaß der Metastasen *nicht wählen*. Ein Kranker, der operiert wird, kann operative Komplikationen und postoperative Folgeschäden *nicht wählen*. Auch chronischer Schmerz ist nichts, was man *wählen*, wofür oder wogegen man sich *entscheiden* könnte. Mitunter nimmt die Betonung der Eigenverantwortlichkeit des Patienten (und seine implizite Verurteilung) groteske Formen an – etwa, wenn argumentiert wird, der Patient habe der Operation *zugestimmt*, die beklagten Folgeschäden somit *selbst* zu verantworten.

Mit dieser Argumentation sollte eine zweiundsiebzigjährige Patientin in einer der von mir besuchten Schmerzbewältigungsgruppen davon überzeugt werden, für ihre Schmerzen selbst verantwortlich zu sein. Noch heute sehe ich die verständnislose Verzweiflung im Gesicht der älteren Dame, die ratlos zu Boden gesenkten Köpfe der anderen Gruppenmitglieder ...

Ein Mensch wird gewöhnlich dann operiert, wenn er massive Beschwerden hat und der Arzt seines Vertrauens zur Operation rät. Meist sieht der Betroffene keine Alternative, allein schon deshalb nicht, weil ihm die nötigen Fachkenntnisse fehlen, um das Für und Wider einer Operation abwägen zu können. Wer sich in medizinischen Dingen nicht auskennt, dem bleibt gar nichts anderes übrig, als im Vertrauen darauf zu handeln, dass ihn sein Arzt nach bestem Wissen und Gewissen berät. Sucht er zunächst noch einen weiteren Arzt auf, um sich zu vergewissern, dass die Operation tatsächlich unumgänglich ist, muss er damit rechnen, dass eben dieses Verhalten im Falle *mangelnder* Schmerzlinderung nicht als Ausdruck von Selbstverantwortlichkeit angesehen, sondern als „doctor hopping" negativ bewertet wird. Kurz: Wer die Kontrollprämisse in der Hand hält, kann die ‚Schwarzer-Peter-Karte' leicht dem Patienten zuschieben.

Das Verb „verantworten" bedeutete zunächst: „sich als Angeklagter verteidigen" (Kluge 1999, S. 854). Auch im Rahmen von Schmerzbewältigungsprogrammen kommt die Betonung der *Verantwortlichkeit* nicht selten einer *Anklage* gleich. Mit dem Anliegen, „die Eigenverantwortung des Patienten" zu fördern (Flor & Hermann 2004, S. 590), wird unterstellt, dass seine Verantwortlichkeit bislang zu wünschen übrig lässt (sonst müsste sie nicht gefördert werden). Wörtlich genommen weist die Bezeichnung *Ver-Antwortung* darauf hin, dass es um *Antworten* geht – um die Antwort des Menschen auf eine bestimmte Herausforderung, die das Leben ihm stellt. Wobei die Art und Weise seiner Antwort von seinen persönlichen Fähigkeiten und Eigenschaften ebenso abhängig ist wie von seinem sozialen Umfeld und seinen Erfahrungen im Umgang mit ähnlichen und anderen Herausforderungen. Wer über diese Faktoren nur wenig weiß, sollte mit dem Urteil mangelnder Verantwortlichkeit vorsichtig sein.

Ein *Beispiel*: Ein 51jähriger Lastkraftwagenfahrer, Herr N., hat nach einer Bandscheibenoperation chronische Schmerzen im unteren Bereich der Lendenwirbelsäule. Herr N. muss (und will!) seine Frau und die beiden Kinder versorgen. Finanzielle Rücklagen sind nicht vorhanden. Weder sein Beeinträchtigungsgrad noch seine Beschäftigungsjahre reichen aus, um einen Kündigungsschutz zu erhalten. Da die Auftragszahlen zurückgehen, gibt es in seiner Firma das Gerücht betriebsbedingter Kündigungen, und Herr N. fürchtet, dass es *ihn* treffen könnte, sollte er häufiger fehlen. So übernimmt er nach wie vor Extrafahrten, um seinen Chef von seiner Zuverlässigkeit und Einsatzbereitschaft zu überzeugen. Frau N. arbeitet stundenweise als Putzhilfe, um das schmale Einkommen der Familie aufzubessern. Da Herr N. häufig zu Nachtfahrten eingeteilt wird, ist er tagsüber gelegentlich zu Hause, so dass er die Kinder bei ihren Hausaufgaben beaufsichtigen, ihnen zuhören und Essen aufwärmen kann. *Vordergründig* spricht einiges dafür, dass sich Herr N. im Umgang mit seinem Schmerz wenig eigenverantwortlich verhält: Zu wenig Bewegung, zu wenig Ausgleich gegenüber seiner einseitig sitzenden Körperhaltung, dysfunktionale Kognitionen in Form von Sorgen und Ängsten („Hoffentlich werden die Schmerzen nicht schlimmer. Hoffentlich werde ich nicht entlassen. Manchmal weiß ich nicht, wie es weitergehen soll."). Wie aber steht es mit seiner Verantwortlichkeit gegenüber seiner *Familie*? Herr N. bemüht sich darum, den Lebensunterhalt für seine Familie auch weiterhin zu gewährleisten. In seiner Freizeit kümmert er sich liebevoll um seine Kinder und entlastet seine Frau im Haushalt. Natürlich könnte er in der Zeit, in der er Hausaufgaben betreut oder

Kartoffeln schält, ins Schwimmbad gehen, einen Entspannungskurs oder eine Rückenschule besuchen ... Herr N. entscheidet sich dagegen. Zum einen, weil er seine geringe Freizeit mit seiner Familie verbringen, vor allem aber, weil er nicht so viel Geld für sich selbst ausgeben will (eine Eintrittskarte ins Schwimmbad ist teuer!). Herr N. *weiß*, dass er nicht so viel sitzen sollte. Deshalb legt er sich auf die Couch, während er den Kindern etwas erklärt, nimmt er nicht den Fahrstuhl, sondern die Treppe zu seiner Wohnung im fünften Stock. Ist er in seinem Lastkraftwagen unterwegs, setzt er sich in den kurzen Fahrpausen nicht in die Raststätte, sondern wandert auf dem Parkplatz umher. Sollte er vor seinem Gewissen oder vor Gott Rechenschaft ablegen müssen, würde er sein Verhalten als *verantwortlich* bezeichnen – verantwortlich im Hinblick auf *seine* ganz konkrete Situation, die nicht nur aus seinem Schmerz besteht. Verdiente er mehr oder hätte er finanzielle Rücklagen, so *würde* er regelmäßig schwimmen und einen Entspannungskurs besuchen ...

Was ist verantwortlich, was ist unverantwortlich? Die Antwort darauf ist fast immer von der *Perspektive* abhängig. Das Leben mit einer Krankheit ist teuer. Wer kleine Kinder hat, der kann sie im Krankheitsfall nicht wieder zurückgeben, um mehr Zeit und Geld für die Bewältigung seiner Krankheit zu haben. Wenn sich Herr N. dafür entscheidet, sein knappes Gehalt für seine Kinder, seine Ehefrau und den gemeinsamen Haushalt auszugeben (statt für Schwimmbadbesuche, Entspannungs- und Rückenschulkurse), handelt er dann verantwortlich oder unverantwortlich? Man mag einwenden, Herr N. könne *beides* tun – sich *sowohl* für seine Kinder *als auch* für sich selbst einsetzen. Das ist theoretisch richtig. Im Rahmen seiner Möglichkeiten bemüht sich Herr N. bereits darum. Es gibt jedoch Gehälter, die sind so sehr bis auf den letzten Cent verplant - für Miete, Versicherungen, Haushalt, Lebensunterhalt, Ausbildung der Kinder -, dass ein theoretisches *Sowohl-als-Auch* in der gelebten Praxis zum *Entweder-Oder* wird. Das geringe Einkommen von Herrn N. muss für eine vierköpfige Familie ausreichen. Das ist keine Angelegenheit freier Entscheidung, sondern vorgegebene Notwendigkeit. Die *Freiheit* von Herrn N. besteht in der *Prioritätensetzung*, d.h. in der Entscheidung, *wofür* er das vorhandene Geld ausgibt. Das Wohlergehen seiner Frau und seiner Kinder steht auf dieser Prioritätenliste ganz oben. Was bedeutet, dass er in gewisser Weise an seinem Körper schuldig wird. Einen bestimmten Geldbetrag muss Herr N. bereits für Medikamentenzuzahlungen und Praxisgebühren vom Familieneinkommen abziehen – ob er das will oder nicht. Gäbe er darüber hinaus weiteres Geld für seine Krankheit (bzw. Gesundheit) aus, müssten seine Frau und/oder seine Kinder auf bestimmte Dinge verzichten. Das jedoch würde Herrn N. sehr belasten.

Mit einer undifferenzierten Betonung ihrer Eigenverantwortung ist Menschen wie Herrn N. nicht gedient. Schuldigwerden lässt sich im Leben nicht immer vermeiden, weshalb sich Psychologisierungen und Moralisierungen verbieten. Jeder Mensch kann durch äußere Umstände in eine Situation geraten, in der er dadurch, dass er bestimmten Anforderungen gerecht zu werden versucht, bei der Erfüllung einer anderen Anforderung scheitert. Jeder Mensch kann in eine Situation geraten, in der er, „um verantwortlich zu sein, das Unverantwortliche tun muss" (Drewermann 1991, S. 39). Es liegt in der Problematik des *Tragischen*, dass wir in bestimmter Hinsicht Schuld auf uns laden können, um nicht in *anderer* Hinsicht schuldig zu werden. Weil das so ist, kann man „psychologisch weder erwarten noch postulieren, ein Mensch müsse jeder beliebigen Lebenssituation gerecht werden können" (ebd. S. 73). Die Tragik menschlichen Lebens anzuerkennen, ist Betroffenen gegenüber angemessener als sie indirekt anzuklagen, indem man an ihre Verantwortung appelliert.

- **Die Kontrollprämisse – eine Halbwahrheit**

Deine Aufgabe ist es, die Rolle, die dir zuerteilt wurde, gut zu spielen; die Auswahl der Rolle steht einem anderen zu.
(Epiktet)

Die These prinzipieller Kontrollierbarkeit ist mit der Gefahr verbunden, den chronischen Schmerz eines Menschen auf sein *unzureichendes* Bewältigungsverhalten zurückzuführen – insbesondere auf sein dysfunktionales Denken und Handeln. Paul Watzlawick (1976, S. 63) spricht in diesem Zusammenhang von einer „selbst-abdichtenden" Erklärung, d.h. von einer Erklärung, die nicht zu widerlegen ist: Geht man davon aus, dass Schmerzen durch Bewältigungskognitionen kontrolliert werden können, so ‚beweisen' anhaltende Schmerzen, dass die Kontrollüberzeugungen des Patienten und seine Kompetenzerwartungen zu wünschen übrig lassen – was wiederum ‚beweist', dass die Überzeugung von der Macht der Bewältigungsstrategien richtig ist. Seit Karl Popper gehört die Falsifizierbarkeit einer Theorie (die Möglichkeit ihrer Widerlegung) zu den Grundbedingungen wissenschaftlicher Theoriebildung. Die Kontrollprämisse ist nicht zu widerlegen – und von daher pseudowissenschaftlich. Der *Patient* allerdings ist der Letzte, der auf diesen Sachverhalt hinweisen könnte, da ein solcher Hinweis vermutlich als Abwehr und damit als Beweis seiner mangelnden Eigenverantwortung bewertet würde.

Genau besehen handelt es sich bei der Kontrollprämisse um eine *Halbwahrheit*. Es fehlt die andere Hälfte – und eben das macht die Prämisse gefährlich. Etwas, das man sogleich als falsch erkennt, kann man ablehnen. Schwieriger wird es mit Behauptungen, die durchaus einen *Teil* der Wahrheit, aufgrund mangelnder Berücksichtigung anderer Aspekte jedoch nicht die *ganze* Wahrheit erfassen: In gewissem Umfang können wir unseren Schmerz tatsächlich beeinflussen – durch Entspannung, veränderte Körperhaltung, vermehrte Gelassenheit, usw.. Aber nur in gewissen Grenzen und auch nicht in jedem Fall. Grenzen sollten nach Möglichkeit erweitert werden. Das aber ist nur *eine* der Aufgaben im Falle chronischer Schmerzen. Die wesentlich größere Herausforderung besteht darin, mit vorgegebenen Grenzen leben zu lernen. Dieser Herausforderung jedoch wird im Rahmen von Schmerzbewältigungsprogrammen kaum Rechnung getragen.

Auch das Postulat, der Patient sei „die Quelle seiner Probleme" (Basler, in: Franz & Bautz 2004, S. 529), ist eine Halbwahrheit. Viele Patienten mit chronischen Rückenschmerzen haben sich in der Vergangenheit zu wenig bewegt und/oder eine einseitige Körperhaltung eingenommen. Viele haben in ständiger Anspannung gelebt, sich überfordert, ohne für ausreichenden Ausgleich zu sorgen. Der Lebensstil eines Menschen wirkt sich auf Dauer auch auf seine körperliche Befindlichkeit aus. Insofern kann tatsächlich *er selbst* als Quelle seiner Probleme bezeichnet werden. Der Lebensstil aber ist nur einer der Faktoren, die für Entstehung und Aufrechterhaltung bestimmter Beschwerden ursächlich sind. Zudem ist der Lebensstil eines Menschen nicht ausschließlich das Ergebnis seiner freien Wahl. Er wird vielmehr auch von Bedingungen des sozialen Umfeldes diktiert, die der Betroffene nur begrenzt zu beeinflussen vermag. *Die* Quelle der Probleme eines Menschen gibt es nicht. Sein Schicksal speist sich aus *vielen* Quellen, wobei der relative Einfluss jeder einzelnen Quelle immer nur ‚ungefähr' ausgemacht werden kann (wenn überhaupt). Einem jeden Leben haftet letztlich auch etwas Zufälliges an – etwas, das weder kontrollierbar noch vorhersehbar ist. Dieses Zufällige spielt in Schmerzbewältigungsprogrammen eine untergeordnete Rolle, eine umso größere Rolle dagegen im Leben des Einzelnen: Wäre Herr X. an jenem Tag nur eine Sekunde später über die Kreuzung gegangen, wäre er nicht von dem alkoholisierten Autofahrer erfasst worden. Wäre Frau Y. nicht von dem nach einem langen Nachtdienst völlig übermüdeten Dr. A. operiert worden, wäre es womöglich nicht zu dieser starken Blutung (mit nachfolgender Narbenbildung) gekommen ... Es gibt kein einklagbares Recht auf lebenslängliche Gesundheit und Schmerzfreiheit. Das Leben richtet sich nicht nach dem Prinzip „Gerechtigkeit", ebenso wenig nach dem Willen des Einzelnen. Wir bekommen im Leben unterschiedliche Karten zugeteilt. Der eine erhält einige Asse, Könige und Damen, der andere ausschließlich Neuner und Zehner. Wir müssen mit den uns gegebenen Karten spielen, d.h. wir sind verantwortlich für unser *Spiel*, nicht aber für unsere Karten. Vertreter der Kontrollprämisse jedoch verwechseln das Spiel allzu oft mit den Karten, machen den Spieler für beides verantwortlich. Damit wird einem Trugbild persönlicher Freiheit gehuldigt, das zur überfordernden Last werden kann.

2.2.4. „Ich habe diesen Spielraum ..."

Der wahre Genuss der Freiheit besteht darin, sich - mit Vorbedacht und Umsicht und mit Anmut - in den Grenzen zu bewegen, die uns vorgegeben sind - und nicht nach dem zu streben, was jenseits von ihnen liegt und uns verboten ist.
(Antonia Byatt 1993, S. 259)

Psychologische Begleitung von Schmerzpatienten erfordert ein Verständnis von Therapie, das nicht nur auf die Lösung von Problemen abzielt. Denn Erfahrungen wie Krankheit, Schmerzen und Tod sind keine Probleme, die es zu lösen oder zu kontrollieren gilt, sondern Aspekte des Lebens, die als solche zunächst einmal *anerkannt* werden müssen. Hinter einer Überbetonung der Kontrollprämisse steht letztlich die Idee einer selbst gemachten Erlösung – ein narzisstischer Allmachtsglaube, der fast immer mit Enttäuschungen verbunden ist, oft auch mit Selbstzweifeln, Schuld- und Versagensgefühlen. Hilfreicher erscheint mir ein Welt- und Menschenbild, wonach mangelnde Schmerzlinderung nicht als Versagen (von wem auch immer) verstanden und die Suche nach dem Schuldigen gar nicht erst angefangen wird.

Die Arbeit des Psychologen ist *nicht* beendet, wenn am Schmerz selbst kaum mehr etwas geändert werden kann. Im Gegenteil! Jetzt gilt es, den Patienten bei der Auseinandersetzung mit Fragen folgender Art zu unterstützen: „Wie gehe ich mit meiner Trauer über den Verlust meiner Gesundheit um, mit meiner Angst vor der Endlichkeit meines Lebens? Wie kann und will ich jetzt weiterleben? So weiterleben, dass mir mein Leben trotz meiner Schmerzen sinnvoll erscheint?" Eine differenzierte Sicht menschlicher Kontrollmöglichkeiten entlastet Patienten und Therapeuten gleichermaßen vom Druck überhöhter Erwartungen, baut belastenden Enttäuschungen vor und fördert eine vertrauensvolle Beziehung zwischen beiden bei ihrer *gemeinsamen* Suche nach Möglichkeiten, wie der Herausforderung durch den Schmerz begegnet werden kann. Das Bild vom Körper als Instrument des Geistes, als Befehlsempfänger oder Sklave wird ersetzt durch die Vorstellung *gleichberechtigter Partnerschaft*, wobei der Geist dem Körper ebenso dient wie der Körper dem Geist.

Eine realistische Sicht menschlicher Kontrollmöglichkeiten bedeutet *nicht*, den Menschen als Opfer der Umstände zu sehen oder seine Willensfreiheit zu bestreiten. Freiheit und Determiniertheit des Menschen schließen einander nicht aus, sind vielmehr *komplementäre* Größen, die erst in ihrem *Zusammenwirken* die Gesamtheit menschlichen Daseins ausmachen: Der Mensch ist nicht frei von biologischen und konstitutionellen Gegebenheiten, von gesellschaftlichen Normen und kulturellen Einflüssen, von institutionellen und sozialen Zwängen. Doch ist er frei darin zu entscheiden, *wie* er auf diese Bedingungen reagiert.

Von der Antike an wird das Problem der Freiheit kontrovers diskutiert. Esoterische Bewegungen betonen die Macht der Gedanken und die Freiheit des menschlichen Willens. Im Mittelpunkt kognitionswissenschaftlicher Konzepte stehen gedankliche Bewertungsprozesse und die damit einhergehende Eigenverantwortlichkeit des Menschen. Beide Ansätze betonen - bei aller Verschiedenheit - die *persönlichen Einflussmöglichkeiten* des Menschen. Im Gegensatz dazu steht der in jüngster Zeit vor allem von Hirnforschern vertretene *Determinismus*. Der Bremer Hirnforscher Gerhard Roth (in: Gesang 2005, S. 10) beispielsweise betont: „Willensfreiheit ist eine Täuschung." Philosophen bemühen sich um eine Auflösung des Widerspruchs, indem sie zu zeigen versuchen, dass Freiheit und Determiniertheit einander nicht ausschließen, sondern „kompatibel" sind (ebd. S. 10). Der Münsteraner Philosoph Marcus Willaschek (geb. 1962) zum Beispiel lässt *den Determinismus für das Geschehen in der Natur gelten, während er die Willensfreiheit des Menschen für Recht und Moral postuliert.*

Sowohl die Position absoluter Willensfreiheit als auch die Auffassung, Freiheit sei eine bloße Erfindung des Menschen, ist *extrem* – jeweils nur gültig für bestimmte Aspekte der Wirklichkeit. Die Überbetonung menschlicher Willensfreiheit führt zu omnipotenten Machtvorstellungen, die Überschätzung der Determiniertheit des Menschen zu passivem Fatalismus. Im Umgang mit chronischem Schmerz führt weder die eine noch die andere Einseitigkeit weiter. Die an Krebs erkrankte Anne-Marie Tausch schreibt kurz vor ihrem Tod: „Es ist mir in den letzten Monaten so klar geworden, dass die wirklichen Entscheidungen nicht in meiner Hand sind. Ich habe einen gewissen Spielraum, und den kann ich ausnutzen. Ich kann mit mir gesundmachende Erfahrungen machen oder ich kann mich noch zusätzlich krank machen durch Ängste. Also, ich habe diesen Spielraum, wie ich etwas erlebe. Aber was mit mir geschieht, das habe ich nicht in der Hand" (Tausch & Tausch 1985, S. 36). Eine solch *differenzierte* Sichtweise von Freiheit und Determiniertheit ist m.E. hilfreicher als einseitiges Festhalten an persönlichen Kontrollmöglichkeiten. Die Kontrollprämisse betont die Freiheit des Menschen. Letztlich jedoch macht sie den Menschen ebenso unfrei wie die deterministische Position, da sie die Einsicht in existenzielle Abhängigkeiten behindert und damit das Annehmen von Gegebenheiten erschwert, die sich menschlicher Kontrolle weitgehend entziehen. Schmerzen gehören zum Leben dazu, sind eine Realität, die der Einzelne tragen muss, auch wenn er sie nicht selbst herbeigeführt hat. Reaktionen des Betroffenen auf seinen Schmerz - wie zum Beispiel Trauer und Angst - sollten nicht vorschnell als negative Krankheitsverarbeitung abgewertet, vielmehr als Ausdruck der geistigen Mündigkeit des Menschen respektiert werden, zu seiner Situation Stellung zu nehmen. Achtung vor der geistigen Freiheit des Menschen bedeutet nicht, ihn für jede körperlich-seelische Missempfindung persönlich verantwortlich zu machen. Achtung bedeutet vielmehr, mit dem Begriff der Verantwortung *verantwortlich* umzugehen: ihn nicht als Instrument impliziter Verurteilung zu benutzen, dem Betroffenen vielmehr dabei zu helfen, ihn mit Inhalt zu füllen – mit einem Inhalt, der *seiner* Person und Situation gemäß ist.

Zusammenfassung
Das gängigen Schmerzbewältigungsmodellen zugrunde liegende Welt- und Menschenbild wird zwar von ihren Vertretern nicht explizit reflektiert, ist jedoch - genau besehen - ebenso magisch und mechanistisch wie die in esoterischen Ratgebern vermittelte Sicht des Menschen: ‚Wenn der Mensch dies denkt oder fühlt, dann passiert das, wenn er jenes denkt oder fühlt, dann passiert dieses.' Allmachtsphantasien solcher Art verleiten dazu, unzureichende Schmerzlinderung als menschliches Versagen zu betrachten – statt die Kontrollprämisse zu hinterfragen. Wir können Schmerzen nicht dadurch vermeiden, dass wir uns von ‚dysfunktionalen' Bewertungsmustern befreien und positiv denken. Wir erleben Schmerz – nicht, weil wir etwas falsch machen, sondern weil Schmerz zum Leben gehört. So wichtig es auch ist, den persönlichen Einfluss auf den Verlauf einer Erkrankung zu betonen, so ist doch etwas Bescheidenheit angesagt bezüglich dessen, was wir durch unser Denken erreichen können: viel – jedoch nicht alles und durchaus nicht immer so viel, wie Schmerzbewältigungsprogramme nahe legen. Die Frage nach der Freiheit oder Determiniertheit des Menschen ist nicht mit Entweder-Oder zu beantworten, sondern mit *Sowohl-als-Auch:* Wir sind abhängig von genetisch/biologischen Faktoren sowie von zahlreichen äußeren Umständen. *Und* wir sind frei, in dieser oder jener Weise darauf zu reagieren. Die Freiheit des Menschen liegt darin, wie er sich seinem Schmerz gegenüber einstellt, wie er mit dem umgeht, was ihm an Möglichkeiten und Grenzen vorgegeben ist.

2.3. Die Frage nach Gott

Dies führt über zum Gedanken an Gott als oberste Berufungsinstanz, die den einzelnen frei und stark machen kann, auch wenn die ganze übrige Gesellschaft gegen ihn ist. Diese - wichtigste - psychologische Funktion Gottes wird von den Psychologen nicht gesehen.
(Peter Noll 1984, S. 79)

Die Konfrontation mit schwerer Erkrankung und chronischem Schmerz löst bei vielen Menschen ein vertieftes Gefühl für die Bedeutung des Glaubens in ihrem Leben aus. Auch ohne an eine bestimmte kirchliche Konfession gebunden zu sein, wenden sie sich verstärkt, erneut oder zum ersten Mal in ihrem Leben an Gott – mit der Bitte um Beistand, mit dem Ausdruck von Hader, Auflehnung oder Verzweiflung. Wir billigen dem Schmerz einen Sinn zu, sofern er zunächst gelindert und schließlich wieder beseitigt werden kann. In diesem Fall ist der Schmerz ein Warnsignal und dient der Erhaltung des Lebens. Chronischer Schmerz dagegen wird zum bloßen Leiden – wie der Schmerz eines

Menschen nach Armamputation, wie der Schmerz eines Krebskranken mit Metastasen in Lunge, Leber oder Knochen. Wie aber kann Gott ein solches Leiden zulassen? Gott zu fragen, warum er Menschen leiden lässt, unterstellt zweierlei: Zum einen, dass das Leiden von Gott kommt. Zum anderen, dass Gottes Handeln dem Handeln von Menschen vergleichbar ist und nachvollziehbare Gründe haben müsste. Beides ist wohl ein Irrtum. Vielleicht heißt „an Gott glauben", auf menschliche Logik zu verzichten und dennoch mit ihm im Gespräch zu bleiben. Mit seinem Schrei am Kreuz „Mein Gott, warum hast du mich verlassen?" zweifelt Jesus nicht an der *Existenz* Gottes – man wendet sich nur an jemanden, von dessen Existenz man überzeugt ist. Offensichtlich aber zweifelt er in diesem Moment an der Güte und Barmherzigkeit Gottes. Eben dies entspricht dem Empfinden vieler Menschen, die an anhaltend starken Schmerzen leiden.

Bei der psychotherapeutischen Begleitung von Schmerzpatienten sollte die religiöse Thematik - sofern sie für den *Betroffenen* von Bedeutung ist - nicht ausgeklammert oder an den Priester delegiert werden: „Da die Religion unstreitig eine der frühesten und allgemeinsten Äußerungen der menschlichen Seele ist, versteht es sich von selbst, dass jede Art von Psychologie, welche sich mit der psychologischen Struktur der menschlichen Persönlichkeit befasst, nicht darum herumkommt, wenigstens die Tatsache zu beachten, dass Religion nicht nur ein soziologisches oder historisches Phänomen ist, sondern für eine große Anzahl von Menschen auch eine wichtige persönliche Angelegenheit bedeutet" (Jung 1982, S. 11). Religion wird meist mit Kirche assoziiert. Doch die Kirche ist ‚nur' die Institution, die Organisationsform der Religion. Als solche hat sie sich der Religion gegenüber in vielem verselbständigt, was mit dazu beiträgt, dass immer mehr Menschen der Kirche und ihren Vertretern gegenüber eine höchst ambivalente, wenn nicht gar ablehnende Haltung einnehmen. Und doch beschäftigen sich manche von ihnen mit Glaubensfragen, ohne die Möglichkeit zu haben, mit jemandem darüber zu reden.

Wenn ein Therapeut mit einem Patienten über die Bedeutung des Glaubens in seinem Leben spricht, so geht es dabei nicht um die Übernahme seelsorgerlicher Funktionen, sondern darum, sich auf *alle* Aspekte seiner Person einzulassen, einschließlich seiner Gedanken und Gefühle, die seine Beziehung zu Gott betreffen. Fast jeder Mensch, der seine Gesundheit bereits in jungen oder mittleren Jahren unwiederbringlich verloren hat, stellt irgendwann einmal die Frage „Warum tut Gott mir das an?" oder „Warum gerade ich?" Viele *Gesunde* fürchten sich vor Äußerungen dieser Art, weil dadurch in *ihnen* Fragen ausgelöst werden wie: „Tatsächlich – warum eigentlich *er*? Warum nicht *ich*?" Einige fühlen sich schuldig: „Mir geht es gut, während dieser so leiden muss." Manche empfinden Angst: „Auch mich könnte es treffen." Schuldgefühl und Angst aber führen zu einer inneren, oft auch äußeren Distanzierung vom Kranken, weil er, wenn auch nicht die eigentliche Ursache dieser Gefühle, so doch ihr Übermittler ist. Umso wichtiger ist es, dass der Patient zumindest im Therapiegespräch die Möglichkeit hat, nach dem *Warum* zu fragen. Wobei diese Frage nicht eigentlich eine *Frage* ist. Sie ist vielmehr ein *Aufschrei* – Ausdruck der hereinbrechenden Erkenntnis: „Es gibt keine Gerechtigkeit." Der Therapeut sollte dem Aufschrei des Patienten *standhalten*, die darin verborgene Verzweiflung und Einsamkeit erfassen können (vgl. 8.2.1.). An den Grenzen menschlicher Möglichkeiten kann der Therapeut oft wenig mehr tun als einfach ‚da' zu sein, auf ‚kluge Sprüche' zu verzichten, stattdessen die eigene Betroffenheit auszusprechen: „Ich wünschte, ich könnte Ihnen etwas sagen ... Doch auch ich weiß keine Antwort. Auch ich finde es ungerecht, dass Sie so leiden müssen!" Äußerungen dieser Art sind hilfreich, weil sie auf die Demonstration eigener Stärke und Überlegenheit verzichten, weil sie Ausdruck eigener Hilflosigkeit und aufrichtiger Solidarisierung mit dem Patienten sind. Gott ist zu ‚groß', um ihn als Rechtfertigung für das Leid oder als Trost für den Betroffenen ins Spiel zu bringen. Der Therapeut kann das Leid des Patienten weder deuten noch ihm begreiflich machen, aber er kann seine *Einsamkeit lindern* – zumindest für einen Moment. Wie auch immer man sich ‚Gott' vorstellt – wie anders könnte man einen leidenden Menschen von seiner (Gottes) Nähe überzeugen als dadurch, dass man ihm (dem Betroffenen) *selbst* nahe bleibt?

Eine allgemein gültige Gottesvorstellung gibt es nicht, nur viele *individuelle* Vorstellungen. Welche Einstellung auch immer der Therapeut selbst im Hinblick auf Glaubensfragen vertritt, er sollte sie sich bewusst machen – allein schon deshalb, um sie nicht unreflektiert auf den Patienten zu übertragen. Eine konkrete Möglichkeit, dem Patienten dabei zu helfen, sich mit seiner persönlichen Gottesvorstellung auseinanderzusetzen, wird im Kapitel *Dialog mit Gott* (9.4.4.) beschrieben.

Zusammenfassung
Wenn ein Patient verzweifelt fragt „Warum tut Gott mir das an?", verlangt er damit nicht, dass man ihm Gott und sein Handeln erklärt oder seinem Leid einen Sinn gibt. Er weiß sehr wohl, dass sein Therapeut weder die Frage nach *Gott* noch die Frage nach dem *Warum* beantworten kann. Was er braucht, ist ein Mensch, der einer Auseinandersetzung mit diesen Fragen nicht ausweicht, der sie vielmehr aushalten, sich auf die damit verbundenen Gefühle einlassen und sich in aufrichtiger Weise mit ihm, dem Betroffenen, solidarisieren kann.

2.4. Die Frage nach dem Tod

Was hält der Schmerz noch bereit seinen Lieblingen?
... er gibt uns die Triumphe des Lebens:
Liebe, Einsamkeit und des Todes Gesicht.
(Edith Södergran, aus: „Der Schmerz")

Fast jeder Mensch, der über einen längeren Zeitraum hinweg starke Schmerzen hat, denkt hin und wieder an den Tod. Nicht, weil er Angst vor ihm hat, sondern weil er ihn herbeisehnt – als eine Erlösung vom Schmerz. Der Tod stellt eine Alternative zum Leben dar, wenn der Schmerz allzu erdrückend wird. „Das Wissen, dass es diese Alternative, diesen Ausweg gibt, hilft einem, bei Verstand zu bleiben und sich jeden Tag erneut für das Leben zu entscheiden", schreibt die an Krebs erkrankte Marilyn French (1999, S. 214): „Die Möglichkeit des Selbstmords war einfach in meinem Hinterkopf präsent, als Talisman, Sicherheitsventil, letzte Zuflucht. Vielleicht ist genau das eine zutiefst menschliche Überlebensstrategie" (ebd. S. 215). Die Option der Selbsttötung kann Kräfte freisetzen, etwas zu tragen, das unaushaltbar sein würde, wüsste man nicht mit Bestimmtheit, dass es *vergänglich* ist. Bei sehr starken Schmerzen ist man über Jammern und Klagen hinaus. Man hat keine Kraft mehr dazu. In solchen Momenten ist der Gedanke „Ich kann nicht mehr!" kein Ausdruck von Selbstmitleid oder depressiver Resignation, sondern Zeichen grenzenloser Erschöpfung. Man wünscht nicht den Tod herbei, sondern sehnt sich einfach nur danach, dass der Schmerz endlich aufhören möge: „Wenn ich tot bin, dann ist auch der Schmerz nicht mehr da" (eine Schmerzpatientin).

Eine Sufi-Parabel berichtet von einem König, der einst seine weisen Berater dazu aufforderte, für ihn einen Satz zu finden, der in jeder Situation und zu allen Zeiten wahr und angemessen sein, der ihn in Zeiten der Trauer trösten und in Zeiten der Fröhlichkeit zur Zurückhaltung mahnen würde. Die Gelehrten berieten sich. Schließlich überreichten sie dem König einen Ring, in den die Worte eingraviert waren: „Auch das geht vorbei!" (Das Tibetanische Totenbuch 2003, S. 135). In der Vorstellung, dass alles, was existiert, seinem Wesen nach *vergänglich* ist, liegt ein großer Trost. Von diesem Trost spricht der Barockdichter Johann Christian Günther (1998, S. 192 f.):

Endlich bleibt nicht ewig aus;
Endlich wird der Trost erscheinen;
Endlich grünt der Hoffnungs-Strauß;
Endlich hört man auf zu weinen;
Endlich bricht der Tränen-Krug;
Endlich spricht der Tod: *Genug*!
...
Endlich wird der Schmerz zu nichte;
Endlich sieht man Freuden-Thal,
Endlich, Endlich kommt einmahl.

In der schmerztherapeutischen *Literatur* sucht man eine Auseinandersetzung mit den Themen *Tod* und *Suizid* vergebens. Selbst im Stichwortverzeichnis des 639 Seiten umfassenden Handbuchs „Psychologische Schmerztherapie" von Basler et al. (2004) fehlen diese Begriffe. Ein Übergehen der Todes-Thematik ist umso unverständlicher, als in schmerztherapeutischen Fachzeitschriften und Broschüren wiederholt darauf hingewiesen wird, dass sich jedes Jahr „rund 3000 Menschen das

Leben (nehmen), weil sie ihre Schmerzen nicht mehr ertragen können" (Georgesco 2004, S. 8).[7] Auch in der *Praxis* der Schmerztherapie wird über Tod und Selbstmord selten gesprochen, meist nur dann, wenn der *Patient* davon anfängt. Äußerungen in dieser Richtung werden gewöhnlich als Hinweis auf die Depressivität des Betroffenen gewertet, als Ausdruck seiner „dysfunktionalen" und deshalb „schmerzverstärkenden Gedanken". In *keiner* der von mir besuchten vier Schmerzbewältigungsgruppen wurden die Worte „Tod" oder „Suizid" auch nur einmal erwähnt. Keiner der mich behandelnden Ärzte oder Psychologen hat mich je nach Selbstmordgedanken gefragt.

In früheren Zeiten war der Tod ein öffentliches Ereignis – anders als heute, wo er in anonyme Sterbezimmer im Krankenhaus oder in das private Schlafzimmer verbannt wird. Er war ein beliebtes Thema von Märchen, Sagen und Erzählungen, die von einem Tod erzählten, „der unter den Menschen lebt" (Richter 1982, S. 141). Der Tod erschien den Menschen in vielerlei Gestalt - als Bettler, Fuhrmann, Ritter, Gevatter oder Gevatterin -, immer aber in einer Gestalt aus der alltäglichen Lebenswelt, mit der man diskutieren, streiten oder auch verhandeln konnte. Heute dagegen schließen wir den Tod aus, machen ihn zu etwas Fremdem (damit zu etwas Feindlichem) oder zu einer abstrakten Vorstellung. Das Wissen darum, dass der Tod zu einem *jeden* Leben dazugehört, wird meist verdrängt – im Gegensatz zu damals, als man noch wusste „(oder vielleicht man ahnte es), dass man den Tod *in* sich hatte wie die Frucht den Kern" (Rilke 1982, S. 14). Der Tod soll hier nicht verherrlicht werden, doch würden wir uns leichter mit ihm tun, könnten wir die Opposition von Leben und Tod aufgeben und anerkennen, dass beide eine *Einheit* sind.

Die Frage nach dem Tod ist unmittelbar verbunden mit der Frage nach dem Sinn, denn diese Frage kann schwerlich beantwortet werden, ohne den Tod mitzubedenken. Christen und Nichtchristen, Schriftsteller, Dichter und Philosophen in Vergangenheit und Gegenwart waren und sind der Meinung, dass das Leben sogar „mehr Sinn habe, wenn man an den Tod denkt, als wenn man den Gedanken an ihn beiseite schiebt" (Noll 1984, S. 115). Der Tod ist uns mit unserer Existenz mitgegeben. Er ist Bedingung und unausweichliches *Ziel* unseres Lebens. Da wir ihm also ohnehin nicht ausweichen können, sollten wir uns besser mit ihm vertraut machen: „Benehmen wir ihm das Fremde, machen wir seine Bekanntschaft, halten wir mit ihm Umgang und lassen uns nichts so oft vor den Gedanken vorbeieilen als den Tod. ... Sinnen auf den Tod ist Sinnen auf Freiheit. Wer sterben gelernt hat, versteht das Dienen nicht mehr" (de Montaigne 2001, S. 15/16). Der Gedanke an den Tod macht mutiger, sich an *eigenen* Werten zu orientieren statt an gesellschaftlichen

---

[7] Der Deutschen Schmerzliga zufolge sind es sogar 5000 Menschen pro Jahr, die sich in Deutschland wegen unerträglicher Schmerzen das Leben nehmen (Süddeutsche Zeitung, 24. August 2004).

Normen. Er befreit von Zwängen falscher Höflichkeit, vom Druck der Erwartungen anderer. „Lehre uns bedenken, dass wir sterben müssen, damit wir weise werden", heißt es im Psalm 90, 12. *Was* diese Weisheit im einzelnen ausmacht, ist von der Persönlichkeit des Betroffenen ebenso abhängig wie von den konkreten Bedingungen, unter denen er lebt. Im Allgemeinen wird unter *Weisheit* verstanden, sich auf das Wesentliche einer Situation zu konzentrieren, persönliche Grenzen anzuerkennen, narzisstische Allmachtsphantasien aufzugeben, das eigene Ich nicht mehr so wichtig zu nehmen und die Endlichkeit der eigenen Existenz zu bejahen.

Während meiner Tätigkeit in einer Rehabilitationsklinik habe ich Hirntumorpatienten im Rahmen eines halbstandardisierten Interviews auch danach gefragt, welche Bedeutung der Gedanke an den Tod für sie hat (Frede 1987). Einzelne Patienten äußerten Angst vor dem *Sterben*, genauer: „vor dem Siechtum". Unabhängig davon betonten fast alle Befragten, dass sich die Bewusstheit der eigenen Endlichkeit positiv auf ihr alltägliches Leben auswirke. Mehrfach erwähnt wurden folgende Aspekte:
– Der Gedanke an den Tod gibt mir den Mut, das zu sagen, was ich wirklich denke.
– Die Zeit wird wertvoller. Es fällt mir leichter, Prioritäten zu setzen.
– Ich verbringe mehr Zeit mit Menschen (und Beschäftigungen), die mir viel bedeuten. Von Menschen (und Tätigkeiten), die mir nicht gut tun, ziehe ich mich eher zurück.
– Der Gedanke an den Tod macht geduldig, gleichzeitig entschlossener. Man wird offener für eigene Bedürfnisse, aber auch für die Wünsche der Menschen, die man liebt.
– Ich bemühe mich, unerledigte Dinge zu klären und bestehende Konflikte zu lösen.
– Die Fähigkeit wächst, sich an ‚Kleinigkeiten' zu freuen – an der Natur, am Lächeln eines anderen Menschen ...

Diese Selbstzeugnisse bestätigen, dass eine Auseinandersetzung mit dem Thema Tod zwar nicht unbedingt die Angst vor dem Sterben zu verringern, die *Lebensqualität* aber durchaus zu steigern vermag. Es nützt dem Leben, sich mit dem Tod vertraut zu machen. Wenn dem aber so ist, warum spart man ihn in Schmerzbewältigungsgruppen aus? Warum werden direkte oder indirekte Hinweise der Patienten auf den Tod als „dysfunktionales und dramatisierendes Denken" abgewertet? Zum einen: Die Vermeidung der Todes-Thematik entspricht ihrer gesellschaftlichen Tabuisierung. Zum anderen: Gedanken an den Tod ‚passen' weder zum Prinzip des Positiven Denkens noch zur Kontrollprämisse. Ein Therapeut, der an der Vorstellung eigener Omnipotenz und prinzipieller Bewältigung von Schmerz festhält, wird die Themen Selbstmord und Tod leicht als Bedrohung erleben und es eher vermeiden, mit seinen Patienten darüber zu sprechen. Angstfreie Gespräche über Selbstmord und Tod sind dagegen möglich, wenn sich der Therapeut von Allmachtsvorstellungen und damit auch von der Angst befreien kann, ein Selbstmord(versuch) seines Patienten würde *ihn* - den Therapeuten - in Frage stellen. Ein Therapeut, der den Tod *nicht* als eine Gefahr betrachtet, die es unbedingt abzuwenden, sondern als Bestandteil des Lebens, den es zu akzeptieren gilt, wird sich mit der Todesthematik verbundenen Fragen ebenso gelassen zuwenden können wie anderen Themen auch. Er muss hier keine fertigen Antworten haben, lediglich dazu bereit sein, den Patienten bei der Suche nach *seinen* Antworten zu unterstützen. Wie das konkret geschehen kann, wird im Kapitel *Dialog mit dem Tod* (9.4.7.) beschrieben.

Zusammenfassung
Starker Schmerz konfrontiert uns mit den Grenzen der eigenen Existenz, mit dem ‚dunklen' Bereich der Wirklichkeit, den wir mit unserem Verstand nicht durchdringen, den wir nur akzeptieren können als ‚andere Seite' des Seins. Therapeuten, die Gesundheit als Wert, Krankheit, Schmerzen und Tod als Un-Wert betrachten, werden Mühe damit haben, wenn Patienten Gedanken an den Tod äußern. Therapeuten dagegen, die ein Weltbild vertreten, wonach Krankheit, Schmerzen und Tod zum menschlichen Dasein dazugehören, die alle Phasen des Lebens gleichermaßen bejahen, auch Phasen von Krankheit und Leid, werden Fragen nach dem Tod ebenso wenig ausweichen wie Fragen nach dem Sinn eines Lebens mit anhaltendem Schmerz. Letztlich sind Gespräche über den Tod immer auch Gespräche über das *Leben*, denn die Einstellung eines Menschen zum Tod bestimmt entscheidend auch seine Haltung gegenüber dem *Leben*.

2.5. Weltanschauliche Grundpositionen – Zusammenfassung

Gibt es tatsächlich irgendeine bessere Wahrheit über letzte Dinge als diejenige, die einem hilft zu leben?
(C. G. Jung 1992, S. 57)

Bei jeder schweren Krankheit befassen sich Menschen - wenn auch in unterschiedlichem Ausmaß - mit Fragen nach dem Sinn und der Kontrollierbarkeit von Schmerzen, mit Fragen nach Gott und dem Tod. Diese Fragen stellen sich vornehmlich dann, wenn der Alles-ist-möglich-Mythos zerstört und die Grenzen des Machbaren erreicht sind. Wie sich ein Mensch zu diesen Fragen einstellt, beeinflusst die Art und Weise, wie er mit Schmerzen umgeht – sei es als persönlich Betroffener oder als Therapeut.
Verhaltenstherapeutisch orientierte Schmerztherapie befasst sich explizit *nicht* mit diesen Fragen, huldigt jedoch einem Kausalitätskonzept, das die Illusion der Versteh- und Kontrollierbarkeit von Schmerzen unterstützt, dem Kranken durch Zuschreibung sozial negativ bewerteter Eigenschaften jedoch mitunter mehr schadet als nutzt. Durch die Überbe-

tonung kognitiver Prozesse wird oft weniger das Verantwortungsbewusstsein des Patienten gefördert, als vielmehr sein Schuldgefühl – was zu weiterer *Be-* statt zur *Ent*lastung führt. Dem hier vorgestellten Konzept einer psychologischen Begleitung von Schmerzpatienten liegt ein Welt- und Menschenbild zugrunde, in dem Krankheit, Schmerzen und Tod als zum Leben dazugehörig betrachtet und als solche angenommen werden. Die Vorstellung, den Schmerz durch bestimmte Kognitionen bewältigen zu können, wird aufgegeben zugunsten einer Vorstellung, wonach wir ‚Mächten' (genetischen Faktoren, neurobiologischen Mechanismen, sozialen und kulturellen Bedingungen) unterworfen sind, die wir nur zum Teil oder gar nicht kontrollieren, mitunter noch nicht einmal verstehen können. Die These von der Verantwortlichkeit des Menschen wird nicht abgelehnt, aber differenziert: Für die Lage, in die wir geraten, sind wir nur zum Teil verantwortlich, wir sind jedoch dafür verantwortlich, wie wir auf diese Lage reagieren. Selbst diesem „Wie" sind Grenzen gesetzt – durch die Umstände, die uns von außen auferlegt sind, *ohne* dass wir uns dafür oder dagegen entschieden hätten. Das Ausmaß an sozialer Unterstützung, das Geschick des Chirurgen, das Wohlwollen eines Sachbearbeiters – all das und noch mehr liegt nicht nur in unserer Hand. Was uns bleibt, ist das „Ja" oder „Nein" zur Krankheit (und dem, was sie mit sich bringt) sowie das Bemühen darum, jeden Tag mit dem zu gestalten, was uns zur Verfügung steht. Der Mensch ist weder bloßes Opfer seines Schicksals noch seines Glückes Schmied. Er ist vielmehr abhängig und frei *zugleich*. Determiniert ist er durch neurobiologische sowie gesellschaftlich-soziale Faktoren. Frei ist er vor allem darin, seinen *Spielraum* innerhalb der vorgegebenen Grenzen wahrzunehmen und aus seiner Situation etwas zu machen, das dem Leben dient.

Trotz aller Fortschritte in Medizin und Pharmakotherapie sind viele Fragen um das Geheimnis *Schmerz* nach wie vor ungeklärt. Statt uns in illusorische Vorstellungen von Kontrollierbarkeit zu flüchten oder zu resignieren, sollten wir das Wissen nutzen, das wir bereits haben, – voller Respekt vor dem, was wir (noch) nicht wissen. Im Verzicht auf die Vorgabe einfacher Lösungen für das Schmerzproblem zeigt sich nicht nur die Ehrlichkeit eines Therapeuten, sondern auch seine Menschlichkeit. Ein solcher Verzicht nämlich bewahrt den Therapeuten vor Allmachtsphantasien und den Patienten vor überfordernden Ansprüchen an die Kraft seiner persönlichen Einflussmöglichkeiten. In der Auseinandersetzung mit anhaltendem Schmerz gibt es kein absolut richtiges Denken und Handeln, sondern immer nur Gedanken und Verhaltensweisen, die für diesen individuellen Menschen in seiner ganz konkreten Situation passend und lebbar sind. Krankheit und Schmerz lassen sich nicht aus der Welt schaffen. Und auf die Frage: „Wie wird man damit fertig?" kann man nur antworten: „Damit wird man nicht fertig. Man kann höchstens lernen, damit zu leben." Einem Menschen bei diesem Lernprozess zu helfen – darin bestehen Aufgabe und Herausforderung des Therapeuten.

3. Die Situation von Schmerzpatienten

Man ist nicht bloß ein einzelner Mensch, man gehört einem Ganzen an, ... wir sind durchaus abhängig von ihm.
(Theodor Fontane 1983 a, S. 251)

In seinem Kinderbuch „Das war der Hirbel" erzählt Peter Härtling (1996, S. 7) von einem kleinen Jungen, der bei der Zangengeburt irreparable Schäden davongetragen hat: „Von da an hatte er Kopfschmerzen und die Großen behaupteten, er sei nicht bei Vernunft." Seine Mutter will ihn nicht haben. Die Pflegeeltern bringen ihn in ein Krankenhaus, da ihn seine Kopfschmerzen oft wütend werden lassen. Nachdem er dort eine Weile mit Spritzen und Tabletten behandelt worden ist, wird er bei anderen Pflegeeltern untergebracht, die ihn jedoch nicht mögen und schließlich in einem Kinderheim abliefern. Auch dort hat er keine Chance. Am Ende der Geschichte wird er in eine psychiatrische Klinik eingeliefert. Härtling (ebd. S. 67) beantwortet die Frage nach der Krankheit des Hirbel:

„Wahrscheinlich hatte er zweierlei Krankheiten: Eine, die der Arzt feststellen kann – das Kopfweh, die Krämpfe, die Bauchschmerzen. So sieht eine richtige Krankheit aus. Sie wird auch einen schwierigen Namen haben. Die andere Krankheit können Ärzte nicht heilen: Der Hirbel war krank, weil sich niemand um ihn kümmerte, weil er fast nur in Heimen und Krankenhäusern lebte, weil niemand mit ihm spielte und ihm auch niemand vertraute. Das ist, finde ich, die schlimmere Krankheit. Sie ist unheilbar, wenn nicht jeder hilft, wenn es nicht Menschen gibt, die Kinder wie den Hirbel gern haben."

Die Geschichte vom Hirbel zeigt, was viele chronisch Kranke erleben: Die Art und Weise, wie gesunde Menschen auf Krankheit und Behinderung reagieren, kann zu einem Leiden führen, das oft schlimmer ist als die Erkrankung selbst. „Die Schmerzen *hat* man, an den Reaktionen der Umwelt *leidet* man", sagt eine Schmerzpatientin. Dieses Erleben findet seine theoretische Entsprechung im **interaktionellen Ansatz** von Jakob L. Moreno (1889 - 1974), dem Begründer des Psychodramas. Moreno (1973) zufolge können wir einen Menschen und seine Probleme nur dann wirklich verstehen und ihm helfen, wenn wir nicht nur ihn selbst sehen, sondern die *gesamte Situation*, in der er sich befindet (vgl. 4.1.). Die Vorstellung des Menschen als isolierte Einheit, die unabhängig von allen anderen existiert, ist ebenso unzutreffend wie die Vorstellung individueller Krankheit. Krankheit ist vielmehr ein Geschehen, an dem auch die Menschen in der Umgebung des Betroffenen Anteil haben. Gefühle des Kranken wie Angst, Trauer und Wut können nicht als sein persönliches Problem angesehen werden, da sie immer auch beeinflusst werden von den zwischenmenschlichen Beziehungen und sozialen Strukturen, in denen er lebt.

Eine ausreichende Berücksichtigung des Einflusses, den das *Umfeld* auf das Erleben und Verhalten des Einzelnen hat, ist für die Therapie von Schmerzpatienten in hohem Maße handlungsrelevant! Denn was das Leben mit chronischen Schmerzen oft so schwer macht, ist die *Lage*, in der sich der Betroffene befindet – eine Lage, die nicht nur durch ihn selbst, sondern auch durch soziale Gegebenheiten und Verhaltensweisen seiner Mitmenschen bestimmt ist. Sowenig, wie es *den* Schmerzpatienten gibt, sowenig gibt es *die* typische Situation von Schmerzpatienten. Dennoch gibt es Problembereiche, die (wenn auch in unterschiedlichem Ausmaß) für die Situation vieler Patienten kennzeichnend sind: **Einsamkeit, Psychopathologisierung** und **Autonomieverlust**. Ein vermehrtes Wissen um diese Aspekte ist sowohl für das Verständnis als auch für die Therapie Betroffener von entscheidender Bedeutung.

3.1. Einsamkeit

Und wenn wir wieder von der Einsamkeit reden, so wird immer klarer, dass das im Grunde nichts ist, was man wählen oder lassen kann. Wir sind einsam. Man kann sich darüber täuschen und tun, als wäre es nicht so. Das ist alles. Wie viel besser ist es aber, einzusehen, dass wir es sind, ja geradezu, davon auszugehen.
(Rainer Maria Rilke 1994 b, S. 43)

Einsamkeit bei chronischen Schmerzen resultiert zum einen aus Beeinträchtigungen der körperlichen und geistigen Leistungsfähigkeit sowie dem damit verbundenen Verlust von Kontaktmöglichkeiten im beruflichen und privaten Bereich. Zum anderen gibt es eine *innere* Einsamkeit, die oft unabhängig davon ist, ob die sozialen Kontakte des Betreffenden - rein äußerlich gesehen - erhalten bleiben oder nicht. Starke Schmerzen machen einsam, denn so bedeutsam der Schmerz für das eigene Leben auch ist, so schwierig ist es, diese Erfahrung zu *vermitteln* (vgl. 7.). Mit einem anderen Menschen Freude zu teilen, ist leicht, „den Schmerz zu teilen aber unmöglich" (Schmid 1999, S. 341). Darüber hinaus wird Einsamkeit durch *Verhaltensweisen von Angehörigen, Freunden und Bekannten* verstärkt – durch ihren äußeren und inneren Rückzug.

Einer von diesen Einsamen ist der Kranke am Teich Betesda, von dem der Evangelist Johannes (5, 1 – 9) berichtet. Unter den vielen Menschen, die dort auf die Bewegung des Wassers warteten und auf Genesung hofften, war ein Mann, „der seit achtunddreißig Jahren krank war". Eines Tages sah Jesus diesen Mann und er fragte ihn: „Willst du gesund werden?" Da antwortete der Kranke: „Herr, ich habe keinen, der mir in den Teich hilft, wenn das Wasser sich bewegt. Wenn ich es allein versuche, ist immer schon jemand vor mir da." Der Mann klagt nicht über seine Schmerzen. Er erzählt überhaupt nichts von seiner Krankheit. Was ihn belastet ist, dass er *keinen Menschen hat, der ihm hilft.* Lukas (5, 17 – 20) berichtet von einer anderen Heilung: Einige Männer trugen einen Gelähmten auf einer Bahre: „Sie wollten ihn in das Haus hineintragen und vor Jesus niederlegen. Aber wegen der Menschenmenge konnten sie nicht bis zu ihm durchkommen. So stiegen sie auf das Dach, deckten einige Ziegel ab und ließen die Bahre mit dem Kranken mitten in der Menge genau vor Jesus nieder." Menschen wie diese braucht man, wenn man krank ist ...

Das Thema *Einsamkeit* bei chronischen Schmerzen wird im Rahmen von Schmerzbewältigungsprogrammen nur selten erwähnt – wenn überhaupt, dann im Zusammenhang mit dem Rückzugsverhalten von Patienten und ihrer angeblichen Tendenz zur sozialen Isolation: „Sie (die Patienten) ziehen sich von vielen Aktivitäten und damit häufig auch von Freunden und Bekannten zurück, so dass soziale Defizite entstehen" (Basler 1999, S. 64). Implizit wird hier der Eindruck erweckt: Wenn ein Schmerzpatient einsam ist, dann liegt das an *ihm* – daran, dass er sich zurückzieht. Das soziale Umfeld wird außer Acht gelassen. Die Auseinandersetzung mit chronischen Schmerzen hängt jedoch nicht ausschließlich vom Betroffenen ab, sondern ebenso auch von *äußeren* Einflüssen – wie zum Beispiel den Reaktionen seiner Mitmenschen auf kranke und behinderte Menschen. Als besonders belastend werden erlebt (vgl. Frede 2000):

– *Übermäßiges Mitleid:* „Wie schrecklich! Das ist doch kein Leben mehr!"
– *Ratschläge:* „Ich habe hier die Adresse eines Heilers. Du musst ihn unbedingt anrufen!"
– *Spekulationen über Ursache und Zweck der Erkrankung:* „Das muss etwas ganz Tiefes sein, womit du deine Gesundung blockierst!"
– *Entmündigung:* „Jetzt machen wir mal lieber eine Pause mit dem Erzählen. Sonst wird es dir noch zu anstrengend."
– *Überfürsorglichkeit:* „Ich will dich nicht mit meinen Sorgen belasten, wo du doch selbst so viel zu tragen hast."

Angehörige und Freunde möchten dem Betroffenen helfen. Tatsächlich jedoch verstärken diese oder ähnliche Verhaltensweisen sein Gefühl der Hilflosigkeit, weil sie ihn auf seine Krankenrolle fixieren und ihm vermitteln, dass er sich in einer schlechteren Lage als der Gesunde befindet. Andere Reaktionen zeugen von einer inneren Distanzierung vom Kranken – oft zur Vermeidung persönlicher Ängste vor Krankheit und Schmerz. Unsicherheit, Ratlosigkeit und/oder Angst seines Gegenübers belasten den Kranken, weil er spürt, dass *er* eine Belastung ist, d.h. nicht eigentlich *er* als Person, vielmehr das, was er beim Gesunden mit seiner Erkrankung auslöst. Psychologische Ratgeber zum Thema „Mit Krankheit richtig umgehen" empfehlen dem Kranken: „Machen Sie es Ihren Freunden mit Ihren Veränderungen leicht" (Kane 1995, S. 76). Vorschläge dieser Art sind wenig hilfreich. Zumal das Misslingen oder Gelingen einer Beziehung im Falle schwerer Erkrankung nicht einseitig in die Verantwortlichkeit des Kranken gestellt werden kann! Wenn in einer Ehe oder Freundschaft einer der beiden Partner erkrankt, sind immer *beide* betroffen. *Jeder* der beiden muss sich auf *seine* Weise an die krankheitsbedingten Veränderungen anpassen. *Beide* - der gesunde ebenso wie der kranke Partner - sollten Verständnis für die jeweilige Situation des anderen haben, *beide* sollten Rücksicht aufeinander nehmen, *beide* sich darum bemühen, es einander „leicht" zu machen. Dies gelingt in einigen Beziehungen, in anderen jedoch nicht. Manchmal hilft es, bestehende Schwierigkeiten anzusprechen – ebenso die gegenseitigen Erwartungen und Wünsche. Manchmal aber hilft auch eine solche Aussprache nicht.

Die Frage, ob sich ihr soziales Umfeld seit ihrer Erkrankung verändert habe, wird von den meisten Schmerzpatienten (wie auch von anderen chronisch Kranken) bejaht: Der Freundes- und Bekanntenkreis ist *kleiner* geworden. Einige Freunde und Bekannte nehmen von sich aus seltener Kontakt zum Betroffenen auf, schreiben nicht mehr, telefonieren kürzer und weniger oft, verschieben Besuche oder kürzen sie ab ... Von anderen Freunden und Bekannten zieht sich der *Betroffene* zurück. Weil er den Rückzug als das kleinere Übel erlebt gegenüber dem Aushalten von Mitleid, Bevormundung oder Überfürsorglichkeit. Die Frage nach dem Schuldigen führt hier nicht weiter. Zu groß sind die Herausforderungen, die eine chronische Krankheit an *alle* Betroffenen stellt, zu vielfältig die damit verbundenen Belastungen. Ein gewisses Maß an Einsamkeit gehört zu einer jeden schweren Krankheit dazu – nicht, weil irgendjemand das so will oder sich falsch verhalten hat, sondern weil Kranksein bedeutet, in einer anderen Welt zu leben, mit anderen Regeln, anderen Interessen und anderen Werten:

Entfernung
Die Entfernung
eines Kranken
von dem der bei ihm sitzt
ist nicht weiter
als die Kontinente
voneinander.
Unendlich weit.
Nur dieses
Hand in Hand.
Und doch es gilt nur
unter Gehenden.
(Hilde Domin 1993, S. 51)

Zusammenfassung
Äußerer und innerer Rückzug von Freunden und Bekannten sind ‚Begleiterscheinungen' bei chronischer Krankheit, die es ebenso zu verarbeiten gilt wie die Krankheit selbst. Ein Patient, der seine Einsamkeit als persönliches Versagen bewertet, wird die Krankheit eher als einen Makel erleben. Diese Sicht wiederum wird es ihm erschweren, sich mit sei-

nem Schmerz und den damit verbundenen Lebensveränderungen zu arrangieren. Hilfreicher ist es, ein gewisses Maß an Einsamkeit als zwar unschönen, aber unvermeidlichen Bestandteil seiner Situation zu betrachten. Auch Schmerztherapeuten sollten anerkennen, dass Einsamkeit ihrer Patienten nicht unbedingt Folge ‚dysfunktionalen Rückzugsverhaltens' ist. Sie ist vielmehr eine *soziale Realität*, weil Gesunde und Kranke nach *anderen Regeln* leben, so dass ein ‚Zusammenspiel' manchmal erschwert, manchmal unmöglich wird.

3.2. Psychopathologisierung

Das Glück ist nur ein Traum - wirklich ist der Schmerz.
(Voltaire)

In den derzeitigen Modellen zur Chronifizierung von Schmerz „wird eine komplexe Wechselwirkung zwischen biologischen, psychischen und sozialen Faktoren als pathogenetisch bedeutsam angenommen" (Hasenbring & Pfingsten 2004, S. 108). Damit grenzt man sich ab gegenüber den Einseitigkeiten ‚klassischer' Schmerzbehandlung mit ihrem weitgehend somatischen Verursachungskonzept. In der *Praxis* hat es mitunter den Anschein, als ob eine Einseitigkeit gegen eine andere Einseitigkeit ausgetauscht worden ist. Verhaltenstherapeutisch orientierte Schmerztherapeuten werfen der klassischen Schmerzbehandlung vor, sich auf die *körperliche* Ebene zu fixieren. In ihren eigenen Therapieprogrammen jedoch werden oft ebenso einseitig *psychische* Komponenten betont. Dabei beruft man sich auf folgende Beobachtungen:

1. Viele Schmerzpatienten behalten ihre Schmerzen – trotz umfassender somatischer Behandlung.
2. Viele Patienten haben Schmerzen, ohne dass sich eine Organschädigung finden lässt.
3. Bei einigen Patienten liegt zwar ein organischer Befund vor, doch sind Stärke und Dauer der beklagten Schmerzen durch die Organschäden allein in keiner Weise gerechtfertigt.

Diese Beobachtungen scheinen die Bedeutung *kognitiv-emotionaler Prozesse* zu bestätigen, wobei jedoch einige Sachverhalte unreflektiert bleiben. Erstens: Unzureichende Schmerzlinderung trotz somatischer Behandlungen muss nicht unbedingt auf einem dysfunktionalen Bewältigungsstil beruhen. Vielleicht sind ganz einfach die *Grenzen* medizinisch-pharmazeutischer Behandlungsmöglichkeiten erreicht. Zweitens: Die Tatsache allein, dass sich (noch) kein organisches Substrat finden lässt, rechtfertigt nicht die These einer vorwiegend psychischen Verursachung. Auch die Tuberkulose (zum Beispiel) galt lange Zeit als ein psychisches Phänomen. Drittens: Neurowissenschaftliche Untersuchungen zeigen, dass für die empfundene Stärke von (beispielsweise) Rückenschmerzen nicht der degenerative Befund an der Wirbelsäule entscheidend ist, sondern das Ausmaß, in dem bestimmte *Hirnregionen* aktiviert sind. Es *gibt* ein organisches Substrat, doch liegt dieses nicht dort, wo es ‚weh' tut (und wo man bisher gesucht hat), sondern vor allem in Nervenzell-Netzwerken thalamischer, limbischer und kortikaler Strukturen (vgl. 5.5.). Und schließlich: Selbst dann, wenn der Schmerz tatsächlich durch ungünstige Denk- und Verhaltensweisen verstärkt und aufrechterhalten wird, muss das nicht unbedingt bedeuten, dass somatische Faktoren keine Rolle spielen und deshalb unbeachtet bleiben können.

Psychotherapeuten beschäftigen sich in erster Linie mit dem *Fühlen* und *Denken* ihrer Patienten. Ein Therapeut jedoch, der *ausschließlich* kognitive und emotionale Faktoren für den Schmerz eines Patienten verantwortlich macht, verleugnet die *Realität des Körpers*. Es gibt bestimmte Dinge, für die *entscheidet* man sich nicht – und muss sie trotzdem tragen. Beim *Tragen* helfen Schmerzbewältigungsprogramme bisher nur wenig. Sie helfen allerdings dem *Therapeuten*, weil sie ihm Gründe für ein mögliches Misslingen seiner Therapie liefern – Gründe, die ihn (den Therapeuten) entlasten: Der Patient hat sich nicht eingelassen. Dem Patienten fehlt es an Motivation. Der Patient zeigt dysfunktionales Verhalten. Beim Patienten überwiegen negative Selbstverbalisationen ... Statt die Prämisse von der Kontrollierbarkeit der Schmerzen zu hinterfragen, wird der *Patient* angeklagt und für schuldig befunden. Wie sehr Schmerztherapie zur Zeit noch von der Schuldfrage bestimmt ist, zeigt folgende Bemerkung von Pfingsten & Hildebrandt (2004, S. 407): „Eine ‚Schuldzuschreibung' für Chronifizierungsfaktoren darf jedoch nicht am Patienten allein verhaftet bleiben." Die Autoren warnen lediglich vor *Einseitigkeiten* der Schuldzuweisung. Die Schuldzuweisung als solche bleibt bestehen: Wenn auch nicht ihn *allein*, so trifft den Patienten zumindest eine Mitschuld an der Chronifizierung seiner Beschwerden. Vorannahmen dieser Art führen dazu, dass Schmerzpatienten über Gebühr pathologisiert werden. Wie diese Pathologisierungen im Einzelnen aussehen und welche Folgen sie für Betroffene haben können, wird im Folgenden diskutiert.

3.2.1. Etikettierungen

Die „Entpathologisierung" von Patienten dürfte ... wesentlich zur Verbesserung der Kommunikationsbasis zwischen Psychologen und Patienten beitragen.
(Paul Nilges & Elke Wichmann-Dorn 1992, S. 48 f.)

Untersuchungen über die psychologischen Mechanismen der Schmerzchronifizierung waren ursprünglich darauf angelegt, einer Chronifizierung durch rechtzeitiges Diagnostizieren von *Risikofaktoren* („yellow flags") entgegenzuwirken. Aus diesen Risikofaktoren sind inzwischen Beschreibungsmerkmale des ‚typischen Schmerzpatienten' geworden, wobei die Tatsache der Chronifizierung als Beweis dafür gilt, dass die entsprechenden Merkmale vorliegen (ansonsten wäre der Schmerz nicht chronisch geworden). Dieser Umkehrschluss von der Wirkung (Schmerz) auf die Ursache (dysfunktionales Denken und Verhalten) kommt einer Vorabpathologisierung gleich, zusammengefasst in Sätzen wie: „Der chronische Schmerzpatient ist sehr häufig ein Problempatient" (Schneider 1994, S. 69). Übergeneralisierungen dieser Art haben zur Folge, dass viele Therapeuten bei ihren Interventionen weniger von der individuellen Person des Betroffenen ausgehen, als vielmehr von dem **Bild**, das sie sich vom ‚**typischen Schmerzpatienten**' gemacht haben – einem Bild, das den Betroffenen vor allem auf *negative* Züge festlegt. Die Psychologin Petra Paul (2000, S. 16) beispielsweise schreibt: „Derartig schmerzkranke Patienten entwickeln ein ‚chronisches Krankheitsverhalten', welches durch psychosoziale Inaktivität und Rückzug, Ausrichtung auf Schonung sowie Fokussierung auf passive Behandlungsangebote gekennzeichnet ist." Es liegt am *Patienten*, seine Therapeuten davon zu überzeugen, dass er diesen Zuschreibungen *nicht* entspricht. Was nicht einfach ist, da Einwände von Patienten leicht als „Selbstrechtfertigungsstrategien und Verleugnungsmechanismen bezüglich der psychischen Anteile ihrer Erkrankung" (ein Schmerztherapeut) interpretiert und als Bestätigung der Pathologisierung benutzt werden können.

Natürlich gibt es Schmerzpatienten, die Vermeidungs- und Schonverhalten zeigen, die ihre Beschwerden dramatisieren und sich von sozialen Kontakten zurückziehen. Natürlich gibt es Schmerzpatienten, die mit ihren Klagen und Forderungen eine ganze Station auf Trab halten, die jegliche Eigenverantwortung ablehnen und auf Hilfe von außen hoffen. Doch es gibt auch Patienten, die dieses Verhalten *nicht* zeigen. Bedenklich (wegen der belastenden Folgen für Betroffene) ist die *Entschiedenheit* der Aussage, die nicht (mehr) als Hypothese, sondern als *Wahrheit* über die *gesamte* Gruppe von Schmerzpatienten formuliert wird. Wie kommt es, „dass auch für viele Psychologen/Psychologinnen *Schmerzpatienten* als Synonym für *schwierige Patienten* gelten" (Nilges & Wichmann-Dorn 1992, S. 49)? Patienten, die depressiv-resignativ oder klagsam-fordernd eine aktive Mitarbeit verweigern, sind für Psychologen, Ärzte, Krankengymnasten und Pflegepersonal anstrengend und belastend. (Für Mitpatienten, die mit ihnen ein Zimmer teilen müssen, können sie zur Zumutung werden.) Befinden sich auf einer Schmerztherapiestation auch nur zwei oder drei solcher Patienten, so muss für diese zwei oder drei Personen ebenso viel oder sogar *mehr* Zeit aufgewendet werden als für die übrigen Patienten, die sich in den Stationsalltag einfügen, Therapievorschläge aufgreifen und befolgen. Zeit- und energieraubende Patienten prägen sich dem Gedächtnis schneller und nachhaltiger ein als ‚unauffällige' Patienten, wodurch womöglich der Eindruck begünstigt wird, die *meisten* Schmerzpatienten seien so. Vielleicht trifft hier zu, was für die Meinungsbildung über Gruppen im Allgemeinen gilt: *Negative Erfahrungen mit einzelnen Vertretern einer bestimmten*

Gruppe prägen entscheidend die Meinung, die man sich über die gesamte Gruppe bildet. Entsprechend orientieren sich viele Therapeuten nicht an der individuellen Person, sondern an dem Bild, das sie sich aufgrund ihrer negativen Erfahrungen mit besonders anstrengenden Schmerzpatienten von der *gesamten* Gruppe der Betroffenen gemacht haben. Das Bild aber, das man sich von einem anderen Menschen macht, tut diesem fast immer Unrecht, weil es ihn in eine Form zwingt und ihn zugleich an einem Ausbruch aus dieser Form hindert. Vorgefasste Meinungen sind für *jede* Beziehung schädlich – insbesondere auch für die Patient-Therapeut-Beziehung.

Wie die meisten Bilder, die über bestimmte Menschengruppen im Umlauf sind, so ist auch das Bild vom typischen Schmerzpatienten durch *Übergeneralisierung* und *Vereinfachung* gekennzeichnet. Basler (2001, S. 14) schreibt über Patienten mit chronischen Kopf- und Rückenschmerzen: „Die Gedanken kreisen zunehmend um das für die Betroffenen zentrale Thema: den Schmerz. Dieses ständige Nachdenken und Grübeln führt dazu, dass Gefühle von Hilflosigkeit und Ausgeliefertsein entstehen und sich häufig eine gedrückte Stimmung einstellt. Das ist auch der Grund dafür, dass viele Patienten sich nach und nach von ihren Aufgaben in Beruf und Familie zurückziehen und mit der Zeit fast alles aufgeben, was für sie einmal von Interesse oder von Bedeutung war." Hier wird folgende Verursachungskette postuliert: ‚Grübeln löst Hilflosigkeitsgefühle aus, die wiederum zu sozialem Rückzug führen.' Das Übel fängt mit dem Grübeln an und endet mit Rückzug. Die hier vorgenommene *Interpunktion* in einem Kreislauf komplexer Wechselwirkungen von inneren und äußeren Faktoren ist jedoch völlig *willkürlich*. Grübeln entsteht nicht einfach aus dem Nichts heraus oder weil sich der Betroffene bewusst dafür entscheidet. Grübeln ist nicht der *Anfang* einer linearen Aufeinanderfolge von Ereignissen, an deren Ende der Rückzug steht. Grübeln resultiert vielmehr seinerseits aus vorausgegangenen Ereignissen. Denkbar sind zum Beispiel folgende Zusammenhänge: Chronische Schmerzen ermüden und beeinträchtigen die Leistungsfähigkeit eines Menschen, wodurch es zu negativen Erfahrungen mit Kollegen und Vorgesetzen kommen kann. Diese Erfahrungen belasten den Betroffenen und er gerät ins Grübeln. Auch eine solche Aufeinanderfolge ist nur *ein* Beispiel aus der Vielzahl möglicher Ereignisketten. Fast immer handelt es sich um ein komplexes Ineinandergreifen von Ereignissen und Erfahrungen, ohne dass es möglich ist, Ursache und Wirkung voneinander zu unterscheiden. Wer jedoch „Gefühle von Hilflosigkeit und Ausgeliefertsein" einseitig auf das „ständige Nachdenken und Grübeln" der Patienten zurückführt, vernachlässigt *objektive Bedingungen* für Hilflosigkeitserfahrungen – wie etwa den Einfluss einer *Umwelt*, die den Patienten oft geradezu dazu herausfordert, sich hilflos-abhängig zu verhalten, beispielsweise dann, wenn er von Diskussionen über das therapeutische Vorgehen ausgeschlossen, organisatorischen und institutionellen Bedingungen unterworfen wird, ohne dass sie ihm durchschaubar gemacht werden (vgl. 3.3.1.): „Was der Arzt sagt, gilt. Was der Arzt sagt,

wird ausgeführt. Was der Patient sagt, interessiert nicht. Der Patient ist schon längst nicht mehr Herr seiner selbst. Er kann nicht mehr entscheiden", schreibt der an einem Hirntumor erkrankte Walter Diggelmann (1981, S. 72) – und verbalisiert damit das, was viele Patienten erleben. Es gehört viel innere Kraft dazu, um auf Erfahrungen dieser Art *nicht* mit „Gefühle(n) von Hilflosigkeit und Ausgeliefertsein" zu reagieren. Zudem ist es im höchsten Masse ‚paradox', wenn Therapeuten das „ständige Nachdenken und Grübeln" ihrer Patienten als Ursache von Hilflosigkeitsgefühlen bezeichnen, die zumindest teilweise die *Folge* von Bedingungen sind, die sie - *die Therapeuten* - mitzuverantworten haben. Für das von Schmerztherapeuten kritisierte Rückzugsverhalten vieler Patienten gibt es zudem noch eine andere Erklärung als gedrückte Stimmung und Hilflosigkeit: Anhaltender Schmerz greift die Lebenskraft an. Vieles, auch das Alltägliche, wird anstrengend. Selbst das Zusammensein mit Menschen, die man mag, kann jetzt zur Belastung werden. Die Freude darüber verschiebt sich auf die Zeit ‚danach', wenn man die Situation ‚geschafft' hat. Stundenlange Geselligkeiten sind nicht mehr möglich, weil die Kraft bereits nach zwei Stunden verbraucht ist. Wenn sich also einige Schmerzpatienten von sozialen Kontakten zurückziehen, so nicht, weil sie depressiv, passiv oder sonst irgendwie neurotisch sind, sondern weil ihre Kraft nicht mehr ausreicht, weil sie ihre *Energien sorgfältig einteilen* müssen und dabei ihre Prioritäten zum Teil anders setzen als zu gesunden Zeiten. Vielleicht ist das Rückzugsverhalten dem Instinkt kranker Tiere vergleichbar, die ihre Herde verlassen, um sich an einem schützenden Ort zu verkriechen. Folgende für den Schmerz so wesentliche Eigenschaft, wird von nur wenigen Gesunden in Betracht gezogen (und respektiert): er *ermüdet*. Bei vielen Patienten wird diese Müdigkeit noch durch die dämpfende Wirkung von Opiaten oder anderen Schmerzmitteln verstärkt (vgl. 3.3.5.).
Schmerzbewältigungsprogramme bauen auf der Überzeugung auf, Schmerz sei „eine von Verhalten, Gefühlen, Kognitionen beeinflusste und damit veränderbare Erfahrung" (Flor & Hermann 2004, S. 592). Die Hoffnung auf *Veränderbarkeit* ist somit ein entscheidendes Motiv dafür, dass immer wieder *psychologische* Einflussgrößen betont werden. Es liegt in der Natur einer jeden Psychotherapie, so auch einer psychologischen Schmerztherapie, sich *psychologisch beeinflussbaren* Faktoren zuzuwenden. Problematisch wird es jedoch dann, wenn die Macht der Psychologie überschätzt, die Grenze psychologischer Einflussnahme nicht respektiert und im Falle mangelnder Schmerzlinderung der Bewältigungsstil des Patienten, sein Wille und seine Motivation in Frage gestellt werden – nicht aber die Kontrollprämisse. Setzt sich der Patient dagegen zur Wehr, werden ihm mangelnde Compliance und Somatisierungsbedürfnisse unterstellt (Hasenbring & Pfingsten 2004). Mitunter hat es den Anschein, als ob Schmerzpatienten nur die Freiheit haben, die Kategorie ihrer Pathologisierung zu wählen, pathologisiert aber *werden* sie – als „passiv-depressiv" oder „aggressiv", als „hilflos" oder „somatisierend", als „Vermeider" oder „Durchhalter". Wie aber kann ein Be-

troffener sich entspannt und ‚normal' verhalten in einer Beziehung, in der derjenige, von dem er Hilfe erwartet, detektivisch nach Hinweisen für eine psychische Störung oder für eines der von Sternbach (1968) beschriebenen **Schmerzspiele** sucht, bei denen folgende Typen von Schmerzpatienten unterschieden werden (vgl. Franz & Bautz 2004, S. 526):

– **Der Schmerzgequälte**, der sofortige Hilfe braucht: „Sehen Sie, wie sehr ich leide!"
– **Der Märtyrer**, der bewundert werden möchte: „Sehen Sie, wie geduldig ich bin!"
– **Der Ankläger**, der Andere für sein Leid verantwortlich macht: „Sehen Sie, was Sie mir angetan haben!"
– **Der Bagatellisierer**: „Mir geht es trotzdem gut, es ist eigentlich wirklich nichts!"
– **Der leiderprobte Tapfere**: „Ist mir ganz egal, was Sie mit mir machen, ich halte es aus!"
– **Der Koryphäenkiller**: „Mir geht es schlecht! Bitte helfen Sie mir, ich habe Schmerzen! (Das können Sie aber nicht, weil ich ein komplizierter Fall bin!)"

Mit dem Konstrukt der Schmerzspiele („pain games") wird die Macht der Schmerzen *unter*-, die Bedeutung des Therapeuten dagegen *über*schätzt. Vielleicht gibt es einige Menschen, die an ihrem Schmerz festhalten, um irgendwelche Schmerzspiele zu veranstalten, um Therapeuten zu manipulieren (die sie ohne den Schmerz gar nicht kennen würden). Im Allgemeinen jedoch ist der Schmerz eine zu große, das ganze Leben zu sehr beeinträchtigende Angelegenheit, um damit *spielen* zu wollen. Ein Therapeut, der dem Patienten Manipulation der Beziehung unterstellt, sagt weniger etwas über den Patienten aus als über sich selbst – über seine *eigene* Verunsicherung und den Versuch, ihrer Herr zu werden. Wem nützt das Konstrukt der Schmerzspiele? Es nützt dem *Therapeuten*: Denn es schützt ihn davor, die Annahme prinzipieller Kontrollierbarkeit von Schmerz sowie seine eigene Kompetenz hinterfragen zu müssen. Bei keinem der Schmerzspiele werden mögliche Anteile des *Therapeuten* reflektiert. Als allein verantwortlich wird der *Patient* betrachtet, der Schmerzkontrolle durch sein manipulatives Verhalten zu verhindern sucht – und sei es auf Kosten seines eigenen Wohlbefindens. Unterstellungen dieser Art jedoch sind entwürdigend – sowohl für den Patienten als auch für diejenigen, die mit diesem Konzept arbeiten!
Im Hinblick auf die *Wechselseitigkeit der Beeinflussung* in therapeutischen Beziehungen sollen zwei der Etikettierungen von Schmerzpatienten etwas näher betrachtet werden: der *Schmerzgequälte* und der *Koryphäenkiller*.

- **Der Schmerzgequälte**

Amerikanische Soziologen haben 74 verdeckt aufgenommene Praxisgespräche untersucht und dabei herausgefunden, dass Patienten im Durchschnitt nach bereits 18 Sekunden von ihrem Arzt unterbrochen werden. Nur ein Viertel der Patienten hat die Schilderung ihrer Beschwerden beenden können (vgl. Geisler 1987). Im Klinikalltag sieht die Situation nicht viel besser aus: Stationsärzte werden von ihrem Vorgesetzten dazu angehalten, sich für einen Patienten maximal 6 Minuten Zeit zu nehmen (der Begriff „Fünf-Minuten-Medizin" ist nicht aus der Luft gegriffen). „Der Arzt hört mir gar nicht richtig zu!" ist eine der häufigsten Klagen von Patienten (nicht nur von Schmerzpatienten). Kann man es als *Manipulation* bezeichnen, wenn einige Patienten die Aufmerksamkeit ihres Arztes dadurch zu gewinnen oder zu erhalten suchen, dass sie ihren Schmerz mit immer neuen Beispielen veranschaulichen? Ein solches Verhalten sollte nicht vorschnell als *pathologisch* abgewertet werden. Pathologisch sind vielmehr die *gesundheitspolitischen Rahmenbedingungen*, die es dem Arzt erschweren, sich für einen Patienten die Zeit zu nehmen, die er braucht, um seine Beschwerden schildern und seine Fragen stellen zu können.

- **Der Koryphäenkiller**

Das so genannte *Koryphäenkillersyndrom* ist keineswegs durch den Wunsch des Patienten bedingt, Koryphäen zu killen. Es ist vielmehr Folge eines *interaktionellen* Geschehens, an dem der Arzt einen mindestens ebenso großen, manchmal sogar größeren Anteil hat als der Patient. Beck (1977) hat das Syndrom folgendermaßen definiert: „Die Arzt-Patienten-Beziehung ist durch eine initiale Idealisierung des Arztes charakterisiert, die bald in Ablehnung wegen des begrenzten Könnens umschlägt" (in: Franz & Bautz 2004, S. 528). Die anfängliche „Idealisierung" des Arztes geht nur selten einseitig vom *Patienten* aus. Meist ist sie *Reaktion* auf entsprechende Einstellungs- und Verhaltensweisen von Ärzten, die sich wie eine Koryphäe benehmen und als solche anerkannt werden möchten. Begibt sich ein Patient in Behandlung - ambulant oder stationär -, wird er sich in der Regel darum bemühen, den Erwartungen des Arztes zu entsprechen – in der (oft unbewussten) Hoffnung, sich auf diese Weise das Wohlwollen desjenigen zu sichern, von dem er mehr oder weniger abhängig ist. Im Krankenhaus kann sich der Patient am Verhalten seiner Mitpatienten sowie am Verhalten von Assistenzärzten, Schwestern und Pflegern orientieren, um herauszufinden, welche Reaktionen erwünscht, welche unerwünscht sind. Was er beobachtet, ist vor allem eines: Ärztliche Anordnungen werden gewöhnlich nicht hinterfragt. Für selbstbewusstes Auftreten in der Interaktion mit einem Arzt gibt es so gut wie kein Modell. Die Folge: Viele Patienten wagen es nicht, Therapiemaßnahmen zu diskutieren, nachzufragen, warum sie dieses Medikament einnehmen, jenes wieder absetzen sollen. Allein schon durch ihr *nonverbales* Verhalten vermitteln die meisten Ärzte, dass sie unter Zeitdruck stehen (was auch tatsächlich der Fall ist!). Viele Patienten nehmen Rücksicht darauf, wollen ihrem Arzt nicht lästig fallen. Andere befürchten, der Arzt könne sich durch ihre Fragen gestört, womöglich kritisiert fühlen und daraufhin das Interesse an ihnen verlieren. Schließlich erkennt fast jeder Patient: Zustimmung und Anerkennung seiner Interventionen sind am besten geeignet, um einen Arzt positiv zu stimmen und ihn von der eigenen Motivation zu überzeugen. Die schönste Anerkennung für einen jeden Arzt besteht wohl darin, dass es seinem Patienten wieder besser geht. Das ist verständlich – und korrespondiert mit der Hoffnung des Patienten auf Linderung und Beseitigung seiner Beschwerden. Das Ineinandergreifen von Patienten-Hoffnung und Arzt-Erwartung begünstigt bei *beiden* ein Verhalten, bei dem kleinere Fortschritte zu Beginn der Behandlung eher übertrieben, mögliche Zweifel am Therapieverlauf eher unterdrückt werden. In diesem Sinne zeigen manche Patienten tatsächlich Anzeichen einer *Idealisierung*. Tritt die erhoffte Schmerzlinderung ein, ist alles in Ordnung. Niemand spricht von „Idealisierung", höchstens von adäquater Dankbarkeit des Patienten. Können die Schmerzen jedoch nicht oder nur geringfügig reduziert werden, stellt sich für den Patienten die Frage, ob und inwieweit er darüber sprechen soll. Wie wird es der Arzt aufnehmen, wenn es ihm (dem Patienten) trotz aller Bemühungen nicht besser geht? „Gegenüber den Ärzten hat man immer das Gefühl, undankbar zu sein", schreibt Peter Noll (1984, S. 159). In meinem Tagebuch findet sich ein ähnlicher Eintrag: „Es kostet Mut, zu sagen: ‚Ich habe immer noch diese Schmerzen.' Es könnte den Anschein erwecken, als ob ich nicht anerkennen würde, welche Mühe sich alle hier geben." Viele Ärzte reagieren auf einen Stillstand im Therapieverlauf mit Aktionismus, meist mit der *gleichzeitigen* Anordnung unterschiedlichster Interventionen, so dass im Nachhinein kaum noch zu sagen ist, welche Wirkungen oder Nebenwirkungen auf welche dieser Interventionen zurückzuführen sind. Vordergründig soll dem Patienten vermittelt werden, dass seine Beschwerden doch noch ‚in den Griff' zu bekommen sind. Viele Patienten aber spüren, dass die Dinge nicht so laufen, wie sie sollten, dass der Arzt im Grunde nicht mehr weiterweiß. Ihnen fehlen jedoch die nötigen Fachkenntnisse, um entscheiden zu können, welche diagnostischen und therapeutischen Maßnahmen noch Sinn haben, welche nicht. Wie sollen sie sich in einer solchen Situation verhalten? Können sie eine medizinische Maßnahme ablehnen, ohne als ‚noncompliant' zu gelten, ohne den Eindruck zu erwecken, dass sie nicht alles für eine Linderung ihrer Beschwerden auf sich nehmen würden?

Jeder Arzt hat verständlicherweise ein elementares Interesse am Erfolg seiner Arbeit, wobei unter ‚Erfolg' verstanden wird, dass die Beschwerden des Patienten beseitigt, zumindest deutlich gebessert werden können. Bleibt ein solcher Erfolg aus, benötigt der Arzt eine Erklärung für das Misslingen seiner Bemühungen – eine Erklärung, die seine persönliche Kompetenz nicht in Frage stellt. Ein Eingestehen therapeutischer Ohnmacht wäre allzu kränkend für das ärztliche Selbstgefühl (vgl. Beck & Frank 1977). Ich habe bisher nur wenige Ärzte kennen gelernt, die ihre eigenen Diagnosen und Therapieempfehlungen hinterfragen und zugeben können, dass die Grenze des medizinisch Machbaren und/oder ihres persönlichen Könnens erreicht ist. Wahrscheinlicher ist es, dass Erklärungsgründe gesucht und angeblich gefunden werden, die im *Patienten* liegen. Mitunter wird dem Patienten nun genau dasjenige Verhalten schuldhaft angelastet, das zuvor von ihm erwartet und als Ausdruck seiner Compliance positiv bewertet worden ist:

– Hat der Patient (wie zuvor erwünscht) die Ansichten und Empfehlungen seines Arztes kommentarlos übernommen, wird dieses Verhalten *jetzt* als ein Zeichen von Passivität und mangelnder Bereitschaft zur Übernahme von Eigenverantwortung bei gleichzeitiger Inanspruchnahme des Gesundheitssystems interpretiert.
– Hat der Patient seine Beschwerden bisher sachlich und nüchtern beschrieben, wird darin *nun* ein Symptom seiner „Alexithymie" gesehen.
– Viele der vom Arzt oder seinen Kollegen früher einmal angeordneten diagnostischen und therapeutischen Maßnahmen werden *jetzt* dem „Agieren" des Patienten angelastet. Eigenverantwortliche Arztbesuche des Patienten (etwa um eine zweite Meinung einzuholen), sogar Besuche bei Fachkollegen, an die der Arzt selbst ihn überwiesen hat, werden *jetzt* als Zeichen von „doctor hopping" oder „doctor shopping" kritisiert.

Die meisten Patienten fühlen sich durch Umdeutungen dieser Art und die damit verbundenen Stigmatisierungen mehr oder minder offen angegriffen – mit der Folge, dass die anfängliche Idealisierung in offene oder verdeckte Ablehnung umschlägt. Hier ist keine Koryphäe gekillt worden, sondern die Hoffnung auf eine Arzt-Patient-Beziehung, die tragfähig bleibt – unabhängig vom Verlauf der Beschwerden. Doch führt es nicht weiter, Pathologisierungen des Patienten durch Kritik am Verhalten des Arztes zu ersetzen. Gegenseitige Schuldzuweisungen verschärfen nur die Fronten. Wenn ein bestimmter Schmerz trotz aller Bemühungen bestehen bleibt, so muss das weder an der Unfähigkeit des Arztes noch an der Pathologie des Patienten liegen, sondern ganz einfach daran, dass sich dieser Schmerz mit den derzeit zur Verfügung stehenden Mitteln nur unzureichend beeinflussen lässt. Das ist nicht unbedingt eine schöne Nachricht, aber eine, die den Patienten vor überflüssigen Behandlungen und iatrogenen Schäden, den Therapeuten vor Enttäuschungen und unangemessenen Versagensängsten bewahrt.

• **Verzicht auf Etikettierungen**
Das Konstrukt der Schmerzspiele ist vor allem zur Beschreibung von *Arzt*-Patient-Beziehungen entwickelt worden, jedoch auch im Rahmen *psychologischer Schmerztherapie* von Bedeutung. Die Bezeichnung „Schmerzspiel" wird hier zwar eher selten verwendet, doch verbirgt sich das mit diesem Konstrukt verbundene negative Patientenbild hinter Begriffen wie *„Durchhalter", „Vermeider"* und *„Rentenneurotiker", „Problempatient"* und *„schwieriger Patient", „Krankheitsgewinn"* und *„doctor shopping"*. Auch diese Begriffe suggerieren die Vorstellung von Patien-

ten, die ihre Umgebung (und ihre Therapeuten) zu manipulieren suchen. Auch diese Begriffe sind Ausdruck mangelnder Achtung gegenüber den Betroffenen. Es kann nicht darum gehen, das Negativ-Klischee vom Schmerzpatienten durch ein Positiv-Klischee zu ersetzen. Worum es vielmehr geht, den einzelnen Patienten als individuelle Persönlichkeit innerhalb einer Gruppe von Menschen mit keineswegs homogenen Eigenschaften zu behandeln. Pathologisierende Etikettierungen sind aus folgenden Gründen *abzulehnen*:

– Etikettierungen sind *unpräzise*, da sich kein Mensch auf einige Eigenschaften oder Verhaltensweisen reduzieren lässt. Auch lassen sie keinen Raum für Abstufungen, mögliche Entwicklungen und Veränderungen.
– Etikettierungen mögen dem Therapeuten die Illusion vermitteln, einen Sachverhalt verstanden zu haben. Etwas einordnen, benennen und mit einem Etikett zu versehen, heißt jedoch noch lange nicht, es auch zu *verstehen*. Die einzige Möglichkeit des Verstehens liegt darin, von Stereotypien und pauschalisierenden Deutungsmustern abzusehen und sich auf die spezifische Welt des Gegenübers einzulassen. Der Gebrauch von Etikettierungen jedoch verengt das Gesichtsfeld des Therapeuten auf die damit assoziierten Verhaltensweisen, erschwert es ihm, den Patienten in seiner individuellen Gestalt zu erfassen.
– Etikettierungen gefährden eine ausreichende Berücksichtigung *äußerer Bedingungen*, unter denen der Betroffene lebt, und die zumindest *mit*verantwortlich sind für die Ausbildung bestimmter Verhaltensweisen. ‚Fehlverhalten‘ von Schmerzpatienten kann *Folge* unterschiedlichster Unkontrollierbarkeitserfahrungen sein, *Reaktion* auf eine Vielzahl seelischer Verletzungen durch Mitmenschen (die Krankheit und Schmerz nach Möglichkeit aus ihrem Bewusstsein auszublenden suchen), *Endpunkt* eines langen Weges voller Enttäuschungen in der Interaktion mit Ärzten, Psychologen und Vertretern von Krankenkassen, medizinischen Diensten, Versicherungsträgern, ...
– Auch wenn Patienten nicht bewusst darüber nachdenken, spüren sie doch die emotional wertende Tendenz hinter den Worten, mit denen sie beschrieben werden, die *mangelnde Wertschätzung* ihrer Person, die in den Etikettierungen mitschwingt. Ihre Hoffnung, trotz Schmerz und Behinderung als ein Mensch von Wert behandelt und respektiert zu werden, ist ebenso bedroht wie ihre Beziehung zum Therapeuten.
– Etikettierungen bringen den Patienten in eine *paradoxe Situation* (vgl. 3.3.6.): Explizit wird er dazu aufgefordert, positiv zu denken und sich selbst etwas zuzutrauen. Implizit wird ihm vermittelt, dass er ‚schwierig‘ und sein bisheriges Verhalten im Umgang mit dem Schmerz ‚falsch‘ ist. Woran soll er sich orientieren? An dem, was man ihm *sagt*, oder an dem, wie man sich ihm gegenüber *verhält* (vgl. 8.4.1.)? Wie soll er positiv über sich denken, wenn sein Therapeut ihn überwiegend negativ einschätzt?

- Etikettierungen wirken nicht selten im Sinne einer sich *selbst erfüllenden Prophezeiung*, d.h. sie rufen Folgen hervor, die dann als Bestätigung der Pathologisierung betrachtet werden.
- Etikettierungen können sich ‚verselbständigen'. Aus einer psychologischen Kategorie, die ursprünglich der zusammenfassenden Beschreibung von Schmerzverhalten dienen sollte, kann mit der Zeit eine Art *Schimpfwort* werden! Aus der sachlichen Beobachtung, dass Vermeidungs- oder Schonverhalten ein besonderer Risikofaktor im Hinblick auf Schmerzchronifizierung ist, wird ein *moralisches Werturteil*: Wer ein „Vermeider" ist, will sich nur drücken. Wer „Schonverhalten" zeigt, ist ein Schwächling. Die meisten Etikettierungen sind mit Nebenassoziationen befrachtet, die sich lähmend oder anderweitig ungünstig auf den Betroffenen auswirken können.

3.2.2. Phasenmodelle

Schematische Phasen - Nichtwahrhabenwollen, Zorn, Verhandeln, Depression, Zustimmung - sind bestenfalls Annäherungen an eine Individualisierung, und schlimmstenfalls behindern sie sie sogar.
(Avery Weisman, in: Shneidman 1989, S. 163)

In der Vergangenheit sind verschiedentlich Modelle entwickelt worden, die den Prozess der Bewältigung einer schweren Erkrankung in Phasen unterteilen – in Anlehnung an die von Elisabeth Kübler-Ross (1978) beschriebenen ‚Phasen' des Sterbens. Meist werden fünf bis sieben Phasen voneinander unterschieden: Leugnung-Nichtwahrhabenwollen, Angst-Furcht, Zorn-Bitterkeit, Depression, Zustimmung-Anpassung (vgl. Budde 1988). **Phasen-Modelle** reduzieren und vereinfachen die Vielfalt von Verhaltensweisen und Gefühlen, mit denen Menschen auf die Tatsache einer schweren Erkrankung reagieren. Da implizit unterstellt wird, dass - gewissermaßen als Lernziel - die Phase der Zustimmung erreicht werden sollte, können alle anderen Reaktionen allzu schnell in den Verdacht des Unvollkommenen und Behandlungsbedürftigen geraten. Auch postulieren Phasenmodelle eine lineare Aufeinanderfolge bestimmter Erlebens- und Verhaltensmuster, die jedoch durchaus gleichzeitig und immer mal wieder auftreten können.
Akzeptanz ist kein *Besitz*, über den man mit Sicherheit verfügt, sobald man ihn einmal erworben hat. Akzeptanz muss sich vielmehr jeden Tag neu bewähren, muss je nach Situation wieder neu erworben werden. Chronischer Schmerz (wie jede chronische Krankheit) ist kein in sich geschlossener ‚Komplex', dem gegenüber man eine bestimmte Einstellung entwickelt, die dann für alle Zeiten bestehen bleibt. Man nimmt vielmehr gegenüber jedem *einzelnen* Aspekt der Erkrankung eine spezifische Haltung ein: Vieles wird akzeptiert, mit manchem tut man sich schwer, mit einigem kommt man gar nicht zurecht. Ich kann nicht pauschal behaupten: „Ich habe meine Situation akzeptiert." Bestenfalls

kann ich sagen: „Im Augenblick akzeptiere ich diese und jene Aspekte meiner Situation." Würde meine Einstellung gegenüber einer bestimmten Folge meiner Erkrankung, mit der ich zur Zeit Mühe habe, generalisiert, könnte es womöglich heißen: „Frau F. befindet sich in der Phase des Zorns." Das aber stimmt nicht, da ich andere Einschränkungen sehr wohl akzeptiert habe. Kurz: Das Phasenmodell suggeriert eine Sicherheit bei der Einschätzung einer Krankheitsverarbeitung, die nicht existiert. Letztlich ist jeder Versuch, die Auseinandersetzung eines Menschen mit seinem Schmerz in ein System zu pressen, mehr oder minder willkürlich.

Auffällig ist, dass - mit Ausnahme der Phase „Akzeptanz" - ausschließlich sozial *negativ* bewertete Einstellungs- und Verhaltensweisen als gleichsam ‚zwangsläufige' Begleiterscheinungen einer Krankheitsverarbeitung vorgegeben sind. Manche Patienten werden durch die Konfrontation mit schwerer Krankheit mutiger, durchsetzungsfähiger, andere werden einfühlsamer, toleranter gegenüber sich und anderen. Von Entwicklungen *dieser* Art ist bei keiner der Phasen die Rede, es sei denn, sie werden als Zeichen der Phase „Zustimmung/Anpassung/Akzeptanz" gewertet. Insgesamt aber besteht die Gefahr einer *Überbewertung von negativen Verhaltensweisen* und einer Pathologisierung durchaus normaler Reaktionen (vgl. 3.2.1.). Mitunter werden bereits leichte Stimmungsschwankungen und eine gewisse Niedergeschlagenheit als Zeichen der Phase „Depression" eingeschätzt. Doch nicht jede Stimmungsschwankung ist Ausdruck einer Depression. Und nicht jede depressive Verstimmung eines Menschen steht im Zusammenhang mit seiner Erkrankung. Vielleicht gehört sie einfach zu seinem Wesen, hat immer schon dazugehört? Zudem: Wie bei gesunden Menschen so ist auch bei Kranken die Stimmung nicht jeden Tag gleich. Gelegentliche Trauer, zeitweilige Niedergestimmtheit und Ängstlichkeit deuten nicht in jedem Fall darauf hin, dass sich der Betroffene in der Phase der Depression befindet. Ebenso gut könnte es sich um natürliche Schwankungen seelischer Befindlichkeit handeln, wie sie - mehr oder minder - Bestandteil eines *jeden* Lebens sind.

Einordnungen in die Phasen „Angst" und „Zorn" sind nicht weniger problematisch. „Angst" und „Zorn" sind zunächst nichts als Worte. Wie diese Worte mit Leben gefüllt, wie die durch sie bezeichneten Gefühle in einer bestimmten Situation geäußert werden, ist keineswegs eindeutig. Manche Menschen verbergen ihren Zorn, geben ihrer Angst keinen erkennbaren Ausdruck, während andere Menschen offen und wiederholt darüber sprechen. Aus dem unterschiedlichen Verhalten kann jedoch nicht geschlossen werden, dass Erstere *weniger* Angst und Zorn empfinden als Letztere. Äußerungen wie „Er befindet sich in der Phase der Angst (des Zorns)" erzeugen die Illusion eines Verständnisses, die davon abhält, das Einmalige und Besondere der Reaktion eines Betroffenen wahrzunehmen, gegebenenfalls auch nach *äußeren* Anlässen für seine Gefühle zu suchen. Denn Angst und Zorn sind nicht in jedem Fall ‚missglückte Anpassungsversuche', können durchaus *adäquate* Reaktionen auf konkrete Umstände sein, die auch bei anderen Menschen Angst oder Zorn auslösen würden. Da Phasenmodelle den Blick für objektive Gegebenheiten verstellen, tragen sie zur Psychologisierung, Individualisierung und damit zur Stabilisierung von Problemen bei, die dringend einer Veränderung auf gesellschaftlich-institutioneller Ebene bedürfen. Die Vorliebe für ein Modell mag zum Teil daraus resultieren, dass es dem Therapeuten einen gewissen Orientierungsrahmen bietet. Phasenzuweisungen erleichtern es, sich von den Reaktionen des Patienten innerlich zu distanzieren, sich vor eigenen Gefühlen der Hilflosigkeit und Unsicherheit zu schützen. Auch entspricht die Anwendung von Phasenmodellen der Forderung einer wissenschaftlich orientierten Therapie nach Objektivität und Systematik. Die Individualität eines Patienten und seine ganz persönliche Auseinandersetzung mit seinem Schicksal können jedoch nicht auf ein theoretisches Modell reduziert werden. Wirklich *verstehen* kann man einen anderen Menschen nur dann, wenn man sich auf ihn *einlässt*, ihn ohne Vorbehalte und Wertungen als Frau X. oder Herrn Y. wahrnimmt und seine Reaktionen innerlich nachzuvollziehen sucht.

Zusammenfassung
Eine Überbetonung der Prämisse, Schmerz sei prinzipiell kontrollierbar, birgt die Gefahr in sich, dass im Falle unzureichender Schmerzlinderung nach einem Schuldigen gesucht wird, um die Prämisse selbst nicht zu gefährden. Die Suche nach dem Schuldigen wiederum führt nicht selten zu einer vorschnellen Abwertung bestimmter Einstellungs- und Verhaltensweisen des Patienten und damit zu seiner Pathologisierung. Für die Auseinandersetzung mit anhaltend starken Schmerzen gibt es keine Norm und die Frage nach der Adäquatheit eines Gefühlsausdrucks angesichts chronischer Schmerzen kann nicht allgemein gültig beantwortet werden. Auch Angst, Zorn oder depressiver Rückzug sind zunächst einmal ‚normal', sollten nicht durch Vorgabe eines allgemeinen Lernziels „Bewältigung"/„Anpassung" als unzureichend, unvollkommen, therapiebedürftig pathologisiert, sondern als Zeichen der persönlichen Auseinandersetzung des Menschen mit seiner Situation respektiert werden.

3.3. Autonomieverlust

Mich stört nur der Freiheitsverlust: dass andere über dich verfügen, dass du in eine Apparatur kommst, die dich beherrscht und der du nicht gewachsen bist.
(Peter Noll 1984, S. 38)

Für fast jeden Menschen ist die Vorstellung belastend, das eigene Leben nicht mehr selbständig regeln zu können, weniger geachtet und respektiert zu werden, anderen hilflos ausgeliefert, nur noch eine Last zu sein. Im Falle schwerer Erkrankung verändert sich die Situation des Betroffenen meist so, dass Ängste dieser Art eher noch verstärkt, Hoffnungen auf Aufrechterhaltung persönlicher Autonomie hingegen geschwächt werden. Allein schon deshalb, weil immer mehr für ihn und über ihn hinweg entschieden, weil er nicht mehr als individuelle Person, sondern als *Schmerzpatient* angesprochen und behandelt wird, weil das Interesse an seinen persönlichen Eigenschaften und Fähigkeiten zurücktritt hinter die Suche nach seiner Pathologie, weil seine Behandlung in hohem Maße von organisatorischen und wirtschaftlichen Faktoren bestimmt wird, an denen er nichts ändern, die er oft noch nicht einmal durchschauen kann. Im Räderwerk des medizinischen Systems ist die Gleichwertigkeit bei der Beziehungsgestaltung aufgehoben: „Der Patient ist ... nicht mehr Herr seiner selbst" (Diggelmann 1981, S. 72), sondern Empfänger von Anweisungen, Objekt von Behandlungen. Die Angst vor dem Verlust persönlicher Autonomie ist weder neurotisch noch Ausdruck mangelnder Krankheitsverarbeitung, sie beruht vielmehr auf einer realistischen Wahrnehmung und Einschätzung der Bedingungen, denen ein Mensch bei schwerer Erkrankung ausgesetzt ist. Von einigen dieser *Bedingungen in Krankenhäusern, Rehabilitationseinrichtungen und Schmerztherapiestationen* soll im Folgenden die Rede sein.

3.3.1. Krankenhausroutine

Das Krankenhaus ist allerdings in besonderem Maße eine Einrichtung, die den Patienten in eine passive Position bringt.
(Manfred Zaumseil 2000, S. 12)

Mit seinem Eintritt in ein Krankenhaus verliert der Mensch einen Großteil seiner Individualität. Seine Persönlichkeit wird auf die Rolle des Kranken reduziert. Da Einzelzimmer selten (und teuer) sind, die meisten Patienten also in Zwei-, Drei- oder Vierbettzimmern liegen, gibt es keinen privaten Bereich. Ein, zwei oder drei Mitpatienten sehen zu, wenn ihr Bettnachbar untersucht wird (Vorhänge zwischen den Betten als Sichtschutz sind selten), hören zu, wenn intime Fragen gestellt und beantwortet werden, können bei eigener Bettlägerigkeit das Zimmer auch dann nicht verlassen, wenn ihr Bettnachbar sich einmal ausweinen oder mit einem Angehörigen über persönliche Dinge reden möchte. Viele Ärzte, Schwestern und Pfleger klopfen nicht an, bevor sie ein Patientenzimmer betreten. Andere klopfen mit der einen Hand an, während sie mit der anderen Hand bereits die Tür öffnen, also zeitgleich mit dem Klopfen im Zimmer stehen. Ungestörter Schlaf ist nicht möglich. Ständige Geräusche auf dem Flur, die Unruhe von Bettnachbarn, die nach der Nachtschwester klingeln, verhindern einen tiefen und ausreichenden Schlaf. Die meisten Nächte während meiner vielen Krankenhausaufenthalte habe ich in Badezimmern, Aufenthalts- oder Injektionsräumen verbracht, in die ich mein Bett habe schieben lassen, um zumindest einige Stunden für mich allein sein zu können.

- **Beispiele zum Verlust der Intimsphäre**
– Im Bett neben mir liegt eine ältere Dame, Frau A., mit einem Gipsverband am linken Bein. Sie trägt nur ein Nachthemd, keine Unterhose. Auf diese Weise können die Schwestern ihr die Bettpfanne schneller und bequemer unterschieben, als wenn sie jedes Mal erst eine Unterhose aus- und wieder anziehen müssten. ... Eine Schwester teilt Frau A. mit, dass gleich Herr N., der Krankengymnast, kommen wird, um ihr die Füße zu massieren. Frau A. nickt, bittet dann schüchtern darum, ihr eine Unterhose anzuziehen. Die Schwester - die Türklinke bereits in der Hand - antwortet freundlich: „Das ist nicht nötig. Dem Herrn N. macht das nichts aus. Der sieht so was täglich." Frau A. schweigt beschämt. Auch ich schäme mich, weil ich mich nicht für sie eingesetzt habe.
– Kaudalanästhesien, Sympathikus- und Nervenwurzelblockaden (bei denen der Unterkörper des Patienten mehr oder minder entblößt ist), werden häufig in einem Injektionsraum mit *mehreren* Liegen durchgeführt, die lediglich durch mobile Trennwände voneinander abgegrenzt sind. Die Trennwände behindern die Sicht zur rechten und linken Seite, nicht aber die Sicht nach vorn, so dass jede Liege vom Mittelgang aus gut einsehbar ist. Der Sichtschutz also ist mangelhaft. Die Wörter und Seufzer sind gar nicht geschützt. Für jedermann hörbar wandert jeder Laut durch den Raum – als zusätzliche Belastung für den Betroffenen sowie für die unfreiwilligen Zeugen seiner Not. Dass für die Injektionen nur ein großer Raum mit mehreren Liegen zur Verfügung steht (statt mehrere kleine Räume mit jeweils nur einer Liege), mag an organisatorischen und ökonomischen Notwendigkeiten liegen. Warum aber wird nicht zumindest für ausreichenden *Sichtschutz* gesorgt? Mir fallen zwei Gründe ein: Zum einen wird es dem Personal durch fehlenden Sichtschutz erleichtert, Patienten und Messgeräte, an die sie auch nach einer Blockade für eine Weile angeschlossen sein müssen, bequem vom Mittelgang aus zu beobachten (gewissermaßen im Vorübergehen). Zum anderen: Offensichtlich verlieren die meisten Menschen ein Gefühl für die Bedeutung von Nacktheit, wenn sie aus beruflichen Gründen täglich und stündlich damit zu tun haben. Der für den Eingriff entblößte Körperteil gehört nicht mehr zur Intimsphäre des Menschen, ist vielmehr unpersönlicher, von der Gesamtperson ab-

gelöster *Bestandteil eines Arbeitsprozesses*. Sowenig, wie der Maschinenteil, an dem ein Techniker arbeitet, vor den Blicken anderer geschützt werden muss, sowenig muss der ‚Teil' eines Menschen, an dem gerade ein Eingriff vorgenommen wird, vor fremden Blicken geschützt werden.

Während meines Aufenthaltes auf einer Schmerztherapiestation ist es der *Chefarzt*, der sich um die bestmögliche Aufrechterhaltung der Privatsphäre seiner Patienten bemüht. Er führt nur selten Nervenwurzelblockaden durch. Doch jedes Mal, bevor er beginnt, zieht er zunächst eine weitere Stellwand herbei, um sie vor das Fußende der Injektionsliege zu schieben. Nun sind Arzt und Patient ‚rundum' vor den Blicken Vorübergehender geschützt.

- **Beispiele für Beziehungsbotschaften im Zusammenhang mit medizinischen und pflegerischen Maßnahmen**
– Diagnostische und therapeutische Eingriffe an der Wirbelsäule finden oft in Seit- oder Bauchlage des Patienten statt, während Arzt und Schwester hinter und an seinem Rücken ‚hantieren'. Einige Ärzte und Schwestern künden jede Handlung vorher an und erklären dem Patienten, was - seinen Blicken entzogen - gerade geschieht. Andere dagegen beschränken sich auf knappe Anweisungen an den Patienten. Wieder andere reden zwar während des Eingriffs, nicht aber mit dem Patienten, sondern *untereinander* – über Stations- oder auch Privatangelegenheiten. Diese Variante ist für den Patienten besonders belastend, ist er doch ausgeschlossen und beteiligt zugleich (es ist immerhin sein Körper, in den gerade etwas injiziert wird). Fünf Minuten können zur Ewigkeit, jedes Pieksen, jeder Druck zur Bedrohung werden, wenn man die Bedeutung nicht einschätzen und noch nicht einmal sicher sein kann, dass Arzt und Schwester mit höchster Konzentration bei der Sache sind. Dass es auch anders geht, zeigen die Worte eines Arztes während einer Sympathikusblockade:

„Nicht erschrecken. Gleich wird es etwas kalt. Ich sprühe Desinfektionsmittel auf Ihre Haut ... Jetzt berühre ich Sie erst einmal nur mit meinen Fingern. Ich taste, um die genaue Einstichstelle zu orten. Sie atmen am besten ganz ruhig und normal weiter. Es passiert noch nichts ... Gleich werden Sie einen kleinen Stich spüren. Nur ganz kurz. Ich spritze ein leichtes Betäubungsmittel in die Haut ... So, gleich können wir anfangen. Ich weiß, es fällt schwer in dieser Situation, doch je mehr Sie sich entspannen könnten, umso leichter wird es für mich, die Blockade durchzuführen, umso schneller ist alles vorbei, weil Ihre Muskulatur, wenn sie entspannt ist, der Nadel weniger Widerstand entgegensetzt. Sind Sie soweit? Gut, dann fangen wir jetzt an. Es kann sein, dass Sie manchmal ein Zucken in Ihren Rücken- oder Beinmuskeln spüren. Bitte, sagen Sie mir jeweils genau, was Sie wo spüren – und wie stark. Für mich ist das eine gute Rückmeldung. Ich weiß dann genau, an welcher Stelle sich die Nadel befindet ... Ja, Sie machen das sehr gut ... So, die Hälfte haben wir schon geschafft. Jetzt dauert es etwa noch mal so lang ... Ruhig weiteratmen. So ist es gut. Gleich sind wir fertig."

Bei einem solchen Vorgehen bleibt für Angst keine Zeit. Der Patient ist damit beschäftigt, die Informationen des Arztes aufzunehmen; er ist vorbereitet auf das Pieksen der Nadel, das leichte Zucken der Muskeln. Obgleich er passiv dort liegt, ist er doch aktiv *beteiligt*, indem er dem Arzt Rückmeldung gibt. Er ist zwar insofern ausgeliefert, als der Arzt die Nadel in der Hand hat. Doch wird er nicht wie ‚ein Fall mit Schmerzsyndrom' behandelt, sondern als Partner und Mitarbeiter bei einer *gemeinsamen* Aufgabe. Auf diese Weise durchgeführte Behandlungsmaßnahmen werden als subjektiv kürzer und weniger bedrohlich erlebt. Das Selbstwertgefühl des Patienten bleibt erhalten.

– Am Tag nach meiner ersten Wirbelsäulenoperation setzt eine Krankenschwester das Essenstablett auf den seitlich stehenden Nachttisch ab und will wieder gehen. Sie weiß, dass ich weder aufstehen noch mich aufrichten darf. Wie aber soll ich - *flach* liegend - ein Tablett erreichen, das sich außerhalb meiner Reichweite befindet? Ich bitte die Schwester, den Nachttisch näher an mein Bett zu schieben und das daran befindliche Klappbrett so einzustellen, dass ich den Teller erreichen kann. Sie macht es widerwillig, hektisch und so, dass ich nur mit Mühe an den Teller herankomme. Das Fleisch - ein großes, recht zähes Schnitzel - ist nicht geschnitten. Das Messer ist stumpf. Man versuche es selbst – flach auf dem Rücken liegend ein zähes Stück Fleisch mit einem stumpfen Messer zu schneiden. Zum Glück gibt es Kartoffeln und Gemüse. Ich verstehe, dass die Schwester in Eile ist. Ich bin nicht ihre einzige Patientin. Doch es hebt nicht gerade die Stimmung, wie ein Gegenstand behandelt zu werden.

– Nach meiner dritten Operation (in einem anderen Krankenhaus) muss ich wiederum vollständig flach im Bett liegen – auch bei den Mahlzeiten. Hier jedoch wird mir das Essen bereits gabelfertig gebracht: Ohne dass ich darum gebeten habe, sind Fleisch und Kartoffeln appetitlich und mundgerecht zurechtgeschnitten. Die Schwester nimmt sich Zeit, um den Nachttisch für mich optimal einzustellen, und fragt eindringlich nach, ob sie mir nicht doch lieber helfen solle: „Bitte klingeln Sie, wenn es irgendwelche Schwierigkeiten gibt. Es ist nicht so einfach, im Liegen zu essen." Ein solcher Satz kann einen ganzen Tag erhellen. Selbst heute noch stellt sich ein Gefühl der Wärme und Dankbarkeit ein, wenn ich an diese Schwester denke …

Verlust der Privat- und Intimsphäre, Reduzierung der Persönlichkeit auf die Krankheit – damit muss sich fast jeder Patient im Krankenhaus zurechtfinden, unabhängig von der Art seiner Erkrankung. Über seinen eigenen Krankenhausaufenthalt schreibt Norman Cousins (1981, S. 25): „Ich gelangte schnell zu der Überzeugung, dass ein Krankenhaus nicht der richtige Aufenthaltsort für einen ernstlich kranken Menschen ist. … die Regelmäßigkeit, mit der die Krankenhausroutine Vorrang vor den Bedürfnissen des Patienten erhält … und andere Praktiken schienen mir bedenkliche Mängel des modernen Krankenhauses zu sein." Die gleichzeitige Versorgung vieler Menschen an einem Ort verlangt ein hohes

Maß an Organisation, ein hohes Maß an Zurückstellung persönlicher Bedürfnisse. Ein Krankenhaus ist *kein* Hotel, in dem die ‚Besucher' persönliche Wünsche ‚anmelden' könnten. Das versteht und akzeptiert - mit Ausnahmen - jeder Patient. Dass er jedoch in erster Linie als Krankheitsobjekt wahrgenommen und behandelt wird, weniger als ein Mensch, der krank ist, bedroht sein Bedürfnis nach Selbstbestimmung ebenso sehr wie seinen Wunsch, als Mensch geachtet und respektiert zu werden – trotz seiner Erkrankung.

3.3.2. *Einseitigkeit der Regeln*

Fragen sind unerwünscht, der Chef hat immer Recht, und wenn der nicht da ist, dann hat der Oberarzt Recht. Der Patient aber kann gar nicht Recht haben, weil er keine Ahnung hat.
(eine Ärztin, in: Herbert 2005, S. 105)

Die offensichtliche **Einseitigkeit bestimmter Regeln** gehört ebenfalls zu den Bedingungen, die das Erleben persönlicher Autonomie im Krankenhausalltag bedrohen: Vom Patienten wird etwas verlangt, das von Ärzten und Pflegepersonal selbst relativ ‚locker' gehandhabt oder gar nicht beachtet wird. Was dem Patienten als mangelnde Compliance angelastet wird, gilt bei Ärzten und Pflegepersonal als Folge von Arbeitsüberlastung, als unvermeidbare Nebenerscheinung in einer Apparatur, in der eine Vielzahl unterschiedlichster Menschen mit größtmöglicher Effizienz behandelt werden muss. Diese Bewertung nach zweierlei Maß zeigt sich insbesondere beim *Umgang mit Zeit* sowie beim *Umgang mit Medikamenten*.

- **Umgang mit Zeit**

Unter Gesunden gängige *Höflichkeitsregeln* wie das Einhalten von Terminen, Entschuldigungen bei Versäumnissen, usw. verlieren ihre Selbstverständlichkeit. Zeitangaben für Untersuchungs- und Therapie-Maßnahmen werden dem Patienten als *verbindlich* mitgeteilt, sind jedoch meist als ‚Frühestens-ab-dann-' oder ‚Vorher-auf-keinen-Fall-Termine' zu verstehen. Wer krank ist, muss vor allem eines lernen – *Warten*: „Krankenhäuser sind so organisiert, dass Ärzte ein Maximum an Patienten sehen können, was bedeutet, dass Patienten ein Maximum an Zeit mit Warten verbringen" (Frank 1993, S. 72).

Auch im ambulanten Bereich ist Warten oberstes Gebot. Eine Studie des Instituts für betriebswirtschaftliche Analysen (IFABS) in Düsseldorf ergab, dass Patienten im Durchschnitt 48 Minuten auf ihre Behandlung warten müssen. Bei Allgemeinmedizinern beträgt die Wartezeit ca. 56, bei Internisten ca. 53 Minuten. Bei Neurologen sitzen Patienten mit 71 Minuten am längsten, bei Chirurgen mit 21 Minuten Wartezeit am kürzesten (Woman 2004, S. 79).

Im Krankenhaus werden angekündigte Termine nicht selten um zwei bis drei Stunden verschoben. Der Patient wird weder über die Tatsache der Verzögerung noch über ihr ungefähres Ausmaß informiert, so dass er sich die ganze Zeit über bereithalten muss. Da er nicht auf den Getränkehändler oder Freunde zum Plaudern wartet, sondern auf etwas, das für ihn von meist existentieller Bedeutung ist, kann er sich auf nichts anderes mehr konzentrieren, wird immer angespannter, unruhiger, besorgter, schließlich auch ärgerlich. Fast jeder Patient weiß und akzeptiert, dass viele Operationen, Untersuchungen und Behandlungen länger als geplant dauern, dass es im Krankenhausalltag wiederholt zu unkalkulierbaren Not- und anderen Zwischenfällen kommt, so dass Termine trotz aller Bemühungen von Ärzten und Schwestern nicht immer pünktlich eingehalten werden können. Dennoch ist die Wartezeit, die Patienten zugemutet wird, nicht naturgemäß vorgegeben, sondern zumindest teilweise auch eine *Frage der Organisation*.

Im Laufe meiner Erkrankung bin ich in verschiedenen medizinischen Einrichtungen behandelt worden. In einigen habe ich immer und jedes Mal sehr lange, in anderen Einrichtungen dagegen selten und wenn, dann nur fünfzehn bis maximal dreißig Minuten warten müssen (obgleich es sich um Einrichtungen mit ähnlichem Aufgabenschwerpunkt gehandelt hat, das anfallende Arbeitspensum also in etwa vergleichbar sein dürfte).

Für den Patienten belastend ist nicht so sehr das Warten selbst, als vielmehr die Selbstverständlichkeit, mit der über seine Zeit (und damit über *ihn*) verfügt wird. Unter *gesunden* Menschen ist es üblich, dem anderen kurz zu erklären, warum man ihn zwei Stunden hat warten lassen. Wobei es nicht darum geht, sich zu rechtfertigen, sondern darum, dem anderen zu zeigen, dass man ihn respektiert. Kaum ein Patient erwartet eine Erklärung dafür, dass er Stunden hat warten müssen. *Ein* Wort der Entschuldigung aber wäre schön ...

- **Umgang mit Medikamenten**

Die Einseitigkeit der Regeln zeigt sich insbesondere auch im *Umgang mit Medikamenten*. Vom Patienten wird größte Zuverlässigkeit bei der Einnahme der verordneten Tabletten, Tropfen und Pflaster verlangt. Die Zuverlässigkeit des medizinischen Personals dagegen lässt mitunter zu wünschen übrig. Bei *jedem* meiner zahlreichen Krankenhausaufenthalte waren gelegentlich *falsche* Medikamente in meiner Medikamentenschachtel. Einige Tabletten *fehlten* oder waren durch neue ersetzt, ohne dass ich über eine Umstellung informiert worden war. Statt Baldriantropfen erhielt ich Tramaltropfen (ein mittelstarkes Opioid), statt eines Zäpfchens gegen Übelkeit ein Buscopan-Zäpfchen (ein krampflösendes Mittel), usw.. Hatte ich meine Medikamente anfänglich eher aus Neugier überprüft, wurde es mir bald zur Gewohnheit und Pflicht. Was aber geschieht, wenn schwer kranke, sehr alte und/oder sehbehinderte Patienten falsche Medikamente erhalten?

Zu den eher lustigen *Beispielen* einer falschen Medikamentenzuteilung zählt folgende Situation: Meine Zimmerkollegin und ich müssen jeden Abend ein Abführmittel einnehmen. Meist steht ein Messbecher mit entsprechendem Saft auf dem Abendessen-Tablett. Eines Abends vermissen wir unseren Saft. Nach dem Abendessen fragen wir eine Krankenschwester danach. Sie stutzt – und läuft schnell in das Nachbarzimmer. Zu spät: Die beiden Herren dort haben jeder einen Messbecher mit einem ihnen unbekannten Saft auf ihrem Tablett vorgefunden. Als folgsame Patienten haben sie nicht erst nachgefragt, sondern den Saft sofort geschluckt – und am nächsten Tag einen fürchterlichen Durchfall.

Medikamentenverwechslungen sind in erster Linie nicht den Schwestern und Pflegern anzulasten, sondern den *Bedingungen*, unter denen sie oft arbeiten müssen. Auf den meisten Stationen herrscht Personalmangel, so dass Medikamente sehr oft in Eile und ‚nebenbei' zugeteilt werden, nicht aber mit konzentrierter Aufmerksamkeit. Situationen wie diese sind keine Seltenheit: Während eine Schwester Tropfen eines starken Schmerzmittels abzählt, wird sie von einem Arzt nach einer Patientenakte gefragt, von der Stationsschwester darum gebeten, möglichst sofort eine bestimmte Infusion vorzubereiten. Gleichzeitig klingelt das Telefon und ein weiterer Patient klopft an die Tür des Stationszimmers. Angesichts dieser Arbeitsbedingungen sind Fehlleistungen bei der Medikamentenzuteilung keineswegs erstaunlich. Erstaunlich ist eher, dass nicht wesentlich mehr schief geht. Für Fehler aufgrund von Überforderung haben die meisten Patienten Verständnis, nicht aber dafür, wenn Fehler bagatellisiert und mit der Bemerkung abgetan werden, der Betroffene möge sich nicht so aufregen, er sei schließlich nicht der einzige Patient hier. Ein solcher Umgang mit Fehlern ist weniger Zeichen von Arbeitsüberlastung, als vielmehr Ausdruck mangelnder Achtung gegenüber den Betroffenen.

Einige Patienten auf Schmerztherapiestationen tragen vorübergehend eine extrakorporale Medikamentenpumpe: Über eine dünne Kanüle gelangt ein Schmerzmittel kontinuierlich in den Wirbelkanal des Patienten. Das Medikament befindet sich in einem kastenähnlichen Behälter, den der Patient bei sich trägt oder neben sich auf dem Nachttisch stehen hat. In regelmäßigen Zeitabständen muss das Medikament nachgefüllt werden. Mit diesem Nachfüllen jedoch wird mitunter recht ‚großzügig' verfahren. Verspätungen von drei bis vier Stunden sind keine Seltenheit, was bedeutet, dass der Medikamentenzufluss in dieser Zeit unterbrochen ist. Der Patient muss solche Verzögerungen hinnehmen.

Die Medikamentenpumpe meiner Zimmergenossin hätte bereits seit über einer Stunde aufgefüllt werden müssen. Nachfragend wendet sie sich an die Schwester und erhält zur Antwort: „Was glauben Sie, was hier heute los ist! Nun warten Sie mal schön! Der Arzt kommt schon noch." Als der Arzt schließlich mit dreieinhalb Stunden Verspätung erscheint, bezeichnet er die Aufregung meiner Mitpatientin als unangemessen. Das Medikament werde sehr langsam abgebaut, so dass es keine Rolle spiele, wenn der Behälter mal drei Stunden leer sei.

Nur wenige Patienten wissen, welches Medikament sich in welcher Zeit abbaut. Was sie aber wissen, ist, dass der Arzt sie ermahnt hat, die Tabletten oder Tropfen *regelmäßig* nach jeweils genau vier (oder sechs) Stunden einzunehmen, das Medikamentenpflaster nach exakt 72 Stunden zu wechseln, denn nur ein ständig gleich bleibender Medikamenten-Spiegel im Blut garantiere eine optimale Schmerztherapie. Wie soll ein so unterwiesener Patient *nicht* beunruhigt sein, wenn der Arzt den Medikamentenbehälter der Pumpe erst dreieinhalb Stunden *nach* der vorgegebenen Zeit auffüllt, die Krankenschwester erst eine Stunde *nach* dem vorgesehenen Termin mit der nächsten Spritze kommt? Was lernt der Patient daraus? Dass hier mit zweierlei Maß gemessen wird. Dass Regelmäßigkeit bei der Medikamenteneinnahme offensichtlich doch nicht so wichtig ist.

Der entscheidende Faktor bei Einstellungs- und Verhaltensänderungen ist das *Lernen am Modell* (Bandura 1979). Davon ausgehend sollten Ärzte und Pflegepersonen in ihrem eigenen Verhalten modellhaft *vorleben*, was sie vom Patienten erwarten. Besteht eine Diskrepanz zwischen dem, wozu der Patient explizit angehalten wird, und dem, wie sich Ärzte, Schwestern und Pfleger in dieser Angelegenheit *verhalten*, sinkt die Wahrscheinlichkeit dafür, dass der Patient sich erwartungsgemäß verhält. Belastend ist nicht so sehr die Tatsache, dass sich Ärzte und Schwestern gelegentlich nicht an die von ihnen selbst aufgestellten Regeln halten. Verunsichernd ist vor allem die Art und Weise, wie einige Ärzte und einige Krankenschwestern reagieren, wenn sie von Patienten darauf angesprochen werden. Statt sich kurz zu entschuldigen („Es tut mir leid, dass ich erst jetzt komme."), wird das Bedürfnis der Patienten nach zuverlässiger Behandlung abgewehrt. Nicht die institutionellen Rahmenbedingungen werden hinterfragt (unter denen Ärzte und Patienten gleichermaßen leiden), sondern der *Patient*, der als „bedürftig" und „fordernd" abgewertet wird. Für den, der den Schmerz *nicht* hat, mag es tatsächlich unerheblich sein, ob eine Spritze um 13.00 oder um 14.00 Uhr verabreicht wird. Nicht aber für den Betroffenen. Sein Gefühl, ohnmächtig ausgeliefert zu sein, wächst mit der Häufigkeit solcher Erfahrungen. Patient zu sein bedeutet, die *untere* Position in einer hierarchischen Beziehung einnehmen und fraglos hinnehmen zu müssen, was man in einer gesunden Beziehung *nicht* so ohne weiteres akzeptieren würde. Auch darin liegt ein Verlust an Autonomie.

3.3.3. Vielfalt der Diagnosen und Therapieempfehlungen

... er (der Arzt) hält die Sache mit dem Bein für ziemlich schlimm, weil der Ischiasnerv verletzt wurde. Er sagt, dass man eine Kauterisation machen müsse – warum, weiß ich nicht. Es gibt zwanzig verschiedene Meinungen, aber Tatsache ist, dass es mir nach wie vor schlecht geht und jeder etwas anderes sagt.
(Frida Kahlo 2004, S. 87)

Besonders belastend für Patienten sind widersprüchliche Diagnosen und oft diametral entgegengesetzte Therapievorschläge. „Wenn Sie zehn Ärzte fragen, bekommen Sie zehn verschiedene Meinungen", erklärt mir ein Arzt. Das Bemühen um eine zweite Meinung hat eine Schattenseite: Die zweite Meinung wird mit hoher Wahrscheinlichkeit eine *andere* Meinung sein. Was aber dann? Eine dritte Meinung einholen? Selbst bei der Auswertung angeblich ‚objektiver' Untersuchungsdaten herrscht Meinungsvielfalt. Röntgenaufnahmen, Computer- und Kernspintomographien werden nicht nur von Ärzten verschiedener, sondern auch *gleicher* Facharztausbildung mehr oder minder *unterschiedlich* gedeutet. Die Interpretation von Ultraschalluntersuchungen vergleicht die an Krebs erkrankte Sibylle Herbert (2005, S. 39) mit „Kaffeesatzlesen": „Die Ärzte blicken auf die verschiedenen Grauschleier und interpretieren diese Farbschattierungen als ihre spezielle Wahrheit." Woher aber soll der Patient wissen, welche dieser Wahrheiten *wirklich* wahr ist? Das „Tagebuch eines Herzkranken" von Erich Kästner (1996, S. 44 f.) ist keine humoristische Fiktion. Das Lächeln vergeht dem Betroffenen. Der Protagonist des Gedichtes sucht neun verschiedene Ärzte auf und erhält neun verschiedene Diagnosen. Die letzte Strophe lautet so:

Was nun der zehnte Doktor spricht,
das kann ich leider nicht sagen,
denn bei dem zehnten, da war ich noch nicht.
Ich werde ihn nächstens fragen.
Neun Diagnosen sind vielleicht schlecht,
aber die zehnte hat sicher recht.
Na ja.

Was für die Diagnostik gilt, trifft für die Therapie im Besonderen zu. Zehn verschiedene Ärzte raten nicht nur zu zehn, sondern mitunter sogar zu zwölf oder noch mehr unterschiedlichen Maßnahmen. Die moderne Schmerztherapie betont den „multimodalen Behandlungsansatz", bei dem Methoden verschiedener Fachrichtungen zum Einsatz kommen sollen, um sich in sinnvoller Weise zu ergänzen. Einige Therapieempfehlungen jedoch ergänzen sich keineswegs, sie *widersprechen* einander: Regelmäßige Infusionen - gar keine Infusionen. Regelmäßiges Muskeltraining - gar kein Muskeltraining. Operation auf *keinen* Fall - Operation auf *jeden* Fall. Implantierung einer Medikamenten-Pumpe auf *jeden* Fall

und *sofort* - Implantierung einer Pumpe auf *keinen* Fall und *niemals* ...
Im Folgenden einige **Beispiele** aus meiner eigenen Krankengeschichte:

- **Krankengymnastik**
- Im Rahmen multimodaler Schmerztherapie wird Patienten mit Rückenschmerzen gewöhnlich die Teilnahme an einem *Haltungstraining nach Brügger* empfohlen, „in dem ihnen eine aufrechte Haltung vermittelt wird. Sie werden ermuntert, diese Haltung im Alltag immer häufiger einzunehmen und sie auch bei Alltagsaktivitäten immer mehr zur Gewohnheit zu machen" (Basler 1999, S. 71). Nach meiner ersten Operation werde auch ich in der Brügger-Haltung unterwiesen, die ich nach Aussage der Krankengymnasten bald vorbildlich beherrsche. Einige Jahre später (inzwischen ein drittes Mal operiert) erfahre ich von einem Schmerztherapeuten (mit langjähriger Ausbildung in Osteopathie), dass die Brügger-Haltung in meinem Falle von Anfang an *kontraindiziert* gewesen sei – vor allem der damit verbundenen leichten Hohlkreuzstellung wegen, die bei meiner Art der Wirbelsäulenschädigung unbedingt zu vermeiden sei. Weiterhin erfahre ich, dass ich mich nicht nur ungünstig halte, sondern auch ungünstig *gehe*. Wieso das? Habe ich nicht in mehreren Rückenschulen gelernt und *beherzigt*: „Zweidrittel des Körpergewichts müssen auf der Ferse liegen. Beim optimalen Gehen soll der Fuß von der Ferse aus abgerollt werden"? Nun aber wird mir erklärt: Wenn man sich von der Ferse aus abrollt, wird der Druck von der Ferse unmittelbar hoch zur Wirbelsäule weitergeleitet, und zwar vor allem in den unteren Bereich der LWS, also dorthin, wo ich operiert worden bin (L5/S1). Um dieses Gebiet nach Möglichkeit zu entlasten, sollte das Hauptgewicht auf *Zehen* und *Fußballen* liegen. Beim Gehen - so lerne ich weiter - sollte ich mich nicht von der Ferse abrollen, sondern mich vom *Fußballen* aus nach vorne ‚abstoßen'. Die Folgen einer solchermaßen veränderten Körperhaltung sind beachtlich: Ich habe weniger Ischiasnervenschmerzen! Fünf Jahre lang habe ich mich um eine für mich *ungünstige* Haltung bemüht – immer in der Überzeugung, mich gemäß den Empfehlungen von Schmerzbewältigungsprogrammen, also *richtig*, zu verhalten. Doch ist ein Haltungstraining nach Brügger keineswegs *jedem* Patienten zu empfehlen.
- Ein Radiologe erklärt mir die Kernspintomografie-Aufnahmen meiner Wirbelsäule. Bei diesem Befund, so meint er, sei jede Art der Krankengymnastik verlorene Zeit. Einzig sinnvoll seien Entspannungsübungen: „Sie sollten sich in einem Zustand permanenter Entspannung befinden, damit der durch die Verwachsungen ohnehin schon bestehende Druck muskulär nicht noch verstärkt wird. Nutzen Sie Ihre Aufseinszeiten zu kleinen Spaziergängen, wobei Sie jedoch immer nur *bergauf, niemals bergab* gehen sollten. Beim Bergab-Gehen verstärkt sich der Druck auf den Ischiasnerven." Ungeklärt bleibt, wie ich jeweils zurückkommen soll, wenn ich immer nur *bergauf* gehe. Na ja ...

- **Medikamente und andere Therapiemaßnahmen**
- Zur Behandlung so genannter ‚Schmerzspitzen' verordnet ein Schmerztherapeut (zusätzlich zum Fentanyl-Pflaster) ein schnell wirkendes Morphin-Präparat (Sevredol), von dem ich bei Bedarf täglich 1 bis 2 Tabletten einnehmen soll. Ich frage nach einer möglichen Suchtgefährdung und werde beruhigt: „Sie haben einen gleich bleibenden Spiegel durch das Fentanyl-Pflaster. Wenn Sie darüber hinaus vermehrt Morphin einnehmen, wird dieses ‚Mehr' durch den vermehrten Schmerz aufgebraucht, so dass der Spiegel konstant bleibt." Fünf Monate später wird das Sevredol vom Chefarzt einer Schmerztherapiestation wieder abgesetzt. Die gelegentliche Einnahme von Sevredol führe zu Morphin-Spitzen, die nach vier Stunden wieder abgebaut seien. Dann komme es zu einem Mini-Entzug. Die Folge: Die Opiatrezeptoren würden auf Dauer immer mehr Morphin benötigen, so dass ich schließlich auch ein höher dosiertes Fentanyl-Pflaster brauchen würde.
- Ein Neurochirurg diagnostiziert ein Jahr nach der letzten Operation ein Neurom im Operationsgebiet. Er empfiehlt die Einspritzung von Alkohol, wodurch das Neurom ca. sechs Monate lang nicht mehr „feuern" würde. Danach müsse die Einspritzung eventuell wiederholt werden. Der mich stationär behandelnde Schmerztherapeut lehnt diese Intervention ab. Man müsse schon sehr genau treffen, um das Neurom durch eine Alkoholinjektion wirklich auszuschalten. Zudem bestehe die Gefahr, dass gesunde Nerven geschädigt und spätere Neusprossungen womöglich schlimmere Schmerzen verursachen würden als das ursprüngliche Neurom.
- Zur Behandlung einer Knochenhautentzündung an den Fersen (durch Aufliegen) empfiehlt mein Hausarzt Ringelblumensalbe. Der Neurochirurg rät davon ab, da meiner Haut durch diese Salbe Feuchtigkeit entzogen würde. Er verordnet Einreibungen mit einem Öl. Erst eine Freundin weist mich auf das Wichtigste hin – die Fersen (mit Hilfe einer Rolle oder eines Kissens) konsequent *hoch* zu lagern, so dass sie keinen Kontakt mehr mit der Unterlage haben.

- **Invasive Eingriffe**
Besonders ausgeprägt ist die Meinungsvielfalt zur Behandlung meiner arachnopathiebedingten Nervenschmerzen. Folgende Maßnahmen werden mir vorgeschlagen (die jeweiligen Begründungen sind vereinfacht zusammengefasst):
- Dr. A., der operierende Neurochirurg, rät postoperativ zur Implantation eines DCS-Systems (DCS = „dorsal cord stimulation": elektrische Reizung der Hinterstränge des Rückenmarks mittels einer implantierten Elektrode). Alles andere habe bei den massiven Verwachsungen meiner Rückenmarkshaut keinen Sinn.
- Dr. B., ebenfalls Neurochirurg, der mich seit Erkrankungsbeginn ambulant behandelt, widerspricht: Bei einer Arachnopathie sei die Implantierung eines Rückenmarksstimulation-Systems kontraindiziert.

Fremdkörper in der Rückenmarkshaut würden den arachnopathischen Prozess verstärken. Die Elektroden würden in kurzer Zeit mit der Dura verwachsen. Er empfiehlt regelmäßige Infusionen mit Cortison, um die Entzündungsödeme im Bereich der Nervenwurzeln zum Abschwellen zu bringen.
- Dr. C., ein Neurologe, der Dr. B. bei einer längeren Erkrankung vertritt, ist gegen Infusionen. Die Rückenmarkshäute seien so stark verwachsen, dass das injizierte Cortison die Nervenwurzeln kaum erreiche. Zudem sei die Hauptursache meiner Schmerzen durch Cortison *nicht* zu beheben: Das unterste Wirbelgelenk sei durch die Titan-Schrauben nur ungenügend versteift, so dass die entsprechenden Nerven ständig gereizt würden. Die Schrauben müssten operativ entfernt, das Wirbelgelenk mit Metallplatten von vorne und hinten neu versteift werden.
- Dr. D., ein Radiologe, an den ich wegen einer Kernspintomografie überwiesen werde, empfiehlt konsequentes Liegen im Gipskorsett über einen Zeitraum von ca. sechs Wochen.
- Dr. E., mein langjähriger Hausarzt, geht davon aus, dass jeder weitere invasive Eingriff bei einer Arachnopathie mehr schaden als nutzen werde. Zur Linderung der Schmerzen schlägt er das Fentanyl-Pflaster vor. Bei allen anderen Schmerzmitteln seien langfristig mehr oder minder gravierende Schäden an Magen, Leber, Niere und Darm zu erwarten.
- Frau Dr. F., Anästhesistin von Schmerztherapiestation I. an meinem Heimatort, bezeichnet eine ausschließliche Behandlung mit Fentanyl als unzureichend. In meinem Fall sei es unbedingt notwendig, eine Medikamenten-Pumpe zu implantieren (zur spinalen kontinuierlichen Opioidanalgesie). Ohne Medikamenten-Pumpe sei mit einer Verschlechterung meiner Beschwerden und meiner ohnehin schon reduzierten Lebensqualität zu rechnen.
- Eine befreundete Psychologin (Schmerztherapeutin) empfiehlt mir Herrn Dr. G., Chefarzt einer weiter entfernt liegenden Schmerztherapiestation II, um eine Zweitmeinung zur Medikamenten-Pumpe einzuholen. Dr. G.: Die Implantierung einer Pumpe sei zwar an sich eine gute Sache, aber nur bei intakter Rückenmarkshaut. In meinem Fall jedoch müsse er aufgrund der massiven Schädigungen der Rückenmarkshaut dringend davon abraten, da langfristig die Gefahr weiterer Verwachsungen bestehe. Vielleicht würde es mir im ersten halben Jahr nach der Implantierung der Pumpe tatsächlich etwas besser gehen: „Dann aber haben Sie nicht nur eine peridurale, sondern auch eine spinale Fibrose – mit der Folge zunehmender Beschwerden und einer verkürzten Lebenserwartung." Er empfiehlt eine Kombination von Nervenwurzel- und Sympathikusblockaden sowie Caudalanästhesien mit Cortison und Temgesic. Zusätzlich drängt er zum so genannten Pressure-Block. Bei dieser Methode aus den USA werden mit hohem Druck und viel Volumen ca. 100 ml Kochsalzlösung und Cortison durch den Wirbelkanal gespült, um Verklebungen zu lösen. Die

Methode habe eine Erfolgsquote von 50 %. Bei der anderen Hälfte der Patienten bleibe der Eingriff neutral (keine Verbesserungen, keine Verschlechterungen).

– Dr. A., der meine *Rückenmarkshaut* während der Operation *gesehen* hat, reagiert auf den Vorschlag „Pressure-Block" nahezu entsetzt: „Um Gottes Willen! Einen Pressure-Block dürfen Sie auf keinen Fall machen lassen. Ihre Rückenmarkshäute sind stark verändert! Der Periduralraum ist teilweise zugenarbt. Da wird nichts aufgeweicht oder gelöst, da wird etwas *zerrissen*!" Erneut empfiehlt er die elektrische Rückenmarksstimulation.

– Dr. G. akzeptiert die Ablehnung des Pressure-Blocks, rät nun zu einem damals in Deutschland noch neuen Verfahren (heute bekannt als Prof. Racz' epidurale Kathetermethode): Ein speziell für diese Zwecke entwickelter Sprungfederkatheter wird über den Hiatus sacralis zum Epiduralraum vorgeschoben und im rückenmarksnahen Bereich der Wirbelsäule platziert. Nach ausgiebiger Spülung werden das Enzym Hyaluronidase und eine hochkonzentrierte Kochsalzlösung zur Osmose der beengenden Gewebe injiziert. Auf diese Weise können Verklebungen beseitigt, Wurzelreizerscheinigungen behoben werden (durch räumliche Entlastung der Nervenwurzeln). Dr. G.: „Das ist die einzige Option, die Sie noch haben." Da ich weitere Schädigungen fürchte, bespreche ich den Eingriff und seine Risiken mit Dr. A. und Dr. B., die meinen ‚Fall' am längsten und gründlichsten kennen. Dr. A.: Das Problem bei der Verwendung von Hyaluronidase liege darin, dass ein Kontakt zwischen dieser Substanz und dem Nervengewebe zu schweren Schäden führen könne. Eine solche Behandlung dürfe nur von Geübten durchgeführt werden. Dr. B.: „Auf keinen Fall Hyaluronidase einspritzen lassen! Das kann zu schweren Schädigungen des Rückenmarks führen."

– Über das Internet erfahre ich von einer nahe gelegenen Schmerzklinik in der Schweiz, in der bereits mit Hyaluronidase gearbeitet wird. Ich melde mich zu einem Beratungsgespräch an und werde (wie dort üblich) nacheinander von zwei Schmerztherapeuten verschiedener Facharztausbildung untersucht. Dr. H., ein Anästhesist, bestätigt: „Ja, Hyaluronidase kann bei einer Arachnopathie tatsächlich eingesetzt werden – auch mit gewissem Erfolg. Aber nur bis spätestens ein Jahr nach der Operation. Bei Ihnen liegt die letzte Operation zu lange zurück. Zum jetzigen Zeitpunkt wäre eine Einspritzung des Enzyms völlig sinnlos. Die Verwachsungen sind bereits viel zu hart. In Ihrem Fall sehe ich nur noch die Möglichkeit, es mit elektrischer Rückenmarksstimulation zu versuchen." Frau Dr. I., Neurologin und Psychiaterin der Schmerzklinik, bezeichnet meine Arachnopathie als „untherapierbar". Damit müsse ich mich abfinden. Bei meinem Krankheitsbild und in diesem Stadium sei die Schmerztherapie am Ende. Das Einzige, was man noch machen könne, sei die Implantation einer Thalamusstimulationselektrode.

– Dr. K., ein Schmerztherapeut, an den ich zu ambulanten Nervenwurzelblockaden überwiesen werde (bisher nur stationär durchgeführt), rät von weiteren invasiven Eingriffen ab. Das traumatisierte Gebiet müsse erst einmal völlig zur Ruhe kommen: „An dem, was kaputt ist, kann man nichts mehr ändern. Aber wir können versuchen, das Gewebe oberhalb und unterhalb des operierten Gebiets so entspannt und funktionsfähig wie möglich zu halten." Er schlägt kontinuierliche Weiterbehandlung mit dem Fentanyl-Pflaster vor sowie eine Kombination von Alexandertherapie und Osteopathie. Dieser Therapieempfehlung stimme ich ohne Zögern zu.

Wie kommt es zu einander widersprechenden Therapieempfehlungen? Zum einen: Viele Erkrankungen sind zu komplex, die Verursachungsbedingungen (noch) zu wenig bekannt, als dass es eindeutige Therapierichtlinien geben könnte. Auf die Arachnopathie trifft dies in besonderem Maße zu, da es sich um ein seltenes Krankheitsbild handelt. Zum anderen: Die Behandlungsvorschläge eines Arztes hängen immer auch von seinen persönlichen Erfahrungen mit dem betreffenden Krankheitsbild ab. Er wird vor allem diejenigen Methoden empfehlen, mit denen er sich gut auskennt. Oder er rät zu einem ihm bislang wenig vertrauten Verfahren, das ihn jedoch interessiert und mit dem er praktische Erfahrungen sammeln möchte. Ein weiterer Faktor ist die Fähigkeit bzw. Unfähigkeit des Arztes, die eigenen Grenzen realistisch einzuschätzen und offen zuzugeben, dass er mit einem bestimmtem Krankheitsbild und/oder einer bestimmten Therapiemaßnahme nur wenig Erfahrung hat.

In dem Moment, in dem mir die einzelnen Interventionen überzeugend vorgeschlagen werden, leuchten mir alle Argumente ‚irgendwie' ein. Nur *drei* der Vorschläge ‚fühlen' sich für mich von Anfang an *falsch* an: Eine erneute Operation, der Pressure-Block sowie die Intervention am Thalamus. Als medizinischer Laie kann ich die Bedeutung der meisten Behandlungsmethoden nicht einschätzen. Ich höre aufmerksam zu, frage nach, hole eine zweite Meinung ein, informiere mich anhand von Literatur und über das Internet. Einige Ärzte verbinden ihre eigene Empfehlung damit, die Maßnahmen ihrer Kollegen *abzuwerten*. Damit wird impliziert, was einer der Ärzte explizit zu mir sagt: „Die Kollegen, bei denen Sie vorher waren, haben Mist gebaut. Ich weiß, wovon ich rede." Äußerungen dieser Art sind gleichermaßen untherapeutisch wie unkollegial. Mich überzeugen sie lediglich von der Arroganz und Inkompetenz *dieses* Arztes. Wer wirklich kompetent ist, hat es nicht nötig, Kollegen als inkompetent darzustellen. Als Patient will man nicht unbedingt hören, was in der Vergangenheit alles falsch gemacht worden ist. Man will vielmehr wissen, was in der *gegenwärtigen* Situation bestmöglich getan werden kann.

Emotional besonders belastend ist es, wenn die *gleiche* Behandlungsmethode von dem einen Arzt als lebens*verlängernd*, von einem anderen Arzt als lebens*verkürzend* eingeschätzt wird, wenn ein Arzt als „einzige

Option" eben das empfiehlt, von dem sein Kollege rigoros abrät. Nicht zuletzt sind es Erfahrungen dieser Art, die zur Entwicklung einer *Hilflosigkeitseinstellung* beitragen können. Hinzu kommt: Viele der empfohlenen Methoden sind mit Risiken und Nebenwirkungen, u.U. sogar mit der Gefahr *zunehmender* Beschwerden verbunden. Doch auch die Entscheidung, *nichts* zu unternehmen, kann das Befinden verschlechtern. Eben *das* erzeugt Hilflosigkeit – die Erkenntnis, dass, was man auch tut, *falsch* sein kann (vgl. 4.2.).

Wie soll man sich als Betroffener in einer solchen Situation verhalten? Wer trägt die Verantwortung für das weitere Vorgehen? Der Psychologe von Schmerztherapiestation II betont vor allem die *Eigenverantwortung* des Patienten: „*Sie* tragen die Verantwortung für Ihren Körper! Wenn Sie einem Eingriff zustimmen, dann sind auch *Sie* für die möglichen Folgen verantwortlich." Der Arzt *derselben* Schmerztherapiestation hingegen erwartet, dass die Patienten ihm, dem *Arzt*, sowohl die Entscheidung als auch die Verantwortung übertragen und seinen Therapieempfehlungen sofort und vertrauensvoll zustimmen: „Wenn Sie lange zögern und sich erst noch informieren wollen, so signalisieren Sie damit, dass Sie mir nicht vertrauen, dass Sie mir unterstellen, ich würde Ihnen etwas Riskantes vorschlagen. Wenn man krank ist, muss man sich den Empfehlungen des Arztes überlassen. Alles andere führt nur zu allgemeiner Verwirrung, verzögert die Behandlung und beeinträchtigt die Arzt-Patient-Beziehung." Persönlich ziehe ich eine Einstellung vor, die *zwischen* diesen beiden Extremen liegt: Beide - *sowohl* der Patient *als auch* der Therapeut - tragen Verantwortung. Der Patient muss mit den möglichen ‚Nebenwirkungen' und eventuell nachteiligen Folgen einer Intervention leben, der Arzt möglicherweise mit einem beruflichen Misserfolg. Dieser Misserfolg ist allerdings nicht *körperlich* spürbar, kann zudem rational bewältigt werden mit der Vorstellung, nach bestem Wissen und Gewissen gehandelt zu haben. Der Patient erfährt das Misslingen am eigenen *Leib*, wo es jenseits aller Rationalisierung ausgehalten werden muss. Zudem wirkt sich das „Ja" oder „Nein" zu einer bestimmten Behandlungsmaßnahme meist nicht nur auf einen einzelnen Aspekt seines Lebens aus, sondern auf seine *gesamte Existenz*. Deshalb sollte ihm jede Zeit zur Entscheidungsfindung gelassen werden, die er braucht. Er selbst muss zu einem Eingriff „Ja" sagen können! Darin liegt *seine* Verantwortung – am eigenen Körper *nicht* allein deshalb etwas ‚machen' zu lassen, weil er sich von einem bestimmten Arzt dazu gedrängt fühlt. Andererseits sollte sich der Patient mit seiner Entscheidung nicht überfordern – etwa mit dem Anspruch, eine Therapieempfehlung bis in die letzte Konsequenz hinein beurteilen zu können. Er *kann* es nicht. Das ist nicht sein Versagen, sondern liegt in der Natur der Sache.

Vergleiche mit anderen Patienten helfen bei der Entscheidungsfindung nur selten, weil die inneren und äußeren Umstände andere sind. Was Schopenhauer (1987, S. 169) als allgemeine Lebensregel formuliert, gilt insbesondere auch für Entscheidungen im Falle einer schweren Erkrankung: „Man muß, nach reiflicher Überlegung und scharfem Nachdenken, seinem eigenen Charakter gemäß handeln. ... sonst paßt was man thut nicht zu Dem, was man ist." Erweist sich eine bestimmte Entscheidung im *Nachhinein* als falsch, sollte sich der Betroffene deshalb nicht anklagen oder das eigene Verhalten nachträglich in Frage stellen. Vieles von dem, was er *heute* weiß, konnte er *damals* nicht wissen. Für oder gegen einen medizinischen Eingriff kann man sich letztlich nur in dem Bewusstsein entscheiden, dass beim Gelingen oder Misslingen einer Behandlung immer auch Faktoren eine Rolle spielen, die man weder voraussehen noch kontrollieren kann. Das mag enttäuschend sein, aber auch entlastend, weil es von der Frage schuldhaften Versagens befreit. Entscheidungssituationen im Falle schwerer Erkrankung könnten emotional weniger anstrengend sein, würden die verschiedenen Fachärzte und Therapeuten zusammenarbeiten, zumindest *miteinander reden*. In der Theorie der Schmerztherapie wird übereinstimmend ein multidisziplinärer Therapieansatz verfolgt, wonach Vertreter verschiedenster Fachrichtungen zum Wohle des Patienten miteinander kooperieren sollten: Radiologen, Orthopäden, Neurologen, Neurochirurgen, Psychologen, Sporttherapeuten, Physiotherapeuten, usw.. Im ambulanten Bereich wird Interdisziplinarität durch so genannte Schmerzkonferenzen gefördert: Einmal im Monat treffen sich Mediziner, Psychologen und Physiotherapeuten, um einzelne Schmerzpatienten vorzustellen – per Krankenakte oder auch persönlich. Die Teilnehmer der Konferenz diskutieren den ‚Fall', steuern ihr jeweiliges Wissen, fachspezifische Überlegungen und Empfehlungen bei. Das ist sinnvoll und in höchstem Maße notwendig. In der alltäglichen Praxis jedoch ist Interdisziplinarität ein theoretisches Ideal, das nur selten verwirklicht wird. Selbst Schmerztherapiestationen mit einem multimodalen Therapiekonzept sind noch keine Garantie dafür, dass interdisziplinäre Kommunikation tatsächlich stattfindet. Außerhalb von Schmerztherapiestationen kommt ein Zusammenspiel von Radiologen, Orthopäden, Neurologen, Psychologen und Physiotherapeuten noch seltener oder gar nicht zustande. Jeder für sich macht Vorschläge zu Diagnostik und Therapie, untersucht und behandelt den Patienten, ohne sich mit den anderen Therapeuten abzusprechen. Der Patient muss die verschiedenen Angaben und Empfehlungen miteinander in Verbindung bringen. Wenn er Glück hat, fügt sich einiges zusammen – wie bei einem Mosaik. Hat er Pech, sitzt er vor lauter Einzelteilchen, die in ihrer Gesamtheit kein Bild ergeben. Was dann? Im Internet auf eigene Faust recherchieren? Noch einen weiteren Arzt aufsuchen? Einen Crash-Kurs in Radiologie, Neurologie, Orthopädie oder Physiotherapie machen? Sich dem Therapeuten anvertrauen, der einem am sympathischsten ist? Oder das Los werfen? Braucht man tatsächlich einfach nur Glück?

3.3.4. Zuteilung von Medikamenten

Ich wollte das Mittel gern mit den Mahlzeiten haben, weil ich herausgefunden habe, dass ich es dann am besten vertrage. Ging nicht. Da hatte sie keine Zeit. Es war also ... also schlimm!
(ein Hirntumorpatient)

Im Krankenhaus erhält jeder Patient morgens nach dem Wecken eine Medikamentenschachtel, unterteilt in vier Kästchen, in denen sich die Medikamente für morgens, mittags, abends und nachts befinden. Der Patient wird dazu angehalten, diese Medikamente pünktlich einzunehmen (vgl. 3.3.2.). Darüber hinaus gibt es bestimmte Medikamente - meist starke Schmerz-, Schlaf- oder Beruhigungsmittel -, die ‚nach Bedarf' ausgeteilt werden: Der Patient erhält sie *nicht* vorab mit der morgendlichen Schachtel, sondern muss sie sich im Bedarfsfall von den Krankenschwestern geben lassen. Medikamente, die dem Betäubungsmittelgesetz unterliegen, werden besonders sorgfältig kontrolliert, ihre Ausgabe gesondert und in mehrfacher Ausfertigung protokolliert.

Während meines Aufenthaltes auf einer Schmerztherapiestation ordnet der Chefarzt an, mir ein Fläschchen mit MST-Tropfen (ein Morphin-Präparat) auszuhändigen. Ich solle mit fünf Tropfen beginnen, die Dosis dann langsam steigern, um auf diese Weise die für mich zuträgliche Arzneimenge herauszufinden, bei der meine Schmerzen gelindert, die Nebenwirkungen aber noch erträglich seien. Die Stationsschwester reagiert höchst betroffen. Zum ersten Mal erlebe ich, dass sie eine Anordnung des Chefarztes in Frage stellt. Ihr Vorschlag: Ich solle alle vier Stunden (Wirkdauer des Medikaments) ins Schwesternzimmer kommen, um mir die jeweils benötigten Tropfen geben zu lassen. Zeitpunkt und Anzahl der eingenommenen Tropfen könnten sogleich protokolliert werden. Daraufhin der Arzt: „Zu Hause muss Frau Frede *selbständig* mit den Tropfen zurechtkommen. Dann kann sie gleich hier damit anfangen." Ende der Diskussion. Ich bekomme ein Fläschchen mit MST-Tropfen, doch unter deutlichem nonverbalem Protest der Schwester. Fast habe ich den Eindruck, eine kriminelle Handlung zu begehen, als ich das Fläschchen entgegennehme.

Was lernt der Patient aus der Zurückhaltung von Bedarfsmedikamenten und Opioiden? Man traut ihm nicht zu, dass er eigenverantwortlich mit der betreffenden Arznei umzugehen versteht. Die Folge: Viele Patienten verlangen ‚vorsorglich' mehr davon. Patienten, die häufiger im Krankenhaus sind, bringen sich einen *eigenen* Vorrat ihrer gelegentlich benötigten Medikamente mit, auf den sie zur Not zurückgreifen können. Um ein Medikament *bitten* zu müssen, ist demütigend für den Patienten, macht ihm seine Abhängigkeit schmerzlich bewusst. Zudem kann er nicht sicher sein, ob er das Medikament genau dann erhält, wann er es *braucht*. Meist muss er vor dem Stationszimmer warten, weil die Krankenschwestern und Pfleger gerade „Übergabe" haben oder sich in einem der Krankenzimmer aufhalten ...

3. Die Situation von Schmerzpatienten

Ein Hirntumorpatient über den Umgang mit seinen Kopfschmerzen in einem Krankenhaus: „Ich habe auch Schmerzmittel bekommen, aber immer nur so, dass ich klingeln musste, wenn ich es nicht mehr aushalten konnte. Und dann kam die Schwester: ‚Sie haben doch vorhin erst eine Tablette gehabt?!' Und dann hab ich gesagt: ‚Ja, ich kann's aber nicht mehr aushalten.' Dann hat sie mir schon noch etwas gegeben, aber dann war's meist zu spät und ich musste brechen. Die Zeit, wo ich das Schmerzmittel bekam, war immer so ... ich wollte das Mittel gern mit den Mahlzeiten haben, weil ich herausgefunden habe, dass ich es dann am besten vertrage. Ging nicht. Da hatte sie keine Zeit. Es war also ... also schlimm!"

Der Patient weiß aus Erfahrung, dass sein Schmerz weiter ansteigen, die Übelkeit zunehmen wird, wenn er das Medikament nicht *rechtzeitig* einnimmt. Seine Anspannung steigt – mit jeder Minute, die er wartet. Manch ein Patient schwört sich: „Das mache ich nicht noch einmal mit. Morgen lasse ich mir das Medikament gleich nach dem Frühstück geben, auch wenn ich es gar nicht brauchen sollte. Dann habe ich es im Notfall wenigstens sofort zur Hand."

Während meines zweiten Krankenhausaufenthaltes wird mir nach einer Injektion mit dem Opioid Temgesic so übel, dass ich weder lesen noch schreiben noch sonst etwas machen kann. Mühsam den Brechreiz bekämpfend bitte ich die Krankenschwester um ein Mittel gegen Übelkeit. Doch sie entgegnet, dass man da nichts machen könne. Ich solle mich aufs Bett legen und mich „einfach entspannen". Dann würde die Übelkeit schon wieder abklingen. Außerdem müsse sie sowieso erst den Arzt fragen. Der sei aber gerade nicht auf der Station. Ich lege mich auf mein Bett und hoffe, dass der Tag irgendwie vorübergehen wird ... Als die Injektion drei Tage später wiederholt werden soll, äußere ich dem Arzt gegenüber meine Bedenken wegen erneuter Übelkeit. Er erklärt, Übelkeit sei eine häufige Nebenwirkung von Temgesic, die jedoch mit einem Vomex-Zäpfchen (Mittel gegen Übelkeit) gut zu beheben sei: „Warum haben Sie sich denn nicht an die Schwester gewandt?" Ich schweige, weil ich es mir mit der Krankenschwester nicht verderben will. Nach der Injektion wende ich mich gleich beim ersten Anzeichen von Übelkeit an eine (andere) Schwester mit der Bitte um ein Vomex-Zäpfchen. Zehn Minuten später geht es mir gut. Die Quälerei drei Tage zuvor war also völlig überflüssig. Seit dieser Erfahrung betrete ich kein Krankenhaus mehr, ohne eine Schachtel Vomex im Gepäck zu haben. Man weiß ja nie ... Besser, man ist vorbereitet. Besser, man muss nicht erst zum Verteidiger seiner Übelkeit werden.

Sollte ich den mit dem Patientenstatus verbundenen Autonomieverlust in einem Bild ausdrücken – vielleicht würde ich einen Patienten malen, der vor der Tür eines Stationszimmers steht und auf sein Medikament wartet ... Sein *Gefühl* der Ohnmacht entspricht den *Gegebenheiten*: Der Patient *ist* ohne Macht. Wer den anderen auf etwas warten lassen kann, was dieser dringend benötigt – *der* hat die Macht. Das Rückführen der „Gefühle von Hilflosigkeit und Ausgeliefertsein" auf das „ständige Nachdenken und Grübeln" der Patienten (Basler 2001, S. 14) zeugt von einem blinden Fleck für *real* existierende Situationen, in denen der Patient ausgeliefert *ist*.

Seit langem sind Untersuchungen bekannt, wonach Patienten insgesamt *weniger* Medikamente einnehmen, wenn sie sich diese in Eigenregie *selbst* verabreichen können, als wenn sie um jede Tablette bitten müssen. Diese Untersuchungen werden noch längst nicht von allen Ärzten beherzigt. Ein positives Beispiel ist der oben erwähnte Chefarzt mit seiner Verordnung von MST-Tropfen. Ohne Zweifel gibt es Patienten, die aus verschiedensten Gründen nicht in der Lage sind, ihren Arzneimittelverbrauch eigenständig zu regeln. Doch ebenso gibt es Patienten - die meisten Schmerzpatienten der jüngeren und mittleren Altersgruppe gehören dazu -, denen man die Medikamente für jeweils mehrere Tage (z.B. wochenweise) in der bei durchschnittlichem Verbrauch benötigten Menge zuteilen könnte – mit der Bitte, Einnahmezeit und Dosierung zu notieren. Wem man zutraut und von dem man verlangt, ein Schmerztagebuch zu führen (vgl. 7.3.), dem sollte man auch ein Medikamentenprotokoll zutrauen. Eine Garantie dafür, dass Patienten ihre Arzneimittel exakt in der vom Arzt verordneten Form einnehmen, gibt es nicht – weder bei Zuteilung der Arznei durch das Personal noch bei Einnahme in Eigenregie. Ärzte und Pflegepersonal können hier lediglich Scheinsicherheiten schaffen – die aber gehen zu Lasten der Autonomie der Patienten.

3.3.5. Nebenwirkungen von Medikamenten

Ich mag nicht gern Übel durch Übel heilen. Ich hasse die Mittel, welche beschwerlicher sind als die Krankheit.
(Michel de Montaigne 2001, S. 243)

Jeder Mensch, der einmal unter starken und sehr starken Schmerzen gelitten hat, weiß um den Segen medikamentöser Schmerztherapie. Dennoch sollte mitbedacht werden, dass Medikamente nicht nur Schmerzen lindern, sondern auch eine Reihe *negativer* Wirkungen haben können, die nun ihrerseits behandelt werden müssen. Diese Seite einer Schmerztherapie fällt zwar nicht in den Zuständigkeitsbereich des Psychologen, sollte ihm aber bekannt sein, weil auch sie zur Situation von Schmerzpatienten gehört.
Durch populärwissenschaftliche Literatur zum Thema Schmerztherapie, unterstützt durch entsprechende Broschüren der Pharmaindustrie, werden Erwartungen an Schmerzmittel geweckt, die in der Realität nicht immer eingelöst werden können, zumindest nicht in dem angekündigten Ausmaß. In dem Informationsheft der Firma Grünenthal „Contra Schmerz" beispielsweise wird die Wirkweise schmerzstillender Substanzen wie folgt beschrieben: „Biochemisch wirken sie auf die Nervenleitungen ein und stoppen oder unterdrücken die Übertragung der Schmerzsignale ins Gehirn. Obwohl die eigentliche Ursache dadurch nicht beseitigt ist, verspürt der Patient keinen Schmerz mehr" (Georgescu 2004, S. 8). Die Behauptung, der Patient verspüre „keinen Schmerz

mehr", klingt zwar wunderschön, trifft jedoch nicht immer zu. Viele Schmerzen können bestenfalls *gelindert*, nicht aber beseitigt werden – eine Tatsache, die in Medienberichten über die Fortschritte moderner Schmerztherapie meist verschwiegen wird. Aussagen wie „Chronische Schmerzen sind heilbar" (ein Schmerzzentrum, in: NOVA 1/2005, S. 17) wecken Hoffnungen, die Schmerztherapeuten nur selten erfüllen können – mit negativen Folgen für das Arzt-Patient-Verhältnis: „Die mehr oder weniger begründet vertretene Überzeugung, heutzutage könne jeder Schmerz gelindert werden, ruft bei manchen Kranken, die viele Versuche ihres Arztes haben scheitern sehen, das verbitterte Gefühl hervor, allein gelassen zu werden. Wenn heute alle Schmerzen behandelt werden können, warum dann nicht ihre" (Le Breton 2003, S. 190)?

Selbst international anerkannte Schmerzforscher tragen zum Mythos bei, dass Befreiung vom Schmerz möglich sei, zumindest zeitweise. Professor Walter Zieglgänsberger (2006, S. 10) zum Beispiel erklärt: „Hoffnung schöpfen können Patienten, wenn sie ‚Schmerzferien' machen. Bei Schmerzferien können sie eine Zeit mit deutlich weniger oder gar keinen Schmerzen erleben. Möglich ist dies durch den Einsatz verschiedener Medikamente, die jeweils an unterschiedlichen Stellen der Schmerzverarbeitung angreifen." Tatsächlich gibt es Schmerzen, die durch den Einsatz bestimmter Medikamente „deutlich weniger" werden oder ganz verschwinden. Es gibt aber auch Schmerzen, bei denen das *nicht* der Fall ist – es sei denn, man setzt gleich den ganzen Menschen außer Gefecht. Dann jedoch ist es ein Hohn, von „Schmerzferien" zu sprechen. Korrekterweise müsste es dann ‚Ferien vom Ich' heißen. Zieglgänsberger spricht mit dem Begriff „Schmerzferien" eine tiefe Sehnsucht an, die wohl jeder Mensch mit chronischen Schmerzen hat. Was er jedoch verschweigt, ist: Ferien vom Schmerz haben einen *Preis* – wenn sie denn überhaupt möglich sind.

Bestimmte Schmerzen können *vollständig* nur dadurch beseitigt werden, dass zugleich auch Teile des motorischen und sensiblen Nervensystems oder gar das Bewusstsein ausgeschaltet werden. Nach einer (aus der Geburtshilfe bekannten) Peridural- und Spinalanästhesie beispielsweise verspürt der Patient zwar im Unterleib und in den Beinen über einen gewissen Zeitraum hinweg tatsächlich keinen Schmerz mehr, doch ist mit dem Schmerz auch seine Motorik ‚weg': Er kann sich nicht rühren, nicht einmal mehr den kleinen Zeh bewegen, sich demzufolge auch nicht mehr selbst an- oder ausziehen. Er kann weder gehen noch aufstehen, weder Blase noch Darm kontrollieren, ... Kurz: Der Betroffene erlebt Ferien vom Schmerz, muss diese allerdings bewegungslos im Bett liegend verbringen. Starke und sehr starke Schmerzmedikamente dämpfen nicht nur die Übertragung von Schmerzsignalen, sondern auch die Übertragung *anderer* Nervenimpulse, so dass nicht nur der Schmerz, sondern immer auch andere biochemische Parameter mehr oder minder beeinträchtigt werden. Euphemistisch spricht man von **Nebenwirkungen**, die im Beipackzettel der Arznei durch additive Aneinanderreihung *häufiger, gelegentlicher* und *seltener* Symptome beschrieben werden.

- **Opioide**

Zu den Nebenwirkungen von *Opioiden* (Buprenorphin, Fentanyl, Levomethadon, Morphin, Tramadol, Tilidin/Naloxon) gehören: Sedierung, Benommenheit, Müdigkeit und schnelle Ermüdbarkeit, Antriebsschwäche, Konzentrations- und Schlafstörungen, Übelkeit und Erbrechen, Schwindel, Schwitzen, Blutdruck- und Herzfrequenzabfall, Blasenentleerungsstörungen, Obstipation (Verstopfung) und schmerzhafte Blähungen, Libidoverlust, Juckreiz, Nervosität, Verwirrtheitszustände, Atemdepression, Kopfschmerzen, Mundtrockenheit, Herzrhythmus-, Koordinations- und Sprachstörungen. Was sich hinter diesen nüchternen Begriffen verbirgt, muss vom Kranken *gelebt* werden. Über die „Folgen des Morphiums" schreibt Alphonse Daudet (2003, S. 58): „In der Nacht aufgewacht, nur noch das Gefühl, überhaupt zu existieren. Aber der Ort, die Uhrzeit, die Identität eines bestimmten Ichs sind vollkommen verlorengegangen." Mitunter können die Nebenwirkungen ebenso quälend sein wie der Schmerz. Im Versuch, das Übel der Schmerzen ‚in den Griff' zu bekommen, wird ein neues Übel geschaffen, so dass der Kranke nun nicht mehr nur ein, sondern *zwei* (oder noch mehr) Übel zu erleiden hat. Zur Bekämpfung einiger Nebenwirkungen gibt es wiederum Medikamente – mit wieder anderen Nebenwirkungen. Bestimmte Nebenwirkungen jedoch muss der Betroffene einfach aushalten – oder er setzt das Medikament wieder ab. Aufgrund einer Untersuchung an über 13.000 chronischen Schmerzpatienten kommt der Leiter des Institutes für Qualitätssicherung in Schmerztherapie & Palliativmedizin, Michael A. Überall (2007, S. 3), zu dem Schluss, „dass sich unter einer Monotherapie mit stark wirksamen Opioiden nicht nur bei 30-80 % der Betroffenen Symptome einer opioidinduzierten Verstopfung zeigen, sondern dass diese auch direkt negative Auswirkungen auf verschiedenste Bereiche des alltäglichen Lebens haben, deren Ausmaß mitunter den Gewinn an Lebensqualität durch die erzielte Schmerzlinderung vollständig zunichte machen."

- **Antidepressiva**

Antidepressiva (Wirkstoffe wie Amitriptylin, Clomipramin, Doxepin, Fluoxetin, Sulpirid, Trimipramin) werden in der Schmerztherapie eingesetzt, da sie das Schmerzerleben verändern und zu einer subjektiv empfundenen Distanzierung vom Schmerz führen. Vorherrschend sind unerwünschte Wirkungen auf das vegetative Nervensystem wie Übelkeit und Erbrechen, Kopfschmerzen, Mundtrockenheit, Mattigkeit bis hin zu Benommenheit, Schwindel, Blutdruckabfall und Herzklopfen. Auch kommen vor: Störungen beim Wasserlassen, sexuelle Störungen, Herzrhythmus-, Magen-Darm- und Sehstörungen. Bei langfristiger Therapie können sich diese Nebenwirkungen - mehr oder weniger - wieder zurückbilden.

- **Antiepileptische Substanzen**

Antiepileptische Substanzen (Carbamazepin, Clonazepam, Gabapentin, Pregabalin) werden vor allem bei der Behandlung plötzlich einschießender Schmerzen verwendet. Unerwünschte Wirkungen betreffen vor allem das Zentralnervensystem. Am häufigsten sind: Schläfrigkeit, Müdigkeit, Benommenheit, Schwindel, Bewegungsunsicherheit, Doppeltsehen, Denk- und Gedächtnisstörungen, Verwirrung, depressive Verstimmungen und emotionale Labilität. An nicht-ZNS-bezogenen Nebenwirkungen treten auf: Übelkeit, Erbrechen, Verdauungsstörungen, Gewichtszunahme, Mundtrockenheit, Muskelschmerzen, sexuelle Störungen, Blutbildschädigungen, Hautveränderungen.

- **Nicht-steroidale Entzündungshemmer**

Schmerzmittel aus der Gruppe der *nicht-steroidalen Entzündungshemmer* (Wirkstoffe wie Acetylsalicylsäure, Diclofenac, Ibuprofen, Indometacin, Naproxen) haben vor allem gastrointestinale Symptome zur Folge wie Sodbrennen, Oberbauchbeschwerden, Übelkeit, Verstopfung, Nierenschäden und Nierenversagen, Leberentzündung und -versagen, Magen- oder Darmgeschwüre, Magen- oder Darmblutungen und –durchbruch. Möglich sind Kopfschmerzen, Schwindel, Müdigkeit, Seh- und Hörstörungen, allergische Reaktionen.

All diese Nebenwirkungen, die nur zum Teil durch Gegenmittel ‚beherrschbar' sind, können die Lebensqualität deutlich vermindern. Während eines Krankenhausaufenthaltes zur schmerztherapeutischen Behandlung schreibe ich in mein Tagebuch:

– „Jetzt habe ich nicht nur Schmerzen, sondern bin auch noch müde und völlig benommen. Mir ist übel und schwindelig, meine Hände zittern, und das Lesen selbst leichtester Lektüre strengt an. Der Gewinn an Lebensqualität durch die leichte Schmerzlinderung wird durch die Nebenwirkungen mehr als zunichte gemacht. Ich habe sogar den Eindruck, dass der Schmerz immer mehr Raum einnimmt, weil es mir wegen der Übelkeit und Benommenheit schwerer fällt, mit ihm *umzugehen* oder auch nur ihn *auszuhalten*."
– „Ich fürchte, dass mit dem Schmerz auch mein Ich niedergeknebelt wird, dass mein Ich eher in die Knie geht als der Schmerz."
– „Wenn ich durch das Medikament sehr gedämpft bin, habe ich weniger Kraft, vom Seelischen her mit dem Schmerz umzugehen, seelisch-geistige Gegenregulationen zu schaffen, die mich mit dem Schmerz leben lassen."

Eine mir bekannte Neurologin erkrankt an einem Bandscheibenvorfall in der Halswirbelsäule. Sie nimmt Tramal in der Dosierung, die sie ihren Patienten bei einem ähnlichen Befund verordnet – und gesteht betroffen: „Jetzt weiß ich erst, was ich meinen Patienten zumute, wenn ich ihnen diese Mittel verordne. Und ich habe sie immer noch zurechtgewiesen, wenn sie über die Nebenwirkungen geklagt haben!" Ärzte sollten nicht jedes Medikament, das sie verschreiben, zunächst an sich selbst erproben. Ein solcher Selbstversuch hätte allein schon deshalb keinen

Sinn, weil ein gesunder Mensch auf Schmerzmedikamente *anders* reagiert als ein Mensch, der starke Schmerzen hat. Doch sollten Ärzte ihren Patienten *zuhören* und ihren Bericht über Nebenwirkungen ernst nehmen (statt ihn als Ausdruck von Wehleidigkeit oder Therapiewiderstand abzuwerten).

Im konkreten Einzelfall nicht nur die passende Substanz, sondern auch die adäquate Dosierung zu finden, ist schwer. Bei akuten Schmerzen, von denen abzusehen ist, dass sie nach einiger Zeit wieder zurückgehen werden, vor allem bei postoperativen Schmerzen, ist eine konsequente Dämpfung der Schmerzen angezeigt. Die damit verbundene Sedierung kann in solchen Fällen sogar erwünscht sein. Bei *chronischen Schmerzen* jedoch muss der schmale Pfad gefunden werden, auf dem die Schmerzen gelindert, die Nebenwirkungen jedoch nicht allzu gravierend sind. Folgende Aspekte sind bei der **Medikamenteneinstellung** zu bedenken:

- **Individuelle Schmerzschwelle**

Forscher des Londoner King's College haben in Untersuchungen an eineiigen und zweieiigen Zwillingen nachgewiesen, dass die Schwelle, ab der ein Reiz als schmerzhaft empfunden wird, zum großen Teil *genetisch* bedingt ist (NOVA 4/2005). Abhängig von ihrer *angeborenen Schmerzschwelle* unterscheiden sich Menschen also in ihrer *Toleranz* für Schmerzen und damit auch in ihrer Toleranz für Nebenwirkungen, die sie für eine Schmerzlinderung in Kauf nehmen würden (vgl. 5.5.):

„Von besonderer Bedeutung für die Schmerzempfindlichkeit scheint ein Gen zu sein, das Forscher kurz COMT nennen. Von diesem Gen gibt es zwei Varianten, die sich nur in einem einzigen Baustein unterscheiden. Das Gen enthält die Bauanleitung für ein Enzym, das im Stoffwechsel des Hirnbotenstoffes Dopamin eine Rolle spielt. Es beeinflusst auch die Reaktion der körpereigenen Schmerzhemmung - des Opiatsystems - auf Schmerzreize" (Ritzert 2006, S. 6 f.).

- **Individuelle Medikamentenverträglichkeit**

Die *Medikamentenverträglichkeit* ist ebenfalls genetisch bedingt, d.h. Menschen unterscheiden sich von Geburt an nicht nur in ihrer Schmerzschwelle, sondern auch darin, wie sie auf Pharmaka unterschiedlicher Wirkgruppen ansprechen (Tölle & Berthele 2004). Im Allgemeinen orientiert sich der Arzt bei der Dosierung eines Medikaments an den Empfehlungen so genannter Kitteltaschenbücher, in denen die für ein bestimmtes Krankheitsbild gängigen Medikamente sowie ihre Dosierung nachgeschlagen werden können. In der Einleitung zum „Manual der Schmerztherapie" von Roland Braun (2002, S. 1) heißt es: „Die Dosierungsangaben beziehen sich aus Praktikabilitätsgründen auf einen Patienten mit 70 – 80 kg Körpergewicht, bei anderen Gewichten kann aus der Vorgabe schnell abgeschätzt werden, wie die Dosis angepasst werden muss. In der Medikamentenübersicht sind - soweit erhältlich - die Angaben pro kg Körpergewicht (KG) zusätzlich aufgeführt." Neben dem *Körpergewicht* werden unter Umständen auch noch *Alter* und *Nierenfunktion* berücksichtigt. Ansonsten jedoch ist die verordnete Wirkstoffmenge für jeden Menschen *gleich* – mit negativen Folgen für eine Vielzahl von Patienten. Bestimmte Medikamente beispielsweise wirken bei *Männern* anders als bei *Frauen*. Auch leiden Frauen „doppelt so häufig unter Nebenwirkungen von Medikamenten" (Elle 2006, S. 208). Das ist inzwischen zwar wissenschaftlich belegt, wird in der Praxis jedoch kaum berücksichtigt. In der Vergangenheit wurden Medikamente überwiegend an Männern getestet. Erst seit 2004 kann *neuen* Medikamenten die Zulassung verweigert werden, die nicht an Männern und Frauen gleichermaßen untersucht worden sind.

Bereits Paracelsus hat betont, dass „nur die Dosis macht, ob ein Ding kein Gift ist" (in: Bauer 2004, S. 134). Ob ein bestimmter Wirkstoff für einen bestimmten Patienten „kein Gift ist", hängt davon ab, wie er sich in seinem Körper verteilt, und welcher Anteil der Substanz in welchen Zeiteinheiten wieder ausgeschieden wird. Die täglich eingenommene und täglich abgebaute Wirkstoffmenge müssen einander entsprechen. Durch bestimmte Enzyme in der Leber, die so genannten *Entgiftungs-Enzyme*, werden die Medikamente chemisch so verändert, dass sie vom Körper (mit Urin oder Stuhlgang) wieder ausgeschieden werden können. Für die Verstoffwechslung (Metabolisierung) von Medikamenten sind vor allem „Varianten einer Cytochrom-P450 genannten Familie von Leber-Enzymen" verantwortlich (Roll 2006, S. 8). Je nach genetischer Veranlagung ist die Entgiftungsleistung dieser Enzyme jedoch nicht bei jedem Menschen gleich. In der Bevölkerung sind vier verschiedene Typen von Medikamentenverträglichkeit vertreten: „,Normaltyp', ,mittelschwacher Entgiftungstyp', ,schwacher Entgiftungstyp' sowie außerdem die Variante eines ,überstarken Entgiftungstyps'" (Bauer 2004, S. 138). Bei *mehr als dreißig Prozent* der Menschen haben die Cytochrom-P450-Enzyme eine um das *Vierfache* verminderte Leistungsfähigkeit. Weitere *zehn Prozent* verfügen über Enzyme, deren Entgiftungsleistung sogar bis um das *Hundertfache* reduziert ist. Diese Personen werden bei einer am Durchschnitt orientierten Dosierung einiger Arzneien regelrecht vergiftet. Bei etwa zwei Prozent der Bevölkerung ist die Entgiftungsleistung der Enzyme dagegen überdurchschnittlich stark ausgeprägt, so dass die Betroffenen im Fall einer medikamentösen Behandlung *mehr* als die empfohlene Tagesdosis benötigen, damit die erhofften Wirkungen eintreten können.

Die meisten Medikamente, die durch Cytochrom-P450-Enzyme entgiftet werden, sind inzwischen bekannt (vgl. Bauer 2004). Zu ihnen gehören Opioide, Psychopharmaka, Neuroleptika, die klassischen Depressionsmedikamente (wie z.B. Amitriptylin) und einige der modernen Depressionsmittel (z.B. Fluoxetin). All diese Medikamente werden in der *Schmerztherapie* eingesetzt. Der Entgiftungstyp der Patienten wird zuvor jedoch nicht bestimmt. Einige Ärzte bemühen sich um eine individuelle Dosisanpassung, indem sie zunächst eine möglichst niedrige Menge der jeweiligen Substanz verschreiben, diese Dosis dann schrittweise steigern – so lange, bis die Schmerzen ausreichend gelindert oder die Nebenwirkungen so stark geworden sind, dass der Patient sie nicht mehr zu tolerieren vermag. Die meisten Patienten jedoch erhalten das Medikament in der *durchschnittlich* empfohlenen Dosierung – mit der Folge, dass einige von ihnen (immerhin vierzig Prozent) völlig unnötig mit Nebenwirkungen belastet werden. Klagen darüber werden nur selten als Ausdruck einer verminderten Medikamentenverträglichkeit verstanden, häufiger dagegen moralisch kommentiert: „Sie dürfen nicht so empfindlich sein!", „Das müssen Sie jetzt schon aushalten. Immerhin wollen Sie doch Ihren Schmerz loswerden!", „Andere Patienten vertragen noch ganz andere Dosierungen!"

Die Medikamentenverträglichkeit eines Menschen kann durch eine *einzige* Blutentnahme bestimmt werden. Jeder Krankenhausaufenthalt - auch der Aufenthalt auf einer Schmerztherapiestation - beginnt ohnehin mit einer Blutabnahme. Der Arzt müsste nur ein weiteres Kästchen auf dem Laborformular ankreuzen: ‚*Bestimmung des Entgiftungstyps*'. Die für diese Bestimmung anfallenden Laborkosten könnten mehr als nur eingespart werden: Überhöhte Dosierungen würden ebenso vermieden wie damit verbundene Nebenwirkungen und ihre (teure) Behandlung. Am wichtigsten aber: Körper und Seele des Patienten würden nicht unnötig belastet. Schon seit Jahren empfehlen Medikamentenexperten, den Verträglichkeitstyp der Menschen bestimmen und in ihren Blutgruppenausweis eintragen zu lassen (Bauer 2004). Widerstände der Pharmaindustrie gegen diese Empfehlung sind unverantwortlich, unter wirtschaftlichen Gesichtspunkten aber immerhin nachzuvollziehen. *Nicht* nachvollziehbar jedoch ist das mangelnde Interesse von Ärzten und Kostenträgern.

- **Individuelle Grundhaltung dem Schmerz gegenüber**

Wie ein Mensch mit Medikamenten umgeht, wird auch von seiner *Grundhaltung* gegenüber dem Schmerz beeinflusst: Betrachtet er den Schmerz als Bestandteil des Lebens oder als einen Feind, den es um jeden Preis zu bekämpfen gilt? Zu Konflikten kann es vor allem dann kommen, wenn der Therapeut die eine, der Patient die andere Einstellung vertritt. Ärzte sollten sich deshalb bewusst machen, in welcher Weise ihr Verschreibungsverhalten von ihrer persönlichen Einstellung gegenüber Schmerzen bestimmt wird. Zudem sollten sie sich bei der Wahl einer bestimmten Substanz und ihrer Dosierung nicht nur an Empfehlungen für den standardisierten Durchschnittspatienten orientieren, sondern vor allem an der *individuellen Persönlichkeit* des Betroffenen und der *Bedeutung, die der Schmerz für ihn hat*. Patienten, die den Schmerz als zum Leben dazugehörig betrachten, verlangen meist weniger Medikamente oder niedrigere Dosierungen als Patienten, für die der Schmerz ein einziges Übel ist, das sofort und vollständig ausgemerzt werden muss. Patienten, die ihre Lebensqualität in erster Linie über *geistige* Tätigkeiten definieren, werden Nebenwirkungen wie Benommenheit, Schwindel und Müdigkeit weniger tolerieren als Patienten, die unter einem ‚guten Leben' vor allem ein *körperlich* aktives Leben verstehen. Um die für einen individuellen Patienten geeignete Medikation herauszufinden, genügt es also nicht, in ein Handbuch zur medikamentösen Schmerzbehandlung zu blicken. Mindestens ebenso notwendig ist der Blick auf das *Leben* des Patienten – begleitet von Fragen wie: „Was bedeutet der Schmerz für Sie?", „Womit beschäftigen Sie sich am liebsten?", „Sind dabei eher Ihre körperlichen oder überwiegend Ihre geistigen Kräfte gefragt?", „Wie denken Sie im Allgemeinen über Medikamente?", „Das Medikament, das ich Ihnen empfehlen möchte, könnte unter Umständen diese, vielleicht auch jene Nebenwirkung haben. Was würde das für Sie bedeuten?"

- **Aufklärung über Nebenwirkungen**

Zu Beginn einer medikamentösen Behandlung sollte der Patient darüber informiert werden, was an Schmerzlinderung durch welche Arzneien realistischerweise zu erwarten ist und was nicht, mit welchen Nebenwirkungen möglicherweise zu rechnen ist und was man dagegen tun kann. Einige Patienten möchten sich mit den Vor- und Nachteilen der ihnen verordneten Medikamente *nicht* auseinandersetzen: „Wenn ich weiß, was *vielleicht* passieren könnte, dann warte ich nur darauf. Also will ich lieber nichts davon hören oder lesen." Eine solche Haltung ist zu akzeptieren. Die meisten Patienten jedoch wünschen, über ihre Behandlung und die zu erwartenden Folgen umfassend aufgeklärt zu werden. Dabei geht es weniger um die Vermittlung pharmazeutischer Sachinhalte, als vielmehr um die Vermittlung der Erfahrung, ernst genommen und als autonome Persönlichkeit respektiert zu werden. Auch entspricht eine der Person des Patienten gemäße Aufklärung seinem Bedürfnis nach Sicherheit (vgl. 8.4.1.): Sollten tatsächlich bestimmte Nebenwirkungen auftreten, werden sie vom Patienten als weniger bedrohlich erlebt, da er sie ‚einordnen' und deshalb leichter als eine zwar unangenehme, aber ‚normale' Begleiterscheinung verstehen kann.

- **Anpassung von Art und Dosierung der Arzneien**

Bei der Behandlung *akuter* Schmerzen werden die Medikamente allmählich reduziert und schließlich ganz abgesetzt. Was aber geschieht im Falle chronischer Schmerzen? Schmerzen, die mit Grunderkrankungen wie Krebs oder Aids einhergehen, nehmen mit Fortschreiten der Krankheit gewöhnlich noch zu, was eine Dosiserhöhung und/oder eine Umstellung von Non-Opioiden auf mittelstarke und starke Opioide nötig macht. Erfahrungsgemäß nimmt das Engagement von Ärzten für chronisch kranke Patienten mit Dauer der Erkrankung eher ab – mit der Folge, dass dem Betroffenen von Jahr zu Jahr, von Rezept zu Rezept die immer gleichen Medikamente in der immer gleichen Dosis verordnet werden. Nur wenige Ärzte erkundigen sich regelmäßig nach dem Befinden ihrer Langzeitpatienten. Nur wenige Ärzte überprüfen die einmal verordneten Medikamente. Es sei denn, der *Patient* bittet darum. Stimmt die Dosierung noch? Sind womöglich neue Medikamente auf den

Markt gekommen mit verbessertem Wirkpotential? Medikamentöse Schmerztherapie ist keine einmalige Angelegenheit, sondern ein *Prozess*, in dem sowohl Substanz als auch Menge in bestimmten Abständen hinterfragt und eventuell veränderten Umständen angepasst werden sollten.

3.3.6. Compliance

Menschen sollten nicht zu bloßen Patienten degradiert werden; ihr Status als freier Bürger und als Mensch sollte aufrechterhalten bleiben.
(Edwin Shneidman 1989, S. 169)

Als entscheidend für die Effektivität eines Schmerzbewältigungstrainings wird die **Compliance** der Patienten betont. Während einer Gruppensitzung gibt ein Schmerztherapeut folgende Definition: „Stellen Sie sich eine Waagschale vor. Der Arzt wirft seine Medikamente, seine Injektionen, sein medizinisches Wissen in die eine Waagschale. Was werfen Sie - die Patientin, der Patient - in die andere Schale? Die Behandlung kann nur gelingen, wenn Arzt und Patient zusammenarbeiten." Das ist einleuchtend und theoretisch klar. Was jedoch unter *Compliance* im Verlauf einer *konkreten* Therapeut-Patient-Beziehung verstanden wird, ist abhängig davon, welche *Erwartungen* Patient und Therapeut an ihre jeweilige Rolle haben. Sieht der Therapeut den Patienten vor allem in der Rolle des Unwissend-Unmündigen, sich selbst hingegen in der Rolle des kompetenten Experten, heißt „Compliance" soviel wie: Der Patient befolgt fraglos das, was der Therapeut anordnet. Definieren sich Patient und Therapeut dagegen als Mitarbeiter an einem Geschehen, bei dem beide gleichermaßen beteiligt sind, bedeutet „Compliance": Patient und Therapeut sprechen sich gegenseitig ab und gehen aufeinander ein. Der Therapeut stellt dem Patienten sein Wissen zur Verfügung und macht Vorschläge, die er gemeinsam mit dem Patienten im Hinblick auf die Frage diskutiert, ob und inwieweit sie für ihn - den Betroffenen - hilfreich sein könnten. Der Patient hält sich zuverlässig an die besprochenen Vereinbarungen, informiert den Therapeuten über sein Befinden und sucht über die Therapie hinaus aktiv und eigeninitiativ nach Möglichkeiten, die ihm den Umgang mit seiner Erkrankung erleichtern. Der therapeutische Prozess wird zu einem Wechselspiel, bei dem beide aufeinander bezogen sind und sich in ihren Fähigkeiten ergänzen.
Im *Krankenhausalltag* ist das letztere Verständnis einer Arzt-Patient-Beziehung eher selten. „Compliance" entspricht hier überwiegend der *wörtlichen* Übersetzung des Begriffs: „*compliance* = Einwilligung, Willfährigkeit, Erfüllung" (Schöffler-Weis-Taschenwörterbuch). Der Patient willigt ein in das, was ihm verordnet wird, ohne nach dem Wie, Warum und Wozu zu fragen. Seine persönliche Meinung interessiert nicht. Selbstverantwortliche und eigeninitiative Verhaltensweisen werden mitunter sogar als störend empfunden oder gar als Zeichen von „Non-Compliance" gewertet. Walter Diggelmann (1981, S. 94) spricht aus,

was viele Patienten empfinden: „Ich glaube, es gibt nichts Schlimmeres, was man einem Menschen anhängen kann, als dieses: Er ist krank! Er ist krank, das bedeutet, er ist nicht zurechnungsfähig, er kann nicht entscheiden. Er mag sagen und tun, was er will, man braucht ihn nicht ernst zu nehmen." Dass ein Patient den *Therapeuten* ernst nimmt, gilt als selbstverständliche Voraussetzung einer jeden Arzt-Patient-Beziehung. Wenn aber umgekehrt auch der Arzt den *Patienten* ernst nimmt, so ist das keineswegs selbstverständlich, sondern ein kostbares Geschenk – nicht zu erwarten, nur zu erhoffen.

Als „primäres Behandlungsziel" psychologischer Schmerzbewältigungsprogramme gilt „die Förderung der Selbstkontrolle und Eigenaktivität des Patienten" (Flor & Turk 1996, S. 614). Das *praktische* Vorgehen allerdings steht mit diesem Ziel nicht selten in Widerspruch. Viele Schmerztherapeuten scheinen ganz genaue Vorstellungen davon zu haben, wie sich ein Mensch mit chronischen Schmerzen verhalten *sollte*. Das heißt, als Experte für den Umgang mit Schmerzen wird nicht der Patient gesehen, der den Schmerz *hat*, sondern der *Therapeut*, der über den Schmerz *redet*. Zu Beginn eines stationären Aufenthaltes auf einer Schmerztherapiestation erhalte ich den Rat: „Jetzt lassen Sie sich einmal ganz in die Patienten-Rolle fallen." Im akuten Krankheitsfall ist es entlastend, in der Notfall-Medizin sogar notwendig, sich in die Patienten-Rolle zu begeben. Im Falle *chronischer* Krankheit jedoch erscheint mir die Patienten-Rolle wenig hilfreich. Im Gegenteil: Ein längeres Verweilen in dieser Rolle macht inaktiv, passiv, leidend – wie das Wort „Patient" bereits andeutet: *patiens (-entis)* = ‚erduldend, leidend'. In dem *Einführungspapier* einer Rehabilitationsklinik zur Gruppe „Psychologische Schmerzbewältigung" heißt es: „Wir zweifeln nicht die Tatsache Ihrer Schmerzen an, sondern die Tauglichkeit Ihrer bisherigen Maßnahmen zur Schmerzkontrolle (und in letzteren Bedenken stimmen wir wohl mit Ihnen überein)." Wenn einem Patienten die Kompetenz im Umgang mit seiner Situation pauschal abgesprochen wird, noch bevor ihn der Therapeut überhaupt gesehen hat, werden Selbstkontrolle und Eigenaktivität geschwächt, keinesfalls jedoch gefördert. Mit dem Nachsatz in Klammern („und in letzteren Bedenken stimmen wir wohl mit Ihnen überein") wird eine Pseudo-Solidarisierung hergestellt, die Machtlosigkeit und Ohnmacht des Patienten auf subtile Weise noch zementiert. Man kann die Bemerkung auch als eine Form der *Ironie* verstehen, mit der sich die Verfasser des Merkblatts vom Adressaten distanzieren und ihn zugleich lächerlich machen.[8]

Als eine der Hauptsäulen von Schmerzbewältigungsprogrammen gilt die so genannte *Edukation*. Auch sie erscheint im Hinblick auf das explizite Ziel der Therapie (Förderung von Eigenaktivität) *nicht* von Vorteil, da

---

[8] Ironie wird definiert als „Lächerlichmachung unter dem Schein der Ernsthaftigkeit, der Billigung oder gar des Lobes, die in Wirklichkeit das Gegenteil des Gesagten meint und sich zum Spott der gegnerischen Wertmaßstäbe bedient" (Wilpert von 1989, S. 419).

sie mit dazu beitragen kann, den Betroffenen in der passiven Patienten-Rolle zu belassen oder ihm diese Rolle erst nahe zu legen. Der Therapeut informiert, kommentiert und bewertet. Er gibt Anweisungen, Ratschläge und Hausaufgaben, verteilt Informationsmaterial, Arbeitsblätter, Listen mit positiven Gedanken, usw.. Das heißt: Der Therapeut nimmt sowohl auf der Sach- als auch auf der Beziehungsebene einen sehr großen ‚Raum' ein. Der Patient wird in der Rolle des Unmündig-Unwissenden gehalten – in der Rolle desjenigen, der noch viel zu lernen hat, will er seinen Schmerz ‚in den Griff bekommen'. Die Rolle des Lernenden gehört zur Entwicklung einer *jeden* Persönlichkeit – insbesondere auch während einer Therapie. Das Problem bei der Edukation besteht nicht in der Aktivierung dieser Rolle, sondern darin, dass sie an die Rolle des Unterlegen-Machtlosen gekoppelt wird. Edukation geht von einer *Hierarchie der Patient-Therapeut-Beziehung* aus: Hier oben der (all-)wissende Therapeut, dort unten der unwissende Patient, der seine Compliance am besten dadurch beweist, dass er die Anweisungen seines Therapeuten befolgt.

Ein solches Verständnis von Compliance jedoch bringt den Patienten nicht selten in eine paradoxe Situation, da die *inhaltliche* Aufforderung zu Eigenverantwortung und Eigenaktivität unvereinbar ist mit der *Beziehungsbotschaft*, wonach nicht er, der Patient, sondern der *Therapeut* der Experte ist. Die Auswirkungen von Paradoxien in menschlichen Interaktionen wurden erstmals 1956 von Bateson, Jackson, Haley und Weakland im Zusammenhang mit der so genannten **Doppelbindungstheorie** (double bind theory) untersucht und beschrieben. Watzlawick et al. (1967, S. 196) zufolge besteht eine Doppelbindung aus folgenden Bestandteilen:

1. Zwei oder mehrere Personen stehen zueinander in einer engen Beziehung, die für einen oder auch alle von ihnen einen hohen Grad von physischer und/oder psychischer Lebenswichtigkeit hat. ...
2. In diesem Kontext wird eine Mitteilung gegeben, die a) etwas aussagt, b) etwas über ihre eigene Aussage aussagt und c) so zusammengesetzt ist, dass diese beiden Aussagen einander negieren bzw. unvereinbar sind. Wenn also die Mitteilung eine Handlungsaufforderung ist, so wird sie durch Befolgung missachtet und durch Missachtung befolgt. ...
3. Der Empfänger dieser Mitteilung kann der durch sie hergestellten Beziehungsstruktur nicht dadurch entgehen, dass er entweder über sie metakommuniziert (sie kommentiert) oder sich aus der Beziehung zurückzieht. Obwohl also die Mitteilung logisch sinnlos ist, ist sie eine pragmatische Realität: Man kann nicht *nicht* auf sie reagieren, andererseits aber kann man sich ihr gegenüber auch nicht in einer angebrachten (nichtparadoxen) Weise verhalten, denn die Mitteilung selbst ist paradox. Diese Situation kann für den Empfänger oft noch weiter durch das mehr oder weniger ausgesprochene Verbot erschwert sein, des Widerspruchs oder der tatsächlichen Zusammenhänge gewahr zu werden. Eine in einer Doppelbindung gefangene Person läuft also Gefahr, für richtige Wahrnehmungen bestraft und darüber hinaus als böswillig oder verrückt bezeichnet zu werden, wenn sie es wagen sollte, zu behaupten, dass zwischen ihren tatsächlichen Wahrnehmungen und dem, was sie wahrnehmen ‚sollte', ein wesentlicher Unterschied besteht.

Von dieser Definition ausgehend kann das Wesen einer Doppelbindung im Verlauf eines *Schmerzbewältigungstrainings* wie folgt beschrieben werden:

1. Therapeut und Patient stehen zueinander in einer engen Beziehung, die zumindest für den *Patienten* von *hoher Bedeutung* ist.
2. In diesem Kontext wird dem Patienten mitgeteilt, das Ziel der Therapie bestehe in der Förderung von Selbstverantwortlichkeit und Eigenaktivität. Gleichzeitig wird er direkt oder indirekt aufgefordert, den *Therapeuten* als Experten in Sachen Schmerz anzuerkennen und seinen Anweisungen Folge zu leisten. Die beiden Aussagen negieren einander, d.h. die Aufforderung „Sei selbstbestimmt" wird durch Befolgung missachtet und durch Missachtung befolgt.
3. Der Patient kann sich weder aus der Beziehung zurückziehen noch die Paradoxie der Situation kommentieren – oder er läuft Gefahr, „als böswillig oder verrückt", zumindest als non-compliant bezeichnet zu werden.

Ein *Beispiel*: In einer Schmerzbewältigungsgruppe erklärt der Therapeut die positiven Auswirkungen der Jacobson-Entspannung. Anschließend befragt er die einzelnen Patienten, was sie zu Hause tun, um sich zu entspannen. Eine Patientin berichtet, dass sie sich nach ihrer Arbeit in einer Fabrik zunächst einmal an ihre Nähmaschine setze, bevor sie ihren Haushalt mache. Beim Nähen könne sie sich am besten entspannen, vom Ärger in der Fabrik abschalten und ruhiger werden. Der Therapeut ist von dieser Art der Entspannung nicht angetan. Die Gruppenteilnehmer können seine Ablehnung deutlich an seiner Mimik ablesen, sie aus dem Tonfall heraushören, in dem er der Patientin vorhält, dass Arbeit an der Nähmaschine körperlich gesehen auch Arbeit sei, aber keine Entspannung. Sie möge das von jetzt an bitte anders handhaben und regelmäßig das Jacobson-Training durchführen. Die Patientin ist verunsichert: „Aber bei dieser Jacobson-Entspannung entspanne ich mich nicht. Im Gegenteil – mir schwirren tausend Gedanken im Kopf herum und ich werde am ganzen Körper kribbelig. Auch meine Schmerzen spüre ich dann viel stärker." Darauf der Therapeut: „Das liegt daran, dass Sie sich nicht auf diese Methode einlassen wollen." Die Patientin: „Ich habe es versucht. Aber diese Methode ist nichts für mich." Ich verstehe die Patientin, erinnere mich an das Geräusch der Nähmaschine meiner Großmutter. Als Kind saß ich auf dem Boden zu ihren Füßen, während sie nähte. Vom gleichmäßigen Surren der Maschine fühlte ich mich angenehm schläfrig, wie in Trance. Um mich heute zu entspannen, nähe ich zwar nicht (weil ich das nicht kann), doch auch ich wende lieber andere Methoden an als das Jacobson-Training. Von all dem sage ich nichts. *Vor dem Hintergrund der Doppelbindungstheorie betrachtet* verhält sich die Patientin autonom und selbstbestimmt. Das heißt, ihr Handeln entspricht den *Zielsetzungen* der Therapie. Sie *missachtet* jedoch die Anweisung des Therapeuten, zeigt also in seinen Augen *keine* Compliance. Hätte sie den Vorschlag des Therapeuten bejaht und übernommen, so hätte sie die Beziehungsbotschaft befolgt (den Therapeuten als Experten anzuerkennen), sich dabei jedoch vom inhaltlichen Ziel der Eigenverantwortlichkeit entfernt. Ich habe zu den Worten des Therapeuten geschwiegen, mich also „compliant" gemäß der Beziehungsbotschaft verhalten. Vom Ziel selbstbestimmten Handelns jedoch bin ich in diesem Moment weit entfernt.[9]

---

[9] Im Kapitel *Förderung von Autonomie* (8.3.2.) wird beschrieben, wie der Therapeut die Paradoxie hätte vermeiden können.

Zu den bekanntesten Beispielen paradoxer Kommunikation gehört die „Sei-spontan-Botschaft", bei der ein Gesprächspartner von seinem Gegenüber „ein ganz bestimmtes spontanes Verhalten fordert, das sich aber deswegen eben nicht spontan ergeben kann, weil es gefordert wurde" (Watzlawick 1967, S. 30). In seinem Vortrag „Eduaktion bei Non-Compliance-Patienten" schreibt Richter (1997, S. 37): „In diesem Therapiekonzept muss auch der Patient selbst eigenaktiv mitwirken, wobei ihm insbesondere die psychologische Behandlung helfen kann." Die imperative *Forderung* der Eigenaktivität („muss") macht ihre Erfüllung unmöglich. Denn Eigenaktivität ist per definitionem etwas, das sich *spontan*, aus dem eigenen Inneren heraus, ergibt. Der Patient, von dem *gefordert* wird, sich eigenaktiv zu verhalten, kann nicht mehr eigenaktiv sein.

Watzlawick und seine Kollegen (1967, S. 202) beschreiben drei mögliche Reaktionen auf paradoxe Botschaften: Einige Betroffene machen sich „auf eine endlose Suche nach verborgenen Bedeutungen" der paradoxen Handlungsaufforderung. Dabei werden sie immer unsicherer, zumal ein Aspekt jeder Doppelbindung das Verbot ist, den in ihr enthaltenen Widerspruch anzusprechen. Andere bemühen sich darum, „allen Anordnungen buchstabengetreu zu gehorchen und sich, wenigstens nach außen hin, jedes eigenen Denkens zu enthalten." Die dritte Möglichkeit besteht in einem Rückzug aus der Beziehung, „soweit die Unmöglichkeit, nicht zu kommunizieren, dies erlaubt". Alle drei Reaktionsweisen sind bei Patienten auf Schmerztherapiestationen zu beobachten.

In ihrer Untersuchung an Patienten nach einer Bandscheibenoperation weist Caspari (2000, S. 151) darauf hin, dass die Eigenverantwortlichkeit der Betroffenen vor allem im Falle einer *Chronifizierung* betont wird: „Während der Behandlung jedoch sollen die PatientInnen das Vertrauen und die Verantwortung an das professionelle Team abgeben." Können die Schmerzen beseitigt oder deutlich gelindert werden, wird dieser Erfolg in erster Linie auf die medizinischen und/oder psychologischen Behandlungen zurückgeführt – nicht aber auf das Verhalten der Patienten. Bleiben die erwarteten Behandlungserfolge aus, „weisen MedizinerInnen wie auch PsychologInnen auf die Eigenverantwortung der PatientInnen hin, die diese für ihre Krankheit übernehmen müssen" (ebd.). Mit anderen Worten: An Autonomie und Eigenverantwortung des Patienten wird nicht von Anfang an, sondern erst bei Versagen der medizinisch-psychologischen Behandlungsmaßnahmen appelliert. Der Eindruck entsteht, dass die Eigenverantwortlichkeit des Patienten nicht als ein *Wert an sich* betrachtet, vielmehr vor allem dann thematisiert wird, wenn sie der *Entlastung des Therapeuten* dient. Diesem Eindruck entspricht, dass Störungen in der therapeutischen Interaktion zunächst und vor allem dem *Patienten* angelastet werden: „Auch in der Complianceforschung wird wesentlich häufiger nach Einflussfaktoren auf Patientenseite … als nach dem Beitrag der Ärzte zur Arzt-Patient-Beziehung gesucht" (Gräbener 2000, S. 79 f.). Ein solcher Ansatz jedoch geht allzu einseitig zu Lasten der Patienten, da er zu ihrer vorschnellen Pathologisierung beiträgt, nicht aber zur neutralen Erfassung eines komplexen Phänomens, an dem nicht nur eine Person beteiligt ist.

3.3.7. Gesundheitspolitische Rahmenbedingungen

Unter den Bedingungen der neuen Leistungsverzeichnisse wird es darum für Kassenpatienten keine qualifizierte Schmerztherapie mehr geben, sondern allenfalls eine Sparversion.
(Deutsche Schmerzliga 2005)

Auch die schlechte Versorgungssituation chronisch Schmerzkranker bedroht die persönliche Autonomie Betroffener. Von den 6 bis 7 Millionen Menschen in Deutschland, die unter dauernden oder häufig wiederkehrenden Schmerzen leiden (Kröner-Herwig 2004 b), wird ein nur geringer Teil angemessen behandelt – die Deutsche Schmerzliga spricht von einem „Versorgungsnotstand" (Ritzert 2005, S. 4). Woran das liegt, kann hier nicht im Einzelnen diskutiert werden. Erwähnt seien lediglich folgende Aspekte:

- **Neues Vergütungssystem für Schmerztherapeuten und Schmerzambulanzen**
Krankenkassen und Kassenärztliche Bundesvereinigung haben Listen entwickelt, in denen diejenigen ärztlichen Leistungen aufgeführt sind, die von den Krankenkassen bezahlt werden, auf die Kassenpatienten also einen Anspruch haben. Viele Leistungen wurden gestrichen – auch Leistungen, die wissenschaftlichen Erkenntnissen zufolge Bestandteil einer fundierten Schmerztherapie sein sollten. Ausgeschlossen sind zum Beispiel vegetative Funktionsdiagnostik und EKG-Überwachung bei Eingriffen, die Vorstellung von Patienten auf Schmerzkonferenzen, „vor allem aber Gespräche und die Schulung von Schmerzkranken" (Ritzert 2005, S. 5). Einige der erstattungsfähigen Leistungen werden gebündelt und pauschal vergütet. Diese Vergütungen decken jedoch keineswegs den tatsächlichen Aufwand an Personal- und Materialkosten: „Es drohen Umsatzeinbußen von bis zu 40 Prozent" (WiesoWeshalbWarum 2005, S. 2).

- **Begrenzung der Behandlung**
Die Behandlung chronisch Schmerzkranker durch Spezialisten wird auf zwei Jahre begrenzt! Was aber geschieht dann? Die wenigsten *chronisch* Schmerzkranken sind nach zwei Jahren wieder gesund! Auch nach zwei Jahren noch werden Herzkranke von ihrem Kardiologen, Diabetiker von ihrem Diabetologen behandelt. Es gibt keinen Grund, warum die Behandlung von Schmerzpatienten auf zwei Jahre befristet sein sollte. Der Schmerztherapeut Dr. Gerhard Müller-Schwefe spricht von einer „Diffamierung der Patienten", die zudem „vom Unverständnis für die Krankheit" zeuge (WiesoWeshalbWarum 2005, S. 2). Einige Ärzte haben sich bereits aus der Versorgung von Schmerzpatienten zurückgezo-

gen, andere behandeln nur noch auf private Rechnung. Die Folge: Schmerzpatienten haben immer größere Schwierigkeiten, eine qualifizierte Schmerztherapie zu finden und zu erhalten. Leichter ist es für Patienten, die es sich leisten können, einen Großteil der Behandlungen privat zu bezahlen. Patienten, die über keine finanziellen Rücklagen verfügen, erhalten nur noch eine Minimaltherapie, die u.U. hinter dem heutigen Kenntnisstand und den derzeitigen Möglichkeiten zurückbleibt.

- **Hoher Verwaltungsaufwand für Ärzte und Patienten**

Für Ärzte und Patienten gleichermaßen belastend ist der Verwaltungsaufwand: Belege müssen gesammelt, Formulare und Fragebögen ausgefüllt, Anträge formuliert, Berichte angefordert, Kopien erstellt, Rückfragen von Krankenkassen und medizinischen Diensten beantwortet werden. Viele Anträge auf Kostenerstattung werden zunächst einmal abgelehnt. Der Patient hat zwar die Möglichkeit, Widerspruch einzulegen, was jedoch wiederum mit Mühe verbunden ist: Die Notwendigkeit der Behandlung muss ausführlich beschrieben und begründet, ein Arzt muss gefunden werden, der das Anliegen mit einem Gutachten unterstützt. Längst nicht alle Patienten und/oder ihre Angehörigen sind dazu in der Lage, sich für ihre Rechte einzusetzen. Einigen Menschen fällt es schwer, ihr Anliegen zu formulieren, wiederholt nachzufragen, zum Bittsteller zu werden. Andere fühlen sich den Belastungen nicht gewachsen, die mit wiederholten Anträgen und Gutachterverfahren verbunden sind.

- **Unzureichende Information über Kassenleistungen und Ausnahmeregelungen**

Viele Betroffene sind über Kassenleistungen nur unzureichend oder gar nicht informiert. Einige Patienten erfahren von Freunden oder Mitpatienten davon, andere machen sich selbst kundig (über das Internet oder mit Hilfe von Büchern und Broschüren über Behindertenrecht und Kassenleistungen). So mancher Patient jedoch hat Unkosten – einfach deshalb, weil er *nicht weiß*, dass er in diesem oder jenem Fall um Rückerstattung der Kosten bitten könnte.

Beispiele: Vitamin-B-Spritzen müssen im Allgemeinen privat bezahlt werden. Sind sie aber notwendig, um *Folgeschäden* einer bestimmten *Behandlung* zu lindern - z.B. polyneuropathische Beschwerden nach aggressiver Chemotherapie -, übernimmt die Kasse die Kosten. Medikamente gegen Erkältung, Übelkeit und Verstopfung dürfen ebenfalls nicht mehr auf Kassenrezept verschrieben werden. Viele Patienten, die mit einem Opioid behandelt werden, leiden jedoch an Übelkeit und Verstopfung. Müssen sie die Medikamente, die sie zur Bekämpfung dieser Nebenwirkungen erhalten, selbst bezahlen? Nein! Ein *Beschluss des Bundesministeriums für Gesundheit und Soziale Sicherung vom 18. Oktober 2005* sieht die beiden folgenden *Ausnahmeregelungen* für nichtverschreibungspflichtige Arzneimittel vor:

– *Nummer 16.6:* „Nichtverschreibungspflichtige Arzneimittel, die begleitend zu einer medikamentösen Haupttherapie mit zugelassenen, im Rahmen der vertragsärztlichen Versorgung verordnungsfähigen Arzneimitteln eingesetzt werden (Begleitmedikation), sind verordnungsfähig, wenn das nichtverschreibungspflichtige Arzneimittel in der Fachinformation des Hauptarzneimittels als Begleitmedikation zwingend vorgeschrieben ist."
– *Nummer 16.7:* „Nichtverschreibungspflichtige Arzneimittel, die zur Behandlung der beim bestimmungsgemäßen Gebrauch eines zugelassenen, im Rahmen der vertragsärztlichen Versorgung verordnungsfähigen Arzneimittels auftretenden schädlichen unbeabsichtigten Reaktionen (unerwünschte Arzneimittelwirkungen; UAW) eingesetzt werden, sind verordnungsfähig, wenn die UAW schwerwiegend ... sind."

Dieser Beschluss des Bundesministeriums für Gesundheit und Soziale Sicherung wurde mir vom Vorstand meiner Krankenkasse zugesandt, an den ich mich in folgender Angelegenheit gewandt hatte: Ein mir seit mehr als sieben Jahren verordnetes und sehr wirksames Medikament gegen opiatbedingte Übelkeit (Vomex A-Zäpfchen) war von meiner Krankenkasse nicht mehr übernommen worden – trotz entsprechender Befürwortung durch meinen Hausarzt. Daraufhin führte ich mehrere Telefonate mit Sachbearbeitern meiner Geschäftsstelle und der Kassenärztlichen Vereinigung: Die Krankenkasse verwies mich an die Kassenärztliche Vereinigung, die mich wiederum an meine Krankenkasse verwies (es sei Sache der Krankenkasse, ihre Mitglieder zu vertreten). Die Krankenkasse bestand darauf, nur die offiziell zugelassenen Begleitmedikamente gegen Übelkeit zu erstatten. Vomex gehöre zur Warengruppe der Antihistaminika, sei deshalb nur zur Behandlung schwerer Nesselsucht mit anhaltendem Juckreiz als Ausnahme zugelassen, nicht aber zur Behandlung von Übelkeit. Ich versuchte es mit jedem der beiden verordnungsfähigen Medikamente. Der starke Brechreiz ging zwar zurück, die Übelkeit jedoch blieb. Schließlich musste ich doch wieder auf das (inzwischen von mir privat bezahlte) Vomex zurückgreifen. Daraufhin wandte ich mich erneut an meine Krankenkasse – mit der Bitte um eine Ausnahmeregelung aus folgenden Gründen: Zum einen sei die Übelkeit durch das zugelassene Medikament nicht zu beheben. Zum anderen sei das erstattungsfähige (bei mir jedoch wirkungslose) Präparat monatlich 33,21 Euro *teurer* als das von mir bisher eingenommene Präparat. Meine Frage, ob man nicht allein schon aus Gründen der *Kostendämpfung* alles beim Alten lassen könne, wurde verneint: „Es geht hier nicht um Kostendämpfung, sondern darum, dass Ihr Medikament nicht auf der Liste der verordnungsfähigen Arzneimittel steht", so meine Sachbearbeiterin. Eine Mitarbeiterin der *Deutschen Schmerzliga* empfahl mir schließlich, mich schriftlich an den Vorstand meiner Krankenkasse zu wenden. Nach einiger Zeit erhielt ich ein höfliches Antwortschreiben mit einer Kopie der obigen Arzneimittelrichtlinien. Offensichtlich treffe auf meinen Fall die Ziffer 16.7 zu. Mein Arzt möge mir bescheinigen, dass die von mir beklagten Nebenwirkungen (Übelkeit) meine Lebensqualität auf Dauer nachhaltig beeinträchtigen würden, diese Nebenwirkungen jedoch durch Vomex gelindert werden könnten. Bei Vorliegen einer solchen Bescheinigung, sei die Kasse „selbstverständlich" bereit, die entstehenden Kosten zu übernehmen. Mein Hausarzt schrieb ein erneutes Gutachten – dieses Mal mit Bezug auf Ziffer 16.7 (von der er zuvor nichts gewusst hatte). Vomex wird nun wieder von der Kasse übernommen.

Im Dickicht vielfältiger Richtlinien mit ihren ebenso vielfältigen Differenzierungen, Ergänzungen und Ausnahmen findet sich kaum noch jemand ohne gezieltes Nachforschen zurecht: Wer kann unter welchen Bedingungen von Zuzahlungen befreit werden? Wann ist die Belastungsgrenze erreicht? Bei wem werden Fahrkosten für welche Arztbesuche bis zu welcher Entfernung vom Heimatort in welcher Höhe erstattet? Welche Medikamente dürfen unter welchen Ausnahmen weiterhin verschrieben werden? Viele Ärzte sind mit den ‚Feinheiten' des Leistungskatalogs nicht im Einzelnen vertraut, verschreiben deshalb auf Privat-Rezept, was eigentlich Kassenleistung ist. Der Betroffene selbst muss herausfinden, ob (und unter welchen Bedingungen) bestimmte Behandlungskosten in seinem Fall erstattet werden. Meist sind es Patienten der unteren Gehaltsgruppen sowie alte und schwer kranke Menschen, die *nicht* an entsprechende Informationen herankommen, denen der Mut zum Nachfragen und/oder die Kraft zum Nachforschen fehlen. Nicht dem Kränksten und Bedürftigsten werden die meisten Kosten erstattet, sondern dem, der sich die meisten Informationen über das Gesundheitssystem und die entsprechenden Gesetze verschaffen kann, der gut zu argumentieren versteht und sich weder von den Mühen der Antragstellung und anfänglichen Ablehnungsbescheiden noch vom unfreundlich-abwehrenden Ton mancher Sachbearbeiter abschrecken lässt.

- **Orientierung der Gesundheitspolitik an wirtschaftlichen, nicht aber an ethischen Überlegungen**

Manche Schmerzpatienten werden auch deshalb nicht optimal versorgt, weil ihre Ärzte (berechtigterweise) fürchten, für die Kosten ihrer Behandlung mit ihrem Privatvermögen einstehen zu müssen. Krankenkassen stellen ihre Forderungen oft erst monatelang nach einer bestimmten Behandlung, so dass ein Arzt zum gegenwärtigen Zeitpunkt nicht weiß, was er in vier oder fünf Monaten verdient haben wird. Verunsicherung und Furcht vor möglichen Regressen tragen mit dazu bei, dass bestimmte Medikamente, die in einem speziellen Fall zwar helfen könnten, aber nicht Bestandteil des Leistungskatalogs sind, *nicht* verschrieben werden. Eines dieser Medikamente ist beispielsweise „Marinol", das den Cannabis-Wirkstoff Dronabiol enthält.

Die Wirksamkeit von Dronabiol ist inzwischen vielfach nachgewiesen worden. Es „wirkt u.a. muskelentspannend, antiepileptisch, stimmungsaufhellend, brechreizhemmend, appetitanregend, antibiotisch, fiebersenkend, augeninnendrucksenkend, bronchienerweiternd, beruhigend und schmerzlindernd" (Grotenhermen & Huppertz 1997, S. 50 f.) und wird insbesondere eingesetzt bei Aids- und Krebserkrankungen, Grünem Star, Multipler Sklerose sowie bei Schmerzzuständen (Tumor- und Phantom-Schmerzen, Migräne, muskuloskelettale, neurophatische und entzündlich bedingte Schmerzen).[10] Die Wirkung beruht vor allem darauf, dass Dronabiol die Endocannabioid-Rezeptoren im Gehirn und Rückenmark stimuliert – bei nur geringen Nebenwirkungen. Dronabiol wurde aus den USA importiert. Inzwischen ist es auch über deutsche Apotheken zu beziehen und darf seit 1998 auf einem Betäubungsmittelrezept verschrieben werden. „Da Dronabiol jedoch arzneimittelrechtlich in Deutschland nicht zugelassen ist, sind die Krankenkassen zur Kostenübernahme nicht verpflichtet" (ACM-Magazin 2006, S. 2). 60 Kapseln „Marinol" zu 2,5 mg kosten etwa 700,00 Euro. *Sehr* viel preiswerter wären natürliche Cannabisprodukte. Diese jedoch sind in Deutschland nicht legal – auch für Patienten nicht. Einzelne Krankenkassen fordern die Kosten für Dronabiol vom Arzt zurück, weil es - zu Lasten der Kasse - unrechtmäßig verordnet worden sei.[11] Da also der verschreibende Arzt persönlich für die Kosten des Medikaments haftet, lassen viele Ärzte die Finger davon. Wie aber findet der Patient einen Arzt, der ihn bei der Krankenkasse durch eine gutachterliche Stellungnahme zur Begründung der Indikation unterstützt – etwa mit Hinweis auf das Urteil des Bundessozialgerichts (Aktenzeichen: B 1 KR 37/00 R)? Diesem Urteil zufolge fordert das Gericht drei Bedingungen, die zur Kostenerstattung erfüllt sein müssen: „Es muss eine schwerwiegende Krankheit vorliegen, für die zweitens keine andere Therapie verfügbar ist, und drittens müsse aufgrund der Datenlage eine begründete Aussicht auf einen Behandlungserfolg bestehen" (ebd. S. 4). Dieses Urteil wird ergänzt durch den Beschluss des Bundesverfassungsgerichtes vom 06.12.2005. Danach müssen Krankenkassen die Kosten einer Behandlung erstatten, wenn „eine nicht ganz entfernt liegende Aussicht auf Heilung oder auf eine spürbare positive Einwirkung auf den Krankheitsverlauf besteht" (in: ebd.).

Der Patient bleibt auf der Strecke zwischen Krankenkasse und Arzt: Die Krankenkasse versucht, die Behandlungskosten auf Ärzte und Patienten abzuschieben. Ärzte wiederum begründen ihre Zurückhaltung bei der Verschreibung mit Hinweis auf den Leistungskatalog. Nur die wenigsten Patienten haben die Kraft zu kämpfen – mit der Krankenkasse um Erstattung der Kosten, mit dem Arzt um Unterstützung ihres Anliegens in Form eines Rezepts oder eines Gutachtens. Der Deutschen Schmerzliga zufolge nehmen sich ca. *5000* Menschen pro Jahr das Leben, weil sie ihre Schmerzen nicht mehr ertragen können. Einige dieser Schmerzen hätten womöglich durch ein nicht zugelassenes Medikament gelindert werden können! Das aber ist für eine Gesundheitspolitik ohne Belang, die sich weniger an ethischen, sondern vor allem an wirtschaftlich-finanziellen Überlegungen orientiert. Bestimmte Medikamente beispielsweise werden vom Markt genommen, obgleich sie sich langjährig

---

[10] Über die Anwendungsgebiete von natürlichen Cannabisprodukten und Dronabiol gibt Auskunft: Internationale Arbeitsgemeinschaft Cannabis als Medizin e. V. (IACM), Rückertstraße 4, D-53819 Neunkirchen.

[11] In der Zeitschrift „Focus" vom 3. Juni 2006 wird von einem Arzt berichtet, von dem die AOK Sachsen-Anhalt die Rückzahlung von 51000 Euro verlangte, weil er einem Krebskranken, bei dem kein anderes Mittel mehr half, „Marinol" verschrieben hatte - mit Erfolg. Der Patient verstarb nicht - wie erwartet - an Auszehrung (Albers 2006).

als äußerst effektiv bewiesen haben. Warum? Weil sie zu *preiswert* sind! An ihrer Stelle kommen ähnliche, aber *teurere* Medikamente auf den Markt. In meinem Fall sind eine Menge kostspieliger, zum Teil jedoch unsinniger Untersuchungen und Behandlungen verordnet und bezahlt worden, hilfreiche und preiswerte Maßnahmen hingegen nicht.

Seit einigen Jahren werde ich mit Osteopathie behandelt. Seitdem geht es mir insgesamt deutlich besser. *Objektives* Kriterium für den Erfolg: Bis zum Beginn der Behandlung war ich über einen Zeitraum von 6 Jahren hinweg zweimal pro Jahr für jeweils 4 - 5 Wochen im Krankenhaus. Alle damit verbundenen Kosten wurden von meiner Krankenkasse übernommen. Die Osteopathie dagegen muss ich vollständig privat bezahlen, also eben *die* Behandlung, die sich - zumindest in meinem Fall - nicht nur als effektiv, sondern auch als *Kosten sparend* erwiesen hat. Mein Antrag auf eine zumindest geringfügige Beteiligung an den Kosten wurde mit folgender Begründung abgelehnt: Entscheidend für die Frage der Kostenerstattung oder -beteiligung sei nicht, ob sich eine bestimmte Behandlung beim jeweiligen Patienten als wirksam und preiswert erweise. Entscheidend allein sei, ob sie im Leistungskatalog aufgeführt sei oder nicht. … Warum nur wird ein System „*Gesundheitssystem*" genannt, dessen Argumentation den gesunden Menschenverstand oft ebenso überfordert wie sie die seelische Kraft der Betroffenen zermürbt?

Zusammenfassung
Die Angst Betroffener vor dem Verlust der persönlichen Autonomie entspricht zum einen den Bedingungen, denen Patienten in Krankenhäusern, Rehabilitationseinrichtungen und Schmerztherapiestationen ausgesetzt sind, zum anderen gesundheitspolitischen Rahmenbedingungen, die sich zwar laufend ändern – nur selten jedoch zugunsten chronisch kranker Menschen. Hinzu kommt die Erfahrung ohnmächtiger Hilflosigkeit angesichts der Erkenntnis, dass sich das so genannte Gesundheitssystem nicht an ethischen Erwägungen orientiert, sondern an *wirtschaftlichen* Interessen, vordergründig gerechtfertigt durch Verweis auf Richtlinien für den statistisch ermittelten Durchschnittspatienten. Die hohe Selbstmordziffer von Schmerzpatienten spielt bei Entscheidungen für (oder gegen) die Übernahme bestimmter Behandlungskosten keine Rolle. ‚Wer arm ist, muss früher sterben.' Diese Redewendung ist kein Zynismus, bezeichnet vielmehr eine soziale Realität – in *allen* Ländern der Welt. Tote Menschen kosten das Gesundheitssystem nichts mehr. Die Beerdigung ist von den Angehörigen zu bezahlen.

3.4. Nicht der Patient ist schwierig, oft jedoch die Lage

Mit den hier beschriebenen Problembereichen werden fast alle chronisch Kranken konfrontiert – wenn auch in unterschiedlichem Ausmaß. Die Hilflosigkeit vieler Patienten entsteht nicht einfach aus dem Nichts, ist nur zum Teil Folge und Ausdruck ‚dysfunktionaler' Gedanken. Sie entwickelt sich vielmehr in einem ganz bestimmten *Kontext* – und beruht nicht selten auf Unkontrollierbarkeitserfahrungen, die der Einzelne nur begrenzt oder gar nicht ändern kann! So genannte Verhaltensauffälligkeiten eines Menschen *einseitig* als Ausdruck einer missglückten Krankheitsanpassung, als Zeichen einer depressiven Verarbeitung seiner Schmerzen zu interpretieren, entspricht einer eingeengten Perspektive, die lediglich den *Betroffenen* im Auge hat, sein Umfeld dagegen ausblendet. Wird auch die *Lebenssituation* des Betroffenen einbezogen, werden viele seiner vermeintlichen Auffälligkeiten zu durchaus angemessenen und nachvollziehbaren Reaktionen. Fast immer gilt: Nicht er, der Patient, ist ‚schwierig', sondern die *Lage*, in der er sich befindet! Diese Lage wiederum ist nicht nur von seinem eigenen Verhalten abhängig, sondern immer auch von gesellschaftlichen Gegebenheiten und Verhaltensweisen seiner Umwelt, nicht zuletzt auch von Bedingungen, denen er im Laufe seiner *Behandlung* ausgesetzt war oder noch ist. Viele Ärzte, Schwestern, Pfleger und Psychologen sind freundlich und verständnisvoll, behandeln den Patienten mit Höflichkeit und Respekt. Es gibt jedoch auch Ärzte, Schwestern, Pfleger und Psychologen, die krankheitsbedingte Hilflosigkeitserfahrungen eines Patienten durch ihr eigenes Verhalten noch verstärken. Nicht um Kritik geht es mir. Denn um das Verhalten von Vertretern medizinischer, pflegerischer und psychologischer Berufe adäquat beschreiben und einschätzen zu können, müssten wesentlich mehr noch als hier geschehen institutionelle und gesundheitspolitische Bedingungen mitbedacht werden, unter denen sie arbeiten und von denen sie abhängig sind. Man kann einen Menschen und sein Verhalten nur dann verstehen, wenn man nicht ausschließlich ihn selbst betrachtet, sondern die gesamte Situation, in der er sich befindet (vgl. 4.1.). Diese ‚Regel' gilt für Patienten und Therapeuten gleichermaßen. Die beschriebenen Hilflosigkeit begünstigenden Verhaltensweisen von Ärzten, Psychologen, Schwestern und Pflegern sind nur in Ausnahmefällen gegen den Patienten persönlich gerichtet. Meist sind sie Ausdruck von Überforderung und Erschöpfung aufgrund von Arbeitsbedingungen, die ich nur deshalb nicht geschildert habe, weil es mir hier in erster Linie um die *Patienten* geht, um eine Beschreibung *ihrer* Situation. Moralisierende Schuldzuweisungen führen nicht weiter, sind Patienten gegenüber ebenso unangebracht wie gegenüber denen, die ihnen zu helfen versuchen! Es sei denn, wir verstehen Schuld im Sinne Dostojewskijs (1983, S. 388), wonach „jeder von uns allen anderen gegenüber schuldig ist". Dann aber ist auch jeder von uns auf Verständnis und Vergebung aller anderen angewiesen – Patienten ebenso wie ihre Therapeuten.

4. Theoretische Konzepte zur Beschreibung der Situation von Schmerzpatienten und therapeutische Implikationen

... wie wenig man die Menschen und ihre Neurosen über den Leisten einer einzigen Theorie schlagen kann.
(C. G. Jung 1988 b, S. 80)

Um die Problembereiche, mit denen Schmerzpatienten konfrontiert sind, theoretisch einordnen und ihre Auswirkungen auf Betroffene erklären zu können, gibt es nicht die *eine* Theorie. Es gibt nur verschiedene theoretische Ansätze, die jeweils einen bestimmten *Ausschnitt*, nicht aber die ganze Wirklichkeit eines Lebens mit chronischem Schmerz zu erfassen vermögen.

4.1. Rollentheorie

Ein möglicher Ansatz, mit dem die Situation von Schmerzpatienten theoretisch beschrieben werden kann, ist die von Jakob L. Moreno entwickelte **Rollentheorie**. Der Begriff **Rolle** - bis zum Beginn des 20. Jahrhunderts an das Theater gebunden und 1908 von Georg Simmel als soziologische Kategorie eingeführt - wird in Anthropologie, Soziologie und Sozialpsychologie in den unterschiedlichsten Bedeutungen verwendet. Moreno (1964, S. 4) definiert „Rolle" als „die funktionale Form, in welcher der Mensch in einem bestimmten Augenblick auf eine bestimmte Situation reagiert, an der andere Menschen und Objekte beteiligt sind". Eine Rolle umfasst die körperliche, psychologische und soziale Dimension des Menschen. Sie setzt sich aus mehreren miteinander in Beziehung stehenden Verhaltensweisen zusammen, die durch kulturelle und gesellschaftliche Einflüsse übermittelt werden, ihre individuelle Ausprägung jedoch durch die Art und Weise erhalten, wie der Einzelne diese Einflüsse interpretiert und verkörpert. Alle Aktionen des Menschen sind an die Übernahme und Verkörperung von Rollen gebunden, wobei folgende **Rollentypen** voneinander unterschieden werden (vgl. Leutz 1974, Zeintlinger 1981):

- **Die psychosomatischen oder physiologischen Rollen:** Vom Embryonalstadium an bis zu seinem Tod handelt der Mensch in psychosomatischen Rollen, beispielsweise in der Rolle des Essenden, Trinkenden, Weinenden, Schlafenden, ... Diese Rollen beziehen sich auf *physiologische* und *psychophysische Verhaltensweisen*. Sie dienen der Erhaltung des Organismus und sind die Grundlage für die Entwicklung anderer Rollen.
- **Die psychodramatischen oder psychischen Rollen:** In diesen Rollen manifestieren sich die *individuellen Erfahrungen* des Menschen. Als psychische Korrelate anderer Rollen bestimmen sie die Art und Weise, *wie* der Betreffende diese anderen Rollen erfüllt. Zur psychosomatischen Rolle des Essenden kommt die Rolle des Genießenden, die psychosomatische Rolle des Weinenden wird ergänzt durch die Rolle des Trauernden, usw.. In der Auseinandersetzung mit der sozialen Realität repräsentieren die psychodramatischen Rollen des Menschen seine ganz *persönliche Auslegung* kultureller Erwartungen und Normen – *seine* Version eines Vaters, eines Polizisten, einer Mutter, einer Professorin, usw..
- **Die offiziellen oder sozialen Rollen:** In seinen sozialen Rollen verkörpert der Mensch von der Gesellschaft vorgegebene und kulturell bestimmte *stereotype Handlungsmuster*. Jede dieser *Berufsrollen* (Arzt, Lehrer, Krankenschwester, ...), *Beziehungsrollen* (Vater, Sohn, Ehefrau, ...) oder *Freizeitrollen* (Segler, Schachspieler, Leserin, ...) ist mit einem von der einzelnen Person unabhängigen *Rollenstatus* verbunden. Die sozialen Rollen werden zwar in ihrer konkreten Ausübung individuell gestaltet, doch sind - anders als bei den psychischen Rollen - die kollektiven Elemente und kulturellen Vorgaben mehr oder minder zwingend. Psychische und soziale Rollen sind „*zwischenmenschliche Erfahrungen*": Es bedarf gewöhnlich zweier oder mehrerer Interaktionspartner, damit diese Rollen realisiert werden können (Moreno 1945, S. 9).
- **Die transzendenten Rollen:** In diesen Rollen kommt die *ideelle Ausrichtung* eines Menschen zum Ausdruck - sein *Wertesystem*. Sie stammen aus dem ethischen, ästhetischen, religiösen und gesellschaftspolitischen Bereich (der Gerechte, der Künstler, die Christin, die Demokratin, ...). Somatische, psychische und soziale Rollen werden als Teilsysteme der Person aufgefasst, als der Person untergeordnet. Sie sind ‚erklärbar', weil sie sich aus bestimmten Bedürfnissen des Menschen und gesellschaftlichen Erwartungen ableiten lassen. Die transzendenten Rollen dagegen werden als den gesamten Menschen umfassend, als *überpersönlich* erlebt. Während die psychischen und sozialen Rollen mehr oder minder an die Interaktion mit anderen Personen gebunden sind, entstehen die transzendenten Rollen in der Auseinandersetzung mit den Idealen, Werten und Zielen, an denen sich der Betreffende orientiert. In seinen transzendenten Rollen erlebt der Mensch ein hohes Maß an persönlicher Freiheit: Im Einsatz für bestimmte Werte wächst er über die eigenen Grenzen hinaus.

Das **Selbst** eines Menschen wird als Gesamtheit aller ihm zugeschriebenen und persönlich gelebten Rollen verstanden: Es besteht aus denjenigen Rollen, die der Mensch jemals in seinem Leben eingenommen hat *(Rolleninventar)*, sowie aus denjenigen Rollen, die er zum gegebenen Zeitpunkt tatsächlich ausüben kann *(Rollenrepertoire)*. Das Selbst ist demnach keine konstante Größe, sondern verändert sich mit dem Neuerwerb und dem Verlust von Rollen. Ausschlaggebend für diese Veränderungen sind zum einen die körperlichen und geistigen Fähigkeiten des Menschen, bestimmte Rollen zu verkörpern, zum anderen die Zuweisung oder der Entzug von Rollen durch seine Umgebung (Petzold 1979). Durch die Annahme und Ausübung von Rollen entwickelt und verwirklicht sich der Mensch. Gleichzeitig verändert er durch die eigene Rollenentwicklung die Verhältnisse in seinem Umfeld, die wiederum seine Rollenausübung mitbestimmen und beeinflussen. Ausgehend von dieser Wechselwirkung zwischen Mensch und Umwelt kann der Einzelne immer nur in Interaktion mit seinem engeren und weiteren Umfeld verstanden und beschrieben werden.

Wie wichtig es bei der Begleitung von Schmerzpatienten ist, immer auch ihre *Lebenssituation*, vor allem das Verhalten von Interaktionspartnern, zu berücksichtigen, wurde bereits erwähnt (vgl. 3.4.). Vor dem Hintergrund rollentheoretischer Überlegungen gewinnt diese Forderung noch an Bedeutung.

- **Einsamkeit**

Dass chronisch kranke Menschen aufgrund krankheitsbedingter Beeinträchtigungen bestimmte Rollen im familiären, beruflichen und gesellschaftlichen Bereich nicht mehr ver*körpern* können, entspricht einer Gesetzmäßigkeit der Natur, die es zu akzeptieren gilt. Der Verlust von Rollen durch das Verhalten von Bezugspersonen dagegen ist *kein* naturgemäßes Schicksal, sondern abhängig vom Verhältnis der Gesellschaft gegenüber Krankheit und Schmerz. Äußerer und innerer Rückzug, Bagatellisierung, Vertröstung, Verleugnung, Distanzierung durch Bevormundung und Rationalisierung führen zur *Einsamkeit*, mitunter sogar zum **sozialen Tod** des Betroffenen, während dieser tatsächlich noch lebt (vgl. 3.1.). Das Phänomen des sozialen Todes wurde 1947 von Moreno beschrieben – im Zusammenhang mit seinem Konzept vom *sozialen Atom*. Das „soziale Atom" gilt als die kleinste soziale Einheit, in der ein Mensch existieren kann. Es umfasst sowohl den Menschen selbst als auch alle die Personen, die er lebensnotwendig braucht, mit denen er sich emotional verbunden fühlt. Der Abbruch vertrauter Kommunikationsstrukturen - aus welchen Gründen auch immer - führt zu Verlusten im sozialen Atom. Können diese Verluste nicht wieder ersetzt werden, kommt es immer auch zu einem Verlust von Rollen und damit zu einer Rückbildung der Persönlichkeit des Betroffenen. Denn so, wie sich die Persönlichkeit des Menschen im Kontakt mit anderen entwickelt, so stirbt sie mit dem Fortfall von Kontaktmöglichkeiten – oft lange vor seinem physischen Tod. Im Alter sowie bei schwerer Krankheit wird es für den Betroffenen immer schwerer, Menschen zu finden, die ähnliche Rollen einnehmen wie diejenigen, die aus seinem sozialen Atom ausgeschieden sind: „Es handelt sich um das Phänomen des ‚sozialen' Todes, also nicht um den Tod des Körpers oder der Psyche im individuellen Sinn und auch nicht um den Tod von innen her, sondern um den Tod von *außen*" (Moreno 1981, S. 95).

Vom sozialen Tod sind Schmerzpatienten eher selten betroffen, häufig dagegen sind *„pathologische Rollenatrophien"* und *„sekundäre Rollendefizite"* (Leutz 1974, S. 162). Bei Krankschreibung und Frühberentung, längeren und wiederholten Aufenthalten in Krankenhäusern und Rehabilitationseinrichtungen geraten wichtige Lebensrollen des Patienten zwangsläufig in die Latenz, weil zu ihrer Ausübung die entsprechenden Interaktionspartner fehlen. Die Gefahr von Rollenatrophien wird noch verstärkt, wenn der Betroffene von den Menschen in seiner Umgebung auf die Rolle des Kranken reduziert und in seinen anderen Rollen (z.B. als Architekt oder Lehrer, als Vater oder Sohn) so gut wie gar nicht mehr angesprochen wird.

Sind bestimmte Rollen eines Menschen im beruflichen und privaten Bereich unabänderlich verloren, gewinnen seine *transzendenten Rollen* an Bedeutung, denn es sind vor allem *diese* Rollen, die es ihm erleichtern können, den Verlust von sozialen Rollen zu verarbeiten und ein Selbstwerterleben zu erlangen, das weder von seiner Leistungsfähigkeit noch von Interaktionspartnern abhängig ist.[12] Aufgrund ihrer weitgehenden Unabhängigkeit von körperlichen und sozialen Faktoren vermitteln transzendente Rollen die Erfahrung, innerlich frei und ‚aktiv' zu sein, auch wenn der ‚äußere' Verhaltensspielraum eingeschränkt ist. In der Verwirklichung transzendenter Rollen vermag der Betroffene seinem Leben Sinn und Bedeutung zu geben – auch ohne Anwesenheit anderer. Einsamkeit wird auf diese Weise nicht aufgehoben, aber erträglicher gemacht. Davon ausgehend sollte es bei der psychologischen Begleitung von Schmerzpatienten immer auch darum gehen, sie in ihren *transzendenten Rollen* zu bestätigen und deren Entfaltung zu unterstützen (vgl. 8.3.1., 9.4.4.).

• **Psychopathologisierung**
Verunsicherung im Erleben der eigenen Identität und mangelndes Selbstvertrauen sind zum Teil darauf zurückzuführen, dass der Betroffene bestimmte Rollen nicht mehr ausüben *kann*: „Ich spiele ja doch keine Rolle mehr" (ein Schmerzpatient). In vielen Fällen jedoch handelt es sich um eine „iatrogene, d.h. therapeutisch verursachte Schädigung" (Leutz 1974, S. 162). Festgelegt auf das Bild des ‚typischen Schmerzpatienten' wird der Betroffene auf seine Defizite reduziert, während die ge-

---

[12] Das Ausüben transzendenter Rollen entspricht der Verwirklichung so genannter Einstellungswerte (Frankl 1987): In der Rolle des Tapferen, des Liebenden, usw. werden Werte realisiert, die über die eigene Person hinausgehen (vgl. 8.3.1.).

sunden Anteile seiner Person immer weniger angesprochen werden und dadurch auch immer weniger gelebt werden können (vgl. 3.2.). Depressive Stimmungslage, Ängstlichkeit, Hilf- und Hoffnungslosigkeit vieler Schmerzpatienten werden in erster Linie auf ihren ‚dysfunktionalen Bewältigungsstil' zurückgeführt. Die Bedeutung *äußerer Einflüsse* wird vernachlässigt zugunsten einer einseitig auf das Individuum selbst zentrierten Sichtweise. Die individuelle Hypothese zur Erklärung passiv-abhängigen Verhaltens und depressiver Hilflosigkeit ist jedoch zu einseitig, da es sich großenteils um *Reaktionen* auf entsprechende Erfahrungen mit Interaktionspartnern handelt, insbesondere auch mit Autoritäten im Gesundheitssystem, deren Rollendefinitionen sich Patienten besonders schlecht entziehen können. Hier nur eine *Auswahl* aus der Vielzahl von Bemerkungen, mit denen Betroffene in die Rolle des hilflos-inkompetenten Kranken gedrängt werden:

– *Demütigende Unhöflichkeit:* „Das glauben Sie doch selbst nicht, dass Ihnen das helfen kann" (der Leiter einer Schmerzbewältigungsgruppe).
– *Verunsicherung:* „Vergessen Sie, was Sie von dieser Behandlungsmethode gehört haben. Wir machen jetzt noch eine Computertomographie, dann sehen wir klarer" (ein Arzt).
– *Unverschämtheit:* „Wir haben diese teure Operation für Sie bezahlt. Und jetzt stellen Sie einen Antrag auf Schmerztherapie. Dabei hat die Operation ja auch nichts gebracht" (ein Krankenkassenvertreter).
– *Überlegenheit:* „Am besten, Sie begeben sich jetzt einmal ganz in die Patientenrolle und befolgen, was wir Ihnen hier vorschlagen werden" (ein ärztlicher Schmerztherapeut).
– *Arroganz:* „Wir haben die besseren Argumente" (ein psychologischer Schmerztherapeut).

Auch unabhängig von ihrem jeweiligen Kontext sind Äußerungen dieser Art bestenfalls verunsichernd, schlimmstenfalls verletzend. Ein Therapeut, der zu einem Patienten sagt „Wir haben die besseren Argumente", entzieht ihm die Rolle des gleichberechtigten Partners und verweist ihn auf die unterlegene Position des Unwissend-Unmündigen. Man beachte das *„Wir"* (Pluralis majestatis), mit dem der Therapeut seine Meinung nicht als Einzelperson vertritt, sondern sich mit der Macht und dem Wissen *aller* Schmerztherapeuten ausstattet. In der Angst, Einsatzbereitschaft und Wohlwollen derer zu verlieren, auf die er aufgrund seiner Erkrankung angewiesen ist, bleibt dem Patienten oft gar nichts anderes übrig, als die Rolle anzunehmen, die ihm von der Umwelt zugewiesen wird – die Rolle des Kranken, der gehorsam und widerspruchslos tut, was ihm vorgeschrieben wird: „Je intensiver sie dir beibringen, wie krank du bist und wie schmerzhaft das ist, desto intensiver erlebst du es auch, wie krank du bist. Das Höllische daran ist, dass du anfängst, das alles zu akzeptieren, gegen deinen Willen" (Diggelmann 1981, S. 50 f.). *Vorab-Pathologisierungen* mit Begriffen wie „Problempatient", „Koryphäenkiller", „Vermeider" oder Durchhalter" lösen nicht selten einen Prozess selbsterfüllender Prophezeiung aus, bei dem eben *die* Verhaltens-

weisen gefördert werden, die dem Betroffenen unterstellt werden (vgl. 3.2.1.).
Diese Erklärung ‚pathologischer' Verhaltensweisen von Patienten wird bestätigt durch das rollentheoretische Axiom Morenos, wonach jedes Verhalten in der Interaktion mit einem anderen Menschen von diesem eine entsprechende *Gegenrolle* erfordert. Daraus folgt für die therapeutische Situation: Je mehr ein Mensch als „schwieriger Patient" angesprochen wird, umso wahrscheinlicher wird er sich als ein solcher verhalten, während Aktivierung und Entfaltung seiner ‚gesunden' Rollen *verhindert* werden. Je häufiger und umfassender ein Betroffener dagegen als ein Mensch von Wert behandelt wird, als eine Person, die trotz ihrer Erkrankung noch über aktive und kreative Rollen verfügt, umso wahrscheinlicher wird er sich als eine solche erleben und verhalten können: „Je mehr mich die Menschen wie eine *Person* behandeln, nicht wie einen Gegenstand oder wie ein dummes Kind, umso mehr kann ich mich auch selbst noch als Person fühlen" (eine Hirntumorpatientin).

- **Autonomieverlust**

Die rollentheoretische These, dass Fühlen, Denken und Handeln von Menschen immer auch vom Verhalten ihrer Interaktionspartner beeinflusst werden, ist im Hinblick auf die *Autonomie* eines Patienten ebenfalls von Bedeutung (vgl. 3.3.). Denn ob und inwieweit es ihm möglich ist, sein Leben trotz anhaltender Schmerzen und damit verbundener Beeinträchtigungen aktiv und selbstverantwortlich zu gestalten, hängt entscheidend auch davon ab, ob und inwieweit er von den Menschen in seiner Umgebung als eigenständige Persönlichkeit mit dem Recht und der Fähigkeit zu selbstbestimmter Lebensführung wahrgenommen und behandelt wird. Davon ausgehend ergeben sich folgende *Leitregeln*:

– Ärzte und Pflegepersonal sollten ihren Patienten möglichst viel Selbstbestimmung *lassen* statt sie ihnen zu nehmen – wie bisher meist gängige, weil bequemere Praxis.
– Soweit es der Stationsalltag und die Beeinträchtigungen der Patienten zulassen, sollten sie in Diskussionen über das weitere Vorgehen einbezogen, sollten ihre Entscheidungen in so vielen Bereichen wie möglich berücksichtigt werden, zumindest, was die Bedingungen angeht, unter denen medizinisch Erforderliches stattfinden wird. Allein schon die Möglichkeit, schmerzstillende Medikamente selbst zu dosieren, kann dem Betroffenen das Gefühl vermitteln, dem Geschehen nicht völlig hilflos ausgeliefert zu sein (vgl. 3.3.4.).
– Bei unangenehmen Untersuchungen oder Behandlungen sollte den Patienten ruhig und sachlich erklärt werden, was gerade geschieht (vor allem bei Interventionen an ihrem Rücken).
– Das therapeutische Personal sollte sich bemühen, höflich mit der Zeit der Patienten umzugehen, sie über unvermeidbare und unvorhergesehene Verspätungen informieren oder informieren lassen.

- Werden Daten im Krankenbericht falsch wiedergegeben oder wird eine bestimmte Vereinbarung vergessen, ist - wie unter gesunden Menschen üblich - eine Entschuldigung angebracht.
- Patienten sollten nicht nur als Kranke wahrgenommen werden, sondern als Menschen, die über berufliche Kenntnisse verfügen, einen Partner, vielleicht auch Kinder haben, sich mit Musik oder Literatur, Sport oder Aktien auskennen. Wird ein Patient in der *Gesamtheit* seiner Rollen gesehen, verändert sich meist auch das *Verhalten* ihm gegenüber: Der Umgangston wird achtsam-respektvoller, Entmündigungen und vorschnelle Pathologisierungen unterbleiben.

Weitere Einstellungs- und Verhaltensweisen, mit denen die Autonomie eines Patienten respektiert und unterstützt werden kann, werden im Kapitel *Förderung von Autonomie* (8.3.2.) beschrieben. Die Entscheidung für oder gegen eine bestimmte Intervention sollte stets im Bewusstsein folgender Zusammenhänge getroffen werden: Je häufiger und umfassender der Therapeut die Rolle der überlegenen Autorität einnimmt und *für* den Betroffenen festlegt, was gut und richtig für ihn ist, umso mehr hält er ihn damit in der Rolle des passiven Kranken fest. Wird der Betroffene dagegen auf seine inneren Ressourcen angesprochen und als autonome Persönlichkeit behandelt, werden ihm damit Bedingungen geboten, die es ihm erleichtern, Rollen anzunehmen, in denen seine Fähigkeiten zur Autonomie und Selbstbestimmung zum Tragen kommen können – auf welcher Ebene auch immer.

Zusammenfassung
Die Folgen von *Einsamkeit, Psychopathologisierung* und *Autonomieverlust* für das Erleben und Verhalten von Schmerzpatienten können mit Bezug auf die Rollentheorie beschrieben und erklärt werden. Der äußere und innere Rückzug von Bezugspersonen im Falle chronischer Schmerzen führt unweigerlich zu einem mehr oder minder ausgeprägten Rollenverlust. Rollenverlust wiederum birgt die Gefahr einer allmählichen Rückbildung des Selbst. Etikettierungen gemäß dem Bild vom ‚typischen Schmerzpatienten' führen dazu, dass der Betroffene auf sozial negativ bewertete Rollen festgelegt, in positiv bewerteten Rollen dagegen nur noch selten angesprochen wird, wodurch er das Gefühl für letztere Rollen und die Kompetenz in ihnen zunehmend verliert. Fast jede chronische Erkrankung ist damit verbunden, dass bestimmte Rollen im beruflichen und privaten Bereich nur noch selten oder gar nicht mehr ausgeübt werden können. Die damit einhergehende Bedrohung selbstbestimmter Lebensführung wird noch verstärkt, wenn dem Patienten auch von medizinischer, pflegerischer und therapeutischer Seite wiederholt die Rolle des Unmündig-Machtlosen zugewiesen wird. Sekundäre Rollenatrophien können dagegen verhindert werden, wenn der Patient möglichst oft in seinen gesunden und aktiven Rollen angesprochen, als eigenständige Person akzeptiert und als Mitarbeiter im therapeutischen

Prozess behandelt wird – unabhängig von seiner Leistungsfähigkeit, unabhängig auch von der Frage möglicher Gesundung.

4.2. Das Konzept der erlernten Hilflosigkeit

Die Angst vieler Schmerzpatienten vor dem Verlust ihrer persönlichen Autonomie beruht vor allem auf der Erfahrung, wesentliche Lebensbereiche nur noch eingeschränkt (oder gar nicht mehr) kontrollieren zu können. Mit den psychischen Auswirkungen erlebter Unkontrollierbarkeit hat sich vor allem Seligman (1983) in seinem **Konzept der erlernten Hilflosigkeit** beschäftigt. Hilflosigkeit wird als ein affektiver, kognitiver und motivationaler Zustand beschrieben, ausgelöst durch die wahrgenommene Unkontrollierbarkeit subjektiv bedeutsamer Ereignisse. Ereignisse sind dann unkontrollierbar, wenn der Betroffene tun oder lassen kann, was er will, ohne sie dadurch beeinflussen zu können. Hilflosigkeit resultiert demnach nicht aus der Erfahrung eines traumatischen Ereignisses an sich, sondern aus der erlebten Unfähigkeit, dieses Ereignis zu kontrollieren – aus der Erfahrung, „dass überhaupt keine Reaktion - weder aktiv *noch passiv* - die traumatischen Bedingungen beeinflussen kann" (ebd. S. 24). Als **Symptome erlernter Hilflosigkeit** werden beschrieben:

– *Emotionale Störungen*, vor allem eine gesteigerte Tendenz zu Angst und Niedergeschlagenheit (emotionale Ebene).
– *Reduzierte Lernfähigkeit im Hinblick auf eigene Einflussmöglichkeiten:* Wiederholt erlebter Kontrollverlust „verzerrt die Wahrnehmung eigener Kontrolle" (Seligman 1983, S. 34). Der Betreffende ist immer schwerer davon zu überzeugen, dass er durch sein eigenes Verhalten noch etwas bewirken kann (kognitive Ebene).
– *Verminderte Motivation, aktiv zu handeln:* Ein Mensch, der davon überzeugt ist, dass sein Verhalten sowieso sinnlos ist, wird passiv. Diese Passivität erstreckt sich auch auf den sozialen Bereich: Die soziale Ansprechbarkeit ist reduziert (motivationale Ebene).

Ist der Betroffene noch *unsicher*, was seine persönlichen Einflussmöglichkeiten betrifft, empfindet er Angst (u.U. auch Ärger und Wut). Er lehnt sich gegen die Unkontrollierbarkeitserfahrung auf und setzt alles daran, die Kontrolle wiederzuerlangen *(Reaktanz).* Ist er dagegen fest davon *überzeugt*, aus eigener Anstrengung heraus nichts bewirken zu können, überwiegen Gefühle der Hoffnungslosigkeit, Niedergeschlagenheit und Resignation.

Ob und in welchem Ausmaß ein Mensch auf wahrgenommenen Kontrollverlust mit Hilflosigkeitssymptomen reagiert, hängt nicht nur von der Unkontrollierbarkeit an sich ab. Entscheidend ist das **Attribuierungsverhalten** des Betroffenen, d.h. die Art und Weise, wie er die Situation *bewertet* (vgl. Petermann 1983).

Ein Ereignis kann *persönlichen* Faktoren wie der eigenen Fähigkeit oder Unfähigkeit zugeschrieben werden oder *äußeren* Ursachen wie z.B. dem Schicksal oder dem Zufall (*internale* oder *externale* Attribuierung). Attributionen können *global* oder *spezifisch* sein, je nach der *Situationsbreite*, für die der Kontrollverlust angenommen wird. Bezogen auf die *zeitliche Erstreckung* wird zwischen *stabilen* und *variablen* Attributionen unterschieden, je nachdem, ob die Ursache für die Unkontrollierbarkeitserfahrung als relativ überdauernd oder als vorübergehend eingeschätzt wird.

Zu emotionalen, kognitiven und motivationalen Beeinträchtigungen kommt es vor allem dann, wenn erlebte Unkontrollierbarkeit auf folgende Weise verarbeitet wird (vgl. Schwarzer 1981): Der Betroffene bewertet es als sein *persönliches Versagen*, dass er die Situation nicht beeinflussen kann. Im sozialen Vergleich mit anderen schätzt er sich selbst negativ ein, weil er davon ausgeht, dass andere Menschen die Situation bewältigen können, während er selbst nicht dazu in der Lage ist (*persönliche Hilflosigkeit*). Er verallgemeinert das Erleben von Unkontrollierbarkeit auf immer mehr Lebensbereiche (*globale Hilflosigkeit*) und führt den Kontrollverlust auf einen *überdauernden* Fähigkeitsmangel zurück (*chronische Hilflosigkeit*). Der Betroffene geht davon aus, auch zukünftige Situationen durch sein eigenes Verhalten nicht beeinflussen zu können. Seine *Kompetenzerwartung ist negativ*.[13]

Hilflosigkeitssymptome bleiben aus, wenn der Kontrollverlust überwiegend *external, spezifisch* und *variabel* attribuiert wird: Der Betroffene führt das Scheitern auf *universelle Ursachen* zurück, d.h. auf Gründe, die nicht in seiner Person liegen. Er beschränkt die Unkontrollierbarkeitserfahrung auf die *konkrete Situation* und schätzt sie als *vorübergehend* ein. Sein Selbstwertgefühl ist unverändert. Statt diffuser Angst zeigt er lediglich Furcht vor der akuten, spezifischen Situation. Sein Empfinden für eigene Einflussmöglichkeiten bleibt erhalten, ebenso die Motivation, aktiv zu handeln.

Wie ein Mensch die Unkontrollierbarkeit einer bestimmten Situation bewertet, hängt von seiner individuellen **Lerngeschichte** ab, d.h. von seinen **Vorerfahrungen** in ähnlichen Situationen. Hat jemand schon als Kind wiederholt erfahren, dass sein Verhalten angesichts traumatischer Ereignisse ohne jede Wirkung bleibt, erhöht sich die Wahrscheinlichkeit für die Entwicklung oder Verfestigung von Hilflosigkeitsreaktionen bei späteren unkontrollierbaren Ereignissen. Hat jemand als Kind dagegen mehrfach erlebt, belastende Situationen durch eigenes Verhalten beeinflussen zu können, wird sich eine Erwartungshaltung subjektiver Kompetenz ausbilden: „Frühe Erfahrung von Kontrolle kann gegen Hilflosigkeit im Erwachsenenalter immunisieren" (Seligman 1983, S. 141).

---

[13] Mit dem Begriff *Kompetenzerwartung* wird die Erwartung einer Person bezeichnet, „durch Einsatz von ihr zur Verfügung stehenden Mitteln mit einer gewissen Wahrscheinlichkeit etwas bewirken zu können" (Schwarzer 1981, S. 43).

Seligmans Untersuchungen sind inzwischen vielfach bestätigt und ausgearbeitet worden, insbesondere von der Stress-Forschung, die sich mit den *neurobiologischen Auswirkungen* von Unkontrollierbarkeitserfahrungen befasst. Unkontrollierbare Belastungssituationen hinterlassen Spuren im Gehirn. Diese Spuren erhöhen die allgemeine Empfindlichkeit gegenüber Stress und begünstigen die Entwicklung psychischer Störungen (Ängste, Zwänge, Depressionen) in einer erneuten Belastungssituation. Die wiederholte Erfahrung dagegen, schwierige Situationen kontrollieren zu können, wirkt sich *günstig* aus: Komplexere und differenziertere neuronale Schaltkreise bilden sich, die Toleranz für zukünftige Stresserfahrungen nimmt zu, das genetische Potential wird entfaltet (vgl. 5.4.).

Auch **Persönlichkeitsmerkmale** haben einen Einfluss auf das Ausmaß von Hilflosigkeitsreaktionen – insbesondere das *Kontrollbedürfnis* des Betroffenen (Linden 1983). Theoretischen und empirischen Forschungsarbeiten zufolge ist das Bestreben danach, Kontrolle zu erlangen und aufrechtzuerhalten, ein grundlegendes Bedürfnis menschlicher Existenz (Grawe 2004). Menschen unterscheiden sich jedoch in dem *Ausmaß*, in dem dieses Bedürfnis für sie von Bedeutung ist. *Optimismus /Pessimismus* gilt als eine weitere Persönlichkeitseigenschaft, die das Ausbleiben oder Vorhandensein von Hilflosigkeitsreaktionen beeinflusst (Seligman 2003). Optimisten und Pessimisten zeigen ein unterschiedliches Attribuierungsverhalten in Erfolgs- und Misserfolgssituationen, wobei vor allem die Dimensionen *Permanenz* und *Allumfassenheit* des persönlichen Erklärungsstils von Bedeutung sind. Zusammengefasst ergeben sich folgende Zusammenhänge:

– Menschen mit einer deutlichen Tendenz zu Hilflosigkeitsreaktionen haben einen überwiegend *hoffnungslos-pessimistischen Erklärungsstil:* Sie glauben, dass die Ursachen für ihr Unglück permanent und allumfassend sind, also lange andauern und viele Bereiche ihres Lebens negativ beeinflussen. Erfolge dagegen erklären sie mit temporären und spezifischen Ursachen.
– Menschen mit einer nur geringen Tendenz zu Hilflosigkeitsreaktionen haben einen meist *hoffnungsvoll-optimistischen Erklärungsstil:* Misserfolge werden mit temporären und spezifischen Ursachen erklärt. Bei Erfolgen dagegen überwiegen permanente und allumfassende Erklärungen, d.h. die Betroffenen führen Erfolge auf überdauernde Gründe zurück, die sich auch auf andere Gebiete ihres Lebens günstig auswirken werden.

Die hier beschriebenen Überlegungen haben bisher überwiegend Hypothesen-Charakter. Untersuchungen über die Zusammenhänge zwischen Hilflosigkeit und Persönlichkeitsmerkmalen erscheinen insofern problematisch, als nur Aussagen über *Korrelationen*, nicht aber über *Kausal*beziehungen möglich sind. Eine experimentelle Überprüfung der Attributionsstile wird erschwert durch begriffliche Ungenauigkeiten (Unbestimmtheit der Attributionsdimensionen) sowie durch Unklarheiten über die Beziehung zwischen Attribution und nachfolgendem Verhalten. Auch ist zu bedenken, dass die einzelnen Attributionstypen nur selten „in reiner Form auftreten" (Petermann 1983, S. 229). Trotz dieser

Vorbehalte sprechen folgende Aspekte dafür, *das Hilflosigkeitsmodell auf die Situation chronisch Schmerzkranker zu übertragen:*
1. Eine Schmerzerkrankung stellt kein einmaliges, vorübergehendes traumatisches Ereignis dar, sondern eine *chronisch anhaltende Erfahrung*.
2. Die Eigenschaften einer Schmerzerkrankung (Unsichtbarkeit der Schmerzen, ungewisse Prognose, oft nur geringe Beeinflussbarkeit durch medikamentöse, physiotherapeutische oder sonstige Maßnahmen) stellen *Bedingungen für Unkontrollierbarkeitserfahrungen* dar, an denen der Betroffene meist kaum etwas ändern kann.
3. Die mit chronischen Schmerzen einhergehenden Folgen sind überwiegend von *hoher subjektiver Bedeutsamkeit* für den Betroffenen: vorzeitiges Ausscheiden aus dem Berufsleben, Reduzierung von sozialen Kontakten, Veränderungen in der Beziehung zu Angehörigen und Freunden, finanzielle Schwierigkeiten, Belastungen durch diagnostische und therapeutische Maßnahmen, Psychopathologisierung durch die Umwelt, Abhängigkeit von organisatorischen und institutionellen Bestimmungen, ...
4. Die krankheitsbedingten Beeinträchtigungen der körperlichen, mitunter auch geistigen Leistungsfähigkeit (u.U. verstärkt durch Nebenwirkungen von Medikamenten) erhöhen die *Wahrscheinlichkeit für weitere Misserfolgerfahrungen* im beruflichen und privaten Bereich.
5. Die von Seligman beschriebenen Hilflosigkeitssymptome auf emotionaler, kognitiver und motivationaler Ebene entsprechen den Symptomen einer *Depressivität*, die als Risikofaktoren für die Aufrechterhaltung von Schmerzen betrachtet werden. Hasenbring, Hallner & Klasen (2001, S. 444) beispielsweise konstatieren bei Rücken- und Beinschmerzen „milde Formen von Depressivität mit ihren emotionalen (niedergeschlagene Stimmung), motivationalen (Antriebsverlust), kognitiven (Gedanken der Hilf- und Hoffnungslosigkeit) und verhaltensmäßigen (Rückzugsverhalten) Anteilen."
6. Das Hilflosigkeitskonzept ist mit einem Menschenbild vereinbar, das die *innere Freiheit* des Menschen bei *äußerlich bestehender Abhängigkeit* betont (vgl. 2.2.4.).

Vom Hilflosigkeitskonzept und seiner attributionstheoretischen Erweiterung ausgehend werden Schmerzpatienten auf krankheitsbedingte Unkontrollierbarkeitserfahrungen vor allem dann mit Hilflosigkeitssymptomen reagieren, wenn folgende Faktoren vorliegen:
1. Der Betroffene kann subjektiv bedeutsame *Ziele* aufgrund seiner Beeinträchtigungen nicht mehr erreichen.
2. Der Betroffene hat ein ausgeprägtes *Bedürfnis* nach selbstbestimmter Lebensführung und persönlicher Kontrolle über seine Situation.
3. Der Betroffene hat in seiner *Lerngeschichte* häufig erfahren, dass er durch sein eigenes Verhalten nichts bewirken kann, wodurch eine Disposition zur Entwicklung von Hilflosigkeitssymptomen besteht.

4. Der Betroffene führt Unkontrollierbarkeitserfahrungen im Zusammenhang mit seiner Erkrankung vor allem auf seine eigene Unfähigkeit zurück, d.h. er bewertet sie als *persönliches Versagen*.
5. Der Betroffene erklärt die Unkontrollierbarkeit einer Situation mit einem *grundlegenden Fähigkeitsmangel*, der auch andere Bereiche seines Lebens ungünstig beeinflussen wird.

Internale, globale und stabile Attribuierungen von Unkontrollierbarkeitserfahrungen führen zu *persönlicher, globaler und chronischer Hilflosigkeit* mit Selbstwertverlust und verminderter Eigenaktivität, da der Betroffene das Vertrauen in seine persönliche Kompetenz verloren hat. Erfolge dagegen werden meist mit externalen, spezifischen und vorübergehenden (variablen) Gründen erklärt.

Patienten, die krankheitsbedingte Unkontrollierbarkeitserfahrungen überwiegend auf externale, spezifische und variable Ursachen zurückführen, entwickeln eine *universelle, spezifische und akute Hilflosigkeit*. Die Betroffenen können sich zwar in dem einen konkreten Bereich hilflos fühlen, in dem sie den Kontrollverlust erlebt haben, übertragen diese Hilflosigkeit jedoch nicht auf andere Gebiete. Das Selbstwertgefühl verschlechtert sich nicht, da Kontrolle über die konkrete Situation als grundsätzlich menschenunmöglich eingeschätzt wird. Beeinträchtigungen des Kompetenzerlebens sind gering. Erfolge werden vor allem internal attribuiert, d.h. mit eigenen Fähigkeiten erklärt, die zudem als allumfassend und stabil erlebt werden.

Tabelle 1 zeigt mögliche **Attribuierungen bei Misserfolgs- und Erfolgserfahrungen**: „Misserfolg" bezieht sich hier (als Beispiel) auf wahrgenommenen Kontrollverlust bei anhaltendem Schmerz, „Erfolg" (als Beispiel) auf erlebte Schmerzlinderung. Die fett gedruckten Aussagen sind Ausdruck einer *universellen, spezifischen und akuten Hilflosigkeit* mit nur geringen Beeinträchtigungen auf emotionaler, kognitiver und motivationaler Ebene. Die normal gedruckten Äußerungen entsprechen einer *persönlichen, globalen und chronischen Hilflosigkeit*.

Das Hilflosigkeitsmodell erfasst nicht alle Aspekte bei chronischen Schmerzen, auch sind die aus dem Modell abgeleiteten Zusammenhänge in keiner Weise empirisch überprüft. Dennoch bietet das Konzept eine theoretische Grundlage für **therapeutisches Verhalten**: Zum einen sollte der Patient dabei unterstützt werden, die *subjektive Bedeutsamkeit* bisheriger Lebensziele zu hinterfragen, da Hilflosigkeitssymptome vor allem dann entstehen, wenn der Betroffene wiederholt in denjenigen Lebensbereichen Kontrollverlust erfährt, die in hohem Maße selbstwertrelevant sind. Ist ihm ein bestimmtes Ziel nicht mehr so wichtig, haben eventuelle Unkontrollierbarkeitserfahrungen nur noch geringe emotionale, kognitive und/oder motivationale Beeinträchtigungen zur Folge. Zum anderen sollte der Patient darin bestärkt werden, krankheitsbedingte Misserfolgserfahrungen nicht (mehr) auf seine persönliche Unfähigkeit, sondern auf *externale Einflüsse* zurückzuführen. Erfolgserfahrungen dagegen sollte er nach Möglichkeit sich selbst zuschreiben.

Tabelle 1: Merkmale von Attribuierungen und Beispiele

	Misserfolgserfahrung	**Erfolgserfahrung**
Internal	Es liegt an mir, dass die Schmerzen nicht besser werden. Irgendetwas mache ich falsch.	**Ich habe einiges dazu beigetragen, dass es mir besser geht.**
External	**Andere Menschen mit chronischen Schmerzen machen ähnliche Erfahrungen wie ich.**	Dass es mir besser geht, ist ausschließlich meinem Arzt zu verdanken.
Global/ allumfassend	Auch in anderen Bereichen meines Lebens versage ich.	**Ich lasse mich auch in anderen Bereichen meines Lebens nicht so leicht unterkriegen.**
Spezifisch	**Ich bin zwar durch den Schmerz in meiner Beweglichkeit eingeschränkt, nicht aber in meinen geistigen Fähigkeiten.**	Die Kopfschmerzen sind zwar etwas besser geworden, nicht aber die Schmerzen im Rücken.
Stabil/ permanent	An meiner Situation wird sich nie etwas ändern.	**Ich werde mich auch weiterhin darum bemühen, das Beste aus meiner Situation zu machen.**
Variabel/ temporär	**Mal abwarten, wie die Schmerzen morgen sind. Heute ist eben ein schlechter Tag.**	Diese Verbesserung hält sicher nur kurz an.

Auch in *Schmerzbewältigungstrainings* wird den Attribuierungsmustern, vor allem den *Kontrollüberzeugungen* der Patienten, große Beachtung geschenkt – allerdings mit zum Teil *unterschiedlichen* Implikationen: *Externale* Attribuierungen werden ausnahmslos *negativ, internale* Attribuierungen dagegen *positiv* bewertet (vgl. Nilges 1992). Entsprechend gilt die Förderung *internaler* Kontrollüberzeugungen als vorrangiges Therapieziel. Dieses Therapieziel entspricht der erwähnten Überschätzung der Machbarkeit des Lebens – gemäß dem Buchtitel „Ich kann, wenn ich will" (Lazarus & Fay 1977). Mit dieser Überschätzung ist die Tendenz verbunden, das, was früher als ‚Schicksal' oder ‚Wille Gottes' empfunden worden ist, zu psychologisieren und vor allem in die Verantwortlichkeit des Einzelnen zu stellen.

Vom Hilflosigkeitskonzept ausgehend ist die einseitige Betonung internaler Kausalattribuierungen *unabhängig vom jeweiligen Kontext* als kritisch zu betrachten: Es ist ein Unterschied, ob man einen *Erfolg* oder einen *Misserfolg* internal attribuiert, ob man sich für die *Aufrechterhaltung* seiner Schmerzen verantwortlich fühlt oder für die *persönliche Anpassung* daran. Die *undifferenzierte* Förderung internaler Kontrollüberzeugungen und die damit verbundene Überbetonung persönlicher Einflussmöglichkeiten wirken sich auf das Selbstwertgefühl der Betroffenen nicht immer positiv aus. Patienten, die Unkontrollierbarkeitserfahrungen auf internale, also persönliche Ursachen zurückführen, fühlen sich leicht als Versager, wenn nicht gar als Schuldige. Genau besehen ist die Tendenz, alles auf die eigene Person zu beziehen, nicht so sehr Ausdruck von Selbstverantwortlichkeit, als vielmehr Zeichen einer inflationären Aufblähung des eigenen Ichs. Nicht alles, was dem Menschen widerfährt, ist auf sein eigenes Verhalten zurückzuführen. Es gibt vielmehr *Realitäten*, die man tragen muss, obwohl man sie nicht selbst ‚herbeigeführt' hat, die auch durch eine noch so ausgeprägte Kompetenzerwartung nicht verändert werden können (vgl. 2.2.4.). Wer diese Wirklichkeit menschlichen Daseins nicht akzeptiert, wird sich mit seiner Krankheit kaum aussöhnen können. Das krampfhafte Festhalten an der Kontrollprämisse führt zu Gereiztheit und Rastlosigkeit, zur immer neuen Suche nach einem Weg, den Schmerz zu besiegen. Folgen einer solchen Rastlosigkeit sind nicht selten Angst, Niedergeschlagenheit, Selbstwertverlust und Resignation. Um der Entwicklung dieser Symptome einer persönlichen Hilflosigkeit entgegenzuwirken, sollten Patienten in einer Einstellung unterstützt werden, wonach bestimmte Aspekte ihrer Situation nicht deshalb unkontrollierbar sind, weil sie persönlich versagt haben, sondern weil daran Faktoren beteiligt sind, die *außerhalb* ihrer persönlichen Kontrolle liegen. *Externale* Erklärungen dieser Art dürfen nicht mit Passivität und mangelnder Selbstverantwortlichkeit gleichgesetzt werden. Ein Mensch, der die Grenzen seiner persönlichen Einflussmöglichkeiten realistisch einzuschätzen vermag, kann sich sehr wohl darum bemühen, aktiv, eigeninitiativ und selbstverantwortlich mit seiner Situation umzugehen. Vielleicht sogar noch eher als ein Patient mit internalem Attribuierungsverhalten, weil er sich nicht mit unnötigen Schuldgefühlen und Versagensängsten plagen muss.

Während vieler Begegnungen mit Schmerzpatienten – als Therapeutin sowie als persönlich Betroffene – habe ich wiederholt folgende *Zusammenhänge* beobachtet:

– Patienten mit Hilflosigkeitssymptomen (reduziertes Selbstwertgefühl, Ängste, Niedergeschlagenheit, negative Kompetenzerwartung) beurteilen krankheitsbedingte Misserfolge überwiegend als persönliches Versagen („Es liegt an mir, dass alles so gekommen ist."). Sie beschäftigen sich viel mit ihren Beeinträchtigungen („Mit mir ist einfach nichts mehr los.") sowie mit der Möglichkeit weiterer Versagenserlebnisse („Wenn das so weitergeht, verliere ich bestimmt meinen Job.").
– Patienten, die davon ausgehen, dass eine Kontrolle bestimmter Aspekte ihrer Situation *prinzipiell* unmöglich ist, zeigen dagegen nur geringe Beeinträchtigungen auf emotionaler, kognitiver und motivationaler

Ebene. Bei aller Trauer über die Erkrankung bleibt ihr Selbstwertgefühl unverändert bestehen, da sie ihre eigene Person nicht negativ bewerten. An Belastungen werden vor allem spezifische, akut anstehende Probleme genannt (Fragen der Berentung, unangenehme Untersuchungen, Ärger mit Vertretern der Krankenkasse, usw.). Im Hinblick auf den Umgang mit sich selbst und ihrer Umwelt nutzen die Betroffenen ihre eigenen Einflussmöglichkeiten („Ich habe schon eine Liste angefertigt, wie ich mir den Alltag zu Hause erleichtern kann.").

Ob jemand dazu neigt, Unkontrollierbarkeitserfahrungen im Zusammenhang mit chronischem Schmerz eher internal oder external zu erklären, hängt entscheidend von seinem *Welt- und Menschenbild* ab (welches wiederum von seiner *Lerngeschichte* mitbestimmt wird): Wird Schmerz als ein prinzipiell vermeid- und kontrollierbares Übel betrachtet oder als Teil des Lebens, der nur bedingt durch eigenes Verhalten zu beeinflussen ist? Von der Machbarkeit des Lebens und der Kontrollierbarkeit von Schmerzen auszugehen, ist ‚modern'. Patienten dagegen, die den Verlauf ihrer Erkrankung ‚in die Hände' einer übergeordneten Instanz (Schicksal, Naturgesetzlichkeit, Gott) legen, geraten leicht in den Verdacht einer resignativen Religiosität oder eines stoischen Fatalismus. Verhaltenstherapeutisch orientierte Schmerztherapeuten betonen, dass internale Kontrollüberzeugungen „wesentlich zur Entlastung der Patienten und zu einem angemesseneren Umgang mit ihren Beschwerden beitragen" können (Nilges 1992, S. 124). Lebenskonzepte, die nicht überwiegend von persönlichen Kontrollmöglichkeiten ausgehen, sind deshalb eher unerwünscht. Internale Attribuierungen werden mit Aktivität, externale Kontrollüberzeugungen mit Passivität gleichgesetzt. Diese Gleichsetzungen jedoch vereinfachen die Komplexität persönlicher Lebensstile. Nicht um ein Entweder-Oder geht es (externale *oder* internale Kontrollüberzeugung), sondern um ein *Sowohl-als-Auch*: Unkontrollierbarkeitserfahrungen im Zusammenhang mit chronischer Erkrankung sollten *je nach Kontext* mal internal, mal external oder aber internal und external *zugleich* attribuiert werden: „Für *diese* Aspekte meiner Situation bin ich persönlich verantwortlich. *Jene* Aspekte liegen außerhalb meiner persönlichen Einflussmöglichkeiten." Wer den Krankheitsverlauf nicht nur von der eigenen Kompetenz abhängig macht, sondern auch von Faktoren und Instanzen, die außerhalb seiner persönlichen Beeinflussbarkeit liegen, lernt, mit den eigenen Kräften ökonomisch umzugehen – sie gezielt für das einzusetzen, was er tatsächlich beeinflussen kann, gleichzeitig das zu akzeptieren, was er nicht (mehr) ändern kann. Gute Chirurgen zum Beispiel wissen, dass das Gelingen einer Operation nicht nur von ihren eigenen Fähigkeiten abhängt, dass immer auch ein wenig Glück und/oder die Gnade Gottes mitwirken müssen, damit das Werk gelingt. Eine solche Überzeugung macht nicht passiv, sondern *gelassen*. Gelassenheit wiederum bewahrt vor Aktionismus, vor Fehlern, die aus einer Überschätzung eigener Kontrollmöglichkeiten resultieren, sowie vor destruktiven Selbstbeschuldigungen im Falle eines Misslingens. Die

Überzeugung, dass alles von einem selbst abhängt, kann den eigenen Handlungsimpuls lähmen. Die Vorstellung dagegen, dass vieles im Leben von Gott, vom Schicksal oder vom glücklichen Zufall abhängt, kann tröstlich sein und immer wieder neu dazu ermutigen, sich den Herausforderungen des Lebens zuzuwenden. Nach über einjähriger Gefängnishaft schreibt Dietrich Bonhoeffer (2002, S. 198): „Die Befreiung liegt im Leiden darin, dass man seine Sache ganz aus den eigenen Händen geben und in die Hände Gottes legen darf." Dieser Trost gilt für den, der im Gefängnis der Nationalsozialisten sitzt, ebenso wie für den, der sich im Gefängnis der Schmerzen befindet.

Zusammenfassung
Universelle Hilflosigkeit angesichts chronischer Erkrankung ist kein Zeichen schlechter Krankheitsverarbeitung, vielmehr Ausdruck der Erkenntnis, dass dem menschlichen Denken und Handeln Grenzen gesetzt sind. Die Vorstellung, den eigenen Schmerz durch positive Kognitionen und andere Bewältigungsstrategien kontrollieren zu können, kann zu persönlicher Hilflosigkeit führen, verbunden mit Selbstwertverlust, Niedergeschlagenheit, Schuld- und Versagensgefühlen. Die Einsicht in existenzielle Abhängigkeiten dagegen erleichtert es dem Menschen, sich mit dem ‚Schicksalhaften' in seinem Leben zu versöhnen und sich an eine Krankheit anzupassen, die sich menschlicher Kontrolle in vielen Aspekten entzieht. Anpassung ist *nicht* mit Resignation gleichzusetzen. Sie besteht vielmehr darin, Situationen, in denen Kontrolle unmöglich ist, von denjenigen Situationen unterscheiden zu lernen, die sehr wohl durch eigenes Verhalten zu beeinflussen sind. Vielleicht könnte man auch von *aktiver Resignation* sprechen – gemäß der lateinischen Wurzel des Wortes *re* = „wieder, zurück" und *signare* = „mit einem Zeichen versehen" (Kluge 1999, S. 671/682). Danach bedeutet ‚Resignation' soviel wie ‚Zurücksetzen von Zeichen', ‚Umstellen von Zeichen'. Eben darauf kommt es im Falle chronischer Krankheit an: sich von alten Normen und Gewohnheiten zu befreien, Werte und Einstellungen, Erwartungen und Wünsche neu zu ordnen, das eigene Leben im Rahmen der bestehenden Grenzen umzugestalten.

5. Neurobiologische Grundlagen

Daraus folgt, dass, wenn die Menschen sagen, diese oder jene Körpertätigkeit gehe vom Geist aus, der die Herrschaft über den Körper habe, sie nicht wissen, was sie sagen und nichts anderes tun, als mit täuschenden Worten eingestehen, dass sie - ohne darüber in Verwunderung zu geraten - die wahre Ursache jener Tätigkeit nicht wissen.
(Baruch Spinoza, 1632 - 1677)

Jüngste Untersuchungen der Neurowissenschaften über die neuronalen Grundlagen des Schmerzes sowie über das Zusammenspiel von Körper und Geist sind auch für die *psychologische* Therapie von Schmerzpatienten von Bedeutung. Die wichtigsten Erkenntnisse werden im Folgenden beschrieben - in vereinfachender Zusammenfassung.[14]

5.1. Kognitives und emotionales Gehirn

Der Mensch verfügt über ein emotionales und ein kognitives Gehirn.[15] Das emotionale Gehirn - von Paul Broca 1878 als **limbisches Gehirn** bezeichnet - befindet sich im Innersten unseres Gehirns. Als der älteste Teil des Gehirns ist es uns und allen Säugetieren gemeinsam. Zum limbischen System gehören der Mandelkern (eine etwa walnussgroße Region), der Hippocampus (ein längliches Gebilde hinter dem Mandelkern) sowie der Gyrus cinguli. Es sorgt für die Aufrechterhaltung des physiologischen Gleichgewichts im Organismus – über die Kontrolle von Atmung, Herzrhythmus, Blutdruck, Schlaf, Appetit, Libido und die Ausschüttung von Hormonen. Um das limbische Gehirn herum hat sich im Laufe der Evolution der so genannte **Neokortex** (neue Rinde, neue Schale, neue Umhüllung) gebildet. Der Neokortex steuert unsere bewusste Aufmerksamkeit und Konzentration, dämpft und unterdrückt

---

[14] Zur ausführlichen Beschäftigung mit dem Thema verweise ich auf: Bauer (2004), Bauer (2005), Damasio (2003), Goleman (2003), Grawe (2004), Servan-Schreiber (2004), Tölle (2004).

[15] Die Unterteilung in ein emotionales und ein kognitives Gehirn klingt nach einer Dichotomisierung - als ob es sich um zwei sauber voneinander zu trennende Strukturen handle. Das ist eine Vereinfachung. Operationen wie Denken und Fühlen beruhen auf synaptischen *Verschaltungen von Nervenzellen zu Netzwerken*: „Einer bestimmten subjektiven Wahrnehmung oder Vorstellung entspricht jeweils ein spezifisch ausgebildetes Verschaltungsmuster zwischen Nervenzellen" (Bauer 2004, S. 54).

unsere gefühlsmäßigen Reaktionen und instinkthaften Impulse, ermöglicht die gedankliche Vorwegnahme und Planung der Zukunft und bestimmt unser moralisches Verhalten.

Emotionales und kognitives Gehirn nehmen von außen kommende Informationen gleichzeitig auf. Doch werden die Informationen vom limbischen Gehirn sehr viel *schneller* verarbeitet als vom Neokortex, was für elementare Überlebensreaktionen von besonderer Bedeutung ist. Normalerweise beeinflusst das kognitive Gehirn Ausmaß und Dauer der emotionalen Reaktionen. In extremen Belastungssituationen jedoch kann der präfrontale Kortex seine verhaltenssteuernde Fähigkeit verlieren: „Schlagartig gewinnen die Reflexe und instinktiven Verhaltensweisen die Oberhand. Sie sind schneller und näher an unserem genetischen Erbe, daher hat die Evolution ihnen für Notsituationen den Vorrang eingeräumt, da sie sich offenbar besser als abstrakte Überlegungen dazu eignen, uns zu leiten, wenn das Überleben auf dem Spiel steht" (Servan-Schreiber 2004, S. 41). Auch der umgekehrte Fall ist möglich, bei dem es zu einer übermäßigen Kontrolle der Emotionen durch das Denken kommt – beispielsweise dann, wenn der Betreffende bereits als Kind gelernt hat, dass Emotionen unerwünscht sind. Die dauerhafte Unterdrückung von Emotionen hat zur Folge, dass Signale aus dem limbischen System nicht mehr beachtet, spontane Vorlieben und Abneigungen ‚aus dem Bauch' nicht mehr ausreichend berücksichtigt werden. Aufgrund ihrer unmittelbaren Verbindung mit dem Körper kann die übermäßige Kontrolle von Emotionen auch körperliche Symptome auslösen – wie z.B. Magen-Darmbeschwerden, Schlaflosigkeit, Herz- und Kreislaufstörungen. Nicht bestimmte Emotionen an sich, sondern ihre *Unterdrückung* durch das Denken scheinen den Körper zu belasten. Am wohlsten fühlen wir uns immer dann, wenn kognitives und emotionales Gehirn nicht miteinander konkurrieren, sondern *kooperieren*.

5.2. Die Parallelität von Körper und Geist

Viele Neurowissenschaftler unterscheiden zwischen Emotion und Gefühl: *Emotionen* werden dem *Körper*, *Gefühle* dem *Geist* zugeordnet. Emotionen beziehen sich auf den Teil der Affekte, der durch biologisch-physiologische Messungen erfassbar und nach außen hin *sichtbar* ist (etwa in Mimik, Stimmlage und bestimmten Verhaltensweisen). Gefühle dagegen machen den *verborgenen* Teil der Affekte aus, der nur dem Betroffenen selbst zugänglich ist.

Als **primäre Emotionen** gelten Freude, Trauer, Wut, Angst, Erstaunen und Ekel. Diese Emotionen werden auf der ganzen Welt verstanden. Als **soziale Emotionen** gelten Mitgefühl, Scham, Schuldgefühl, Verlegenheit, Eifersucht, Neid, Stolz, Verachtung, Dankbarkeit und Bewunderung. Sowohl primäre als auch soziale Emotionen gehören „zu den vielen weitgehend angeborenen und automatischen Mechanismen der Lebenssteuerung" (Damasio 2003, S. 59). Sie konnten sich in der Evolution durchsetzen, da sie dem Überleben und dem Wohlbefinden des Organismus dienen.

Die *Allgemeingültigkeit* der Emotionen ist inzwischen vielfach belegt: Sowohl die Auslöser der Emotionen als auch ihr Ausdruck können in den unterschiedlichsten Kulturen beobachtet werden. Der allen Menschen gemeinsame Grund für Trauer (zum Beispiel) ist ein großer Verlust. Lediglich *worin* der Trauer auslösende Verlust besteht, ist von Mensch zu Mensch und von Kultur zu Kultur verschieden. Nicht nur Auslöser und Ausdruck von Emotionen sind allgemein, sondern auch die physiologischen Veränderungen, die sich bei einer bestimmten Emotion im Körper des Betreffenden vollziehen: „Nehmen wir zum Beispiel Zorn und Angst. Bei beiden Emotionen beschleunigt sich der Puls, und es bricht Schweiß aus. Doch während beim Zorn die Hände heiß werden, werden sie bei Angst kalt. Dieser Unterschied der Hauttemperatur ist universell" (Goleman 2003, S. 195).

Emotionen entstehen nicht in einem einzelnen Hirnareal. Sie bestehen vielmehr aus einer komplexen Abfolge „chemischer und neuraler Reaktionen, die ein unverwechselbares Muster bilden" (Damasio 2003, S. 67). Der Prozess beginnt mit der Wahrnehmung und Bewertung eines emotional besetzten Reizes, wobei sich die Bewertung der Situation so rasch vollzieht, dass wir sie gewöhnlich gar nicht bemerken. Einige Objekte lösen evolutionär bedingt eine bestimmte emotionale Reaktion aus – unabhängig davon, ob wir aufmerksam sind oder nicht. Das heißt: Unser Gehirn verfügt über die *angeborene* Fähigkeit, eine Situation automatisch einzuschätzen und entsprechend zu reagieren. Erst im Lauf unseres Lebens - aufgrund vielfältiger Lernerfahrungen - bewerten wir die emotionsauslösenden Objekte zunehmend auch *bewusst*, wodurch wir Dauer und Intensität der emotionalen Reaktion beeinflussen können.

Gefühle sind *mentale* Ereignisse, die ihre Entstehung folgenden *neurobiologischen* Prozessen verdanken:

– Durch die Wahrnehmung emotional besetzter Reize werden bestimmte Hirnareale aktiviert – insbesondere Stirnlappen, Mandelkern und Hippocampus (neuronale Kartierungen 1. Ordnung).
– Diese Aktivierung löst eine Vielzahl von Reaktionen in den inneren Organen und im Bewegungsapparat aus: Es kommt zu einfachen und komplexen Verhaltensweisen, die für die betreffende Emotion kennzeichnend sind (z.B. Lachen oder Weinen, Fliehen oder Kämpfen).
– Anpassungsreaktionen dieser Art führen zu Veränderungen im Organismus, die wiederum mit bestimmten neuronalen Mustern einhergehen – vor allem im Gyrus cinguli, in den somatosensorischen Feldern der Insel und der Region SII, im Hypothalamus sowie in mehreren Kernen des hinteren Hirnstamms. Diese so genannten Kartierungen 2. Ordnung gelten als organisches Substrat der Gefühle. Sie enthalten „die Informationen darüber, wie der Organismus durch die Verarbeitung eines Objekts verändert wurde und welche Beziehung zwischen dem Organismus und dem Objekt besteht" (Lux 2004, S. 262).

– Neben der Wahrnehmung *körperlicher Befindlichkeiten* kann es auch zur Wahrnehmung damit verbundener *Gedanken* kommen (‚Ich fühle mich so niedergeschlagen.', ‚Ich könnte vor Glück die Welt umarmen.').

Im Allgemeinen sind Emotionen, Gefühle und Gedanken so eng miteinander verbunden, dass wir nicht entscheiden können, womit dieser Prozess beginnt. Jüngste Untersuchungen lassen jedoch erkennen, dass die Emotionen *zuerst*, Gefühle und Gedanken *danach* kommen: „Dass wir ängstlich, zornig oder traurig sind, bemerken wir normalerweise erst, nachdem die Emotion eingesetzt hat, nicht vorher" (Goleman 2003, S. 201).

Diese Erkenntnis beruht auf einer eher zufälligen Beobachtung während der Behandlung einer Parkinson-Patientin (Damsio 2003): Im Vordergrund der Parkinson-Symptome stehen Muskelstarre, Zittern und Akinesien. Eine Möglichkeit zur Behandlung dieser Symptome besteht darin, winzige Elektroden in den Hirnstamm einzuführen, um die Funktionsweise einiger motorischer Kerne durch einen schwachen Hochfrequenzstrom zu verändern. Bei richtiger Anordnung der Elektroden können die Bewegungsabläufe des Betroffenen deutlich normalisiert werden. Bei einer Patientin nun, die zuvor niemals unter Stimmungsschwankungen gelitten hatte, war eine der Elektroden zwei Millimeter zu tief gesetzt worden, d.h. unterhalb der Kontaktstelle, an der ihr Zustand zuvor hatte verbessert werden können. Plötzlich unterbrach die Patientin das Gespräch: „Tränen liefen ihr über das Gesicht, und ihr ganzes Verhalten brachte Kummer zum Ausdruck. Sie begann zu schluchzen, und während dieser Ausbruch anhielt, begann sie zu erklären, wie unendlich traurig sie sich fühle, dass sie keine Kraft mehr habe, dieses Leben fortzusetzen, wie hoffnungslos und erschöpft sie sei" (ebd. S. 84). Die Behandlung wurde sofort abgebrochen, woraufhin sich die Patientin unmittelbar wieder entspannte. Der Ausdruck von Trauer verschwand aus ihrem Gesicht, sie lächelte und wollte wissen, was mit ihr geschehen sei: „Sie habe sich schrecklich gefühlt, aber nicht gewusst, warum" (ebd. S. 85). Offensichtlich war der Strom nicht in die motorischen Zentren geflossen, sondern in einen der Hirnstammkerne geraten, die für das Empfinden der Traurigkeit entscheidend sind. Wie die Aufeinanderfolge der Ereignisse zeigt, entsteht *zuerst* die *Emotion* Traurigkeit, dann das Gefühl, d.h. die Wahrnehmung der körperlichen Befindlichkeit sowie damit verbundener Gedanken, die für die Gemütsverfassung Traurigkeit charakteristisch sind.

Gefühle sind keineswegs bloße Aneinanderreihungen von Gedanken zu einem bestimmten Themenkomplex – etwa der Trauer, Freude oder Wut. Ihre funktionale Besonderheit besteht vielmehr darin, dass sie den *Körper* oder Teile des Körpers repräsentieren und „die jeweilige Lebens- und Körperverfassung in die Sprache des Geistes" übersetzen (Damasio 2003, S. 103). Gefühle unterscheiden sich also dadurch von Gedanken, dass ihr *Kern* jeweils ein bestimmter *Körperzustand* ist. In Situationen, in denen zu ihrer gedanklichen Analyse keine Zeit bleibt, bestehen Gefühle ausschließlich aus der Wahrnehmung der jeweiligen *körperlichen Verfassung*. In anderen Situationen nehmen wir auch die damit einhergehende *geistige* Befindlichkeit wahr, z.B. die Veränderung gewisser Gedankengänge, wenn wir uns traurig, froh oder wütend fühlen.

Die Annahme, dass unsere Gefühle *körperliche* Reaktionen auf emotionsauslösende Reize sind und auf neuronalen Kartierungen in den somatosensorischen Hirnregionen beruhen, ist inzwischen durch den Einsatz bildgebender Verfahren wie der Positronen-Emissions-Tomographie (PET) überprüft und bestätigt worden: Das *Muster* der Aktivierung oder Deaktivierung von Neuronen ist ein *anderes*, je nachdem, ob wir uns traurig oder glücklich fühlen: „Kartierungen mit einer bestimmten Konfiguration sind die Grundlage der geistigen Verfassung, die wir Freude nennen ... Andere Karten bilden das Substrat des Geisteszustands, den wir Traurigkeit nennen" (Damasio 2003, S. 161). Kartierungen, die mit dem Gefühl der Freude korrelieren, zeigen sich immer dann, wenn unsere Lebensvorgänge reibungslos funktionieren. Kartierungen dagegen, die mit dem Gefühl der Traurigkeit einhergehen, entstehen bei physiologischen Unregelmäßigkeiten und Beeinträchtigungen einzelner oder mehrerer Körperfunktionen. Letztlich sind Gefühle also „mentale Manifestationen von Gleichgewicht und Harmonie, von Dissonanz und Missklang" (ebd. S. 164).

Entscheidend für unser Gefühl ist nicht unsere *tatsächliche* körperliche Befindlichkeit, sondern die *Art der neuronalen Kartierung*. Im Allgemeinen beruht diese Kartierung auf dem aktuellen Zustand, in dem sich unsere Muskeln, Organe und Körperfunktionen befinden. Gelegentlich jedoch werden die Körperkartierungen *durch Interferenzen des Gehirns* so verändert, dass sie der körperlichen Befindlichkeit nicht mehr genau entsprechen.[16] Körperkartierungen beispielsweise, die durch eine extrem schmerzhafte Verwundung bei einer Katastrophe ausgelöst worden sind, können so modifiziert werden, dass der Betroffene trotz seiner Verletzung noch andere Menschen retten und/oder sich selbst in Sicherheit bringen kann. Ebenfalls verantwortlich für eine Veränderung neuronaler Muster sind die **Spiegelneurone** („mirror neurons"), entdeckt von dem Physiologen Giacomo Rizzolatti aus Parma: Spiegelneurone im prämotorischen System, in der sensiblen Hirnrinde sowie in den verschiedenen Emotionszentren des Gehirns können Signale speichern, die wir an einer anderen Person beobachten, und unsere neuronalen Muster so verändern, dass wir uns ähnlich fühlen und/oder ähnliche Bewegungen ausführen können wie unser Gegenüber (Bauer 2005). Für einen Moment werden also Körperkartierungen geschaffen, die nicht unserem eigenen Körperzustand entsprechen, sondern dem der *beobachteten* Person. Auch stimmungsverändernde Mittel, Medikamente wie Morphin oder Aspirin, Drogen wie Ecstasy oder hochprozentiger Alkohol können sich derart auf die Aktivitätsmuster in der somatosensori-

---

[16] Eine ausführliche Beschreibung dieser „Interferenzen" sowie der Unterscheidung zwischen Körper*zuständen* und Körper*kartierungen* findet sich bei Damasio (2003, S. 133 - 149).

schen Region auswirken, dass sie nicht mehr dem eigentlichen Körperzustand entsprechen.
Während einige der neuronalen Kartierungen den *inneren* Zustand unseres Organismus repräsentieren, stellen andere Kartierungen die Welt der Objekte *außerhalb* unseres Körpers dar (die materiellen und sozialen Aspekte unserer Umwelt). Die Vorstellungsbilder, die wir uns von der äußeren Welt machen, sind keine genauen Spiegelbilder dessen, was wir wahrnehmen, sie beruhen vielmehr „auf Veränderungen, die in unserem Organismus - im Körper und im Gehirn - auftreten, wenn die materielle Struktur dieses bestimmten Objekts mit dem Körper interagiert" (Damasio 2003, S. 231 f.). Zu den Vorstellungen, die sich auf die *Außenwelt* beziehen, gehören akustische, visuelle, olfaktorische, gustatorische und taktile Bilder. Schmerzen und Übelkeit z.B. sind Vorstellungen, die sich auf die *Innenwelt* beziehen: „In jedem Falle entspricht das, was schließlich in den sensorischen Regionen des Gehirns abgebildet wird und was im Geist die Gestalt einer Idee annimmt, einer Struktur des Körpers in einem bestimmten Zustand und unter bestimmten Bedingungen" (ebd. S. 230). *Wie* genau aus den neuronalen Kartierungen mentale Vorstellungsbilder (Ideen, Gedanken) werden, ist bisher noch nicht geklärt. Außer Frage dagegen steht, dass Körper und Geist *gleichlaufende* Prozesse sind, die in komplexer Wechselwirkung miteinander verbunden sind.

5.3. Neuronale Plastizität

Das Verhalten eines Menschen auf eine bestimmte Situation hängt davon ab, wie er die Situation *bewertet*. Die Art dieser Bewertung wird von den *Vorerfahrungen* bestimmt, die der Betroffene in ähnlichen Situationen gemacht hat. Diese Vorerfahrungen sind in Nervenzell-Netzwerken gespeichert und dienen dem Gehirn als Vergleichsgrundlage für die Einschätzung der aktuellen Situation. Da jeder Mensch über eine individuelle Biografie mit spezifischen Vorerfahrungen verfügt, können ‚objektiv' identische Situationen von verschiedenen Menschen höchst unterschiedlich eingeschätzt werden (Bauer 2004). Für den Prozess der Bewertung sind vor allem zwei Bereiche des Gehirns verantwortlich, die eng miteinander verbunden sind: *Mandelkern* (Amygdala) und *Hippocampus*. Sie gelten als die beiden wichtigsten emotionalen Gedächtnisträger im Gehirn. Der *Mandelkern* ist darauf spezialisiert, gefährliche Situationen und unangenehme zwischenmenschliche Erlebnisse zu speichern, d.h. er ist besonders aktiv bei Emotionen wie *Angst* und *Furcht*. Der *Hippocampus* ist für die Verarbeitung und Speicherung von *Kontextinformationen* verantwortlich, für die Einschätzung der gegebenen Situation (ob und inwieweit sie tatsächlich eine Bedrohung darstellt) sowie für situationsangepasste Reaktionen. Aufgrund der im Hippocampus gespeicherten Daten können wir eine Situation intuitiv bewerten – auch dann, wenn wir uns an die entsprechenden Vorerfahrungen nicht (mehr) bewusst erinnern. Der Organismus verfügt also über „ein von gedanklichen Prozessen unabhängig operierendes natürliches Bewertungssystem" (Lux 2004, S. 262). Wird eine Situation als bedrohlich eingeschätzt, werden unter Leitung des Mandelkerns die beiden Alarmzentren des Gehirns aktiviert, *Hypothalamus* und *Hirnstamm*, „die ihrerseits massive Körperreaktionen in Gang setzen" (Bauer 2004, S. 50). Häufen sich aversive Erlebnisse, so erhöht sich die Angstbereitschaft, d.h. es kommt zu einer gesteigerten Ansprechbarkeit (Sensibilisierung) von Nervenzell-Netzwerken, die an der Erkennung und Ausrufung einer Alarmsituation beteiligt sind, sowie zu einer anhaltenden Verstärkung von Nervenzell-Kontakten (Synapsen) als Folge ihrer vermehrten Tätigkeit: Bei Menschen, die an einer posttraumatischen Belastungsstörung, Depression oder Überängstlichkeit leiden, ist der Mandelkern besonders aktiv (Goleman 2003).

Die Entdeckung der Neurowissenschaften, dass Nervenzell-Netzwerke durch *intensive* Erfahrungen stabilisiert oder verändert werden, bestätigt, was bereits seit Jahrzehnten vermutet und von William James - einem der Urväter wissenschaftlicher Psychologie - folgendermaßen formuliert worden ist: „Ein Erlebniseindruck kann emotional so aufregend sein, dass er beinahe so etwas wie eine Narbe in der Gehirnsubstanz hinterlässt" (in: Bauer 2004, S. 163). Nicht nur intensive, auch *immer wiederkehrende* Erfahrungen bewirken langfristige Veränderungen von Struktur und Funktionsweise neuronaler Verschaltungen in bestimmten Hirnarealen. Von besonderer Bedeutung ist die Erkenntnis, dass Erfahrungen nicht nur vorhandene Nervenzell-Verbindungen *verändern*, sondern auch zur Ausbildung *neuer* Nervenzellen führen können. Die kontinuierliche Anpassung des Gehirns an sich verändernde Reize aus Körperperipherie und Umgebung wird als **neuronale Plastizität** bezeichnet. Weder positive noch negative Lernerfahrungen lösen sich irgendwann ‚in Luft' auf. Sie addieren sich vielmehr zu Gedächtnisinhalten, die in Nervenzell-Netzwerken gespeichert sind. Diese Gedächtnisinhalte tragen entscheidend dazu bei, wie wir bestimmte Situationen bewerten, ob wir eher zuversichtlich und vertrauensvoll sind oder aber zu Ängstlichkeit und Resignation neigen.

5.4. Zwischenmenschliche Beziehungen

Der Bauplan unserer Gene ist vererbt, d.h. die genetische Ausstattung des Menschen ist von vornherein festgelegt. Ob und inwieweit ein bestimmtes Gen jedoch *aktiv* wird, hängt nicht nur von Signalen ab, die von Zellen innerhalb des Organismus kommen, sondern zum Teil auch von Signalen außerhalb des Organismus, den jeweiligen *Umweltbedingungen* also. *Welche* Gene durch *welche* Umweltereignisse an- oder abgeschaltet werden, ist wiederum davon abhängig, wie die eingegangenen Signale von den Nervenzell-Netzwerken in der Großhirnrinde und im limbischem System ‚beurteilt' werden: „Situationen, die als gefährlich für den eigenen Organismus bewertet werden, aktivieren ein anderes

,Orchester' von Genen als Situationen, die als angenehme, interessante oder als bewältigbare Herausforderung eingeschätzt werden" (Bauer 2004, S. 240). Von besonderer Bedeutung ist vor allem das, was der Mensch im Zusammenhang mit seinen *zwischenmenschlichen Beziehungen* erfährt.

Durch *positive Interaktionen* werden zahlreiche Gene im Gehirn aktiviert, „deren Proteine so genannte Wachstumsfaktoren für Nervenzellen sind" (Bauer 2004, S. 241). Die Aktivierung dieser Gene wiederum stabilisiert die Nervenzell-Netzwerke des Gehirns und erhöht ihre Vernetzung. Jüngste Untersuchungen lassen vermuten, dass positive Umweltsituationen die Anzahl der Nervenzellen sogar *vermehren* können. Auf jeden Fall scheinen gute mitmenschliche Beziehungen den besten Schutz gegenüber negativen Auswirkungen von Stresserfahrungen darzustellen.

Zwischenmenschliche Interaktionen dagegen, die als *belastend* und *unkontrollierbar* bewertet werden, aktivieren so genannte *Stress-Gene* – vor allem im Hypothalamus und Hirnstamm. Die Anregung des CRH-Gens (Corticotropin-Releasing-Hormon) im *Hypothalamus* löst eine Kette von Folgereaktionen aus, an deren Ende die vermehrte Ausschüttung des Hormons Cortisol durch die Nebennierenrinde steht. Die Aktivierung bestimmter Gene im *Hirnstamm* setzt vermehrt Adrenalin und Noradrenalin frei. Werden die Stress-Gene wiederholt oder über einen längeren Zeitraum hinweg aktiviert, kommt es zu Störungen der Herz-Kreislauf-Regulation und des Immunsystems. Der Verlauf bereits bestehender körperlicher Erkrankungen verschlechtert sich, Struktur und Funktionsfähigkeit von Nervenzell-Netzwerken werden nachhaltig geschädigt, wobei es „sogar zur Degeneration noradrenerger Axone im Kortex ... und zum Absterben von Pyramidenzellen im Hippocampus" kommen kann (Hüther 2004 b, S. 250). Gleichzeitig werden diejenigen Gene gehemmt, die für die Produktion von Nervenwachstumsfaktoren zuständig sind.[17]

Besonders belastend ist die Erfahrung, aus der menschlichen Gemeinschaft ausgeschlossen zu sein, in einer sozialen Situation nicht beachtet zu werden. Selbst ein nur kurzzeitiger sozialer Ausschluss führt nicht nur zu psychologischen, sondern auch zu nachweisbaren *neurobiologischen* Beeinträchtigungen. Kernspinaufnahmen von Testpersonen, die sich aus einer Gemeinschaft ausgeschlossen fühlen, zeigen „eine Aktivierung der Schmerzzentren, wie sie normalerweise nur zu beobachten ist, wenn man jemandem ,echten' Schmerz zufügt" (Bauer 2005, S. 108 f.). Das Empfangen sozialer Resonanz gehört somit zu den grundlegenden biologischen Bedürfnissen – nicht nur des Menschen, sondern auch aller Tiere, die in Gemeinschaften leben. Die schwerwiegenden Folgen mangelnder sozialer Beachtung lassen sich mit der Funktionsweise der **Spiegelneurone** erklären:

---

[17] Zu den neurobiologischen Auswirkungen von Stresserlebnissen vgl. Bauer (2004, S. 24 - 34).

„Spiegelneurone stellen einen gemeinsamen sozialen Resonanzraum bereit, weil das, was ein Individuum empfindet oder tut, bei den anderen, unmittelbar beobachtenden Individuen zu einer spiegelnden Aktivierung ihrer neuronalen Systeme führt, so als würden sie selbst das Gleiche empfinden oder die gleiche Handlung ausführen, obwohl sie tatsächlich nur Beobachter sind. Daraus, und nur daraus, ergibt sich das unmittelbare, unreflektierte Gefühl einer Art Seelenverwandtschaft: ‚Ich bin im Prinzip so wie die anderen, und andere sind im Grunde so wie ich.' Welche Bedeutung dieses Gefühl hat, entdecken wir erst, wenn es uns abhanden kommt. Es zu haben ist alles andere als selbstverständlich. *Dass* wir es haben (können), verdanken wir den Spiegelnervenzellen. Wenn Signale spiegelnder Resonanz auf einmal ausbleiben, ist daher das Gefühl der sozialen Zugehörigkeit und Identität in Frage gestellt, das Individuum bewegt sich plötzlich in einer Art luftleeren Raum" (Bauer 2005, S. 106 f.).[18]

Spiegelungsvorgänge sind die neuronale Grundlage dafür, dass wir uns im sozialen Raum orientieren, einander verstehen, aufeinander eingehen und unser Verhalten an die jeweils gegebene Situation anpassen können. Spiegelneurone werden aktiv, wenn wir eine bestimmte Handlung *beobachten*, aber auch dann, wenn wir von dieser Handlung *hören* oder sie uns lediglich *vorstellen*. In jedem Fall feuern genau *die* Nervenzellen, die auch dann aktiv sein würden, wenn wir das, was wir sehen, hören oder uns vorstellen, *selbst* ausführen würden. Nicht nur Körperhaltung und Bewegung, auch *emotionale Befindlichkeiten* eines Gegenübers können über die Aktivierung von Spielneuronen erfasst werden. Indem wir unser Gegenüber beobachten und seine Handlungen innerlich nachvollziehen (so als ob wir selbst handeln würden), können wir unmittelbar verstehen, wie sich der andere dabei fühlt und mit welcher Absicht er sich auf diese Weise verhält:

„Weil dieses Verstehen die *Innenperspektive* des Handelnden mit einschließt, beinhaltet es eine ganz andere Dimension als das, was eine intellektuelle oder mathematische Analyse des beobachteten Handlungsablaufs leisten könnte. … Spiegelphänomene machen Situationen – ob im Guten oder im Schlechten – vohersehbar. Sie erzeugen ein Gefühl, das wir *Intuition* nennen und das uns *ahnen* lässt, was kommen könnte" (Bauer 2005, S. 27/28 f.).

Spiegelneurone gehören zur genetischen Grundausstattung des Menschen. Damit sich die angeborenen Spiegelsysteme entwickeln können, bedarf es jedoch bestimmter Beziehungserfahrungen. Das heißt: Die *Fähigkeit* zum intuitiven Verstehen anderer ist angeboren, ihre *Ausprägung*

---

[18] Wie wichtig spiegelnde Rückmeldungen für unser Überleben sind, haben Beobachtungen von Säuglingen immer wieder gezeigt - bereits zu einem Zeitpunkt, als es noch keine neurobiologischen Erklärungen für die beobachteten Phänomene gab. Länger anhaltender Mangel an Zuwendung (und damit an sozialer Resonanz) führt zu einer Übererregung des sympathischen und parasympathischen Nervensystems - mit entsprechenden Beeinträchtigungen z.B. des Herz-Kreislaufsystems und des Hormonhaushalts.

dagegen individuell verschieden. Gewöhnlich ist sie bei den Menschen besonders ausgeprägt, die in ihrem bisherigen Leben ein hohes Maß an Einfühlung und Spiegelung erfahren haben. Auch Vorerfahrungen anderer Art sind von Bedeutung. Fehlt die Erfahrung für eine bestimmte Situation, so fehlen auch die notwendigen Interpretationsschemata, die es ermöglichen würden, das Verhalten eines anderen Menschen in dieser Situation zu erfassen und nachzuvollziehen. Da wir nicht nur durch eigenes Handeln lernen, sondern ebenso durch Beobachtung, werden entsprechende neuronale Programme auch dann aktiviert, wenn wir bestimmte Erfahrungen nicht selbst machen, aber *miterleben*, wie ein anderer die betreffende Erfahrung macht, sich in einer bestimmten Situation fühlt und verhält.

5.5. Neuroanatomie der Schmerzverarbeitung

Die Menschen sollten wissen, dass im Gehirn, und nur im Gehirn, unser Vergnügen, Freude, Lachen und Spaß, aber auch unsere Sorgen, Schmerzen, Leid und Ängste entstehen.
(Hippokrates)

Durch den Einsatz von elektrophysiologischen (EEG, MEG) und tomographischen Methoden (PET, fMRT) kann die Verarbeitung bereits vorhandener sowie experimentell erzeugter Schmerzen unmittelbar erfasst werden. Mit Hilfe der funktionellen Magnetresonanztomografie beispielsweise wird die Aktivierung bestimmter Gehirnregionen von Personen sichtbar gemacht, während sie verschiedenen Schmerzreizen ausgesetzt sind. Wobei nicht die Aktivität der Nervenzellen direkt veranschaulicht wird, sondern die erhöhte (rote) oder verminderte (blaue) *Durchblutung* von Hirnarealen unter den jeweiligen Bedingungen.

Akute und chronische Schmerzen führen zur Aktivierung von Nervenzell-Netzwerken in thalamischen, limbischen und kortikalen Strukturen. Der Gesamteindruck *Schmerz* besteht aus sensorisch-diskriminativen, affektiv-motivationalen sowie kognitiven Komponenten und beruht auf dem komplexen Zusammenwirken folgender Systeme, die zusammengenommen als *Schmerzmatrix* bezeichnet werden (Tölle & Berthele 2004, S. 89):

– Das **laterale Schmerzsystem** umfasst die lateral gelegenen Kerngruppen des Thalamus und den somatosensorischen Cortex. Dieses System ist für die Verarbeitung der *sensorisch-diskriminativen* Anteile des Schmerzes zuständig (Reizdetektion, Lokalisation, Qualitäts- und Intensitätsdiskrimination).
– Das **mediale Schmerzsystem** umfasst die medialen Kerngruppen des Thalamus (Mandelkern), den Gyrus cinguli und den präfrontalen Kortex. Dieses System steuert die *affektiv-motivationalen* Komponenten des Schmerzerlebens.

Eine zentrale Rolle bei der Schmerzverarbeitung spielt der *Gyrus cinguli* – also der Teil des limbischen Systems, in dem unsere Emotionen, Gefühle sowie Aspekte des Selbst-Gefühls repräsentiert sind. Nervenzellen des Gyrus cinguli sind immer dann aktiv, wenn es um die *emotionalen* Komponenten von Schmerzen geht. Hier werden nicht nur Schmerzreize aus dem *eigenen* Körper gespeichert, sondern auch Schmerzen, die wir bei anderen Menschen *beobachten*. Denn auch in den Schmerzzentren des Gehirns befinden sich Spiegelnervenzellen, durch deren Aktivierung wir den Schmerz eines Gegenübers so erfassen können, als erlebten wir ihn selbst. Zwischen körperlichem und seelischem Schmerz herrscht eine enge Verbindung. Beispielsweise aktiviert der *seelische* Schmerz von körperlich gesunden Trauernden ähnliche Hirnareale wie ein *körperlicher* Schmerz (Schäfer 2006). Schmerz ist somit ein *Warnsignal für Verletzungen* – sowohl des Körpers als auch der Seele.

Bei extremen Schmerzerlebnissen kommt es zur Aktivierung eines **körpereigenen Betäubungssystems**, das „aus endogenen (körpereigenen) Opioiden (Opium-artige Stoffe) und ihren Empfängermolekülen (Opioidrezeptoren) auf der Oberfläche von Nervenzellen" besteht (Bauer 2004, S. 198). *Endorphine* (= endogene Morphine, d.h. vom Körper selbst produzierte Opioide) werden vor allem im *emotionalen Schmerzzentrum* des Gehirns aktiviert – im Gyrus cinguli und im Mandelkern. Betäubt wird also nicht so sehr die ‚objektive' Schmerzempfindung, als vielmehr die *emotionale* Beteiligung der Person. Das Selbstgefühl löst sich vom körperlichen Empfinden ab: Der Betroffene hat das Gefühl, vom eigenen Körper getrennt zu sein. Diese so genannte **Dissoziation** ist eine Art Notfallreaktion des Organismus – ein Schutz vor unerträglichen körperlichen oder seelischen Schmerzen.

Intensive, wiederholte oder länger dauernde Verletzungen des Körpers verändern Struktur und Funktion von Nervenzell-Netzwerken, d.h. sie hinterlassen Spuren *(Engramme)* in den schmerzleitenden Nervenbahnen, im Rückenmark und im Gehirn, wodurch das Nervensystem für nachfolgende Schmerzreize sensibler wird *(neuronale Plastizität)*:

„Ein schmerzhaft gereiztes Körperareal wird reichhaltiger mit sensiblen Nervenendigungen versorgt (ein Mechanismus, der vor allem in der frühen Entwicklung eine Rolle spielt). Die Rückenmarksneurone vergrößern die Körperbereiche, bei deren Reizung sie aktiv werden, sie sprechen auch schneller auf schmerzhafte Reizung an. Im Gehirn wird die Schmerzempfindung aus dem betroffenen Gebiet des Körpers verstärkt ‚repräsentiert'. Der Körper entwickelt also auf allen Ebenen eine Art Gedächtnis für Schmerzreize" (Bischoff & Pein 2004, S. 5).

Engramme können über lange Zeit keine Beschwerden verursachen, dann aber durch ein belastendes Ereignis *reaktiviert* werden und Schmerzen auslösen, die in keinem Verhältnis zum organischen Befund stehen. Diese Erkenntnis ist für die Schmerztherapie auch deshalb wichtig, weil viele Schmerzpatienten die Erfahrung machen, dass man ihnen ihren Schmerz nicht glaubt: „Sie können gar keine Kopfschmerzen haben!", „Ihre Wirbelsäule weist lediglich altersentsprechende Verschleißerscheinungen auf. Sonst ist da nichts!" Bislang galten nur *starke* Reize als ursächlich für die Bildung eines Schmerzgedächtnisses. In jüngster Zeit jedoch hat der Neurophysiologe Jürgen Sandkühler von der Universität Wien nachweisen können, „dass das Rückenmark auch eine Erinnerung an schwache Schmerzen bilden kann – wenn zum Beispiel eine Verletzung oder Entzündung über längere Zeit schwache Signale sendet" (Science, in: Herden 2006, S. 18). *Frühere* Schmerzerfahrungen werden in ihrer Bedeutung für den *gegenwärtig* empfundenen Schmerz bislang eher noch unterschätzt. Doch haben Personen, die in ihrer Vergangenheit einen starken oder einen länger anhaltenden leichten Schmerz erleiden mussten, ein höheres Risiko, einmal chronisch schmerzkrank zu werden, als Menschen ohne frühere Schmerzerfahrungen. Auch *Misshandlungen* in der Kindheit oder andere *Gewalterfahrungen* in der Vorgeschichte spielen „eine bislang überhaupt nicht erkannte, immense Rolle bei der Verursachung chronischer Schmerzkrankheiten" (Bauer 2004, S. 152).[19]

Für die Schmerzverarbeitung sind nicht nur Schmerz- beziehungsweise Gewalterfahrungen in der Vorgeschichte von Bedeutung, sondern auch die **genetische Grundausstattung** des Betroffenen. Die Empfindlichkeit eines Menschen auf Schmerzreize, seine körpereigene Schmerzhemmung sowie seine Empfänglichkeit für die Wirkung von Medikamenten werden von Enzymen gesteuert, deren Aktivität genetisch bedingt ist (vgl. 3.3.5.). Das heißt, es bestehen „erhebliche *individuelle, genetisch determinierte Unterschiede* …, die die physiologischen Antworteigenschaften des reizaufnehmenden, verarbeitenden und deszendierend kontrollierenden Schmerzsystems sowie das individuelle Ansprechen auf Pharmaka unterschiedlicher Wirkgruppen bestimmen" (Tölle & Berthele 2004, S. 94). Auch die *Bereitschaft zu negativen Emotionen* ist großenteils angeboren:

„Der linke PFC (präfrontaler Cortex) ‚beherbergt' positive Ziele und generiert positive Emotionen, der rechte Vermeidungsziele und negative Emotionen. Eine solche Lateralisierung mit entsprechenden Auswirkungen im Verhalten ist schon im zehnten Lebensmonat feststellbar. Im Erwachsenenalter gehört eine laterale Asymmetrie bezüglich der spontanen und situativ auslösbaren Aktivität im linken und rechten PFC zu den stabilen Persönlichkeitsmerkmalen … Bei den einen Menschen ist habituell der linke PFC stärker aktiviert und diese Personen erleben mehr positive Gefühle, bei den anderen dominiert die rechte PFC-Aktivität, was begleitet ist von mehr negativen Gefühlen. Bei letzteren lassen sich auch leichter situativ negative Gefühle auslösen. Dem liegt eine größe-

---

[19] Reale Schmerzerfahrungen finden sich vor allem in der Vergangenheit von „Patienten mit chronischen Schmerzen des Rückens, des Unterleibs, der Gesamtmuskulatur (Fibromyalgie-Syndrom) sowie bei Patienten mit chronischen Gesichts- beziehungsweise Kieferschmerzen (‚orofasziales Schmerzsyndrom')" (Bauer 2004, S. 152).

re Reagibilität im rechten PFC zugrunde. Negative Erlebnisse führen als Folge davon bei Menschen mit rechtsdominanter PFC-Aktivität zu stärkeren negativen Emotionen als bei linksseitig dominanten" (Grawe 2004, S. 146).

Inwieweit die genetische Mitgift zum Tragen kommt, ist von den Erfahrungen des Betroffenen mit seiner Umwelt abhängig. Macht ein Kind mit eher ungünstigen Anlagen überwiegend schlechte Erfahrungen mit seinen Bezugspersonen, so entwickeln sich die für negative Emotionen zuständigen Hirnregionen besonders gut: Das Kind wird für negative Emotionen sensibilisiert. Eine erhöhte Tendenz zu negativen Emotionen beruht vorrangig also nicht auf dysfunktionalen Kognitionen, sondern auf einer *leichteren Aktivierbarkeit entsprechender neuronaler Muster*. Eine vermehrte Berücksichtigung der genetischen Veranlagung und erfahrungsbedingter Sensitivierungen könnte dabei helfen, das Gefährdungsrisiko eines Menschen für Chronifizierungsprozesse abzuschätzen. Zudem würde die Bedeutung *kognitiver* Faktoren bei der Entstehung und Aufrechterhaltung von Schmerzen *relativiert*.

In Theorie und Praxis verhaltenstherapeutisch orientierter Schmerztherapie wird wiederholt darauf hingewiesen, dass bei chronischen Schmerzen kaum eine Beziehung zwischen Befund (körperliche Pathologie) und Befinden (erlebte Schmerzintensität) bestehe. Bei einigen Patienten könnten zwar organische Schäden diagnostiziert werden, doch stünden „deren Ausmaß und Schwere ... in einer *‚nicht-proportionalen' Beziehung zur berichteten Schmerzintensität oder -lokalisierung*" (Kröner-Herwig 2004 b, S. 5). Aus dieser Beobachtung wird gefolgert, dass die Schmerzempfindung in erster Linie nicht von somatischen Faktoren abhängig sei, sondern von den *Kognitionen* des Betroffenen. Diese Schlussfolgerung ist in ihrer Ausschließlichkeit unzutreffend – wie z.B. die neuroanatomischen Untersuchungen des Forscherteams um Robert Coghill zeigen (vgl. Simm 2004): Versuchspersonen wurden an den Waden mit heißen Drähten gereizt und darum gebeten, die von ihnen empfundene Schmerzintensität auf einer Skala von 0 bis 10 anzugeben. Die subjektiven Werte wichen deutlich voneinander ab. *Identische* Schmerzreize wurden also tatsächlich höchst *unterschiedlich* bewertet (von 1,5 bis 9): „Hervorragend war indes die Übereinstimmung dieser subjektiven Angaben mit der Aktivität bestimmter Hirnareale ... Sie alle wurden bei den schmerzempfindlichen Probanden während der Hitzereize im Durchschnitt häufiger und stärker durchblutet als bei Unempfindlichen" (ebd. S. 6). Es gibt also ein *neuronales Korrelat* dafür, dass Menschen einen objektiv gleichen Schmerzreiz unterschiedlich bewerten. Die zuständige Instanz für diese Bewertungen ist das *Gehirn*: „Es verarbeitet dazu Informationen über die aktuelle Situation ebenso wie individuelle Erfahrungen aus dem Gedächtnis, und es scheint sogar eine Vorhersage über die Folgen des eingehenden Reizes für die Zukunft zu treffen" (ebd. S. 7). Wie ein Patient seinen Schmerz beschreibt und bewertet, ist demnach ein *zuverlässiger* Indikator für die von ihm empfundene Schmerzstärke. Die organische Entsprechung für seine Einschätzung liegt jedoch nicht dort, wo es weh tut und wo man nach einem Befund sucht (im Hüft- oder Kniegelenk, in der Hals- oder Lendenwirbelsäule), sondern im *Gehirn*.

Die Frage, welche **Konsequenzen** das Wissen um neurobiologische Zusammenhänge für die *medizinische* und *physiotherapeutische* Behandlung von Schmerzpatienten hat, kann hier nicht diskutiert werden. Betont sei nur die Bedeutung einer optimalen Analgesie bei operativen Eingriffen sowie in der Akutphase einer Erkrankung, um zentrale Sensitivierungen durch Signalkaskaden abzuschwächen und die Ausbildung von Engrammen auf diese Weise zu verhindern. Welche Konsequenzen sich für die *psychologische Schmerztherapie* ableiten lassen, wird im Folgenden beschrieben.

5.6. Implikationen für die psychologische Begleitung von Schmerzpatienten

Die Erkenntnisse über die neuronalen Grundlagen der Schmerzverarbeitung bestätigen, worauf bereits im Zusammenhang mit der Frage nach der Kontrollierbarkeit von Schmerz hingewiesen worden ist (vgl. 2.2.): Die Betonung kognitiver Prozesse im Rahmen von Schmerzbewältigungsmodellen ist zu einseitig. Vernachlässigt werden *neurobiologische Steuerungsmechanismen* und die orientierungsgebende Funktion von Bewertungen, die von kognitiven Prozessen weitgehend *unabhängig* sind: „Das subjektive Erleben hinkt den verursachenden Hirnprozessen um einige hundert Millisekunden hinterher. Der Willensakt (Entschluss) wird mit dem subjektiven Erleben abgeschlossen, nicht eingeleitet. ... daraus folgt, dass das, was wir denken, fühlen und tun, durch unbewusste Prozesse vorbereitet wird, über die wir keine bewusste Kontrolle haben" (Grawe 2004, S. 122). Dieses Ergebnis impliziert *nicht*, dass wir den physiologischen Vorgängen in unserem Organismus ausgeliefert und demzufolge ohne Verantwortung für unsere Schmerzen sind! Die Prämisse ‚Der Körper beherrscht den Geist' ist ebenso einseitig wie die Prämisse ‚Der Geist beherrscht den Körper' (vgl. 2.2.3.). Weisheit liegt nicht in der Entscheidung für *eine* dieser Perspektiven, sondern in der Erkenntnis, dass keine der beiden Perspektiven *allein* die richtige ist. Festzuhalten bleibt, was Illhardt (1998, S. 16) betont: „dass der Schmerz viele Dimensionen hat und nicht auf eine einzige (psychisch-mentale oder somatische) festgelegt werden kann. Das bedeutet: Jedes Konzept, das nicht möglichst viele Schmerzdimensionen berücksichtigt, ist eine Verkürzung und muss zurückgewiesen werden."

Die kognitive Komponente der Schmerzverarbeitung sollte nicht *über-*, die Möglichkeit psychologischer Einflussnahme auf den Schmerz aber auch nicht *unter*bewertet werden. Menschliche Freiheit liegt nicht darin, sich mit der Kraft des Geistes über Naturgesetze zu erheben, sondern darin, den Geist innerhalb der vorgegebenen Grenzen möglichst umsichtig einzusetzen. Eine an den *Gesetzen der Natur* orientierte Sicht menschlicher Selbstregulationen verdammt weder den Patienten noch den Therapeuten zur Untätigkeit. Im Gegenteil: Es gibt eine Menge zu tun. In Schule und Studium lernen wir viel, *nicht* aber den Umgang mit chronischem Schmerz. Der Mensch ist hier mit einer Situation konfrontiert, für die sein Gehirn noch keine oder nur unzureichende Verhaltensmuster anbieten kann. Ein solches Verhaltensmuster ist nicht allgemein vorgebbar, es muss vielmehr von jedem Betroffenen neu entwickelt werden – in einer Weise, die den biologischen Steuerungsmechanismen seines Körpers ebenso entspricht wie seinen Wertsetzungen und seiner persönlichen Lebenssituation (Vorerfahrungen mit Schmerz, Besonderheiten des Krankheitsbildes, zwischenmenschliche Beziehungen, soziales Umfeld). Aufgabe des Patienten ist es, mit seinem Schmerz leben zu lernen. Aufgabe des Therapeuten ist es, den Patienten bei diesem Lernprozess zu unterstützen. Aus neurowissenschaftlicher Sicht erscheinen insbesondere folgende Aspekte von Bedeutung.

5.6.1. Die therapeutische Beziehung

Immer dann, wenn Menschen nicht nur miteinander - oder aneinander vorbei - reden, sondern miteinander in Beziehung treten, also sich wirklich auf den anderen einlassen - sich „beeindrucken" lassen -, verändern sich beide und damit verändert sich auch ihr Hirn.
(Gerald Hüther 2004 a, S. 245)

Als bedeutendster und häufigster Auslöser von Stresssymptomen gelten psychosoziale Konflikte. Soziale Zuwendung dagegen hat sich „als einer der wichtigsten Schutzfaktoren gegenüber extremen Ausschlägen der biologischen Stressreaktionen erwiesen" (Bauer 2004, S. 49). Auch die Bedeutung einer emotional stützenden Patient-Therapeut-Beziehung ist inzwischen vielfach untersucht und bestätigt worden. Positive Erfahrungen in der Beziehung zum Therapeuten führen zu neuronalen Mustern im limbischen System, die ein Korrektiv darstellen können für eventuelle Fehlschaltungen und Unterfunktionen in Nervenzell-Netzwerken. Das heißt: Die Beziehung zum Therapeuten bietet dem Patienten die Gelegenheit für **korrigierende emotionale Neuerfahrungen** – mit entsprechend positiven Folgen für sein emotionales Gehirn und damit auch für seinen Gesamtorganismus. Ob und inwieweit ein Patient diese emotionalen Neuerfahrungen machen kann, hängt entscheidend davon ab, ob und inwieweit es dem Therapeuten gelingt, ihm gegenüber Grundhaltungen wie *Einfühlung* (8.2.2.), *Wertschätzung* (8.5.1.) und *Mitgefühl* (8.5.2.) zu verwirklichen. Der Therapeut sollte sich auf den Patienten *einlassen*, ihm verbal sowie nonverbal vermitteln können: ‚Ich sehe Ihren Schmerz. Ich achte und respektiere Sie mit Ihrem Schmerz. Ich lasse Sie - zumindest für die Zeit unserer Zusammenarbeit - nicht allein mit Ihrem Leid.' Die Erfahrung menschlicher Nähe löscht den Schmerz nicht aus, die sensorische Komponente des Schmerzerlebens bleibt erhalten. Der *affektive Anteil* der Schmerzen jedoch kann auf diese Weise deutlich vermindert werden.

Darüber hinaus stellt die therapeutische Beziehung ein Gegengewicht dar gegenüber Erfahrungen von sozialem Bedeutungsverlust, von äußerer und/oder innerer Einsamkeit (vgl. 3.1.). Mangelnde Zuwendung, das Gefühl, nicht mehr in dem Maße wie zuvor anerkannt und beachtet zu werden, haben nicht nur psychologische, sondern auch *biologische* Folgen, können sogar zu einer weiteren Erregung der ohnehin schon aktivierten Schmerzzentren führen (vgl. 5.4.). Die Erfahrung dagegen, vom Therapeuten verstanden und akzeptiert zu werden, führt zur Ausschüttung von Botenstoffen (endogene Opioide, Dopamin, Oxytocin), die das Wohlbefinden des Patienten positiv beeinflussen.

Von besonderer Bedeutung für die therapeutische Beziehung sind **Spiegelungs- und Resonanzphänomene**. Diese Phänomene sind in der Psychotherapie seit langem bekannt. Unbekannt war bisher nur ihre neuronale Grundlage.[20] Rein äußerlich lassen sich Spiegelungsvorgänge zwischen Therapeut und Patient daran erkennen, dass beide - bei gutem Einvernehmen - gelegentlich eine ähnliche Körperhaltung einnehmen und Gesten ausführen (ein Bein über das andere schlagen, eine Hand zur Stirn führen, sich vorbeugen oder zurücklehnen, usw.), die zuvor der andere gezeigt hat. Vorgänge dieser Art werden von beiden nur selten registriert, denn Spiegelneurone arbeiten unabhängig davon, ob die gegebene Situation rational analysiert wird oder nicht. Eine gute Spiegelungsfähigkeit ist Voraussetzung dafür, dass der Therapeut die vom Patienten geäußerten Gefühle, Wünsche und Bedürfnisse nachvollziehen und auch diejenigen Emotionen erfassen kann, über die der Patient bisher nur mühsam (oder gar nicht) zu reden vermag.

Resonanz - und das wird noch zu wenig bedacht - ist *kein Einbahngeschehen*. Nicht nur erfasst der *Therapeut* die Stimmungen, Einstellungen und Wünsche des Patienten, sondern umgekehrt lösen auch die Einstellungen und Stimmungen des Therapeuten Resonanz beim *Patienten* aus. Jeder Therapeut beginnt ein Gespräch mit bestimmten Erwartungen oder Befürchtungen: Ist er in Gedanken noch bei einem anderen ‚Fall'? Oder ist er neugierig auf seinen nächsten Patienten und bereit, sich für eine Weile auf ihn und seine Problematik einzulassen? Fühlt er sich erdrückt vom Leid des Patienten? Oder kann er diesem Leid gelassen standhalten? All diese ‚Stimmungen' und Voreinstellungen übertragen sich auf den Patienten, ohne dass sich Therapeut oder Patient dieses Vorgangs bewusst sein müssen. Spiegelungsphänomene sind nicht auf Sprache angewiesen, sie verlaufen vorgedanklich und spontan. Vielleicht fühlt sich der Patient plötzlich angespannt. Vielleicht hat er den Eindruck, sich irgendwie falsch zu verhalten, dem Therapeuten zur Last zu

---

[20] In der Psychoanalyse werden Spiegelungsvorgänge zwischen Therapeut und Patient mit Begriffen wie *Übertragung, Gegenübertragung* und *Identifizierung* bezeichnet. Im personenzentrierten Konzept wurde das *Prinzip reziproker Affekte* beschrieben (Truax & Carkhuff 1967), wonach Menschen auf Freundlichkeit mit Freundlichkeit, auf Feindseligkeit mit Feindseligkeit reagieren (vgl. 8.5.1.).

fallen. Oder er wird zunehmend angstfrei und entspannt. Ohne jeweils genau zu wissen, warum. Einige Patienten verfügen über eine außerordentlich gut entwickelte Fähigkeit, sich intuitiv auf ihr Gegenüber (auch auf ihren Therapeuten) einzuschwingen. Anderen fällt es schwerer, die emotionale Befindlichkeit ihrer Mitmenschen wahrzunehmen. Unabhängig davon, wie es um die Spiegelungsfähigkeit des Patienten bestellt sein mag: Der Therapeut sollte sich bewusst sein, dass nicht nur seine Worte, sondern auch seine Einstellungen und Befindlichkeiten die Beziehung zum Patienten beeinflussen können.

Vorab-Pathologisierungen erscheinen unter dem Aspekt des Spiegelungsgeschehens besonders problematisch (vgl. 3.2.): Viele Patienten ‚spüren' eventuelle Vorbehalte, die der Therapeut ihnen gegenüber hat, erfassen intuitiv, dass nicht eigentlich sie gemeint sind, sondern das Bild, das sich der Therapeut von ihnen als *Schmerzpatienten* gemacht hat. Einige Patienten reagieren auf Wahrnehmungen dieser Art mit offenem Widerstand, andere mit Selbstabwertung und Resignation, wieder andere mit Überanpassung an die an sie herangetragenen Erwartungen. Wie auch immer: eine konstruktive Patient-Therapeut-Beziehung wird sich kaum entwickeln.

Um die Gefühle eines anderen Menschen nachvollziehen zu können, müssen wir uns auf eigene Interpretationsmuster stützen. In jeden Verstehens-Vorgang geht also immer auch *eigenes* Material ein. Das aber bedeutet: *Ein wenig Projektion* ist in einer jeden Beziehung unumgänglich – auch in der therapeutischen. Signalisiert der Patient dem Therapeuten, dass er sich nicht richtig verstanden fühlt, sollte dies nicht sogleich als Abwehr gedeutet werden. Immerhin besteht die Möglichkeit, dass sich der Therapeut tatsächlich nicht ausreichend in seinen Patienten einfühlen kann (vgl. 8.2.2.). Gerät der Therapeut mit seinem intuitiven Verstehen an eine Grenze oder ist sein Verhalten weniger an der Person des Patienten orientiert als an seinen persönlichen Vorannahmen, bleibt nur der *explizite* Austausch über das, was Therapeut und Patient wahrnehmen. Intuitive Verstehensprozesse laufen zwar vorsprachlich ab, doch haben wir die *Sprache*, um uns über diese Prozesse verständigen zu können (vgl. 8.4.1.).

5.6.2. Berücksichtigung von Vorerfahrungen

... *und je besser man den (Patienten) versteht, warum er so ist, umso besser kann man dann zusammenarbeiten.*
(ein Arzt, in: Gräbener 2000, S. 86)

Die Schmerzverarbeitung wird von subjektiven Bewertungen beeinflusst. Doch entstehen diese Bewertungen nicht im luftleeren Raum oder allein durch Willenskraft des Betroffenen. Sie beruhen vielmehr auf den *Erfahrungen*, die er im Laufe seines Lebens gemacht hat (vgl. 2.2.3.). Wer in der Vergangenheit intensive oder leichte, aber länger anhaltende Schmerzen erfahren hat, wer in jungen Jahren Opfer von Gewalt und Missbrauch oder Zeuge von Gewalt an anderen gewesen ist, hat eine erhöhte Disposition, chronisch schmerzkrank zu werden, ob er das will oder nicht. Eine verstärkte **Einbeziehung der Vorgeschichte**, vor allem im Hinblick auf frühere Schmerz- und Gewalterfahrungen, bewahrt vor moralisierenden Schuldzuweisungen, die in Begriffen wie „dysfunktional" und „katastrophisierend" mitschwingen, hilft dem Therapeuten, die Art und Weise besser zu verstehen, in der sich ein Patient mit seinem Schmerz auseinandersetzt. Ein vertieftes Verständnis wiederum ist die Grundlage für therapeutische Interventionen, die am *Betroffenen*, nicht an Theorien oder Voreinstellungen des *Therapeuten* orientiert sind.

Nicht nur intensiver und anhaltender *Schmerz*, auch massive oder wiederholte *Angst-Erfahrungen* hinterlassen ‚Narben' im Gehirn: „Menschen, die extreme traumatische Situationen erlitten haben, weisen eine nachweisbare Veränderung Angst verarbeitender Hirnareale auf, insbesondere eine massive Empfindlichkeitserhöhung des Mandelkerns" (Bauer 2005, S. 157 f.). In verhaltenstherapeutisch orientierter Psychotherapie geht man davon aus, dass Ängste durch eine *Expositionstherapie* gelöscht werden können – ein Phänomen, das seit Pawlow als ‚Löschung von Angst durch Exposition' bekannt ist: Der Betroffene wird wiederholt mit der angstauslösenden Situation konfrontiert, ohne dass das Befürchtete eintritt. Was bei einer solchen ‚Löschung' auf *neuronaler* Ebene geschieht, zeigen die Arbeiten von Joseph LeDoux (2001): Die *Spuren* der Angst im emotionalen Gehirn werden keineswegs einfach ausradiert, sie bleiben vielmehr *erhalten* und können jederzeit neu aktiviert werden, sobald der angstauslösende Reiz wieder auftritt. LeDoux untersuchte Ratten, bei denen experimentell Angst erzeugt wurde: Wenn eine Glocke ertönte, erhielten die Ratten einen elektrischen Schlag. Anschließend wurden die Ratten therapiert, indem man die Glocke immer wieder ertönen ließ, ohne dass ein elektrischer Schlag folgte. Nach einiger Zeit hatten die Ratten ihre Angst vor dem Glockensignal offensichtlich verloren: Wenn das Signal ertönte, setzten sie ihre gewohnten Aktivitäten fort. Diese Beobachtung entspricht den bisherigen Befunden über bedingte Reflexe. Neu dagegen ist die Erkenntnis, dass zwar vom *äußeren* Verhalten her auf Angstfreiheit geschlossen werden kann, die *Angstspur* jedoch unauslöschlich im emotionalen Gehirn *bestehen* bleibt:

„Die Ratten verhalten sich nur so lange, ‚als ob' sie keine Angst hätten, wie der präfrontale Kortex die automatische Reaktion des emotionalen Gehirns aktiv blockiert. Sobald die Kontrolle des Neokortex nachlässt, gewinnt die Angst wieder die Oberhand, auch nach der ‚Therapie'. ... Die ‚Expositionstherapie', nach der es den Ratten allem Anschein nach zunächst besser geht, erreicht offenbar die Angstreaktion des emotionalen Gehirns nicht; sie kann jederzeit wieder aktiviert werden. Überträgt man diese Erkenntnisse auf den Menschen, versteht man, wie Narben im emotionalen Gehirn über Jahre hinweg erhalten bleiben und sich auch jederzeit wieder bemerkbar machen können" (Servan-Schreiber 2004, S. 94).

Die berufliche und private Situation chronisch Kranker enthält fast immer Reize, die von den Betroffenen als bedrohlich erlebt werden – zum Teil, weil sie tatsächlich bedrohlich *sind* (ein Aspekt, der von Psychologen mitunter übersehen wird), zum Teil, weil sie - je nach persönlicher Biographie - Reizen ähneln, die der Betroffene in seiner Vergangenheit zu fürchten gelernt hat. Hinzu kommt, dass chronischer Schmerz schon an sich eine mehr oder minder starke Belastung für den Organismus darstellt, wodurch die Wachsamkeit des kognitiven Gehirns immer wieder einmal Einbrüche erfährt. Auch einige Medikamente, die zur Schmerzlinderung eingesetzt werden, können die kognitive Leistungsfähigkeit beeinträchtigen. Herabgesetzte Leistungsfähigkeit des Neokortex aber bedeutet, dass die kognitive Kontrolle über die im limbischen System gespeicherte Angst geschwächt ist. Sollte ein Mensch also aufgrund bedrohlicher Erfahrungen in der Vergangenheit über ‚Angst-Narben' im Gehirn verfügen, so besteht eine gewisse Wahrscheinlichkeit dafür, dass diese im Falle einer schweren Erkrankung *reaktiviert* werden. Der Therapeut sollte sich deshalb nicht nur nach früheren Schmerz- und Gewalterfahrungen im Leben des Patienten erkundigen, sondern auch nach *Angsterfahrungen* – unabhängig von körperlichem Schmerz. Je mehr der Therapeut über frühere Ängste des Betroffenen weiß, umso besser wird er eventuelle Angst-Reaktionen auf die gegenwärtige Situation einordnen und nachvollziehen können.

5.6.3. Einbeziehung des emotionalen Gehirns

Gebt Worte eurem Weh: Schmerz, der nicht spricht,
Raunt ins beschwerte Herz sich, dass es bricht.
(Shakespeare, Macbeth)

Chronisch kranke Menschen werden mit einer Vielzahl aversiver Ereignisse konfrontiert, die sie nicht vermeiden *können*, auch wenn sie das noch so sehr wollten. Schmerzhafte Untersuchungen und Behandlungen, wiederholte Auseinandersetzungen mit Krankenkassenvertretern, der Verlust der Privatsphäre in Mehrbettzimmern, usw. lösen im Gehirn neuronale Muster aus, die mit Gefühlen der Unlust (Angst, Wut oder Verzweiflung) einhergehen. Der Versuch, diese Gefühle allein durch Bewältigungskognitionen ‚in den Griff' zu bekommen, ist zum Scheitern verurteilt. Denn es fehlt die tragende Unterstützung durch das *emotionale Gehirn*, dessen Botschaften anders lauten. Die wahre ‚Kontrolle' solcher Situationen liegt nicht darin, sich etwas einzureden („Mir geht es gut."), was der neuronalen Kartierung widerspricht, sondern darin, zunächst einmal *anzuerkennen*, wie man sich *tatsächlich* gerade fühlt: „Ja, ich habe Angst, dass bei der Untersuchung ein schlechtes Ergebnis herauskommt.", „Ja, ich bin wütend, dass mein Antrag auf Kostenübernahme abgelehnt worden ist." Die bewusste Anerkennung dessen, wie einem gerade zumute ist, bedeutet, dass emotionales und kognitives Gehirn nicht miteinander rivalisieren, dass weder emotionale noch kognitive Botschaften in einem energieverzehrenden Prozess unterdrückt werden müssen. Wenn kognitives *und* emotionales Gehirn ‚zu Wort' kommen dürfen, wird die Problemlösefähigkeit allein schon dadurch verbessert, dass Weisheit und Energie *beider* Gehirne bei der Aufgabe genutzt werden können, die gegebenen Umstände bestmöglich zu gestalten.

In der ersten Zeit meiner Erkrankung verbot ich mir damit verbundene negative Gefühle: „Du wirst kein Gramm schmerzfreier, wenn du traurig bist. Also entspann' dich. Auch wenn du noch so verzweifelt bist, gesund wirst du davon nicht wieder. Also, kannst du dir Gefühle dieser Art ebenso gut ersparen." Ich übte mich in positiven Selbstaffirmationen, nahm meist ein Buch zur Hand, um mich von negativen Grübeleien abzulenken … Bald fühlte ich mich tatsächlich weniger traurig, doch auf das Buch konnte ich mich kaum konzentrieren, denn in meinem Magen lag ein schwerer ‚Klumpen' Angst, die ich nun ihrerseits mit den Mitteln meines kognitiven Gehirns zu ‚bewältigen' suchte. Vergeblich … Heute gehe ich anders mit meinen Gefühlen um: Wenn ich traurig bin, weil ich bei herrlichem Sonnenschein keinen langen Spaziergang machen kann, wenn ich jemanden um Hilfe bitten muss (statt die entsprechende Aufgabe schnell selbst zu erledigen), – dann nehme ich zur Kenntnis, wie ich mich fühle: „Ja, ich bin gerade traurig." Das Eingeständnis der Trauer führt fast immer dazu, dass ich mich spontan wieder wohler fühle – und dadurch freier, meine Situation auch einmal aus einer anderen Perspektive zu betrachten: „Ich kann nicht mehr lange spazieren gehen – und das ist traurig. Doch ich kann anderes tun, zum Beispiel etwas, wozu ich früher keine Zeit gehabt habe. Im Grunde ist mir jetzt gar nicht danach, dieses Buch zu lesen. Mal überlegen, was mir jetzt gut tun würde, …"

Die eigenen Gefühle anzuerkennen, führt zu mehr *Klarheit* der Situation. Gewöhnlich unterscheidet man deutlicher, was einem die Krankheit ‚antut' (z.B. keine langen Spaziergänge mehr), und was man sich selbst antut (z.B. sich zu etwas zwingen, was aus rationaler Sicht zwar vernünftig ist, einem jedoch keine Freude macht). *Kann man nicht, wie man will, so muss man wollen, wie man kann.* Um diese Erkenntnis *aller* Zeiten und *aller* Kulturen in die Praxis umzusetzen, müssen emotionales und kognitives Gehirn zusammenarbeiten. Positive Affirmationen aus dem kognitiven Gehirn, die die Botschaften des emotionalen Gehirns verneinen oder zu verdrängen suchen, führen zu nichts – schlimmstenfalls zu Selbstwertzweifeln, bestenfalls zu der Erkenntnis, dass man sich nicht einfach dazu überreden kann, keine Trauer oder Wut mehr zu empfinden ... Die Energie, die es braucht, um diese Gefühle zu verleugnen, geht dem Leben verloren – einem Leben, zu dem hin und wieder auch Wut, Trauer und Verzweiflung gehören. „Wenn man keinen Kontakt zu seinen Gefühlen hat, wird man depressiv", betonte bereits Alexander Lowen (1978, S. 75), der Begründer der Bioenergetik. Inzwischen haben neurowissenschaftliche Untersuchungen bestätigt: Wer keinen Kontakt zu seinen Gefühlen hat, leugnet die Signale aus dem emotionalen Gehirn und verliert damit auch den Kontakt zu seinen ursprünglichen instinktiven Reaktionen. Die Problemlösefähigkeit ist beeinträchtigt, da die beiden Hirnsysteme nicht mehr kooperieren. Nur aus dem *Zusammenspiel* von kognitivem und emotionalem Gehirn resultiert ein Verhalten, bei dem sich der Betroffene ‚eins' mit sich selbst fühlen kann.

Was folgt daraus für die Therapie von Schmerzpatienten? Ein Patient, der die ‚Stimmen' (und damit das Wissen) *beider* Gehirne in sein Verhalten einbezieht, wird sich eher auf konstruktive und kreative Weise mit seiner Situation auseinandersetzen können als ein Patient, der einen Teil seiner Energie zur Abwehr emotionaler Botschaften verwendet. Kognitive Affirmationen ohne ‚Rückendeckung' durch das emotionale Gehirn können immer nur von höchstens kurzfristiger Wirkung sein. Der Therapeut sollte den Betroffenen deshalb dazu ermutigen, seine Gefühle - auch Gefühle ‚negativer' Art - als das *anzuerkennen*, was sie sind: Botschaften aus seinem emotionalen Gehirn.

Die weiter unten beschriebenen Grundhaltungen *Einfühlung* (8.2.2.), *Emotionale Wertschätzung* (8.5.1.) und *Mitgefühl* (8.5.2.) sind in diesem Zusammenhang von besonderer Bedeutung, da sie den Patienten dabei unterstützen, mit seinen Gefühlen (wieder) in Kontakt zu kommen. Techniken zur Förderung der emotionalen Beteiligung sind: *Verbalisierung emotionaler Erlebnisinhalte* (9.2.), *Fragen nach Bildern zum Schmerz und/oder damit verbundenen Gefühlen* (9.3.) sowie *Rollenwechsel* und *Rollentausch* (9.4.).

5.6.4. Differenzierte Wahrnehmung von Einflussmöglichkeiten

Die Dunkelheit können wir nicht vertreiben, aber wir können ein Licht anzünden.
(Sprichwort)

Emotional besetzte Reize führen zu neuronalen Mustern, die uns - je nach Art der Kartierung - als dieses oder jenes Gefühl bewusst werden. Wie bereits erwähnt sind Ausmaß und Dauer unserer emotionalen Reaktion auf eine bestimmte Situation von den *Vorerfahrungen* abhängig, die wir mit den betreffenden Reizen gemacht haben. An diesem Mechanismus lässt sich willentlich nichts ändern. Er ist von der Natur so vorgegeben, da er dem Überleben dient. Daraus folgt jedoch nicht, dass wir unseren Gefühlen vollständig ausgeliefert sind. Wir sind nicht allmächtig, wir sind aber auch nicht ohnmächtig, sondern bewegen uns zwischen diesen beiden Polen – mal mehr zum einen, mal mehr zum anderen Pol neigend. Im Verlauf einer Therapie sollte der Patient darin unterstützt werden, illusorische Kontrollversuche aufzugeben, gleichzeitig diejenigen Einflussmöglichkeiten zu nutzen, die ihm noch zur Verfügung stehen. Kurz: Die persönlichen Kontrollmöglichkeiten sollten weder über- noch unterschätzt, sondern *differenziert* wahrgenommen werden.

Wir können uns weder befehlen, keine Angst mehr zu haben, noch können wir einfach beschließen, glücklich zu sein. Dennoch können wir unsere emotionale Befindlichkeit in gewissen Grenzen beeinflussen – wenn auch nicht auf direktem Wege („Ich will jetzt keine Angst mehr haben!"), so doch *indirekt*, beispielsweise durch eine *bewusstere Auswahl* der Reize, denen wir uns vorzugsweise aussetzen: Soweit es in unserer Macht steht, sollten wir uns möglichst oft mit Reizen umgeben, von denen wir aus Erfahrung wissen, dass sie uns gut tun, uns vermehrt Menschen und Beschäftigungen zuwenden, die uns Freude bereiten, dagegen den Kontakt mit Menschen begrenzen, in deren Gegenwart wir uns wiederholt und überwiegend unwohl fühlen. Nicht um Vermeidung geht es, sondern darum, das eigene Leben so zu gestalten, dass dabei sowohl persönliche Begrenzungen als auch vorhandene Ressourcen berücksichtigt, Botschaften aus dem kognitiven Gehirn ebenso gehört werden wie Botschaften aus dem emotionalen Gehirn. Eine solche Gestaltung ist nicht immer und nicht in allen Lebensbereichen möglich. Der Zwang der äußeren Umstände kann so stark sein, dass ein Mensch sich wiederholt in Situationen begeben *muss*, von denen er *weiß*, dass sie negative Emotionen bei ihm auslösen. Man denke z.B. an Krebspatienten, die sich chemotherapeutischen Behandlungen aussetzen müssen, obgleich diese Behandlungen eine Vielzahl negativer Reaktionen auslösen. Man denke an Patienten, die ihrer Arbeit nachgehen müssen, obwohl diese Arbeit körperlich und/oder seelisch belastend ist. Doch auch wenn der Einfluss, den wir auf unsere Lebensgestaltung haben, nur fünf oder zehn Prozent ausmachen sollte – diese fünf oder zehn Prozent gilt es zu nutzen.

Es mag sein, dass ein Patient angesichts der Übermacht äußerer Zwänge die kleinen Freiräume übersieht, die er selbst beeinflussen kann. Mitunter werden sie auch deshalb nur schwer erkannt, weil der Betroffene ‚zu nah dran' ist am Geschehen. Aufgabe des Therapeuten ist es, dem Patienten dabei zu helfen, ein *Gespür für seine ganz persönlichen Nischen* zu entwickeln. Konkrete Möglichkeiten, wie diese Nischen genutzt werden können, sollten nicht nur besprochen, sondern auch wiederholt mit dem Patienten eingeübt werden – in der Imagination sowie in Rollenspielen. Kann der Betroffene sein Potential aufgrund von Selbstunsicherheit und Angst nicht (mehr) nutzen, werden Diskussionen daran ebenso wenig ändern wie die Anleitung zu positiven Selbstaffirmationen. Die Bewertungsmuster eines Menschen sind unter hoher *emotionaler* Beteiligung entstanden, weshalb es zu ihrer Veränderung wiederum einer hohen *emotionalen* Beteiligung bedarf: Es muss „unter die Haut" gehen, „wenn sich im Hirn etwas verändern soll" (Hüther 2004 a, S. 244). Die Tatsache, „dass das Gehirn sowohl auf schädigende als auch auf förderliche Einflüsse mit einer großen Anpassungsbereitschaft und –fähigkeit reagiert" (Grawe 2004, S. 139), sollte der Therapeut nutzen, indem er durch *sein eigenes Verhalten* dazu beiträgt, dass der Patient in der Begegnung mit ihm (wieder) Zugang zu den aktiven und kreativen Anteilen seiner Person gewinnen kann. In den Kapiteln *Wertperspektive* (8.3.1.) und *Förderung von Autonomie* (8.3.2.) werden Möglichkeiten eines solch ressourcenorientierten Vorgehens beschrieben.

Mittels bildgebender Verfahren kann inzwischen sichtbar gemacht werden, dass erfolgreiche Therapien auch *biologische* Mechanismen beeinflussen und zu dauerhaften Umgestaltungen im Gehirn führen. Psychotherapie, die das Denken, Fühlen und Handeln des Patienten nachhaltig verändert, verändert also immer auch die neurobiologischen Abläufe und Strukturen in seinem Gehirn – und zwar vor allem in denjenigen Hirnarealen, die zum limbischen System, also zum *emotionalen Gehirn*, gehören (Bauer 2004, Grawe 2004). Entscheidend für diesen Veränderungsprozess ist nicht diese oder jene Technik, sondern eine *positive therapeutische Beziehung*. Fühlt sich der Patient in der Beziehung zum Therapeuten überwiegend unwohl und angespannt (z.B. deshalb, weil er wiederholt mit seinen Defiziten konfrontiert wird), besteht die Gefahr, dass das *Alarmsystem* seines Gehirns aktiviert und in der Vorgeschichte angelegte Angst-Spuren verstärkt werden. Macht der Patient dagegen die Erfahrung, dass er die Situation angstfrei bewältigen kann, dass er als Person anerkannt, in seinen Ansichten und Wünschen respektiert wird, kommt es zur Produktion von Nervenwachstumsfaktoren, wodurch die Nervenzellfunktionen stabilisiert und verbessert werden. Daraus folgt: Der Patient sollte bereits die *therapeutische Situation selbst* als eine ‚Nische' erleben können, die er mitgestalten und in welcher er *positive Erfahrungen* machen kann.

5.6.5. Aktivierung positiver Erfahrungen

*Schönes hebe ich auf -
was ich nur finden kann
und lege es
auf meinen Schmerz.*
(Ursula Frede 2004, S. 49)

‚Narben', die durch starken Schmerz oder Angst entstanden sind, können durch Bewältigungskognitionen nicht wieder ausgelöscht werden. Wir können das bedauern, uns darüber ärgern – oder es einfach zur Kenntnis nehmen: So ist es nun einmal. Trotz aller Versprechungen in den Medien wie „Heutzutage muss kein Mensch mehr Schmerzen erleiden" wird es weiterhin Schmerzen geben, die bestenfalls gelindert, nicht aber beseitigt werden können. Der erste Schritt, mit einem solchen Schmerz leben zu lernen, besteht darin, ihn *anzuerkennen*. Der zweite Schritt hängt von der Antwort auf folgende Frage ab: „Will ich es mir jetzt unnötig schwer oder so schön wie möglich machen?" Dass sich ein Körper im Falle chronischer Schmerzen in einem Dauerzustand funktioneller Disharmonie befindet, können wir nicht verhindern. Doch wir können *Gegengewichte* schaffen, indem wir auf die Suche nach Erfahrungen gehen, die mit positiven Gefühlen verbunden sind – Erfahrungen also, die im limbischen System andere neuronale Muster auslösen als der Schmerz. Die Tatsache, dass unser Gehirn formbar, wachstums- und wandlungsfähig ist, erklärt nicht nur die Bildung so genannter Schmerzengramme, sie kann auch genutzt werden, um die Funktionsweise des Gehirns in *positiver* Weise zu beeinflussen. Denn nicht nur wiederholte Schmerzerfahrungen, auch wiederholte positive Erfahrungen hinterlassen Spuren im Gehirn.
Forschungsarbeiten im Rahmen der Positiven Psychologie – insbesondere von Barbara Fredrickson (1998) und Alice Isen (2000) – zeigen, dass sich positive Emotionen nicht nur gut anfühlen, sondern auch „einen überragenden Zweck in der Evolution haben: Sie vergrößern unsere angeborenen geistigen, körperlichen und zwischenmenschlichen Ressourcen. Sie geben uns Reserven, auf die wir zurückgreifen können, wenn sich im Leben eine Gefahr oder eine Chance ergibt. ... Wenn wir in einer positiven Stimmung sind, weitet sich - im Gegensatz zu den Einschränkungen durch negative Emotionen - unser geistiger Horizont, wir sind tolerant und kreativ. Wir sind offen für neue Ideen und neue Erfahrungen" (Seligman 2003, S. 70). Neurowissenschaftler schätzen die Bedeutung positiver Emotionen ähnlich ein. Damasio (2003, S. 311 f.) beispielsweise empfiehlt: „Vernünftigerweise sollten wir nach Freude suchen, egal, wie töricht und unrealistisch die Suche erscheinen mag." Freude wird nicht als Mittel zum Zweck befürwortet (z.B. zur Schmerzbewältigung), sondern *um ihrer selbst willen:* Freude verändert die körperliche Befindlichkeit in Richtung größerer physiologischer Harmonie. Freude tut gut. Nicht um *Kontrolle* seelischer und/oder körperlicher

Schmerzen geht es also, sondern um *kompensatorische Tröstung*. Schmerzen, Krankheit und Tod sind „natürliche biologische Phänomene" (ebd. S. 321). Wir können uns von ihnen ebenso wenig befreien wie von den vielen Ungerechtigkeiten des Lebens, für die wir nicht entschädigt werden. Freiheit bedeutet nicht, alles zu können, was wir wollen. Freiheit bedeutet vielmehr, die naturgegebenen Realitäten zu akzeptieren und das zu wollen, was uns innerhalb der vorgegebenen Grenzen möglich ist. Leiden muss gelindert werden, so weit es in unserer Macht steht – jedoch in dem Bewusstsein, dass ein Unterliegen nicht mit persönlichem Versagen gleichzusetzen ist. Was können wir tun angesichts eines Universums, in dem körperliche und seelische Leiden von unvorstellbaren Ausmaßen existieren? Wir sollten unsere Einflussmöglichkeiten nicht überschätzen, aber auch nicht resignieren. Wir sollten uns vielmehr so oft wie möglich auf das besinnen, was uns Freude macht.

Diese Schlussfolgerung aus neurowissenschaftlicher Sicht entspricht dem, was bereits der Prediger im Buch Kohelet (8, 15) empfohlen hat: „Darum soll sich der Mensch an die Freude halten. Er soll essen und trinken und sich freuen; das ist das Beste, was er unter der Sonne bekommen kann während des kurzen Lebens, das Gott ihm auf dieser Erde schenkt." Einige Gelehrte schreiben das Buch Kohelet dem König Salomo zu. Wer auch immer er war, er war ein Mann, der verzweifelt nach dem Sinn des Lebens suchte – im Reichtum, im Vergnügen, im Nachdenken ... Am Ende seiner Suche kam er zu dem Schluss: „So iss dein Brot und trink deinen Wein und sei fröhlich dabei" (ebd. 9, 7). Nichts dauert an, alles ist eitel. Menschen und Tiere werden geboren und sterben. Es gibt Ungerechtigkeiten, die nicht gesühnt, böse Menschen, die nicht bestraft und gute Menschen, die nicht belohnt werden. Statt darüber nachzugrübeln, warum wir Ungerechtigkeiten, Schmerzen und Tod erleiden müssen, sollten wir sie als zum Leben dazugehörig akzeptieren und jede Möglichkeit nutzen, die sich uns zur Freude bietet.

Was folgt daraus für die Therapie von Schmerzpatienten? Sie sollte keine düstere Angelegenheit sein, bei der das Leid des Patienten wieder und wieder von allen Seiten betrachtet und besprochen wird. Durch ausschließliches Reden über das Problematische und Ungelöste im Leben des Betroffenen werden neuronale Angst- und Schmerzspuren nicht gelöscht, sondern im Gegenteil weiter verfestigt. Emotionen wie Angst, Trauer und Wut müssen zur Kenntnis genommen und ausgedrückt werden, damit sie verarbeitet werden können (vgl. 5.6.3.). Doch sollten sie nicht zum Hauptinhalt der Therapiegespräche werden. Emotionen, die „kultiviert" werden, vervielfachen sich und halten den Betroffenen „in einem Teufelskreis gefangen, in dem (er) sich sinnlos mit Übeln der Vergangenheit" herumschlägt (Seligman 2003, S. 124). Eine ‚Kultivierung' von negativen Emotionen sollte vom Therapeuten nicht noch dadurch unterstützt werden, dass er den Patienten wiederholt mit ‚Fehlverhaltensweisen' und ‚dysfunktionalen Kognitionen' konfrontiert. Negative Erfahrungen können nicht dadurch aufgelöst werden, dass man sich immer wieder mit ihnen befasst. Möglicherweise resultiert aus einer Therapie, die sich auf *Defizite* zentriert, ein besseres Verständnis für bestehende Probleme. An der körperlich-seelischen Befindlichkeit wird sich jedoch kaum etwas ändern. Die Wahrscheinlichkeit, dass ein Patient in einer von Negativität geprägten Atmosphäre *positive* emotionale Erfahrungen machen kann, ist mehr als gering. Sowohl unter humanistischen als auch unter neurobiologischen Gesichtspunkten sollte der Therapeut deshalb eine Beziehung zum Patienten herstellen, in der sich dieser als Mensch geachtet und in seinem Bedürfnis nach Selbstbestimmung respektiert fühlen kann.

Die Aktivierung *positiver Erfahrungen* in der therapeutischen Beziehung ist nicht nur für das *Kompetenz- und Selbstwerterleben* des Patienten von Bedeutung, sondern auch im Hinblick auf seine *Angst*. Wie die Untersuchungen von LeDoux (2001) gezeigt haben, können Angstreaktionen *nicht gelöscht* werden. Doch können neuronale Erregungsmuster aufgebaut werden, die die Weiterleitung der von der Amygdala ausgehenden Erregungen *hemmen*. Davon ausgehend sollte der Patient (d.h. sein Gehirn) möglichst oft in einen Zustand versetzt werden, der mit Angst unvereinbar ist. Positive Selbstinstruktionen können hilfreich sein, reichen jedoch zur Angsthemmung nicht aus: „Es sind die impliziten Situationsbewertungen, die im orbitalen PFC (Präfrontaler Cortex) unentwegt automatisch erzeugt werden, die geändert werden müssen, damit die Weiterleitung der Amygdala-Erregung gehemmt wird" (Grawe 2004, S. 425). Zu einer solchen Veränderung kommt es nicht durch vernunftgesteuerte Einsicht („Ich brauche keine Angst zu haben."), sondern durch unmittelbare *Erfahrungen*, die mit positiven Emotionen verbunden sind. Wiederholen sich solche Erfahrungen, entstehen schließlich Angst hemmende Bewertungen – nicht als Resultat rationaler Überlegung, sondern als Ergebnis dessen, was der Patient *erlebt* hat.

Möglichkeiten zur Aktivierung von Emotionen, die mit Angst inkompatibel sind, werden in den Kapiteln *Wertperspektive* (8.3.1.), *Förderung von Autonomie* (8.3.2.) und *Emotionale Wertschätzung* (8.5.1.) beschrieben. Bei allen drei Grundhaltungen geht es im Wesentlichen darum, das Erleben positiver Emotionen zu fördern – nicht über den Weg rationaler Argumentation, sondern durch eine Gestaltung der therapeutischen Situation so, dass entsprechende *Erfahrungen* möglich werden. Zur Psychotherapie entscheiden sich gewöhnlich Menschen, bei denen negative gegenüber positiven Emotionen das Übergewicht haben. Wie aber kann ein Therapeut bei seinen Patienten Freude aktivieren? Durch ein Training in positiven Kognitionen niemals – wohl aber *durch seine eigene Person*. Beispielsweise dadurch, dass er Freude *vorlebt* – sich gemeinsam mit dem Patienten über einen Behandlungsfortschritt freut, über einen guten Untersuchungsbefund, eine Kostenzusage und/oder kleine Alltäglichkeiten (den ersten Schnee, einen schönen Sonnentag, ...). Die in Kapitel 8.5.2. beschriebene *Mitfreude* ist von nicht zu unterschätzender therapeutischer Kraft. Ein Therapeut, der ständig vom Übermaß der Arbeit überfordert wirkt und/oder am Schicksal seines Patienten im Grunde nicht wirklich interessiert zu sein scheint, wird diesen kaum zur Freude motivieren können. Bereitet die therapeutische Situation dem *Therapeuten* keine Freude, so wird sie auch für den Patienten kaum Anlass zur Freude sein. Hat ein Therapeut dagegen Freude an seinem Beruf im Allgemeinen und am konkreten Gespräch im Besonderen, wird er etwas ausstrahlen, das sich auf seinen Patienten übertragen kann. Die ansteckende Wirkung der Freude lässt sich neurobiologisch mit der Existenz der *Spiegelneurone* erklären, die es uns ermöglichen, die emotionale Situation unseres Gegenübers zu erfassen und nachzuvollziehen. Kann ein Patient wahrnehmen, dass sein Therapeut mit Freude bei seiner Arbeit ist, wird diese Beobachtung eine organismische Resonanz in Richtung positiver Gestimmtheit auslösen.

Die Freude, die ein Patient während eines Therapiegesprächs hin und wieder empfindet, macht aus einem depressiven noch keinen fröhlichen Menschen. Doch mitunter kann diese Erfahrung wie ein ‚Weckruf‘ aus depressiver ‚Erstarrung‘ wirken: „Ich kann ja noch lachen. In dem ganzen Schlamassel und Elend kann ich noch lachen. Und so lange ich noch lachen kann, bin ich offensichtlich lebendig" (eine Hirntumorpatientin). Freude und andere positive Emotionen bewahren einen Menschen nicht vor Trauer und Angst. Umgekehrt bedeuten Trauer und Angst aber auch nicht, dass man sich nun gar nicht mehr freuen kann. Imre Kertész (1996, S. 287) schreibt über seine Erfahrungen im Konzentrationslager: „Denn sogar dort, bei den Schornsteinen, gab es in der Pause zwischen den Qualen etwas, das dem Glück ähnlich war. Alle fragen mich immer nur nach Übeln, den ‚Gräueln‘: obgleich für mich vielleicht gerade diese Erfahrung die denkwürdigste ist. Ja, davon, vom Glück der Konzentrationslager, müsste ich ihnen erzählen, das nächste Mal, wenn sie mich fragen." Auch bei schwerer Krankheit gibt es „in der Pause zwischen den Qualen etwas, das dem Glück ähnlich" ist. Womöglich verändert sich das *Was*, worüber man sich freut, aber man *kann* sich noch freuen.

Das pausenlose Liegen nach meiner letzten Operation war eine überaus negative Erfahrung. Doch selbst zu der Zeit, als ich das Bett über viele Tage hinweg keine Sekunde lang verlassen durfte, gab es Momente der Freude, ja sogar des Glücks: als eine Krankenschwester von sich aus vorschlug, mir die Haare zu waschen, als mir eine andere Schwester die Füße massierte, als mein Mann eine Stunde eher kam als erwartet ...

Wer ständig mit chronisch kranken Menschen zu tun hat, ist häufig Leidsituationen ausgesetzt, an denen er nur wenig, mitunter gar nichts ändern kann. Das Burnout-Syndrom, unter dem viele professionelle Helfer leiden, führt u.a. dazu, dass die Begeisterung, die sie ehemals für ihren Beruf empfunden haben, mehr und mehr erlischt, dass sie selbst immer weniger dazu in der Lage sind, positive Aspekte wahrzunehmen, die die Situation ihrer Patienten ‚trotz allem‘ noch enthält. Wenn ich an die ärztlichen und psychologischen Schmerztherapeuten denke, denen ich im Laufe meiner Erkrankung begegnet bin, so kann ich mich nur an *einen* Arzt, *eine* Ärztin und *eine* Psychologin erinnern, die bei ihrer Arbeit *Freude* ausgestrahlt, hin und wieder gelacht, einen Scherz gemacht, sich mit einem Patienten gefreut haben. Viele Therapeuten wirken angespannt, überbeschäftigt, in Eile, ernst – und mehr oder weniger unfreundlich. Das ist verständlich (in Anbetracht der Arbeitsüberlastung), aber bedauerlich – zumal angesichts der neurophysiologischen Bedeutung, die Freude für das körperlich-seelische Wohlbefinden des Menschen hat. Auch Therapeuten können sich nicht ‚auf Kommando' freuen – ebenso wenig wie ihre Patienten. Doch sollten sie sich der Auswirkungen bewusst sein, die ihre Anspannung, Niedergeschlagenheit oder schlechte Laune auf diejenigen haben können, die sich ihnen anvertrauen.

5.6.6. Liebe und emotionale Zuwendung

Und, hast du vom Leben bekommen, was du wolltest?
Ja.
Und was wolltest du?
Dass ich sagen kann, ich wurde geliebt, und mich geliebt
fühlen kann auf Erd.
(Raymond Carver, „Late Fragment" 1998)

Für das körperlich-seelische Wohlbefinden von ebenso großer, wenn nicht sogar noch größerer Bedeutung als Freude ist **Liebe**. In unserem Kulturkreis ist der Begriff *Liebe* vor allem mit Vorstellungen von Partnerschaft und Erotik assoziiert. Differenzierende Begriffe für die einzelnen *Arten* der Liebe fehlen. Die erotische Liebe ist exklusiv, d.h. auf einen oder wenige Menschen beschränkt. Bei der nicht-erotischen Liebe *(Agape)* jedoch geht es um eine umfassende *Haltung der Hinwendung zum anderen:* „Sie ist kein ‚Affekt' in dem Sinn, dass ein anderer auf uns einwirkt, sondern sie ist ein tätiges Bestreben, das Wachstum und das Glück der geliebten Person zu fördern" (Fromm 1989, S. 71).

Auf die *therapeutische* Beziehung bezogen erscheint es günstiger, von **emotionaler Zuwendung** zu sprechen, um die mit dem Wort „Liebe" verbundenen Nebenassoziationen von Erotik, außergewöhnlicher Nähe und intensiver Verbundenheit zu vermeiden. Emotionale Zuwendung ist von der Intensität her schwächer als Liebe, doch auch sie impliziert aufrichtige Achtung vor dem anderen, ein Sich-Einlassen auf ihn und das Bemühen, ihn so zu sehen, wie er wirklich ist. Wie emotionale Zuwendung dem Patienten gegenüber verwirklicht werden kann, wird in den Kapiteln *Emotionale Wertschätzung* (8.5.1.) und *Mitgefühl* (8.5.2.) beschrieben. Hier soll auf die *Bedeutung* von Liebe und Zuwendung lediglich vor dem Hintergrund *neurowissenschaftlicher* Erkenntnisse hingewiesen werden.

Liebe ist keineswegs ‚nur' ein humanistischer Wert, sondern ein *biologisches Bedürfnis* – „von der Evolution in uns angelegt" (Servan-Schreiber 2004, S. 199). Wachstum und Überleben aller Menschen und Säugetiere sind abhängig von der Liebe und Zuwendung anderer. Sie fördern das physiologische Gleichgewicht zwischen parasympathischem und sympathischem Nervensystem, erhöhen die Widerstandskraft gegen Stress und Depression. Nicht nur für Säuglinge ist Liebe von existentieller Bedeutung. Auch im Erwachsenenalter hängt eine optimale Regulation der Körperfunktionen von den Beziehungen des Betroffenen zu seinen Interaktionspartnern ab – vor allem zu denjenigen Menschen, mit denen er sich emotional verbunden fühlt. Auf die Frage, was man gegen Stress tun könne, antwortete der Stressforscher Hans Selye: „Erwirb die Liebe Deines Nächsten!" (in: Bauer 2004, S. 29). Pflanzen brauchen Licht, um gedeihen zu können. Menschen brauchen Liebe und Zuwendung, ein Minimum an Körperkontakt, das Gefühl, gebraucht zu werden und für einen anderen Menschen wichtig zu sein. Davon ausgehend sollte es im Verlauf einer Therapie immer auch um die Auseinandersetzung mit folgenden Fragen gehen: Welche Rolle spielen Liebe und Zuwendung im Leben des Patienten? In welchen Beziehungen erfährt er auf welche Weise Zuwendung? Wie und wem gegenüber kann er selbst Liebe geben?

Servan-Schreiber (2004, S. 208) empfiehlt seinen Patienten die Anschaffung eines Hundes, einer Katze, eines Vogels oder wenigstens eines Fisches: „Und wenn der Patient auch das nicht will, rate ich zu einer schönen Zimmerpflanze." Die Empfehlung von Haustieren beruht auf ihrer vielfach beobachteten positiven Wirkung auf das körperlich-seelische Gesamtbefinden alter und kranker Menschen, lässt sich jedoch nicht immer leicht verwirklichen: Wer geht mit dem Hund spazieren, wenn der Patient im Rollstuhl sitzt oder im Bett liegen muss? Wer kauft das Futter, wer reinigt das Katzenklo oder den Hundekorb, wenn der Patient vorübergehend oder endgültig nicht mehr dazu in der Lage ist? In vielen Fällen bleibt tatsächlich nur die Zimmerpflanze. Trotz möglicher Einwände im Hinblick auf die praktische Umsetzung: Vielen Schmerzkranken würde es mit Sicherheit gut tun, wenn sie ein Haustier hätten ...

Liebe kann zwar die Schmerzspuren im Gehirn nicht auslöschen, verbessert jedoch das körperlich-seelische Wohlbefinden. Nach einem Busunfall wurde Frida Kahlo (1907 – 1954) schwer verletzt. Mehrmals wurde sie am Becken und an der Wirbelsäule operiert. Mehrmals wurde ihr ein Gipskorsett angepasst. Mehrmals musste sie für viele Wochen ins Krankenhaus. Während einer dieser Krankenhausaufenthalte schrieb sie an ihren Freund Alejandro Gómez Arias:

„... weil mir zuhause niemand glaubt, dass ich wirklich krank bin. Ich darf nicht einmal davon sprechen, ... Und so bin ich ganz alleine in meinem Leid und meiner Verzweiflung. Ich kann nicht viel schreiben, weil ich mich kaum vorbeugen kann, ich kann nicht laufen, weil mein Bein so furchtbar weh tut ..., ich kann nur weinen und manchmal nicht einmal das. ... *Wenn Du hier wärst, würde ich das alles ertragen,* aber so hätte ich nichts dagegen, wenn ich so schnell wie möglich über den Jordan gehen würde ... Du kannst Dir nicht vorstellen, wie mich die vier Wände meines Zimmers zur Verzweiflung bringen. Überhaupt alles! Ich kann Dir meine Verzweiflung mit nichts beschreiben" (Kahlo 2004, S. 69).[21]

Eindrücklich kommt hier zum Ausdruck, wie eng körperliches und seelisches Leid miteinander verbunden sind, wobei man von außen nicht entscheiden kann, was schwerer wiegt. Zudem wird deutlich, was in einer solchen Situation einzig helfen kann: *die Nähe eines geliebten Menschen.*

Da die Erfahrungen eines Menschen zum großen Teil an seine Interaktionen mit anderen gebunden sind, ist eine **Einbeziehung seines Umfeldes** nicht nur von diagnostischer, sondern auch von therapeutischer Bedeutung (vgl. 3.). Die Einflussmöglichkeiten des Therapeuten im Hinblick auf das Umfeld eines Patienten sind meist begrenzt. Dennoch können Gespräche mit Angehörigen und anderen Bezugspersonen gelegentlich dazu beitragen, die Wahrscheinlichkeit für positive zwischenmenschliche Erfahrungen zu erhöhen. Auch sollte sich der Therapeut einen Eindruck davon verschaffen, wie sich der Patient gegenüber Menschen verhält, die ihm etwas bedeuten, wie er sein Bedürfnis nach emotionaler Zuwendung äußert, auf welche Weise er *selbst* seine Liebe zeigt. Unabhängig von ihren konkreten Inhalten bedeutet Liebe, sich für jemanden oder für etwas einzusetzen – auf eine Weise, die über das Interesse an der *eigenen* Person hinausgeht. Die Liebe zu einem anderen Menschen gibt manchem Patienten Kraft zum Weiterleben, auch wenn er diese Kraft für sich selbst vielleicht nicht mehr aufzubringen vermag. Der aus Liebe motivierte Einsatz für einen Mitmenschen oder einen übergeordneten Wert ist die wohl wichtigste Quelle, aus der wir einen Sinn für unser Leben schöpfen. Dem Einsatz für etwas, das größer ist als wir selbst, liegt - jenseits aller philosophischen und psychologischen Begründungen - ein Bedürfnis unseres Gehirns zugrunde: „Die Orientierung auf andere hin und der innere Frieden, den wir dadurch erlangen, sind Teil unserer genetischen Ausstattung" (Servan-Schreiber 2004, S. 255).

Altruistisches, d.h. uneigennütziges Denken und Handeln, wird von Philosophen und Psychologen gewöhnlich nicht als Ausdruck von Liebe, sondern von *Spiritualität* bezeichnet.[22] Ob wir nun den Begriff *Liebe* oder *Spiritualität* verwenden – entscheidend ist, dass der Patient darin unterstützt wird, eine Verbindung zu etwas *außerhalb* seiner selbst herzustellen. Aus der Liebe zu einem anderen Menschen, einem Tier oder einer bestimmten Sache können ihm Hilfen für den Umgang mit seinem Schmerz erwachsen. Er erfährt, dass er aus *mehr* besteht als aus

---

[21] Kursivdruck von mir.
[22] Der Altruismus spielt eine entscheidende Rolle in allen großen spirituellen Traditionen: „Er ist zunächst eine körperliche *Erfahrung*, eine Emotion, die taoistische und hinduistische Weise, jüdische, christliche und muslimische Denker erlebt haben - und mit ihnen Millionen anonymer, oft atheistischer Menschen" (Servan-Schreiber 2004, S. 255).

seinem Schmerz, dass es etwas gibt, das größer ist als er selbst und damit auch *größer als sein Schmerz*. Viele Schmerzpatienten klagen darüber, „nichts mehr" für andere tun zu können. In solchen Fällen kann der Therapeut mit ihnen gemeinsam nach kleinen und großen Gesten der Liebe suchen, die auch ihnen noch möglich sind: ein Lächeln, ein „Danke" ... Es gibt fast immer etwas, das auch ein kranker Mensch für einen anderen tun kann – und sei es ‚nur', dass er ihn in sein Gebet einschließt. Oder was glauben Sie, „wie dem zumute ist, der niemanden hat, der für ihn betet" (Dostojewskij 1983, S. 589)?

Liebe ist das höchste Heilmittel, über das wir Menschen verfügen, wobei ‚Heilung' hier nicht im Sinne körperlicher Gesundung zu verstehen ist, sondern im Sinne einer Versöhnung mit sich selbst und seinen Mitmenschen, mit seinem ‚Schicksal', mit Gott ... Der Weltgesundheitsorganisation zufolge beginnen Patienten und Ärzte „inzwischen den Wert von Glaube und Hoffnung beim Heilungsprozess zu erkennen" (in: Ritzert 2004, S. 9). Warum nicht auch den Wert von *Liebe*? „Auch wenn alles einmal aufhört – Glaube, Hoffnung und Liebe nicht. Diese drei werden immer bleiben; doch am höchsten steht die Liebe" (1. Korinther 13, 13). Lieben kann man auch noch in den Momenten, in denen man sowohl den Glauben als auch die Hoffnung verloren hat.

Zusammenfassung

Neurowissenschaftliche und psychotherapeutische Erkenntnisse schließen einander nicht aus. Im Gegenteil. Das Wissen über neuronale Grundlagen führt zu einem besseren Verständnis menschlicher Verhaltensweisen, bewahrt vor einseitiger Psychologisierung und enttäuschenden Omnipotenzvorstellungen. Umgekehrt können psychotherapeutische Konzepte dabei helfen, die Ergebnisse neurowissenschaftlicher Untersuchungen in praktisches Handeln umzusetzen. Zwei Erkenntnisse sind für die Therapie von Schmerzpatienten besonders handlungsrelevant – die Erkenntnis *neuronaler Plastizität* sowie der Bedeutung, die dem *emotionalen Gehirn* bei der Schmerzverarbeitung zukommt. Zusammengefasst ergeben sich daraus folgende *Schlussfolgerungen*:

- Da wiederholte oder intensive Erfahrungen zur Bildung entsprechender *Engramme* führen, sollte die *Vorgeschichte* von Schmerzpatienten vor allem auch im Hinblick auf Schmerz- und Gewalterfahrungen berücksichtigt werden – insbesondere bei denjenigen Patienten, deren Schmerzen durch den gegenwärtigen ‚objektiven Befund' allein nicht gerechtfertigt erscheinen.
- Da die Muster, nach denen der Mensch seine Erfahrungen bewertet, vor allem im *emotionalen* Gehirn gespeichert sind, setzt eine Änderung dieser Bewertungsmuster eine hohe *emotionale Beteiligung* des Betroffenen voraus. Der Therapeut sollte deshalb Methoden bevorzugen, die auch das emotionale Gehirn des Patienten ansprechen.
- ‚Narben' im Gehirn eines Patienten aufgrund von Schmerz- und Angsterfahrungen können nicht einfach wieder ausgelöscht werden.

Doch kann der Therapeut Bedingungen schaffen, die dem Betroffenen korrigierende emotionale Neuerfahrungen ermöglichen. Entscheidend in diesem Zusammenhang ist die Herstellung einer *emotional tragenden Beziehung*.

Die Forschungsergebnisse der Neurowissenschaften werden nicht ohne Folgen für die Schmerztherapie bleiben. Bereits jetzt gibt es eine Reihe von Schlussfolgerungen für wirksames therapeutisches Vorgehen. Zu warnen ist allerdings davor, die bislang einseitige Betonung kognitiver Prozesse durch eine ebenso einseitige Betonung neuronaler Prozesse zu ersetzen. Nicht um ein ‚Entweder-Oder' geht es, sondern um ein *‚Sowohl-als-Auch'*. Schmerz konfrontiert uns mit den Grenzen menschlicher Handlungsmöglichkeiten. Von den Neurowissenschaften ist eine Erweiterung dieser Grenzen zu erwarten. Es liegt an uns, wie wir das, was technisch inzwischen möglich ist, im Sinne des einzelnen Menschen nutzen. Vermutlich ist es nur eine Frage der Zeit, wann die Neurowissenschaften entdecken werden, welche Auswirkungen bestimmte therapeutische Interventionen auf die Aktivität in bestimmten Hirnarealen haben. Sie werden immer mehr über ‚den Menschen' herausfinden. Einen individuellen Patienten zu *verstehen*, bedarf jedoch mehr als einer Positronen-Emissions-Tomographie, bedarf immer auch so unwissenschaftlicher Eigenschaften wie der Liebe zum Menschen und der Bereitschaft, sich mitfühlend auf ihn einzulassen.

6. Leitlinien für die psychologische Begleitung von Schmerzpatienten

Darum ist es das vornehmste Ziel der Psychotherapie, den Patienten nicht in einen unmöglichen Glückszustand zu versetzen, sondern ihm Festigkeit und philosophische Geduld im Ertragen des Leidens zu ermöglichen.
(C. G. Jung 1988 a, S. 61)

Das Ziel einer Therapie im Falle chronischer Schmerzen kann nicht in ihrer Beseitigung, mitunter noch nicht einmal in ihrer Linderung bestehen, da das Schmerzgeschehen fast immer auch von Faktoren abhängig ist, die weder vom Betroffenen selbst noch von seinem Therapeuten kontrolliert werden können. Als Ziel des *kognitiv-verhaltenstherapeutischen Therapieansatzes* gilt „eine bessere Schmerzbewältigung, d.h. eine Verbesserung der Lebensqualität trotz der Schmerzen" (Flor & Hermann 2004, S. 589). Die Gleichsetzung von *besserer Schmerzbewältigung* mit *verbesserter Lebensqualität* klingt plausibel, die verwendeten Begriffe sind jedoch recht abstrakt, von daher wenig aussagekräftig.

Bewältigen bedeutet „zunächst ‚in seine Gewalt bringen, eine Sache beherrschen', dann ‚mit etwas fertig werden'" (Kluge 1999, S. 106). Dieser Bedeutung entsprechend rufen Bezeichnungen wie „Schmerz*bewältigung*", „Schmerz*bewältigungs*programm", „Schmerz*bewältigungs*training" bei vielen Patienten (und ihren Angehörigen) Vorstellungen hervor, die der Realität nicht immer standhalten können. Denn es gibt Schmerzen, die der Betroffene nicht „beherrschen", mit denen er auch nicht „fertig werden" kann. Bereits in den achtziger Jahren hat die Copingforschung im Zusammenhang mit Krebserkrankungen auf die Problematik des Begriffs „Bewältigung" hingewiesen und empfohlen, „grundsätzlich eher von Krankheitsverarbeitung als von Bewältigung" zu sprechen (Ziegler & Gemeinhardt 1990, S. 42). Bewältigungsstrategien sind schwer zu definieren, funktionale und dysfunktionale Reaktionen nicht immer genau voneinander abzugrenzen. Was macht eine ‚erfolgreiche Bewältigungsreaktion' aus? Woran erkennt man sie? Verhaltensweisen, die für einen bestimmten Patienten zur Wahrung oder Wiederherstellung seines inneren Gleichgewichts hilfreich sind, können einem Außenstehenden womöglich pathologisch erscheinen. Bei der Einschätzung von Bewältigungsreaktionen ist deshalb zwischen der Position des Betroffenen und dem Standort des Beobachters sorgfältig zu unterscheiden (Budde 1988). Was mitunter als dysfunktionales oder abnormes Verhalten bezeichnet wird, ist oft nichts anderes als eine *normale Reaktion* auf eine *abnorme Situation*. Zusammengefasst: Individuelle Reaktionen eines Menschen können nicht von vornherein als negativ oder positiv klassifiziert werden, da sie immer auch vom persönlichen, situativen und kulturellen Kontext bestimmt sind (vgl. 2.2.3.).

Die Auseinandersetzung mit chronischen Schmerzen ist nicht etwas, das man ein für alle Mal geschafft hat. Es handelt sich vielmehr um einen *Prozess*, der nicht nur von inneren Faktoren, sondern auch von Bedingungen beeinflusst wird, die außerhalb persönlicher Kontrollmöglichkeiten liegen, um einen Prozess also, der ständigen Schwankungen unterliegt – abhängig von den jeweiligen inneren und äußeren Gegebenheiten. Ein Mensch, der unter bestimmten Umständen gut mit seinen Schmerzen zu leben vermag, kann unter *anderen* Umständen daran verzweifeln. Die Verarbeitung chronischer Schmerzen ist eine lebenslange Herausforderung, der ein Betroffener mal mehr, mal weniger gewachsen ist, der er mal auf diese, mal auf jene Weise begegnet. Oft ist es nicht nur der *Schmerz*, mit dem er umgehen muss. Hinzu kommen *andere Belastungen* – wie z.B. bestimmte Symptome im Zusammenhang mit der Grunderkrankung (Krebs, Osteoporose, usw.), Nebenwirkungen von Medikamenten sowie Verhaltensweisen der Umwelt (vgl. 3.). Das, was eine *Belastung* ist, kann jeweils nur in Abhängigkeit von der Person des Belasteten definiert werden, d.h. in Abhängigkeit von seinen persönlichen Zielen, Werten, Erwartungen sowie davon, was *er* unter einem ‚guten Leben' versteht. Patient A. mag andere Vorstellungen von *Lebensqualität* und *verbesserter Lebensqualität* haben als Patient B.. Entsprechend unterschiedlich kann seine Reaktion ausfallen – selbst auf vergleichsweise ähnliche Bedingungen. Sowenig, wie es *den* Schmerzpatienten gibt, sowenig gibt es *den* Weg, mit chronischen Schmerzen zu leben. Es gibt nur den *individuell passenden Weg*, den ein jeder für sich herausfinden muss. Dem Betroffenen bei der Suche nach diesem Weg zu helfen, ist vorrangige Aufgabe und eigentliche Herausforderung einer psychologischen Begleitung.

Ziele und Schwerpunkte einer jeden Therapie, so auch der Schmerztherapie, hängen entscheidend vom zugrunde liegenden **Gesundheits- und Krankheitsverständnis** ab. Was bedeutet *krank*, was bedeutet *gesund*? Im medizinischen Sinne ist jemand krank, wenn seine physiologischen Merkmale vom wissenschaftlich ermittelten *Durchschnittswert* eines ‚gesunden' Menschen abweichen. Das Ziel der therapeutischen Interventionen besteht darin, die betreffenden Merkmale in Richtung ‚Idealmaß' zu korrigieren. Auch einige Psychologen haben ein Idealmaß des Gesunden vor Augen, wenn sie einen Patienten als *krank* oder *neurotisch* bezeichnen. *Gesund* ist ein Mensch demzufolge dann, wenn ihm die Symptome fehlen, die für ein bestimmtes physiologisches oder psychologisches Krankheitsbild kennzeichnend sind. Das, was Gesundheit ausmacht, ist jedoch noch etwas anderes als die bloße Abwesenheit von Symptomen. Einige ‚Kranke', die in bestimmten Aspekten vom Idealmaß abweichen, wirken ‚gesünder' als manche Menschen, die über einen funktionsfähigen, schmerzfreien Körper verfügen und deren Testwerte im Normalbereich liegen.

Der Medizinsoziologe Arthur Frank (1993, S. 162) schreibt über seine Erfahrungen mit einem Herzinfarkt und einer Krebserkrankung: „In den besten Augenblicken meiner Krankheit bin ich am gesündesten gewesen. In den schlimmsten Augenblicken meiner Gesundheit bin ich krank. Wo soll ich leben? Gesundheit und Krankheit wechseln dauernd ihre Stellung, wie Vordergrund und Hintergrund. Die eine besteht nur aufgrund der anderen und kann sich nur im ständigen Wechsel mit ihr ändern."

Wo liegt die Grenze zwischen *krank* und *gesund*? Wer legt fest, was als *krank*, was als *gesund* zu gelten hat? Vorstellungen davon, welche Verhaltensweisen und welche physiologischen Gegebenheiten zum ‚normalen' Menschsein gehören oder davon abweichen, unterscheiden sich von Person zu Person, von Schicht zu Schicht, von politischem System zu politischem System, von Kultur zu Kultur (Haun 1982). Das heißt, Bestimmungen von Krankheit und Gesundheit sind nicht nur von persönlichen Faktoren abhängig, sondern auch von gesellschaftlichen, ökonomischen und politisch-kulturellen Bedingungen. Um dieser Abhängigkeit zu entkommen, definierte die Weltgesundheitsorganisation 1946: „Gesundheit ist ein *Zustand* vollständigen physischen, psychischen und sozialen Wohlbefindens und nicht einfach die *Abwesenheit* von Krankheit und Gebrechen" (in: Juchli 1985, S. 151). Dieser Begriffsbestimmung zufolge dürfte es nur eine geringe Anzahl gesunder Menschen auf der Welt geben. Zudem ist die Bezeichnung „Wohlbefinden" bzw. „vollständiges Wohlbefinden" ebenso mehrdeutig und relativ wie der Begriff „Gesundheit". 1987 veränderte die WHO ihre Formulierung: „Gesundheit ist die Fähigkeit und die Motivation, ein wirtschaftlich und sozial aktives Leben zu führen" (in: Haase 2000, S. 128). Diese Definition ist weniger statisch als die erste. Auch ist sie mit einem gewissen Maß an Einschränkungen durchaus vereinbar, sofern diese im Hinblick auf das Ziel wirtschaftlicher und sozialer Aktivität kompensiert werden können. Zusammengefasst: In unserer Kultur herrscht ein Gesundheitsverständnis vor, wonach *Gesundheit* als *Leistungsfähigkeit*, als *Anpassung an wirtschaftliche und soziale Erfordernisse* aufgefasst wird, *Krankheit* als Bedrohung dieser Anpassung, als *Störfaktor*, der als solcher bekämpft werden muss.

Dem *hier* vorgestellten Konzept einer psychologischen Begleitung von Schmerzpatienten liegt dagegen ein Weltbild zugrunde, wonach Krankheiten nicht so sehr Störfaktoren sind, als vielmehr *Bestandteile* des Lebens (vgl. 2.5.). Davon ausgehend bevorzuge ich folgende **Definition von Gesundheit**: *Gesund ist ein Mensch dann, wenn es ihm gelingt, sein Wesen unter den unterschiedlichsten Bedingungen zu verwirklichen, das Potential seiner Persönlichkeit im Rahmen der ihm gegebenen Möglichkeiten zu entwickeln und ein Gefühl für seinen Wert aufrechtzuerhalten – unabhängig davon, welch ein Schicksal ihm zuteil wird.* Gesundheit wird also nicht als Abwesenheit von Krankheit verstanden, auch nicht als ein Zustand, sondern als ein ständig sich verändernder Prozess, ein kontinuierliches Bemühen darum, sich dem eigenen Wesen und den persönlichen Fähigkeiten gemäß mit den jeweiligen Gegebenheiten auseinanderzusetzen. Diesem Verständnis zufolge kann es für eine Therapie keine anderen Ziele geben als diejenigen, die sich *der Patient selbst* setzt (vgl. 8.6.).[23] Wobei der Therapeut darauf achten sollte, dass die Ziele des Patienten seinen *wirklichen* Bedürfnissen und Wertvorstellungen entsprechen (nicht etwa den Erwartungen anderer). Der Konsistenzforschung zufolge verbessert sich das Wohlbefinden eines Patienten durch den Einsatz für bestimmte Ziele nur dann, wenn sie „mit seinen wichtigsten übergeordneten motivationalen Zielen und seinen selbstgesetzten, aus eigenem Antrieb verfolgten persönlichen Zielen übereinstimmen" (Grawe 2004, S. 335).

Unabhängig von der Orientierung an der individuellen Person des Patienten ergibt sich aus dem eingangs diskutierten Menschenbild und der Situation von Schmerzpatienten ein **übergeordnetes Ziel** für eine *jede* Therapie: *dem Betroffenen dabei zu helfen, sich mit sich selbst, seinen Mitmenschen und einer Welt auszusöhnen, die nicht nur Gesundheit und Glück, sondern immer auch Krankheit, Schmerzen und Tod enthält.* Dieses Ziel ist nicht als Erwartungsnorm zu verstehen, der es auf jeden Fall zu entsprechen gilt, sondern als ein Anliegen, dem man sich immer nur mehr oder weniger *annähern* kann. Im Hinblick auf dieses Anliegen können **Leitlinien für die therapeutische Begleitung** von Schmerzpatienten formuliert werden, wie sie sich aus Rollentheorie, Hilflosigkeitskonzept und den Erkenntnissen der Neurowissenschaften ableiten lassen:

---

[23] Schon immer haben erfolgreiche Therapeuten - unabhängig von ihrem theoretischen Hintergrund - die *Individualität des Vorgehens* hervorgehoben. C. G. Jung zum Beispiel war davon überzeugt, dass, wer zwei Patienten gleich behandeln, mindestens einen von beiden *falsch* behandeln würde. Der Psychoanalytiker Irvin D. Yalom (2000, S. 198) leitet daraus die Forderung ab: „Der gute Therapeut muss für jeden Patienten eine neue Therapie erschaffen." Bei Jakob L. Moreno (1973, S. 248) heißt es: „Der Patient ist der Schöpfer und Hauptdarsteller. Seine Handlungen und Stimmungen deuten den Weg an." Die Bezeichnung „Gesprächspsychotherapie" ist eine (etwas freie) Übersetzung des von Carl Rogers (1973 a) geprägten Begriffs „Client-Centered Therapy". Hier wird das Merkmal der Patientenzentriertheit sogar zum Titel der Methode erhoben. Auch „das ursprüngliche Konzept der Verhaltenstherapie" schreibt im Sinne maximaler Effektivität der Therapie „ein spezifisches ‚tailoring' der Intervention auf den individuellen Fall vor" (Kröner-Herwig & Frettlöh 2004, S. 511). In der *kognitiv-behavioralen Schmerztherapie* allerdings werden zunehmend „standardisierte Therapieprogramme eingesetzt" (ebd.), wobei „die therapeutischen Strategien auf diagnostisch anfänglich oder im Verlauf der Therapie erkannte Schmerzmechanismen" zentriert sind (Traue et al. 1999, S. 187). Das aber bedeutet: Der Schwerpunkt liegt nicht auf der *individuellen Person* des Patienten, sondern auf seinem *Schmerz* sowie auf den Mechanismen, die für seine Entstehung und Aufrechterhaltung im *Allgemeinen* verantwortlich gemacht werden.

- Der Patient wird dazu ermutigt, sich mit seinen Gedanken und Gefühlen offen auseinanderzusetzen – mit seiner Trauer angesichts krankheitsbedingter Verlust- und Unkontrollierbarkeitserfahrungen ebenso wie mit seiner Angst vor weiterem Kontrollverlust, mit seinem Zorn angesichts demütigender Bedingungen, denen Menschen im medizinischen Betrieb gelegentlich ausgesetzt sind, mit seinen Hoffnungen und Wünschen ebenso wie mit seiner Verzweiflung und möglichen Suizidgedanken angesichts ausbleibender Schmerzlinderung, mit seinen Fragen nach dem Sinn seiner Leiden, nach Gott und dem Tod.
- Die privaten und beruflichen Bedingungen, unter denen der Patient lebt, werden konkretisiert und in Beziehung zu seinem Verhalten gesetzt, so dass er seine eigenen Reaktionen besser verstehen und einordnen, u.U. auch neue Einstellungs- und Verhaltensweisen bei der Auseinandersetzung mit diesen Bedingungen entwickeln kann.
- Die subjektive Bedeutsamkeit bisheriger Lebensziele des Patienten wird hinterfragt, so dass Lebensbereiche, die früher in hohem Maße selbstwertrelevant waren, in ihrer Wichtigkeit für ihn zurücktreten zugunsten einer *Neuorientierung* an Werten, die unabhängig von Leistungsfähigkeit und körperlicher Gesundung verwirklicht werden können.
- Die Fähigkeit des Patienten zu *differenzierter* und *spezifischer Situationseinschätzung* wird gefördert, so dass er Situationen, in denen er tatsächlich hilflos ist, leichter von denjenigen Situationen zu unterscheiden vermag, in denen er durch sein eigenes Verhalten noch etwas bewirken kann.
- Der Patient wird darin bestärkt, krankheitsbedingte Unkontrollierbarkeitserfahrungen nicht (mehr) mit seinem persönlichen Versagen zu erklären. Die Entwicklung *selbstwertfördernder Bewertungsmuster* wird unterstützt – nicht nur über den Weg rationaler Argumentation, sondern auch durch unmittelbare *Erfahrung*.
- Krankheitsbedingte Rollenverluste des Patienten werden als solche anerkannt. Gleichzeitig werden noch bestehende Rollen aktiviert, insbesondere seine *transzendenten Rollen*, in denen er seine Persönlichkeit auch dann noch entfalten kann, wenn einige oder mehrere seiner Rollen im beruflichen und privaten Bereich unwiederbringlich verloren sind.
- Der Patient sollte bereits in der therapeutischen Situation selbst *positive Erfahrungen* machen können – Erfahrungen, die seiner Angst entgegenwirken. Zudem wird mit ihm erarbeitet, auf welche Weise er in seinem Alltag die Wahrscheinlichkeit für Erfahrungen erhöhen kann, die ihm körperlich und/oder seelisch gut tun.
- Der Schwerpunkt der Interventionen liegt auf den *Ressourcen* des Patienten: Die ‚dunklen' Seiten seines Lebens werden weder bagatellisiert noch verdrängt, doch wird seine Aufmerksamkeit wiederholt auf seine Stärken gelenkt sowie auf das, was ihm Halt gibt im Leben (innere Werte und Vorstellungen, Menschen, denen er vertraut, …).

Über die Aktivierung positiver Aspekte gelangt der Patient zu einer umfassenderen Sicht seiner Person und Situation, wodurch es ihm erleichtert wird, den ihm gegebenen Spielraum zu nutzen, möglicherweise noch zu erweitern.

Hilflosigkeit angesichts chronischer Schmerzen kann nicht abgeschafft werden. Doch sollte sich die persönliche Hilflosigkeit des Betroffenen in eine *universelle Hilflosigkeit* wandeln können, so dass er sich aufgrund der von ihm gemachten Unkontrollierbarkeitserfahrungen nicht mehr verachtet und ablehnt, sondern sich als einen Menschen begreifen kann, der seinen Wert und seine Würde behält – auch dann, wenn er immer weniger Aspekte seiner Situation zu kontrollieren vermag. Als positives Gegenstück zu Hilflosigkeit wird gewöhnlich Kontrollbewusstsein gesehen. Doch zwischen Hilflosigkeit und Kontrollbewusstsein gibt es noch ein Drittes – das *Vertrauen* darauf, „dass wir das Geschehen nicht immer selbst in der Hand haben und *dennoch* nicht verzweifeln müssen" (Ulich 1983, S. 242). Ein solches Vertrauen darf nicht mit Fatalismus (der völligen Ergebenheit in die Macht des Schicksals) gleichgesetzt werden! Vertrauen belässt dem Betroffenen ein Gefühl für seine *innere Freiheit*, d.h. dafür, zumindest die *Reaktion* auf sein Schicksal selbst wählen zu können.

Aus den hier formulierten Leitlinien für therapeutisches Handeln geht hervor, dass die Bezeichnung „Schmerztherapie" genau besehen unzutreffend ist, denn nicht der *Schmerz* steht im Vordergrund, sondern der *Patient*. Nicht um reparative Zielsetzungen geht es (wie z.B. die Wiederherstellung von Arbeitsfähigkeit), sondern darum, dass sich der Betroffene mit bestehenden Grenzen und unabänderlichen Lebensumständen aussöhnen und seine individuellen Möglichkeiten auf eine *ihm* gemäße Weise verwirklichen kann. Ein solches Anliegen bleibt auch dann noch bestehen, wenn die Schmerzen des Patienten aufgrund einer bestimmten Grunderkrankung eher noch zunehmen, seine körperlichen und geistigen Kräfte womöglich weiter nachlassen werden.

In Theorie und Praxis psychologischer Schmerztherapie ist gewöhnlich von „Behandlung" die Rede. Für das hier vorgestellte Konzept wähle ich bewusst den Begriff **Begleitung**. *Begleitung* bedeutet soviel wie mitgehen, jemandem das Geleit geben, jemanden nach Hause bringen, geleiten. Sinnverwandte Ausdrücke für *Begleiter* sind Weggefährte, Beistand, Beschützer, Kamerad. Synonyme und Unterbegriffe für *Behandlung* sind: Beaufsichtigung, Betreuung, Eingriff, Handhabung, Heilmaßnahme, Kontrolle, Lenkung, Steuerung, Verfahren, Wartung (vgl. Peltzer & Normann o.J.). Bei einer *Behandlung* geht die Initiative vom *Therapeuten* aus. *Begleitung* dagegen impliziert, dass der *Patient* Tempo, Richtung und Inhalte vorgibt, während der Therapeut ihm darin folgt. Sporken (1982, S. 42) verdeutlicht den Begriff mit einem Bild aus dem musikalischen Bereich. Hier bedeutet *begleiten*, „die zweite Partie spielen oder einen Solisten so unterstützen, dass die eigentliche Melodie besser und schöner zur Geltung kommt". Nicht nur die konkreten Ziele einer Therapie, auch die Interventionen des Therapeuten orientieren sich also am Erleben und Verhalten des Patienten in seiner ganz spezifischen Situation.

7. Verständigung über den Schmerz

Die im Schmerz (wie auch in der Leidenschaft) liegende Wahrheit, können Worte sie wirklich fassen? Sie fließen erst wieder, wenn alles vorbei ist, wenn die Dinge sich wieder beruhigt haben. Sie sprechen nur von Erinnerung, kraftlos oder unwahr.
(Alphonse Daudet 2003, S. 32)

Für die Praxis der Schmerztherapie sind eine Vielzahl von Methoden zur Schmerzdiagnostik und Verlaufskontrolle entwickelt worden: Verfahren zur Erfassung des Schmerzverhaltens, der Schmerzbewältigung und schmerzassoziierter psychischer Beeinträchtigungen wie Hilflosigkeit, Depression und Angst, Fragebogen zu schmerzbedingten Funktionsbehinderungen und schmerzbezogenen Kognitionen, zur Erhebung von Kontrollüberzeugungen und Selbstinstruktionen, Methoden zur Messung psychophysiologischer Begleiterscheinungen sowie des Partnerverhaltens bei Schmerz (vgl. Kröner-Herwig 2004 c). Das Schmerzerleben selbst entzieht sich objektiver Messung und Definition, „und die triviale Tatsache, dass man nur den Schmerz mitleidend nachvollziehen kann, den man selbst erfahren hat, macht auch die Beurteilung des Schweregrads von Schmerzen unter ärztlichen Aspekten so schwer" (Forth et al. 1991, S. 16). Mit Hilfe bildgebender Verfahren gewinnen Neurowissenschaftler zwar immer mehr Kenntnisse darüber, welche *Gehirnstrukturen* an der Schmerzverarbeitung beteiligt sind. Doch sind die entsprechenden Geräte derzeit noch sehr teuer, so dass sie nur in der Forschung, nicht aber in der alltäglichen Praxis eingesetzt werden. In der unmittelbaren Begegnung mit Schmerzpatienten geht es nach wie vor darum, wie sich Therapeut und Patient über den Schmerz *verständigen* können – auch ohne den Einsatz bildgebender Verfahren. Zunächst eine kurze Übersicht über die wichtigsten Methoden, die zur Diagnostik und Verlaufskontrolle von Schmerzen eingesetzt werden.

7.1. Ratingskalen

Zur Erfassung der Schmerzintensität werden vor allem folgende Skalen verwendet (vgl. Kröner-Herwig 2004 c):

- Die numerische Ratingskala (NRS)[24]
- Die visuelle Analogskala (VAS)
- Die verbal markierte mehrstufige Ratingskala (VRS)

Die Ratingskalen werden nicht nur zur *Diagnostik*, sondern auch zur *Therapiekontrolle* eingesetzt. Schätzt ein Patient seinen Schmerz zu Beginn einer Therapie zum Beispiel mit „7", nach sechswöchiger Behandlung mit „4" ein, geht man von einem Therapieerfolg aus. Die *Vorteile* der Skalen liegen in der schnellen Durchführbarkeit sowie in ihrer hohen Plausibilität. Ein entscheidender *Nachteil* ist die *Abstraktheit der Aussage*: Der Patient muss die verschiedenen Komponenten seines Schmerzes in einer Zahl zusammenfassen. Der Therapeut erfährt weder etwas über die *Qualität* des Schmerzerlebens noch kann er die Skalenwerte verschiedener Patienten miteinander vergleichen – weil die *Bezugsgrößen* variieren. Jeder Schmerzpatient benutzt eine ihm *eigene* Skala, die von *konstitutionellen Faktoren, kulturellen und gesellschaftlichen Bedingungen* abhängig ist sowie vom *Spektrum der Schmerzen*, die er bisher erfahren hat. Je mehr Schmerzen unterschiedlichster Intensität und Qualität ein Mensch kennen gelernt hat, umso differenzierter wird er einen gegenwärtigen Schmerz beurteilen. Die Inuit verfügen über eine *Vielzahl* von Begriffen, um damit das zu bezeichnen, wofür Menschen in Deutschland nur *ein* Wort kennen: „Schnee". Menschen, die in ihrem Leben schon sehr viele und sehr starke Schmerzen erlitten haben, schätzen einen bestimmten Schmerz im Allgemeinen eher zurückhaltend ein, weil sie wissen: „Schmerz ist nie ausgereizt, nach oben hin gibt es keine Grenze" (Høeg 2007, S. 243).

Neben dem Ausmaß an Schmerzerfahrungen in der *Vorgeschichte* des Betroffenen hängt seine Beurteilung der Schmerzintensität auch davon ab, welche *Bedeutung* der Schmerz zum gegebenen Zeitpunkt für ihn hat. Wenn Patient A. seinen Schmerz beispielsweise mit „8" einschätzt, Patient B. mit „6", so muss das nicht unbedingt darauf hinweisen, dass die Schmerzen von Patient A. stärker sind als die von Patient B.. Vielleicht bewertet Patient A. seinen Schmerz auch deshalb mit „8", weil er seine berufliche Leistungsfähigkeit beeinträchtigt und er ihn deshalb als äußerst bedrohlich erlebt. Patient B. dagegen *hat* seinen Beruf bereits verloren. Der Schmerz ‚tut weh', stellt aber keine unmittelbare Gefahr mehr für seine berufliche Karriere dar, weshalb er einen u.U. ähnlich starken Schmerz nur mit „6" bewertet. Da die subjektiv erlebte Bedrohlichkeit eines Schmerzes von Einzelmessung zu Einzelmessung erheblich schwanken kann, lassen sich selbst Werte des *gleichen* Patienten nur begrenzt miteinander vergleichen. Und schließlich: Auch der Einfluss therapeutischer Behandlungen ist mittels Ratingskalen nur ungenau zu er-

---

[24] Der Patient beurteilt die von ihm erlebte Schmerzintensität mit einer Zahl von 0 (= kein Schmerz) bis 10 (= stärkster vorstellbarer Schmerz) oder mit einer Zahl von 0 bis 100.

fassen. Beispielsweise bleibt unklar, ob durch eine bestimmte Maßnahme (wie etwa ein neues Medikament) eher die sensorische oder die affektive Komponente der Schmerzempfindung beeinflusst worden ist. Die Einschätzung eines Schmerzes anhand einer Ratingskala kann dem Therapeuten einen ersten Eindruck von seiner subjektiv erfahrenen Intensität vermitteln, wobei er diese Einschätzung immer in Beziehung zu anderen verbalen und nonverbalen Äußerungen des Patienten setzen sollte. Ein Patient beispielsweise, der mit dem eigenen Wagen zur Praxis fährt, dem Therapeuten von Freizeitaktivitäten wie Kino- oder Konzertbesuchen berichtet, zugleich seinen Schmerz mit „9" (oder „90") bewertet, verfügt bisher vermutlich über eher begrenzte Schmerzerfahrungen und/oder neigt dazu, das *subjektive Leiden am Schmerz* zu betonen. Die „9" ist in diesem Fall nicht so sehr als Hinweis auf die Schmerzstärke zu verstehen, sondern vor allem als Ausdruck dessen, dass der Patient diesen Schmerz als äußerst *bedrohlich* erlebt. Die vom Patienten angegebene Zahl ist also nicht ‚absolut', sondern immer relativ zu sehen (im Zusammenhang mit seinem *Gesamtverhalten*) sowie als eine Art ‚Mischwert' aus subjektiv empfundener Intensität und erlebter Bedrohlichkeit der Schmerzen.

Zusammenfassung
Messungen der Schmerzintensität mittels Ratingskalen sind leicht durchzuführen und schnell auszuwerten, werden der *Komplexität des Schmerzgeschehens* allerdings nicht gerecht. Die Einschätzungen auf den Ratingskalen sind vom jeweiligen Bezugssystem des Patienten abhängig. Dieses Bezugssystem müsste der Therapeut sehr genau kennen, um die Einschätzung eines Patienten nachvollziehen und verschiedene Einschätzungen miteinander vergleichen zu können. Ohne diese Kenntnis ist die Schmerz-Testung mittels Ratingskalen *allein* von nur geringer Aussagekraft. Die diagnostische Bedeutung einer Einschätzung kann erhöht werden, setzt man sie in Beziehung zum sonstigen Verhalten des Patienten. Eine *gemeinsame Ebene der Verständigung* über seinen Schmerz wird jedoch über den abstrakten Weg einer Zahl oder eines Kreuzchens auf einer Linie kaum erreicht.

7.2.   Schmerzempfindungsskalen

Um die sensorischen, affektiven und evaluativen Komponenten des Schmerzerlebens erfassen zu können, sind - in Anlehnung an den *McGill-Pain-Questionnaire* (MPQ) von Melzack (1975) - so genannte *Adjektivskalen* entwickelt worden, z.B. die *Hamburger Schmerz-Adjektiv-Liste* (HSAL) von Hoppe (1991) und die *Schmerzempfindungsskala* (SES) von Geissner (1996).[25] Die Vorgabe von Adjektiven dient dem

---

[25] Bei der *Schmerzempfindungsskala* handelt es sich um eine Liste von insgesamt 24 Eigenschaftswörtern, die für 5 verschiedene Dimensionen des Schmerzes charakteristisch sind.

Ziel, dem Patienten *differenzierte* Angaben über die verschiedenen Dimensionen seiner Schmerzempfindung zu ermöglichen. Inzwischen liegt eine Vielzahl empirischer Untersuchungen vor, die Validität und Reliabilität der Schmerzempfindungsskala bestätigen. Dennoch sollte ihre Aussagekraft im Hinblick auf den Schmerz eines konkreten Patienten nicht überschätzt werden. Der Umgang mit einer Adjektiv-Liste setzt ein gewisses Maß an sprachlicher Kompetenz und verbaler Gewandtheit voraus. Der Unterschied zwischen „erschöpfend" und „entnervend", „pochend" und „klopfend" muss nicht für jeden Patienten unmittelbar einsichtig sein, so dass mitunter Differenzierungen vorgetäuscht werden, die dem tatsächlichen Schmerzerleben nicht entsprechen. Auch kann das *Angebot* von Adjektiven den Patienten dazu verleiten, seinen Schmerz mit Worten zu behaften, die er von sich aus nicht verwendet hätte. Zudem assoziiert jeder Mensch *andere Bedeutungen* mit einem bestimmten Wort. Was unter „erschöpfend", „grausam", usw. verstanden wird, ist je nach Lebenskontext und biographischer Situation durchaus verschieden.

Wenn ein reicher Fabrikant und ein Bezieher von Arbeitslosenhilfe über 100,00 Euro sprechen, sind damit höchst wahrscheinlich *unterschiedliche* Vorstellungen verbunden. Ähnlich ist es mit dem Reden über Schmerz: Ein Mensch, der seit Jahren anhaltend starke Schmerzen hat, verbindet mit dem Wort „Schmerz" andere Vorstellungen, Bedeutungen und Empfindungen als ein Mensch, der nur leichtere Kopf- und Zahnschmerzen kennt. *Wie* ein Mensch Sprache benutzt, ist nicht zu trennen von seiner Lebensform, seiner Weltanschauung, seinem Erfahrungs- und Bildungshintergrund, seiner biographischen und gegenwärtigen Situation. Es gibt keine Bedeutungslehre für Wörter, d.h. keine Regeln dafür, wie ein bestimmtes Wort in seiner ‚richtigen' Bedeutung zu verwenden ist: „Was ein Wort ‚bedeutet', zeigt sich in seinem Gebrauch und ist unabhängig von diesem nicht feststellbar" (Schmitz-Emans 1994 b, S. 19).

Die *enge Verbindung zwischen Sprach- und Lebenspraxis* zeigt sich auch bei Gesprächen über den Schmerz: Die Art und Weise, wie ein Betroffener seinen Schmerz beschreibt, ist von seiner gegenwärtigen und vergangenen *Lebenssituation* abhängig. *Das* Brennen, *die* Schärfe, *das* Bohren eines Schmerzes gibt es nicht. Mit der Vorgabe von Eigenschaftswörterlisten jedoch wird eine Eindeutigkeit der Schmerzerfassung suggeriert, die der Wirklichkeit nicht entspricht. Zudem wird dem Patienten indirekt vermittelt: ‚Wir können Ihren Schmerz erfassen (und dann auch therapieren). Sie müssen nur die richtigen Eigenschaften nennen.' Was hier wirkt, ist der alte Namenszauber – der Glaube nämlich, dass die Dinge beeinflussbar sind, indem man sie *benennt*: Wer den Namen des bösen Zwergs kennt („Rumpelstilzchen"), unterliegt nicht mehr seiner Macht, sondern übt seinerseits Macht aus. Das Unnennbare, Unbenennbare ist dem Menschen schon immer bedrohlich gewesen, denn es vermittelt ihm das Gefühl persönlicher Ohnmacht und Unterlegenheit. Was man dagegen mit *Namen* nennen kann, „wird zum Element einer Ordnung, in der sich des Menschen Geist zurechtfindet (und zwar natürlich darum, weil er sie selbst begründet hat)" (Schmitz-Emans 1994 a, S. 24 f.). Eigenschaftswörterlisten unterstützen die Illusion, den Schmerz klassifizieren, ihn damit verstehen und beherrschen zu können. Doch Erfahrungen wie der Schmerz entziehen sich einer sprachlichen Fixierung, lassen sich in kein Korsett vorgegebener Kategorien zwängen.

Über die Schwierigkeit, sich über den Schmerz zu verständigen, schreibt Ludwig Wittgenstein (2000, S. 80): „Wenn ich von mir selbst sage, ich wisse nur vom eigenen Fall, was das Wort ‚Schmerz' bedeutet, - muss ich *das* nicht auch von den Andern sagen? Und wie kann ich denn den einen Fall in so unverantwortlicher Weise verallgemeinern? Nun, ein Jeder sagt es mir von sich, er wisse nur von sich selbst, was Schmerzen seien! – Angenommen, es hätte Jeder eine Schachtel, darin wäre etwas, was wir ‚Käfer' nennen. Niemand kann je in die Schachtel des Andern schauen; und Jeder sagt, er wisse nur vom Anblick *seines* Käfers, was ein Käfer ist. – Da könnte es ja sein, dass Jeder ein anderes Ding in seiner Schachtel hätte. Ja, man könnte sich vorstellen, dass sich ein solches Ding fortwährend veränderte."

Was genau sich in der „Schachtel" befindet, d.h. wie genau ein individueller Schmerz ‚aussieht' und wie er sich ‚anfühlt', kann weder durch eine Zahl noch durch vorgegebene Adjektive vermittelt, sondern bestenfalls nur am Beispiel *gezeigt*, mit Bildern, Vergleichen und Gleichnissen *veranschaulicht* werden (vgl. 7.4.).

Zusammenfassung
Der Vorteil von Adjektiv-Listen liegt darin, dass sie leicht anzuwenden sind und der Vielfalt des Schmerzgeschehens besser gerecht werden als Ratingskalen, die den Schmerz in einem einzelnen Maß zusammenfassen. Nachteilig dagegen ist, dass das Schmerzerleben in eine überschaubare Ordnung gebracht wird, die seiner Vielfalt nicht entspricht. Auch wird die Illusion vermittelt, man könne den Schmerz eines Menschen ‚verwalten', ohne persönlich hineingezogen zu werden. Die Wirklichkeit einer bestimmten Schmerzerfahrung liegt jenseits von Kategorisierungen und kann annäherungsweise nur von dem erfasst werden, der dazu bereit ist, sich auf die Sprache des Betroffenen einzulassen.

7.3. Schmerztagebücher

Das Prinzip eines Schmerztagebuchs besteht darin, die Intensität der Schmerzen (von 0 bis 10 oder von 0 bis 100) über einen gewissen Zeitraum hinweg in vorgegebenen Intervallen zu protokollieren. Einige Tagebücher verlangen stündliche, andere drei- oder sechsmalige Eintragungen täglich. Zusätzlich zur *Schmerzstärke* werden die jeweiligen *Aktivitäten* notiert, *Art und Dosis eingenommener Medikamente*, bei manchen Tagebüchern auch *Sonstige Beschwerden* oder *Begleitsymptome, Grad der Verspannung, Stimmungslage, Vorherrschende Gedanken* und *Coping-Strategien*. Lautenbacher (2004, S. 284) empfiehlt, dass „zumindest immer die Schmerzintensität, die Schmerzdauer und alle schmerztherapeutischen Maßnahmen einschließlich der Einnahme von Analgetika protokolliert werden" sollten. Schmerztagebücher haben vor allem zum Ziel, schmerzrelevante Einflussfaktoren zu erkennen, d.h. Zusammenhänge zwischen dem Schmerz und bestimmten Situationen und/oder Gedanken aufzudecken. Auch dienen sie der Verlaufskontrolle – beispielsweise während der Teilnahme an einem Schmerzbewältigungsprogramm.

Schmerztherapeuten bezeichnen das Schmerztagebuch als „die Methode der Wahl" (Lautenbacher 2004, S. 283) oder als „Königsweg zur Dokumentation des Therapieprozesses und der -wirkung bezogen auf das Schmerzerleben" (Kröner-Herwig 2004 c, S. 292). Diese Einschätzung erscheint mir zu positiv. Wird ein Patient über einen längeren Zeitraum hinweg zur regelmäßigen Buchführung über seinen Schmerz aufgefordert, wird damit eine Entwicklung in Gang gesetzt und/oder aufrechterhalten, die der expliziten Zielsetzung der Schmerztherapie zuwiderläuft: Statt eine mögliche Fixierung auf den Schmerz zu lösen, wird sie eher noch *verstärkt*. Die Befürchtung, dass die Schmerzwahrnehmung „infolge der täglichen Protokollierung durch die besondere Aufmerksamkeitszuwendung ... *intensiviert* wird", konnte zwar „empirisch nicht bestätigt" werden (ebd.). Doch wird der Patient zwangsläufig dazu angehalten, sich häufig mit seinen Schmerzen zu befassen, so dass womöglich sämtliche Aktivitäten nur noch im Hinblick darauf betrachtet werden, ob sie sich schmerzverstärkend auswirken oder nicht. Allein der technische Vorgang, mehrmals täglich vier- bis achtspaltige (!) Tabellen auszufüllen, nimmt *Zeit* in Anspruch. Der Schmerz, d.h. seine Beobachtung, wird mehr und mehr zum Lebensinhalt des Betroffenen. Einigen Patienten fallen die Eintragungen schwer: „Hm, soll ich diesen Schmerz nun mit einer ‚6' oder mit einer ‚7' bewerten? Eigentlich ist der Schmerz etwas stärker als gestern um diese Zeit. Gestern habe ich ‚7' geschrieben. Dann müsste es jetzt mindestens eine ‚7,5' sein. Oder sollte ich ‚8' schreiben? Das geht aber auch nicht. Denn was schreibe ich, wenn der Schmerz eventuell noch stärker wird?" Manche Patienten fragen sogar ihre Mitpatienten (oder ihre Angehörigen): „Was meinst du? ‚5' oder ‚6'?" Selbst bei einer gewissen Vertrautheit im Umgang mit Dokumentationen: Sorgfältiges Protokollieren geht nicht einfach so ‚nebenher'. Es *unterbricht* die üblichen Aktivitäten, lenkt *ab* vom normalen Alltag, lenkt *hin* zum Schmerz. Jedes Ereignis, das über einen gewissen Zeitraum hinweg regelmäßig *protokolliert* werden soll, bekommt allein dadurch schon eine gewisse *Bedeutung*. Was schwarz auf weiß festgehalten wird, das muss *wichtig* sein. Zudem wird die Vorstellung erzeugt, der Schmerz sei verwaltbar – und von daher auch kontrollierbar. Doch eben das ist eine Illusion. Denn das Gegenteil geschieht: Der Schmerz kontrolliert den Patienten. Seine ‚Verwaltung' diktiert den Tagesablauf: „Schon wieder eine Stunde vorbei. Ich muss die Tabelle ausfüllen!"

Nachträgliches Ausfüllen der Tagebücher, d.h. „die nichtkontrollierbare ‚Verfälschung' der Daten durch mangelnde *Compliance im Protokollverhalten* des Patienten ..., kann durch Einsatz sog. elektronischer Tagebücher minimiert werden" (Kröner-Herwig 2004 c, S. 292), bei denen der Patient durch ein *Signal* an die Eintragung *erinnert* und der Zeitpunkt der Dokumentation gespeichert werden kann. Der Patient wird jedoch nicht nur an seine Eintragung erinnert, sondern vor allem auch an seinen *Schmerz*. Auf diese Weise wird *verhindert*, was als Therapieziel angestrebt wird: dass sich der Patient über längere Zeiträume hinweg einmal *nicht* mit seinem Schmerz beschäftigt. In dem Bemühen, den Schmerz des Patienten so genau wie möglich zu erfassen, wird er mehr und mehr zum *Mittelpunkt* seines Lebens gemacht. Wie die Bezeichnung *„Schmerztagebuch"* andeutet: Es geht nicht eigentlich um den betroffenen *Menschen* – es geht um den *Schmerz*!

Zusammenfassung
Schmerztagebücher sind nur über einen kurzen Zeitraum hinweg sinnvoll (drei bis vier Tage): zu Therapiebeginn aus diagnostischen Gründen und eventuell noch einmal zu einem späteren Zeitpunkt, um den Verlauf zu überprüfen. Bevor ein Therapeut seinem Patienten ein Schmerztagebuch empfiehlt, sollte er bedenken: Mehrmals tägliches Protokollieren hält den Betroffenen im Schmerzsystem fest, lenkt seine Aufmerksamkeit regelmäßig auf den Schmerz und erschwert damit die Entwicklung einer Haltung, die er ‚eigentlich' lernen sollte – den Schmerz nicht (mehr) so wichtig zu nehmen.

7.4. Aktivierung innerer Bilder

In dem Maße, wie es mir gelang, die Emotionen in Bilder zu übersetzen, d.h. diejenigen Bilder zu finden, die sich in ihnen verbargen, trat innere Beruhigung ein.
(C. G. Jung 1987 b, S. 181)

In seinem Buch „Aus meinem Leben und Denken" spricht Albert Schweitzer von einer „Brüderschaft der vom Schmerz Gezeichneten" (in: Cousins 1981, S. 164). Wer dieser Brüderschaft nicht angehöre, könne das Wesen des Schmerzes nur schwer erfassen. Auch wenn einer sprachlichen Verständigung über den Schmerz Grenzen gesetzt sind, folgt daraus nicht, dass der Versuch einer solchen Verständigung aufgegeben werden sollte. Mit dem Bemühen darum steht und fällt eine jede psychologische Begleitung. Wenn Patienten versuchen, ihren Schmerz in Worte zu fassen, wählen viele von ihnen spontan ein **Bild**, einen **Vergleich**, eine **Metapher** – eingeleitet etwa mit einem konjunktivischen „Als ob". Damit suchen sie intuitiv nach einer Ebene der Verständigung, die auch dem Gegenüber zugänglich ist. *„Als ob"*- und „Es fühlt sich an wie"-Vergleiche legen den Schmerz nicht fest. Sie umkreisen ihn und vermitteln dem Zuhörer zumindest eine *ungefähre Ahnung* von dem, was der Betroffene erlebt. Das kaum zu Begreifende muss also nicht ins Unbesprechbare verbannt werden. Im Gegenteil: Für den Patienten - besonders für ihn - ist es wichtig, über den Schmerz zu reden – allein schon deshalb, um der Isolation zu entkommen, die mit einer solchen Erfahrung verbunden ist.

Beispiele für Umschreibungen:
– „Der Schmerz durchzuckt mein Gesicht wie ein Blitz."
– „Der Schmerz fühlt sich an, als ob sich ein Messer in meinen Oberschenkel bohren würde."
– „Es fühlt sich an, als ob sich eine schwere Kugel in meinem Kreuz drehen würde – eine Kugel, die rundum voller Stacheln ist."
– „Ich erlebe den Schmerz wie einen Tiger, der mich von hinten anfällt."
– „Als ob sich ein Hund in meine Wade verbissen hätte, so fühlt sich dieser Ischiasschmerz an."
– „Wie eine Zahnwurzelentzündung im Po, könnte man sagen."

Wer seinen Schmerz auf diese Weise umschreibt, ist nicht unbedingt schon von einem Hund gebissen oder von einem Tiger angefallen worden. Er greift vielmehr auf Metaphern zurück, die als Gemeinplätze eine Erfahrung strukturieren sollen, die sich anders nicht vermitteln lässt. Das „Als ob" und das „Wie" nehmen die Tatsache ernst, dass sich Sprache dem Wesen des Schmerzes immer nur *annähern* kann. Weder der Patient noch der Therapeut haben in der Realität *erlebt*, was das Bild darstellt. Doch beide versuchen, sich *vorzustellen*, wie sich das, was im Bild geschieht, anfühlen könnte. In der *gemeinsamen Phantasie* über das „Als ob" wird eine Gemeinsamkeit des Erlebens hergestellt, über die Verständigung möglich ist. Selbst wenn Therapeut und Patient zum Teil unterschiedliche Vorstellungen davon haben sollten, was es bedeutet, von einem Tiger angefallen oder von einem Hund gebissen zu werden, gibt es zumindest eine mehr oder minder große ‚Schnittmenge' übereinstimmender Phantasien. Diese Schnittmenge wird für den Therapeuten zur Basis seines Ein- und Mitfühlens.

Aus neurobiologischer Sicht lässt sich dieser Vorgang mit dem System der *Spiegelnervenzellen* erklären, die es uns ermöglichen, das, was in einem anderen Menschen vorgeht, in uns selbst zu rekonstruieren und von innen heraus zu verstehen (vgl. 5.6.1.). Lässt sich der Therapeut auf die Umschreibungen seines Patienten ein, werden in den emotionalen Zentren seines Gehirns Spiegelneurone aktiviert, die ihn die bildlich vermittelten Gefühle unmittelbar nachvollziehen lassen. Eine *objektive* Erfassung des Schmerzerlebens gibt es nicht. Die beste Verständigung darüber geschieht über den Weg neuronaler Resonanz, d.h. dadurch, dass im Therapeuten etwas zum Schwingen gebracht wird, das dem Erleben des Patienten möglichst nahe kommt. Was Bauer (2005, S. 45) über das Erfassen der emotionalen Befindlichkeit eines anderen Menschen sagt, gilt für das Erfassen seiner Schmerzerfahrung gleichermaßen: „Aus neurobiologischer Sicht besteht aller Grund zu der Annahme, dass kein Apparat und keine biochemische Methode den emotionalen Zustand eines anderen Menschen jemals so erfassen und beeinflussen kann, wie es durch den Menschen selbst möglich ist."

Neuronale Resonanz - und damit Einfühlung in das Schmerzerleben eines Patienten - wird *erschwert*, wenn der Therapeut auf einer abstrakten Zahl besteht, Bilder und Gleichnisse des Patienten dagegen ablehnt – als „dysfunktional" und „dramatisierend". Kann sich der Therapeut auf die Sprache seines Patienten und auf die von ihm gewählten Bilder nicht einlassen, wird er kaum etwas von dem erfahren, was dieser mit seinem Schmerz gefühlsmäßig verbindet. Einige Beispiele und Umschreibungen von Patienten mögen tatsächlich pathetisch und dramatisierend wirken. Doch sind sie der Komplexität ihrer ganz persönlichen Schmerzerfahrung meist angemessener als Kreuzchen auf der Eigenschaftswörterliste oder eine Zahl auf der numerischen Einschätzskala.

Alle Menschen denken in Bildern, vor allem dann, wenn es um Erfahrungen geht, die ihre bisherige Wirklichkeit überschreiten. Erinnert sei an Märchen, in denen Gefühlszustände wie Angst und Verzweiflung, Hoffnung und Zuversicht in Bilder übersetzt werden, oder auch an die Bilder Jesu, an seine Vergleiche und Umschreibungen, die oft alle Wirklichkeit und Möglichkeit übersteigen – wie z.B. das Bild vom Splitter und Balken (Matthäus 7, 4), von der Mücke und dem Kamel (ebd. 23, 24), vom Kamel und dem Nadelöhr (Markus 10, 25).[26] Jede dieser Umschreibungen drückt einen bestimmten Sachverhalt so aus, dass nicht nur das Ohr der Zuhörer, sondern auch ihr Herz und ihr Verstand angesprochen, dass sie aufmerksam werden, wachgerüttelt von der Ausdruckskraft des Bildes. Manche Schmerztherapeuten scheinen offensichtlich eben davor Angst zu haben – vom Bild des Patienten *ergriffen* zu werden. Zahlen und Kreuze auf einer Ratingskala sprechen nur den *Verstand* an. Emotionale Ansteckung ist hier nicht zu befürchten – allerdings auf Kosten einer Verständigung über den Schmerz, *so wie der Patient ihn erlebt*.

Bilder, Beispiele und Gleichnisse konzentrieren ein hohes Maß an **Aussage** auf engstem Raum, rufen neben visuellen gegebenenfalls auch akustische, taktile, mitunter sogar olfaktorische Assoziationen hervor (Rico 1984). Bilder über den *Schmerz* sagen nicht nur etwas über seine *Stärke* aus. Darüber hinaus geben sie Auskunft über seine *Qualität*, über die *Beziehung* des Betroffenen zu seinem Schmerz sowie über die *Bedeutung*, die er für ihn und sein Leben hat.

---

[26] – „Wie kannst du zu deinem Bruder sagen: ,Komm her, ich will dir den Splitter aus dem Auge ziehen', wenn du selbst einen ganzen Balken im Auge hast" (Matthäus 7, 4)?
– „Die winzigste Mücke fischt ihr aus dem Becher, aber Kamele schluckt ihr unbesehen hinunter" (Matthäus 23, 24).
– „Eher kommt ein Kamel durch ein Nadelöhr als ein Reicher in Gottes neue Welt" (Markus 10, 25).

Das Bild vom Tiger, der den Patienten von hinten anfällt, vermittelt mehr als die bloße Feststellung: „Ich habe Schmerzen!" Darüber hinaus teilt das Bild mit:
– Der Schmerz wird als existenziell bedrohlich erlebt.
– Der Schmerz gehört nicht zur vertrauten Welt des Patienten; er wird als etwas Fremdes, Wildes und Heimtückisches empfunden.
– Der Patient erfährt den Schmerz als eine übermächtige Naturgewalt, sich selbst dagegen als dieser Gewalt hilflos ausgeliefert.
– Der Schmerz versetzt den Patienten in Panik.

Umschreibungen der Schmerzen charakterisieren nicht nur diese selbst, sondern immer auch den *Beschreiber*. Je mehr es dem Therapeuten gelingt, den *Menschen* im Bild zu entdecken, das Bild als eine Aussage des Patienten über sich selbst und seine Beziehung zum Schmerz zu verstehen, umso leichter wird es ihm fallen, seine zukünftigen Interventionen an *ihm* (dem Patienten) zu orientieren – statt an theoretischen oder persönlichen Vorannahmen.

Bilder, Beispiele und Vergleiche dienen nicht nur der Verständigung zwischen Patient und Therapeut, sondern auch dem *Patienten selbst*: Durch einfühlsames Verbalisieren des Therapeuten und behutsames Nachfragen zu einzelnen Aspekten des Bildes kann der Patient sich selbst und seinen Schmerz besser kennen lernen, sich mit den im Bild ausgedrückten Emotionen und gefühlsmäßigen Bewertungen auch *verstandesmäßig* auseinandersetzen und in sein Bewusstsein integrieren, was der Schmerz für ihn bedeutet, warum er in dieser Weise auf ihn reagiert. Die eigenen Schmerzerfahrungen zu verstehen, erleichtert es, mit ihnen umzugehen, denn „Umgehen setzt Verstehen voraus" (Illhardt 1998, S. 14). Wirkliches Verstehen impliziert eine *Integration von Fühlen und Denken*, von emotionalem und kognitivem Gehirn. Ein solch umfassendes Verstehen wird durch bildhafte Umschreibungen erleichtert, denn sie sprechen den *ganzen* Menschen an – seinen Verstand *und* sein Gefühl. Die Zusammenarbeit von kognitivem und emotionalem Gehirn erleichtert die Auseinandersetzung mit unbekannten Herausforderungen, für die es noch keine vorgegebenen Bewältigungsstrategien gibt. Wenn ein Mensch anhaltend starke Schmerzen hat, verändert sich seine gesamte Lebenssituation, so dass er auf eine Vielzahl von neuen Bedingungen reagieren muss, ohne dabei auf erprobte Verhaltensmuster zurückgreifen zu können. Die Situation des Schmerzenhabens kann im Vorhinein nicht genau eingeschätzt werden, ebenso wenig die eigene Reaktion darauf. Zudem: Es gibt keine allgemeingültige Antwort auf anhaltenden Schmerz. Zu verschieden sind konstitutionelle Faktoren und Besonderheiten des Krankheitsbildes, zu verschieden sind Lebensgewohnheiten und äußere Umstände. Jeder Betroffene muss für sich selbst nach einem Weg suchen, wie er mit seinen Schmerzen leben kann.

Bei dieser Suche helfen die *Bilder*, mit denen der Patient seinen Schmerz umschreibt. Denn sie geben nicht nur *diagnostische Anhaltspunkte*, können vielmehr auch *therapeutisch* genutzt werden. Beim Bild des Tigers beispielsweise bietet sich an, den Patienten danach zu fragen, was er am liebsten tun möchte: vor dem Tiger weglaufen, stehen bleiben, sich umdrehen, den Tiger anschauen, lieber nicht anschauen, sich tot stellen, um Hilfe rufen? Auch könnte der Patient dazu aufgefordert werden, den Tiger genau zu beobachten und zu beschreiben, ihn dann vielleicht anzusprechen und/oder ihn sogar zu berühren (ob und auf welche Weise, bleibt dem Patienten überlassen). Ist der Patient nicht dazu in der Lage, sein Bild imaginativ zu verändern, kann der Therapeut ihn dazu auffordern, sich zunächst an eine bestimmte Situation in seinem Leben zu erinnern, die er hat meistern können. Welche Eigenschaften, Überzeugungen und Verhaltensweisen waren damals von Bedeutung? Welche davon könnten ihm eventuell auch im Umgang mit seiner *gegenwärtigen* Situation helfen?

Eine Patientin, Frau K., hat ein großes Talent zu erzählen – längere und kürzere, gelesene und frei erfundene Märchen und Geschichten. Als sie ihren Rückenschmerz mit dem Bild eines Tigers umschreibt und hinzufügt „Gegen dieses Ungeheuer habe ich nichts, aber auch gar nichts in der Hand!", fällt mir ihre Begabung ein: „Frau K., ich weiß nicht, warum – aber ich denke gerade daran, wie gut Sie Geschichten erzählen können." Frau K. lächelt skeptisch: „Sie meinen, ich sollte dem Tiger eine Geschichte erzählen? Na, ich weiß nicht, ob der sich davon beeindrucken lässt. Andererseits – was habe ich schon zu verlieren? Ich könnte es wenigstens versuchen." Ich bitte sie, die Augen zu schließen, sich den Tiger vorzustellen und dann zu beschreiben, was mit ihren inneren Bildern geschieht. Frau K. schließt die Augen. Sie sieht sich selbst zusammengekauert am Boden liegen; in unmittelbarer Nähe zieht ein Tiger mit schweren Schritten seine Kreise – in langsam-angespannter Bewegung. Sie richtet sich vorsichtig auf – und beginnt, das Märchen zu erzählen „Von einem, der auszog das Fürchten zu lernen". In ihrer Vorstellung bleibt der Tiger stehen, dreht wie in Zeitlupe den Kopf in ihre Richtung, lässt sich dann langsam nieder, legt den Kopf auf seine Pranken, schließt die Augen und lauscht ihrer Stimme, die Ohren aufgerichtet ... Als die Patientin schließlich wieder die Augen öffnet, ist sie selbst am meisten überrascht von diesem Bild, das sie nicht bewusst ‚konstruiert' hat, das ihr „einfach so eingefallen" ist. Auf ihr Verhalten in der Realität wirkt sich die Visualisierung folgendermaßen aus: Sie erzählt wieder Geschichten, was sie seit Beginn ihrer Erkrankung nicht mehr getan hat: „Ich habe einfach nicht mehr daran gedacht. Oder genauer: Ich habe geglaubt, das erst wieder zu können, wenn der Schmerz weg ist." Auch schreibt sie regelmäßig selbst erfundene Geschichten in ein Heft. Ihr Schmerz ist dadurch „nicht weg" - der Tiger verschwindet nicht -, aber „irgendwie" gerät sie „nicht mehr in Panik", wenn sie ihn ‚sieht' (spürt). Die Arbeit mit dem Bild des Tigers hat zu einer Erkenntnis über das Wesen ihres Schmerzes geführt, die ihr vielleicht nicht möglich gewesen wäre, hätten wir ihn (den Schmerz) auf eine leblose Zahl zwischen 0 und 10 oder bestimmte Adjektive reduziert: Sie muss lernen, *mit dem Tiger zu leben*. Sie kann ihn weder töten noch hinter Gitter bringen. Jeder Versuch in diese Richtung würde damit enden, dass der Tiger sie zermalmen würde, bevor sie ihm auch nur den kleinsten Kratzer beigebracht hätte. Intuitiv wählt sie eine andere Möglichkeit – sie versucht, den Tiger zu *zähmen*.

In dem Roman von Yann Martel „Schiffbruch mit Tiger" (2005) geht es um den Sohn eines indischen Zoobesitzers, Pi Patel, der Schiffbruch erleidet – zusammen mit einer Hyäne, einem Orang-Utan, einem verletzten Zebra und einem 450 Pfund schweren bengalischen Tiger namens Richard Parker. Bald stehen sich nur noch Pi Patel und der Tiger gegenüber. Sie treiben allein in einem Rettungsboot auf dem Ozean. Pi Patel spielt verschiedene Möglichkeiten durch, wie er den Tiger loswerden könnte. Sollte er versuchen, Richard Parker vom Boot zu schubsen? Sollte er ihn erdrosseln oder vergiften? Doch Pi erkennt: *Jeder* seiner Pläne ist gleichermaßen sinnlos. *Er* - Pi Patel - würde bei all diesen Versuchen sterben! Dann kommt ihm eine neue, die rettende Idee:

„Ich musste ihn zähmen. Das war der Augenblick, in dem ich begriff, dass es keine andere Möglichkeit gab. Es ging nicht darum, ob er oder ich durchkam, sondern wir mussten beide durchkommen. Wir saßen, und das nicht nur im übertragenen, sondern auch im wahrsten Sinne des Wortes, im selben Boot. Wir mussten miteinander leben – oder miteinander sterben. Es war denkbar, dass er durch einen Unfall umkam oder dass er an natürlichen Ursachen starb, aber es wäre abwegig gewesen, sich auf einen so unwahrscheinlichen Fall zu verlassen. Eher war das Schlimmste zu erwarten: dass einfach nur die Zeit verstrich und seine robuste Natur mein schwächliches Menschenleben mühelos überdauern würde. Nur wenn ich ihn zähmte, konnte ich ihn vielleicht überlisten und es so einrichten, dass er vor mir starb, wenn denn nun wirklich einer von uns beiden sterben musste" (Martel 2005, S. 202).

Eben das macht den Umgang mit einem chronischen Schmerz aus: Man kann ihn nicht wegschubsen (mit Bewältigungskognitionen) oder vergiften (mit Medikamenten) – man kann jedoch versuchen, ihn zu *zähmen*. Zähmen wiederum bedeutet: *sich mit dem Schmerz vertraut machen*, seine Größe und Kraft realistisch einschätzen und akzeptieren lernen, ihm seinen Raum lassen, ihm aber auf keinen, auf gar keinen Fall mehr Einfluss über sich zugestehen als er von seiner Natur her benötigt, und sich frei, d.h. den *eigenen* Bedürfnissen und Möglichkeiten entsprechend, in den Bereichen bewegen, die nicht von ihm besetzt sind. Zu einem solchen Weg findet Frau K. – nicht über rationale Argumente eines Therapeuten, sondern über ein von *ihr* gewähltes Bild.

Patienten, denen es schwer fällt, ihre Empfindungen in Worte zu fassen, die jedoch über gestalterisch-kreative Fähigkeiten verfügen, können gebeten werden, ihr Schmerzerleben mit *Farben* und *Formen* auszudrücken. Mit einer neuen und/oder außergewöhnlichen Erfahrung kann man sich dadurch vertraut machen, dass man ihr eine *Gestalt gibt* und diese Gestalt *anschaut*. Bestimmte, mit der Erfahrung verbundene Emotionen können auf diese Weise gemildert werden. Andererseits können durch den Prozess der Gestaltung Emotionen freigesetzt werden, die dem Betroffenen bisher nicht zugänglich gewesen sind. Oder ihm wird erst beim Betrachten des Bildes bewusst, wie *groß* seine Angst ist, die er sich bisher nicht hat eingestehen wollen. Der Therapeut sollte die gemalten Bilder ebenso wenig interpretieren wie die verbalen Umschreibungen, den Patienten vielmehr fragen, welche Bedeutung die verwendeten Farben und Formen für *ihn* haben, welche Gedanken und Gefühle er mit ihnen verbindet, was ihn bei seinem Bild am stärksten berührt.

Darüber hinaus kann er den Patienten darum bitten, in einen Dialog mit bestimmten Symbolen seines Bildes zu treten. Wie mit den Bildern eines Patienten gearbeitet werden kann, wird im Kapitel *Dialog mit einem inneren Bild* (9.4.5.) an einem Beispiel verdeutlicht.

Das **therapeutische Potential** einer Arbeit mit Bildern liegt vor allem in folgenden Aspekten:
- Der Patient gewinnt *Abstand* von seiner Situation, kann sich und seinen Schmerz aus einer gewissen Distanz heraus betrachten.
- Durch die Arbeit mit Bildern wird insbesondere auch das *emotionale Gehirn* des Patienten aktiviert, denn die älteren Teile des Gehirns (Stamm- und Mittelhirn) funktionieren auf einer *vorsprachlichen* Ebene – der Bilderebene.
- Bildhafte Umschreibungen enthalten mitunter Hinweise auf Ressourcen des Patienten und ermöglichen eine Umorientierung – weg von Defiziten und Schwächen, hin zu Selbstheilungskräften und konstruktiven Möglichkeiten, dem Schmerz zu begegnen.
- In seinem Bild kann der Patient imaginativ verschiedene Verhaltensweisen ‚ausprobieren', wodurch er an Sicherheit gewinnt für sein Verhalten in der Realität.
- Durch Konkretisierung und Personifizierung seines Schmerzes im Bild fällt es dem Patienten leichter, mit ihm in einen Dialog zu treten. Auch wenn sich dadurch am Schmerz selbst nichts verändert, so wandelt sich fast immer die *Beziehung* zu ihm: Der Schmerz wird als weniger bedrohlich erlebt (vgl. 9.4.3.).

Über ihre diagnostische und therapeutische Bedeutung hinaus hat die Arbeit mit den Bildern des Patienten eine wichtige Funktion für die **Patient-Therapeut-Beziehung**: Dadurch, dass der Therapeut das Bild des Patienten aufgreift, signalisiert er ihm seine Bereitschaft, sich in *seine* (des Patienten) Welt zu begeben und in *seiner* (des Patienten) Sprache mit ihm zu reden – statt von ihm zu verlangen, sich der Welt des Therapeuten und den dort herrschenden Sprachgewohnheiten anzupassen. Ein Therapeut, der sich auf die Subjektivität seines Patienten einlassen kann, vermittelt ihm ein hohes Maß an Achtung, was sich wiederum positiv auf sein Selbstwerterleben auswirkt, auf seine Hoffnung, als Mensch ernst genommen zu werden – unabhängig von körperlicher Gesundheit.

Schließlich können Bilder auch darüber Auskunft geben, was sich im Laufe einer Therapie *verändert* hat: Die Bilder, mit denen der Patient seinen Schmerz **zu Beginn und gegen Ende der Therapie** umschreibt, werden miteinander verglichen. Ein solcher Vergleich genügt keinen wissenschaftlichen Kriterien. Doch ob und inwieweit sich ein Patient gegenüber seinen Schmerzen anders einstellt und verhält, wird durch einen Wandel seiner Bilder eindrücklicher veranschaulicht als durch eine Reduzierung seiner Angaben auf der numerischen Ratingskala von 7 auf 4.

Ohne Zweifel gibt es Patienten, die ihren Schmerz mitunter dramatisieren. Vermutlich wird dies ein *jeder* Mensch mit *anhaltendem* Schmerz irgendwann einmal tun – nicht, um damit die Schmerzempfindung als solche zu beschreiben, sondern die *Verzweiflung* darüber, dass Gesundheit unwiederbringlich verloren ist. Häufiges Dramatisieren sollte nicht unterstützt, doch sollten die Äußerungen eines Patienten auch nicht vorschnell als „dysfunktional" abgewertet werden. Folgendes ist zu bedenken:

– Der Begriff *dramatisieren* leitet sich vom griechischen „Drama" = „Handlung, Geschehen" ab und heißt soviel wie: eine innere Erfahrung nach außen bringen, sie durch Handlung sichtbar und damit für andere nachvollziehbar machen. Laut *Duden* bedeutet *dramatisieren* zum einen, „etwas als Schauspiel für die Bühne ausarbeiten", zum anderen, „etwas lebhafter, aufregender darstellen, als es in Wirklichkeit ist". Werden Schmerzbeschreibungen eines Patienten als „dramatisierend" bezeichnet, so wird damit fast immer Letzteres angedeutet: Der Patient stellt seinen Schmerz als aufregender dar, als er in Wirklichkeit ist. Vielleicht aber geht es ihm vor allem um das, was mit dem Wort *auch* gemeint ist – seine persönliche Schmerzerfahrung nach außen zu bringen, um sie für den Therapeuten sichtbar und damit nachvollziehbar zu machen.

– Gelegentliche ‚dramatisierende' Umschreibungen einer Schmerzerfahrung sind nicht mit dem Bedürfnis des Patienten gleichzusetzen, seinen Schmerz zu *übertreiben*. Sie sollten als *normal* angesehen und nicht weiter dramatisiert werden.

– Bei übersteigert erscheinender Tendenz zur Dramatisierung ist zu überlegen, ob und wozu der Patient die Dramatisierung möglicherweise *braucht*. Ist ihm bisher zu wenig *zugehört* worden? Ist die Dramatisierung Ausdruck seiner *Verzweiflung* angesichts einer als unkontrollierbar erlebten Situation?

– Die Reaktionen des Patienten auf seinen Schmerz sind in seiner persönlichen *Vorgeschichte* verankert und von den Einstellungen der *Kultur* geprägt, in welcher er aufgewachsen ist. Um die Schmerzäußerungen eines Menschen einschätzen zu können, sind deshalb seine individuellen Lernerfahrungen ebenso zu berücksichtigen wie kulturell vermittelte Einstellungs- und Verhaltensweisen im Umgang mit Schmerz.

– Auch der *Therapeut* unterliegt dem Einfluss kultureller Normen und Werte! Ein Therapeut, der den gleichen kulturellen Hintergrund hat wie sein Patient, wird dessen Reaktionen u.U. leichter nachvollziehen können als ein Therapeut, der sich in einem anderen Kulturkreis bewegt. Äußerungen, die Therapeut A. als dramatisierend erlebt, können von Therapeut B. durchaus als ‚normale' Schmerzbeschreibung aufgefasst werden. Therapeuten sollten sich ihrer persönlichen (auch kulturell bestimmten) Orientierung bewusst sein und eine zumindest ungefähre Kenntnis von der Weltsicht haben, aus der heraus der Patient seine Schmerzen und andere Körperempfindungen beschreibt.

Ohne eine solche Kenntnis wird es kaum möglich sein, dem Bericht eines Patienten über seinen Schmerz ‚gerecht' zu werden.
– Unabhängig von kulturellen Einflüssen gilt: Eine Umschreibung, die von *außen* betrachtet „dramatisierend" erscheint *(weil sie den Erfahrungsschatz des Gesunden übersteigt),* kann innerlich erlebt sehr wohl eine *adäquate* Schilderung des Befindens sein.

Zusammenfassung

Voraussetzung einer jeden psychologischen Begleitung von Schmerzpatienten ist eine ausreichende *Verständigung* über den Schmerz. Wobei nicht der Schmerz im Allgemeinen interessiert, sondern der ganz konkrete Schmerz von Frau X., von Herrn Y.. *Wie* ein Mensch seinen Schmerz beschreibt, ist von seiner individuellen Lebenspraxis abhängig, seinem Erfahrungshintergrund und seiner sozialen Situation. Die vom Patienten gewählten Bilder sagen somit nicht nur über seinen Schmerz etwas aus, sondern auch über ihn als Person. Bilder geben dem Therapeuten diagnostische Anhaltspunkte sowie Orientierungshilfen für therapeutische Interventionen, dienen also nicht nur der Verständigung über den Schmerz, sondern auch der Entwicklung von Möglichkeiten, wie seiner Herausforderung begegnet werden kann. Ob imaginiert oder gemalt: Bilder zur Verdeutlichung einer Schmerzerfahrung sprechen sowohl das *kognitive* als auch das *emotionale* Gehirn an, sind deshalb auch aus neurowissenschaftlicher Sicht ein wichtiges Instrument, um die Bewertungsmuster des Betroffenen im Zusammenhang mit seinem Schmerz erfassen und nachvollziehen zu können.

8. Therapeutische Grundprinzipien

Ich werde die äußerste Achtung vor dem menschlichen Leben von der Empfängnis an bewahren und selbst unter Bedrohung meine ärztlichen Kenntnisse nicht in Widerspruch zu den Gesetzen der Menschlichkeit anwenden.
(Eid des Hippokrates)

Die Methoden der einzelnen Therapieschulen unterscheiden sich - mehr oder weniger - in Abhängigkeit von den zugrunde liegenden Persönlichkeitstheorien und Krankheitslehren. Bei allen Unterschieden gibt es jedoch einige Elemente, die allen Therapieformen *gemeinsam* sind. Offensichtlich sind es vor allem diese *gemeinsamen* Eigenschaften, die für den Erfolg einer Therapie entscheidend sind. Vor Jahrzehnten bereits haben amerikanische Forscher entdeckt, dass *erfolgreiche* Therapeuten - unabhängig von ihrer theoretischen Ausrichtung - durchweg *ähnliche* Beziehungen zu ihren Patienten aufnehmen, wobei sich vor allem folgende **Wirkfaktoren** als bedeutsam erwiesen haben: Aufrichtige Zuwendung und Einfühlung, Warmherzigkeit und Akzeptierung, emotionale Unterstützung und zuverlässiges Engagement, echte Anteilnahme am Wohlergehen des Patienten und der Glaube an seine inneren Ressourcen (Frank 1985). Unterschiede zwischen den einzelnen Therapieformen verschwinden mit Dauer der praktischen Therapieerfahrung: *Erfahrene* Therapeuten mit unterschiedlicher theoretischer Ausbildung verhalten sich *ähnlicher* als unerfahrene Therapeuten der gleichen Therapieschule. Jüngste Erkenntnisse der Psychotherapieforschung bestätigen, „dass Therapieverfahren wie Psychoanalyse, Verhaltenstherapie, Gesprächspsychotherapie usw. keine sinnvollen Untersuchungseinheiten sind", weil damit Unterscheidungsmerkmale betont werden, „deren Relevanz für das Therapieergebnis nach allen dazu vorliegenden Forschungsergebnissen höchst zweifelhaft ist" (Grawe 2005, S. 6). Statt in Therapiemethoden zu denken, sollte die *Orientierung an der Person und Situation des Patienten*, an seinen individuellen Beziehungsvoraussetzungen und Ressourcen, oberstes Gebot sein. Auch die Therapie von Schmerzpatienten sollte demzufolge *patienten-*, nicht schulen- oder methodenzentriert sein.

Orientierung am Patienten bedeutet, sich wiederholt in seine Lage zu versetzen und sich zu fragen: „Was könnte für diesen ganz bestimmten Menschen, mit seinen spezifischen Bedürfnissen und Ressourcen, in seiner konkreten Situation hilfreich sein?" Vollständige Einfühlung in einen Menschen mit chronischen Schmerzen ist ebenso wenig möglich wie vollständige Einfühlung in einen Menschen, der an Halluzinationen oder an manisch-depressiven Stimmungsschwankungen leidet. Einfach

deshalb nicht, weil dem Gesunden bestimmte Erlebnis- und Erfahrungsgrundlagen des Betroffenen fehlen. Immer nur annäherungsweise ist es möglich, aus dem Versuch der Einfühlung heraus auf die tatsächlichen Bedürfnisse eines Schmerzkranken zu schließen. Neben der Vielzahl an individuellen Bedürfnissen gibt es jedoch einige **Grundbedürfnisse**, die bei *allen* Menschen vorhanden sind, wenn auch in mehr oder minder starker Ausprägung (Grawe 2004). Werden diese Bedürfnisse verletzt, *verschlechtert* sich, werden sie befriedigt, *verbessert* sich das seelisch-körperliche Wohlbefinden. Zu diesen Grundbedürfnissen gehören:
- das Bedürfnis nach Schmerzlinderung und guter pflegerischer Betreuung,
- das Bedürfnis nach Selbstwerterhöhung und Achtung,
- das Bedürfnis nach Selbstverwirklichung und autonomer Lebensführung,
- das Bedürfnis nach Sicherheit und Orientierung,
- das Bedürfnis nach emotionaler Nähe und Zuwendung.

Auch wenn es noch Unklarheiten gibt im Hinblick auf die genaue Bezeichnung und Definition dieser Bedürfnisse sowie im Hinblick auf ihre Beziehung untereinander und ihre Abgrenzung voneinander, kann an ihrer grundsätzlichen Existenz und ihrer Bedeutung für das menschliche Leben nicht gezweifelt werden. Sie beruhen auf großenteils angeborenen neuronalen Mechanismen, sind in Struktur und Funktionsweise des zentralen Nervensystems verankert und gehören somit zur biologischen Grundausstattung des Menschen. Ob und inwieweit eine Therapie als hilfreich erlebt wird, hängt entscheidend davon ab, ob und inwieweit sie dem Patienten bedürfnisbefriedigende Erfahrungen ermöglicht (Grawe 2004). Davon ausgehend werden im Folgenden grundlegende **Therapeutenmerkmale** aus den genannten Bedürfnissen des Menschen abgeleitet und ihre Verwirklichung gegenüber Schmerzpatienten beschrieben.
Die Zuordnung bestimmter Therapeutenmerkmale zu jeweils einem bestimmten Bedürfnis ist eine künstliche Angelegenheit, da sowohl die einzelnen Bedürfnisse als auch die einzelnen therapeutisch relevanten Einstellungen eng miteinander verbunden sind und die Wirksamkeit eines bestimmten Therapieprinzips immer auch von der *gleichzeitigen* Verwirklichung eines anderen Therapieprinzips abhängig ist. Einige Verhaltensweisen, an denen eine bestimmte therapeutische Grundhaltung zu erkennen ist, lassen sich auch einer anderen Grundhaltung zuordnen. Was in der Praxis *gleichzeitig* geschieht, kann schriftlich nur aufeinander folgend formuliert werden. Die einzelnen Therapeutenmerkmale, ihre Umsetzung in konkretes Handeln sowie mögliche Auswirkungen werden hier also nur der besseren Übersichtlichkeit wegen ‚gesondert' beschrieben. Die Art der Zuordnungen ist weder zwingend noch wichtig. Wichtig allein ist, dass das entsprechende Verhalten *verwirklicht* wird. Einige der hier diskutierten Therapieprinzipien sind im Rahmen der *Ge-*

sprächspsychotherapie sowie des *Psychodramas* entwickelt worden. Sie werden hier jedoch *nicht* wegen ihrer Zugehörigkeit zu diesen Therapierichtungen besprochen, sondern allein deshalb, weil sie zu denjenigen Wirkfaktoren gehören, die sich im Hinblick auf grundlegende Bedürfnisse des Menschen als besonders hilfreich erwiesen haben. Auch sind die dargestellten Therapeutenmerkmale nicht spezifisch für die Therapie von *Schmerz*patienten, sondern auf die Behandlung auch anderer Patientengruppen übertragbar.

8.1. Das Bedürfnis nach Schmerzlinderung und guter pflegerischer Betreuung

Der Unterschied zwischen guter und schlechter Pflege ist nahezu unendlich.
(Ian McEwan 2005, S. 386)

Bei starken Schmerzen steht das Bedürfnis nach ihrer Linderung sowie nach einer Verringerung schmerzmittelbedingter Nebenwirkungen an erster Stelle, weil Schmerzen, Übelkeit, Erbrechen und Schwindel alle anderen Bedürfnisse überdecken, das Fühlen und Denken des Betroffenen mehr oder minder ‚ausfüllen' können (vgl. 3.3.5.). Dies wird von einigen Psychologen zu wenig bedacht. Wer vom vielen Liegen bereits Druckstellen am Körper hat, möchte zuerst einmal umgelagert werden, bevor er über sein seelisches Befinden spricht. Wem wegen bestimmter Medikamente übel ist, möchte zunächst und vor allem ein Mittel gegen Übelkeit, bevor er über Bewältigungskognitionen nachdenkt. Ich verstehe zu wenig von medizinischen und pflegerischen Möglichkeiten, um hier im Detail darauf eingehen zu können. Doch auch wenn sich Psychologen vornehmlich mit der seelisch-geistigen Dimension des Menschen befassen, sollten sie sich der *Körperlichkeit* ihrer Patienten zumindest bewusst sein.

Während meines Aufenthaltes auf einer Schmerztherapiestation fanden zwei Therapiegespräche unmittelbar im Anschluss an eine Nervenwurzelblockade statt. Ich lag noch im Injektionsraum – angeschlossen an Überwachungsgeräte. Plötzlich und unerwartet stand der Stationspsychologe vor mir, holte sich einen Stuhl und setzte sich neben meine Liege. Von meiner eigenen therapeutischen Arbeit in einer Klinik weiß ich, dass eine Terminplanung, die den Bedürfnissen aller Patienten gerecht wird, kaum möglich ist. Manchmal ist man als Therapeut froh, wenn man überhaupt noch eine Stunde findet, in der ein Gespräch mit einem bestimmten Patienten stattfinden kann. Ein Therapeut jedoch, der sich bei der Planung von Therapiegesprächen ausschließlich am Kriterium seiner *eigenen Zeit* orientiert, scheint mir einem Menschen vergleichbar, der nachts einen Schlüssel verloren hat und nun unter der Straßenlaterne danach sucht – nicht, weil er den Schlüssel dort verloren hat, sondern weil es dort am hellsten ist. Wenn sich schon kein anderer Termin für einen Patienten finden lässt als nach einer medizinischen Intervention und in einem Raum, der jederzeit von

Pflegepersonal, Ärzten oder anderen Patienten betreten werden kann, sollte der Therapeut ihn zumindest *fragen*, ob ihm unter diesen Bedingungen nach einem Gespräch zumute ist – oder ob er lieber Ruhe haben möchte. Diese Alternative sollte explizit angeboten werden, denn viele Patienten scheuen sich, ihren Wunsch nach Ruhe auszusprechen, weil sie nicht als unmotiviert gelten möchten.

Hat ein Therapeut den Eindruck, dass es dem Patienten schlecht geht (dass er z.B. friert, zittert oder schwitzt, ungewöhnlich blass ist oder zu schnell atmet), könnte er zunächst eine wärmende Decke besorgen, eine Tasse Kaffee organisieren und/oder (im stationären Bereich) einen Arzt oder eine Krankenschwester herbeirufen. Aktivitäten dieser Art gehören nicht gerade zu den *primären* Aufgaben eines Psychologen, zu seinen *Aufgaben* aber schon! Denn Anspannung und Angst eines Patienten werden deutlich gemindert, fühlt er sich nicht nur als geistiges Wesen, sondern auch in seiner *körperlichen* Bedürftigkeit wahrgenommen. Manchmal ist eine warme Decke therapeutischer als eine ausgefeilte Verbalisierung. Man mag einwenden: Aber die Decke ändert nichts am grundsätzlichen Problem, weshalb sich der Patient in psychologischer Behandlung befindet. Alles hat seine Zeit – eine Decke hat ihre Zeit, kluge Worte haben ihre Zeit. Kluge Worte zu einem Zeitpunkt, da der Patient einer Decke bedarf, helfen nicht. Ein Therapeut, der auch Anzeichen *körperlichen* Missbehagens beachtet, vermittelt dem Betroffenen die Erfahrung menschlicher Nähe und Zuwendung – eine Erfahrung, die durchweg mit *positiven Emotionen* verbunden ist. Die Bedeutung positiver Emotionen für das körperlich-seelische Wohlbefinden des Menschen aus neurophysiologischer Sicht wurde mehrfach betont (vgl. 5.6.5.).

Auch unabhängig von Signalen deutlichen Unwohlseins sollten Therapeuten nicht nur auf das seelisch-geistige, sondern auch auf das **körperliche Befinden** ihrer Patienten achten: Möchte der Patient lieber auf einem hart gepolsterten Stuhl mit gerader Rückenlehne sitzen statt in dem weichen Sessel? Könnte ein Kissen angenehm sein, um seinen Rücken zu stabilisieren, oder (wenn der Patient liegt) eine Rolle unter seinen Kniekehlen? Sollte das Fenster einen Spalt weit geöffnet werden (die vegetative Belastbarkeit ist im Falle starker Schmerzen häufig gemindert, so dass Betroffene bei zusätzlicher Anspannung schnell schwitzen)? Vielen Menschen mit Ischiasbeschwerden fällt längeres Sitzen schwer. Der Therapeut sollte deshalb von Anfang an klarstellen, dass es für ihn in Ordnung ist, sollte der Patient im Laufe des Gesprächs kurz einmal aufstehen oder im Zimmer herumgehen. Ein Glas Wasser wird oft dankbar angenommen, da einige Medikamente zu Mundtrockenheit führen, was vor allem bei längeren Gesprächen unangenehm werden kann. Liegt der Patient im Bett, sollte sich der Therapeut so setzen, dass ihn der Patient bequem und ohne Halsverrenkung anschauen kann (eher direkt *neben* das Fußende des Bettes, nicht so weit links oder rechts davon). Einen im Rollstuhl sitzenden Patienten könnte der Therapeut fragen, ob er während der Therapiestunde auf einen Stuhl umgesetzt werden möchte. Jeder Therapeut, der auch mit körperlich beeinträchtigten Menschen arbeitet, sollte sich von einem Krankengymnasten zeigen lassen (und es mit ihm üben!), wie man Patienten vom Rollstuhl auf einen Stuhl, vom Stuhl wieder zurück in den Rollstuhl umsetzt, ohne dem Betroffenen oder sich selbst weh zu tun.

Fragen, Handlungen, Gesten dieser Art ändern nichts am Schmerz des Patienten, können ihm jedoch den Umgang damit erleichtern. Vor allem signalisieren sie ihm, dass der Therapeut *aufrichtig* Anteil an ihm als *ganzen* Menschen nimmt. Und schließlich: Dadurch, dass der Therapeut auch die körperlichen Bedürfnisse des Patienten registriert und nach Möglichkeit darauf eingeht, sorgt er für *günstige Gesprächsbedingungen*, so dass sich der Patient besser auf die besprochenen Inhalte konzentrieren kann – statt sehnsüchtig auf das Ende der Therapiestunde zu warten, weil das Sitzen immer unerträglicher, der Mund immer trockener wird.

Für Patienten, die dazu neigen, sich ihren Schmerz nach außen hin nicht anmerken zu lassen, die lieber die Zähne zusammenbeißen als ihren Gesprächspartner um einen anderen Stuhl, ein Kissen oder ein Glas Wasser zu bitten, kann das Verhalten des Therapeuten *Modellfunktion* haben, so dass sie zunehmend auch von sich aus auf die vom Therapeuten angesprochenen Aspekte zu achten beginnen. Die Fähigkeit des Patienten zu *differenzierter Situationseinschätzung* wird gefördert, indem er lernt, Situationen, in denen er tatsächlich hilflos ist, von denjenigen Situationen zu unterscheiden, in denen er durch sein eigenes Verhalten sehr wohl noch etwas ausrichten kann (vgl. 6.). Auch wenn er den Schmerz selbst nicht zu beeinflussen vermag, so doch zumindest einen Teil der äußeren Umstände: Rückenschmerzen zum Beispiel können ein wenig leichter ertragen werden, wenn man etwas höher als zu niedrig sitzt (der Hüftgelenkswinkel sollte nicht kleiner als 90 Grad, die Kniebeugung eher größer als 90 Grad sein), wenn der Stuhlsitz nicht schräg nach hinten abfällt, sondern plan ist (abfallende Sitzflächen sollten mit einem Keilkissen ausgepolstert werden). Nebenwirkungen von Medikamenten können unter Umständen reduziert werden, wenn man *rechtzeitig* ein Mittel gegen Übelkeit einnimmt, zu Beginn eines Gesprächs ein Glas Wasser neben sich stellt, usw.. Ein Therapeut, der mit dem Patienten konkrete Möglichkeiten bespricht und mit ihm ausprobiert, wie er sein Wohlbefinden mit kleinen Mitteln verbessern kann, berücksichtigt damit nicht nur sein Bedürfnis nach Schmerzlinderung, sondern auch seine Bedürfnisse nach *Achtung, Sicherheit* und *Zuwendung* (vgl. 8.2., 8.4., 8.5.).

8.2. Das Bedürfnis nach Selbstwerterhöhung und Achtung

Und auch euch fürchte ich,
die ihr keine Achtung vor einer Träne habt.
(Satu Marttila, aus: „Ich liebe euch, o Freunde")

Das Bedürfnis nach Selbstwerterhöhung ist ein spezifisch menschliches Bedürfnis, denn es setzt voraus, dass sich der Mensch seiner selbst als Individuum bewusst ist. Dieses Bedürfnis existiert also nicht von Geburt an, sondern erst, „nachdem sich auf der Grundlage der angeborenen Mechanismen unter dem Einfluss von Lebenserfahrungen eine komplexe neuronale Struktur herausgebildet hat, die wir Selbst und Selbstbild nennen" (Grawe 2004, S. 274). Das Selbstwertbedürfnis eines Menschen kann - je nach Persönlichkeitsstruktur, Lebenskontext und kulturellem Umfeld - auf sehr verschiedene Weise befriedigt werden. Ein Mensch, der sich selbst vor allem über *geistige* Interessen und intellektuelle Leistungen definiert, braucht andere Erfahrungen, die sein Selbstwertgefühl stabilisieren, als ein Mensch, dessen Selbstwertgefühl in erster Linie auf der Bewältigung *körperlicher* Herausforderungen beruht. Unabhängig davon, ob und inwieweit wichtige persönliche Lebensziele erreicht werden können oder nicht, möchte jeder Mensch auch dann noch geachtet und respektiert werden, wenn es ihm körperlich und/oder seelisch schlecht geht, wenn er arbeitslos, krank oder beides zusammen ist. „Wer bin ich denn jetzt noch?", fragen viele Schmerzpatienten. „Ich verliere mich selbst in diesem Schmerz", sagen andere. Äußerungen wie diese zeigen, dass das Erleben der eigenen Identität im Falle anhaltend starker Schmerzen deutlich bedroht ist. Was aber ist *Identität*? Gemeinhin verstehen wir darunter den *Wesenskern* einer Person, die Gesamtheit aller Merkmale, die ein Individuum als zu sich selbst gehörend ansieht, das ‚geheime Etwas', das uns ein Gefühl von Kontinuität und Zusammenhalt unter den verschiedensten Umständen verleiht und uns „Ich" sagen lässt.[27] Die Konfrontation mit chronischem Schmerz wirft die Frage nach den Existenzbedingungen dieses *Ich* unter anhaltenden Befindlichkeitsstörungen und veränderten Lebensumständen auf. Identitätsarbeit ist zu leisten: Das Bild, von der Person, die man ist, muss neu entworfen, die Krankheit mit all ihren Folgen in die eigene Biographie integriert werden. Wie kann der Therapeut einem Patienten bei dieser Arbeit helfen, wie kann er sein Bedürfnis nach Selbstwerterhöhung befriedigen – auch dann, wenn frühere Quellen der Selbstbestätigung (z.B. über geistige und/oder körperliche Leistungen) mehr oder minder entfallen? Es sind vor allem *zwei* Grundhaltungen, die einem Menschen

---

[27] Jung (1988 a, S. 65) zufolge ist unter dem Ich „das Subjekt aller persönlichen Bewusstseinsakte" zu verstehen, d.h. „jener komplexe Faktor, auf den sich alle Bewusstseinsinhalte beziehen".

vermitteln, dass er zwar viel verloren hat, nicht aber seinen Wert als Mensch: **Standhalten** und **Einfühlung**.

8.2.1. Standhalten

Entzieh dich nicht den Weinenden, vielmehr trauere mit den Trauernden!
(Sirach 7, 34)

Für einen Menschen mit chronischen Schmerzen stellt sich nicht nur die Frage: „Wie gehe ich mit den Schmerzen um?", sondern ebenso die Frage: „Wie gehe ich mit meiner Trauer, meiner Angst, meiner Verzweiflung um – mit meiner Trauer über all das, was ich verloren habe, mit meiner Angst, wie es in Zukunft weitergehen wird, mit meiner Verzweiflung darüber, dass meine Kraft zur Neige geht?" Die *gesellschaftliche Anerkennung klaglosen Leidens* erschwert den offenen Ausdruck dieser Gefühle, fasst ihn als unangenehme Störung auf. Eine Person, die diese Gefühle zeigt, wird schnell als schwach, labil oder depressiv bezeichnet. Einige Menschen verstummen im Leid, um Etikettierungen dieser Art zu vermeiden und/oder niemandem zur Last zu fallen. Andere wiederum erzählen wieder und wieder von ihrem Leid – in der Hoffnung, der Einsamkeit zu entkommen, die mit schwerer Krankheit fast immer verbunden ist.

Im Rahmen von *Schmerzbewältigungsprogrammen* wird offen geäußertes *Leiden am Schmerz* gewöhnlich als Folge schlecht angepasster Bewältigungsstrategien und als Ausdruck misslungener Krankheitsverarbeitung angesehen. Äußerungen von Angst, Trauer und Verzweiflung werden als „dysfunktional" und „schmerzverstärkend" bezeichnet. Damit wird dem Patienten vermittelt, dass sein Leid etwas ist, was nicht sein sollte. Die Folge: Er bekommt Angst vor seiner Angst, hadert mit seiner Trauer. Oder er schämt sich seiner Gefühle. Scham wiederum reduziert Selbstachtung und Selbstwerterleben. Angst, Trauer und Verzweiflung bei schwerer Erkrankung sind jedoch nichts, wofür sich ein Mensch schämen sollte. Sie sind vielmehr Zeichen dafür, dass ihm das Leben etwas bedeutet, dass ihm nicht egal ist, was mit ihm geschieht. Lebendig sein heißt, Angst zu empfinden, wenn Gefahr droht, traurig und verzweifelt zu sein, wenn man etwas Kostbares verloren hat.

• **Angst**

In der Frühzeit der Evolutionsgeschichte diente Angst dazu, den Körper durch beschleunigten Herzschlag und gesteigerte Durchblutung in einen Alarmzustand zu versetzen, um auf diese Weise möglichst schnell auf Gefahren reagieren zu können. Auch heute noch sind *Angst* und *Furcht* „natürliche Reaktionen auf eine wahrgenommene Bedrohung" (Peurifoy 1993, S. 1), wobei die Bedrohung sowohl im Eintreten von etwas Unangenehmem bestehen kann als auch im Verlust von etwas, das einem sehr viel bedeutet. Angst wird gewöhnlich „durch eine vage oder unklare Bedrohung ausgelöst ..., während die Furcht auf eine klare, konkrete Bedrohung zurückgeht, z.B. das Schleudern eines Fahrzeugs auf nasser Fahrbahn" (ebd.). Beim Menschen tritt Angst insbesondere dann auf, wenn er die Erfahrung macht, für ihn wichtige Lebensziele nicht erreichen zu können.

Bereits Sigmund Freud (2003) hat darauf hingewiesen, dass Angst nicht nur eine *Warnfunktion*, sondern auch *kreativitätsfördernde Wirkungen* hat. Viele Kunstwerke in Dichtung, Malerei, Film und Musik wären nicht zustande gekommen, wären die Künstler Wesen ohne Angst. Edvard Munch beispielsweise hat sein Bild „Der Schrei" als Ergebnis einer persönlichen Angstattacke beschrieben. Die meisten Werke Franz Kafkas, viele Gedichte Paul Celans - um nur zwei Beispiele zu nennen - spiegeln die Verarbeitung eigener Ängste. Regisseure wie Dennis Hopper, Steven Spielberg und Lars van Trier setzen sich in ihren Filmen wiederholt mit dem Thema Angst auseinander. David Bowie bezeichnet Angst sogar als „das Hauptmotiv meiner Arbeit" (in: Ustorf 2004, S. 106). Auch Nicht-Künstler verarbeiten ihre Ängste, indem sie ihnen eine Gestalt geben – in Bildern, Gedichten, Skulpturen oder Tonfolgen. Nicht zuletzt wegen ihrer Funktion als Ventil für unaussprechliche Ängste sind Kunst-, Biblio- und Musiktherapie wesentliche (und effektive) Bestandteile bei der Behandlung von Schizophrenen und traumatisierten Patienten. Wer das, was ihm Angst macht, anschauen kann, *lernt etwas über sich selbst* – beispielsweise darüber, in welchen Bereichen sein Leben nicht mit seinen persönlichen Bedürfnissen und Wertsetzungen übereinstimmt: „Es ist ein merkwürdiges Paradox im menschlichen Leben, dass gerade das, was die größte Angst auslöst, die Quelle der größten Weisheit ist" (Jung 1992, S. 17).

Im Rahmen von *Schmerzbewältigungsprogrammen* werden die *positiven Aspekte* der Angst eher verneint: „Angst ist meist ein dysfunktionaler, schmerzverstärkender Faktor", so ein Schmerztherapeut. Der Patient wird nicht dazu aufgefordert, seiner Angst ‚Gestalt zu geben', sondern ihr Bewältigungskognitionen wie „Kopf hoch - ich schaffe es" entgegenzusetzen. Übersehen wird, dass man sich Vertrauen nicht einreden, sich nicht einfach befehlen kann, keine Angst mehr zu haben, – etwa so, wie man sich befehlen könnte, dreimal täglich bestimmte Gymnastikübungen zu machen. Angst ergreift den *ganzen* Menschen, jede Zelle seines Körpers. Durch positive Affirmationen allein kann eine solche Angst mitnichten verhindert werden (vgl. 5.6.3.). Was aber verhindert wird, ist die aktive Auseinandersetzung mit ihr – beispielsweise mit ihrer möglichen Bedeutung als Verhaltenskorrektiv.

Was der Psychiater und Neurologe Gion Condrau (1991, S. 87) über Angst sagt, gilt insbesondere für Angst im Falle chronischer Schmerzen: „Diese (die Angst) gehört nämlich so unmittelbar und obligat zur menschlichen Existenz, dass es einem verheerenden Irrtum gleichkäme, zu glauben, die Psychotherapie sei berufen und befähigt, Angst aus der Welt zu räumen und damit den Menschen wiederum in einen Zustand paradiesischer Glückseligkeit zu versetzen", sie sollte vielmehr versuchen, „den Menschen zu befähigen, die ihm von seiner Existenz her aufgegebene Angst um sein Dasein zu tragen und zu ertragen".

Ein Mensch, der seine Angst anzuschauen vermag, setzt sich mit sich selbst und seiner Situation auseinander, was nicht selten zur Folge hat, dass er etwas *verändert* – bei sich selbst oder (wenn es ihm möglich ist) an den Bedingungen, unter denen er lebt. Angst ist demnach keineswegs nur negativ oder physiologisches Relikt aus der Steinzeit. Angst ist vielmehr *Energie* – Energie, die man *nutzen* kann, z.B. dafür, sich für die eigenen Bedürfnisse und Ziele einzusetzen, sich zu wehren, wenn ein anderer die Grenzen überschreitet. *Angst gehört zum Menschsein dazu:* „Ein Mensch ohne Angst ist ein verstümmeltes Wesen, das sich selbst zu sehr verachtet, als dass es Angst um sich haben könnte" (Sölle 1993, S. 102). Viele Ängste von Schmerzpatienten sind Folge und Ausdruck existentieller Bedrohung und adäquater Einschätzung der Bedingungen, denen ein Mensch im Falle schwerer Erkrankung ausgesetzt ist. Das therapeutische Anliegen kann nicht darin bestehen, dass diese und andere Ängste seltener geäußert werden. Der Patient sollte vielmehr dabei unterstützt werden, sich mit seiner Angst *vertraut* zu machen, beispielsweise herauszufinden, *was genau* er als Angst auslösend erlebt. Einige Ängste können reduziert werden, indem sich der Betroffene ausführlich über das informiert, was ihm bedrohlich erscheint. Manche Ängste können durch Gespräche mit Ärzten und/oder Angehörigen gelindert werden. Einen unauflösbaren Rest an Angst aber gilt es zu akzeptieren – als etwas, das nun (ebenso wie der Schmerz) zur eigenen Situation dazugehört. Eine konkrete Möglichkeit, wie ein Patient bei der Auseinandersetzung mit seiner Angst unterstützt werden kann, wird im Kapitel *Dialog mit einem Gefühl* (9.4.6.) beschrieben. Unabhängig von und vor jeder Technik jedoch muss der Therapeut der Angst des Patienten *standhalten* können.

- **Trauer**

Trauern kann nur, wer zu lieben vermag. Wer keine Trauer empfinden will, muss auf die Liebe verzichten. „Wenn ich nicht geliebt hätte, hätte ich nie geweint ... Ich bin ein Fels, ich bin eine Insel ... und ein Fels fühlt keinen Schmerz, und eine Insel weint niemals", heißt es in einem Lied von Simon und Garfunkel („I am a rock"). Wer aber *kein* Fels ist, der trauert, wenn er etwas verloren hat, das er liebt. Der Verlust eines nahe stehenden Menschen kann leichter verarbeitet werden, wenn man sich von seinem Tod hat *überzeugen* können (Worden 1987). Trauerarbeit wird dagegen erschwert, wenn der Tod der geliebten Person zwar wahrscheinlich, letztlich aber ungewiss ist (etwa bei Naturkatastrophen mit vielen Vermissten). Ursprünglich hatten Beerdigungszeremonien die Funktion, den Trauernden dabei zu helfen, sich die *Realität und Endgültigkeit des Verlustes* bewusst zu machen. Da der offene Ausdruck von Gefühlen in unserer Kultur jedoch unerwünscht ist - selbst bei einer Beerdigung -, wird dieses Ritual inzwischen eher noch als zusätzlich belastend erlebt. Manche Trauernden greifen zu Beruhigungstabletten (oft vom Arzt verordnet) und/oder zu Alkohol, um nicht aus der von ihnen erwarteten Rolle zu fallen – aus der Rolle desjenigen, der die Umwelt mit seinem Kummer verschont. Ein paar stumme Tränen ‚passen ins Protokoll', nicht aber lautes Weinen, erst recht nicht Wehklagen und Schreien.[28]

Während die Klage in unserer Gesellschaft überwiegend negativ eingeschätzt, bei sich selbst und bei anderen eher abgelehnt wird, gibt es andere Kulturen, in denen sie eine große und durchweg *positive* Rolle spielt. Bestimmte Rituale holen die Klage (und damit den Betroffenen) aus der Isolation des rein Privaten heraus, verleihen dem Leiden Ausdruck – im Raum einer Öffentlichkeit, die dem Betroffenen solidarisch zur Seite steht (Frister 1991). Trauer wird weder weg-getröstet noch weg-argumentiert, sie wird benannt und artikuliert – mit Worten und Tönen, in Mimik und Gestik.

Die Trauer bei eigener schwerer Erkrankung kann mit der Trauer beim Tod eines geliebten Menschen verglichen werden. In beiden Fällen muss der Betroffene zunächst *den Verlust realisieren*, um sich wieder dem Leben zuwenden zu können. Schmerzpatienten haben unwiederbringlich und endgültig etwas verloren – ihren schmerzfrei und selbstverständlich funktionierenden Körper. Viele verlieren zudem ihren Arbeitsplatz einschließlich finanzieller Sicherheiten, manche verlieren einige Freunde, mitunter sogar den Partner. Viele Schmerzpatienten reagieren nicht gleich zu Beginn ihrer Erkrankung mit Trauer, sondern erst später, nämlich dann, wenn ihnen die Vielfalt der Verluste und deren Irreversibilität zunehmend bewusst wird. Zum chronisch Schmerzkranken *wird* man. Man *ist* es nicht sofort (zumindest weiß man es noch nicht). Zuerst geht der Betroffene davon aus, dass der Schmerz wieder aufhören wird. Dann hofft er darauf. Und schließlich bekommt auch diese Hoffnung immer mehr Risse, bis sie sich bestenfalls nur noch auf eine Linderung, nicht aber mehr auf Beseitigung der Schmerzen bezieht. In dem Maße, wie die Gewissheit zukünftiger Gesundung schwindet, wächst die Trauer über all diejenigen Lebensmöglichkeiten, die man an den Schmerz verloren hat.

Etwas zu *verlieren*, ist etwas anderes als sich von etwas zu *verabschieden*. Ein Verlust *geschieht* dem Menschen, einen Abschied *vollzieht er selbst*. Um mit einer chronischen Krankheit leben zu lernen, gilt es zunächst, sich von dem, was man verloren hat, bewusst zu verabschieden – mitunter auch von bestimmten Vorstellungen über die eigene Person sowie über das, was man bisher unter einem ‚guten Leben' verstanden hat. Leiden ist passiv. Trauern dagegen, die Auseinandersetzung mit dem, was man verloren hat, ist ein *aktiver Prozess*, der *Aufmerksamkeit* verlangt

---

[28] In einigen Städten werden inzwischen Trauerseminare angeboten. Hier dürfen die Teilnehmer ihrer Trauer im geschützten Rahmen wiederholt und ungeschönt Ausdruck geben (Canacakis 1993).

(Didion 2006). Man spricht deshalb auch von „Trauer*arbeit*". Diese Arbeit lässt sich nicht umgehen, bestenfalls aufschieben. Denn die Verluste sind real – und müssen als solche anerkannt werden, bevor man sich an die veränderte Situation anpassen kann. Abschiednehmen und Anpassung geschehen nicht von jetzt auf gleich, sind vielmehr *Vorgänge*, die sich über einen längeren Zeitraum hinweg erstrecken mit dem Ziel, den Verlust als Realität zu akzeptieren, die emotionale Energie vom Verlorenen abzulösen und für die Entfaltung der verbliebenen Möglichkeiten einzusetzen. Wie soll sich ein Mensch an die Situation chronischer Schmerzen anpassen können, ohne sich vorher von einem Leben weitgehender Schmerzfreiheit verabschiedet zu haben…

Hilfe bei diesem Abschied aber ist selten. In der Literatur zur Schmerztherapie wird der Begriff *Trauer* entweder gar nicht oder nur in einer Nebenbemerkung erwähnt, beispielsweise mit dem Satz: „Das Erleben der Trauer motiviert das Individuum, in zielführender Weise zu handeln, um wiederherzustellen, was für das Individuum verlorengegangen ist" (Wahl 1994, S. 19). Hier wird eben das ignoriert, was die Trauer so schmerzlich macht: dass der Verlust *unaufhebbar*, Wiederherstellung des Verlorenen *unmöglich* ist. Auch wird der Eindruck erweckt, dass Trauer etwas sei, das der Betroffene möglichst rasch und geordnet („in zielführender Weise") hinter sich bringen sollte. Mit positiven Selbstinstruktionen wie „Morgen scheint auch für mich die Sonne wieder!" wird nicht Anpassung an Verlust unterstützt, sondern *Nichtwahrhabenwollen* von Verlust. Trauer wird *unterdrückt*, nicht verarbeitet. Alles jedoch, was der Unterdrückung von Trauer Vorschub leistet, erschwert den Trauerprozess, verstärkt das Gefühl innerer Einsamkeit – und damit den Schmerz über das, was verloren ist. Wer sein schmerzfreies Leben verloren hat, sollte auch sagen (und darüber weinen) dürfen, wie weh das in Körper und Seele tut! Wer seine Tränen zurückhält, spannt unwillkürlich seine Kiefern- und Rückenmuskeln an, wodurch auf Dauer Kopfschmerzen entstehen oder bereits bestehende Kopf- und Rückenschmerzen verstärkt werden können. Es ist anstrengend, die Maske einer gefasst-gelassenen Stimmung zu tragen, wenn man innerlich weint. Wer einen Teil seines früheren Lebens verloren hat und sich davon ohne Trauer verabschieden kann, dem hat das, was er verloren hat, wohl nicht wirklich etwas bedeutet. Wer dagegen sein vergangenes Leben betrauert, *bestätigt* es in seinem Wert!

- **Depression**

Für die Zeit, die es braucht, um den endgültigen Verlust früherer Lebensmöglichkeiten zu betrauern, gibt es keine Regeln. Jeder Mensch hat hier sein eigenes Tempo – je nach Persönlichkeit, Ausmaß und Art der Beeinträchtigungen, Vorerfahrungen mit Verlusten und emotionaler Unterstützung durch das Umfeld. Gelegentliche Tränen zu *Beginn* seiner Erkrankung werden einem Patienten gewöhnlich zugestanden: „Weinen Sie sich ruhig einmal aus." Mit gelegentlichem ‚Ausweinen' ist es jedoch nicht getan. Anhaltende Trauer wird meist nicht mehr als

„Trauer" bezeichnet, sondern als „Depression", „depressive Störung" oder „depressive Reaktion". Der Zeitpunkt, der einem Menschen für seine Trauer zugestanden wird, ist u.a. von kulturellen und gesellschaftlichen Faktoren abhängig. Jorgos Canacakis (1988, S. 132) beschreibt ein griechisches Trauerritual, bei dem jedem Trauernden *drei Jahre* eingeräumt werden. In der amerikanischen Literatur wird für die Trauerarbeit gewöhnlich *ein Jahr* angesetzt. Diese Angaben gelten für die Trauer beim Tod eines geliebten Menschen. Im Falle schwerer Erkrankung jedoch ist die Zeit sehr viel *kürzer*, die man dem Betroffenen für seine Trauerarbeit zugesteht. Bei vielen Patienten wird von Anfang an eine Depression diagnostiziert, nicht aber Trauer.

Trauer und Depression sind einander ähnlich, unterscheiden sich jedoch in einigen wesentlichen Aspekten. Niedergeschlagenheit, Schlafstörungen, Konzentrations- und Aufmerksamkeitsschwierigkeiten, Appetit- und Gewichtsverlust sind klassische Symptome sowohl der Trauer als auch der Depression. Bei der *Depression* kommt es darüber hinaus fast immer auch zu einem *Verlust des Selbstwertgefühls*, zu *Energielosigkeit und Apathie*. Während sich der *Trauernde* noch gegen sein Leid aufzulehnen vermag, lassen es Symptome wie Nichtswollen- und Nichtsfühlenkönnen meist gar nicht mehr zu, dass sich der *Depressive* mit seinem Verlusterleben auseinandersetzt.

Auch depressive Phasen mit Gefühlen allgemeiner Wertlosigkeit und Resignation sind *normal* in einem Leben mit anhaltend starkem Schmerz. Was Arthur Frank (1993, S. 82) über die Depression im Falle einer Krebserkrankung schreibt, gilt für die Depression im Falle chronischer Schmerzen gleichermaßen: „Es gibt nur wenige Menschen, seien es Ärzte, Schwestern, Familienangehörige oder Freunde, die bereit sind, die Möglichkeit zu akzeptieren, dass Depression vielleicht die angemessenste Reaktion des Kranken auf seine Situation ist. Ich empfehle Depressionen nicht, aber ich möchte darauf hinweisen, dass in bestimmten Momenten selbst eine ziemlich tiefe Depression als Teil der Krankheitsverarbeitung hingenommen werden muss." Problematik und Behandlungsbedürftigkeit depressiver Erkrankungen sollen hier keinesfalls verharmlost werden. Ich möchte jedoch davor warnen, *menschliche Reaktionen auf existentielles Leid* vorschnell zu pathologisieren. Mit der Diagnose „Depression" verbindet sich meist die Vorstellung, die Symptome durch medikamentöse und/oder kognitive Therapie beseitigen, auf jeden Fall lindern zu können. Ein Therapeut, der das Verhalten des Patienten nicht als Zeichen einer psychischen *Störung* interpretiert, sondern als *nachvollziehbare Reaktion auf existentielles Leid*, hat wenig in der Hand – oft nur sich selbst. Eine Krankheit kann man behandeln (genauer: man *meint*, sie behandeln zu können). Einem Leid jedoch muss man zunächst einmal *standhalten*.

- **Todessehnsucht und Selbstmordgedanken**
Auch Todessehnsucht und Suizidgedanken sind bei chronischen Schmerzen nicht unbedingt Ausdruck einer neurotischen Erkrankung,

sondern zunächst einmal normale Reaktionen auf die mit dem Schmerz verbundenen körperlichen und seelischen Belastungen. Was Nietzsche formuliert, empfinden viele Menschen bei anhaltend schwerer Erkrankung: „Der Gedanke an Selbstmord ist ein starkes Trostmittel: mit ihm kommt man gut über manche böse Nacht hinweg" (in: Hammerman & Nieraad 2005, S. 28). Die Vorstellung, sich selbst töten und damit dem Schmerz ein Ende setzen zu können, kann entlastend sein (vgl. 2.4.): Man hat die *Wahl*. Aus der Erkenntnis „Ich muss das nicht endlos ertragen" wächst vielen Betroffenen die Kraft zum „Ich mache weiter".

Die *entlastende* Funktion von Selbsttötungsgedanken muss unterschieden werden von Selbstmordgedanken im Zusammenhang mit selbstzerstörerischen Verhaltensweisen und Selbsttötungsphantasien am Ende einer krankhaften psychischen Entwicklung, an der noch andere Komponenten als der Schmerz beteiligt sind. Für die Selbstmordgefährdung eines Menschen gibt es bestimmte Anzeichen, die Erwin Ringel, der Pionier der Selbstmordverhütung, mit der Bezeichnung **präsuizidales Syndrom** zusammengefasst hat (vgl. Pohlmeier 1978, S. 25 ff.):

– Gefühl der *Einengung* und zunehmende *Isolierung*: Verengung der Wahrnehmung und Fixierung auf Gedanken an den Tod: „Am liebsten möchte ich tot sein!"
– *Gehemmte Aggression:* Lenkung der Aggressionen gegen die eigene Person. Starke innere Unruhe, die sich sowohl in völliger Zurückgezogenheit äußern kann als auch in gesteigerter Aktivität (Aufräumen, Verschenken, Rückzahlen von Schulden, etc.). Negative Emotionen überwiegen wie panisch gesteigerte Angst, Gefühle der Sinnlosigkeit und Schuld, der allgemeinen Wert- und Hoffnungslosigkeit: „Mich gibt es gar nicht mehr."
– *Selbstmordgedanken:* Rückzug in die Phantasie, Abkehr von der Realität und Beschäftigung mit der konkreten Ausführung der Tat („Wie werde ich mich umbringen? Wie kann ich meinen Plan im Einzelnen durchführen?"), Einengung des Gesichtsfeldes und Schwarzweiß-Denken (gekennzeichnet etwa durch Worte wie „immer", „nie", „entweder-oder", „alles", „nicht mehr", „einzig"). Das Erleben beschränkt sich auf das Gefühl der Unerträglichkeit und seiner Beendigung.

Nicht immer ist es leicht, Selbstmordgedanken, die durch eine depressiv verzerrte Perspektive bedingt sind, von Selbsttötungsgedanken zu unterscheiden, die auf einer nüchternen Lebensbilanzierung beruhen. Werden Gespräche über Tod und Selbstmord vermieden, schwinden die Möglichkeiten einer solchen Unterscheidung. Die Gefahr besteht, dass Signale der oben beschriebenen Art nicht (oder nicht rechtzeitig) erkannt werden. Wenn der Therapeut der Todes- und Suizid-Thematik ablehnend gegenübersteht, wird sie meist auch vom Patienten nicht angesprochen. Damit aber wird der Suizidgefährdete in der Isolierung gelassen, wodurch sich seine Selbstmordabsichten noch verstärken können. Welche Funktion auch immer Gedanken an Selbsttötung haben: Was Not tut, ist die solidarische Haltung eines Menschen, der den Suizidwunsch weder übernimmt noch abwehrt, der dagegen akzeptiert, dass der Betroffene seine Situation zumindest zeitweise als unerträglich erlebt. Was Not tut, ist ein Mensch, der den Tod als zum Leben dazugehörig betrachten und deshalb über ihn reden kann – so, wie über andere Aspekte menschlichen Daseins auch. Wenn sich jedes Jahr mehrere Tausend Menschen das Leben nehmen, weil sie ihre Schmerzen nicht mehr ertragen können, so muss davon ausgegangen werden, dass noch wesentlich mehr Schmerzpatienten an Selbstmord *denken*. Das Ausklammern der Todes-Thematik im Rahmen psychologischer Schmerztherapie wird der Wirklichkeit der meisten Schmerzpatienten nicht gerecht. Wer einen Patienten fragt, wie er sich fühlt, muss auf das Leid gefasst sein, das er eventuell zu hören bekommt, möglicherweise auch darauf, dass der Patient nicht mehr leben will.

Auch unabhängig von möglichen Suizidgedanken ist eine Auseinandersetzung mit der Todesthematik im Falle chronischer Schmerzen sinnvoll. Denn anhaltend starker Schmerz konfrontiert immer auch mit der *Endlichkeit* des eigenen Lebens. Vor den damit verbundenen Ängsten gibt es keine Ausflucht. Weil es sich um die Grundangst des Menschen vor dem absolut Unbekannten handelt, das wir mit unserem Verstand weder erklären noch irgendwie einordnen – und schon gar nicht begreifen können. Es geht um die Erfahrung einer letzten Grenze, wobei wir nicht wissen, ob es sich bei dieser Grenze um einen Schlusspunkt oder um einen Übergang handelt. Da diese Grenze zu einem *jedem* Leben dazugehört, macht es keinen Sinn, diesbezügliche Ängste beiseite zu schieben. Sie tauchen doch wieder auf. Leichter wird es, wenn man den Tod nicht als Gegner versteht, den man besiegen muss oder von dem man selbst besiegt wird, sondern als eine *Erfahrung jenseits von Sieg oder Niederlage*.

Wird der Gedanke an den Tod verdrängt, besteht die Gefahr, im Kreisen über das persönliche Schicksal verhaftet zu bleiben. Denn ohne Einbettung in ein allgemeines Lebensgesetz (oder - wie manche sagen - in ‚ein übergeordnetes Ganzes') kann eine schwere Krankheit leicht als ein unerträgliches Übel und Unrecht erfahren werden. Vor dem Hintergrund des Todes betrachtet verliert vieles an Gewicht – auch der eigene Schmerz. Das bedeutet nicht, sich passiv, apathisch, fatalistisch in sein Schicksal zu fügen. Es bedeutet vielmehr, damit aufzuhören, selbstmitleidig gegen Naturgesetze anzuhadern, die eigene Energie stattdessen in noch vorhandene Lebensmöglichkeiten zu investieren. Es bedeutet, alles in den eigenen Kräften Stehende zu tun, um aufhebbares Leid aus der Welt zu schaffen, ein unabänderliches Schicksal jedoch anzunehmen. Dietrich Bonhoeffer (2002, S. 119/120) hat die hier gemeinte Einstellung als „Widerstand und Ergebung" bezeichnet, wobei er hinzufügt, dass „die Grenzen zwischen dem notwendigen Widerstand gegen das ‚Schicksal' und der ebenso notwendigen Ergebung ... prinzipiell nicht zu bestimmen" sind. Entscheidend ist, weder im Widerstand noch in der Ergebung zu verharren: „es muss beides da sein und beides mit Entschlossenheit ergriffen werden" (ebd. S. 120). Vielleicht macht es einigen Therapeuten Angst, sich hier auf etwas einzulassen, für das es keine klaren Regeln und Verhaltensanweisungen gibt: Wann ist Widerstand angezeigt, wann Ergebung? Der Therapeut muss auf diese Frage keine Antwort parat haben, doch sollte er dazu bereit sein, ihr *standzuhalten* und gemeinsam mit dem Betroffenen nach einer Antwort zu suchen.

- **Alexithymie**

„Die Würde des Menschen ist unantastbar", heißt es im Grundgesetz.[29] Das Leiden eines Menschen angesichts chronischer Schmerzen ‚klein' reden, es ihm gar ausreden zu wollen, bedeutet, seine *Würde* anzutasten. Eine mögliche Folge: Der Patient spricht nicht mehr über seine Trauer und Angst – wenn, dann nur in distanziert-sachlicher Sprache. Nicht selten wird in einem solchen Fall eine *Alexithymie* diagnostiziert, d.h. das Unvermögen, Gefühle hinreichend wahrzunehmen und zu beschreiben. Unreflektiert bleibt, ob und inwieweit das Verhalten eines Patienten tatsächlich auf einem Unvermögen beruht oder aber *Reaktion* ist – Reaktion auf die *erlebte Abwertung* seiner Gefühle sowohl durch Angehörige und Freunde als auch durch Ärzte und andere Therapeuten. Einige Patienten zeigen ihre Gefühle nicht, weil sie den Eindruck haben, dass viele Menschen ihr Leid weder sehen noch hören wollen. Andere Patienten schweigen, um nicht als „affektlabil" oder „depressiv" zu gelten. Manche verschließen sich, weil sie spüren, dass ihr Gegenüber Angst vor ihrem Leid hat oder aus anderen Gründen unfähig ist, sich bewusst zu machen, was ein Leben mit anhaltendem Schmerz bedeutet. Wieder andere reden nicht über ihr Leid, weil sie ihre Erfahrungen nicht durch Belehrungen über positives Denken entwerten lassen wollen. Kurz: Mit der Diagnose „Alexithymie" sollten Therapeuten vorsichtig sein – insbesondere Therapeuten, die Mühe damit haben, dem Leid ihrer Patienten standzuhalten.

- **Was Standhalten bedeutet**

Standhalten - dem *Leiden* standhalten - was genau heißt das? Wie man mit schwerem Leid umgeht, lässt sich zum einen aus dem Beginn der **Hiobsgeschichte** lernen: Auf die Nachricht von Hiobs Unglück kommen seine Freunde zu ihm, sagen zunächst gar nichts, halten einfach bei ihm aus: „Und saßen mit ihm auf der Erde sieben Tage und sieben Nächte und redeten nichts mit ihm; denn sie sahen, dass der Schmerz sehr groß war" (Hiob 2, 13). Es müssen nicht sieben Tage und sieben Nächte sein – wenige Minuten reichen, in denen man sich neben den Leidenden setzt, nichts sagt, weil man sieht, dass sein Schmerz sehr groß ist. Standhalten konkretisiert sich nicht in klugen Reden (angesichts existenzieller Leiden gibt es ohnehin nichts Kluges zu sagen), sondern darin, *den Betroffenen selbst zum Reden aufzufordern, ihm zuzuhören oder gemeinsam mit ihm zu schweigen* (vgl. 9.3., 9.1.). In öffentlichen Ver-

---

[29] Der Begriff „Würde" ist das „Abstraktum zu *wert*, also eigentlich ‚Wert, Wertsein'" (Kluge 1999, S. 898).

sammlungen wird angesichts eines schweren Unglücks gelegentlich eine **Schweigeminute** eingehalten: Die Anwesenden werden gebeten, aufzustehen und eine Minute lang zu schweigen – im Gedenken an den oder die Verstorbenen, an die Opfer eines Attentats oder einer Naturkatastrophe. Was würde geschehen, wenn der Therapeut (sinngemäß) sagen würde: „Herr X., lassen Sie uns einen Moment lang gemeinsam schweigen – in Erinnerung an das Leid, das Ihnen widerfahren ist." Der Therapeut würde die Größe des Leids anerkennen. Er würde seine Achtung vor dem *Menschen* ausdrücken, der von diesem Leid getroffen ist.

Achtung vor dem Leid kommt auch in den **Klagepsalmen** des Alten Testaments zum Ausdruck. Hier wird das Leid weder erklärt noch beschönigt. Alle Not, alles Aufbegehren, alle Trauer werden vor Gott gebracht. „Heile mich, Herr, meine Kraft ist zu Ende! Ich weiß keinen Ausweg mehr. Wie lange noch, Herr?" heißt es im Psalm 6 (3 – 4), „Ich bin im Elend gefangen und finde keinen Ausweg; vor lauter Schmerzen wird mir schwarz vor Augen" im Psalm 88 (9 – 10). Einer der eindrücklichsten Klagepsalmen beginnt mit den Worten: „Mein Gott, mein Gott, warum hast du mich verlassen" (Psalm 22, 2)? Das „Warum" angesichts schweren Leidens ist weniger eine Frage, als vielmehr ein *Aufschrei* – ein Ausdruck tiefsten Schmerzes. Was würde geschehen, wenn der Therapeut seinem Patienten (statt einer Liste mit positiven Affirmationen) einige Klagepsalmen vorlegen würde? Er würde ihm vermitteln: „Es gibt hier kein Sprach- oder Klageverbot. Es gibt nichts, was Sie nicht sagen dürften."

Klagen ist etwas anderes als *Jammern*! Die Inhalte mögen die gleichen sein, nicht aber Adressat und Ziel. Im Jammern kreist der Betreffende nur um sich selbst. Auch wenn er seiner Umwelt ‚die Ohren voll jammert', bleibt er doch ausschließlich auf sich selbst bezogen, ist er nicht mehr offen für das, was der andere sagt. Der Klagende wendet sich an ein Gegenüber – an einen bestimmten Gesprächspartner oder auch an Gott. Der Jammernde klammert sich fest an dem, wie es früher war. Das Ziel der Klage dagegen besteht nicht darin, den alten Zustand wiederherzustellen, sondern darin, mit der neuen Situation irgendwie leben zu lernen. Das Jammern bleibt sich immer gleich. Bei der Klage *verändert* sich etwas – auch dann, wenn die äußere Situation *un*verändert bleibt. Der 43. Psalm zum Beispiel beginnt mit *Verzweiflung* („Warum muss ich ständig leiden?") und endet mit *Zuversicht* („Ich weiß, ich werde ihn noch einmal preisen, ihn, meinen Gott, der mir hilft.").

Menschen, die einen schweren Verlust erlitten haben, können die Phase der Trauer nicht einfach ‚überspringen' und gleich zur Phase der Akzeptanz übergehen: „Gegen die Trauer hilft nur eins – trauern" (Abeln & Kner 2003, S. 90). Auch Schmerzpatienten sollten zur Trauer ermutigt werden, wobei der Therapeut als Hilfe oft kaum etwas anderes anbieten kann als sein offenes Ohr, seine Anteil nehmende Gegenwart. Standhalten heißt eben das, was das Wort besagt: seinen *Stand behalten*, nicht davonlaufen, nicht zurückschrecken, aber auch nicht vorpreschen, sondern *beim Patienten bleiben* – dort, wo sich dieser gefühlsmäßig gerade *wirk*-

lich befindet (nicht dort, wo er meint, sich befinden zu müssen, etwa weil er niemanden mit seinen Gefühlen belasten will). Standhalten beinhaltet auch, für die *verschiedenen Formen* offen zu sein, in denen Trauer zum Ausdruck kommen kann. Ob sich die Trauer eines Patienten in überwiegend emotionaler oder eher sachlicher Sprache äußert: entscheidend ist, dass der Therapeut ihm Zeit und Raum lässt, über seine Verluste zu reden – in etwa so, wie er ihn dazu ermutigen würde, über den Verlust eines geliebten Menschen zu sprechen. Ein Therapeut, der angesichts der geschilderten Verluste gelassen bleibt, sie weder bagatellisiert noch rationalisiert, vermittelt dem Patienten ein wenig Kraft, *seinerseits* standzuhalten, krankheitsbedingte Beeinträchtigungen zu realisieren und seine Verzweiflung darüber offen auszusprechen: „Ja, es *ist* schlimm! Und ich habe keine Ahnung, wie ich damit zurechtkommen kann!" Im Zentrum eines Wirbelsturms, in seinem *Auge*, herrscht eine große Stille. Wer sich mitten in das ‚Auge' seiner seelischen und körperlichen Schmerzen begibt, wird nicht mehr hin- und hergeschleudert. Ruhe, Gleichmut und Einverstandensein breiten sich aus. Wer dagegen versucht, in die Randzonen der Angst oder Verzweiflung auszuweichen, gerät in gefährliche Turbulenzen … Gelassenheit wird nicht durch Verdrängung erworben (Verzweiflung lässt sich ohnehin nicht verdrängen), auch nicht durch kognitive Bewältigungsstrategien (Verzweiflung lässt sich ohnehin nicht bewältigen). Gelassen wird, wer es aufgibt, nach jämmerlichen Hilfsmitteln für seine Verzweiflung zu suchen, wer akzeptiert, dass man die Situation nicht immer akzeptieren kann. Das gilt für Patienten ebenso wie für ihre Therapeuten.

Ob und inwieweit es einem Therapeuten gelingt, dem Leid seines Patienten standzuhalten, zeigt sich zunächst einmal im *Verzicht auf unnötige oder sogar störende Aktivitäten*. Die Trauer angesichts vielfältiger und endgültiger Verluste ist wie eine mächtige Welle, die man am besten auslaufen lässt. Wenn keine Deiche errichtet werden, hinter denen sich die Trauerwellen stauen, können sie allmählich verebben. Der Therapeut braucht hier gar nicht viel zu tun – nur darauf zu achten, dass er der Trauer nichts in den Weg stellt, was ihr natürliches Abfließen behindern könnte. Keine Bewertungen also, keine Aufforderung zu positiven Affirmationen, die vielleicht bei leichteren Prüfungsängsten angebracht sind, angesichts existenzieller Bedrohung und großer Verzweiflung jedoch armselig wirken. Standzuhalten ist keine technische Fertigkeit, vielmehr die *Bereitschaft, ‚da' zu bleiben* und anzuhören, was auch immer aus dem Betroffenen herauskommen will – und sei es der Gedanke, manchmal am liebsten tot sein zu wollen.

Ein Therapeut, der seinen Patienten vermitteln kann, dass es normal ist, bei anhaltend starken Schmerzen an den Tod zu denken, ihn gelegentlich sogar herbeizusehnen, schafft damit eine Atmosphäre der Akzeptanz, die es dem Betroffenen erleichtert, sich mit seinen Gedanken an den Tod offen auseinanderzusetzen, sie in ihrer Bedeutung für sich selbst und seine Angehörigen zu hinterfragen. Deutet der Patient Selbstmordabsichten an, sollte der Therapeut nicht versuchen, ihn zum Leben zu

überreden. Ein solches Verhalten wäre weniger am Leid des Patienten orientiert als an der eigenen Angst. Auch Ermahnungen („Sie sollten auch an Ihren Partner denken!") und Ermutigungen („Bald werden auch Sie wieder Freude am Leben haben!") sind nicht hilfreich, denn sie schaffen Distanz zum Betroffenen, lassen ihn mit seiner Not allein. Tatsachen lassen sich weder durch Erklärungen noch durch positive Affirmationen aus der Welt schaffen. Die Verzweiflung darüber will nicht wegargumentiert, sie will zunächst einfach *angehört* werden! Ein Therapeut, der den Tod als eine für den Patienten zu diesem Zeitpunkt subjektiv sinnvoll erscheinende Alternative zum Leben betrachten kann, bestätigt ihn in seinem Bedürfnis nach Achtung: „Ich kann nachvollziehen, dass Sie sich zur Zeit manchmal den Tod wünschen. Ich würde Ihre Entscheidung respektieren, würde ich von Ihrem Selbstmord hören. Es würde mir jedoch sehr Leid tun. Es würde mir Leid tun um die *Person*, die Sie sind. Und es würde mir Leid tun, weil ich den Eindruck habe, dass der Anteil in Ihnen, der leben will, noch nicht ausgeschöpft ist."
Mit einem Therapeuten zur Seite, der seinem Suizidwunsch in dieser Weise standzuhalten vermag, kann der Patient *beides* erforschen – seinen Lebenswillen *und* den Gedanken, *so* nicht mehr weiterleben zu wollen. Denn viele Menschen wollen nicht *entweder* leben *oder* sterben. Oft sind *beide* Anteile vorhanden. Der Therapeut sollte dem Patienten herauszufinden helfen, was genau für ihn unerträglich ist, und was konkret ihn am Leben hält. Wenn der Betroffene *beide* Seiten in sich wahrnehmen kann, wird vielleicht auch das Leben *mit* dem Schmerz wieder leichter. Er *muss* den Schmerz nicht aushalten – er kann *wählen*. Das Bewusstsein um diese Wahl fördert das Gefühl innerer Freiheit und entlastet vom Druck des „Du musst".
Gelingt es dem Therapeuten, sich der Trauer, Angst und Verzweiflung des Patienten mit gleicher Gelassenheit zu nähern wie anderen Themen auch, wird sich etwas von dieser Gelassenheit auf seinen Patienten übertragen. Die *neurobiologische Grundlage* für diesen Vorgang liegt in der Existenz der *Spiegelneurone*, die es dem Menschen ermöglichen, die emotionale Situation seines Gesprächspartners nicht nur von außen zu beobachten, sondern - zumindest ansatzweise - selbst zu erfahren (vgl. 5.6.5.): Wenn ein Patient sich mit belastenden Gefühlen auseinandersetzt, er dabei jedoch wahrnehmen kann, „dass der Therapeut ihm weiterhin positiv zugewandt ist, ihn versteht und trotzdem ruhig bleibt", kann davon ausgegangen werden, dass diese Haltung bei ihm „eine organismische Resonanz in Richtung auf mehr Ruhe erzeugt" (Lux 2004, S. 266). Für *gelassenes Standhalten* als Wirkfaktor einer psychologischen Begleitung von Schmerzpatienten sprechen somit nicht nur *humanistische*, sondern auch *neurobiologische* Gründe.
Und schließlich: Ein Therapeut, der dem Leid seines Patienten standhalten kann, stabilisiert und fördert dessen *Selbstwert- und Identitätserleben*. Wird ein Mensch chronisch krank, geraten mehrere „Säulen" seiner Identität ins Wanken: seine leibliche Integrität, seine Arbeits- und Leistungsfähigkeit, seine Werte, materielle Sicherheiten sowie mitunter

auch sein soziales Netz (Petzold 1984). Die nicht nur körperliche, sondern auch emotionale Anwesenheit des Therapeuten, seine unerschütterliche Präsenz auch dann, wenn der Patient von seiner Angst, Trauer und Verzweiflung spricht, kann auf diesen wie ein Garant dafür wirken, dass er nicht ‚herausfällt' aus der Welt. Zieht sich der Therapeut von den Leiderfahrungen des Patienten zurück, zieht er sich von ihm als *Person* zurück. Ein solcher Rückzug hat sowohl psychologische als auch unmittelbare neurobiologische Folgen: Mangelnde soziale Resonanz erschüttert das Selbstwerterleben eines Menschen, trägt zur Aktivierung seiner Stress-Gene und Schmerzzentren bei (vgl. 5.4.). Spiegelnde Rückmeldungen dagegen stärken sein Gefühl sozialer Zugehörigkeit ebenso wie sein Identitäts- und Selbstwerterleben. Zur Entfaltung eines stabilen Selbstwertgefühls braucht der Mensch andere Menschen – den Blick eines erkennenden Mitmenschen, der seine Existenz bestätigt. Ein solches Erkanntwerden ist nicht nur für die Identitätsbildung in der Adoleszenz „eine absolut unentbehrliche Stütze" (Erikson 1980, S. 138), es ist in *jedem Lebensalter* von Bedeutung, insbesondere dann, wenn eine bestimmte Problemlage das Identitätserleben des Betroffenen erschüttert hat. Ein Therapeut, der dem Leiden des Patienten nicht standhalten kann, verweigert die Spiegelung existenziell bedeutsamer Erlebnisse. Diese Verweigerung wiederum erschwert es dem Patienten, die mit seiner Erkrankung verbundenen Erfahrungen in sein Selbst zu integrieren und ein sicheres Gefühl persönlicher Kontinuität zu entwickeln – trotz krankheitsbedingter Veränderungen seiner inneren und äußeren Situation. Ein kleines Kind, das sich wehgetan hat, weint. Sagt die Mutter daraufhin: „Ach, das war doch gar nicht so schlimm!", wird das Kind umso heftiger weinen. Sagt sie jedoch: „Ja, das tut weh. Ich hab's gesehen!", wird das Weinen nachlassen. Die Mutter bestätigt das weinende Kind in seiner Existenz. Standhalten bedeutet letztlich nichts anderes: *den Patienten in seiner Existenz zu bestätigen*. Eben darin liegt ein großer Trost:

Getrost! Es ist der Tränen wert, dies Leben,
So lang uns Pilgern Gottes Sonne scheint,
Und Bilder bessrer Zeit um unsre Seele schweben,
Und ach! mit uns ein freundlich Auge weint.
(Hölderlin: „Trost")

Auswirkungen von „Standhalten"
– Viele Menschen reden über ihre seelischen und/oder körperlichen Schmerzen nur in Gegenwart eines Menschen, von dem sie den Eindruck haben, dass er vor dem Leid nicht zurückschreckt, sich vielmehr auf alle damit verbundenen Erfahrungen einlassen kann.
– Ein Therapeut, der das Leiden des Patienten in seiner vollen Größe bestehen lassen kann, belässt ihm seine Würde als Mensch, dem Schlimmes widerfahren ist.
– Menschliches Leiden wird *erträglicher* in Gegenwart eines Menschen, der die Existenz von Krankheit und Schmerzen *anerkennen* kann:

„Wenn wir wissen, dass jemand unsere Schmerzen anerkennt, können wir uns von ihnen lösen. Die Macht dieser Anerkennung, Leiden zu lindern, lässt sich nicht erklären; aber sie scheint ein wesentlicher Bestandteil unserer Menschlichkeit zu sein" (Frank 1993, S. 127).

– Dadurch, dass der Therapeut über die schmerzlichen Erfahrungen des Patienten ebenso selbstverständlich redet wie über andere Aspekte seines Lebens auch, verliert das Leid seinen Status als etwas, das eigentlich nicht sein dürfte. Leid wird vielmehr als *Bestandteil des Lebens* verstanden, als etwas, das einen jeden Menschen treffen kann, – nicht aber als etwas, wofür man sich schämen müsste.

– Ein Therapeut, der den dunklen Seiten des Lebens nicht ausweicht, hat *Modellfunktion*: Er lebt seinen Patienten vor, Ängste, Trauer und Verzweiflung anzuerkennen – als verständliche Reaktionen auf existenziell bedeutsame Verluste und Belastungen. Eine solche Anerkennung wiederum ist ein erster Schritt in Richtung einer Auseinandersetzung, die weniger an den Erwartungen anderer orientiert ist, als vielmehr an persönlichen inneren Werten.

Zusammenfassung
Ein Therapeut, der dem Leiden standzuhalten vermag, vermittelt seinem Patienten, dass er so fühlen darf, wie ihm wirklich zumute ist. Argumente und Vertröstungen dringen nicht durch in das Innerste eines Menschen, der voller Angst und Verzweiflung ist. Was aber durchdringt, ist die körperliche und emotionale Anwesenheit eines anderen Menschen. Die prinzipielle Anerkennung körperlicher und seelischer Leiden als zum menschlichen Dasein dazugehörig trägt entscheidend dazu bei, dass auch der Patient sich seinem Leid zuwenden, es in sein Selbstbild integrieren und eine Identität entwickeln kann, die nicht (mehr) an der Erfüllung gesellschaftlicher Normen orientiert ist, sondern an der Erfahrung, auch noch im Leiden ein Mensch von Wert zu sein.

8.2.2. Einfühlung

Helfen kann einem keiner – man kann höchstens auf Verständnis hoffen, das ist das einzige, was wirklich hilft.
(eine Tumorpatientin)

Fast alle Patienten leiden unter dem Gefühl, von ihrem Arzt nicht als Herr X., als Frau Y. wahrgenommen zu werden, sondern als *Schmerzpatient/in*. Der *Typ* Schmerzpatient wird angesprochen, nicht die individuelle Person. Ein solches Verhalten ist zumindest teilweise auch auf die medizinische Berufsausbildung zurückzuführen, bei der das Denken in Kategorien nahe gelegt und geübt wird. Der Arzt lernt eine Vielzahl von Einzelheiten darüber, wie der menschliche Organismus im Allgemeinen funktioniert, wie Blutbild, Hormone, Knochendichte, Nervenreflexe, usw. beschaffen sein müssen, um den wissenschaftlich ermittelten

Durchschnittswerten eines ‚gesunden' Menschen zu entsprechen. Einheitsmaße für die einzelnen Krankheitsbilder werden erstellt, die im Bedarfsfall mit dem Idealmaß verglichen werden. Bei bestimmten Abweichungen werden entsprechende Diagnosen gestellt und ebenfalls standardisierte Therapiemaßnahmen eingeleitet. In der Notfallmedizin, wo es meist auf jede Minute ankommt, kann die Orientierung an Schablonen vom Schlaganfall-, Herzinfarkt- und Darmverschlusspatienten zum einen, vom gesunden Menschen zum anderen lebensrettend sein. Ein Arzt, der nach einem Schema verfährt, ist einfach schneller als ein Arzt, der versucht, seinen Patienten als individuelle Person mit spezifischen Besonderheiten kennen zu lernen.

Auch Entwicklung und Durchführung von Schmerzbewältigungsprogrammen beruhen überwiegend auf einem Denken in Schablonen: Bestimmte Verhaltensweisen von (in vielerlei Hinsicht sehr ungleichen) Schmerzpatienten werden verallgemeinert und im Bild vom typischen (durchschnittlichen) Schmerzkranken zusammengefasst. Das therapeutische Vorgehen wird ebenfalls vereinheitlicht - in so genannten Therapiemanuals -, die einerseits an der Kunstfigur des Schmerzpatienten orientiert sind, andererseits am Idealmaß eines Menschen, der seinen Schmerz positiv bewältigt. Eine solche *Entindividualisierung* aber geht zu Lasten der therapeutischen Beziehung sowie zu Lasten der spezifischen Hilfe, die dem Einzelnen zuteil werden könnte. Die Gefahr besteht, dass der Therapeut von der Vielzahl individueller Verhaltensweisen und Eigenschaften nur diejenigen registriert und als wichtig ansieht, die dem Bild vom typischen Schmerzpatienten entsprechen, von denen er also ohnehin schon überzeugt ist. Doch *den* Schmerzpatienten als Gattung gibt es nicht! Es gibt nur diesen *einen* Menschen, der von einem ganz bestimmten Schmerz betroffen ist. In Gesprächen mit ihm sollte es nicht um die abstrakte Utopie einer „positiven Krankheitsverarbeitung" und „gelungenen Schmerzbewältigung" gehen, sondern um das, was für *ihn* möglich und erreichbar ist.

Kennzeichen für eine am *individuellen* Patienten orientierte Therapie ist die Bereitschaft des Therapeuten, von vorgegebenen Bildern und Vorstellungen über den typischen Schmerzpatienten abzusehen und sich möglichst unvoreingenommen in das Denken, Fühlen und Handeln seines jeweiligen Gegenübers *einzufühlen*. **Einfühlung** gehört zu den entscheidenden Voraussetzungen einer *jeden* erfolgreichen Therapie. In der *Gesprächspsychotherapie* werden Funktion und Bedeutung dieses Therapeutenmerkmals aus der von Carl Rogers (1973 a, S. 418) formulierten Persönlichkeitstheorie abgeleitet, vor allem aus der These, dass jeder Mensch in seiner *eigenen* Welt lebt, die nur er selbst vollständig kennen kann: „Jedes Individuum existiert in einer ständig sich ändernden Welt der Erfahrung, deren Mittelpunkt es ist." Wie sich ein Mensch in einer bestimmten Situation verhält, hängt davon ab, wie er sie wahrnimmt und bewertet. Da die Reaktionen eines Menschen also nur aus seinem *persönlichen Bezugsrahmen* heraus verstanden werden können, sollte sich der Therapeut darum bemühen, sich in die innere Erlebniswelt seines

Patienten hineinzuversetzen, seine Gefühle, Wünsche und persönlichen Wertvorstellungen sowie die Bedeutung, die bestimmte Erfahrungen für ihn haben, nicht nur von außen zu beobachten, sondern von innen heraus nachzuvollziehen. Ein solches Verhalten wird in der Literatur mit Begriffen bezeichnet wie „Einfühlendes Verstehen", „Empathie", „Empathisches Verstehen", „Mitempfindendes Verstehen", „Verständnis", „Reflektieren oder Reflexion von Gefühlen", „Verbalisierung emotionaler Erlebnisinhalte" (Alterhoff 1983). Mit den ersten Bezeichnungen wird schwerpunktmäßig das Element der *Einfühlung*, das *Sich-in-den-Patienten-Hineinversetzen* betont, mit den beiden letzten Benennungen das Element der *Mitteilung des Verstandenen*. In der Gesprächspsychotherapie werden beide Komponenten als zusammengehörig betrachtet. Genau genommen handelt es sich jedoch um *verschiedene* Vorgänge. Der Begriff *Einfühlung* bezieht sich auf die *Bereitschaft*, die Welt für eine Weile aus den Augen des Patienten zu betrachten, der Begriff *Verbalisierung* dagegen auf die *technische Fertigkeit*, das Ergebnis der Einfühlung in angemessenen Worten so mitzuteilen, dass sich der Patient tatsächlich verstanden fühlt (vgl. 9.2.). Mit *Einfühlung* ist eine therapeutische *Grundhaltung* gemeint, die die Beziehung zum Patienten *durchgängig* beeinflusst, mit *Verbalisierung* dagegen eine *Intervention*, die nur *punktuell* - je nach Situation - eingesetzt wird oder auch nicht. Ob und inwieweit ein Therapeut einfühlsam ist, zeigt sich nicht nur an seinen Verbalisierungen, sondern an seinem sprachlichen und nichtsprachlichen *Gesamt*verhalten. *Einfühlung* kommt auch ohne Verbalisierungen aus, adäquates *Verbalisieren* dagegen ist ohne Einfühlung kaum möglich. Die Trennung von Einfühlung und Verbalisierung erscheint mir insofern wichtig, als sich der Therapeut *durchgängig* um *Einfühlung* bemühen, nicht aber ständig verbalisieren sollte.

Die *Verbalisierung emotionaler Erlebnisinhalte* ist ein wesentliches Mittel, um *Einfühlung* für den Patienten erkennbar zu machen, aber eben nur *eines*! Im Laufe einer Therapie kann es Momente geben, in denen es einfühlsamer ist, *nicht* zu verbalisieren. Ein *Beispiel*: Der Radiologe hat dem Patienten soeben mitgeteilt, dass sein Tumor erneut gewachsen ist. Er muss ein weiteres Mal operiert werden. Fassungslos und mit deutlichen Anzeichen der Angst berichtet der Patient von seinem Gespräch mit dem Arzt. Bemerkungen wie „Sie haben Angst", „Sie wünschten, das wäre alles nur ein Traum" greifen zwar das Erleben des Patienten auf, wirklich einfühlsam sind sie jedoch *nicht*. Weil sie zu banal sind und dem *Ausmaß* der Angst nicht gerecht werden, weil sie diagnostizierend-distanzierend, u.U. sogar ‚von oben herab' wirken können angesichts der emotionalen Ausnahmesituation, in der sich ein Mensch mit einer solchen Diagnose befindet. Wahre Einfühlung erfühlt nicht nur, was den Patienten im Augenblick bewegt, sie versucht darüber hinaus zu erfassen, welche Worte und/oder Gesten ihm unter den gegebenen Bedingungen am ehesten Halt geben könnten. Der Therapeut könnte z.B. einen Moment lang gemeinsam mit dem Patienten schweigen, er könnte sich vorbeugen oder mit seinem Stuhl etwas näher an den Patienten heranrücken, ihn leicht berühren. Auch ein Seufzen, lautes Ausatmen oder ein Ausruf unmittelbarer Betroffenheit („Mist!") können einfühlsam sein – etwa dann, wenn der Therapeut den Eindruck hat, dass der Patient entsprechende Reaktionen unterdrückt. Kurz: Die konkrete *Form*, in der sich Einfühlung äußert, ist stets vom *Gesamtkontext* abhängig – von der Persönlichkeit des Patienten ebenso wie von der des Therapeuten, von der Tragfähigkeit ihrer Beziehung und der spezifischen Situation.

Orientierungshilfen bei der **Verwirklichung von Einfühlung** sind folgende Überlegungen:

– Wenn ein Patient längere Zeit vor allem über *externale* Ereignisse redet, sollte der Therapeut herauszufinden suchen, was die berichteten Ereignisse *emotional* für ihn *bedeuten*, welche *gefühlsmäßige Beziehung* er zu den beschriebenen Vorfällen oder Personen hat. Nicht immer ist das, worüber ein Patient spricht, auch das, was ihn *innerlich* gerade am meisten bewegt. Manche Schmerzpatienten sind im Laufe ihrer Erkrankung von Ärzten und/oder anderen Therapeuten enttäuscht, mitunter sogar verletzt worden, so dass sie ihre Gefühle erst einmal zurückhalten. Andere Patienten fürchten, von den eigenen Gefühlen ‚überrollt' zu werden, halten sich deshalb zunächst an äußere Sachverhalte, bis sie genügend Vertrauen zum Therapeuten gefasst haben, um ihn auch an ihren eher verborgenen Gedanken und Gefühlen teilhaben zu lassen. Um nachvollziehen zu können, was den Patienten im *Augenblick* besonders beschäftigt, sollte der Therapeut nicht nur auf die geschilderten Inhalte achten, sondern auch auf Tonfall, Stimmlage, Sprechtempo, Pausen und Bruchstellen im Gesprächsverlauf, auf Atemrhythmus, Mimik und Gestik. Beispielsweise könnte er sich fragen: „Was höre ich in der Stimme des Patienten?", „Was drückt seine Körperhaltung aus?" Auch die Dinge, mit denen sich ein Patient umgibt - Fotos auf seinem Nachttisch, Bücher, ein kleines Stofftier -, besitzen eine *Sprache*, teilen etwas über seine Vorlieben, Interessen oder ihm nahe stehende Personen mit.

– Den *nonverbalen Verhaltensweisen* des Patienten (insbesondere seiner Mimik und Gestik) sollte der Therapeut auch deshalb ausreichend Aufmerksamkeit schenken, weil sie ihm Rückmeldung darüber geben können, ob und inwieweit es ihm tatsächlich gelungen ist, sich in den Patienten einzufühlen. Die meisten Patienten runzeln spontan die Augenbrauen, rücken mit ihrem Körper leicht nach hinten und/oder verschränken die Arme vor dem Oberkörper, wenn sie sich vom Therapeuten missverstanden fühlen. Reaktionen dieser Art sollten nicht vorschnell als Ausdruck von Widerstand oder mangelnder Compliance interpretiert werden, da sie auch Zeichen dafür sein können, dass der Therapeut zu viel eigenes Material mit dem vermengt hat, was er meint, beim Patienten ‚erfühlt' zu haben (vgl. 5.6.1.).

– Einfühlung bedeutet *nicht*, sich die Sichtweisen des Patienten zu Eigen zu machen. Man kann etwas verstehen, ohne es zu billigen. Man versteht es, weil man die damit verbundenen Gefühle nachvollziehen, vielleicht sogar bei sich selbst erkennen kann. Wenig einfühlsame Therapeuten vermitteln dem Patienten eine der beiden folgenden Botschaften: „Ich verstehe Sie nicht" oder „Ich verstehe Sie besser als Sie sich selbst verstehen". Die negativen Auswirkungen vor allem der zweiten Botschaft sind nicht zu unterschätzen. „Ich verstehe Sie nicht" impliziert, dass Patient und Therapeut von unterschiedlichen Sichtweisen der Welt ausgehen und der Therapeut die Sicht des Patienten nicht nachzuvollziehen vermag, zumindest nicht im Hinblick auf das gegebene Thema. Der Respekt vor der Person des Patienten bleibt jedoch erhalten. Die Botschaft „Ich verstehe Sie besser als Sie sich selbst verstehen" hat dagegen eine andere Nebenbedeutung – einen Unterton, der dem Patienten die *untere* Position in der Therapeut-Patient-Beziehung zuweist. Hier geht es nicht nur darum, dass Patient und Therapeut einen bestimmten Sachverhalt unterschiedlich einschätzen, sondern darum, dass die Einschätzung des Therapeuten als die bessere (d.h. ‚richtige') ausgegeben wird. Der Patient wird entmündigt, gewissermaßen heimatlos gemacht – so als sagte man ihm: „Ich kenne mich in Ihrem Haus besser aus als Sie, der darin wohnt." Ein solches Verhalten ist das genaue *Gegenteil* von Einfühlung.

— Ausschlaggebend dafür, dass der Patient die Einfühlung seines Therapeuten als solche *erkennen* kann, sind nicht nur seine Worte, sondern insbesondere *Mimik* und *Gestik*: „Therapeuten sollten mit dem Oberkörper zum Patienten hingeneigt sitzen, die Arme offen, die Hände locker im Schoss, jedenfalls nicht verschränkt. Sie sollten, während der Patient spricht, immer wieder mit dem Kopf nicken. Was sie selbst sagen, sollten sie mit lebhafter Gestik unterstreichen. Die Beine sollten eher offen als übereinandergeschlagen sein" (Grawe 2004, S. 435). Auch *Stimmmodulation* und *Betonung* entscheiden darüber, ob ein Patient die Äußerungen seines Therapeuten - unabhängig von ihrem Inhalt - als einfühlsam erlebt. Der gleiche Satz, einmal so, einmal anders ausgesprochen, kann gänzlich unterschiedliche Bedeutungen haben. Ein *Beispiel*: Der Patient berichtet besorgt von erneuten Ischiasschmerzen. Der Therapeut sagt daraufhin: „Sie haben Angst ..." Diese Äußerung kann als einfühlend empfunden werden, wenn der Therapeut sie in einem Tonfall sagt, in dem er etwa sagen würde: „Wenn ich Sie recht verstehe, haben Sie Angst – vielleicht Angst, dass Sie wieder einen erneuten Bandscheibenvorfall haben könnten? Vielleicht auch Angst, wie Sie damit zurechtkommen würden? Möchten Sie mir mehr davon erzählen?" Schwingt diese Bedeutung mit, wird sich der Patient vermutlich verstanden fühlen und damit fortfahren, über seine Gefühle zu sprechen. Die Bemerkung „Sie haben Angst ..." kann aber auch in einem anderen Ton ausgesprochen werden – etwa so, als stellte man fest „Sie haben Windpocken" oder sogar so, wie man sagen würde „Sie haben zu viel getrunken". Zusammengefasst: Ob die Äußerungen eines Therapeuten als einfühlsam oder wertend/abwertend erlebt werden, ist von der *Modulation* seiner Stimme abhängig, unterstützt durch entsprechende *Mimik* und *Gestik*.

- Darüber hinaus konkretisiert sich die Einfühlung eines Therapeuten in seinem Gespür für den ‚*richtigen Abstand*' zwischen sich und dem Patienten. Sitzen beide zu weit voneinander entfernt? Oder eher zu nah beieinander? Ist sich der Therapeut nicht sicher, wie der Patient den Abstand erlebt, sollte er nachfragen. Ein einfühlsamer Therapeut nutzt seine Autorität nicht aus, um dem Patienten eine bestimmte Nähe aufzuzwingen, ist vielmehr darum bemüht, auch diesen Aspekt der therapeutischen Beziehung *gemeinsam* mit ihm auszuhandeln. Auch dadurch wird einem Menschen Achtung erwiesen: dass man sein Bedürfnis nach Nähe oder Distanz wahrnimmt und respektiert.
- Die Fähigkeit zur Einfühlung beruht auf der Aktivität der *Spiegelnervenzellen*, „die darauf spezialisiert sind, bei anderen Menschen wahrgenommene Signale so abzuspeichern, dass sie selbst nacherlebt und reproduziert werden können" (Bauer 2004, S. 65). *Resonanzphänomene* sind die Voraussetzung dafür, dass der Therapeut das, was der Patient ihm berichtet, innerlich nachvollziehen kann. Darüber hinaus ermöglichen sie es ihm, auch etwas von dem zu verstehen, was den Patienten bewegt, worüber er aber (noch) nicht reden kann. Bei entsprechenden Vorerfahrungen mit bestimmten Situationen reicht es aus, wenn man nur einen *Ausschnitt* aus einer Handlungssequenz wahrnimmt, um sich den *gesamten* Handlungsablauf vorstellen zu können. Bietet also das, was der Patient berichtet, dem Therapeuten genügend Anhaltspunkte, kann er fehlende (d.h. unerwähnt gebliebene) Empfindungen und Handlungen über die Aktivierung von Spiegelneuronen komplementär ergänzen und damit intuitiv erfassen (Bauer 2005). Ein solch *ergänzendes Verstehen* ist vor allem bei denjenigen Patienten von Bedeutung, die einen geringen Zugang zu ihren Emotionen haben oder bestimmte Erfahrungen - z.B. aus Angst oder Scham - nur andeuten können.
- Bestimmte neuronale Programme werden nicht nur dann aktiviert, wenn ein Mensch selbst eine entsprechende Erfahrung macht, sondern auch dann, wenn er andere bei dieser Erfahrung *beobachtet* oder lediglich davon *hört* (vgl. 5.4.). Daraus folgt: Ein Therapeut muss nicht unbedingt selbst jede Menge Schmerzen erfahren haben, um sich in einen Schmerzpatienten einfühlen zu können. Die Fähigkeit, das Erleben Betroffener intuitiv zu verstehen, wächst in dem Ausmaß, in dem er sie beobachtet, ihnen aufmerksam zuhört und sich das Gehörte innerlich vorzustellen bemüht. Allerdings scheinen nicht alle Therapeuten dazu bereit zu sein, die Innenperspektive eines Menschen einzunehmen, der Schmerzen hat. Offensichtlich sind es vornehmlich diese Therapeuten, die bei der Verständigung über den Schmerz des Patienten auf einer abstrakten Zahl zwischen 0 und 10 bestehen – statt ihn (zumindest ergänzend zur Zahlenangabe) darum zu bitten, seinen Schmerz mit einem Bild zu umschreiben (vgl. 7.4.). Ohne Bereitschaft, sich in die subjektive Wahrnehmungswelt seiner Patienten zu begeben, wird ein Therapeut jedoch kaum nachvollzie-

hen können, wie einem Menschen zumute ist, der seit Jahren Schmerzen hat.
- *Einfühlung* und *Standhalten* hängen eng miteinander zusammen (vgl. 8.2.1.). Zum einen: Voraussetzung dafür, sich in einen schwer kranken Menschen einzufühlen, ist die Fähigkeit, auch einem Leid standzuhalten, für das es aller Voraussicht nach keine Lösung gibt. Zum anderen: Einfühlsame Reaktionen des Therapeuten signalisieren, dass er sich auf den Patienten und seine Situation wirklich einlassen, dass er hören, aufnehmen und aushalten will, welche Bedeutung das Berichtete für ihn (den Patienten) hat.
- Grundsätzlich ist zu akzeptieren, dass Einfühlung in die Erfahrungswelt eines anderen Menschen immer nur annäherungsweise möglich ist, „denn der innere Bezugsrahmen jedes einzelnen bleibt als dessen subjektive Welt nur diesem selber voll zugänglich" (Alterhoff 1983, S. 45). Ein wahrhaft einfühlsamer Therapeut erkennt die Grenzen seiner Einfühlung – und den Zeitpunkt, an dem er wenig mehr tun kann als ‚da' zu sein, zuzuhören, gelegentlich nachzufragen (vgl. 9.1., 9.3.).

Auswirkungen von „Einfühlung"
- Die entscheidende Funktion der Einfühlung liegt vor allem in ihrer Bedeutung für eine *vertrauensvolle therapeutische Beziehung*, in der es dem Patienten zunehmend leichter fällt, auch von bislang eher unterdrückten Gedanken und Gefühlen zu sprechen. Dies wiederum hat zur Folge, dass sich der Therapeut mehr und mehr auf die innere Befindlichkeit seines Patienten einschwingen kann. Wie wichtig eine gute therapeutische Beziehung für den Erfolg einer Therapie ist, wird aus neurowissenschaftlicher Sicht bestätigt (vgl. 5.6.1.).
- Mit seiner Einfühlung vermittelt der Therapeut dem Patienten, dass nicht nur sein Schmerz, sondern *alles*, was in ihm vorgeht, Be-*Achtung* findet. Zu erleben, dass sich jemand Mühe gibt, die eigene Person und Situation zu verstehen, ist in hohem Maße *selbstwertfördernd*, lindert das Gefühl innerer Einsamkeit, mindert Anspannung und Angst.
- Ohne die Anwesenheit einer anderen Person über Angst erregende Vorstellungen nachzudenken, kann dazu führen, dass sich die Gedanken im Kreise drehen und sich die Angst noch verstärkt. Die Erfahrung dagegen, bei der Auseinandersetzung mit eigenen Ängsten einfühlsam begleitet zu werden, löst positive Emotionen aus. Die Folge: Neuronale Erregungsmuster werden aktiviert, die eine Art Gegengewicht darstellen gegenüber den mit Angst verbundenen Erregungsmustern. *Angstreaktionen* können dadurch zwar nicht gelöscht, aber *gehemmt* werden (vgl. 5.6.5.).

Wenig einfühlsame Reaktionen des Therapeuten dagegen lösen Stressreaktionen aus, wodurch bereits vorhandene Angstspuren aktiviert und verstärkt werden – selbst dann, wenn die Art der Stresserfahrung in keinem Zusammenhang mit der Art der Angststörung steht (LeDoux 2001). Aus neurobiologischer Sicht gehört die Erfahrung mangelnder sozialer Resonanz zu den wichtigsten Arten von Stress überhaupt (vgl. 5.4.). Das erklärt, warum mangelnde Einfühlung nicht nur nicht hilfreich ist, sondern im Gegenteil sogar destruktiv wirken kann – im Sinne einer *Verstärkung* vorhandener Ängste.

– Die Erfahrung, in den eigenen Bedürfnissen und Absichten erfühlt und verstanden zu werden, ist nicht nur emotional entlastend, sie fördert auch das *selbstexplorative Verhalten* des Patienten, d.h. seine Bereitschaft, sich aktiv mit seinem inneren Erleben auseinanderzusetzen – mit seinen Einstellungen und Werten, seinen Hoffnungen und Befürchtungen sowie mit den Vorstellungen, die er von sich selbst und seinen Bezugspersonen hat.[30]
– Gesteigerte Selbstexploration des Patienten hängt mit *konstruktiven Veränderungen* zusammen (Alterhoff 1983). Sie ist die Voraussetzung dafür, sich selbst besser verstehen zu können. Vermehrtes Selbstverstehen wiederum erleichtert es dem Patienten, neue Aspekte und Zusammenhänge in seinem Erleben zu entdecken, die Bedeutung bestimmter Erfahrungen besser durchschauen, bisherige Ziele hinterfragen und neue Verhaltensschwerpunkte setzen zu können, die sowohl an seinen Fähigkeiten als auch an seinen Grenzen, weniger dagegen an äußeren Normen orientiert sind (vgl. 6.).

Zusammenfassung
Einfühlung bedeutet, dass sich der Therapeut auf die innere Welt seines Patienten konzentriert, sich auf ihn, seine Gefühle und seine Sicht der Dinge einlässt, ohne ihn zu bewerten oder in eine bestimmte Richtung zu lenken. Je einfühlsamer der Patient seinen Therapeuten erlebt, umso angstfreier und umfassender wird er sich mit *allen* Aspekten seiner Person und Situation auseinandersetzen können, umso leichter wird es ihm fallen, auch krankheitsbedingte Verlusterfahrungen und Beeinträchtigungen in sein Selbstbild zu integrieren. Bei der Begleitung von Schmerzpatienten wird jeder Therapeut hin und wieder mit Begebenheiten konfrontiert, für die ihm die persönliche Erfahrungsgrundlage fehlt, deren gefühlsmäßige Bedeutung er nur begrenzt oder gar nicht erfassen kann. Da dies nun einmal so ist, sollte es akzeptiert, nicht als persönliches Versagen bewertet werden. Entscheidend ist nicht, dass der Therapeut mit seiner Einfühlung immer genau richtig liegt. Ausschlaggebend ist vielmehr, dass er sich um Einfühlung *bemüht* – und der Patient dieses Bemühen spüren kann.

---

[30] Selbstexploration wird definiert als „die Erforschung des eigenen Selbst" (Alterhoff 1983, S. 145), d.h. als aktive Auseinandersetzung mit eigenen Ansichten und Bewertungen, Bedürfnissen und persönlichen Zielvorstellungen sowie damit, wie man sich selbst sieht und wie man gerne sein möchte.

8.3. Das Bedürfnis nach Selbstverwirklichung und autonomer Lebensführung

Ich lebe mein Leben in wachsenden Ringen,
die sich über die Dinge ziehn.
Ich werde den letzten vielleicht nicht vollbringen,
aber versuchen will ich ihn.
(Rainer Maria Rilke 1987, S. 253)

Als selbstverständliches Ziel und höchstes Gut eines jeden Menschen betrachtet Aristoteles „die *Eudaimonie*, jenes unübersetzbare Wort, das zugleich Glückseligkeit und Seelenfriede ausdrückt" (Kranz 1997, S. 241): „Dass die Glückseligkeit als das höchste Gut zu bezeichnen ist, scheint eine allgemeingültige Ansicht, man wünscht aber noch eine genauere Bestimmung, worin sie besteht; diese könnte wohl gewonnen werden, wenn man die eigentliche Bestimmung des Menschen fände. Das dem Menschen eigentümliche Gut ist Betätigung der Seele seiner Wertanlage (Arete) entsprechend" (Aristoteles, in: ebd. S. 241 f.). Davon ausgehend hängt der Seelenfriede des Menschen entscheidend davon ab, ob und inwieweit es ihm gelingt, all das zu entfalten, *was er seinem Wesen nach ist*. Ein *absolut* „höchstes Gut" gibt es nicht, sondern immer nur das, welches von dem jeweiligen individuellen Menschen verwirklicht werden kann. Mit dieser Überzeugung wird Aristoteles zum Ahnherrn der *humanistischen Aufforderung*: „Werde, was du bist!"

Im Mittelpunkt der Analytischen Psychologie C. G. Jungs steht die Theorie von der Entwicklung der eigenen Persönlichkeit (Individuation). J. L. Moreno, der Begründer des Psychodramas, ist davon überzeugt, dass jeder Mensch von seiner Anlage her das Bedürfnis nach spontaner und kreativer Selbstverwirklichung hat. Zentral für die Persönlichkeitstheorie von C. R. Rogers (1981, S. 69) ist das Konzept der „Aktualisierungstendenz" – der angeborenen Fähigkeit des Menschen, sich selbst zu verwirklichen: „Man kann sagen, dass in jedem Organismus auf jedweder Entwicklungsebene eine Grundtendenz zur konstruktiven Erfüllung der ihm innewohnenden Möglichkeiten vorhanden ist."

Wegen ihrer optimistischen Auffassung von der Menschennatur sind Jung, Moreno und Rogers oft kritisiert, wiederholt auch als naiv bezeichnet worden. Inzwischen jedoch ist die philosophisch-psychologische Grundannahme von der naturgegebenen Fähigkeit des Organismus, sich selbst zu regulieren, durch neurophysiologische Untersuchungen bestätigt worden: Das Ziel aller Organismen besteht in Selbsterhaltung und Wohlbefinden, wobei *Wohlbefinden* aus neurobiologischer Sicht durch das reibungslose Funktionieren und harmonische Zusammenspiel aller Lebensvorgänge bestimmt wird. Gleichgewichtszustände dieser Art sind mit neuronalen Kartierungen verbunden, die die Grundlage für eine geistige Verfassung sind, „die wir Freude nennen" (Damasio 2003, S. 161). Auf der bewussten Ebene beruht Freude vor allem auf der Erfahrung, die persönlichen Handlungsmöglichkeiten frei entfalten, das eigene Leben im Sinne selbst gesetzter Ziele gestalten zu können. Das *Bedürfnis nach Selbstverwirklichung* hängt unmittelbar mit dem *Bedürfnis nach Kontrolle* zusammen – definiert als „ein Bedürfnis, etwas zu können, was zur Herbeiführung und Aufrechterhaltung der eigenen Ziele wichtig ist" (Grawe 2004, S. 232). Welche Folgen es hat, wenn dieses Bedürfnis *verletzt* wird, hat vor allem Seligman in seinem *Konzept der erlernten Hilflosigkeit* beschrieben (vgl. 4.2.). Im Falle schwerer Erkrankung sind die Möglichkeiten, das eigene Potential zu verwirklichen und die persönliche Situation den eigenen Zielen und Wertvorstellungen gemäß zu kontrollieren, mehr oder minder bedroht (vgl. 3.3.). Unabhängig von Persönlichkeit, Herkunft, Bildung und beruflicher Position wird jeder Patient - zumindest zeitweise - auf die Rolle des Unmündig-Kranken und damit Machtlosen reduziert. Es gibt Unterschiede – gewiss: Ein selbstbewusster Patient kann sich einen größeren Freiraum an Selbstbestimmung erkämpfen als ein Patient, der Autoritäten gegenüber eher ängstlich und selbstunsicher auftritt. Einer Person ‚von Rang und Namen' wird im Allgemeinen mehr Mitbestimmung zugestanden als Menschen, die einen sozial eher wenig anerkannten Beruf ausüben. Doch auch durchsetzungsfähige Menschen, die sprachlich gewandt aufzutreten verstehen, leiden unter der mit schwerer Erkrankung verbundenen Entmündigung – wie Selbsterfahrungsberichte Betroffener zur Genüge belegen (z.B. Frank 1993, Hammerman & Nieraad 2005, Kluun 2005, Noll 1984, Sacks 1993). Es geht lediglich um ein Mehr oder Weniger an Autonomieverlust – *Kontrollverlust als solcher* gehört zur Lage des Kranken unausweichlich dazu.

Oliver Sacks (1993, S. 162), Professor für Klinische Neurologie, beschreibt seine Erfahrungen in einer Londoner Klinik: „Für mich – und vielleicht verhält es sich notwendig bei allen Patienten so, ... hatte es zwei Leiden, zwei Beschwerden gegeben, die miteinander in Verbindung standen und doch deutlich zu unterscheiden waren. Das eine war das körperliche (und ‚körperlich-existentielle') Unvermögen - ... Das andere war ‚moralischer' Natur - dies ist nicht ganz der richtige Ausdruck - und stand in Zusammenhang mit dem verminderten, rechtlosen Status eines Patienten und besonders mit dem Konflikt mit ‚ihnen' und mit der Unterwerfung unter ‚sie' (damit waren der Arzt, das ganze System, die Institution gemeint). ... Ich war nicht nur körperlich, sondern auch moralisch niedergestreckt gewesen. Ich war nicht in der Lage gewesen, mich zu erheben und mich gegenüber ‚ihnen', insbesondere gegenüber dem Arzt, moralisch zu behaupten. Und obwohl ich irgendwo die ganze Zeit wusste, dass er, wie ich, ein anständiger Mann war und dass alle es gut meinten und ihr Bestes taten, konnte ich das alptraumhafte Gefühl, das auf mir gelastet hatte, nicht abschütteln."

Oliver Sacks Worte erinnern an Peter Härtlings Geschichte „Das war der Hirbel" (vgl. 3.). Auch Härtling (1973, S. 67) spricht von „zweierlei Krankheiten" und davon, dass nicht „das Kopfweh, die Krämpfe, die Bauchschmerzen", sondern das *Verhalten der Umwelt* „die schlimmere Krankheit" ist. Von dieser „schlimmeren Krankheit", diesem Leiden

„moralischer Natur" sind auch Schmerzpatienten betroffen. Dennoch werden Hilflosigkeitseinstellungen von Patienten allzu schnell und allzu einseitig der depressiven Persönlichkeitsstruktur des Betroffenen oder seiner dysfunktionalen Krankheitsverarbeitung angelastet, nicht aber seinem „verminderten, rechtlosen Status" (Sacks 1993, S. 162). Bereits Aristoteles weist darauf hin, dass das innere Glück eines Menschen nicht nur von seiner sittlichen Kraft abhängt, vielmehr „bedarf der Glückselige als Beigabe auch der Güter des Leibes, der Außenwelt und der Glücksfügung, auf dass er sich nicht in dieser Beziehung behindert fühle" (in: Kranz 1997, S. 247 f.). Auch Hilflosigkeit und Angst von Schmerzpatienten beruhen keineswegs nur auf ihrer ungenügenden ‚sittlichen Kraft' (oder ihren negativen Kognitionen), sondern – in mehr oder minder starkem Maße – auf Beeinträchtigungen „der Güter des Leibes, der Außenwelt und der Glücksfügung". Schmerztherapeuten sollten diese Zusammenhänge berücksichtigen – allein schon deshalb, um vorschnelle Psychopathologisierungen zu vermeiden. Darüber hinaus sind in der konkreten Begegnung mit einem Betroffenen vor allem zwei Grundhaltungen von Bedeutung: **Wertperspektive** und **Förderung von Autonomie**.

8.3.1. Wertperspektive

Etwas Positives hinmachen ist für den Therapieerfolg wichtiger als etwas Negatives wegmachen.
(Klaus Grawe 2004, S. 351)

Das medizinische Denken und Handeln ist auf die *Behebung von Defekten* zentriert, wie überhaupt im Gesundheitswesen die „**Unwert-Perspektive**" vorherrscht (Haun 1982, S. 183), gekennzeichnet durch Fragen wie: „Was *fehlt* dem Patienten?", „Was ist *nicht* in Ordnung mit ihm?" Diesem Denken entspricht die auch heute noch „verbreitete Neigung, behinderte Menschen nach ihrem *Defekt* zu klassifizieren" und vom Querschnittgelähmten, Epileptiker, Tumor- und Schmerzpatienten zu sprechen (Budde 1988, S. 103). Klassifizierungen dieser Art deuten an, worum es auch in der Therapie vor allem geht: um die Querschnittlähmung, die Epilepsie, den Tumor, den Schmerz – nicht aber um den individuellen *Menschen*, der aus sehr viel mehr besteht als aus einem Tumor oder einem Schmerz. Auch die Psychologie befasst sich in erster Linie mit der Erforschung, Diagnostik und Behandlung seelischer *Störungen*, während die positiven Seiten des Lebens eher vernachlässigt werden: „Auf hundert wissenschaftliche Beiträge über Trauer kommt gerade einmal ein einziger über Glück" (Seligman 2003, S. 24).
Die psychologische Schmerztherapie orientiert sich in vielen Aspekten an der Medizin und trägt damit zur Etablierung medizinischer Sichtweisen und Krankheitsmodelle bei. Bereits in der *Literatur* zur Schmerzthe-

rapie zeugen viele Bemerkungen von einer überwiegend *negativen* Sicht der Patienten, wie folgende Zitate zeigen:

– „Patienten kommen meist zum Psychologen mit einer Reihe von falschen Vorstellungen über den Grund der Überweisung, bezüglich der Arbeit des Psychologen wie auch der Ursachen ihres Schmerzproblems. ... *Fehleinstellungen gegenüber dem Schmerz* ... sind häufig. Sie verhindern, dass die Patienten aktive Schmerzbewältigung betreiben" (Flor & Hermann 2004, S. 592).
– „Der chronische Schmerzpatient ist sehr häufig ein Problempatient" (Schneider 1994, S. 69).

In jedem Standardwerk über Schmerztherapie werden kognitiv-psychische Faktoren aufgelistet, die zur Schmerzchronifizierung beitragen. Viele Ärzte und Psychologen gehen von diesen Merkmalen aus statt von den *tatsächlichen* Einstellungs- und Verhaltensweisen eines konkreten Patienten. Ihr Urteil über ihn steht fest – oft schon, *bevor* sie mit ihm gesprochen haben. Statt seine individuellen Eigenschaften zu erkunden, sehen sie in ihm das, was ihnen an Kategorien über den typischen Schmerzpatienten vorgegeben ist, und unterstellen ein „chronisches Krankheitsverhalten", pauschal gekennzeichnet „durch psychosoziale Inaktivität und Rückzug, Ausrichtung auf Schonung sowie Fokussierung auf Behandlungsangebote des Gesundheitsversorgungssystems" (Kröner-Herwig 2004 b, S. 9).

Auch der Schwerpunkt *therapeutischer* Interventionen liegt auf den vermuteten und/oder tatsächlichen Fehlhaltungen des Betroffenen, auf einer Analyse und Modifikation seiner katastrophisierenden und depressiven Kognitionen. Ein Patient mit chronischen Schulter-Arm-Schmerzen fragt: „Warum liegt die Betonung nach meiner Operation immer auf dem Negativen? Dann muss ich doch nachdenken und grübeln im Negativen." Ressourcenorientiertes Vorgehen wird zwar in der *Theorie* verhaltenstherapeutisch orientierter Schmerztherapie gefordert, in der *praktischen* Arbeit jedoch zu wenig verwirklicht: „Dass es so schwierig ist, sich auf die Stärken des Patienten einzulassen, liegt wahrscheinlich an einer generellen Psychopathologievermutung, die die Psychotherapie ihren Patienten entgegenbringt", vermutet die Schmerzforscherin Birgit Kröner-Herwig (2000, S. 135).

Eine Studie der Wirtschaftshochschule INSEAD bei Paris belegt, dass hinter einem schlechten Mitarbeiter oft ein Chef steht, der *schlecht von ihm denkt*. Die Spirale aus negativer Erwartung und daraus resultierender Leistungsschwäche (*„Set-up-to-fail-Syndrom"*) lässt sich nicht nur in Chef-Mitarbeiter-, sondern auch in Therapeut-Patient-Beziehungen finden. Schmerztherapeuten, die über mangelnde Compliance eines Patienten klagen, sollten zunächst einmal überprüfen, wie *sie selbst* über ihn denken und sprechen (überwiegend negativ oder eher positiv), ob und inwieweit sie sich an einer Regel orientieren, die - in Anlehnung an den kategorischen Imperativ von Immanuel Kant - etwa so formuliert werden könnte: „Denken und sprechen Sie so über Schmerzpatienten, wie

Sie wünschen, dass über *Sie* gedacht und gesprochen wird, sollten Sie selbst einmal an chronischen Schmerzen erkranken."

Weiteres Zeichen einer Unwertperspektive ist die *Konzentration auf den Schmerz* – auf den Schmerz als Feind und zu bekämpfendes Übel (vgl. 2.2.3.). Der *Schmerz*, nicht der vom Schmerz betroffene *Mensch,* steht im Vordergrund. Das Wort *Schmerz* ist allgegenwärtig, taucht in allen möglichen und unmöglichen Verbindungen auf: Von *Schmerz*bewältigungstrainings und *Schmerz*bewältigungskognitionen ist die Rede, von *Schmerz*zentren und interdisziplinärer *Schmerz*behandlung, von *Schmerz*edukation und *Schmerz*experten, von *Schmerz*kongressen und *Schmerz*konferenzen. In der Broschüre „Ratgeber Rückenschmerz" werden sogar „rückenmarksnahe Schmerzpumpen" erwähnt (Kröner-Herwig 2004 a, S. 30). Wieso *Schmerz*pumpen? Wird mit diesen Pumpen *Schmerz* in den Körper des Betroffenen gepumpt? Korrekt sind Bezeichnungen wie: „Patientenkontrollierte Analgesie", „implantierbare Pumpe" oder „Medikamentenpumpe". Ein *Medikament* wird gepumpt, nicht der Schmerz.

Die Konzentration auf den Schmerz lässt sich auf Schmerztherapiestationen besonders gut beobachten: Morgens, gleich nach dem Wecken, werden die Patienten gefragt: „Mit welcher Zahl auf der numerischen Skala von 0 bis 100 schätzen Sie Ihren Schmerz während der Nacht ein?" Noch halb von seinen Träumen umfangen wird der Patient sogleich daran erinnert: Um den *Schmerz* geht es hier. Wegen der *Schmerzen* ist er hier. Mehrmals habe ich erlebt, dass Patienten antworten: „Oh, hm. Ich habe doch geschlafen. Also, ich kann gar nichts über meinen Schmerz sagen." So einfach aber kommt er nicht davon. Die Schwester (die unbedingt eine Zahl in der Patientenakte vermerken muss) hakt nach: „Sicher sind Sie zwischendurch einmal kurz wach geworden. Wie stark waren Ihre Schmerzen denn da?" Nach dem Abendessen gehen die Schwestern erneut durch die Patientenzimmer: „Mit welcher Zahl schätzen Sie Ihren Schmerz während des heutigen Tages ein?" Kurz: Der Tag beginnt und endet mit der Frage nach dem Schmerz – eine Frage, die den Patienten auch *während* des Tages begleitet. Mehrmals täglich, manchmal sogar stündlich, muss er seinen Schmerz in einem Schmerztagebuch notieren (vgl. 7.3.). Bei den Visiten ist der Arzt vor allem am *Schmerz* des Patienten interessiert, weniger an seiner *Person*: „Wie steht es heute mit Ihren Schmerzen?" Selbst in Einzel- und Gruppengesprächen mit dem Stationspsychologen liegt der Schwerpunkt auf dem *Schmerz*: „Was verstärkt Ihren Schmerz? Was lindert ihn? Was geht dem Schmerz voraus? Was haben Sie unmittelbar vor einer ‚Schmerzspitze' gedacht oder getan?"

„Defokussierung vom Schmerz" gilt als eines der wichtigsten Ziele verhaltenstherapeutisch orientierter Schmerztherapie (aus einem Merkblatt über Psychologische Schmerztherapie). Wie aber soll der Patient diese Defokussierung lernen, wenn er sich wiederholt und ausführlich mit seinem Schmerz befassen *muss*? Allein schon deshalb, weil Ärzte, Psychologen, Schwestern und Pfleger ständig danach fragen – nach *ihm*, dem Schmerz, nicht nach ihm, dem *Menschen*? Die explizite Aufforderung ‚Lösen Sie sich von Ihrer Fixierung auf den Schmerz!' wird entwertet durch die implizite Botschaft: ‚Für uns steht der Schmerz im Mittelpunkt!' Die Mittel, mit denen der Patient dem Ziel einer Defokussierung vom Schmerz näher gebracht werden soll, treiben ihn mehr und mehr *weg* von diesem Ziel. Zudem gerät er in eine *Doppelbindungssituation*, der nur schwer zu entkommen ist: Befolgt er die explizite Botschaft gemäß dem Ziel „Defokussierung vom Schmerz", indem er sich beispielsweise weigert, ein Schmerztagebuch zu führen, wird ihm mangelnde Compliance vorgeworfen. Befolgt er dagegen die implizite Botschaft (‚Der Schmerz steht im Mittelpunkt!'), indem er seinen Schmerz protokolliert und ausführlich über ihn berichtet, entfernt er sich vom angestrebten Ziel einer Schmerz-Defokussierung, was wiederum als Zeichen fortbestehender Fixierung auf den Schmerz gewertet werden kann. Welches Verhalten auch immer der Patient also zeigt: es kann pathologisiert werden. Eben darin liegt eine Gefahr der Unwertperspektive.

Ob ein Therapeut eher zur Unwert- oder zur Wertperspektive neigt, ist vor allem eine Frage seines *Menschenbildes*: Vertraut er auf die dem Menschen innewohnende Kraft zur Entwicklung seiner Möglichkeiten? Vertraut er auf die „Tendenz des Organismus, sich in Richtung auf Reife - so wie Reife für jede Spezies definiert ist - zu bewegen" (Rogers 1973 a, S. 422)? Das *Vertrauen*, das der Therapeut in seinen Patienten setzt, ist ein entscheidendes Element aller erfolgreichen Psychotherapien. Es motiviert den Patienten, das in ihm angelegte Potential zu entwickeln, wirkt als Gegenmittel gegen Angst und drohenden Selbstwertverlust. Das Gefühl eigener Wertlosigkeit kann einem Menschen nicht ausgeredet werden. Der Therapeut kann diesem Gefühl jedoch etwas entgegensetzen – *sein* Vertrauen in den Betroffenen. Dem *„Prinzip reziproker Affekte"* zufolge wächst das Vertrauen eines Menschen zu sich selbst in dem Moment, in dem ein anderer Mensch an ihn glaubt (Truax & Carkhuff 1967).[31]

Aus *wissenschaftlicher* Sicht ist die Bedeutung der **Wertperspektive** in den letzten Jahren vor allem von der so genannten *Positiven Psychologie* untersucht und beschrieben worden. Der Positiven Psychologie geht es insbesondere um die Erforschung *positiver Emotionen* (z.B. Freude, Zuversicht, Vertrauen), *positiver Charaktereigenschaften* (z.B. Tugenden wie Mut und Aufrichtigkeit, Fähigkeiten wie Intelligenz, Geschicklichkeit, usw.) sowie *positiver Strukturen* und *Institutionen* (z.B. gefestigte Familien, Demokratie, usw.). Sie ist nicht zu verwechseln mit der Lehre vom Positiven Denken, worauf Seligman (2003, S. 447), ein Hauptverfechter der Positiven Psychologie, explizit hinweist:

---

[31] Das *„Prinzip reziproker Affekte"* besagt, „that in any interpersonal situation the affect elicited in one person is in kind and proportion to the affect communicated by the other" (Truax & Carkhuff 1967, S. 151).

„Erstens ist das positive Denken etwas am grünen Tisch Ausgedachtes. Die Positive Psychologie hingegen ist an ein Programm empirischen und wiederholbaren wissenschaftlichen Handelns gebunden. Zweitens tritt Positive Psychologie nicht als Advokat der ‚Positivität' auf. Man muss klar sehen, trotz vieler Vorteile des positiven Denkens gibt es Zeiten, in denen negatives Denken vorzuziehen ist. ... Der Saldo wissenschaftlicher Forschung legt nahe, dass negatives Denken in einigen Situationen zu mehr Genauigkeit führt. Wenn Genauigkeit sich auf potenzielle Katastrophen richtet - zum Beispiel wenn ein Pilot entscheidet, ob die Tragflächen enteist werden müssen -, sollten wir alle Pessimisten sein. Mit diesen guten Folgen des Pessimismus im Hinterkopf, zielt die Positive Psychologie auf die optimale Balance zwischen positivem und negativem Denken ab."

Positive Psychologie hat nicht zum Ziel, Schwächen zu korrigieren, sondern positive Eigenschaften, Stärken und Tugenden, zu fördern – z. B. Liebe und Menschenfreundlichkeit, Neugier und Lernbereitschaft, Mut, Loyalität und Gelassenheit.[32] Diejenigen Stärken, die das *Wesen eines Menschen* ausmachen, werden als **„Signatur-Stärken"** bezeichnet (Seligman 2003, S. 36). Diese Stärken gilt es zu entdecken, zu nutzen und zu entwickeln. Sie erweisen sich als eine Art ‚Stoßdämpfer' oder ‚Puffer' gegen Lebenskrisen und damit verbundene Hilflosigkeitserfahrungen. Ihre Verwirklichung erhöht das allgemeine Wohlbefinden. Ein „gutes Leben" entsteht Seligman (ebd. S. 456) zufolge dadurch, dass man seine „persönlichen Signatur-Stärken tagtäglich und auf den wichtigsten Lebensgebieten einbringen" kann. Diese Auffassung erinnert an das, was Aristoteles als „höchstes Gut" eines jeden Menschen bezeichnet hat: „Betätigung der Seele seiner Wertanlage entsprechend" (in: Kranz 1997, S. 242).

---

[32] Eigenschaften, die als „Stärken" bezeichnet werden, müssen Seligman (2003, S. 32) zufolge folgenden drei Kriterien genügen:
„- Sie müssen in praktisch allen Kulturen hoch geschätzt werden.
- Sie müssen an und für sich und nicht nur als Mittel zu anderen Zwecken geschätzt werden.
- Sie müssen formbar sein."

Intelligenz und absolutes Gehör z.B. gelten nicht als Stärken, „denn sie sind kaum oder gar nicht erlernbare Eigenschaften." Auch Pünktlichkeit ist keine Stärke. Sie kann zwar erlernt werden, wird aber nicht in allen Kulturen gleichermaßen geschätzt. Die Durchsicht von insgesamt 200 Tugend-Katalogen der letzten 3000 Jahre ergibt, dass folgende Tugenden zu allen Zeiten und in allen Kulturen ein hohes Ansehen haben: „Weisheit und Wissen; Mut; Liebe und Humanität; Gerechtigkeit; Mäßigung; Spiritualität und Transzendenz" (ebd.). Diese Tugenden unterscheiden sich zwar in den konkreten Inhalten, über die sie in den einzelnen Kulturen definiert werden, das hohe Maß an Übereinstimmung jedoch ist erstaunlich. Zu den berücksichtigten Tugend-Katalogen zählen u.a.: das Alte Testament, der Talmud, der Koran, die Upanischaden, der japanische Ehrenkodex der Samurai (Bushido), Schriften von Aristoteles, Platon, Augustin und Thomas von Aquin, von Konfuzius, Buddha und Laotse.

Bei der *Begleitung von Schmerzpatienten* ist die *Wertperspektive* vor allem aufgrund folgender Überlegungen von Bedeutung:
- Chronische Schmerzen sind mit einer Vielzahl negativer Erfahrungen verbunden, die der Betroffene kaum oder gar nicht beeinflussen kann. Bei vielen Patienten ist deshalb davon auszugehen, dass die für negative Emotionen zuständigen Hirnareale *überaktiviert* sind – vor allem die Amygdala und Bereiche des präfrontalen Cortex (vgl. 5.5.). Die von der verhaltenstherapeutisch orientierten Schmerztherapie empfohlenen Bewältigungskognitionen reichen nicht aus, um diese Überaktivierung zu verändern. Entscheidend ist die *Vermittlung positiver Erfahrungen*. Durch sie werden neuronale Kartierungen gebildet, die eine Weiterleitung der von der Amygdala ausgehenden Erregungen hemmen (vgl. 5.6.2.). Eben diesem Anliegen dient die Wertperspektive: Der Therapeut gestaltet die therapeutische Situation so, dass der Patient möglichst oft Erfahrungen machen kann, die *positive Emotionen* bei ihm auslösen.
- Von der Wertperspektive ausgehend wird Krankheit nicht einseitig als Defizit angesehen, sondern als ein *Lebensabschnitt*, den es - wie andere Lebensphasen auch - bestmöglich, d.h. *dem eigenen Wesen gemäß*, zu gestalten gilt. Die Auseinandersetzung mit dem Schmerz tritt in den Hintergrund gegenüber der Frage, wie der Betroffene seine persönlichen Stärken und Fähigkeiten unter den gegebenen Bedingungen nutzen und entfalten kann.
- Wenn Schmerzen nur noch geringfügig oder gar nicht mehr beeinflusst werden können, ist Resignation eine häufige Folge – nicht nur auf Seiten des Betroffenen, auch auf Seiten seiner Therapeuten („Wir können nichts mehr für Sie tun."). Die *individuellen Ressourcen* eines Menschen jedoch können *immer* gesucht und gefördert werden – unabhängig davon, ob sich sein Schmerz auf diese Weise reduzieren lässt oder nicht. Wobei der Begriff „Ressource" weit gefasst ist: Ressourcen können sowohl technische Hilfsmittel und soziale Beziehungen sein als auch bestimmte Grundüberzeugungen, Charaktereigenschaften und Fähigkeiten.
- Im Falle einer chronischen Erkrankung bezieht sich die Hoffnung des Betroffenen nicht nur auf Linderung seiner Beschwerden, sondern vor allem auch darauf, ein Mensch von Wert zu sein und zu bleiben, als solcher anerkannt und behandelt zu werden. In *dieser* Hoffnung vermag ein Therapeut seinen Patienten insbesondere dann zu bestärken, wenn er von der Wertperspektive ausgeht.
- Hoffnung selbst kann einem Menschen *nicht* gegeben werden – nur *Hilfen zur Hoffnung*. Die Art dieser Hilfe ist bei jedem Menschen anders. Eine Bemerkung, die ein bestimmter Patient als tröstlich erlebt, kann für einen anderen Patienten bedeutungslos sein. Bei der Suche nach individuellen Hoffnungshilfen kommt man mit der Unwertperspektive nicht weit. Je konsequenter ein Therapeut jedoch die Wertperspektive vertritt, umso eher wird er im ‚Innern' des Patienten, in seinem Wert- und Glaubenssystem und/oder in seinem äußeren Um-

feld etwas finden, worauf sich seine (des Patienten) ganz persönliche Hoffnung stützen kann.

Was genau ist mit *Wertperspektive* gemeint? Worin äußert sie sich? Was tut oder lässt ein Therapeut, der sie vertritt? Unabhängig von der *Individualität des Vorgehens*, d.h. der Orientierung aller Interventionen an der Person und Situation des Patienten, gibt es einige Aspekte, die bei der Verwirklichung dieses Therapeutenmerkmals von *allgemeingültiger* Bedeutung sind:

- **Mit dem beginnen, was vorhanden ist**

Zur Wertperspektive gehört, *mit dem zu beginnen, was vorhanden ist* – statt über das nachzudenken, was zwar erhofft, über das aber (noch) nicht verfügt wird. Beispielsweise sollte die Frage „Was würden Sie tun, wenn Sie wieder gesund sind?" durch die Frage ersetzt werden: „Was können und möchten Sie *jetzt* tun?" Mit der ersten Frage wird das Ziel in eine meist ungewisse Zukunft verlegt. Die zweite Frage dagegen betrifft die *Gegenwart* des Patienten. Die *Gegenwart* gilt es, mit Sinn zu füllen, die *gegenwärtigen* Fähigkeiten und Möglichkeiten sind zu nutzen. Davon ausgehend ermutigt der Therapeut seinen Patienten darin, nicht mit dem Leben zu warten, bis es ihm wieder ‚besser' geht, sondern es mit all dem zu leben, was ihm *jetzt* gegeben ist – an Stärken ebenso wie an Beeinträchtigungen und Schmerz. Unter diesem Gesichtspunkt sollten auch die Ziele, die der Patient selbst sich setzt, sorgfältig erwogen werden. Die angeblich stärkende Kraft, die von positiven Zukunftszielen ausgeht, kann sich leicht in Entmutigung verkehren, wenn die Ziele zu hoch gesteckt sind.

Der alte Straßenkehrer in Michael Endes Roman „Momo" (1993, S. 36 f.) erklärt Momo seinen Gedanken: „Manchmal hat man eine sehr lange Straße vor sich. Man denkt, die ist so schrecklich lang; das kann man niemals schaffen, denkt man. ... Man darf nie an die ganze Straße auf einmal denken, verstehst du? Man muss nur an den nächsten Schritt denken, an den nächsten Atemzug, an den nächsten Besenstrich. Und immer wieder nur an den nächsten. ... Dann macht es Freude; das ist wichtig, dann macht man seine Sache gut. Und so soll es sein. ... Auf einmal merkt man, dass man Schritt für Schritt die ganze Straße gemacht hat. Man hat gar nicht gemerkt wie, und man ist nicht außer Puste. ... Das ist wichtig."

- **Ressourcen suchen**

Der Schwerpunkt der Interventionen liegt nicht auf dem dysfunktionalen Denken und Handeln des Patienten, sondern auf seinen *Ressourcen* – auf seinen seelisch-geistigen Kräften ebenso wie auf Personen und Dingen in seinem Umfeld, die für ihn von Wert und Bedeutung sind. Diese Ressourcen liegen bei jedem Menschen woanders, weshalb der Therapeut sorgfältig darauf zu achten hat, welche Signale für Positives in seinem Leben der Patient selbst sendet. Das Grundprinzip der Wertperspektive unterscheidet sich deutlich vom Ansatz des Positiven Denkens. Positive Affirmationen (wie z.B. „Jeden Tag geht es mir ein wenig besser.") stehen nicht selten im Gegensatz zu den Bewertungen des emotionalen Gehirns, erworben durch intensive und/oder wiederholte Erfahrungen. Bei der Wertperspektive dagegen geht es nicht darum, diese Bewertungen zu ‚übergehen', sich selbst zu beschwichtigen oder sich etwas Positives einzureden, vielmehr darum, *tatsächlich* vorhandene Ressourcen zu erkennen, denn nur *sie* haben eine auf Dauer ‚tragende' und tröstende Wirkung: „Was er (der Patient) nicht hat, kann er sowieso nicht nutzen, er wird mit dem zurechtkommen müssen, was er hat" (Seemann 2000, S. 172). Verwirklichung der Wertperspektive bedeutet nicht, krankheitsbedingte Verlust- und Unkontrollierbarkeitserfahrungen zu verdrängen oder schönzureden. Es geht vielmehr darum, die Aufmerksamkeit des Betroffenen wiederholt auch auf das zu lenken, was ihm an persönlichen Kompetenzen ebenso wie an äußeren Hilfsmitteln und Kraftquellen geblieben ist. Hilfreich in diesem Zusammenhang sind Fragen wie: „Wer oder was gibt Ihnen Kraft, die Belastungen Ihrer Situation zu tragen?", „Wer oder was hat Ihnen bei anderen Krisen Ihres Lebens Halt gegeben?", „Welche Ihrer persönlichen Kraftquellen könnten Ihnen bei der Auseinandersetzung mit Ihrer gegenwärtigen Situation helfen?" Der Therapeut sollte sich nicht mit knappen Antworten begnügen, sich vielmehr für Einzelheiten interessieren, nach inneren Bildern und Vorstellungen fragen, die mit einer berichteten Erfahrung verbunden sind (vgl. 9.3.). Das bloße Erwähnen eigener Ressourcen reicht nicht aus. Entscheidend ist die *Aktivierung damit verbundener Emotionen*. Denn zur Veränderung der Bewertungsmuster eines Menschen bedarf es immer auch einer hohen *emotionalen* Beteiligung (vgl. 5.6.4.).

- **Gesunde Rollen aktivieren**

Mit der Ressourcenorientierung unmittelbar verbunden ist die Aktivierung gesunder Rollen. Der Therapeut sieht im Patienten mehr als nur ‚schlecht angepasste Bewältigungsstrategien', betrachtet ihn vielmehr als einen Menschen mit *vielen Facetten und Lebenserfahrungen*, von dem auch er, der Therapeut, mitunter etwas lernen kann, vor allem eins: wie es ist – ein Leben mit Schmerz. Die Vorstellung, nicht nur *über* Patienten etwas zu lernen, sondern auch *von* ihnen, ist für viele Therapeuten zunächst befremdlich.

Der Psychiater Irvin D. Yalom (2000, S. 25) berichtet von seinem Professor, John Whitehorn, der seinen Assistenzärzten riet: „Hören Sie Ihren Patienten zu; lassen Sie sich etwas von ihnen beibringen. Um weise zu werden, müssen Sie Student bleiben." Einen südamerikanischen Plantagenbesitzer forderte Whitehorn auf, ihm etwas über Kaffeesträucher zu erzählen. Mit einem Geschichtsprofessor diskutierte er über den Untergang der Spanischen Armada: „Sie gewinnen ebenso wie Ihre Patienten, ... wenn Sie ihnen erlauben, Ihnen genug über ihr Leben und ihre Interessen beizubringen. Erfahren Sie etwas über ihr Leben; Sie werden das nicht nur erbaulich finden, sondern letztlich werden Sie auch alles über ihre Krankheit erfahren, was Sie wissen müssen" (ebd. S. 28).

Die Erfahrung, dass sich der Therapeut vor allem für ihn als *Mensch* interessiert, nicht nur für seine Erkrankung, ist für das Selbstwert- und Identitätserleben des Patienten von großer Bedeutung. Pathologische Rollenatrophien werden vermieden, wenn er wiederholt aus seiner Krankenrolle herausgenommen und in seinen *gesunden Rollen* angesprochen wird (vgl. 4.1.): Der Therapeut könnte sich etwas vom Beruf des Patienten erzählen lassen, von seinen Freizeitaktivitäten, Interessen und Begabungen. Er könnte den Patienten nach Situationen in seinem Leben fragen, auf die er noch heute stolz ist, oder sich nach Aspekten seiner Person und seines Lebens erkundigen, die er auf keinen Fall ändern möchte. Indem der Patient bestimmte Ereignisse seines Lebens noch einmal an sich vorüberziehen lässt, macht er sich bestimmte Erfahrungen (wieder) bewusst zu eigen. Er erfährt, dass er durch die Erkrankung kein identitätsloses Nichts geworden ist, dass vielmehr das, was er erlebt und getan hat, immer zu seiner Person dazugehören wird. Die Wiederbelebung aktiver und kreativer Rollen ist fast immer mit *positiven Emotionen* verbunden, trägt somit zur Auslösung neuronaler Muster bei, die ein *Gegengewicht* darstellen gegenüber Emotionen der Angst, Trauer und Verzweiflung (vgl. 5.6.5.). Nicht selten ergeben sich Hinweise auf Eigenschaften und Verhaltensweisen, die dem Betroffenen auch bei der Auseinandersetzung mit seinen *derzeitigen* Belastungen helfen können.

Ich erinnere mich an ein Gespräch mit einem Hirntumorpatienten, der vor seiner Erkrankung viele Jahre zur See gefahren ist. Ich bitte ihn darum, mir etwas von seinem Beruf zu erzählen: „Ich würde wirklich gerne mehr von Ihrem Leben auf See erfahren. Ich bin noch nie auf einem größeren Schiff gewesen, habe gar keine Vorstellung davon, wie das so ist." Der Patient, der sich zunächst eher zurückhaltend und verschlossen verhalten hat, wirkt zusehends entspannter, schildert - mit wachsender Begeisterung - einzelne Abenteuer auf See und wie er und seine Kameraden sie bewältigt haben. Plötzlich bricht er mitten im Satz ab: „Fällt mir gerade auf – eigentlich ist es so, als ob ich mich jetzt wieder einmal in einem großen Sturm befinde. Ein Orkan ist das schon. Haushohe Wellen. Wenn nur das Schiff nicht kentert!" Auf meine Frage „Was ist Ihrer Erfahrung nach wichtig in einer solchen Situation?" antwortet er ohne zu zögern: „Festbinden, was locker herumfliegt. Das Wichtigste aber: Ruhe bewahren. Sich nur auf das konzentrieren, was als Nächstes getan werden muss. Tja ... Auf diese Weise habe ich schon manchen Sturm durchgestanden."

- **Transzendente Rollen fördern**

Der Therapeut bemüht sich darum, so viel wie möglich über die *transzendenten Rollen* des Patienten zu erfahren, d.h. über das *Wertesystem*, an dem er sich orientiert (vgl. 4.1.). Eine Aktivierung transzendenter Rollen ist auch dann noch möglich, wenn bestimmte Rollen im beruflichen und privaten Bereich unwiederbringlich verloren sind. Sie ist nicht nur möglich, sondern auch *nötig*, weil dem Betroffenen auf diese Weise vermittelt wird, dass sein Leben auch dann noch Sinn und Bedeutung hat, wenn die Hoffnung auf körperliche Gesundung aufgegeben werden muss. Nicht selten erwächst dem Patienten aus einer Orientierung an übergeordneten Werten die Kraft, nicht zu verzweifeln, ‚trotzdem' weiterzumachen.

„Ich habe meinen Schülern im Ethikkurs immer erklärt, dass sich Tapferkeit nicht in spektakulären Heldentaten zeigt, sondern vor allem darin, unabänderliches Leid mit Anstand und Würde zu tragen", betont Herr O., ein Lehrer (nach einer Hirntumoroperation vorzeitig berentet). Er fährt fort: „Nun wird es sich erweisen, wie es mit *meiner* Tapferkeit bestellt ist." Herrn O. geht es zum einen um den Wert der Tapferkeit, zum anderen um den Wert persönlicher Authentizität und Glaubwürdigkeit – unabhängig von der Verwirklichung seiner *sozialen* Rolle des Lehrers. Frau E. (zweimal an einem Hirntumor operiert) antwortet auf meine Frage nach dem, was ihr Kraft gibt: „Ich möchte mich trotz meiner Schmerzen so verhalten, dass ich mich selbst *achten* kann. Auch sollen meine Kinder von mir lernen können, sich von Krankheit und Schmerz nicht unterkriegen zu lassen. Dieser Vorsatz gibt mir Kraft." Frau E. orientiert sich am Wert der Selbstachtung sowie an der Vorstellung, im Umgang mit schwerer Erkrankung Vorbild sein zu können – vor allem für ihre Kinder.

Bei der Verkörperung transzendenter Rollen geht es nicht mehr nur um die eigene Person, sondern um etwas, das *größer ist als man selbst*: Wenn eine Patientin nicht ständig über ihren Schmerz jammert, so tut sie das nicht für sich (Jammern wäre einfacher) – sie tut es aus Liebe zu ihrem Mann, den sie nicht noch mehr belasten will, als sie es ihrer Erkrankung wegen ohnehin schon tut. Wenn ein anderer Patient sich um Freundlichkeit bemüht, so nicht, weil er einen Vorteil davon hätte (der Schmerz wird dadurch nicht weniger), sondern weil ihm die Freundlichkeit an sich wichtig ist.[33] Da die Verwirklichung transzendenter Rollen nicht an die Interaktion mit Bezugspersonen gebunden ist, vermittelt sie ein Gefühl innerer Freiheit – eine Erfahrung, die angesichts der vielen Unfreiheiten im Falle chronischer Krankheit besonders wichtig ist (vgl. 4.1.). In *welchen* transzendenten Rollen ein Patient unterstützt werden

---

[33] Die Verkörperung transzendenter Rollen entspricht der Realisierung von *Einstellungswerten*, wie Viktor Frankl (1987) sie definiert hat. Er unterscheidet drei Arten von Werten, deren Verwirklichung dem Menschen das Gefühl eines sinnerfüllten Daseins gibt: Zum einen gibt es die *schöpferischen Werte*, die dadurch erfüllt werden, dass man eine bestimmte *Aufgabe* zuverlässig erledigt. Eine Putzfrau, die ‚ihre' Räume jeden Tag gründlich und zu ihrer Zufriedenheit reinigt, verwirklicht ebenso einen schöpferischen Wert wie ein Arzt, der seine Patienten mit aller ihm möglichen Aufmerksamkeit und Kompetenz behandelt. Zum anderen gibt es die *Erlebniswerte*, die im *Erleben* erfüllt werden (also ohne jedes Handeln) - wie etwa im bewussten Wahrnehmen eines Sonnenuntergangs, im konzentrierten Betrachten einer Landschaft, usw.. Und schließlich gibt es die *Einstellungswerte*, deren Verwirklichung unser Leben auch dann noch sinnvoll macht, wenn schöpferische Werte und Erlebniswerte nur noch begrenzt realisiert werden können: „Das Wesen eines Einstellungswertes liegt darin, wie ein Mensch sich in das Unabänderliche fügt" (ebd. S. 151).

sollte, muss jeweils neu herausgefunden werden durch Wiederbelebung und Vergegenwärtigung seines persönlichen Wertesystems.

- **Die äußeren Lebensumstände beachten**

Viele Bedingungen, denen kranke Menschen ausgesetzt sind, rufen überwiegend *keine* Freude hervor, aber jede Menge Ärger und Angst. Wobei diese Gefühle oft nicht durch die Erkrankung selbst ausgelöst werden, sondern durch die Umstände ihrer ‚Verwaltung' (vgl. 3.3.). Nicht jeder Sachbearbeiter von Krankenkassen bemüht sich um einen freundlichen Ton, wenn es um die Erstattung von Behandlungskosten geht. Sätze wie „Wissen Sie eigentlich, was wir jedes Jahr für Sie ausgeben?" sind ebenso demütigend wie überflüssig. Anträge gehen verloren: „Ich bin hier die Vertretung und finde Ihre Unterlagen nicht. Am besten, Sie schicken alles noch einmal!" Häufen sich Erfahrungen dieser Art, werden neuronale Muster der Hilflosigkeit und ohnmächtiger Wut weiter vertieft oder überhaupt erst gebahnt.

Therapeuten sollten um die *Bedingungen* wissen, denen Menschen im Falle chronischer Krankheit ausgesetzt sind. Denn es entspricht der Wertperspektive, dadurch bedingte Hilflosigkeitseinstellungen des Patienten *nicht* seinem dysfunktionalen Denken anzulasten, sich vielmehr mit ihm zu solidarisieren angesichts äußerer Lebensumstände, die oft ebenso belastend sind wie die Erkrankung an sich. Verwirklichung der Wertperspektive bedeutet, angesichts dieser Bedingungen weder zu resignieren noch die damit verbundenen Probleme zu individualisieren (und in die Verantwortung des Betroffenen zu stellen), sich vielmehr für Veränderungen einzusetzen – dort, wo sie möglich sind, und seien sie noch so klein. Um nur zwei *Beispiele* zu nennen: Auch *Therapeuten* könnten sich gelegentlich mit bestimmten Ärzten eines Patienten und/oder Sachbearbeitern von Krankenkassen in Verbindung setzen. Nicht etwa, um beim Patienten Schonverhalten zu begünstigen, sondern einfach deshalb, weil Therapeuten gewöhnlich nicht so schnell ‚abgewimmelt' werden wie Patienten. Auch *Therapeuten* könnten sich für die Gestaltung eines Gesprächsraums auf ihrer Station einsetzen. Denn es ist nicht egal, wo ein Therapiegespräch stattfindet – in einem kahlen Krankenzimmer (mitunter in Anwesenheit des Bettnachbarn!) oder in einem für diesen Zweck vorgesehenen Raum, der mit Hilfe von Pflanzen, farbigen Vorhängen, Postern und anderen Accessoires eingerichtet ist. Eine ‚ansprechende' Umgebung wirkt sich nicht nur auf die Stimmung des Patienten, sondern ebenso auf die des *Therapeuten* positiver aus als ein Raum mit nackten, weiß oder blassgrün gestrichenen Wänden und einem verstaubten Gummibaum in der Ecke.

Während eines stationären Aufenthaltes auf einer Schmerztherapiestation bin ich mehrmals in einem Injektionsraum behandelt worden, dessen *Decke* mit großen bunten Figuren beklebt ist. Müssen Patienten nach einer Nervenwurzelblockade oder anderen invasiven Eingriffen noch eine gewisse Zeit auf ihrer Behandlungsliege verbringen (meist in Rückenlage), so starren sie nicht auf eine weiße Fläche, ihr Auge findet vielmehr Halt an vielerlei Farben und Formen.

- **Positive Emotionen aktivieren**

Die Wertperspektive ist deutlich abzugrenzen von übertriebenem Optimismus gemäß dem Motto „Sie dürfen die Hoffnung nicht aufgeben". Die Schattenseiten des Lebens im Allgemeinen werden ebenso wenig ignoriert wie die leidvollen Erfahrungen des Patienten im Besonderen. Denn auch diese haben einen *Wert*, der ihnen durch Nivellierung genommen würde (vgl. 8.2.1.). Wird die Wahrnehmung des Patienten auf die positiven Aspekte seiner Person und Situation gelenkt, so nicht, um ihn von dem Schweren in seinem Leben abzulenken, sondern um eine Art *Gegengewicht* zu schaffen, aus dem er die Kraft gewinnen kann, seiner Verzweiflung standzuhalten. Bereits Spinoza hat betont, dass eine Emotion nicht durch Gedanken verändert, „nur durch eine gegensätzliche und stärkere Emotion beherrscht und ersetzt werden" kann (in: Greenberg 2005, S. 334). Eine große Angst z.B. ist rationalen Argumenten nicht zugänglich. Hilfreicher ist es, sich Ereignisse in Erinnerung zu rufen, die mit *positiven Emotionen* verbunden sind. In „Der Gefangene von Askaban" (Rowling 1999) muss Harry Potter gegen die Dementoren kämpfen. Dementoren saugen dem Menschen die Seele aus. Ihr Kuss bewirkt, dass sich der Betroffene nie mehr freuen kann. Wer oder besser *Was* kann sie besiegen? Die unerschütterliche Vorstellung von einem *Moment höchsten Glücks*. Bewältigungskognitionen wie „Ich schaffe es, ich schaffe es" reichen diesen Monstern gegenüber nicht aus. Allein das intensiv erinnerte *emotionale Erleben* vermag der Lähmung durch das Entsetzliche entgegenzuwirken. Ein solcher Glücksmoment kann nicht vom Therapeuten vorgegeben werden, weil er bei jedem Menschen *andere* Inhalte hat. Er kann den Patienten jedoch dazu ermuntern, sich die entsprechende Erfahrung zu *vergegenwärtigen* – so, wie Harry Potter von seinem Lehrer dazu angehalten wird, sich den Moment seines größten Glücks so intensiv vorzustellen, als ob er ihn gerade tatsächlich durchleben würde. Erinnert sei in diesem Zusammenhang an die Theorie von Barbara Fredrickson (1998), wonach positive Emotionen unsere Ressourcen aktivieren, so dass wir uns mit anstehenden Belastungen leichter auseinandersetzen können (vgl. 5.6.5.).

Neben einer Situation höchsten persönlichen Glücks gibt es eine Vielzahl *kleinerer Glücksmomente*, d.h. Dinge, Ereignisse und Tätigkeiten, die uns Freude bereiten, die uns gut tun, fast aber schon allzu selbstverständlich sind, als dass wir sie noch bewusst als *Glücksmomente* registrieren. Von solchen Momenten handelt das Gedicht „Vergnügungen" von Bertolt Brecht:

Der erste Blick aus dem Fenster am Morgen
Das wiedergefundene alte Buch
Begeisterte Gesichter
Schnee, der Wechsel der Jahreszeiten
Die Zeitung
Der Hund
Die Dialektik
Duschen, schwimmen
Alte Musik
Bequeme Schuhe
Begreifen
Neue Musik
Schreiben, pflanzen
Reisen, singen
Freundlich sein

Im Falle chronischer Krankheit besteht die Gefahr, dass der Betroffene - bedingt durch ein Übermaß an negativen Erfahrungen, die er nicht verhindern *kann,* - den Blick für die kleinen Freuden seines Alltags verliert: „Wie kann ich mich noch freuen, wenn so viel schief läuft in meinem Leben" (eine Schmerzpatientin)? Doch schließen positive und negative Emotionen einander nicht aus. Viele negative Emotionen bedeuten nicht, dass man nicht auch noch Freude empfinden kann. Umgekehrt schützen positive Emotionen „nur sehr wenig vor Kummer und Leid" (Seligman 2003, S. 103). Manchmal existieren positive und negative Emotionen sogar gleichzeitig. Die *Gleichzeitigkeit* von Trauer und Glück beschreibt Milan Kundera (1985, S. 301): „Die Trauer war die Form und das Glück war der Inhalt. Das Glück füllte den Raum der Trauer aus." Von der Wertperspektive ausgehend fördert der Therapeut die Wahrnehmung des Patienten für das *Nebeneinanderbestehen* von Freude und Leid, von Trauer und Glück. Das eine verschwindet nicht durch das andere – so, wie in einer Kipp-Figur der Pokal nicht verschwindet, wenn wir die beiden Profile betrachten und umgekehrt:

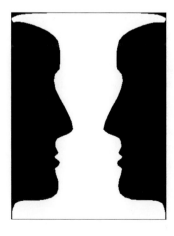

Abb. 8.3.1.: Rubin'scher Pokal

Manchen Patienten hilft es, eine Liste ihrer persönlichen Glücksmomente anzufertigen – in Anlehnung an die Liste von Brecht. Bereits das Notieren erhöht die Aufmerksamkeit für die entsprechenden Erfahrungen. Vergnügungen, die durch die *Sinne* vermittelt werden (ein heißes Bad, gute Musik, eine Tasse Kaffee), sind zwar kurzlebig und an den äußeren Reiz gebunden. Dennoch kann es das Wohlbefinden steigern, für Sinnenfreuden dieser Art achtsamer zu werden.

Etwas Schönes zu erleben oder sich eine bestimmte Freude zu machen, ist nicht jederzeit möglich. Wir können uns jedoch aktiv und gezielt eine Situation *vorstellen*, die mit angenehmen Empfindungen verbunden ist. Untersuchungen zeigen, dass die intensive, *visuelle Vorstellung* einer Situation zu ähnlichen Prozessen im Gehirn führt wie die Wahrnehmung einer realen Situation. Das heißt, wir können unser Gehirn auch mit Hilfe unseres *Vorstellungsvermögens* im physiologischen Sinne verändern. Positive Selbstaffirmationen wie „Morgen scheint auch für mich die Sonne wieder!" hinterlassen keine Spuren im Gehirn, wenn nicht zugleich auch das *emotionale* Gehirn beteiligt ist. Auf die *Erfahrung* kommt es an! *Erfahrung* verändert das Gehirn – sei es durch reale oder durch imaginierte Ereignisse. Diese Tatsache machen sich Sportler schon seit langem zunutze: Skispringer zum Beispiel werden darin unterwiesen, sich den perfekten Flug wiederholt vorzustellen. Skifahrer trainieren im Sommer, indem sie sich - auf dem Bett liegend - vorstellen, wie sie bestimmte Berghänge hinabfahren ...

Nach meiner letzten Operation durfte ich mehrere Wochen lang zunächst gar nicht, dann jeweils nur für Minuten aufstehen. Mehrmals am Tage stellte ich mir vor – zu tanzen. Ich dachte nicht einfach nur ans Tanzen, ich *vertiefte* mich mit allen Sinnen in die Vorstellung des Tanzens: Ich *fühlte* den Boden unter meinen Füßen, *spürte* den leichten Luftzug im Gesicht, während ich meinen Körper im Rhythmus der Musik *bewegte*, die ich *hörte* ... Man kann sich auch vorstellen, Tennis zu spielen, Schlittschuh zu laufen, Wasserski zu fahren – je nach persönlicher Vorliebe. Wichtig allein ist das intensive Imaginieren einer positiv besetzten Bewegung.

Von größerer Dauer als passive Freuden sind Freuden, um die sich der Betroffene *bemühen* muss, die also an bestimmte *Handlungen* gebunden sind, vor allem an Verhaltensweisen, mit denen er bestimmte Fähigkeiten und Begabungen verwirklicht. Jüngste Untersuchungen haben gezeigt, dass positive Gefühle wie Freude und Glück „eher durch Freundlichkeit und Hilfsbereitschaft" entstehen als durch den passiven Genuss von Vergnügungen (Seligman 2003, S. 28). Die Freude, die das eigene Verhalten beim anderen auslöst, wirkt sich auch auf das persönliche Wohlbefinden positiv aus. Davon ausgehend sollte der Therapeut seinen Patienten bei der Klärung folgender Frage unterstützen: „Welche meiner Stärken kann ich wem gegenüber bei welchen Gelegenheiten einsetzen?"

Eine meiner Patientinnen, Frau G., hat als Sonderschullehrerin gearbeitet, muss jedoch nach einer Hirntumoroperation vorzeitig berentet werden. In einem unserer Gespräche erwähnt sie, im Grunde nur für ihren Beruf gelebt zu haben: „Ich kann gar nichts anderes, wissen Sie. Aber mit Kindern umgehen – *das* kann ich wirklich." Nach kurzem Zögern: „Und wenn ich meiner Freundin anbieten würde, ihren beiden kleinen Kindern zweimal in der Woche etwas vorzulesen? Wir wohnen im gleichen Haus. Die Kinder müssten nur in eine andere Etage. Sie mögen es, wenn ihnen jemand vorliest, meine Freundin aber hat kaum Zeit dafür." Frau G. hat ihre Idee in die Tat umgesetzt und damit vier Menschen eine Freude bereitet – den beiden Kindern, ihrer Freundin und *sich selbst*.

Auch **Humor** gehört zur Wertperspektive, weil er positive Emotionen auslöst, es dem Patienten erleichtert, sich *über* oder *neben* seine Angst, Wut oder Enttäuschung zu stellen – zumindest für einen Moment. Durch den mit ihm verbundenen *Standortwechsel* schafft Humor einen gewissen Abstand zur kommentierten Situation – und ein solcher ist mitunter not-wendig, wenn man (als Patient ebenso wie als Therapeut) ‚zu nah dran' ist am Geschehen. Auch kann eine humorvolle Bemerkung, über die Patient und Therapeut gemeinsam lachen, einer bitteren Situation den ‚Stachel' nehmen. Sigmund Freud (1958, S. 186) hat den Humor als „eine der höchsten psychischen Leistungen" bezeichnet. Für den so genannten Galgenhumor nennt er folgendes Beispiel: „Der Spitzbube, der am Montag zur Exekution geführt wird, äußert: ‚Na, diese Woche fängt gut an'" (ebd. S. 187). Das Ich wird ‚entwichtigt', wenn die eigene Existenz aus einer überindividuellen Warte betrachtet wird. Nicht jeder Patient ist offen für humorvolle Bemerkungen, nicht jeder Zeitpunkt ist geeignet, weshalb der Einsatz von Humor ein hohes Maß an Einfühlung voraussetzt. Kriterium sollte die Orientierung an der Person des Patienten sowie am jeweiligen Kontext sein – nicht die rhetorische Kompetenz des Therapeuten. Vor allem sollte Humor nicht mit *Ironie* verwechselt werden. Ironie dient dem offenen oder versteckten Spott sowie einer indirekten Kritik des anderen. Charakteristisch für Humor dagegen sind *Heiterkeit*, vor allem aber „humane Nachsicht und erhabene Gelassenheit" (von Wilpert 1989, S. 393). Durch Ironie werden eher negative, durch Humor dagegen *positive Emotionen* ausgelöst. Das Schwere einer Situation wird durch Humor keineswegs geleugnet! Das Gegenteil kann der Fall sein, weil die Größe des Unglücks nicht durch Jämmerlichkeit verkleinert wird. Wer meint, einem kranken Menschen immer mit ernstem Gesicht begegnen zu müssen, unterschätzt die stärkende Wirkung einer humorvollen Bemerkung und die befreiende Kraft, die in einem gemeinsamen Lachen liegt.

Die gute, ja sogar „anästhetische Wirkung" des **Lachens** hat u.a. bereits Norman Cousins (1981, S. 38) in seinem Buch „Der Arzt in uns selbst" beschrieben. Die positiven Auswirkungen des Lachens auf die Körperchemie sind inzwischen vielfach untersucht: Lachen stärkt die Immunabwehr und verbessert die Fähigkeit des Körpers, Entzündungen zu bekämpfen. Lachen reguliert den Blutdruck, steigert die Produktion der Endorphine sowie des ‚Glückshormons' Serotonin. Man kann - wie

Cousins es tat - gute Filmkomödien oder Sendungen der Serie „Candid Camera" („Vorsicht Kamera") ansehen. Man kann aber auch *über sich selbst lachen*, indem man eine bestimmte Situation aus der Distanz heraus betrachtet – etwa so, als sähe man sie in einem Film. Manche Ereignisse, die in dem Moment, in dem sie geschehen, belastend und unangenehm sind, entbehren im Nachhinein nicht einer gewissen Komik. Nachträgliches Darüber-Lachen stärkt die Selbstheilungskräfte des Menschen und hilft, sich innerlich von negativen Aspekten des Erlebten zu distanzieren. Angesichts der seelisch befreienden Wirkung des Lachens und seiner positiven Folgen auf das körperliche Wohlbefinden wird in Therapien eher zu *wenig* gelacht. Das entspricht vielleicht dem Ernst der Lage und dem Leid der Patienten: Doch auch hier gibt es ‚Nischen', in denen ein Lachen gut tun würde.

Einer Aktivierung von positiven Emotionen dient auch die **Bibliotherapie** – eine Methode, bei der vom Therapeuten ausgewählte Literatur in die Therapie einbezogen wird. Der Begriff „Bibliotherapie" ist noch nicht so alt. Seit Alters her bekannt ist jedoch das therapeutische Potential von Geschichten, Fabeln, Parabeln und Gleichnissen, die menschliche Konfliktsituationen auf pointierte Weise verarbeiten und Lösungsmöglichkeiten nahe legen, ohne belehrend zu wirken.[34] Therapeuten sollten ein Gespür dafür entwickeln, wann sich das Reden über depressive Inhalte ‚im Kreise' zu drehen beginnt. Den Patienten mit möglichen ‚dysfunktionalen' Folgen zu konfrontieren, führt nicht weiter – im Gegenteil: Therapeut und Patient bleiben im System depressiver Rede verhaftet (vgl. 5.6.5.). Hilfreicher ist es, das System zu verlassen – beispielsweise dadurch, dass der Therapeut ein Gleichnis, eine Anekdote oder eine Geschichte erzählt, die das, worum es gerade geht, inhaltlich aufgreift, aber auf *humorvolle* Art.

Frau B. berichtet wiederholt von ihrer Schwierigkeit, eigene Wünsche und Bedürfnisse zu äußern, vor allem gegenüber ihrem Mann: „Ich möchte es immer allen recht machen. Bereits als Kind habe ich gelernt, die Wünsche und Erwartungen der anderen herauszufinden und mich dann entsprechend zu verhalten – immer aus Angst, andernfalls kritisiert und weniger geliebt zu werden. Jetzt, seitdem ich die Schmerzen habe, fällt mir diese Rücksichtnahme allerdings immer schwerer. Andererseits schaffe ich es trotzdem nicht, einfach mal zu sagen, was ich will." Nachdem Frau B. die Argumente für und gegen das Äußern eigener Bedürfnisse mehrfach wiederholt und gegeneinander abgewogen hat, erzähle ich folgende kleine Geschichte: Ein Ehepaar feiert Goldene Hochzeit. Beim Frühstück, das sie wie immer beide gemeinsam einnehmen, denkt die Frau: „Seit fünfzig Jahren habe ich Rücksicht auf meinen Mann genommen und ihm das knusprige Oberteil vom Brötchen überlassen. Heute - ausnahmsweise - will ich mir einmal das Oberteil nehmen." Sie nimmt das Brötchen, schneidet es

---

[34] Bereits im alten Griechenland wurden Texte zu therapeutischen Zwecken eingesetzt - zur Klärung von Konflikten sowie zur Förderung von Selbstreflexion und Selbstfindung. Als wohl ältestes ‚Selbsthilfe-Buch' gilt die Bibel.

(wie immer) entzwei – und gibt ihrem Mann die *untere* Hälfte. Dieser reagiert jedoch keineswegs enttäuscht oder verärgert (wie sie erwartet hat), sondern höchst erfreut: „Liebling, du machst mir die größte Freude des Tages. Schon fünfzig Jahre lang habe ich nicht mehr das Unterteil vom Brötchen gegessen, obwohl ich es doch viel lieber mag als das Oberteil. Aber ich habe es immer dir überlassen, weil es dir doch so gut schmeckt."[35] Die Patientin lächelt: „Ach, du meine Güte, wenn ich nun auch manchmal so daneben liege und für meinen Mann etwas tue, weil ich *meine*, er möchte es. Dabei will er etwas ganz anderes – vielleicht genau das, was auch ich mir eigentlich wünsche …" Das nächste Gespräch beginnt sie lächelnd: „Ich habe meinem Mann die Sache mit dem Brötchen erzählt. Wir haben soo gelacht! Jedes Mal, wenn ich jetzt einen Wunsch unterdrücke, muss ich an die Geschichte denken – und auf einmal kann ich sagen, was ich will. Das Beste: Mein Mann ist froh darüber! Endlich wisse er, wo er bei mir dran sei."

Geschichten fassen das, worum es gerade geht, in komprimierter Form zusammen. Gleichzeitig ermöglichen sie es dem Patienten, seine eigene Situation aus der *Distanz*, d.h. aus einer übergeordneten Perspektive heraus zu betrachten. Ein Reflektieren der dargestellten Inhalte erscheint *weniger bedrohlich*, da nicht über den Patienten direkt gesprochen wird, sondern über den Protagonisten der Geschichte. Gleichzeitig haben Geschichten eine *Modellfunktion*: Sie weisen auf die *Folgen eines bestimmten Verhaltens* hin und/oder implizieren alternative Verhaltensweisen als Lösungsmöglichkeit. Auch werden Geschichten durch ihre Bildhaftigkeit besser behalten als abstrakte Argumentationen: „Sie sind nicht nur in der Behandlung gegenwärtig, sondern auch im Alltag des Patienten; sei es, dass ähnlich gelagerte Situationen an die Geschichte erinnern, sei es, dass das Bedürfnis besteht, die in der Geschichte aufgeworfenen Fragen zu durchdenken. … Die Geschichte hat somit *Depotwirkung*, das heißt, sie wirkt nach und macht den Patienten unabhängiger vom Therapeuten" (Peseschkian 1980, S. 30 f.). Vor allem aber: Viele Geschichten lösen durch ihren pointenhaften Schluss ein Lächeln oder auch lautes Lachen aus. Die Stimmung des Betroffenen verbessert sich, was wiederum zu einer Verbesserung seiner Problemlösefähigkeit beiträgt (vgl. 5.6.5.).

- **Auf Urteile verzichten**

Positive Emotionen werden erschwert oder unmöglich gemacht durch Urteile (richtig/ falsch) und Vergleiche (besser als/ schlechter als). Die scheinbare Überzeugung, zu wissen, was richtig (oder falsch) ist, geht sehr oft mit einer Überbewertung theoretischer Konzepte und Modelle einher. Die Vorstellung, dass es *die* richtige Methode gibt und der Patient sie nur anwenden müsste, um seinen Schmerz in den Griff zu bekommen, ist eine Illusion, denn es gibt „*schlechterdings keine Wahrheit,*

---

[35] Die Geschichte ist - mit kleinen Änderungen - dem Buch von Nossrat Peseschkian „Der Kaufmann und der Papagei" (1980, S. 89) entnommen.

welche nicht für die einen Erlösung, für die anderen aber Gift bedeutet" (Jung 1989, S. 35). Auch für die Auseinandersetzung mit chronischem Schmerz gibt es keine ‚Wahrheit', lediglich *Erfahrungswerte*. Ob und inwieweit diese für einen konkreten Patienten gültig sind, kann nicht mit Bestimmtheit gesagt, nur von diesem selbst herausgefunden werden. Zur Wertperspektive gehört, das Verhalten eines Betroffenen *nicht* mit vorgeblichen Idealen positiver Krankheitsverarbeitung zu vergleichen. Patienten können (je nach Situation) durchaus mit selbstschädigenden Verhaltensweisen konfrontiert werden. Unangemessen jedoch ist die *Sicherheit*, mit der einige Bewältigungsstrategien von Patienten mitunter als „richtig" oder „falsch" beurteilt werden. Argumentationen nach dem Besser-Schlechter-Muster beruhen nur selten auf wirklichem Verständnis, haben dagegen viel mit *Rechthabenwollen* zu tun. Rechthabenwollen ist am *eigenen* Bezugssystem orientiert, nicht an dem des Patienten. Auch für die Wertperspektive ist somit zentral, was bereits für die therapeutische Haltung der *Einfühlung* betont worden ist – *die Orientierung an der Individualität des Betroffenen und seiner Erlebniswelt.*

- **Negativität vermeiden – auch in der Sprache**

Das *Ausmaß an Negativität*, das Schmerzpatienten häufig entgegengebracht wird, zeigt sich bereits in der Art und Weise, wie über sie *geredet* (oder geschrieben) wird. Erinnert sei an die bereits zitierte Behauptung „Der chronische Schmerzpatient ist sehr häufig ein Problempatient" (3.2.1.) oder an subtil entwertende Formulierungen wie „Wir zweifeln nicht die Tatsache Ihrer Schmerzen an, sondern die Tauglichkeit Ihrer bisherigen Maßnahmen zur Schmerzkontrolle" (3.3.6.). Begriffe wie „Schmerzspiele", „Rentenmotivation" und „doctor hopping", Etikettierungen wie „der Ankläger", „der Koryphäenkiller" beschreiben den Schmerzpatienten als ein äußerst unsoziales Wesen, das seine Umwelt manipuliert und harte Anforderungen an die Toleranz seiner Behandler und den Geldbeutel der Kostenträger stellt. Aus Risikofaktoren im Hinblick auf Schmerzchronifizierung sind *moralische Werturteile* geworden: Der Patient dramatisiert und katastrophisiert, er ist misserfolgsängstlich und wenig eigenverantwortlich. Das Tragische (und ‚Skurrile') der Situation besteht darin, dass viele Schmerztherapeuten (sowohl Ärzte als auch Psychologen) eben das Verhalten zeigen, das sie an ihren Patienten kritisieren: *Sie* denken negativ (über ihre Patienten), *sie* dramatisieren (bestimmte Verhaltensweisen ihrer Patienten), *sie* haben kein Vertrauen in das positive Potential der Patienten. Schmerztherapeuten weisen ihre Patienten wiederholt auf die Folgen dramatisierender Schmerzbeschreibung hin: „Die Art und Weise, wie Sie über Ihren Schmerz denken und sprechen, beeinflusst Ihre Gefühle ihm gegenüber. Wenn Sie Ihren Schmerz katastrophisierend beschreiben, programmieren Sie Ihr Gehirn negativ." Die hier aufgezeigten Zusammenhänge gelten für Schmerztherapeuten gleichermaßen: ‚Die Art und Weise, wie Therapeuten über ihre Patienten denken und sprechen, beeinflusst ihre Gefühle diesen gegenüber. Wenn Therapeuten ihre Patienten negativ beschreiben, programmieren sie ihr Gehirn negativ.' Eine solche Negativ-Programmierung ist sowohl Folge als auch Auslöser der Unwertperspektive. Gewiss gibt es Schmerzpatienten, die ihren Schmerz katastrophisieren, die Positives verkennen und wenig Eigenverantwortung zeigen. Eine stark bewertende, genauer: *ab*wertende Sprache der Therapeuten wird daran allerdings nichts ändern. Im Gegenteil: Das Selbstwertgefühl der Betroffenen wird weiter geschwächt, ihre Fixierung auf negative Aspekte der eigenen Person und Situation verstärkt.

Ebenso ungünstig wie Pathologisierungen sind wiederholte *Verneinungen bei Therapieempfehlungen:* „Fixieren Sie sich nicht auf Ihren Schmerz!", „Denken Sie nicht so negativ!", „Sie sollten nicht aufgeben, nicht so viel grübeln, sich von Ihrem Schmerz nicht unterkriegen lassen!"... Untersuchungen zum Sprachverständnis haben gezeigt, dass Negationen auf Anhieb deutlich *schwerer verstanden* werden als positive Formulierungen des Sachverhalts: „Der Durchschnittsmensch braucht 48 Prozent mehr Zeit, eine verneinende Aussage zu verstehen" (Schneider 1995, S. 144). Der Zeitverlust allein wäre nicht schlimm, da Botschaften dieser Art wiederholt werden. Schwerwiegender ist, dass all das, was hinter einer Negation steht, für kurze Zeit *aktiviert* wird, d.h. in unser Bewusstsein gerät. Werden wir zum Beispiel aufgefordert: „Denken Sie *nicht* an eine Zitrone", so taucht vor unserem geistigen Auge eine Zitrone auf (sogar der Speichelfluss im Mund nimmt zu). Auch den Befehl „Denken Sie *nicht* an einen kleinen blauen Elefanten" können wir nicht befolgen: Sogleich stellen wir uns einen kleinen blauen Elefanten vor. Gelingt es uns schließlich doch, den Elefanten aus unserer Vorstellung verschwinden zu lassen, woran sollen wir dann denken? An eine Giraffe? An ein Pferd? Verneinungen sind also auch deshalb problematisch, weil sie *mehrere Deutungen* zulassen und damit unterschiedliche Vorstellungen auslösen können. Bei einer Verneinung weiß der Patient zwar, was er *nicht* tun, unklar jedoch bleibt, was genau *stattdessen* er tun sollte. Negationen machen die Aufforderung nicht nur unbestimmt und beliebig, sie erzeugen zudem eine eher schlechte Stimmung. Die Aufforderung „Verabreden Sie sich wieder einmal mit einem guten Freund" wirkt aufmunternder als die negative Formulierung „Sie sollten sich nicht zurückziehen".

Von einem eher negativen Denken über Schmerzpatienten zeugen auch einige der *Ziele* von Schmerzbewältigungsprogrammen - z.B. „*Abbau* katastrophisierender Verarbeitungsmuster, *Aufbrechen* von Hilf- oder Hoffnungslosigkeit, *Verminderung* von Rückzugsverhalten" (aus einem Merkblatt für Psychologische Schmerztherapie).[36] Zielsetzungen dieser Art können *negative Assoziationen* wecken, zum Teil sogar Vorstellungen von Gewalt („Aufbrechen"). Selbst ein Teil der positiv formulierten Ziele enthält - genau besehen - eine *negative Botschaft*. Das Ziel „Klärung irrationaler Annahmen hinsichtlich der eigenen Erkrankung" (ebd.)

---

[36] Kursivdruck von mir.

suggeriert, dass der Patient von *irrationalen* Annahmen ausgeht. Das Ziel „Förderung der Selbstkontrolle und Eigenaktivität des Patienten" (Flor & Hermann 2004, S. 590) unterstellt, dass Selbstkontrolle und Eigenaktivität des Patienten zu wünschen übrig lassen. Die Ziele „Abbau katastrophisierender Verarbeitungsmuster", „Aufbrechen von Hilf- oder Hoffnungslosigkeit" deuten an, dass der Patient katastrophisiert, hilf- und hoffnungslos ist. Mit anderen Worten: Viele Ziele verhaltenstherapeutisch orientierter Schmerztherapie implizieren *negative Persönlichkeitsdiagnosen*.

Von der *Wertperspektive* ausgehend bemüht sich der Therapeut um eine überwiegend *beschreibende* und *wertungsfreie* Sprache. Auch Therapieziele und -empfehlungen formuliert er nach Möglichkeit positiv – unter Verwendung wertfreier Adjektive und Substantive. Es ist weder möglich noch nötig, die eigenen Worte ständig auf eine Goldwaage zu legen. Gelegentliche Negativ-Formulierungen sind erstens nicht zu vermeiden, zweitens nicht schlimm. Ungünstig sind sie jedoch dann, wenn sie Ausdruck einer zugrunde liegenden Unwertperspektive sind, also Ausdruck einer Haltung, die den Patienten auf negative Züge festlegt. Denn wie kann ein Patient Vertrauen in seine persönlichen Einflussmöglichkeiten gewinnen, wenn ihm sein Therapeut vermittelt, dass *er* dieses Vertrauen *nicht* hat? Wie kann ein Patient positive Kompetenzerwartungen im Umgang mit seinem Schmerz entwickeln, wenn sein Therapeut ihm diese Kompetenz *abspricht*? Positive Formulierungen *allein* machen noch keine Wertperspektive aus. Entscheidend ist, dass der Therapeut vom Wert des vor ihm sitzenden Menschen wirklich *überzeugt* ist und sich diese Überzeugung auch in seinem nichtsprachlichen Verhalten zeigt, das vom Patienten intuitiv auch dann erfasst wird, wenn er es nicht bewusst registriert. Mehr dazu im Kapitel *Echtheit* (8.4.1.).

Auswirkungen der „Wertperspektive"
– Ein Therapeut, der von der Fähigkeit des Patienten zu kreativer Selbstbestimmung ausgeht, löst damit einen Prozess aus, in dem eben diese Fähigkeit aktiviert und ihre Umsetzung in den Alltag erleichtert wird. Rollentheoretisch argumentiert: Je mehr der Patient auf seine inneren Stärken und Kraftquellen angesprochen wird, umso eher wird er sie (wieder) wahrnehmen, nutzen und entfalten können (vgl. 4.1.). Detaillierte Analysen von Therapieausschnitten bestätigen den *Zusammenhang zwischen Ressourcenaktivierung und Therapieergebnis:* „Therapien, die schließlich ein unbefriedigendes Ergebnis haben, (sind) dadurch gekennzeichnet ..., dass im Therapieprozess weniger Ressourcen auf Seiten des Patienten aktiviert sind und dass der Therapeut weniger dazu tut, sie zu aktivieren" (Grawe 2004, S. 393).
– Untersuchungen zur Funktion der Spiegelneurone zeigen, dass die häufige Beobachtung einer bestimmten Verhaltensweise „die Fähigkeit verbessert - und prinzipiell auch die Bereitschaft erhöht -, diese Handlung selbst auszuführen" (Bauer 2005, S. 122). Davon ausge-

hend fördert eine *ressourcenorientierte Suchhaltung* des Therapeuten ein entsprechendes Verhalten bei seinen Patienten.
– Bei seiner Suche nach den Ressourcen des Patienten nimmt der Therapeut gelegentlich die Rolle des ‚Lernenden' ein – und verändert damit auch die Rolle des Patienten: Dieser ist nicht mehr der unterlegene Kranke, sondern ein Mensch mit einer Vielzahl von Eigenschaften, Fähigkeiten und Erfahrungen. Auch wenn er bestimmte Rollen nicht mehr verkörpern *kann*, so wird er doch daran erinnert, dass er diese Rollen irgendwann einmal ausgeübt *hat* (vgl. 4.1.). Der Therapeut sieht im Patienten also nicht nur den Menschen, der er gegenwärtig ist, sondern ebenso den, der er einmal *war*, wodurch sein Selbstwertgefühl gestärkt, sein Identitätserleben stabilisiert wird.
– Eine Aktivierung des inneren Wertesystems des Patienten fördert die Entwicklung seiner *transzendenten Rollen*, die ihm ein Gefühl für seinen Wert als Mensch vermitteln können – auch dann, wenn körperliche Gesundung nicht mehr zu erwarten und die Verkörperung bestimmter sozialer Rollen unmöglich geworden ist (vgl. 4.1.).
– Das verstärkte Einbeziehen positiver Lebensinhalte trägt mit dazu bei, dass sich der Patient (wieder) mit sich selbst *aussöhnen*, mit sich selbst in Einklang stehen kann. Ein verstärktes Bewusstsein für die positiven Aspekte der eigenen Person und Situation vermag zwar den Schmerz nicht zu lindern, hilft aber, ihn zu ‚tragen' (vgl. 5.6.5.).

Zusammenfassung
Verwirklichung der Wertperspektive bedeutet, zur *Person* des Patienten eine Beziehung herzustellen (statt zu seiner Pathologie), ihn nicht nur in seiner Rolle als Patient, sondern auch in seinen gesunden Rollen wahrzunehmen und zu behandeln. Der Schwerpunkt der therapeutischen Interventionen liegt nicht auf den Fehlhaltungen und Defiziten des Betroffenen, sondern auf seinen persönlichen Stärken, Werten und Kraftquellen, die ihm ein inneres ‚Heil-Sein' ermöglichen, unabhängig von körperlicher und/oder geistiger Leistungsfähigkeit. Der Therapeut orientiert sich bei seinem Vorgehen an der individuellen Person des Patienten und an *seinem* (des Patienten) Bezugssystem – nicht an theoretischen Konzepten und persönlichen Vorstellungen ‚guter' Leidensbewältigung.

8.3.2. Förderung von Autonomie

Der Arzt ist nicht dem Phänomen „Schmerz" verpflichtet, sondern dem Patienten, der an ihm zerbricht. Das, woran er zerbricht, ist die Bedrohung durch den Verlust der Autonomie, die ein Mensch bis zu Beginn seiner zermürbenden Schmerzen für sich erarbeitet hat, nicht nur die Dauer des Schmerzenhabens.
(Franz J. Illhardt 1998, S. 15)

Der Begriff **Autonomie** leitet sich aus dem Griechischen ab: autos = selbst; nomos = das Gesetz, die Gesetzlichkeit und bedeutet soviel wie *Selbstgesetzgebung* oder *Selbstbestimmung*. Immanuel Kant (o.J., S. 87) zufolge ist *Autonomie* „der Grund der Würde der menschlichen und jeder vernünftigen Natur". Das heißt, die Würde des Menschen besteht darin, sein Leben dem eigenen Wesen, der eigenen Biographie und den persönlichen Lebensumständen entsprechend zu gestalten, sich selbst das ‚Gesetz' zu geben, nach dem er lebt. Wenn ein Mensch krankheitsbedingt immer mehr die Kontrolle über seinen Körper und seine Umwelt verliert, nehmen seine diesbezüglichen Möglichkeiten zunehmend ab. Bisherige Grundlagen für die eigene Identität geraten ins Wanken, müssen auf ihre Tauglichkeit hin überprüft und teilweise durch neue Lebensregeln ersetzt werden, die den Gegebenheiten der Situation ebenso entsprechen wie den Belastbarkeitsgrenzen und persönlichen Stärken des Patienten, seinen inneren und äußeren Kraftquellen. Aufgabe des Therapeuten ist es, dem Betroffenen bei diesem Prozess einer neuen Identitätsfindung und Selbstverwirklichung angesichts veränderter Lebensumstände zu helfen. Entscheidend für diese Hilfe ist vor allem die *Einstellung* des Therapeuten zum *Wert und zur Bedeutung* des Menschen:

„Gestehen wir jedem Menschen seinen ihm gemäßen Wert, seine ihm gemäße Würde zu? Wenn wir diese Auffassung auf der verbalen Ebene vertreten, wie weit ist sie dann auf der Verhaltensebene praktisch wirksam? ... Achten wir seine Befähigung und sein Recht zur Selbstlenkung, oder glauben wir im Grunde, dass sein Leben am besten von uns geleitet würde? Bis zu welchem Grad haben wir das Bedürfnis und den Wunsch, andere zu beherrschen? Sind wir damit einverstanden, dass das Individuum seine eigenen Werte auswählt und erwählt? Oder werden unsere Handlungen von der (meist unausgesprochenen) Überzeugung geleitet, dass das Individuum am glücklichsten wäre, wenn es uns gestatten würde, seine Werte, Maßstäbe und Ziele für es auszusuchen" (Rogers 1973 a, S. 35)?

Wie ein Therapeut diese Fragen beantwortet, bestimmt sein konkretes Verhalten gegenüber dem Patienten. „Der Patient selbst ist der erste Experte für seinen Schmerz", heißt es in einem „Video zur Schmerzedukation" (Kröner-Herwig & Lucht). Von der ‚Wahrheit' dieser Aussage wird ein Patient nicht durch Argumente überzeugt, wohl aber durch seine *unmittelbare Erfahrung*. Daraus folgt: Der Therapeut sollte sich nicht als Experte verstehen, der weiß, wo es langgeht, sondern als jemand, der den Patienten auf *seinem Weg* einer Auseinandersetzung mit dem Schmerz *begleitet*, mit ihm *gemeinsam* nach Lebensgrundlagen sucht, die *seiner* (des Patienten) Person und *seiner* Sicht der Dinge entsprechen. Selbstbestimmung und Eigenaktivität des Patienten sind also nicht nur als therapeutische *Ziele* zu formulieren, sondern in der unmittelbaren *Begegnung* mit ihm zu respektieren und fördern. Konkrete *Techniken* in diesem Zusammenhang werden noch beschrieben (vgl. 9.4.). Wichtiger als bestimmte Techniken ist eine *therapeutische Beziehung*, die vor allem durch folgende Aspekte gekennzeichnet ist:

- **Dem Patienten die Führung überlassen**

Der Therapeut begegnet dem Patienten in *seiner* (des Patienten) Welt – statt zu versuchen, ihn in seine eigene Welt zu führen. Im Vertrauen auf das kreative Potential des Menschen lässt sich der Therapeut vom Patienten ‚leiten', greift seine Gefühle, Gedanken und Vorstellungen auf, bringt sie durch seine eigenen Interventionen zu größerer Klarheit.

In dem Roman von Adolf Muschg „Das Licht und der Schlüssel" (1984, S. 256) ist die weibliche Hauptfigur Mona unheilbar erkrankt. Der Arzt, Dr. Veenendaal, und der Ich-Erzähler, Samstag, sprechen darüber, was sie noch tun könnten: „Herr Doktor, sage ich, wenn wir die Antwort Frau Mona überließen? Schön, sagt er. – Das klingt immer sehr gut. Verlassen wir uns auf ihre innere Stimme. Aber woher wissen wir, dass diese Stimme sie recht berät? Das wissen wir nicht, sage ich, sie ist nur besser als unser Rat."

Der Therapeut vermeidet Konfrontationen mit irgendeiner Norm ‚angemessenen' Verhaltens, bemüht sich vielmehr darum, dem Patienten *seine* Form der Auseinandersetzung mit seiner Erkrankung zu lassen, auch dann, wenn sie nicht seinen eigenen Vorstellungen davon entspricht, wie man mit Schmerzen umgehen sollte. Entscheidend für die Reaktion eines Menschen auf ein bestimmtes Ereignis ist das *subjektive Erleben* der Situation. Eine auf den ersten Blick vergleichbare Situation kann von verschiedenen Personen höchst *unterschiedlich* wahrgenommen und bewertet werden. Entsprechend *unterschiedlich* sind die Reaktionen darauf. Das heißt, *wie* jemand auf Schmerzen reagiert, ist immer auch abhängig von seiner gegenwärtigen und vergangenen Situation, von Schmerz- und Gewalterfahrungen in seiner Vorgeschichte, seinen persönlichen Wertsetzungen sowie davon, was er unter einem ‚guten Leben' versteht. Allgemeingültige Regeln für den Umgang mit Schmerzen kann es ebenso wenig geben wie allgemeingültige Regeln für das Erreichen von Lebenszufriedenheit. Eine jede Pflanze braucht für ihr Gedeihen besondere Licht- und Wasserverhältnisse. Entsprechend braucht auch ein jeder Mensch etwas andere Bedingungen, um sich der eigenen Natur gemäß entwickeln und mit chronischem Schmerz leben zu können.

- **Wissen zur Verfügung stellen, aber keine ‚Wahrheiten' aufdrängen**
Dem Patienten die Führung zu überlassen und sich „mit der Funktion des Begleiters" zu begnügen (Eissler 1978, S. 50) bedeutet *nicht*, ihm Informationen vorzuenthalten. Im Gegenteil: Falsche Informationen müssen korrigiert, mangelndes Wissen über Entstehung und Aufrechterhaltung von Schmerzen muss ergänzt, Methoden für den Umgang mit Schmerz, die sich bei anderen Patienten bewährt haben, müssen vermittelt werden. Nicht um das „Ob" von Informationen geht es, sondern um das *„Wie"* ihrer Vermittlung. Ein Therapeut, der den Patienten als autonome Persönlichkeit und gleichberechtigten Partner betrachtet, ordnet nicht an – er *macht Vorschläge*. Er sagt beispielsweise nicht „Sie müssen dieses tun und jenes lassen", sondern: „Einigen Betroffenen hilft es, wenn sie dieses tun und jenes lassen. Könnten Sie sich das auch für sich selbst vorstellen?" Bevor der Therapeut überhaupt etwas vorschlägt, hört er zunächst einmal aufmerksam zu, um möglichst viel darüber zu erfahren, welch ein *Mensch* dieser konkrete Patient ist, der gerade vor ihm sitzt (vgl. 9.1.): Wo liegen seine Interessen und Vorlieben? Ist er gerne unter Menschen oder lieber für sich allein? Sind ihm eher körperliche oder eher geistige Aktivitäten wichtig? Geht es ihm um maximal mögliche Schmerzlinderung (selbst um den Preis einer gewissen geistigen Dämpfung)? Oder ist geistige Wachheit das Wichtigste (selbst um den Preis einer nur unzureichenden Schmerzlinderung)? Die Antworten auf Fragen dieser Art dienen dem Therapeuten als Orientierungshilfen für weitere Interventionen. Als *Partner, Mitarbeiter* und *Begleiter* des Patienten stellt er diesem sein Wissen zur Verfügung und versucht, *gemeinsam* mit ihm herauszufinden, ob und wie er die vermittelten Informationen in seine spezifische Situation integrieren kann.
Unangemessen ist es, den Patienten mit vorgeblichen ‚Wahrheiten' zu konfrontieren, ihm den ‚wahren' Weg adäquater Krankheitsverarbeitung und Schmerzbewältigung vorzuschreiben (vgl. 8.4.1.). Unabhängig davon, dass Wahrheit relativ und „von jeder Wahrheit ... das Gegenteil ebenso wahr" ist (Hesse 1981, S. 113), wirkt das Verkünden von ‚Wahrheiten' anmaßend. Zumal das Motiv ‚wahrer' Rede oft weniger darin zu bestehen scheint, dem Gegenüber zu helfen, als vielmehr darin, ihn zu *beeinflussen* (und damit Macht auf ihn auszuüben). Wirklich gleichberechtigt kann sich ein Patient erst dann fühlen, wenn der Therapeut nicht vorgibt, im Besitz der Wahrheit zu sein, und er dem Patienten jede Freiheit lässt, ihm gemachte Vorschläge auch ablehnen, hinterfragen oder kritisieren zu können.

Im Kapitel *Compliance* (3.3.6.) wird von einer Schmerzpatientin berichtet, die sich am liebsten an der Nähmaschine entspannt, deshalb jedoch vom Therapeuten kritisiert und auf das Jacobson-Training verwiesen wird. Wie hätte sich der Therapeut verhalten können, ohne das Bedürfnis der Patientin nach autonomer Lebensführung zu verletzen? Sinngemäß könnte er sagen: „Hm, leider habe ich keine Ahnung vom Nähen. Damit ich Sie besser verstehe: Bitte, erzählen Sie, wie das für Sie ist, wenn Sie an der Nähmaschine sitzen, was passiert dann mit

Ihnen?" Mit dieser Frage lässt sich der Therapeut auf die Erfahrung der Patientin ein – statt sie abzuwehren. Er gesteht seine eigene Unwissenheit in Sachen Nähen ein – und weist damit der *Patientin* die Rolle der Expertin zu („Bitte, erzählen Sie ..."). Anschließend könnte er fortfahren: „Das Nähen beruhigt Sie und macht Ihnen Freude. Also sollten Sie es auf jeden Fall beibehalten. Ich möchte Ihnen nur gerne noch *zusätzlich* etwas empfehlen. Das hängt mit Folgendem zusammen: Beim Nähen, so stelle ich es mir vor, bleibt Ihr Rücken die ganze Zeit über in einer leicht gebeugten Haltung, so dass sich Ihre *Rückenmuskulatur* vermutlich nicht gut entspannen kann. Untersuchungen haben gezeigt, dass es für Wirbelsäule und Rückenmuskulatur günstig ist, wenn man seine Körperhaltung möglichst oft verändert, weil dann die Hauptbelastung immer mal wieder auf einer anderen Stelle der Wirbelsäule liegt. Da Sie bei Ihrer beruflichen Arbeit sehr viel sitzen müssen, könnte es Ihnen womöglich gut tun, wenn Sie sich nach Ihrer Arbeit für eine Weile hinlegen oder spazieren gehen. Einfach schon deshalb, weil Sie dabei eine *andere* als die gewohnte Körperhaltung einnehmen. Einige Menschen mit ähnlichen Rückenbeschwerden wie bei Ihnen machen gute Erfahrungen mit dem Jacobson-Training, das wir in der letzten Stunde geübt haben. Wie ist es Ihnen damit ergangen? Könnten Sie sich vorstellen, sich auch zu Hause auf diese Weise zu entspannen? Wie schon gesagt: Sie sollen auf das Nähen nicht verzichten. Also nicht: *Entweder* Nähen *oder* Jacobson-Training, sondern *sowohl als auch*!" Kommt die Patientin mit der Jacobson-Entspannung nicht zurecht („mir schwirren tausend Gedanken im Kopf herum und ich werde am ganzen Körper kribbelig"), sollte der Therapeut auch darauf eingehen: „Das geht einigen Patienten so. Jeder Mensch hat seine ganz *persönliche* Art, wie er sich am besten entspannen kann. Manche Menschen müssen erst Verschiedenes ausprobieren, um die für *sie* passende Methode zu finden. Einige Patienten entspannen sich dadurch, dass sie auf ihren Atem achten, andere dadurch, dass sie an etwas Schönes denken, sich z.B. vorstellen, an einem schönen Ort zu sein. Vielleicht sollten wir es einmal mit einer solchen Phantasie versuchen? Auch diese Übung wird zunächst vielleicht ungewohnt für Sie sein. Aber ich glaube, wenn wir sie einige Male gemacht haben, werden Sie beurteilen können, ob Ihnen diese Methode hilft. Wenn ja, dann vertiefen wir die Übung. Wenn nicht, werden wir es mit einer anderen Übung versuchen. Wichtig ist, dass wir etwas finden, womit *Sie* sich gut entspannen können!" Der Therapeut gibt Informationen, fragt nach, lenkt die Aufmerksamkeit auf Methoden, die sich bei anderen Betroffenen als hilfreich erwiesen haben. Immer aber bezieht er sich auf die *Patientin*, bestärkt sie in einem Tun, das ihr Freude macht, respektiert ihr Recht und ihre Fähigkeit zur Selbstbestimmung.

- **Optimale Kontrolle unterstützen**

Kontrolle bezeichnet keinen Pol - mit *Kontrollverlust* als Gegenpol -, „sondern ein Kontinuum mit vielfältigen und jeweils aufzuklärenden Abstufungen" (Ulich 1983, S. 242). Nicht um maximale Kontrolle geht es (die es ohnehin nicht gibt!), sondern um jeweils *optimale Kontrolle* – optimal im Hinblick auf die persönlichen Möglichkeiten und Grenzen zum einen, die äußeren Gegebenheiten zum anderen. Wichtiger als die *tatsächliche* Einflussnahme ist das Ausmaß, in dem der Betroffene *glaubt*, noch Einfluss zu haben. Daraus lassen sich für die Begleitung von Schmerzpatienten folgende *Hilfsmöglichkeiten* ableiten:

- Der Therapeut ermutigt den Patienten, sich einen *Überblick über seine Krankheit und deren Behandlung* zu verschaffen – etwa durch Anlegen einer Akte mit Kopien von Befunden und Krankenberichten, Aufzeichnungen über diagnostische und therapeutische Maßnahmen, Tagebucheintragungen, ...
- Der Therapeut informiert den Patienten (wenn nötig) über seine *Rechte als Patient*. Viele Patienten wissen z.B. nicht, dass sie ein Einsichtsrecht in ihre Krankenunterlagen haben.[37]
- Der Therapeut unterstützt den Patienten in seinem Bemühen, *Informationen über seine Erkrankung* einzuholen – durch Literaturhinweise, Ausleihen von Fachbüchern, Fotokopieren von Artikeln, ...
- Der Therapeut empfiehlt dem Patienten, *Fragen an den Arzt* aufzuschreiben, ihn um verständliche Antworten zu bitten und sich diese kurz zu notieren. Visitengespräche können im Rollenspiel eingeübt werden, so dass sich der Patient in seinem Auftreten sicherer fühlt.
- Der Therapeut ermutigt den Patienten darin, sich sein *Krankenzimmer möglichst persönlich einzurichten* (mit Hilfe kleiner Pflanzen, Bastelarbeiten von Kindern/Enkelkindern, Fotos, Kunstpostkarten, Postern, …).

Therapeuten, die in stationären Einrichtungen arbeiten, sollten ihre Aufmerksamkeit nicht nur auf ihre Patienten selbst richten, sondern auch darauf, ob und inwieweit deren Autonomie durch *organisatorische Abläufe im Stationsalltag* beeinträchtigt wird (vgl. 3.3.1., 3.3.2.). Gemeinsam mit dem therapeutischen Personal sollten Möglichkeiten erarbeitet werden, wie Patienten in ihrer Selbstbestimmung besser unterstützt, zumindest weniger eingeschränkt werden können. Um nur einige *Beispiele* zu nennen: Im Injektionsraum sollte für *ausreichenden Sichtschutz* gesorgt sein. In Mehrbettzimmern könnten *Vorhänge oder Stellwände zwischen den Betten* die Intimsphäre der Patienten zumindest vom Visuellen her schützen. Ärzte, Therapeuten, Schwestern und Pfleger sollten *anklopfen*, bevor sie das Zimmer eines Patienten betreten. Die meisten Patienten trauen sich nicht, Themen dieser Art anzusprechen, weil sie sich bei Ärzten und Pflegepersonal nicht unbeliebt machen, nicht zu Last fallen, nicht als ‚prüde' oder ‚zimperlich' gelten wollen. Umso wichtiger ist es, dass Grenzverletzungen im Stationsalltag vom *Therapeuten* thematisiert werden.

Der Aspekt *optimaler Kontrolle* gilt nicht zuletzt auch für den *Umgang mit Medikamenten*. Nicht nur unter medizinischen Gesichtspunkten, auch im Hinblick auf das Autonomiebedürfnis der Patienten ist die „ATC-Medikation (ATC = **a**round **t**he **c**lock)" zu bevorzugen, bei der Patienten ihre Medikamente nicht bei Bedarf erhalten, sondern ‚rund um die Uhr' (Illhardt 1998, S. 15). Bei der Festlegung von Intervallen,

---

[37] Ausgenommen sind subjektive Wertungen des Arztes sowie persönliche Bemerkungen über den Patienten und/oder seine Angehörigen.

in denen ein bestimmtes Medikament einzunehmen ist (z.B. alle 4 Stunden), sollte nicht der ‚objektive' Durchschnittsrhythmus von Schmerzverlauf und Wirkungsdauer der Substanz zu Grunde gelegt werden, sondern der *subjektive Rhythmus* des Betroffenen, d.h. seine *persönliche* ‚Schmerzkurve' sowie Art und Dauer der Medikamentenwirkung auf seinen Organismus. Einige Patienten beispielsweise wechseln ihr Fentanyl-Pflaster nach jeweils 72 Stunden (im Beipackzettel empfohlenes Intervall), bei anderen Patienten dagegen lässt die Wirkung bereits nach jeweils 60 Stunden nach. Eine weitere Autonomie fördernde Methode moderner Schmerzbekämpfung - die so genannte PCA (PCA = **p**atient **c**ontrolled **a**nalgesia) - wird vor allem bei *akuten* Schmerzen eingesetzt: Hier entscheidet der *Patient selbst* über Zeit und Dosierung der von ihm benötigten Arznei. Erfahrungen zeigen, dass bei dieser Anwendungsform die insgesamt verbrauchte Menge des Schmerzmittels sogar *abnimmt* (vgl. 3.3.4.). Wie Franz Illhardt (ebd.) in seinem ausgezeichneten Artikel über „Ethische Aspekte der Schmerztherapie" betont, trägt die PCA sowohl der medizinischen als auch der psychologischen Tatsache Rechnung, „dass Schmerzen als ganz und gar subjektives Phänomen dem objektiven Begreifen medizinischer Helfer entzogen sind", *weshalb adäquate Schmerzmedikation konsequenterweise „eine Angelegenheit der autonomen Person" sein sollte.*

- **Das eigene Handeln hinterfragen**

Therapeuten sollten sich eingestehen, dass auch *sie* Fehler machen, bestimmte Aspekte zu sehr, andere dagegen zu wenig beachten. Ein solches Eingeständnis spricht sowohl für die Selbstbescheidung als auch für die Echtheit eines Therapeuten. Einwände, Fragen, Zweifel eines Patienten sollten nicht sofort als Widerstand oder neurotische Abwehr interpretiert, sondern zunächst als Zeichen dafür gesehen werden, dass er mit einem bestimmten Vorgehen nicht einverstanden ist. Der Therapeut sollte die Selbständigkeit seines Patienten ihm gegenüber nicht nur dulden, sondern ausdrücklich bestätigen: „Bitte, sagen Sie mir, wenn Sie sich einmal nicht von mir verstanden fühlen!" Die Ermutigung von Widerspruch vermittelt dem Patienten, dass der Therapeut ihn als gleichberechtigt betrachtet und es ihm wirklich um *ihn*, den Betroffenen, geht, nicht darum, als allwissender Therapeut zu brillieren. Therapie ist ein Geschehen, für das *beide* Verantwortung tragen – der Patient ebenso wie der Therapeut. Im Falle chronischer Schmerzen geht es selten um Beseitigung der Beschwerden, oft um ihre Linderung, immer aber um ein Respektieren der *Würde* des Betroffenen. Sie zu schützen ist oberstes Therapiegebot – ein Gebot, dem ein Therapeut leichter genügen kann, wenn er sein eigenes Verhalten hin und wieder überdenkt und sich fragt: „Verstehe ich den Patienten? Verstehe ich ihn gut genug?"

Auswirkungen der „Förderung von Autonomie"
- Durch das an den Patienten herangetragene Vertrauen, dass er selbst am besten weiß, was in einer bestimmten Situation gut für ihn ist, wird nicht nur sein *Kompetenz-*, sondern auch sein *Selbstwerterleben* gestärkt. Die Erfahrung persönlicher Autonomie entspricht dem Bedürfnis nach Selbstverwirklichung ebenso wie dem Bedürfnis nach Selbstwerterhöhung und Achtung.
- *Rollentheoretischen* Überlegungen zufolge erfordert jedes Verhalten in der Interaktion mit einem anderen Menschen eine entsprechende Gegenrolle (vgl. 4.1.): Je mehr der *Therapeut* die Führung übernimmt und für den Patienten entscheidet, was in seiner Situation zu tun und zu lassen ist, umso mehr entzieht er ihm damit die Rolle des mündigen und aktiven Kranken, umso größer ist die Gefahr, dass der Patient sich als passives Behandlungsobjekt fühlen – und sich schließlich auch entsprechend verhalten wird. Je umfassender der Patient dagegen als autonome Persönlichkeit behandelt und auf seine Möglichkeiten zu selbstbestimmter Lebensführung angesprochen wird, umso mehr wird er diese Möglichkeiten auch wieder selbst wahrnehmen und verwirklichen können.
- Untersuchungen zum Erleben von Selbstwirksamkeit zufolge wirkt sich eine *direkte Handlungserfahrung* (die unmittelbare Erfahrung, durch eigenes Verhalten noch etwas bewirken zu können) am günstigsten auf die Kompetenzerwartung eines Menschen aus (Bandura 1977). Auch die Einstellungsforschung hat gezeigt, dass der entscheidende Faktor bei Einstellungsänderungen die *aktive Beteiligung* des Betroffenen ist. Die Überzeugung persönlicher Kompetenz und Selbstbestimmung kann nicht durch Vorträge und rationale Appelle, sondern nur durch *unmittelbares Handeln* erworben und dauerhaft beibehalten werden![38] Ein Therapeut, der dem *Patienten* die Führung überlässt, während er selbst die Rolle des Begleiters übernimmt, stellt damit Bedingungen her, die dem Patienten selbstbestimmtes Handeln und damit die Erfahrung persönlicher Kompetenz ermöglichen.
- Wenn ein Patient den argumentativ oder durch Merkblätter vermittelten Verhaltensempfehlungen seines Therapeuten zustimmt, so muss dies nicht gleichbedeutend mit einer *tatsächlichen* Einstellungsänderung sein. Die Wahrscheinlichkeit einer Pseudo-Einsicht wird verringert, wenn der Therapeut dem Patienten glaubwürdig vermitteln kann, dass zur Autonomie des Menschen auch das Recht gehört, „Nein" zu sagen: „Je partnerschaftlicher die ... Beziehung, umso mehr sind therapeutische Beschlüsse *gemeinsamer* Konsens, also des Patienten *eigene* Therapie, und umso weniger von außen aufoktroyierte Verordnungen. Die Bejahung der so entwickelten Therapien ist deshalb auch beim Patienten tiefergehender" (Ripke 1995, S. 40).

---

[38] Auf die Paradoxie autoritär vermittelter Aufforderungen („Verhalten Sie sich selbstbestimmt!") wurde bereits im Kapitel *Compliance* (3.3.6.) hingewiesen.

Zusammenfassung
Chronische Schmerzen konfrontieren mit den Grenzen medizinischer und menschlicher Möglichkeiten. Ziele, die früher selbstwertrelevant waren, können nur noch eingeschränkt oder gar nicht mehr verfolgt werden. Was ist adäquat, was inadäquat in einer solchen Situation? Wer mag darüber urteilen? Angesichts schweren Leidens werden viele der vermeintlich psychischen Auffälligkeiten zu Kennzeichen der Einmaligkeit der Auseinandersetzung des Menschen mit seinem Leben. Einem Patienten das Recht zuzugestehen, selbst zu entscheiden, wie er auf seine Situation reagiert, heißt, ihm seine *Würde* zu lassen. Verwirklichung der *Wertperspektive* und *Förderung von Autonomie* gehören zusammen: Ein Therapeut, der sich vor allem auf die dysfunktionalen Denk- und Verhaltensmuster seines Patienten konzentriert, wird wenig Zutrauen in dessen Fähigkeiten zu autonomer Selbstbestimmung haben und deshalb dazu neigen, *für* ihn zu entscheiden, was gut und richtig ist. Ein Therapeut dagegen, der vom Recht des Menschen zur Selbstbestimmung überzeugt ist, wird nach den inneren und äußeren Ressourcen des Patienten suchen, die ihm dabei helfen könnten, mit seinem Schmerz zu leben – auf eine *ihm* gemäße Weise.

8.4. Das Bedürfnis nach Sicherheit und Orientierung

Der menschliche Geist beginnt heutzutage allenthalben in lächerlicher Weise zu verkennen, dass die wahre Sicherheit des einzelnen nicht durch seine isolierten Bemühungen herbeigeführt wird, sondern nur durch die Solidarität der gesamten Menschheit gewährleistet werden kann.
(Fjodor Dostojewskij 1983, S. 408)

Ein wesentliches Merkmal bei chronischen Schmerzen ist die Unsicherheit, das Nicht-Wissen, wie es weitergeht, ob der Schmerz wieder verschwinden, weniger oder stärker werden wird. Der Betroffene kann nicht von einem einmal gegebenen Folgezustand ausgehen. Ausgangsbasis ist vielmehr eine völlig ungewisse Prognose und - damit verbunden - eine ebenso ungewisse Zukunft. Die Verunsicherung aufgrund der Unvorhersagbarkeit des Schmerzgeschehens wird noch verstärkt durch unklare oder ausweichende Aussagen von Ärzten, widersprüchliche Informationen und teilweise entgegengesetzte Behandlungsvorschläge (vgl. 3.3.3.), durch die Einseitigkeit vieler Regeln im Krankenhausbetrieb (vgl. 3.3.2.) sowie durch organisatorische und institutionelle Bedingungen, die für den Betroffenen oft wenig durchschaubar und somit nicht einkalkulierbar sind (vgl. 3.3.1.). Das *Bedürfnis nach Orientierung* ist eng verquickt mit dem *Bedürfnis nach Kontrolle*, da effektive Kontrolle einer Situation nur dann möglich ist, wenn man sich in dieser Situation *orientieren* kann: „Überhaupt nicht zu wissen, was los ist, kann unerträglich sein, insbesondere wenn es um einen selbst und um Dinge geht, die einem wichtig sind" (Grawe 2004, S. 233). Ein Großteil der verunsichernden *äußeren* Umstände im Falle chronischer Krankheit kann vom Therapeuten nicht oder nur begrenzt beeinflusst werden. Doch sollte er – wenn er im stationären Bereich arbeitet – das Bewusstsein von Ärzten und Pflegepersonal für die Auswirkungen schärfen, die diese Umstände möglicherweise haben können. In der therapeutischen Begegnung selbst sind es vor allem zwei Grundhaltungen, die dem Bedürfnis des Patienten nach Sicherheit und Orientierung entsprechen: **Echtheit** und **Verlässlichkeit**.

8.4.1. Echtheit

Es ist also beim Patienten neben dem Gefühl, dass sich der Arzt um ihn bemüht, die erlebte Ehrlichkeit, die Vertrauen schafft.
(Anne-Marie Tausch 1981, S. 170)

Glaubwürdigkeit und Aufrichtigkeit des Therapeuten garantieren dem Patienten ein Minimum an Sicherheit in einer Situation, in der er sich auf seinen Körper und einige seiner gewohnten Lebensstrategien nur noch eingeschränkt verlassen kann und viele Sicherheiten seines Lebens erschüttert oder verloren sind. Die therapeutische Variable **Echtheit** ist vor allem im Rahmen der Gesprächspsychotherapie untersucht und in ihrer Bedeutung für den Therapieverlauf bestätigt worden. Andere Bezeichnungen für „Echtheit" sind „Aufrichtigkeit", „Authentizität" oder „Authentisch-Sein", „Kongruenz" oder „Selbstkongruenz", „Offenheit", „Ohne-Fassade-Sein", „Real-Sein" oder „Wirklich-Sein", „Transparenz" und „Wahrhaftigkeit" (Alterhoff 1983). Rogers (1973 b, S. 74) zufolge bedeutet das so benannte Merkmal, „dass die Gefühle, die der Therapeut hat, ihm bekannt, seinem Bewusstsein zugänglich sein müssen, und dass er in der Lage ist, diese Gefühle zu leben, sie zu sein, fähig, sie mitzuteilen, wenn es zweckmäßig erscheint".

- **Signale der Echtheit**
  Da das, was in einem Menschen vorgeht, nicht *direkt* wahrgenommen werden kann, ist der Patient auf das angewiesen, was der Therapeut nach außen hin sichtbar werden lässt. Das heißt, er kann immer nur *indirekt erschließen*, ob sein Therapeut aufrichtig ist oder nicht. Folgende Aspekte sind zu bedenken:
  – Patienten sind meist sehr feinfühlig für *nichtsprachliche* Verhaltensweisen der Menschen in ihrer Umgebung, nehmen kleinste Veränderungen im Ausdruck ihres Gesprächspartners wahr, auch Zeichen, derer sich der andere unter Umständen gar nicht bewusst ist. Dem gepressten Tonfall und dem Lauterwerden der Stimme (z.B. bei Ungeduld), dem Heben der Augenbrauen (z.B. bei Missbilligung), dem zugewandt-interessierten oder abwesenden Blick, der gelassenen oder eher steifen Sitzhaltung werden mitunter Botschaften entnommen, die die

therapeutische Beziehung entscheidend beeinflussen können. Die Einstellungen, die ein Therapeut seinem Patienten gegenüber hat, werden zum größten Teil *nonverbal* vermittelt – über Stimme, Sprechweise, Mimik und Gestik, wobei die Überzeugungskraft *dieser* Hinweise deutlich größer ist als das, was der Therapeut *verbal* zu vermitteln sucht: „Freud hatte vermutlich recht mit seiner ‚moralischen' Telepathie-Theorie. Er schreibt, er habe gelernt, in der Therapie nicht zu lügen, sei es ihm doch oft genug passiert, dass der Patient die Lüge durchschaue, mochte er, Freud, sich auch noch so verstellen" (May 1985, S. 265). Als neurobiologische Basis dieser „Telepathie" gelten *Spiegelungs- und Resonanzphänomene* (vgl. 5.6.1.).

– Des Weiteren wird ein Patient die Echtheit seines Therapeuten danach beurteilen, ob und inwieweit dieser die Dinge, die er seinen Patienten zu übermitteln sucht, in seinem eigenen Verhalten *vertritt* und *lebt*. Ein Therapeut, der überwiegend *negativ* über Schmerzpatienten spricht, wird kaum als überzeugend erlebt, wenn er seine Patienten zu *positivem* Denken auffordert. Ein Therapeut, der eher angespannt-angestrengt wirkt, ist kein Modell für Gelassenheit. Patienten neigen dazu, Verhaltensweisen ihres Therapeuten nachzuahmen, Aspekte seines Wertesystems sowie die Art und Weise zu übernehmen, wie er sich mit Problemen auseinandersetzt. Wenn das, was der Therapeut inhaltlich sagt, nicht mit dem übereinstimmt, wie er sich *verhält*, werden weniger die Inhalte gelernt, als vielmehr das, was der Patient an offenen Verhaltensweisen und inneren Werthaltungen *beobachtet*. *Inhalts- und Beziehungsaspekt* einer Botschaft sollten deshalb einander entsprechen. Beispiele für Doppelbotschaften, denen Patienten im Krankenhausalltag ausgesetzt sind, finden sich im Kapitel *Compliance* (3.3.6.).

– Patienten vergleichen das *gegenwärtige* Verhalten ihres Therapeuten mit seinem *früheren* Verhalten, sein Verhalten *innerhalb* mit seinem Verhalten *außerhalb* der Gesprächssituation. Begrüßt der Therapeut seinen Patienten bei einer Begegnung auf dem Krankenhausflur mit Namen und/oder einem freundlichen Zunicken? Oder geht er grußlos an ihm vorbei? Grußlosigkeit außerhalb der therapeutischen Situation kann den Patienten dazu veranlassen, Zugewandtheit und Achtung seines Therapeuten *während* der Therapie als berufsmäßiges Gebaren einzuschätzen, nicht aber als Ausdruck einer authentischen Grundhaltung. Natürlich kann das Verhalten des Therapeuten dadurch bedingt sein, dass er mit seinen Gedanken ‚woanders' ist und er den Patienten einfach nicht wahrgenommen hat. Die meisten Patienten neigen zu dieser Erklärung – beim *ersten* Mal. Wer jedoch auch ein zweites und drittes Mal nicht beachtet wird, bezieht dieses Verhalten auf sich, bewertet es womöglich als Ausdruck mangelnder Wertschätzung. Im stationären Bereich kommt es häufiger vor, dass Patienten und Therapeuten einander zufällig begegnen. Therapeuten sollten sich klar darüber sein, dass ihr nonverbales Verhalten auch *außerhalb* der offiziellen Therapiestunden auf den Patienten *wirkt*.

- Als unglaubwürdig wird ein Therapeut auch dann erlebt, wenn er sich in *verschiedenen Kontexten* unterschiedlich verhält, wenn er z.B. während eines Therapiegesprächs die Angst seines Patienten als verständliche Reaktion auf die gegebenen Belastungen bezeichnet, diese Angst während einer Chefarztvisite jedoch als „Zeichen schlechter Krankheitsverarbeitung" pathologisiert. Wie auch immer der Therapeut tatsächlich über die Angst seines Patienten denkt, spielt keine Rolle: Der Patient hat das Vertrauen verloren.
- Wie der Therapeut während einer Therapiesitzung mit *von außen kommenden Störungen* umgeht, sagt ebenfalls etwas darüber aus, ob und inwieweit seine Achtung gegenüber dem Patienten aufrichtig ist. Ein Therapeut, der während eines Gesprächs *wiederholt* den Telefonhörer abnimmt, einen von der Sekretärin hereingebrachten Brief unterschreibt und/oder ein paar Worte mit einem Kollegen wechselt, der „nur eine kurze Frage" hat, signalisiert damit vor allem, dass er vielbeschäftigt und sehr gefragt ist, keineswegs aber, dass der *Patient* im Mittelpunkt seiner Aufmerksamkeit steht.

• **Echtheit und das Bedürfnis nach Achtung**

Die Echtheit des Therapeuten entspricht nicht nur dem Bedürfnis des Patienten nach *Sicherheit*, sondern ebenso seinem Bedürfnis nach *Achtung*: Erlebt der Patient seinen Therapeuten als aufrichtig, kann er sich darauf *verlassen*, dass die ihm entgegengebrachte Achtung nicht berufsmäßig-fassadenhaft, sondern *ernst* gemeint ist. Achtung erweist ein Therapeut seinem Patienten auch dadurch, dass er offen anspricht, wenn er im Hinblick auf ein bestimmtes Thema *anderer Ansicht* ist. Zeigt ein Patient selbstzerstörerische Verhaltensweisen, signalisiert die deutliche Betroffenheit des Therapeuten, dass er am Wohlergehen seines Patienten wirklich interessiert ist: „Frau G., es tut mir weh, wenn ich sehe, wie Sie mit sich umgehen! Warum nur sind Sie so hart gegen sich selbst?" Äußert ein Patient zu hohe Erwartungen an die Therapie, kann das rechtzeitige Aussprechen der Unmöglichkeit, diese Erwartungen zu erfüllen, Enttäuschungen und Missverständnissen vorbeugen: „Ich möchte Ihnen gerne helfen, aber das, was Sie von mir erwarten, kann ich Ihnen nicht geben."

Echtheit ist jedoch kein Freibrief dafür, einen Patienten argumentativ in die Enge zu treiben und ihm alles zu sagen, was einem durch den Kopf geht. Ein solches Verhalten wäre nicht ‚echt', sondern ichbezogen. Echtheit, die auch das Bedürfnis des Patienten nach *Achtung* berücksichtigt, bedarf der *gleichzeitigen* Verwirklichung von *Einfühlung*. Das heißt, dass sich der Therapeut seiner eigenen Gefühle *bewusst* ist, jedoch nur das ausspricht, was ihm aufgrund seiner *Einfühlung* in den Patienten als angemessen und bedeutsam erscheint (vgl. 8.2.2.). Es gibt keinen Beispiel-Katalog für aufrichtig-einfühlsame Äußerungen, da sowohl Einfühlung als auch Echtheit Qualitäten sind, die immer nur im Hinblick auf den jeweiligen *Kontext* zu ermessen sind. Man kann nicht echt *tun*. Echt kann man nur *sein* – in einer ganz bestimmten Situation gegenüber einem ganz bestimmten Menschen. Unabhängig vom Kontext aber gilt: Der Therapeut sollte das, was er von sich mitteilt, stets als seine *eigene* Meinung formulieren, als sein *subjektives* Erleben, nicht aber als *objektive* Feststellung über den Patienten und seine Situation. Für den Patienten muss deutlich sein, dass es sich um *persönliche Wahrnehmungen und Gefühle* seines Therapeuten handelt, nicht aber um Fakten von objektiver Gültigkeit, und dass - im Falle einer Kritik - nicht *er* als Person gemeint ist, sondern seine *Ansicht* in dieser spezifischen Angelegenheit.

- **Selbsteinbringung**

Echtheit bedeutet, dem Patienten gegebenenfalls auch etwas von sich selbst mitzuteilen. Der Ausdruck *persönlichen Erlebens* unterscheidet sich deutlich von Pseudo-Verständnis und floskelhaften Formulierungen wie: „Ich weiß, wie Ihnen zumute ist." Angesichts existentieller Leiden ist es nicht nur unaufrichtig, sondern auch anmaßend, so zu tun, als verstünde man wirklich, was der Patient gerade durchmacht. Ehrlicher ist es, beispielsweise zu sagen: „Ich glaube, dass ich nur ansatzweise ermessen kann, was Sie gerade erleiden." Sätze wie diese sind tröstlich, weil sie der Wahrheit entsprechen und damit die Glaubwürdigkeit des Therapeuten erhöhen.

Von sich selbst zu sprechen, ist nicht nur dann angezeigt, wenn der Therapeut die Grenzen seiner Einfühlung erreicht hat, sondern auch dann, wenn der Patient von Erfahrungen berichtet, bei denen Kommentare und Verbalisierungen nur platt und banal wirken würden. Gemeint sind Momente großer *emotionaler Dichte*, in denen das Erleben des Patienten den Therapeuten gefühlsmäßig stark ‚berührt', u.U. ein ähnliches Erleben in ihm auslöst. Wenn es dem Therapeuten möglich ist, sollte er das, was in ihm vorgeht, aussprechen – als Zeichen aufrichtiger Solidarisierung und Anteilnahme. Im Gegensatz zu Sätzen wie „Ich verstehe, wie Sie sich fühlen" wird hier kein Verständnis plakativ demonstriert, der Patient *erfährt* es vielmehr unmittelbar dadurch, dass der Therapeut ein persönliches Erleben in Beziehung zu seinem (des Patienten) Erleben setzt.

Zwei Tage nach meiner Operation sagt der Neurochirurg zu mir: „Wenn *ich* diese Operation gehabt hätte, ich würde Tonnen von Schmerz- und Beruhigungsmitteln haben wollen!" Er hätte auch sagen können: „Es ist sicher schwer, dies alles durchzumachen!" – eine Bemerkung, die ich vermutlich nicht als besonders tröstlich erlebt hätte: Das Leid wird zwar gesehen, aber von der eigenen Person weg-gerückt. Mit seiner Selbsteinbringung dagegen signalisiert der Arzt, dass er meinen Schmerz an sich *heranlässt*. Und *das* ist tröstlich – als aufrichtiges Zeichen menschlicher Zuwendung (vgl. 8.5.2.).

Im Psychodrama ist die Anteilnahme am Erleben des Patienten - das so genannte *Sharing* - unverzichtbarer Bestandteil der Gesprächsphase im Anschluss an die psychodramatische Bearbeitung eines Problems. Sharing kann aus einer verbalen Mitteilung über ein ähnliches Erlebnis aus der eigenen Lebensgeschichte bestehen, aber auch aus betroffenem

Schweigen oder einer leichten Berührung. Der therapeutische Zweck des Sharings besteht darin, eine emotionale Nähe zum Patienten herzustellen, die ihm durch die Gewissheit Halt gibt, mit seinem Leid nicht allein zu sein: „Hat der Protagonist sein Leiden bisher als etwas Einmaliges aufgefasst, so bekommt es für ihn durch das Sharing allgemein menschliche Züge" (Leutz 1974, S. 102).

Irvin D. Yalom (1974, S. 26) zufolge ist die „Universalität des Leidens" einer der wichtigsten Heilfaktoren, die in einer jeden Therapiegruppe wirksam sind. Auch in Schmerzbewältigungsgruppen kommt es immer wieder vor, dass Mitpatienten spontan von ähnlichen Erfahrungen berichten, nachdem ein Patient sein Problem geschildert hat. Ein solches Sharing sollte jedoch nicht dem Zufall und/oder der Einfühlung bestimmter Gruppenmitglieder überlassen bleiben. Der Therapeut sollte vielmehr gezielt nach ähnlichen Erlebnissen der Teilnehmer fragen – etwa mit den Worten: „Vielleicht könnte es Frau M. gut tun, zu hören, dass andere in der Gruppe etwas Ähnliches erlebt haben."

Die Universalität des Leidens ist nicht nur in Therapiegruppen, sondern auch in Einzelgesprächen von Bedeutung. Einige Therapeuten lehnen es allerdings ab, Patienten Einblick in ihr persönliches Erleben zu gewähren. Sie fürchten eine Verletzung der Abstinenzregel. Sharing jedoch ist etwas anderes als kumpelhafter Austausch von Lebensgeschichten und nivellierende Gleichmacherei. Worum es vor allem geht, ist die Bereitschaft, sich mit dem Leid auseinanderzusetzen – mit dem eigenen ebenso wie mit fremdem Leid (vgl. 11.1.3.). Die beste Eignung dafür, über menschliches Leid zu reden, ist die, selbst einmal gelitten zu haben. Es gibt Momente im Laufe einer Therapie, da hat der Therapeut nichts anderes zu bieten als sich selbst – seine schweigende Nähe oder eine persönliche Erfahrung, die von der gefühlsmäßigen Qualität in etwa dem nahe kommt, was der Patient gerade erlebt.

- **Echtheit im Falle unzureichender Schmerzlinderung**

Menschen mit chronischen Schmerzen (nicht nur sie!) stellen möglicherweise Fragen, die ein Therapeut nur zum Teil oder gar nicht beantworten kann – beispielsweise die Frage, warum ihre Schmerzen nur unzureichend gelindert werden können, obgleich doch in den Medien behauptet wird, heutzutage müsse niemand mehr Schmerzen erleiden. Der Therapeut sollte Fragen dieser Art nicht ausweichen, sie vielmehr zulassen und offen eingestehen, wenn auch er keine Antwort weiß. Patienten sind zwar auf der Suche nach jemandem, der ihnen sagt, wie es mit ihnen steht und wie es mit ihnen weitergehen wird, doch die meisten von ihnen denken Ähnliches wie das, was Theodor Fontane (1983 b, S. 398) eine seiner Romanfiguren sagen lässt: „Aber zuletzt begibt man sich und hat *die* Doktors am liebsten, die einem ehrlich sagen: ‚Hören Sie, wir wissen es auch nicht, wir müssen es abwarten.'" Vor diesem „Ich weiß es auch nicht" scheinen sich viele Ärzte und Psychologen zu fürchten. Manche flüchten sich in Ausreden („Wir sollten erst noch dieses oder jenes versuchen."), andere in Spekulationen („Möglicherweise ...") oder

Anklagen („Es gibt womöglich etwas Tiefes in Ihnen, das den Therapieerfolg blockiert."). Äußerungen dieser Art helfen weder dem Patienten noch dem Arzt. Im Gegenteil:

„Ich glaube, dass die Angst des Patienten ihre Entsprechung in der Angst des Arztes hat. Der Arzt hat Angst vor dem Patienten, weil er glaubt, der Patient erwarte zu viel von ihm. Er hat Angst, dem Patienten zu sagen, dass er ihm möglicherweise nicht helfen kann. Wenn der Arzt zugeben kann, dass er nicht alles weiß, dass er niemals alles wissen kann, dass es keinen Arzt auf der Welt gibt, der einfach alles weiß, und dass alle Ärzte ständig miteinander im Gespräch sind und sich um die richtige Diagnose und die richtigen Heilungsmethoden streiten. Wenn er das dem Patienten sagt, so ganz offen und auf die Gefahr hin, dass der Patient sagt: In diesem Fall suche ich mir einen besseren Arzt! –, dann hat der Arzt sich selber geholfen und dem Patienten. Denn nun begibt sich der Arzt nicht in Gefahr, in einem Menschen nur dank seiner Autorität Hoffnungen geweckt zu haben, die er dann doch nicht erfüllen kann" (Diggelmann 1981, S. 87 f.).

Mit dankbarer Hochachtung denke ich an eine Ärztin, an die ich wegen ambulanter Nervenwurzelblockaden überwiesen worden bin: „Ja, Nervenwurzelblockaden wären angezeigt. Nur traue ich sie mir bei Ihnen nicht zu. Die Verwachsungen der Rückenmarkshaut sind zu stark. Ich würde Sie gerne an einen Kollegen überweisen, von dem ich weiß, dass er bereits viele solcher Blockaden durchgeführt hat – auch unter schwierigen Bedingungen. Ich möchte Sie nicht loswerden, aber ich habe Angst, Ihnen mehr zu schaden als Ihnen Gutes zu tun." Die Ärztin hätte versuchen können, mir die Nervenwurzelblockaden aus- und etwas anderes einzureden. Doch sie bleibt ehrlich – und empfiehlt mir einen Kollegen, von dem sie hofft, er werde mir helfen können (ich bin noch heute bei ihm in Behandlung). Mit ihrer Aufrichtigkeit vermittelt sie mir, dass es ihr wirklich um *mich* geht! Wie viel sekundärer Schaden könnte vermieden werden, wenn mehr Ärzte wie sie persönliche Grenzen reflektieren und anerkennen würden...

Aufrichtigkeit angesichts schwerer Krankheit und das Aufrechterhalten von Hoffnung schließen einander nicht aus! Der Patient hofft auf Schmerzlinderung, ebenso jedoch darauf, ein Mensch von Wert zu sein und zu bleiben – und als solcher behandelt zu werden. Das Gegenteil von Hoffnung ist Verzweiflung. Verzweiflung entsteht vor allem durch innere Einsamkeit verbunden mit dem Gefühl, nichts mehr wert zu sein. Das Erleben eigener Wertlosigkeit wird mitunter durch das Verhalten von Therapeuten verstärkt, die den *Patienten* für unzureichende Schmerzlinderung verantwortlich machen – statt zu den Grenzen des medizinisch Machbaren und/oder ihren eigenen Grenzen zu stehen. Ein psychologischer Schmerztherapeut erklärt mir zum Thema ‚Eingestehen persönlicher Grenzen': „Davon halte ich nichts. Patienten brauchen einen *starken* Therapeuten. Wenn ich meine Grenzen offen zugeben würde, könnte sich der Patient nicht mehr von mir gestützt fühlen." Ängste dieser Art beruhen wohl eher auf der *Projektion* persönlicher Unsicherheit, nicht aber auf einer realistischen Wahrnehmung der tatsächlichen Bedürfnisse von Patienten. Eine Beziehung, in welcher der *Patient* zum Sündenbock für unzureichende Schmerzlinderung gemacht wird, damit der Therapeut den Schein von ‚Stärke' und Kompetenz wahren kann, ist keine therapeutische Beziehung. Vor allem ist sie keine Beziehung, die dem Patienten irgendeine Art von Sicherheit vermitteln könnte. Ein Therapeut dagegen, der die Grenzen medizinisch-psychologischer Möglichkeiten ebenso ehrlich anzuerkennen vermag wie seine persönlichen Grenzen, *solidarisiert* sich mit dem Patienten, beispielsweise indem er sagt: „Ich wünschte, es wäre anders. Doch ich weiß auch nicht, wie es mit Ihren Schmerzen weitergehen wird. Was ich jedoch weiß ist, dass ich auch weiterhin mit Ihnen nach einem Weg suchen möchte, wie Sie damit leben können." Worte dieser Art erleichtern es dem Patienten, sich mit seiner augenblicklichen *Realität* auseinanderzusetzen – statt mit Trugbildern illusorischer Hoffnung oder der belastenden Vorstellung, persönlich versagt zu haben.

- **Aufklärung**

Ein Gespräch mit dem Patienten über Ursachen, Therapie und möglichen Verlauf seiner Schmerzen wird im Allgemeinen als „Aufklärung" bezeichnet. Aufklärung des Patienten über seine Erkrankung setzt nicht nur medizinische Kenntnisse voraus, sondern darüber hinaus die Verwirklichung einer jeden der hier beschriebenen Therapeutenmerkmale. Wenn das Thema *Aufklärung* im Zusammenhang mit der *Echtheit* des Therapeuten diskutiert wird, so deshalb, weil Aufklärung insbesondere mit diesem therapeutischen Grundprinzip assoziiert wird. In Abhängigkeit vom Zeitpunkt der Erkrankung werden folgende **Formen der Aufklärung** voneinander unterschieden:

– **Diagnose- oder Befundaufklärung**: der Patient erfährt die Ursachen seiner Beschwerden.
– **Verlaufsaufklärung**: dem Patienten werden Art, Umfang und mögliche Erfolgschancen der Therapie erklärt.
– **Eingriffs- oder Risikoaufklärung**: der Patient wird über mögliche Risiken und unerwünschte Wirkungen einer diagnostischen oder therapeutischen Maßnahme informiert, unter anderem auch darüber, wie sich die Schmerzdämpfung möglicherweise auf sein Erleben auswirken wird.
– **Aufklärung über alternative Behandlungsformen**: dem Patienten werden mögliche Alternativen der Behandlung sowie deren Chancen und Risiken aufgezeigt.
– **Sicherungsaufklärung**: der Patient wird auf bestimmte Verhaltensweisen hingewiesen, die den Behandlungserfolg unterstützen können (Kontrolluntersuchungen, Schlaf- und Ernährungsgewohnheiten, Krankengymnastik, etc.).
– **Prognose**: mit dem Patienten wird besprochen, wie seine Krankheit möglicherweise verlaufen wird.

Im Falle chronischer Schmerzen erscheinen mir drei dieser Aufklärungsformen von besonderer Bedeutung:

Verlaufsaufklärung

Der Patient wird über das *Wann, Wo* und *Wie* diagnostischer, therapeutischer und pflegerischer Maßnahmen informiert, so dass er sich von dem, was auf ihn zukommt, eine orientierende Vorstellung machen und sich darauf einstellen kann. Baltensperger und Grawe beispielsweise haben positive Auswirkungen auf den Heilungsverlauf nach einer Herzoperation nachweisen können, „wenn man den Patienten vor der Operation gründlich über alle Aspekte der Operation und der Zeit danach aufklärt und ihm nach der Operation Gelegenheit gibt, aktiv an seiner Genesung mitzuwirken" (Grawe 2004, S. 234). Patienten können die medizinischen Aspekte ihrer Situation nicht beeinflussen. Klarheit über das zu Erwartende befriedigt jedoch ihr Bedürfnis nach Sicherheit und Orientierung, was sich wiederum positiv auf ihr Gesamtbefinden auswirkt. Erinnert sei in diesem Zusammenhang an die Untersuchungen zur Kontrolle akuter Schmerzen durch Fakire (vgl. 2.2.2.): Genaue Angaben über Dauer, Art und zu erwartende Schmerzhaftigkeit eines diagnostischen oder zahnärztlichen Eingriffs erleichterten die Schmerzkontrolle, reduzierten Angst, Unruhe und Nervosität. Dagegen berichtete der von Larbig (1999, S. 58) untersuchte Fakir „über starke Schmerzen, wenn er vor medizinischen Eingriffen kaum Informationen erhielt". Diese Befunde zur *Bedeutung ausführlicher Information* entsprechen dem, was Seligman (1983) in seinem **Konzept der Unvorhersagbarkeit** verdeutlicht: Ungewissheit über das Eintreten bedrohlicher Ereignisse löst Angst aus. Untersuchungen über die Auswirkungen von *unvorhersagbaren* und *vorhersagbaren* negativen Ereignissen lassen sich dahingehend zusammenfassen, dass sowohl Menschen als auch Tiere „vorhersagbare aversive Ereignisse gegenüber unvorhersagbaren" bevorzugen (ebd. S. 118). Bei gleicher Unkontrollierbarkeit wird die *Unvorhersagbarkeit* des traumatischen Ereignisses noch als *zusätzlich* belastend erlebt. Unangenehme Untersuchungen und Behandlungen werden geduldiger und leichter ertragen, wenn sie rechtzeitig angekündigt werden und der Betroffene das Gefühl hat, zumindest einen Teil der *Bedingungen* beeinflussen zu können, unter denen das belastende Ereignis stattfindet. Eine solche Einflussnahme wird dem Patienten beispielsweise belassen, wenn man ihn fragt: „Möchten Sie die Spritze lieber in den rechten oder in den linken Arm?", „Ich könnte die Nerven-Blockade morgen früh machen oder am Nachmittag, so gegen 17.00 Uhr. Was ist Ihnen lieber?" Diagnostische und therapeutische Maßnahmen sollten gemeinsam mit dem Patienten diskutiert, Entscheidungen nicht für ihn, sondern *gemeinsam mit ihm* getroffen werden. Das **Mitspracherecht** des Patienten bei dem, was an ihm geschieht, ist ein zentraler Aspekt seines Menschseins!

Eingriffs- oder Risikoaufklärung
Die *Aufklärung über die Risiken einer medikamentösen Schmerztherapie* ist ebenso wichtig wie schwierig. *Wichtig* deshalb, weil bestimmte Nebenwirkungen (Dämpfung, Müdigkeit, Übelkeit, Konzentrationsschwierigkeiten, usw.) die Lebensqualität mehr oder minder deutlich beeinträchtigen können und der Patient darauf vorbereitet sein sollte. *Schwierig* deshalb, weil „das, was aufgrund der Schmerzdämpfung anders erlebt wird" (Illhardt 1998, S. 15), nicht nur von Art und Dosierung des betreffenden Medikaments abhängig ist, sondern auch von der Konstitution des Betroffenen und seiner genetisch bedingten *Medikamentenverträglichkeit*. Wie bereits erwähnt haben die Enzyme, die für den Abbau von Medikamenten verantwortlich sind, bei mehr als dreißig Prozent der Menschen eine um das Vierfache, bei zehn Prozent eine bis um das Hundertfache verminderte Entgiftungsleistung (vgl. 3.3.5.). Diese Personen leiden bei einer am Durchschnitt orientierten Medikamentendosis unter erheblichen Nebenwirkungen. Um die Risiken einer medikamentösen Therapie einschätzen zu können, müsste der Therapeut also zunächst einmal wissen, zu welchem *Entgiftungstyp* der Betroffene gehört. Diese Frage ließe sich durch eine einfache Blutuntersuchung klären, was in der Praxis allerdings nur selten geschieht. Davon unbenommen bleibt das Problem, die unerwünschten Wirkungen zu *beschreiben*. Wie sich übermäßiger Alkoholgenuss ‚anfühlt', weiß jeder, der schon einmal einen ‚Kater' gehabt hat. Opiatspezifische Benommenheit jedoch ist für Personen ohne Erfahrung mit Opiaten ebenso schwer nachzuvollziehen wie ein Kater für einen Abstinenzler. Phänomene wie Übelkeit, Juckreiz oder Müdigkeit sind wohl den meisten Menschen bekannt. Weniger geläufig jedoch sind die *chemisch* bedingten Varianten, die um einige Grade ‚unangenehmer' ausfallen können als ihre ‚natürlichen' Namensvettern. Persönlich erlebe ich den Unterschied etwa so: Die Übelkeit bei einer Magenverstimmung sitzt im *Magen*; die Übelkeit nach der Einnahme von Opiaten scheint in *jeder* Zelle des Körpers zu sitzen, weshalb man sich ihr schwerer entziehen, sie emotional weniger auf Distanz halten kann. Die Müdigkeit nach einer durchwachten Nacht ist nach einem guten Schlaf in der darauf folgenden Nacht verschwunden. Nicht aber die opiatbedingte Müdigkeit, die nach acht Stunden Schlaf noch ebenso quälend sein kann wie nach nur vier Stunden. Ein Therapeut, der seine Patienten über die Auswirkungen bestimmter Medikamente aufklären will, muss diese Wirkungen entweder am eigenen Leibe erfahren oder seinen Patienten sehr genau *zugehört* haben (ihren Berichten über Müdigkeit, Übelkeit, usw.). Er muss ihnen nicht nur zugehört, er muss ihnen auch *geglaubt* haben (statt sie als überempfindsam zu erklären), um ihre Erfahrungen an andere Betroffene weitergeben zu können.

Prognose
Beruhen die Schmerzen des Patienten auf einer sich verschlechternden Grunderkrankung (etwa bei Krebsmetastasen), stellt sich die Frage nach

der *Prognose*. In einer eigenen Untersuchung zur Krankheitsverarbeitung wurden insgesamt sechsunddreißig Hirntumorpatienten befragt – u.a. auch zum Thema *Aufklärung* (Frede & Frede 1990). *Jede(r)* der PatientInnen wünschte sich, über die eigene Erkrankung immer offen informiert zu werden: „Für mich ist wichtig, dass ich mich darauf einstellen kann! Das ist das Wichtigste überhaupt. Das Schlimmste ist für mich das Grübeln und das Fragen: Ist es nun so oder nicht? Ist da etwas nachgewachsen oder nicht" (Patient nach zweimaliger Operation eines Astrozytoms)? Als Vorteil offener Information wurde übereinstimmend betont, dass Wissen - selbst um negative Dinge - *Sicherheit* bedeutet: „Man weiß, wo man dran ist" (Patientin mit einem Gliom). Offen jedoch bleibt die Frage, wie *ausführlich* und *detailgenau* ein bestimmter Patient über eine zu erwartende Verschlechterung informiert werden, *was genau* eine Aufklärung über die weitere Entwicklung im *Einzelfall* beinhalten sollte. Was der eine Patient unbedingt wissen will, ist für den anderen unwichtig oder sogar belastend. Hinzu kommt die *Eigengesetzlichkeit* des Krankheitsverlaufs, der im Einzelfall sowohl in der einen als auch in der anderen Richtung vom statistischen Durchschnitt abweichen kann. Nach langjähriger Arbeit mit Hirntumorpatienten habe ich vor allem eines gelernt: *Vorsicht* ist geboten bei Aussagen, die eine *Zukunft* betreffen, über die es bestenfalls Erfahrungswerte, aber keine Gewissheit gibt. Wenn einem Patienten mitgeteilt wird, was *möglicherweise* mit ihm geschehen *könnte*, ist er dann aufgeklärt oder aber unnötig beunruhigt worden?

Die achtundzwanzigjährige Frau P. ist an einem bösartigen Hirntumor operiert worden. Ihr Arzt sagt ihr (und mir), dass sie vermutlich nur noch ein halbes Jahr leben wird, „maximal ein Jahr". Das war 1981. Seit einigen Jahren sitzt Frau P. im Rollstuhl. Nach wie vor jedoch lebt sie in ihrer eigenen kleinen Wohnung. Zwei- bis dreimal pro Jahr erhalte ich Grußkarten von ihren Reisen – meist aus Mallorca oder von der Nordsee. Einem Brief liegt ein Foto bei: Frau P. sitzt strahlend in ihrem Rollstuhl – vor der Chinesischen Mauer.

„Der Patient hat ein Recht auf die Wahrheit. Er muss sich auf das, was ihn erwartet, rechtzeitig einstellen können", diese Ansicht vieler Ärzte klingt durchaus patientenzentriert. In der Praxis jedoch - einem ganz *konkreten* Menschen gegenüber - stellt sich die Frage des Pilatus: *„Was ist Wahrheit"* (Joh. 18, 38)? Denn jeder Krankheitsverlauf wird immer auch von Faktoren beeinflusst, von denen Ärzte - auch bei höchster Kompetenz - keine oder eine nur geringe Kenntnis haben können. Der Patient will ‚die Wahrheit' wissen; der Therapeut will ‚die Wahrheit' sagen. Was aber ‚die Wahrheit' über die Erkrankung eines bestimmten Menschen ausmacht, ist sehr viel weniger eindeutig als die theoretische Forderung danach. Echtheit bedeutet, über eben dieses Dilemma mit dem Patienten zu sprechen und es gemeinsam mit ihm auszuhalten – statt eine Sicherheit vorzutäuschen, die es ‚in Wahrheit' nicht gibt.

- **Leitlinien für Gespräche mit dem Patienten über seine Erkrankung**

Über seine Erkrankung und ihren möglichen Verlauf wird ein Patient gewöhnlich vom *Arzt*, nicht vom Psychologen, informiert. Die meisten Patienten jedoch besprechen das, was sie über ihre Erkrankung vom Arzt erfahren haben, auch mit ihrem Psychologen (sofern sie in psychologischer Behandlung sind). Die hier beschriebenen Aspekte eines Aufklärungsgesprächs gelten für *ärztliche* und *psychologische* Therapeuten gleichermaßen:

– In einem Gespräch mit einem Patienten über seine Erkrankung sollte der Therapeut zunächst herauszufinden suchen, *welche Vorstellungen sich der Patient selbst über seine Krankheit macht*, was er selbst bereits weiß oder ahnt. Wenn sich der Therapeut unsicher ist, wie der Betroffene seine Lage einschätzt, könnte er beispielsweise fragen: „Wie sehen Sie Ihre Krankheit? Was denken Sie darüber?"

– Aufklärung ist gewöhnlich kein punktuelles Ereignis, sondern ein *Prozess*, der sich über mehrere Tage, Wochen, ja sogar Monate hinziehen kann, und in den auch die nächsten Bezugspersonen des Patienten einbezogen werden sollten. Ein Patient, der nur *einmal* aufgeklärt worden ist, ist im Grunde *nicht* aufgeklärt. Aufgrund des Schocks im Moment der Diagnose ist die Fähigkeit, Informationen aufzunehmen und zu verarbeiten, stark reduziert. Immer wieder kommt es vor, dass ein Therapeut *meint*, den Patienten über seine Situation aufgeklärt zu haben, während dieser die Gesprächsinhalte bestenfalls bruchstückweise aufgenommen hat.

– Der Therapeut sollte sich deshalb nicht auf eine Notiz in der Krankenakte verlassen, dass der Patient über sein Krankheitsbild informiert worden sei. Er sollte sich vielmehr *selbst vom Informationsstand des Betroffenen überzeugen*, ihn gegebenenfalls fragen: „Was wissen Sie bereits über Ihre Erkrankung? Benötigen Sie noch zusätzliche Informationen?"

Während meiner Arbeit mit Hirntumorpatienten habe ich wiederholt die beiden folgenden Situationen erlebt:

– Der Arzt versichert mir, ein bestimmter Patient sei „vollständig aufgeklärt". Im Gespräch mit dem Betroffenen stellt sich jedoch heraus, dass dieser nur höchst vage Vorstellungen von seiner Krankheit hat.

– Ein Patient spricht mit mir über die Lebensbedrohlichkeit seiner Erkrankung und seinen bevorstehenden Tod. Der behandelnde Arzt jedoch hat mir zuvor versichert, der Patient ahne nicht, wie ernst seine Situation sei.

– Üblicherweise verläuft Aufklärung nach dem Prinzip der Einbahnstraße: Der Therapeut erklärt, der Patient hört zu. Die Frage des Therapeuten: „Haben Sie noch Fragen?" wird von vielen Patienten zunächst verneint, denn gezieltes Nachfragen setzt ein gewisses Grundverständnis voraus. Zu diesem Vorverständnis muss der Patient jedoch erst einmal gelangen – beispielsweise dadurch, dass er das Gehörte zu Hause in Ruhe überdenkt, mit Angehörigen und Freunden darüber spricht, sich mittels Literatur und Internet informiert. Das heißt: Die Frage

„Haben Sie noch Fragen?" sollte *wiederholt* (zu verschiedenen Zeitpunkten) gestellt werden.
- Ärzte, Therapeuten, Schwestern und Pfleger sollten sich *untereinander abstimmen* im Hinblick darauf, was dem Patienten gesagt wird. Widersprüchliche Informationen über sein Krankheitsbild sind für den Betroffenen in hohem Maße bedrohlich, zumal in einer Situation, die ohnehin schon durch ein Übermaß an Verunsicherung gekennzeichnet ist.
Die an Krebs erkrankte Maxie Wander (1981, S. 26) schreibt: „Aber dann sollten sie (die Ärzte) sich zusammensetzen und sich darüber einigen, was sie sagen. So erfährt der Patient, der beobachtet und nachdenkt und Fragen stellt, bohrende Fragen, erfährt er nur ein Mischmasch von Andeutungen, halben Lügen und Widersprüchen, aus denen die Hilflosigkeit und oft auch die menschliche Unreife der Ärzte spricht. Und dann ist der Kranke verunsichert und versinkt in Angst. Angst, hab ich einmal gelesen, kommt aus Nichtwissen. Gewiss, Angst kann auch aus Wissen kommen. Aber wann und was ein Kranker wissen soll, das müssten die Ärzte sorgfältig bestimmen und verantworten können."

- Art und Umfang der Informationen sollten sich stets an der Person des Patienten orientieren, an seinem Erfahrungs- und Bildungshintergrund sowie an der konkreten Situation, in der er sich zum gegebenen Zeitpunkt befindet. Medizinische und psychologische Fachausdrücke sind nach Möglichkeit zu vermeiden. Der Therapeut sollte seine eigene Sprache den *Verstehensmöglichkeiten des Patienten* anpassen, nicht zu viele Sachinhalte auf einmal übermitteln, das Gesagte mit Abbildungen aus Lehrbüchern oder kurz entworfenen Skizzen veranschaulichen und sich vergewissern, dass der Patient ihn auch tatsächlich verstanden hat.
Einigen Patienten hilft es, wenn der Therapeut für sie oder gemeinsam mit ihnen eine Karteikarte anfertigt: Auf der linken Seite werden Begriffe zur Diagnose und Therapie des Patienten notiert, rechts daneben verständliche Übersetzungen oder Umschreibungen. Da Betroffene mit den Fachtermini, die ihre Erkrankung betreffen, wiederholt konfrontiert werden, stärkt es ihr Gefühl der Sicherheit, wenn sie wissen, wovon die Rede ist, wenn sie mitreden können, ohne immer erst nachfragen zu müssen: „Was bitte bedeutet dieses Wort?"

- Wahrhaftigkeit bedeutet nicht, in jedem Falle und sofort all das zu sagen, was man selbst weiß! Wahrhaftigkeit bedeutet zum einen, *nichts Falsches* zu sagen – nichts, was sich vielleicht einmal als Lüge herausstellen könnte. Zum anderen sollte sich der Therapeut auf das beschränken, was dem Kranken in der konkreten Situation *aufzunehmen* und *auszuhalten* überhaupt möglich ist. Um das herauszufinden, bedarf es der *Einfühlung* in den Betroffenen, besser noch des *Mitgefühls* – man könnte auch sagen: der *Liebe*. Von der Schwierigkeit, den Begriff „Liebe" im therapeutischen Kontext zu verwenden, war bereits die Rede, weshalb die Bezeichnung „emotionale Zuwendung" im Allgemeinen vorzuziehen ist (vgl. 5.6.6.). Im Zusammenhang mit der

Aufklärung eines Menschen jedoch erscheint mir der Begriff *Liebe* passend, weil Liebe mehr als jedes andere Beziehungsgefühl das *Wohl des anderen* will. Die Diagnose einer schweren Erkrankung, von der man vermutlich nie wieder genesen wird, kann wie ein Schlag sein, mit dem man aus dem Land der Gesunden gestoßen wird – in ein Land, das zu bereisen man nicht vorgehabt hat. Wohl dem, der dann einen Menschen zur Seite hat, der ihm das, was gesagt werden muss, *in Liebe* sagt. Denn Liebe ‚trägt' den Betroffenen. Nicht, dass sie ihn wieder ins Reich der Gesunden zurückbringen könnte, wohl aber vermag sie die Einsamkeit zu lindern, die aus der Erkenntnis des „Nie-mehr-wieder-gesund-Seins" resultiert. Die Liebe ‚erspürt' mitunter, was dem Betroffenen unbedingt gesagt, was dagegen in dem gegebenen Moment besser (noch) verschwiegen werden sollte – nicht um ihn zu schonen (Schonung ist keine Liebe), doch um die Grenzen seiner Kraft zu achten und ihm Gelegenheit zu geben, in die ‚Wahrheit' über seine Erkrankung hineinzuwachsen.

Auswirkungen von „Echtheit"

– Die Glaubwürdigkeit eines Menschen ist für *jede* Beziehung von zentraler Bedeutung – so auch die Glaubwürdigkeit des Therapeuten für seine *Beziehung* zum Patienten. Ein Patient wird seinen Therapeuten umso mehr akzeptieren, je mehr er sich selbst in echter Weise akzeptiert fühlt. Er wird ihm umso mehr vertrauen, je sicherer er sich sein kann, dass dieser in seinen verbalen und nonverbalen Äußerungen aufrichtig ist. Grundhaltungen wie Einfühlung, Wertperspektive, Wertschätzung und Mitgefühl können sich nur dann als wirksam erweisen, wenn sie vom Patienten als *echt* erlebt werden.

– Ein hohes Maß an Echtheit *vermindert Angst und Unsicherheit* des Patienten: Er weiß, *woran er ist*, braucht nicht darüber nachzugrübeln, was sich wohl hinter den Worten seines Therapeuten verbergen könnte.

– Die Glaub- und Vertrauenswürdigkeit des Therapeuten erhöht die Wahrscheinlichkeit dafür, dass der Patient Rückmeldungen über sein Verhalten leichter annehmen, sie als *Informationen über sich* wahrnehmen und nutzen kann – z.B. als Information darüber, wie ein bestimmtes Verhalten auf andere wirkt, welche Gefühle es möglicherweise bei seinem Gegenüber auslöst. Ein solches Wissen kann es ihm auch außerhalb der Therapiesituation erleichtern, Reaktionen seiner Interaktionspartner besser zu verstehen und einzuordnen.

– *Resonanzphänomene* beschränken sich nicht nur auf motorische Handlungen, sie umfassen auch kognitive und emotionale Komponenten. Dadurch, dass der Patient beobachtet, wie der Therapeut auch persönliche Gedanken und Gefühle exploriert, wird seine eigene *Selbstauseinandersetzung* gefördert. Ist der Therapeut dazu bereit, seine persönlichen Grenzen offen einzugestehen, ohne deshalb inkompetent oder unsicher zu wirken, so hilft diese Beobachtung dem Patienten, sich mit seinen eigenen Grenzen auseinanderzusetzen, ohne sich dabei als

Person in Frage zu stellen. Der *Zusammenhang zwischen der Echtheit des Therapeuten und selbstexplorativem Verhalten* des Patienten ist wiederholt untersucht und bestätigt worden. Eine vertiefte Selbstexploration wiederum korreliert „nachweislich eng mit konstruktiven Änderungen auf Seiten des Klienten" (Alterhoff 1983, S. 121).

— In seiner offenen Auseinandersetzung mit Krankheit, Schmerzen und Leid als zum Dasein des Menschen dazugehörig wird der Therapeut zum Modell für eine Einstellung, bei der grundsätzliche Grenzen menschlichen Handelns anerkannt und nicht auf persönliche Defizite zurückgeführt werden. Eine solche Einstellung erleichtert es dem Patienten, krankheitsbedingte Unkontrollierbarkeitserfahrungen nicht (mehr) als eigenes Versagen zu beurteilen, sondern als external bedingt zu erkennen – etwa als Ausdruck einer Macht, der sein Therapeut ebenso unterworfen ist wie er selbst (vgl. 4.2.). Das *Akzeptieren der Grenzen menschlicher Möglichkeiten* ist nur vordergründig ‚ent-täuschend', letztlich jedoch tröstlich, da es von der Illusion menschlicher Allmacht befreit.

Zusammenfassung

Echtheit bedeutet, dass die verschiedenen Signale des Therapeuten, sein Verhalten innerhalb und außerhalb der Therapie, seine verbalen und nonverbalen Äußerungen übereinstimmen und vom Patienten als miteinander vereinbar erlebt werden. Diskrepanzen zwischen Inhalts- und Beziehungsaspekt, zwischen explizit vermitteltem und vorgelebtem Verhalten verstärken Angst und Unsicherheit des Patienten, Authentizität des Therapeuten dagegen mindert sie. Echtheit setzt wie kein anderes Therapeutenmerkmal voraus, dass sich der Therapeut seiner eigenen Einstellungen gegenüber Krankheit, Schmerzen und Leid bewusst und er bereit dazu ist, sich mit diesen Themen auseinanderzusetzen. Mit seiner Bereitschaft zur Selbstauseinandersetzung wird der Therapeut zum Modell für selbstexploratives Verhalten. Zudem verringert sich die Gefahr, eigene Ängste auf den Patienten zu projizieren, sich (innerlich oder äußerlich) zurückzuziehen oder in Überaktivität auszuweichen. Angesichts chronischer Leiden wird die Glaub- und Vertrauenswürdigkeit des Therapeuten zum Prüfstein der therapeutischen Beziehung, denn sie garantiert dem Patienten, dass Einfühlung, Wertschätzung und Mitgefühl seines Therapeuten Ausdruck eines aufrichtigen Bemühens um ihn sind.

8.4.2. Verlässlichkeit

Was ist bloß mit den Ärzten los? Warum begreifen sie nicht die Bedeutung ihrer schieren Gegenwart? ... Warum können sie nicht erkennen, dass gerade der Augenblick, in dem sie sonst nichts mehr zu bieten haben, der Augenblick ist, in dem man sie am nötigsten hat?
(eine Patientin, in: Irvin D. Yalom 2000, S. 31)

Im Hinblick auf das Bedürfnis des Patienten nach Sicherheit ist neben der Echtheit des Therapeuten auch seine **Verlässlichkeit** von Bedeutung – eine Eigenschaft, die in Therapiekonzepten, wenn überhaupt, nur am Rande erwähnt, nicht aber als eigenständige Variable diskutiert wird. Dass sie jedoch gesonderte Beachtung ‚verdient', mögen die folgenden Überlegungen zeigen.

- **Pünktlichkeit**

Verlässlichkeit beginnt mit dem banal klingenden Aspekt der **Pünktlichkeit**. Gesunde gehen oft recht leichtfertig mit der Zeit kranker Menschen um: „Er hat doch nichts zu tun!" Dass der Alltag im Krankenhaus vor allem aus *Warten* besteht, wurde bereits erwähnt (3.3.2.). Warten jedoch bedeutet *Unsicherheit*: warten auf die Schwester, die das Medikament bringt, warten auf den Arzt, der die Ergebnisse der letzten Untersuchung mitteilen oder eine Nervenwurzelblockade durchführen wird, warten auf einen wichtigen Laborbericht, warten auf die Mitteilung der Krankenkasse, ob die Kosten für eine bestimmte Behandlung übernommen werden, warten auf eine ungewisse Zukunft. Der Patient muss Geduld haben: „Vielleicht kommt der Arzt heute Morgen; wenn nicht, vielleicht heute Nachmittag. Entscheidungen über die Behandlung werden aufgeschoben, bis der Arzt kommt; Schwestern und Pfleger wissen nicht, was geschehen soll. Hoffnungen und Ängste wachsen; die Unsicherheit wächst" (Frank 1993, S. 72).

Im stationären Bereich kann mit „Pünktlichkeit" nicht gemeint sein, dass Termine minutengenau eingehalten werden. Das ist allein schon deshalb unmöglich, weil die Abläufe im Krankenhausalltag immer wieder von Ereignissen unterbrochen und ‚durcheinander' gebracht werden, die sich jeglicher Vorhersage entziehen. Einiges an Warterei - so meine Erfahrung nach langjähriger Krankheit - ist jedoch *unnötig*, könnte vermieden werden durch andere Organisation und vermehrte Rücksicht auf die Situation der Patienten. Wie Therapeuten mit ihrer eigenen und der Zeit ihrer Patienten umgehen, ist nicht ausschließlich durch den institutionellen Rahmen vorgegeben, ist vielmehr auch von ihrem *Menschenbild* abhängig. Therapeuten, die den Patienten als entpersönlichten Träger bestimmter Symptome, als anonymen *Gegenstand* ihrer beruflichen Tätigkeit betrachten, werden es als wenig dringlich ansehen, bei ihren Patienten pünktlich zu sein oder sich bei deutlicher Verspätung zu entschuldigen. Ein Gegenstand wartet da, wo man ihn hingestellt, d.h. „hinbestellt" hat. Therapeuten dagegen, die im Patienten den *Menschen* sehen, werden sich darum bemühen, einmal getroffene

Vereinbarungen nach Möglichkeit einzuhalten, und den Patienten rechtzeitig darüber *informieren* (oder informieren lassen), wenn Verzögerungen abzusehen sind. Zumindest werden sie sich für unerwartetes Zuspätkommen *entschuldigen*. Nicht, um sich zu rechtfertigen, sondern um dem Patienten zu vermitteln, dass nicht einfach über ihn verfügt, er vielmehr auch als kranker Mensch nach den unter Gesunden anerkannten Umgangsformen der Rücksicht und Höflichkeit behandelt wird.

- **Vorhersagbarkeit**

Termine für Therapiegespräche sollten *vorhersehbar* sein, also mit dem Betroffenen *abgesprochen* oder ihm rechtzeitig bekannt gegeben werden. Patienten möchten sich auf das Gespräch mit einem Therapeuten ‚einstellen', sich innerlich und/oder auch äußerlich darauf vorbereiten, den Termin mit ihrem sonstigen Tagesablauf ‚abstimmen' – mit anderen diagnostischen oder therapeutischen Maßnahmen, mit Besuchen oder Ruhezeiten, usw.. Viele Patienten sind vor einem Therapiegespräch mehr oder minder angespannt. Wie bereits erwähnt: Ungewissheit über das mögliche Eintreten stressrelevanter Ereignisse beunruhigt und verunsichert. Unruhe, Besorgtheit und Angst können dagegen reduziert werden, wenn diese Ereignisse *vorhersehbar* sind. Daraus folgt: Patienten sollten über das Wann, Wo und Wie einer psychologischen Therapie ebenso wenig im Unklaren gelassen werden wie über das Wann, Wo und Wie medizinischer Interventionen (vgl. 8.4.1.).

Während meiner Aufenthalte auf Schmerztherapiestationen habe ich wiederholt erlebt, dass der Stationspsychologe plötzlich und unerwartet im Zimmer eines Patienten steht – und diesen zu einem Gespräch auffordert. Das muss nicht, *kann* aber belastend sein, beispielsweise dann, wenn der Patient bereits anstrengende Untersuchungen oder Behandlungen hinter sich hat. Natürlich muss sich der Patient am Zeitplan des Therapeuten orientieren, doch sollte es im Allgemeinen möglich sein, den Betroffenen zumindest kurzfristig in Kenntnis zu setzen.

Gelegentlich hat ein Therapeut plötzlich eine Stunde Zeit, weil - auch für ihn selbst unerwartet - ein anderer Termin ausgefallen ist. In einem solchen Fall könnte er den Patienten fragen: „Herr M., es kommt überraschend – auch für mich. Doch ich hätte gerade Zeit für ein Gespräch. Wie ist es mit Ihnen? Wäre es in Ordnung, wenn wir jetzt miteinander reden würden?" Solchermaßen *begründet* kann sich ein unerwartet angebotenes Gespräch sogar positiv auf den Patienten auswirken – weil er das Angebot als Zeichen dafür erlebt, dass der Therapeut an ihn *gedacht* hat. Verlässlich zu sein bedeutet nicht, einen bestimmten Zeitplan penibel einzuhalten. Entscheidend ist vielmehr, dass sich der Patient auf das Bemühen des Therapeuten verlassen kann, in seinem - des *Patienten* - Sinne zu handeln. Demzufolge beinhaltet Verlässlichkeit auch, dem Patienten die Möglichkeit zu lassen, einen spontan angebotenen Termin *abzulehnen*!

Fast alle Schmerzpatienten müssen mit ihrer Energie *haushalten* – mit ihren seelisch-geistigen Kräften ebenso wie mit ihrer physischen Energie. Wer glaubt, dass ein Mensch, der seiner Schmerzen wegen im Krankenhaus liegt, für ein Therapiegespräch allzeit bereit sei, der irrt. Ständige Schmerzen kosten Kraft – ebenso wie einige Untersuchungen und Behandlungen. Hinzu kommt fast immer ein mehr oder minder großes Schlafdefizit, da an einen ruhigen Schlaf im Krankenhaus nicht zu denken ist – insbesondere nicht in einem Zwei- oder Dreibettzimmer. Wird ein Termin *rechtzeitig* angekündigt (eine bis zwei Stunden vorher), kann sich der Patient noch ‚organisieren', kleine Freiräume einplanen, in denen er ausruhen kann. Solche Freiräume sind kostbar, lassen den Betroffenen hoffen, den Anforderungen des Tages gewachsen zu sein.

Die Situation im Falle chronischer Schmerzen ist durch ein hohes Maß an Unvorhersagbarkeit gekennzeichnet. Regelmäßige und vorher vereinbarte Termine bedeuten ein Minimum an Kontinuität, können wie ein ‚Anker' sein, der dem Tagesablauf eine gewisse Struktur gibt. Dazu folgende Szene aus „Der kleine Prinz" von Antoine de Saint-Exupéry (1963, S. 67 f.):

„Am nächsten Morgen kam der kleine Prinz (zu dem Fuchs) zurück. ‚Es wäre besser gewesen, du wärst zur selben Stunde wiedergekommen', sagte der Fuchs. ‚Wenn du zum Beispiel um vier Uhr nachmittags kommst, kann ich um drei Uhr anfangen, glücklich zu sein. Je mehr die Zeit vergeht, umso glücklicher werde ich mich fühlen. Um vier Uhr werde ich mich schon aufregen und beunruhigen; ich werde erfahren, wie teuer das Glück ist. Wenn du aber irgendwann kommst, kann ich nie wissen, wann mein Herz da sein soll ... Es muss feste Bräuche geben.' ‚Was heißt „fester Brauch"?' sagte der kleine Prinz. ‚Auch etwas in Vergessenheit Geratenes', sagte der Fuchs. ‚Es ist das, was einen Tag vom andern unterscheidet, eine Stunde von den andern Stunden'..."

- **Gelassenheit**

Angesichts umfassender Verunsicherung sind „feste Bräuche" von besonderer Bedeutung – ein Aspekt, der eher zu wenig beachtet wird. Stattdessen werden Betroffene mit ‚gesunden' oder gesundmachenden Aktivitäten konfrontiert und zu einer *Umstellung* ihrer bisherigen Denk- und Lebensgewohnheiten aufgefordert – oft mit Hilfe von Büchern und Hörkassetten zu Themen wie Schmerz und Bewegung, Schmerz und Entspannung, Schmerz und Positives Denken, Schmerz und Visualisierung. Therapeuten jedoch sollten in einer Atmosphäre drohender Überaktivität die *Ruhe bewahren* und *das Maß nicht verlieren* im Hinblick auf Veränderungen, die dem Patienten zu empfehlen und zuzumuten sind. Kein Zweifel: Bewegung und Entspannung tun gut, Visualisierungen helfen, sich vom Schmerz abzulenken, usw.. Doch Vorsicht mit dem *Tempo* und dem *Ausmaß* dieser Maßnahmen. Allein schon durch die Tatsache anhaltender Schmerzen verändert sich zwangsläufig viel im Leben des Betroffenen, woran er sich erst anpassen muss. Wenn er dann zusätzlich auch noch ein bestimmtes Pensum an Körper-, Meditations-, Atem-, Entspannungs- und Visualisierungsübungen zu absolvieren hat, kann sich leicht ein ‚Gefühl' einstellen, das eine Schmerzpatientin mit folgenden Worten umschreibt: „Ich erkenne mein Leben nicht mehr. Ich finde mich nicht mehr zurecht."

Eine Mit-Patientin auf einer Schmerztherapiestation zeigt mir am Tag vor ihrer Entlassung einen Zettel, den ihr der Stationspsychologe mitgegeben hat. Es handelt sich um einen Wochenplan (Montag bis Sonntag mit Stundeneinteilungen von 8.00 bis 23.00 Uhr). In fast jeder Zelle ist eine bestimmte Tätigkeit vermerkt: Stündlich ist ein Schmerztagebuch zu führen, zweimal täglich sind 20-30minütige Entspannungsübungen vorgesehen, einmal täglich je eine 30minütige Atem- und Visualisierungsübung, zweimal 15minütige Übungen zur Stärkung der Rückenmuskulatur. Hinzu kommen zweimal pro Woche je eine Stunde Physiotherapie und eine halbe Stunde Wassergymnastik. Bei diesem Programm ist die Patientin mehrere Stunden pro Tag mit ihrem Schmerz beschäftigt – das heißt: mit seiner Bewältigung.

Ich bin nicht gegen gesundheitsfördernde Verhaltensweisen – möchte jedoch *für* das *rechte Maß* und den *rechten Zeitpunkt* plädieren. Auch für alltäglich-gewohnte Handlungen (sofern körperlich noch möglich) sollte Zeit bleiben. Denn vertraute Tätigkeiten geben Sicherheit. Es ist nicht alles falsch gewesen, was der Patient bisher gemacht hat! Die seelische Toleranz für Veränderungen ist von Patient zu Patient verschieden. Einige Menschen erleben Veränderungen als positive Herausforderung. Andere dagegen fühlen sich am wohlsten, wenn alles seinen ‚gewohnten Gang' geht. In jedem Falle können langvertraute Aktivitäten dazu beitragen, das Gefühl für die Kontinuität des eigenen Lebens zu bewahren. Im Laufe einer Therapie sollte es deshalb nicht nur darum gehen, was der Patient ändern, sondern ebenso darum, welche Gewohnheiten er *beibehalten* sollte.

Aus dem Wunsch heraus, alles in ihrer Macht Stehende zu tun, um wieder gesund zu werden, drängen manche Patienten *von sich aus* nach Neuorientierung und Neugestaltung. Auch hier kann die Gelassenheit des Therapeuten wie ein ‚stabilisierender' Gegenpol wirken, beispielsweise indem er sagt: „Lassen Sie uns gemeinsam überlegen: Was können und sollten Sie beibehalten, weil es Ihnen gut tut? Was sollten Sie besser aufgeben, weil es Ihnen schadet? Was sollten Sie etwas weniger, was dagegen vermehrt tun?" Mit Äußerungen dieser Art wird der Therapeut zum Anwalt für Ruhe und Besonnenheit im Leben des Betroffenen – der Schmerz sorgt bereits für Unruhe genug. Angesichts von Problemen, die besonders dringlich erscheinen, ist *verlässlich-gelassenes* Verhalten allein schon deshalb wichtig, um Fehler zu vermeiden, die oft aus blindem Aktionismus entstehen – insbesondere dann, wenn für die Therapie nur eine begrenzte Zeit zur Verfügung steht (wie bei stationärem Aufenthalt des Patienten). William von Baskerville rät seinem Gehilfen Adson von Melk: „wenn man nicht mehr viel Zeit hat, darf man auf keinen Fall die Ruhe verlieren. Wir müssen so handeln, als hätten wir noch eine Ewigkeit vor uns" (Eco 1982, S. 576). Ein guter Rat – auch für Therapeuten.

- **Dableiben**
Verlässlichkeit bedeutet letztlich auch, die Therapie nicht abzubrechen, wenn Schmerzlinderung vom medizinischen Kenntnisstand her nicht mehr zu erwarten ist. Die Grenzen des medizinisch Machbaren sollten weder Anlass zum Rückzug sein („Ich kann nichts mehr für Sie tun.") noch zur Individualisierung des Problems („Sie müssen eben akzeptieren, dass es so ist."). Dem Patienten sollte vielmehr vermittelt werden, dass er bei der Auseinandersetzung mit der ‚Unheilbarkeit' seiner Erkrankung nicht allein gelassen wird. Das heißt: Kriterium für die Beendigung einer Therapie ist *nicht* die körperliche Befindlichkeit des Patienten, sondern seine Motivation, sich mit sich und seiner Situation auseinanderzusetzen – auch dann, wenn die Grenze des körperlich Veränder- und Korrigierbaren erreicht ist (vgl. 6.).

Auswirkungen von „Verlässlichkeit"
– Verlässlichkeit befriedigt das Bedürfnis des Patienten nach Sicherheit. Zugleich vermittelt sie ihm die Erfahrung, vom Therapeuten geachtet und respektiert zu werden. Umgekehrt gilt: Ein Therapeut, der sich wenig verlässlich zeigt, der über die Zeit seiner Patienten (und somit über *sie*) verfügt und auch andere unter Gesunden übliche Umgangsformen ihnen gegenüber vernachlässigt, trägt nicht nur zur Verunsicherung des Betroffenen bei, sondern verletzt auch sein Bedürfnis nach Selbstwerterhöhung und Achtung.
– Durch seine verlässliche Anwesenheit strahlt der Therapeut ein gewisses Maß an Ruhe und Gelassenheit aus. Damit wird er für den Patienten zum *Modell*, sich auch besonders dringlich erscheinenden Problemen *gelassen* zuzuwenden. Gelassenheit kann einem Menschen nicht argumentativ, wohl aber durch das eigene verlässlich-besonnene Verhalten vermittelt werden.

Zusammenfassung
Verlässlichkeit bedeutet, dass der Therapeut seinem Patienten sowohl innerlich als auch äußerlich zur Seite steht, sich ihm gegenüber achtsam und besonnen verhält – unabhängig vom Ausmaß seiner Erkrankung, unabhängig davon, ob Schmerzlinderung zu erwarten ist oder nicht, unabhängig auch von organisatorischen Zwängen. In einer Situation, die durch vielfältige Unvorhersehbarkeiten, ein hohes Maß an Aktionismus, Unruhe und allgemeiner Verunsicherung gekennzeichnet ist, wirkt die Verlässlichkeit des Therapeuten wie eine stabilisierende, Halt gebende Kraft.

8.5. Das Bedürfnis nach emotionaler Nähe und Zuwendung

Die stärkste lindernde und heilende Kraft scheint mir die Liebe zu sein.
(Anne-Marie Tausch 1981, S. 109)

Das Bedürfnis nach emotionaler Nähe und Zuwendung gehört zu den grundlegendsten Bedürfnissen – nicht nur des Menschen, sondern auch aller Tiere, die in sozialen Gemeinschaften leben. Das Angewiesensein des Menschen auf die physische und emotionale Nähe von wichtigen Bezugspersonen - bereits in der Bindungstheorie von Bowlby (1975) verdeutlicht - ist inzwischen vielfach untersucht und bestätigt worden. Aus neurowissenschaftlicher Sicht handelt es sich um ein *biologisches Bedürfnis*, das von der Evolution in uns angelegt und von außerordentlicher Bedeutung für unser Überleben und Wohlbefinden ist. Grawe (2004) spricht vom Bedürfnis nach *Bindung*, Servan-Schreiber (2004) vom Bedürfnis nach *Liebe*. Gemeint sind übereinstimmend: *der Wunsch und das Streben nach liebevollen, harmonischen Beziehungen.* Wird dieses Bedürfnis nur unzureichend befriedigt, kommt es zu schwerwiegenden Beeinträchtigungen des Gesamtbefindens. Im Hinblick auf die *therapeutische* Situation scheint es günstiger, nicht von „Bindung" bzw. „Liebe" zu sprechen, sondern von *emotionaler Nähe* und *Zuwendung*, um Nebenassoziationen zu vermeiden, die der Patient-Therapeut-Beziehung nicht entsprechen (vgl. 5.6.6.). *Bindung* betont den Aspekt des Aufeinander-Bezogenseins, sagt aber noch nichts über die emotionale Qualität der Beziehung aus (auch an einen Menschen, den wir hassen, sind wir emotional gebunden). Mit *Liebe* werden vor allem Beziehungen assoziiert, die von außergewöhnlicher emotionaler Tiefe und unbegrenzter Dauer sind. Die Patient-Therapeut-Beziehung ist im Allgemeinen positiver Natur, wird jedoch eine bestimmte emotionale Tiefe nicht überschreiten. Auch steht von Anfang an fest, dass sie an einen bestimmten Ort gebunden und ihre Dauer begrenzt ist. Die Beziehung endet gewöhnlich nicht, weil sich die Gefühle des Therapeuten gegenüber seinem Patienten und/oder die Gefühle des Patienten gegenüber seinem Therapeuten verändert haben, sondern weil das Therapieziel erreicht ist und/oder der Patient aus einer stationären Behandlung entlassen wird. Das Bedürfnis eines Menschen nach Nähe und Zuwendung jedoch kann unabhängig von der *Dauer* einer Beziehung befriedigt oder verletzt werden. In „Krieg und Frieden" beschreibt Leo Tolstoi die Begegnung zwischen einem Arzt und Fürst Andrej, nachdem dieser im Kampf schwer verwundet worden ist:

„Der Arzt beugte sich tief über die Wunde, untersuchte sie und seufzte schwer. Dann gab er jemandem ein Zeichen. Und nun ließ ein quälender Schmerz im Inneren des Leibes Fürst Andrej das Bewusstsein verlieren ... als er wieder zu sich kam, waren die zerschmetterten Hüftknochen entfernt, die Fleischfetzen weggeschnitten und die Wunde verbunden. Man besprengte sein Gesicht mit

Wasser. Als er die Augen wieder aufschlug, beugte sich der Arzt über ihn, küsste ihn schweigend auf die Lippen und entfernte sich eilig" (in: Grönemeyer 2003, S. 13).

Mit diesem Beispiel soll nicht das Küssen von Patienten empfohlen werden. Worum es in dieser Szene geht, sind *Spontaneität und Aufrichtigkeit der Zuwendung,* die mitempfindende und tätige *Fürsorge,* die *liebevolle Geste über das medizinisch Notwendige hinaus.* Der Arzt - unmittelbar nach einer Schlacht mit einer Überzahl Schwerstverwundeter konfrontiert - hat keine Zeit. Dennoch gelingt es ihm, Fürst Andrej in dem einen kurzen Moment ihrer Begegnung ein Zeichen menschlicher Zuwendung zu geben, das weiter wirkt – auch ohne seine (des Arztes) körperliche Anwesenheit. Menschliche Zuwendung ist keine Frage der Zeit, sondern eine Frage der *inneren Haltung.* Einen Patienten dabei zu unterstützen, seine Ressourcen zu nutzen, bestimmte Bewertungsmuster zu ändern und (wieder) Vertrauen zu sich selbst zu entwickeln – all das braucht Zeit (und kostet demzufolge auch Geld). Eine Geste der Zuwendung jedoch ist eine Sache des *Augenblicks* – unabhängig von Zeit und Therapiebudgets.

Im Folgenden werden zwei Therapeutenmerkmale beschrieben, die für das Bedürfnis des Patienten nach Nähe und Zuwendung besonders wichtig sind: **Emotionale Wertschätzung** und **Mitgefühl**. Vordergründig bezeichnen beide Begriffe etwas Ähnliches. Doch Mitgefühl ist der umfassendere Begriff: Er beinhaltet all das, was mit Wertschätzung gemeint ist, reicht aber noch darüber hinaus. Warum dann nicht nur von Mitgefühl sprechen? Während Emotionale Wertschätzung *von Anfang an* und möglichst *durchgängig* verwirklicht werden sollte, umschreibt Mitgefühl bestimmte Einstellungs- und Verhaltensweisen, die eher *punktuell* gezeigt werden – bezogen auf ganz konkrete Situationen und Erfahrungen des Patienten.

8.5.1. Emotionale Wertschätzung

Nicht der Worte ist der Kummerbelastete bedürftig, sondern der Wärme.
(Albrecht Haller 1939, S. 85)

Das Therapeutenmerkmal **Emotionale Wertschätzung** ist überwiegend im Rahmen des personenzentrierten Konzepts beschrieben und untersucht worden. In der Literatur finden sich Bezeichnungen wie: „Achtung und Zuwendung oder Wärme und Zuwendung", „Anteilnahme", „Bedingungsfreies Akzeptieren", „Bedingungslose positive Bejahung", „Bedingungslose positive Zuwendung", „Emotionale Zuwendung und bedingungsfreies Akzeptieren", „Positive Wertschätzung und emotionale Wärme", „Unbedingte Wertschätzung", „Uneingeschränktes Akzeptieren und Wertschätzen" (Alterhoff 1983). Eine präzise Definition des Merkmals ist schwer – worauf bereits die Vielzahl der Benennungen hinweist. Rogers (1977, S. 186) selbst spricht von einer „Art Liebe zum

Klienten, so wie er ist; vorausgesetzt, dass wir das Wort Liebe entsprechend dem theologischen Begriff Agape verstehen und nicht in seiner romantischen oder besitzergreifenden Bedeutung. Das Gefühl, das ich beschreibe, ... achtet den anderen Menschen als eigenständiges Individuum und ergreift nicht Besitz von ihm. Es ist eine Art der Zuneigung, die Kraft hat und die nicht fordert". Bei der *Verwirklichung* Emotionaler Wertschätzung sind vor allem folgende Aspekte von Bedeutung:

- **Glaube an den Eigenwert des Menschen**
Wertschätzung ist keine Frage bestimmter Techniken, die man sich aneignen und bei Bedarf einsetzen könnte. Es handelt sich vielmehr um eine bestimmte *Gefühlsqualität*, die sich - je nach Patient und Situation - in den *unterschiedlichsten* Verhaltensweisen äußern kann. Ihr gemeinsamer Nenner ist die *grundlegende Überzeugung vom unveränderlichen Eigenwert des Menschen*. Wertschätzung kommt weniger in einzelnen großen, vielmehr in vielen kleinen Gesten zum Ausdruck, beispielsweise darin, häufig Blickkontakt mit dem Patienten aufzunehmen und ihn möglichst oft bei seinem *Namen* zu nennen.

Der Name gehört zu unserer Identität. Auf kein anderes Wort reagieren wir so unmittelbar wie auf unseren Namen. Der eigene Name ist gewöhnlich das erste Wort, das kleine Kinder schreiben können (auch das erste Wort, das sie *lernen* wollen, zu schreiben) – und offensichtlich das letzte Wort, das im Falle schwerer Demenz wieder verlernt wird: Der eigene Name kann auch dann noch erkannt und zugeordnet werden, wenn das Gedächtnis für andere Wörter schon längst erloschen ist. Den eigenen Namen in einer fremden Umgebung zu hören – z.B. im Krankenhaus –, vermittelt ein Gefühl von Kontinuität: „Es gibt mich noch."

Wertschätzung wird überwiegend *nonverbal* vermittelt – durch eine dem Patienten zugewandte Körperhaltung, Anteil nehmende und bestätigende Mimik und Gestik sowie durch eine Stimmführung und Sprechweise, die der gegenwärtigen Befindlichkeit des Patienten angepasst sind. *Verbal* äußert sich Wertschätzung vor allem in Verbalisierungen (9.2.), einfühlsamen Fragen (9.3.) und kurzen Bestätigungen. Die Wertschätzung, die ein Therapeut seinem Patienten entgegenbringt, zeigt sich nicht nur in dem, was er (sprachlich oder nichtsprachlich) *tut*, sondern ebenso in dem, was er *nicht tut*: Er verzichtet auf Moralisierungen und Pathologisierungen, bürdet dem Betroffenen keine Vorschriften im Hinblick auf bestimmte Denk- und Verhaltensweisen auf.

Wertschätzung ist nicht an eine bestimmte Person gebunden (wenn sich auch die Art und Weise, wie sie *gezeigt* wird, an dem konkreten Gegenüber orientiert)! Sie ist vielmehr eine *Haltung*, eine grundsätzliche Überzeugung vom Wert *aller* Menschen, einschließlich der *eigenen Person*. Das heißt, einem Patienten wahrhaft wertschätzend zu begegnen, wird einem Therapeuten kaum möglich sein, wenn er sich nicht auch selbst anerkennt – einschließlich der Tatsache, sich nicht immer und nicht jedem Patienten gegenüber wertschätzend verhalten zu können.

- **Bedingungsfreiheit**

Wahre Wertschätzung ist *an keine Bedingungen gebunden* – ein Aspekt, der besonders schwer zu verwirklichen ist. Während meiner Teilnahme an mehreren Schmerzbewältigungstrainings habe ich folgenden Eindruck gewonnen: Geschätzt werden vor allem diejenigen Patienten, die ein hohes Maß an Compliance zeigen und die Verhaltensanweisungen ihres Therapeuten motiviert und zuverlässig befolgen, die nicht zu viel nach- und hinterfragen, ihre Beschwerden überwiegend sachlich, gleichzeitig mit einer gewissen Emotionalität schildern, sich dabei kurz und knapp fassen und keine Anforderungen an den Therapeuten außerhalb der für sie vorgesehenen Zeit stellen. Die meisten Patienten finden schnell heraus, welche Äußerungen und Verhaltensweisen während einer Behandlung erwünscht, welche unerwünscht sind. Einige Patienten lehnen einen Teil der Erwartungen ab, die an ihre Compliance gestellt werden – und zeigen das auch. Diese Patienten erfahren im Allgemeinen nur wenig (oder keine) Wertschätzung. Andere Patienten bemühen sich, nach außen hin ‚gute' Patienten zu sein, passen sich den an sie gestellten Erwartungen an und unterwerfen ihre Äußerungen gleichsam einer Zensur. Mögliche Folge: Sie sagen nicht immer das, was sie tatsächlich empfinden, sondern eher das, von dem sie glauben, dass es ihr Therapeut gerne hören würde. Wertschätzung beinhaltet, den Patienten von dieser Zensur zu befreien, ihm zu vermitteln, dass er als *Person* akzeptiert wird – unabhängig von der Art seiner Gedanken, Gefühle und Verhaltensweisen –, und sich nicht die Haltung eines Richters über „richtig" und „falsch" anzumaßen. Damit ist *nicht* gemeint, allen Äußerungen des Patienten beizupflichten. Doch sollten seine *Gefühle* ernst genommen werden, die mit den betreffenden Gesprächsinhalten verbunden sind. Wertschätzung ist nicht ‚Belohnung für Wohlverhalten' – gemäß dem Motto: ‚Sie werden von mir anerkannt, wenn Sie zuerst einmal meine Erwartungen erfüllen.' Wertschätzung ist nicht Re-Aktion, sondern *Aktion*, d.h. eine Haltung, die vom *Therapeuten* ausgeht und dem Patienten im Falle offensichtlichen Fehlverhaltens vermittelt: ‚Ich achte Sie als Person. Auch wenn ich mit diesem konkreten Verhalten nicht einverstanden bin. Um *Ihretwillen* hoffe ich, dass Sie dieses Verhalten werden aufgeben können.' Selbstschädigendes Verhalten wird also nicht geleugnet oder bagatellisiert, sondern *benannt*. Die *Person* als solche bleibt bejaht und angenommen. Gewöhnlich sind alle Menschen - ob gesund oder krank - umso eher dazu bereit, bestimmte Ansichten oder Verhaltensweisen zu hinterfragen und gegebenenfalls zu ändern, je mehr sie sich als Person wertgeschätzt fühlen.

In einer der Fabeln von Äsop wetteifern Sonne und Wind um die Frage, wem es schneller gelingen wird, einem Wanderer den Mantel wegzunehmen. Der Wind bläst mit aller Kraft, doch je mehr er bläst, umso fester schlingt der Mann seinen Mantel um sich herum. Schließlich muss der Wind aufgeben. Die Sonne schickt wärmende Strahlen aus und bald wird es dem Mann warm. Zunächst hört er auf, seinen Mantel festzuhalten, dann öffnet er ihn. Schließlich zieht er ihn aus.

- **Vermittlung positiver Emotionen**
Da es im Laufe einer Therapie zwangsläufig auch um die Exploration negativer Emotionen geht, sollte der Patient zuvor, dabei und danach möglichst oft in einen Zustand versetzt werden, der mit *positiven* Emotionen verbunden ist. Angstreaktionen beispielsweise können nicht gelöscht, bestenfalls *gehemmt* werden – und zwar durch den Aufbau neuronaler Erregungsmuster, die die Weiterleitung der Angst-Erregung von der Amygdala zu anderen Hirnregionen unterbrechen (vgl. 5.6.5.). Angst kann nicht durch Einsicht zum Verschwinden gebracht werden, auch nicht durch Befolgen von Anweisungen folgender Art: „Spielen Sie in Gedanken eine bevorstehende Stresssituation durch, entwickeln Sie Bewältigungsstrategien und üben Sie diese" (aus einem Merkblatt von André Thali, Rehabilitationsklinik in Bellikon). Entscheidend ist die Bahnung neuer Bewertungsmuster durch wiederholte *positive Erfahrungen*. Die Wertschätzung des Therapeuten schafft eine Atmosphäre der Sicherheit und Geborgenheit – unabhängig vom jeweiligen Gesprächsgegenstand. Setzt sich der Patient in einer solchen Atmosphäre mit angstbesetzten Themen auseinander, kann die mit diesen Inhalten verbundene neuronale Angsterregung durch die *gleichzeitige Erfahrung positiver Emotionen* zumindest teilweise gehemmt werden.
Im Alltag von Schmerzpatienten ist die Wahrscheinlichkeit für positive Erfahrungen gewöhnlich reduziert – allein schon deshalb, weil das körperliche Wohlbefinden mehr oder minder beeinträchtigt und das Erreichen wesentlicher Lebensziele bedroht ist. Bei vielen Patienten kommen *ungünstige Lebensbedingungen* hinzu, die weder der Betroffene selbst noch sein Therapeut beeinflussen kann. Die Wertschätzung eines Therapeuten zeigt sich darin, dass er den negativen Einfluss objektiv ungünstiger Bedingungen nicht herunterspielt – etwa zugunsten einer Überbetonung von Einflussmöglichkeiten des Patienten! Letzteres Vorgehen kann zwar zunächst Hoffnungen wecken, führt dann jedoch zu umso größerer Enttäuschung – nicht selten verbunden mit einer Steigerung bereits vorhandener Ängste. Ein Therapeut, der die Bedeutung äußerer Lebensbedingungen unterschätzt und sie dem Betroffenen gegenüber bagatellisiert, vermittelt diesem das überaus negative Gefühl, versagt zu haben. Ein Therapeut dagegen, der das Leid des Betroffenen in seiner vollen Größe bestehen lassen kann, *bestätigt* ihn in seinem Erleben, bejaht ihn damit als einen Menschen, dem Schweres widerfahren ist. Allein die Erfahrung, in der Auseinandersetzung mit den gegebenen Belastungen respektiert und verstanden zu werden, löst *positive* Emotionen aus – Emotionen, die an den Belastungen selbst nichts zu ändern vermögen, aber als ein Gegenmittel wirken gegenüber den mit diesen Belastungen verbundenen negativen Emotionen.

- **Wertschätzung und Echtheit**

Im Allgemeinen stehen alle Menschen, auch Therapeuten, bestimmten Denk- und Verhaltensweisen ihrer Interaktionspartner *spontan* eher zustimmend oder ablehnend gegenüber, denn implizite Bewertungen erfolgen schneller als bewusste Einschätzungen einer Person oder Situation (vgl. 5.1.). Therapeuten sollten sich ihre ‚intuitiven' Zustimmungen und Ablehnungen bewusst machen – ebenso die Tatsache, dass es nicht darum geht, immer einer Meinung mit dem Patienten zu sein, sondern darum, seine Meinung als *andere* Meinung anzuerkennen und sich vorschneller Werturteile im Sinne von ‚richtig'/‚falsch' zu enthalten. Die persönliche Toleranz gegenüber abweichenden Meinungen ist von Mensch zu Mensch verschieden (auch von Therapeut zu Therapeut). Selbst der toleranteste Therapeut jedoch wird gelegentlich einem Patienten begegnen, dessen Verhalten er weder verstehen noch akzeptieren kann. Vor allem in solchen Situationen wird deutlich: *Wertschätzung und Echtheit gehören zusammen* (vgl. 8.4.1.): Wertschätzung ohne Echtheit ist keine Wertschätzung. Echtheit ohne Wertschätzung kann zerstörerisch wirken. Wertschätzend und echt zugleich sind Bemerkungen wie: „Was dieses Verhalten betrifft, so habe ich Mühe, es nachzuvollziehen. Ich habe Angst, dass Sie sich damit schaden könnten, dass Ihr Verhalten möglicherweise folgende Auswirkungen haben könnte ..." An dieser Äußerung wird deutlich, worauf es bei aufrichtiger Wertschätzung ankommt:

– *Der Patient wird bejaht,* nicht unbedingt ein konkretes Verhalten.
– *Rückmeldungen werden begründet,* d.h. der Therapeut erklärt dem Patienten, warum er das betreffende Verhalten nicht akzeptieren kann.
– Rückmeldungen sind weder belehrend noch diagnostizierend, vielmehr *Ausdruck persönlicher Betroffenheit und aufrichtigen Engagements*.
– *Bewertungen der Person werden vermieden,* der Therapeut weist den Patienten jedoch gegebenenfalls darauf hin, dass bestimmte Verhaltensweisen bestimmte Folgen haben können.

Sätze wie „Ich bezweifle, dass Ihre Kopfschmerzen wirklich so stark sind, wie Sie sagen. Es gibt keinerlei organischen Befund" (ein Arzt zu einem Hirntumorpatienten) sind zwar aufrichtig, weil der Arzt den Schmerz des Patienten *tatsächlich* anzweifelt. Von Wertschätzung jedoch kann keine Rede sein, weil das *Erleben* des Patienten in Frage gestellt wird. Das Erleben eines anderen Menschen zu verneinen, heißt, dessen *Existenz* zu leugnen. Wer sich um Wertschätzung bemüht, muss das, was der andere sagt, keineswegs übernehmen, sollte es jedoch als dessen Aussage *bestehen* lassen können. Wer das Erleben eines Patienten als seine *persönliche Erfahrung* anerkennt, erkennt ihn als *Person* an. Eben das macht wahre Wertschätzung aus. Günstiger als oben zitierter Satz wäre folgende Formulierung: „Herr M., die Computertomografie-Aufnahmen lassen keinen organischen Befund erkennen. Sie *haben* aber diesen Schmerz. Bitte, beschreiben Sie ihn mir mit *Ihren* Worten. Vielleicht können Sie ein Bild für Ihren Schmerz finden?" Äußerungen wie diese leugnen weder das Erleben des Patienten noch den Befund (d.h. die Tatsache, dass sich bisher kein Befund hat feststellen lassen). Sie vermitteln dem Patienten, dass der Therapeut das, was er (der Patient) sagt, ernst nimmt, sich für ihn und sein Wohlergehen aufrichtig einsetzt.

Wertschätzung hat weder mit fassadenhafter Höflichkeit noch mit Harmonisierung zu tun. Dem Harmonisierungsstreben geht es um das *eigene Ich*, der Wertschätzung um das *Gegenüber*! Wertschätzung ist der Ehrlichkeit verpflichtet und bereit, Unstimmigkeiten anzusprechen – nicht nur in wohlgeordneten Sätzen. Beispielsweise kann es ausgesprochen wertschätzend sein, wenn der Therapeut über ein offensichtlich selbstschädigendes Verhalten seines Patienten in echten *Zorn* gerät: „Meine Güte, Herr N., ich mache mir *Sorgen* um Sie! Verstehen Sie doch: Es lässt mich nicht kalt, was Sie da mit sich anstellen!" Wertschätzung und Zorn schließen einander nicht aus – im Gegenteil. Wem an einem anderen Menschen wirklich etwas liegt, wird zornig, wenn er bemerkt, dass dieser etwas tut, das ihm schadet. Das Gegenteil von Wertschätzung ist *Gleichgültigkeit*. Ein gleichgültiger Therapeut hat bestenfalls ein theoretisches Interesse am Patienten, genauer: an seinem ‚Fall'. Einem wertschätzenden Therapeuten geht es um den *Menschen* – und es ist ihm nicht egal, was aus diesem Menschen wird. Die Erfahrung, jemandem etwas zu *bedeuten*, mindert die Angst des Patienten, stärkt sein Selbstwertgefühl sowie sein Vertrauen in das eigene Dasein.

Auswirkungen von „Emotionaler Wertschätzung"
– Eine der Hauptwirkungen Emotionaler Wertschätzung beruht auf dem *„Prinzip reziproker Affekte"* (vgl. 8.3.1.). Wie bereits Truax & Carkhuff (1967, S. 151) gezeigt haben, gibt es nur wenige Menschen, die auf Freundlichkeit *nicht* mit Freundlichkeit, auf Feindseligkeit *nicht* mit Feindseligkeit reagieren: „In the therapy situation, when the counselor communicates warmth, he thereby tends to elicit warmth in response from the client."[39] Die Wertschätzung des Therapeuten ist somit entscheidende Voraussetzung für eine positive *Patient-Therapeut-Beziehung*.
– Die bedingungslose Wertschätzung des Therapeuten schafft eine *Atmosphäre der Sicherheit, Entspannung und Angstfreiheit* – eine Atmosphäre, in der es dem Patienten leichter fällt, sich auch mit bedrohlich erlebten Inhalten offen auseinanderzusetzen und sich auf einen Prozess persönlicher Neuorientierung einzulassen, wenn bisherige Le-

---

[39] Truax & Carkhuff (1967, S. 315) zufolge ist das Prinzip reziproker Affekte „probably the most important principle", das Therapeuten beachten müssen, wenn sie in der therapeutischen Beziehung erfolgreich sein möchten. Das Prinzip funktioniert in beide Richtungen: Nicht nur beeinflusst der Therapeut den Patienten, der Patient beeinflusst auch den Therapeuten. Beispielsweise reagieren Therapeuten auf freundliche Patienten in einer freundlichen, auf feindselige Patienten in einer eher feindseligen Weise.

benziele nicht mehr verfolgt werden können und wesentliche Möglichkeiten aktiver Lebensgestaltung entfallen (vgl. 6.).
- Wertschätzendes Verhalten des Therapeuten erhöht die Wahrscheinlichkeit dafür, dass der Patient seine Gefühle so darstellt, wie er sie wirklich empfindet, ohne sie zu beschönigen oder zu ‚zensieren'. Die Erfahrung, über alles, was ihn bewegt, sprechen zu können, ohne dafür in irgendeiner Form abgewertet zu werden, erleichtert es ihm, auch bislang eher geleugnete Einstellungen sowie unterdrückte Seiten seines Wesens in seinem Bewusstsein zuzulassen und als Teil seines Selbst anzuerkennen (Rogers 1973 a). Das, was der Betroffene bisher vor anderen, teilweise sogar vor sich selbst, verborgen hat, kann ans Licht gebracht und einer neuen Bewertung unterzogen werden.
- Die Wertschätzung des Therapeuten wirkt sich nicht nur auf die Beziehung zwischen Therapeut und Patient günstig aus, sondern auch auf die Beziehung des Patienten *zu sich selbst*. Da ein Zusammenhang besteht zwischen der Akzeptierung durch andere und Selbstakzeptierung (Truax & Carkhuff 1967), fördert Wertschätzung des Therapeuten die *Selbstwertschätzung* des Patienten: Je mehr sich ein Mensch von anderen angenommen fühlt, auch mit seinen ‚kranken' und ‚dunklen' Anteilen, umso eher wird er sich auch selbst (wieder) akzeptieren und bejahen können – als der, der er *ist*, nicht nur als der, der er einmal zu werden hofft, oder als der, der er früher einmal war.
- Untersuchungen zeigen, dass ein Anstieg in der Selbstwertschätzung mit *erhöhter Aktivitätsbereitschaft* verbunden ist, mit gesteigerter Offenheit für neue Erfahrungen und einer Zunahme an positiven Gefühlen. Eine positive Gefühlslage wiederum *verbessert die Problemlösefähigkeit* (vgl. 5.6.5.): Menschen, die zuvor in eine positive Stimmung gebracht werden, können verschiedenste Aufgaben schneller, kreativer und präziser lösen als Menschen, bei denen keine positiven Emotionen induziert worden sind (Seligman 2003). Die Wertschätzung des Therapeuten fördert somit nicht nur die emotionale Befindlichkeit des Patienten, sondern auch seine *kognitive Leistungsfähigkeit*, so dass es ihm leichter fällt, sich auf aktive und kreative Weise mit seiner Situation und damit verbundenen Anforderungen auseinanderzusetzen. Der Zusammenhang zwischen wertschätzendem Verhalten des Therapeuten und einer allgemeinen *Veränderungsbereitschaft* des Patienten ist bereits vor Jahrzehnten im Rahmen des personenzentrierten Konzepts nachgewiesen worden: Wertschätzung trägt dazu bei, dass sich der Patient „in einem für ihn effektiven Sinne weiterentwickelt" (Alterhoff 1983, S. 132).
- Die Förderung der Veränderungsbereitschaft wird vor allem darauf zurückgeführt, dass wertschätzendes Verhalten dem Grundbedürfnis des Menschen nach Zuwendung zutiefst entspricht: Die Erfahrung emotionaler Nähe und Zuwendung führt zur Ausschüttung chemischer Botenstoffe (Endorphine, Oxytocin, Dopamin und Prolactin), die sowohl auf *Angst* als auch auf *aggressives* Verhalten eine *hemmende Wirkung* haben (Grawe 2004).

Zusammenfassung
Wertschätzend sind alle verbalen und nonverbalen Verhaltensweisen, die die Beziehung zum Patienten lebendig halten und ihn spüren lassen, in aufrichtiger Weise bejaht zu sein. Wertschätzung lässt sich insofern schwer definieren, als ihr konkreter Ausdruck individuell höchst verschiedenen ist – in Abhängigkeit von der Persönlichkeit sowohl des Therapeuten als auch des Patienten sowie von der spezifischen Situation. Nicht jedem Therapeuten liegen ‚herzliche Tonlagen' oder ‚warmherzige Blicke'. Dennoch spürt der Patient durch die Art und Weise, wie er behandelt und angesprochen wird, ob ihm Wertschätzung entgegengebracht wird oder nicht. Entscheidend sind das Engagement des Therapeuten, seine konzentrierte Aufmerksamkeit, seine grundsätzlich positive Einstellung gegenüber der Person des Patienten sowie sein Verzicht auf Moralisierungen, Belehrungen und Bewertungen. Die auf diese Weise erzeugte Atmosphäre des Angenommenseins löst beim Patienten positive Emotionen aus, die wie ein ‚Gegenmittel' wirken gegenüber Anspannung und Angst. Selbstachtung und Selbstvertrauen werden gefördert, Selbstauseinandersetzung, Aktivitäts- und Veränderungsbereitschaft angeregt und unterstützt.

8.5.2. Mitgefühl

Wenn es auch sehr schwer, vielleicht sogar unmöglich ist, sich in uns hineinzuversetzen, so spüren wir doch sehr fein, wenn der andere uns nahe kommt und uns als Menschen in unserem ganzen Unglück achtet. Erst will ich hören, dass er mit dem Herzen erkennt, wie schlimm es ist, und ich will das Mitgefühl - wohl zu unterscheiden von Mitleid - auch spüren.
(Hildegund Heinl 2001, S. 56)

- **Zweierlei Mitleid**

Peter Härtlings Geschichte „Das war der Hirbel" verdeutlicht, welchen Einfluss die Umwelt auf chronisch kranke Menschen hat (vgl. 3.). Zugleich wird an ein Gefühl im Menschen appelliert, das gemeinhin als *Mitleid* bezeichnet wird. Mitleid gegenüber dem kranken Hirbel – ja! Mitleid als *therapeutische* Grundhaltung? Wiederum: Ja! Oder sollte es besser *Mitgefühl* heißen? Der Begriff *Mitleid* in der Bedeutung von ‚Mitleiden, Mitempfinden' ist eine Übersetzung aus dem griechischen ‚sympátheia' = Mitempfinden. Aristoteles (1999, S. 46) beschreibt Mitleid als „ein gewisses Schmerzgefühl über ein in die Augen fallendes, vernichtendes und schmerzbringendes Übel, das jemanden trifft, der nicht verdient, es zu erleiden", wobei zum „Gegenstand des Mitleids" vor allem das wird, „was man für sich selbst fürchtet" (ebd. S. 49). Die *Bedeutung* des Mitleids wird seit der Antike kontrovers diskutiert: In allen Jahrhunderten hat es sowohl Befürworter als auch Gegner des Mitleids gegeben. Lessing und Schopenhauer beispielsweise bewerten das Mitleid durchweg positiv. Lessing (1910, S. 54) plädiert für seine Förderung (z.B. durch das Theater), weil es dazu beitrage, den Menschen besser zu machen: „Der mitleidigste Mensch ist der beste Mensch, zu allen gesellschaftlichen Tugenden, zu allen Arten der Großmuth der aufgelegteste." Schopenhauer (1999 a, S. 131) bezeichnet das Mitleid als „die wirkliche Basis aller *freien* Gerechtigkeit und aller *ächten* Menschenliebe". Der Vorgang des Mitleidens beruhe auf der Erkenntnis, „für welche im Sanskrit die Formel *tat-twam* asi, d.h. ‚dies bist Du', der stehende Ausdruck ist" (Schopenhauer 1999 b, S. 137). Nietzsche dagegen lehnt Mitleid grundsätzlich ab. Während Schopenhauer betont, dass wir beim Mitleid - zumindest zeitweilig - unseren Egoismus überwinden, weist Nietzsche (1999, S. 145) auf die egoistischen Motive auch scheinbar selbstlosen Handelns hin und geißelt die Selbstgefälligkeit derer, die als Mitleidige vorgeben, uneigennützig zu handeln und dabei doch nur an sich selbst denken: „*Nur dieses eigne Leid* aber ist es, welches wir von uns abthun, wenn wir Handlungen des Mitleidens verüben." Stefan Zweig (1981, S. 15) reflektiert *beide Arten des Mitleids*:

„Es gibt eben zweierlei Mitleid. Das eine, das schwachmütige und sentimentale, das eigentlich nur Ungeduld des Herzens ist, sich möglichst schnell freizumachen von der peinlichen Ergriffenheit vor einem schweren Unglück, jenes Mitleid, das gar nicht Mit-leiden ist, sondern nur instinktive Abwehr des fremden Leidens von der eigenen Seele. Und das andere, das einzig zählt – das unsentimentale, aber schöpferische Mitleid, das weiß, was es will, und entschlossen ist, geduldig und mitduldend alles durchzustehen bis zum Letzten seiner Kraft und noch über dies Letzte hinaus."

In unserer Alltagssprache wird der Begriff „Mitleid" überwiegend in seiner negativen Bedeutung verwendet. Ein *mitleidiges* Lächeln z.B. wird gleichgesetzt mit einem *herablassenden* Lächeln. Auch in der Redewendung „Er tut es nur aus Mitleid" kommt die innere Distanz des Mitleid-Habenden zur Person und Situation des Bemitleideten zum Ausdruck. Bemerkungen wie „Ich habe Mitleid mit dem Kranken" bedeuten gewöhnlich, dass vor allem die *Krankheit* gesehen wird. Den Mitleidigen interessiert nicht so sehr der Mensch selbst, sondern sein *Unglück*. Der Leidtragende wird zum Objekt einer Betrachtung, bei der die Situation einseitig von *außen* erfasst wird. Die Struktur der Beziehung ist eine hierarchische – oben steht der Gesunde, unten der Kranke: „Wie schrecklich für Sie! Sie tun mir wirklich leid!" Ein Mitleid dieser Art ist nicht nur nicht hilfreich, es kann sogar destruktiv wirken: Es bestätigt (und vergrößert) das Leid des Betroffenen, verstärkt sein „Gefühl der Hilflosigkeit, denn es deutet an, dass er sich in einer schlechteren Lage befindet als der, der ihn bemitleidet" (Le Shan 1982, S. 176). Ein solches Mitleid ist eben das, was Nietzsche kritisiert – verlogener Selbstgenuss. Ein solches Mitleid ist untherapeutisch.

- Mitgefühl

Mitgefühl auf Seiten des Therapeuten ist der Kern einer jeden Psychotherapie, die den Namen verdient.
(Rollo May 1985, S. 264)

Therapeutisch dagegen ist das andere Mitleid, „das einzig zählt – das unsentimentale, aber schöpferische Mitleid" (Zweig 1981, S. 15), das zum Miteinander-Fühlen, Miteinander-Denken und Miteinander-Handeln wird. Vor allem im Aspekt des *Miteinander* unterscheidet sich das eine vom anderen Mitleid. Ein weiteres Unterscheidungskriterium besteht in der *Bandbreite der Empfindungen*, auf die sich das Mitleid bezieht: Mitleid in seiner eher negativen Bedeutung beschränkt sich auf *leidvolle* Erfahrungen, das andere Mitleid erstreckt sich auf *alle Bereiche menschlichen Erlebens* – wir sprechen deshalb von **Mitgefühl**. Im *Mitfühlen* verlässt der Therapeut die Rolle des Zuschauers oder nimmt sie gar nicht erst ein. Er versucht, die Gefühle des Patienten nicht nur wahrzunehmen und einfühlend zu erfassen, sondern *mit ihm zu fühlen*. Das heißt, beim Mitgefühl ist der Therapeut in weitaus höherem Maß als bei der Einfühlung *persönlich* beteiligt. Er nimmt Anteil an den Erfahrungen des Patienten, trägt sie für eine Weile *zusammen* mit ihm. Die hierarchische Struktur der Beziehung ist aufgehoben in der Erkenntnis eigener grundsätzlicher Gleichheit mit dem anderen.
Wenn ein Patient sagt: „Ich habe Angst", und der Therapeut entgegnet: „Sie brauchen keine Angst zu haben", lässt er den Betroffenen innerlich allein. Sagt er dagegen: „Ja, auch ich hätte Angst in einer solchen Situation", so vermittelt er dem Patienten, dass seine Gefühle nachvollziehbar und verständlich sind. Er muss sich für seine Angst nicht entschuldigen. Sie ist, was sie ist – keine „Katastrophisierung", kein „schmerzverstärkender Faktor", einfach eine Reaktion auf eine belastende Erfahrung. Wer einem Patienten Angst, Trauer und Verzweiflung ‚auszureden' versucht, verletzt seine Würde, weil er nicht nur seine Gefühle, sondern *ihn*, den Menschen selbst, in Frage stellt (vgl. 8.2.1.). Auch eine vorschnelle Aufforderung zu Bewältigungskognitionen kann vom Patienten als Zeichen dafür verstanden werden, dass etwas falsch ist mit seinen Gefühlen. Das Erarbeiten ermutigender Kognitionen hat durchaus seinen Platz in der Schmerztherapie. Doch sollte der zweite nicht vor dem ersten Schritt getan werden. Wobei der erste Schritt darin besteht, „einfach bei dem anderen (zu) sein und keine Angst vor seiner Angst oder seinem Schmerz oder seiner Wut zu haben, hochkommen zu lassen, was hochkommen will, und vor allem nichts zu unternehmen, was den anderen von seinen quälenden Empfindungen befreien soll" (Wilber 1994, S. 397). Mitgefühl ist nicht einfach ‚nur' Trost. Mitgefühl ist eine *Kraft*, die es dem Patienten ermöglicht, sich der Wirklichkeit seines Leidens zu stellen, nicht (mehr) vor ihm zurückzuschrecken, es vielmehr anzuerkennen als eine dem eigenen Leben zugehörige Aufgabe. Die emotionale Anerkennung dessen, was ist, ist Voraussetzung für den zweiten

Schritt einer auch kognitiven Auseinandersetzung mit den gegebenen Belastungen (vgl. 5.6.3.).

- **Wie sich Mitgefühl äußert**

Teilnahme in Worten ist oft nur Taktlosigkeit. Das einzig wahre, das erlösende Mitleiden ist die Tat.
(Zenta Maurina 1968, 121 f.)

Ob und inwieweit ein bestimmtes Verhalten mitfühlend ist, entscheidet - wie bei Echtheit und Wertschätzung - der jeweilige *Kontext*. Dennoch gibt es einige Aspekte, die für die *Verwirklichung von Mitgefühl* auch kontextunabhängig von Bedeutung sind:
– Aufrichtiges Mitgefühl bedarf keiner langen Redewendungen oder ausgefeilter Sätze. Mitunter genügt ein *einziges Wort*. Als ich vom Radiologen komme und mein Arzt den Befund der Kernspintomografie liest, sagt er „Scheiße", um dann für einen Moment in Schweigen zu verfallen. Sein Verhalten ist treffend – Ausdruck seines unvermittelten und aufrichtigen Mitgefühls. Zudem ist „Scheiße" eben das Wort, das mir selbst die ganze Zeit über im Kopf ‚herumgeht'. Es von einem anderen *laut* ausgesprochen zu hören, tut gut. Wenn auch mit meiner Wirbelsäule einiges nicht mehr zu stimmen scheint, so doch mit meiner *Reaktion* (denn offensichtlich empfindet mein Gegenüber ähnlich wie ich).
– Die ursprünglichste Art, Mitgefühl zu zeigen, ist eine leichte *Berührung*: Der Therapeut legt seine Hand für einen Moment auf die Hand, den Arm, die Schulter des Patienten. Oder er berührt beim Hinausgehen kurz den Fuß, sollte der Betroffene liegen. Gesten dieser Art können dem Patienten spontan und ohne Pathos vermitteln, dass jemand mit ihm fühlt. Sie sind insbesondere dann angezeigt, wenn der Patient für Worte nicht zugänglich ist und/oder Worte ‚zu klein' sind für sein Leid. Das *Ob* und *Wie* körperlicher Zuwendung hängt von der Persönlichkeit des Therapeuten ebenso ab wie von der des Patienten, von ihrer Beziehung zueinander ebenso wie von der konkreten Situation. Vor allem müssen die Berührungen dem *aufrichtigen* Erleben des Therapeuten entsprechen und „vom Herzen" kommen: „Es gibt eine Berührung, die Trost spendet, die so wohltuend ist, weil sie vom Herzen kommt, und es gibt eine nicht authentische, nur professionelle, kühle" (Heinl 2001, S. 57). Der Patient *spürt*, ob es sich bei einer Berührung lediglich um eine Verlegenheitsgeste handelt, um eine berufsmäßige ‚Standardreaktion' oder gar um ein Mittel, mit dem er zum Verstummen gebracht werden soll! Solche Berührungen sind demütigend, können den seelischen Schmerz des Betroffenen sogar noch verstärken. Berührungen sollten dem Trost des Patienten dienen, nicht aber der Abwehr eigener Gefühle. Fühlt sich der Therapeut (aus welchen Gründen auch immer) angespannt oder verärgert, sollte er Kör-

perkontakt besser unterlassen, ebenso dann, wenn er die Trauer oder Angst seines Patienten kaum ertragen kann und er sie mit seiner Berührung am liebsten ‚zudecken' möchte. Zusammengefasst ist körperliche Zuwendung „selbstverständlich dann kontraindiziert, wenn sie der Befriedigung von Bedürfnissen des Therapeuten dient, aber in hohem Maße indiziert, sofern sie dem Patienten nicht nur in Worten, sondern auch in Taten Wärme und unmittelbar pulsierendes Leben zu vermitteln vermag, in Situationen, da er ihrer am meisten bedarf" (Moreno 1978, S. 107).
Berührungen sind wortlose Zeichen emotionaler Solidarisierung. Sie lindern den seelischen, mitunter sogar den körperlichen Schmerz, weil die Berührungsreize den Schmerzreiz - zumindest für einen Moment - überdecken können. Der positive Effekt von Berührungen ist seit langem bekannt: In einer Untersuchung an Schmerzpatienten wurde zwischen „Behandlung mit den Händen" (bei der die Patienten unmittelbar berührt wurden) und „Behandlung ohne Hände" unterschieden. Bei denjenigen Patienten, die überwiegend „mit den Händen" behandelt wurden, zeigte sich eine deutlich stärkere Schmerzlinderung als bei den anderen Patienten (Matthews-Simonton 1986, S. 280). Bei Berührungen werden Endorphine freigesetzt, die sich nicht nur schmerzlindernd auswirken, sondern u.U. auch die Selbstheilungskräfte des Betroffenen stimulieren können. Untersuchungen des „Miami Touch Research Institute" beispielsweise haben ergeben, „dass eine Hand auf der Schulter den Herzschlag verlangsamen oder den Blutdruck senken kann" (Geuter 2006, S. 122).
Westliche Psychotherapien zählen eindeutig zu den „Behandlungen ohne Hände", d.h. körperliche Berührungen werden eher vermieden. Im Vordergrund steht die Verständigung mit Worten: „Darin äußert sich vermutlich ein kulturell vorgeprägter Verdacht, dass alle körperlichen Kontakte erotisch seien. Infolgedessen haben sich die Psychotherapeuten eines starken Mittels zur Spannungslinderung und zur Stärkung der Beziehung beraubt, das in anderen Kulturen weithin geläufig ist" (Frank 1985, S. 96).

- Mitgefühl kann auch ohne Worte oder Berührungen vermittelt werden – im gemeinsamen *Schweigen*. Dies vor allem in Situationen tiefster emotionaler Betroffenheit. Gelegentliches Schweigen im Laufe eines Therapiegesprächs ist mehr als ein bloßes Nicht-Sprechen: Schweigen drückt Achtung vor dem Unsagbaren aus, signalisiert dem Patienten die Bereitschaft, bei ihm auszuhalten – auch dann, wenn die Sprache keinen Trost mehr hergibt. Ein solches Schweigen verlangt ein ‚Gespür' des Therapeuten für die nonverbalen Botschaften des Patienten (seine Gebärden, seinen Blick), vor allem die Fähigkeit – *standzuhalten* (vgl. 8.2.1.).
- Im Gegensatz zum Mitleid ist Mitgefühl ohne Dramatik, zeigt sich mitunter ‚nur' in einer kleinen Geste, einer banalen *Handlung*.

Eine sechsunddreißigjährige Hirntumorpatientin hat gerade von ihrem Arzt erfahren, dass sie nicht wieder wird arbeiten können. Frau H. ist kinderlos, unverheiratet, hat einen eher kleinen Freundes- und Bekanntenkreis. Es ist vor allem ihre Arbeit als Sonderschulpädagogin, die ihr bisher das Gefühl sinnvoller und befriedigender Lebensgestaltung vermittelt hat. Nun soll sie berentet werden ... Völlig verzweifelt kommt sie zur Therapie, wütend auf den Arzt, hadernd mit ihrem Schicksal. Auch für mich kommt die Berentung der Patientin überraschend. Ich habe gehofft, sie würde zumindest stundenweise noch arbeiten können, zumal sie sehr motiviert ist und viel Erfahrung hat.

Pt: Nein! Ich will das einfach nicht wahrhaben! Ich kann mir ein Leben ohne Beruf nicht vorstellen. Wozu bin ich denn dann noch da? Den ganzen Tag zu Hause sitzen? Da werde ich doch ganz versacken und verschlampen! Nein, nein! Und überhaupt ist das alles so ungerecht! Nach *beiden* Operationen habe ich mich so abgemüht, wieder auf die Beine zu kommen! Und jetzt soll das alles umsonst gewesen sein? Dieser Tumor – der macht mir einfach einen Strich durch mein ganzes Leben! Ich weiß gar nichts mehr zu sagen. Ich fühle mich völlig vernagelt (schaut wie erstarrt vor sich auf den Boden).

Th: Frau H., ich fühle mich selbst sehr hilflos. So gerne würde ich Ihnen irgendetwas Tröstliches sagen. Aber es gibt wohl keine Worte, die helfen könnten, wenn man seinen geliebten Beruf verliert. ... Wenn ich mich vernagelt fühle, tut mir manchmal ein wenig Musik gut, vielleicht auch eine Tasse Kaffee. Was halten Sie davon?

Pt (nickt mit einem Seufzer): Ja!

Ich besorge Kaffee. Aus früheren Gesprächen weiß ich, dass die Patientin gerne Panflötenmusik hört, wähle deshalb eine entsprechende CD. Als die Musik beginnt, laufen Tränen über das Gesicht von Frau H.. Ich rücke meinen Stuhl neben den ihren, lege meine Hand ganz leicht auf ihre Hand, streiche einen Moment über ihren Handrücken, ziehe meine Hand dann wieder zurück, bleibe aber dicht neben ihr sitzen. Nach ungefähr 15 Minuten stelle ich die Musik etwas leiser.

Th: Frau H., gibt es etwas, das ich für Sie tun könnte?

Pt: Es hat gut getan, hier einfach nur mit Ihnen zusammenzusitzen ... Nun würde ich gerne für mich sein, mich ein wenig hinlegen ...

Th: Möchten Sie, dass wir uns heute Nachmittag nochmals treffen oder morgen wieder zum vereinbarten Termin?

Frau H.: Morgen wieder.

Am nächsten Tag wirkt Frau H. wesentlich gelassener und ruhiger.

Pt: Wissen Sie, dass Sie gestern nicht auf mich eingeredet haben wie alle anderen – das war das einzige, was mir wirklich geholfen hat. Die Erfahrung, dass da jemand ist, der *auch* sprachlos ist – nicht bloß ich allein. Ich bin von Ihnen weggegangen mit dem Gefühl, dass mich jemand versteht, dass ich meine Gefühle nicht rechtfertigen muss, dass ich so sein darf, wie ich bin, auch mit meiner Verzweiflung. Dass Sie mir meine Gefühle nicht ausreden wollten, mich selbst haben entscheiden lassen, wie ich auf den ganzen Mist reagiere! Als ich dann in meinem Zimmer auf dem Bett lag, komisch, auf einmal konnte ich dann viel ruhiger über alles nachdenken – über die Berentung und was alles damit zusammenhängt. Ich habe mir überlegt ... (im weiteren Gespräch werden Möglichkeiten aktiver Lebensgestaltung - trotz Berentung - besprochen, wie z.B. ehrenamtliche Tätigkeit in der Gemeinde, Übernahme von Nachhilfestunden, usw.).

Mitgefühl heißt nicht nur, mit dem Patienten zu *fühlen*, sondern auch, mit ihm zu *handeln* – gemeinsam mit ihm einen Kaffee zu trinken, Musik zu hören, einen Spaziergang zu machen. Angesichts großer Verzweiflung hilft das Altbekannte und Vertraute. Der Therapeut befreit den Patienten aus seiner Lähmung – nicht dadurch, dass er auf ihn einredet und an seine Einsicht appelliert, sondern dadurch, dass er gemeinsam mit ihm etwas Alltägliches *tut*. In der gemeinsamen Handlung sind Patient und Therapeut auch ohne Worte miteinander ‚verbunden'. Der Patient ‚fällt' nicht heraus aus der Welt: Er trinkt etwas, er hört ein wenig Musik, er macht einen Spaziergang – er *lebt*.

– Mitgefühl kommt im *gemeinsamen* Handeln mit dem Patienten zum Ausdruck, aber auch in der Bereitschaft, etwas *für* ihn oder an *seiner* Stelle zu tun – gewissermaßen als sein **Hilfs-Ich**. Das Prinzip des Hilfs-Ich ist ein zentrales Merkmal der Psychodramatherapie, das diese wesentlich von anderen Therapieformen unterscheidet. Moreno (1973, S. 275) hat die „Hilfswelt-Methode" vor allem in seiner Arbeit mit psychotischen Patienten entwickelt, bei denen die Verständigungsmöglichkeiten oft erheblich reduziert oder gar nicht mehr gegeben sind. In dem Bemühen, auch zu diesen Patienten eine Beziehung herzustellen, darf der Therapeut nicht von seiner eigenen Welt ausgehen, er muss vielmehr herausfinden, welche Art von Hilfe der Patient in *seiner* Welt braucht. Diese Suche ist für die Arbeit mit einem *jeden* Patienten von Bedeutung, auch für die Begleitung von Schmerzpatienten. Ein Therapeut, der zum Hilfs-Ich seines Patienten wird, fühlt sich nicht nur in ihn ein; gegebenenfalls handelt er auch *stellvertretend* für ihn, vertritt ihn z.B. Ärzten, Pflegepersonal und Angehörigen gegenüber, sollte er selbst nicht (mehr) dazu in der Lage sein.

Auch wenn ein Therapeut an den äußeren Umständen, denen ein Patient unterworfen ist, nur bedingt etwas ändern kann, sollte er sich seiner *Hilfs-Ich-* oder *Vermittlerfunktion* bewusst sein – und sie seinen Möglichkeiten entsprechend auch *nutzen*. Allein schon von ihrer *Position* her können Therapeuten eher als Patienten auf bestimmte Handlungsabläufe im Stationsalltag aufmerksam machen, die ihre (der Patienten) Bedürfnisse nach Achtung und Selbstbestimmung verletzen, und auf Veränderungen hinwirken, die ihre Situation verbessern (vgl. 8.3.2.).

Hier nur drei *Beispiele* für die Übernahme von Hilfs-Ich-Funktionen im stationären Bereich: Klagen mehrere Patienten nach einer Behandlung auf einer der Injektionsliegen über vermehrte Rückenschmerzen, setzt sich ein mitfühlender Therapeut für besser gepolsterte Behandlungsliegen oder dickere Auflagen ein. Leidet eine Patientin darunter, dass sie - bei nacktem Oberkörper - von einem Physiotherapeu*ten* massiert wird, sorgt der Therapeut dafür, dass eine Physiotherapeut*in* die entsprechende Behandlung übernimmt. Hat ein Patient viele Fragen zu seiner Erkrankung, wagt es aber nicht, den Arzt daraufhin anzusprechen, vermittelt der Therapeut einen Gesprächstermin. Mitgefühl, das sich in Anteil nehmenden Bemerkungen erschöpft, wo *Taten* nötig und möglich wären, ist unglaubwürdig. Im mitfühlenden Handeln kommt zum Tragen, was mit dem Begriff „Therapie" in seiner ursprünglichen (griechischen) Bedeutung gemeint ist: *therapeuo* = „ich diene, ich pflege, ich sorge" (Arnold 1983, S. 33).

- **Symmetrie der Beziehung**

tat-twam asi – dies bist Du.
(Sanskrit)

Grundlage für Mitgefühl ist ein „Sinn für zwischenmenschliche Beziehungen", den Moreno (1973, S. 29) als *„Tele"* (griechisch = von ferne, in die Ferne wirkend) bezeichnet hat. In Abgrenzung zur *Übertragung*, bei der die Gegenwart des Gegenübers durch unbewusste Fixierungen auf frühere Bezugspersonen oder durch unangemessene Wunsch- und Erwartungsvorstellungen verzerrt wird, beruht *Tele* „auf dem Gefühl und der Erkenntnis für die *wirkliche* Situation der anderen Personen" (ebd.). Von der lediglich einseitigen Einfühlung in die innere Welt des anderen unterscheidet sich Tele durch die *Gegenseitigkeit* des Prozesses, der sich „vom Ich zum Du und vom Du zum Ich" bewegt (ebd. S. 54). *Realitätsgerechte Wahrnehmung* des anderen und *Wechselseitigkeit der Beziehung* sind zentrale Elemente des Mitgefühls, die dieses vom Mitleid unterscheiden: Beim Mitleid geht es vor allem um die *eigene*, beim Mitgefühl um die Person des *anderen*. Beim Mitleid wird der Betroffene von außen, d.h. aus einer gewissen Distanz heraus betrachtet und behandelt. Mitgefühl dagegen ist ein wechselseitiger Austauschvorgang, eine *emotionale Gleichsetzung*, bei der die Position des Zuschauers aufgegeben wird. Ob im Miteinander-Schweigen, Miteinander-Reden oder Miteinander-Handeln: die *Symmetrie der Beziehung* ist ausschlaggebend dafür, ob es sich um einen Ausdruck echten Mitgefühls handelt oder um als Anteilnahme kaschierten Eigennutz. Bildlich gesprochen: Beim Mitleid neigt sich der Gesunde von oben zum Patienten hinab, beim Mitgefühl steht er auf gleicher Höhe mit ihm. Bei dieser *„Anerkennung des Gleich-Seins im Anders-Sein"* (Richter 1979, S. 243) werden die Unterschiede zwischen dem Gesunden und dem Kranken nicht aufgehoben oder nivelliert, haben aber nur ‚relative' Bedeutung, insofern jeder den anderen ein Stück weit an seinen Erfahrungen Anteil nehmen lässt. Im Prozess wechselseitiger Einflussnahme verteilen sich Geben und Nehmen auf beide Seiten. Der Therapeut verfügt über Wissen und Kompetenz in medizinischen und psychologischen Fragen, der Patient wiederum hat dem Therapeuten mitunter manches an Lebens-, fast immer einiges an *Leid*erfahrung voraus (vgl. 8.3.1., 8.3.2.). Letztlich beinhaltet Mitgefühl die Bereitschaft des Therapeuten, im Patienten *sich selbst* zu sehen – den, der er im Falle eigener Erkrankung in der Vergangenheit selbst einmal war, oder den, der er selbst in der Zukunft vielleicht einmal sein wird: ein Mensch mit Schmerzen. Die Konfrontation mit der eigenen Verletzlichkeit muss nicht bedrohlich sein – sie kann vielmehr *genutzt* werden als „memento mori" im Sinne von Psalm 90, 12: „Lehre uns bedenken, dass wir sterben müssen, damit wir weise werden" (vgl. 2.4.).

- **Mitfreude**

Mit-Gefühl haben bedeutet, das Unglück des anderen mitzuerleben, genauso gut aber jedes andere Gefühl mitempfinden zu können: Freude, Angst, Glück und Schmerz. Dieses Mitgefühl ... bezeichnet also den höchsten Grad der gefühlsmäßigen Vorstellungskraft, die Kunst der Gefühlstelepathie; in der Hierarchie der Gefühle ist es das höchste aller Gefühle.
(Milan Kundera 1985, S. 23)

Mitleiden impliziert eine *Leidsituation*, während sich *Mitfühlen* auf *alle Gefühle* des Patienten bezieht – auch auf Freude, Hoffnung und Zuversicht. *Diese* Gefühle mit dem Patienten zu teilen, ist ebenso wichtig wie das Teilen von schmerzhaften Erfahrungen.

Mir ist ein Knoten aus der Brust entfernt worden. Vom Ultraschall und Tastbefund her hat mich der Arzt auf die Diagnose „Krebs" vorbereitet. Das Gewebe wird in einem Speziallabor untersucht. Bis Montag muss ich auf das Ergebnis warten. Am Sonntag erscheint der Arzt in meinem Zimmer. Zur Beobachtung einiger Patienten auf der Intensivstation ist er für kurze Zeit ins Krankenhaus gekommen, hat in seinem Postfach den Brief vom Labor vorgefunden und kommt damit sofort zu mir: „Kein Krebs! Ich möchte nicht, dass Sie bis Montag auf diese gute Nachricht warten müssen!" Sein Gesicht strahlt vor Freude. Mir kommen die Tränen, mir fehlen die Worte. Der Arzt nimmt mich für einen Moment in den Arm, klopft mir auf den Rücken. Beim Verlassen des Zimmers winkt er mir lächelnd zu. Er hat mitfühlen können, dass es besser ist, schon am Sonntag, nicht erst am Montag vom Druck der Angst befreit zu werden. Er hat meine Erleichterung geteilt. Noch heute kann ich die Freude spüren, die ich damals empfunden habe – vertieft und verstärkt durch die aufrichtige Mitfreude eines anderen Menschen.

Auch während der vielen Krankenhausaufenthalte zur Behandlung meiner ‚Rücken- und Schmerzproblematik' hat es Anlässe zur Freude gegeben. Mitfreude jedoch habe ich selten erlebt, bestenfalls ein kurzes, verlegenes Lächeln. Das aber ist zu wenig, schmälert das Vertrauen des Patienten in die Bereitschaft (oder Fähigkeit) seines Therapeuten zu aufrichtigem Mitgefühl. Denn Mitgefühl ist nicht auf bestimmte Erfahrungen begrenzt, sondern bezieht sich auf die *gesamte* Vielfalt inneren Erlebens. Ein Therapeut, der sich mit seinem Patienten nicht mitzufreuen vermag, begleitet ihn im Grunde nicht wirklich.
Nicht nur die Angst, auch die Freude ist *ansteckend*: „Freude schöner Götterfunken" heißt es in Beethovens „Neunter Symphonie". Freude ist wie ein ‚Funke' – ein Funke, der auf den Patienten überspringen und ihm Kraft geben kann, auch wenn die äußeren Umstände belastend sind. Ein solcher Funke entsteht beispielsweise dann, wenn der Therapeut dem Patienten vermittelt, dass er gerne mit ihm zusammen ist, dass er sich *freut*, ihn zu sehen. Die Erfahrung, nicht nur in den Gedanken, sondern auch im *Herzen* des anderen zu sein, entspricht dem Bedürfnis nach Zuwendung ebenso wie dem Bedürfnis nach Sicherheit. Das Leben eines Menschen kann nicht sinn- und bedeutungslos sein, solange

es jemanden gibt, der sich darüber freut, dass es ihn gibt. Die Bedeutung der Freude aus *neurophysiologischer* Sicht wurde bereits betont – ebenso die Tatsache, dass Freude für den Therapeuten gleichermaßen wichtig ist wie für seine Patienten (vgl. 5.6.5.). Denn die Freude, die der Therapeut empfindet, steigert auch sein *eigenes* Wohlbefinden – zumindest für diesen Moment. Persönlich glaube ich, dass die Fähigkeit, sich freuen und mitfreuen zu können, eine wesentliche Voraussetzung dafür ist, den Belastungen des Therapeutenberufs auf Dauer standhalten, sich Offenheit und Engagement für die Patienten bewahren zu können – trotz Druck durch institutionelle Anforderungen, trotz der Vielfalt oft unlösbarer Leiden.

- **Grenzen und Voraussetzungen von Mitgefühl**

Als eigenständiges *Therapeutenmerkmal* wird Mitgefühl weder in Medizin noch Psychologie genannt. Wenn der Begriff überhaupt erwähnt wird, dann eher noch in der *Medizin* als in der Psychologie. In seiner Übersicht über die Kulturgeschichte der Medizin erwähnt Roy Porter (2004), dass ein Arzt vor den Fortschritten der Pharmamedizin vor allem danach beurteilt wurde, *wie mitfühlend er sich am Krankenbett verhielt*. Die Fortschritte in Medizin und Pharmakotherapie heben die Bedeutung des Mitgefühls als therapeutischen Faktor keineswegs auf. Woran mag es liegen, dass Ärzte und Psychologen zwar zur Einfühlung, nicht aber zum *Mitgefühl* angehalten und darin unterwiesen werden? Die im Mitgefühl vollzogene emotionale Gleichsetzung mit dem Gegenüber wird gewöhnlich als Identifizierung beschrieben. Identifizierung aber gilt bei vielen Medizinern und Psychologen als Verletzung der Abstinenz-Regel, als Zeichen von Gegenübertragung oder Folge persönlicher unbewältigter Konflikte. Die mit Fachausdrücken dieser Art verbrämte Diskriminierung des Mitgefühls als therapeutisches Prinzip hat ihre Wurzeln wohl weniger in therapeutischer Sorge um den Patienten, als vielmehr in der Sorge um die *eigene Person*, d.h. in der Angst, vom Leid des Patienten zu sehr affiziert, in seine Ohnmacht und Hilflosigkeit ‚hineingezogen' zu werden. Aufrichtiges Mitgefühl ist jedoch keineswegs Ausdruck von Schwäche – im Gegenteil: Zum Mitgefühl fähig ist nur, „wer stark genug ist, selbst leiden zu können und deshalb fremdes Leiden mittragen zu können" (Richter 1979, S. 249). Wer Angst vor eigenem Leiden und eigener Ohnmacht hat, wird sich auch auf das Leid eines Patienten nicht wirklich einlassen können und zu aufrichtigem Mitgefühl kaum in der Lage sein. Nur wer mit der Endlichkeit seines Lebens sowie den Grenzen seiner therapeutischen Möglichkeiten ausgesöhnt ist, wer Schmerzen und Leiden als zum Leben dazugehörig annehmen kann, ohne nach einem Schuldigen zu suchen, wird sich dem Patienten zuwenden und *mit* ihm fühlen können.

Die neurobiologische Basis für Mitgefühl ist das System der *Spiegelnervenzellen*, die es uns ermöglichen, intuitiv und spontan nachzuvollziehen, wie einem anderen Menschen aller Wahrscheinlichkeit nach gerade zumute ist. Natürlich sind die Vorstellungen, die wir uns vom Empfinden des anderen machen, nicht hundertprozentig identisch mit dem, was tatsächlich in ihm vorgeht. Doch führt aufrichtiges Mitgefühl zu einem besseren Verständnis dessen, was unser Gegenüber bewegt, als der Einsatz so genannter ‚objektiver' Messinstrumente. Es gibt keine objektive Instanz, die *weiß*, wie ein anderer Mensch sich fühlt. Auch neurowissenschaftliche Untersuchungen führen hier nicht weiter: „Was ein Mensch fühlt, wird sich niemals mit neurobiologischen Mitteln beschreiben lassen (die Neurobiologie wird nur herausfinden, welche biologischen ‚Utensilien' vorhanden sein müssen). Was ein Mensch fühlt, lässt sich - außerhalb dieses Menschen - nur durch das Mitgefühl eines anderen Menschen beschreiben" (Bauer 2004, S. 73).

Mitgefühl kann (und soll) *nicht durchgängig* verwirklicht werden. Es ist nicht mehr hilfreich, wenn der Therapeut vollständig darin aufgeht. *Therapeutisch* ist Mitgefühl unter folgenden *Voraussetzungen*:

– Die Identifikation mit dem Patienten ist nicht ‚allumfassend'. Bildlich gesprochen: Der Therapeut steht mit einem Bein in der Welt des Patienten, während er mit dem anderen Bein fest in seiner eigenen Welt verankert bleibt.
– Der Therapeut ist sich seiner *eigenen* Gefühle bewusst und dazu in der Lage, sie von denen seines Gegenübers zu unterscheiden, so dass er eigene unbewältigte Konflikte nicht auf den Patienten überträgt.
– Der Therapeut lässt sich auf den Patienten ein – im Bewusstsein der Tatsache, dass er ihm seinen Schmerz und sein Leid letztlich nicht nehmen kann.
– Der Therapeut löst sich von dem Anspruch (oder entwickelt ihn erst gar nicht), das Geschehen immer unter Kontrolle haben zu müssen. Er akzeptiert, dass es Situationen im Leben gibt, für die er keine Lösung ‚machen', die er - gemeinsam mit dem Patienten - einfach ‚nur' aushalten kann.

Auswirkungen von „Mitgefühl"

– Stärker noch als Einfühlung verringert Mitgefühl die Gefahr, ‚Verhaltensauffälligkeiten' des Patienten lediglich von außen zu betrachten und vorschnell als Ausdruck einer „missglückten Krankheitsbewältigung" zu interpretieren. Begünstigt wird eine Haltung, die zunächst einmal überprüft, ob und inwieweit Angst, Trauer und Zorn des Patienten berechtigt und auf konkrete Anlässe zurückzuführen sind, die verändert werden sollten. Selbst wenn Veränderungen nicht möglich sind, ist für den Patienten allein schon die Erfahrung entlastend, dass ihn der Therapeut nicht pathologisiert, sich vielmehr mit ihm *solidarisiert* angesichts belastender Lebensumstände.
– Aufrichtiges Mitgefühl des Therapeuten stärkt das Vertrauen des Patienten in sein Dasein, vermittelt ihm das Gefühl, noch mit der Welt ‚verbunden' zu sein. Einsamkeit und Isolation verringern sich, die Verhaltensweisen der Umwelt wie ängstliche Sprachlosigkeit, Vertrösten, Bagatellisieren und Psychologisieren mit sich bringen.

- Verlauf und Ergebnis einer Therapie werden entscheidend durch Erfahrungen bestimmt, die der Patient im Hinblick auf sein *Bedürfnis nach emotionaler Nähe und Zuwendung* macht (Grawe 2004). Wertschätzung und Mitgefühl befriedigen dieses Bedürfnis in hohem Maße, sind deshalb für den *Therapieerfolg* von großer Bedeutung. Über die Freisetzung chemischer Botenstoffe (z.B. endogener Opioide) werden im Gehirn des Patienten neuronale Erregungsmuster gebildet, die den Erregungsmustern bei Angst entgegenwirken, sein körperlich-seelisches Wohlbefinden auf diese Weise verbessern (vgl. 5.6.5.).
- Auch Untersuchungen zum *Placebo-Effekt* bei Schmerz haben bestätigt, wie wichtig Wertschätzung und Mitgefühl für den Therapieerfolg sind. Durch ihre Verwirklichung werden beim Patienten positive Erwartungen an die Therapie geweckt, „von denen eine Aktivierung des endogenen Opiatsystems und somit ein Placeboeffekt ausgeht" (Weiß 2004, S. 105).[40]

Zusammenfassung

Wahrhaftes Mitgefühl setzt voraus, die Illusion einer leidfreien Welt aufgeben, sich vielmehr mit dem Patienten angesichts seiner Leiden solidarisieren zu können. Mitgefühl ist mehr als ein bloßes *Gefühl* – es äußert sich vor allem im *Handeln*, wobei dieses Handeln an der Person und Situation des Patienten orientiert ist. Von Wertschätzung unterscheidet sich Mitgefühl im Ausmaß, in dem sich der Therapeut sowohl emotional als auch in seinem Verhalten auf den Patienten einlässt. Zudem handelt es sich beim Mitgefühl stärker noch als bei der Wertschätzung um einen Prozess *gegenseitiger Einflussnahme*. Und schließlich: Wertschätzung ist eine Haltung, die *alle* Interventionen des Therapeuten bestimmt – unabhängig vom jeweiligen Verhalten des Patienten. Mitgefühl dagegen zeigt der Therapeut nicht durchgängig, sondern vor allem in Situationen, die für den Patienten von besonderer emotionaler Intensität und existentieller Bedeutung sind.

---

[40] Placebo-Effekte werden zu einem großen Teil durch das endogene Opiatsystem im anterioren cingulären Kortex vermittelt (Weiß 2004).

8.6. Orientierung an der Individualität des Patienten

DIN-genormte Therapieverfahren sind Quatsch. Männer und Frauen reagieren unterschiedlich, Kinder und alte Menschen reagieren unterschiedlich, jeder Mensch reagiert anders. Und wenn man das beachtet, ist es wirklich eine kunstvolle Form der Therapie.
(Dietrich Grönemeyer, in: Taubitz 2005, S. 89)

Im Zuge massiver Einsparungen im Gesundheitssystem greift der Trend zu verwalteter Medizin zunehmend auch auf die Psychotherapie über – mit folgenden Forderungen:

– Psychotherapie sollte möglichst kurz sein.
– Psychotherapie sollte möglichst preiswert sein.
– Psychotherapie, das heißt ihre Ziele und Interventionen, sollten angelehnt an medizinische Modelle formuliert sein.
– Psychotherapie sollte nur wissenschaftlich überprüfte Methoden verwenden.
– Psychotherapeuten sollten nach Möglichkeit standardisierte Therapiemanuals einsetzen, da der personelle sowie zeitliche Aufwand wesentlich geringer ist als bei individualisierter Einzelbehandlung.

Diesen Forderungen entsprechend werden im Rahmen kognitiv-verhaltenstherapeutischer Schmerztherapie zunehmend standardisierte Therapieprogramme verwendet (Kröner-Herwig & Frettlöh 2004), gekennzeichnet vor allem durch eine Orientierung am Bild des durchschnittlichen Schmerzkranken (vgl. 8.2.2.). Zentral für das vorliegende Konzept dagegen ist die *Individualität therapeutischen Vorgehens*. Bislang liegen noch keine Untersuchungen vor, in denen die Effektivität standardisierter Therapieprogramme mit den Ergebnissen individuell angepasster Therapie bei der Behandlung von Schmerzpatienten verglichen worden ist. Die folgende Abgrenzung gegenüber manualgesteuerter Behandlung fasst die wichtigsten Merkmale eines Therapieansatzes zusammen, in dem die Orientierung an den Bedürfnissen des Patienten Dreh- und Angelpunkt therapeutischer Einstellungs- und Verhaltensweisen ist.

- **Die Ziele der Therapie entsprechen den persönlichen Werten und Bedürfnissen des Patienten**
Als ein Grundprinzip physiologischen und psychischen Funktionierens gilt das Streben nach Konsistenz bzw. das Bedürfnis, Inkonsistenz zu vermeiden oder zu reduzieren (Grawe 2004). Konsistenz liegt vor, wenn die Entscheidungen eines Menschen mit seinen Bedürfnissen übereinstimmen und die Ziele seines Handelns mit seinen persönlichen Werten vereinbar sind. Inkonsistenz dagegen besteht dann, wenn sich ein Mensch mit den Zielen, die er nach außen hin anstrebt, nicht identifizieren kann, weil sie seinen ureigensten Werten und Interessen nicht entsprechen. Davon ausgehend sollten die Ziele einer Therapie stets mit

den persönlichen Werten des Patienten und seinen wirklichen Bedürfnissen übereinstimmen.

Wird ein Patient, der eine bestimmte Störung aufweist, mit einem *standardisierten Therapieprogramm* behandelt, das sich beim *Durchschnitt* der Patienten mit dieser Störung bewährt haben soll, so sind mit diesem Programm immer auch bestimmte Therapieziele vorgegeben. Diese Ziele jedoch müssen „nicht automatisch mit den wichtigsten Grundmotiven und den ganz persönlichen Zielen des Patienten übereinstimmen" (Grawe 2004, S. 336). Die Störung eines Patienten weist nicht zwangsläufig auf seine Motive und Ziele hin! Aus der Tatsache beispielsweise, dass jemand an chronischen Schmerzen leidet, kann nicht automatisch geschlossen werden, dass für ihn Ziele relevant sind wie „Abbau katastrophisierender Verarbeitungsmuster", „Aufbrechen von Hilf- oder Hoffnungslosigkeit" oder „Verminderung von Rückzugsverhalten" (aus einem Merkblatt für Psychologische Schmerztherapie). Der Schmerz trifft jeweils auf eine ganz bestimmte Persönlichkeit mit unterschiedlichsten beruflichen, privaten, finanziellen und sozialen Belastungen. Der Begriff „Schmerzpatient" suggeriert zwar ein einheitliches Störungsbild, doch verbergen sich hinter dieser Bezeichnung höchst *verschiedene* ‚Störungen' und damit zwangsläufig auch höchst *verschiedene* Therapiemotivationen: „Es ist ein großer therapeutischer Fehler, wenn der Therapeut die Ziele, die er seinerseits für richtig hält, zur Voraussetzung der Therapie macht, ohne ausdrücklich abzuklären, ob diese Ziele wirklich konsistent mit den wichtigsten Grundmotiven des Patienten sind" (ebd.). Manualvorgegebene Ziele orientieren sich an einem *fiktiven Durchschnittspatienten*, von dem der einzelne Patient mehr oder weniger deutlich abweichen kann. Die Folge: Bei vielen Patienten werden keineswegs diejenigen Ziele angestrebt, die für *sie* am wichtigsten sind. Problematisch sind Zielvorgaben vor allem dann, wenn es einem Patienten kaum möglich ist, eines oder mehrere dieser Ziele zurückzuweisen, weil er damit den Eindruck mangelnder Compliance erwecken würde.

Beim *individualisierten Therapieansatz* werden Ziele und Schwerpunkte der Behandlung von Patient und Therapeut *gemeinsam* erarbeitet. Die im Kapitel 6 formulierten Leitlinien einer psychologischen Begleitung von Schmerzpatienten dienen lediglich als Orientierungshilfen. Inwieweit und auf welche Weise sie inhaltlich konkretisiert werden, ist von der Person des *Betroffenen* abhängig – von seinen individuellen Bedürfnissen und Motiven ebenso wie von seiner konkreten Situation.

- **Der Therapeut orientiert sich an den Themen, die den Patienten gerade am meisten beschäftigen**

Der Verlust an Lebensqualität und körperlicher Unversehrtheit erschüttert Selbstwert- und Identitätserleben der Betroffenen, konfrontiert sie mit den *Grundfragen ihrer Existenz* – etwa mit der Frage nach Sinn und Bedeutung ihres Lebens und Leidens. Eine Auseinandersetzung mit Fragen dieser Art findet im Rahmen *manualgeleiteter* Therapieprogramme - wenn überhaupt - einen nur geringen Raum.

Individualisierte Therapie ermöglicht es dem Therapeuten, sich jeweils auf *die* Themen einzustellen, die den Patienten zum gegebenen Zeitpunkt am meisten beschäftigen, sich dabei nicht auf Problembereiche zu beschränken, die den Schmerz betreffen, sondern sich auch auf darüber hinausgehende Fragen einzulassen – wie z.B. die nach dem Sinn seines Lebens, nach Gott und dem Tod.

- **Das Therapiekonzept wird an den Patienten angepasst – nicht der Patient an das Konzept**

Kröner-Herwig & Frettlöh (2004, S. 511 f.) betonen, „dass alle für das Störungsbild wichtigen *Interventionselemente* in der Konzeption des Behandlungsmanuals enthalten sind, da diese in der Regel von ausgewiesenen Experten entwickelt und sorgfältig evaluiert wurden". Die für das *Störungsbild* wichtigen Interventionselemente müssen jedoch nicht unbedingt identisch sein mit den für den *einzelnen Patienten* wichtigen Interventionselementen! Um ihn - den *Patienten* - aber geht es, nicht um die Störung.

Ein Vorteil standardisierter Therapie wird darin gesehen, dass „auch Therapeuten mit geringerer Berufserfahrung einen Teil ihrer fehlenden klinischen Erfahrung durch die Anwendung von Therapiemanualen abfangen" können (Kröner-Herwig & Frettlöh 2004, S. 512). Gerade bei *unerfahrenen* Therapeuten besteht jedoch die Gefahr, dass sie sich mehr auf die Durchführung des Programms als auf den einzelnen *Patienten* konzentrieren, dass nicht das Konzept an den Patienten angepasst wird, sich vielmehr der Patient an das Konzept anpassen muss. Kreativität und Spontaneität des Therapeuten werden auf diese Weise ebenso reduziert wie seine Offenheit für die spezifischen Bedürfnisse der Patienten. Von daher dürfte das Sammeln klinischer Erfahrung durch den Einsatz von Manuals eher *erschwert* als gefördert werden.

Die Anpassung an ein Leben mit chronischem Schmerz entwickelt sich *nicht* von jetzt auf gleich. Sie setzt veränderte *Bewertungsmuster* voraus, die wiederum auf *veränderten neuronalen Kartierungen* beruhen. Neuronale Bahnungen jedoch brauchen im Allgemeinen *Zeit* – ungeachtet aller ökonomischen Erwägungen. Im Verlauf eines *Schmerzbewältigungsprogramms* werden viele Techniken vorgestellt und diskutiert, nicht aber ausreichend *eingeübt*. Neuronale Muster können auf diese Weise kaum geändert werden, da die Patienten keine tief greifenden oder wiederholten Erfahrungen machen. Sie werden zwar gebeten, die einzelnen Techniken auch außerhalb der Therapiesitzungen anzuwenden (was eine neuronale Bahnung begünstigen würde). Darauf jedoch ist nicht unbedingt Verlass: Manche der Schmerzbewältigungstechniken sind nicht eng genug an der Erfahrungswelt und Lebenswirklichkeit des Einzelnen orientiert, was die Wahrscheinlichkeit für eine Speicherung des Gelernten ebenso reduziert wie seine Motivation, die entsprechende Technik zu üben.

Individualisiertes Vorgehen bedeutet, dass der Therapeut die eigenen Interventionen flexibel an das anpasst, was dem einzelnen Patienten aufgrund seiner Bedürfnislage, seines Lebenshintergrundes und seiner konkreten Situation am meisten entspricht. Denn nicht *jede* Erfahrung ist veränderungswirksam – lediglich Erfahrungen, die für den Betroffenen von hoher subjektiver *Bedeutung* sind! In standardisierten Programmen sind die Themen für gelegentliche Rollenspiele und Verhaltensübungen mehr oder weniger vorgegeben. Bei individualisierter Therapie dagegen orientieren sie sich an dem, was für den *Patienten* bedeutsam ist, an *seinen* ganz persönlichen Ziel- und Wertsetzungen.

- **Dem Patienten werden veränderungswirksame Erfahrungen ermöglicht**

Eine der ‚Hauptsäulen' *standardisierter Therapieprogramme* ist die *Schmerzedukation*, die „der Vermittlung einer erweiterten, d.h. multidimensionalen Theorie des Schmerzes" dient und „die Akzeptanz des Patienten für psychosoziale Einflussfaktoren auf den Schmerz und das Vertrauen auf eigene Einflussmöglichkeiten fördern" soll (Kröner-Herwig & Frettlöh 2004, S. 506). Als Hilfsmittel werden schriftliche Materialien und Graphiken, Videofilme, Vorträge und Gruppendiskussionen eingesetzt. Damit wird auf Methoden zurückgegriffen, die sich im Hinblick auf stabile Einstellungsänderungen schon vor Jahren als *unwirksam* erwiesen haben (vgl. Frank 1985). Inzwischen haben auch die Neurowissenschaften bestätigt, dass erfolgreiche Therapien weniger eine Funktion von schriftlicher oder mündlicher Information sind, als vielmehr eine Funktion von *Erfahrungen*, die im Rahmen der therapeutischen Beziehung gemacht werden. Selbst wenn ein Patient durch entsprechende Vorträge von den konstruktiven Folgen kognitiver Bewältigungsstrategien überzeugt werden kann, sein persönliches Kompetenzerleben wird dadurch *nicht* grundlegend gefördert, weil sich Struktur und Funktionsweise von Nervenzell-Netzwerken dauerhaft nur durch unmittelbares *Erleben*, nicht aber allein durch Einsicht verändern (Bauer 2004, Grawe 2004).

Beim *individuumzentrierten Ansatz* wird die therapeutische Situation möglichst oft so gestaltet, dass sich der Patient als ein Mensch von Wert *erfahren* kann – als jemand, der nicht nur aus Krankheit besteht, sondern darüber hinaus über gesunde Rollen verfügt sowie über innere und äußere Ressourcen, die ihm beim Umgang mit seiner Erkrankung helfen können. Die Wiederbelebung individueller Ressourcen geht gewöhnlich mit *positiven Emotionen* einher. Diese wiederum sind mit neuronalen Erregungsmustern verbunden, die ein Gegengewicht darstellen gegenüber neuronalen Kartierungen bei Verzweiflung und Angst.

- **Die Interessen des Patienten haben Vorrang vor wirtschaftlichen Interessen**

Für standardisierte Therapieansätze spricht ohne Zweifel, dass der *personelle und zeitliche Aufwand* geringer ist als bei individualisierten Therapieansätzen – was angesichts der gegenwärtigen Lage im Gesundheitssystem besonders ins Gewicht fallen dürfte. Die durchschnittliche Verweildauer von Patienten in schmerztherapeutischen Einrichtungen ist in den letzten Jahren gesunken. Ebenso sinkt die Zahl der auf einer Station arbeitenden Psychologen. Der einzelne Therapeut, der immer mehr Patienten in immer kürzerer Zeit zu behandeln hat, gerät dadurch unter einen erheblichen Druck – verbunden mit dem Gefühl, zu wenig ausrichten zu können (vgl. 11.). Gefühle dieser Art können sich auf die therapeutische Arbeit ungünstig auswirken. Geduld und Gelassenheit, Abwarten-Können und Orientierung am Tempo des Patienten sind wichtige therapeutische Eigenschaften, die oft nur schwer zu verwirklichen sind angesichts der Diskrepanz zwischen dem Bedarf einerseits, gesundheitspolitischen und institutionellen Begrenzungen andererseits. Ich habe keine Lösung für dieses Problem. Denn es ist vor allem auch ein politisches und gesamtgesellschaftliches Problem. Wenn die Pharmaindustrie hochwirksame und langerprobte Medikamente wieder vom Markt nimmt, weil sie zu *preiswert* sind, wenn sie kostspielige Wirkstoffe in der Schmerztherapie propagiert, die Zulassung *billiger* Heilmittel dagegen eher behindert, sind das nur Einzelbeispiele für die Tatsache, dass mit den im Gesundheitswesen zirkulierenden Geldern primär *wirtschaftliche* Interessen bestimmter Konzerne bedient werden – nicht unbedingt die Interessen der Patienten (vgl. 3.3.7.). Nach welchen wirtschaftlichen Kriterien die Gelder im Gesundheitssystem verwaltet werden, kann hier nicht diskutiert werden: „Das ist wirklich ein zu weites Feld" (Fontane 1983 a). Wie auch immer man „Wirtschaftlichkeit" definiert – sie *allein* sollte *kein* Argument für die Verwendung standardisierter Therapie sein.

Offen ist, welcher Ansatz *langfristig* gesehen tatsächlich wirtschaftlicher ist. Mit standardisierten Programmen können zwar viele Patienten in kurzer Zeit von wenigen Therapeuten behandelt werden. Als *wirtschaftlich* kann dieser Tatbestand jedoch erst dann bezeichnet werden, wenn dadurch die Gesundheitskosten der so behandelten Patienten (Medikamente, Arztbesuche, Krankschreibungen, usw.) auf *Dauer* mehr gesenkt werden als durch individualisierte Ansätze.

Zusammenfassung
Manuals mit ihren vorgegebenen Themen und Zielen erscheinen sowohl aus Sicht der Einstellungsforschung als auch aus Sicht der Neurowissenschaften wenig geeignet, um Bewertungsmuster und Einstellungen von Patienten *dauerhaft* zu ändern. Einstellungsänderungen benötigen Zeit und eine hohe emotionale Beteiligung der Betroffenen – eine Tatsache, die auf neurobiologischen Gegebenheiten basiert und sich auch durch ökonomische Forderungen einer verwalteten Psychotherapie nicht aus der Welt schaffen lässt. Orientiert sich das Gesundheitssystem weiterhin an dem Grundsatz, dass möglichst wenige Therapeuten möglichst viele Patienten in möglichst kurzer Zeit versorgen sollten, lässt sich das hier vorgestellte Konzept einer psychologischen Begleitung von Schmerzpatienten nur bedingt verwirklichen. Was jedoch nicht gegen das Konzept spricht ... Für die Wahl zwischen einem standardisierten und einem individuumzentrierten Ansatz gibt es kein allgemeingültiges

Entscheidungskriterium. Jeder Therapeut sollte den Ansatz wählen, der ihm selbst am meisten entspricht, von dem er weiß, dass er seine Fähigkeiten in diesem Rahmen am besten verwirklichen kann. Auch bei der Durchführung standardisierter Therapieprogramme sind Therapeutenmerkmale wie Einfühlung, Echtheit und Wertschätzung von großer Bedeutung, da sie grundlegenden Bedürfnissen des Menschen entsprechen. Die *Grenzen* manualgesteuerter Therapien sehe ich vor allem in der Orientierung therapeutischer Interventionen am Bild des „typischen Schmerzpatienten" (den es nicht gibt) und der damit zwangsläufig verbundenen mangelnden Berücksichtigung der Autonomie des Einzelnen und seiner ganz persönlichen Form der Auseinandersetzung mit seinem Schmerz.

9. Therapeutische Interventionen

Manchmal heilen, oft helfen, immer ermutigen und trösten.
(Anonym)

Im Folgenden werden einzelne Interventionen beschrieben, mit denen die diskutierten Therapieprinzipien in konkretes Handeln umgesetzt werden können. Das *spezifische Vorgehen* in der Begegnung mit einem Patienten muss in jedem Einzelfall neu herausgefunden werden, da es nicht nur von der Persönlichkeit und dem Ausbildungshintergrund des Therapeuten abhängig ist, sondern ebenso von der Person des Patienten, der therapeutischen Beziehung sowie von der gegebenen Situation. Die meisten der hier vorgestellten Interventionen entsprechen *mehreren* Grundbedürfnissen des Patienten zugleich, können sowohl dem einen als auch dem anderen Therapeutenmerkmal zugeordnet werden.

9.1. Zuhören

Wer hören kann, soll gut zuhören!
(Matthäus 11, 15; Lukas 8, 8; Lukas 14, 35)

In einer Untersuchung zur Situation und Krankheitsverarbeitung nach einer Hirntumoroperation habe ich 36 Patienten in einem halbstandardisierten Interview u.a. auch danach befragt, welches Verhalten ihrer Umwelt ihnen bei der Auseinandersetzung mit ihrer Erkrankung am meisten helfe. Die häufigste Antwort lautete: *„dass man mir zuhört."* Das, was von Menschen in Krisen- und Notsituationen als unterstützend und wohltuend erlebt wird, ist zu *allen* Zeiten und in den *verschiedensten* Kulturen ähnlich. Bereits im Alten Testament ist von der Hilfe durch **Zuhören** die Rede. Als Hiob seinen gesamten Besitz sowie seine Kinder verloren hat und nun auch noch schwer erkrankt, wünscht er sich von seinen Freunden: „Wenn ihr doch einmal richtig hören wolltet! Denn damit könntet ihr mich wirklich trösten" (Hiob 21, 2)! Im Gegensatz zu diesem verzweifelten Wunsch steht die Realität. Die meisten Patienten können mit nur wenigen Menschen über die mit ihrer Erkrankung verbundenen Ängste und Belastungen reden: „Die Zahl der Vertrauenspersonen schwankt durchschnittlich zwischen Null und zwei" (Spaink 1994, S. 97). Auch in Begegnungen mit ihrem Arzt vermissen viele Patienten, dass man ihnen zuhört. Erinnert sei an die Untersuchung, wonach Patienten nach durchschnittlich 18 Sekunden von ihrem Arzt unterbrochen werden (vgl. 3.2.1.).

Die meisten Arzt-Patient-Beziehungen sind durch ein Aufeinanderprallen von Erwartungen gekennzeichnet, die nur selten ‚unter einen Hut' zu bringen sind. *Ärzte* erwarten gewöhnlich, dass sich ihre Patienten kurz und knapp ausdrücken, gleich zur Sache kommen und Äußerungen vermeiden, die in keiner unmittelbaren Beziehung zu ihren Symptomen stehen. Zeichen übermäßiger emotionaler Beteiligung werden eher als störend empfunden, da sie Zeit kosten, längere Patientengespräche aber so gut wie gar nicht abgerechnet werden können. Demgegenüber stehen die Erwartungen vieler *Patienten*, ihr Arzt möge sich ausreichend Zeit für sie nehmen und ihnen zuhören, während sie von ihren Beschwerden sowie damit verbundenen Ängsten berichten.

Um sich in einen Patienten einfühlen zu können, muss man ihm zunächst einmal *zuhören*. Zuhören kostet Zeit. Zeit aber ist Mangelware im Gesundheitssystem. Einige Therapeuten meinen, Zeit *sparen* zu können, wenn sie den Kontakt mit ihren Patienten ‚vereinheitlichen', d.h. von Eigenschaften des ‚typischen Schmerzpatienten' ausgehen, Unterschiede und Besonderheiten überhören: „Die meisten Patienten sind so. Ich spare Zeit, indem ich von diesen typischen Verhaltensweisen ausgehe. In 90% der Fälle stimmt es ja" (ein ärztlicher Schmerztherapeut). Zeitfragen sind meist auch *Wert-Fragen*. Wer sich beim Zuhören keine Zeit nimmt, vermittelt seinem Gegenüber: ‚Sie sind mir diese Zeit nicht wert.'

Um *Zeit*, genauer: um das *Sparen von Zeit* geht es in dem Märchenroman „Momo" von Michael Ende (1993). Der Roman handelt von **Menschlichkeit** – und davon, dass sich Menschlichkeit zunächst und immer wieder im *Zuhören* konkretisiert. Ärzte und Therapeuten, die Zeit sparen wollen, indem sie weniger zuhören, machen ähnliche Erfahrungen wie die Menschen in „Momo": Sie werden „immer nervöser und ruheloser" (ebd. S. 69). Zeit an sich ist nur *ein* Faktor beim Zuhören. Entscheidend ist die *Bezogenheit auf das Gegenüber*, die nicht nur körperliche, sondern auch *seelisch-geistige Anwesenheit* des Zuhörers. Ende (ebd. S. 15 f.) beschreibt, wie Momo zuhören konnte:

„Momo konnte so zuhören, dass dummen Leuten plötzlich sehr gescheite Gedanken kamen. Nicht etwa, weil sie etwas sagte oder fragte, was den anderen auf solche Gedanken brachte, nein, sie saß nur da und hörte einfach zu, mit aller Aufmerksamkeit und Anteilnahme. Dabei schaute sie den anderen mit ihren großen, dunklen Augen an und der Betreffende fühlte, wie in ihm auf einmal Gedanken auftauchten, von denen er nie geahnt hatte, dass sie in ihm steckten. Sie konnte so zuhören, dass ratlose oder unentschlossene Leute auf einmal ganz genau wussten, was sie wollten. Oder dass Schüchterne sich plötzlich frei und mutig fühlten. Oder dass Unglückliche und Bedrückte zuversichtlich und froh wurden. Und wenn jemand meinte, sein Leben sei ganz verfehlt und bedeutungslos und er selbst nur irgendeiner unter Millionen, einer, auf den es überhaupt nicht ankommt und der ebenso schnell ersetzt werden kann wie ein kaputter Topf – und er ging hin und erzählte alles das der kleinen Momo, dann wurde ihm, noch während er redete, auf geheimnisvolle Weise klar, dass er sich gründlich irrte, dass es ihn, genauso wie er war, unter allen Menschen nur ein einziges Mal gab und dass er deshalb auf seine besondere Weise für die Welt wichtig war. So konnte Momo zuhören!"

Nur wenige Menschen können auf eine solche Weise zuhören. Es gehört wohl eine besondere Begabung dazu. Was aber durchaus gelehrt und gelernt werden kann, sind folgende *Aspekte, in denen sich Zuhören manifestiert*:
– Zuhören geschieht nicht nur mit den *Ohren*, sondern auch mit den *Augen*, mitunter sogar mit der *Nase* - also „mit dem ganzen Wesen -, denn ein Eindruck, den man nur mit dem Gehör aufnimmt, ist ziemlich oberflächlich" (Kapleau 1984, S. 57). Das heißt: Der Therapeut achtet nicht nur auf die Inhalte, über die der Patient spricht, sondern ebenso auf seine *nonverbalen Signale*, auf das, was er mit seiner Mimik und Gestik ‚sagt'.
– Der Therapeut wendet sich dem Patienten *zu* – auch im wörtlichen Sinne des Wortes: durch eine entspannte, offene Körperhaltung, gelegentliches Kopfnicken und Lächeln, einen interessierten Gesichtsausdruck und Blickkontakt. Die Häufigkeit des Blickkontakts richtet sich nach dem *Patienten*: Manchen Menschen fällt es leichter, über belastende Ereignisse und bestimmte Gefühle (z.B. Schuld und Scham) zu reden, während ihr Gegenüber sie *nicht* ansieht.
– Der Therapeut lässt den Patienten ausreden, *ohne* ihn mit Interpretationen, Wertungen oder Belehrungen zu *unterbrechen*. Er konzentriert sich auf das, was der Patient ihm zu vermitteln sucht, ohne darüber nachzudenken, was er wohl antworten könnte. Der Patient erwartet oft gar keine Antwort. Gelegentliches Kopfnicken, kurze Bestätigungen wie „Hm", „Ja" genügen.
– Der Therapeut hört dem Patienten zu, auch wenn er *schweigt* – seiner Atmung, seinen Blicken, Tränen und Gesten. Sitzt der Patient traurigversunken oder eher verschlossen-abweisend auf seinem Stuhl? Wie hält er seine Hände, wie stellt er seine Füße? Dreht er ein Taschentuch in seinen Händen, schaut er auf die Uhr, verändert sich seine Atmung? Es gibt Situationen, für die der Patient keine Worte (mehr) hat, in denen er aber dennoch einen Zuhörer braucht.

Hören und Zuhören ist nicht dasselbe. Man kann hören, was ein Mensch sagt, ohne ihm *zuzuhören*, d.h. ohne sich innerlich auf das Gehörte einzulassen und es zu beherzigen – etwa so, wie man Rundfunknachrichten hört, ohne sich weiter damit zu befassen. Therapeutisches *Zuhören* bedeutet, dem Patienten nicht nur mit den Ohren, sondern auch mit dem Herzen und dem Verstand zuzuhören. Zuhören ist nicht Passivität, sondern höchste Aktivität und Arbeit, denn „Zuhören bedeutet auch: dem folgen, sich nach dem richten und sich von dem leiten lassen, was der andere sagt" (Sporken 1981, S. 172).
Kurz nachdem Salomo König über Israel geworden ist, hat er einen Traum, in dem der Herr zu ihm sagt: „Wünsche dir, was du willst; ich will es dir geben" (1. Könige 3, 5)! Und Salomo antwortet: „Verleih dei-

nem Knecht ein hörendes Herz" (ebd. 9). Ein „hörendes Herz" ist nicht nur die Voraussetzung dafür, ein Volk zu regieren. Es ist die Basis einer *jeden* guten Beziehung - auch der therapeutischen - und Voraussetzung für jede weitere Intervention. Zuhören ist der Weg, auf dem der Therapeut dem Patienten nahe kommen kann – nicht immer, um ihn zu verstehen (dem Verständnis sind Grenzen gesetzt), doch um ihm zu vermitteln: ‚Sie sind nicht allein, zumindest nicht in diesem Moment.'

Auswirkungen von „Zuhören"
– Zuhören vermittelt dem Patienten, dass er durch seine Erkrankung kein Niemand geworden ist, auf den es nicht weiter ankommt, dass er vielmehr ein Mensch ist, dessen Äußerungen nach wie vor Be-Achtung finden. Zuhören *bezeugt die Existenz* des anderen. Wem zugehört wird, den *gibt* es.
– Mit einem Menschen zur Seite, der ihn nicht unterbricht oder bewertet, der ihm einfach ‚nur' zuhört, bekommt der Patient (wieder) Mut, *seine Gefühle zu äußern* und die Dinge so darzustellen, wie er sie im Augenblick empfindet, statt sich an den vermuteten und/oder tatsächlichen Erwartungen der Umwelt zu orientieren. Das Aussprechen von Erfahrungen und der damit verbundenen Gefühle hilft, die eigene Situation klarer zu sehen, eventuell sogar neue Sichtweisen zu entwickeln.
– Zuhören bewahrt den Therapeuten davor, das, was der Patient sagt, vorschnell als Ausdruck dysfunktionalen Denkens zu bewerten. Es fördert seine Wahrnehmung nicht nur für die innere Befindlichkeit des Patienten, sondern auch für die Bedingungen, unter denen er lebt. Hierdurch wird die Grundlage für Interventionen geschaffen, die an der konkreten Situation des Betroffenen orientiert sind, nicht an vorgegebenen Deutungsmustern über ‚den' Schmerzpatienten.
– Zuhören schützt den Therapeuten davor, sich so zu verhalten wie die Freunde Hiobs, zu denen dieser schließlich nur noch das sagen kann, was auch Patienten gelegentlich denken, aber nicht auszusprechen wagen: „Ihr selbst seid ratlos, deckt es zu mit Lügen; Kurpfuscher seid ihr, die nicht heilen können! Es wäre besser, wenn ihr schweigen würdet, dann könnte man euch noch für weise halten" (Hiob 13, 4-5)!

9.2. Verbalisierung emotionaler Erlebnisinhalte

Das bedeutet, dass der Therapeut genau die Gefühle und persönlichen Bedeutungen spürt, die der Klient erlebt, und dass er dieses Verstehen dem Klienten mitteilt.
(Carl Rogers 1981, S. 68)

Einfühlung äußert sich nicht in banalen Vertraulichkeiten („Ich verstehe.") oder jovialen Bestätigungen („Das muss schlimm für Sie sein!"), sondern in Formulierungen, die dem inneren Erleben des Patienten entsprechen, es widerspiegeln, differenzieren und klären. Wenn der Therapeut sagt ‚Ich verstehe Sie', kann der Patient nicht wissen, ob das wirklich der Fall ist. Anders ist es, wenn ihm der Therapeut mit seinen Äußerungen ‚beweist', *dass* und *wie* er ihn verstanden hat. Mit dem Begriff **Verbalisieren** sind also weder Floskeln gemeint noch echohafte Wiederholungen dessen, was der Patient gesagt hat. Verbalisieren bedeutet vielmehr, dass der Therapeut die Gefühle, Wünsche und Ziele des Patienten ebenso aufgreift wie seine emotionalen Bewertungen, d.h. wie das, was bestimmte Wahrnehmungsinhalte für ihn *bedeuten*. Dabei berücksichtigt er auch die *Intensität* des Erlebens, spricht bestimmte Gefühle u.U. *für* den Patienten aus, wenn er selbst sie nicht direkt zu äußern wagt, aber in Mimik, Gestik oder Tonfall Signale dafür sendet.

Patient: Die Krankenschwestern hier haben so wenig Zeit.
Therapeut (ungünstig): Sie müssen bedenken, dass die Schwestern ein ganz schönes Arbeitspensum zu bewältigen haben.
Therapeut (verbalisierend): Sie fühlen sich allein gelassen, wünschten sich mehr Beachtung?
Patient: Mir kann doch keiner mehr helfen.
Therapeut (ungünstig): Aber alle geben sich doch große Mühe hier!
Therapeut (verbalisierend): Im Moment erscheint Ihnen Ihre Situation ausweglos. Verstehe ich Sie richtig, dass Sie auch enttäuscht sind über das Verhalten bestimmter Menschen in Ihrer Umgebung?

Fremdwörter, abstrakte Redewendungen, diagnostizierende Substantive und Adjektive (wie z.B. „Frustrationstoleranz", „dysfunktional") sollten nach Möglichkeit vermieden, stattdessen *anschauliche und konkrete* Formulierungen verwendet werden. Besonders hilfreich sind *Bilder, Beispiele* und *Vergleiche*, da sie Stimmung und Situation des Patienten meist ‚umfassender' und eindrücklicher darstellen als abstrakte Begriffe.

Patient: Irgendwie kann ich mich meiner Umwelt nicht mehr verständlich machen.
Therapeut (ungünstig): Sie fühlen sich isoliert?
Therapeut (verbalisierend): Als ob sich eine Glaswand zwischen Sie und bestimmte Menschen in Ihrer Umgebung geschoben hat?

Im Rahmen der *Gesprächspsychotherapie* werden drei *Formulierungsarten* voneinander unterschieden (nach Mucchielli o.J.):
– Bei der „**Verbalisierung als Wiedergabe**" (ebd. S. 43 f.) gibt der Therapeut den emotionalen Gehalt dessen wieder, was der Patient gesagt hat. Er fasst die wesentlichen Erlebnisinhalte zusammen oder spricht diejenigen Gefühlsinhalte an, von denen er annimmt, dass sie für den Patienten besonders wichtig sind. Durch Verbalisierungen dieser Art wird den Aussagen des Patienten Nachdruck verliehen, die darin enthaltenen Empfindungen werden *bestätigt* und *vertieft*.

- Die **„Verbalisierung als umkehrbare Beziehung"** (ebd. S. 44 f.) kann am besten an den Kipp-Figuren (Vexierbildern) verdeutlicht werden, wie sie aus der Wahrnehmungspsychologie bekannt sind. Kipp-Figuren stellen zwei *unterschiedliche* Motive dar, von denen das eine im Vordergrund ist, während das andere in den Hintergrund tritt. Je nach Perspektive kommt es zu einem Wechsel von Vorder- und Hintergrund: Dasjenige Bild, das zuvor im Hintergrund war, tritt in den Vordergrund und umgekehrt. Übertragen auf das emotionale Erleben des Patienten kann der Therapeut in seinen Formulierungen auf das eingehen, was für den Patienten gerade im Vordergrund steht, oder auch den eher undeutlichen, noch diffusen Gefühlsanteil im Hintergrund aufgreifen, um dem Patienten auf diese Weise zu einer *differenzierteren Wahrnehmung* seiner Gefühle zu verhelfen.
- Bei der **„klärenden Verbalisierung im eigentlichen Sinne"** (ebd. S. 45 f.) greift der Therapeut vor allem den *Sinn* und die *emotionale Bedeutung* des Gesagten auf. Voraussetzung ist sein Gespür für das implizit Mitgemeinte – für das, was der Patient ‚zwischen den Zeilen' sagt, für Erlebnisinhalte, die er selber noch nicht auszudrücken vermag. Verbalisierungen dieser Art erleichtern es dem Patienten, sich auch mit bislang eher *unterdrückten Erlebnisinhalten* auseinanderzusetzen. Wichtig dabei ist, dass der Patient das Verbalisierte immer als sein *eigenes* Erleben identifizieren kann. Weicht die Äußerung des Therapeuten vom Erleben des Patienten zu weit ab, wird sie nicht als Ausdruck einfühlsamen Verstehens empfunden, sondern als Interpretation oder Bewertung. Hilfreich dagegen ist eine Äußerung dann, wenn der Patient „sie aufnehmen und zu seinem inneren Bezugssystem in Beziehung setzen kann" (Alterhoff 1983, S. 86).

Verbalisierungen sollten stets als *Hypothese*, nicht als ‚Wahrheit' formuliert werden. Allein der *Patient* entscheidet, ob eine Therapeutenäußerung seinem inneren Erleben entspricht oder nicht. Der Hypothesencharakter kann beispielsweise durch einen fragenden Tonfall angedeutet werden, ein leichtes Heben der Stimme am Ende des Satzes oder durch Einleitungen wie „Ich bin nicht ganz sicher, ob ich Sie richtig verstanden habe, dass ...". Auch das Eingeständnis hilft: „Ich versuche zu verstehen, was das alles für Sie bedeutet, fürchte jedoch, es gelingt mir noch nicht ganz. Vielleicht könnten Sie mir mehr davon erzählen?" Entscheidend dafür, dass eine Verbalisierung als einfühlsam erlebt wird, ist nicht nur das, was der Therapeut inhaltlich sagt, sondern auch die Art und Weise, *wie* er sich äußert (vgl. 8.2.2.). Tonfall, Stimmlage und Lautstärke seiner Äußerung sollten nach Möglichkeit der Intensität des beim Patienten wahrgenommenen Gefühls entsprechen.

Ein *günstiger Zeitpunkt* für Verbalisierungen ist vor allem dann gegeben, wenn der Patient in seinem Bericht stockt, wenn er nonverbal bestimmte Gefühle zeigt, diese jedoch nicht formulieren kann oder nicht auszusprechen wagt. Darüber hinaus gibt es keine ‚Indikationsregeln' für Verbalisierungen, da jeweils der *Kontext* darüber entscheidet, ob überhaupt verbalisiert werden sollte, und wenn ja, welche Art der Verbalisierung angemessen ist. In *zwei* Situationen sollte nur ‚dosiert' oder gar nicht verbalisiert werden:

– In *Krisensituationen*, wenn der Patient unter Schock steht und/oder in Panik gerät (z.B. dann, wenn er soeben von der ‚Unheilbarkeit' seiner Erkrankung erfahren hat), sind Verbalisierungen wenig hilfreich, weil sie in diesem Kontext eher distanzierend als Anteil nehmend, eher einfallslos als einfühlsam wirken. Angesichts einer traumatischen Erfahrung reicht unser Wortschatz gewöhnlich nicht aus, um Intensität und Qualität der damit verbundenen Gefühle adäquat wiederzugeben. Sätze wie „Sie haben Angst" gehen an den Gefühlen eines Menschen in einer existentiellen Leidsituation vorbei. Vielleicht wird er sogar wütend angesichts der Banalität einer Bemerkung, auf die man im Grunde nur noch entgegnen kann: „Was seid ihr doch für kluge Leute! Mit euch stirbt ganz bestimmt die Weisheit aus" (Hiob 12, 2)! Manche Psychologen bewerten es positiv, wenn der Patient auf den *Therapeuten* wütend wird: Der Patient werde dadurch aus seiner Lähmung gerissen und richte die emotionale Energie nicht mehr gegen sich selbst: „Besser, der Patient ist *wütend* als verzweifelt." Bemerkungen dieser Art vereinfachen die Komplexität menschlicher Gefühle. Die Verzweiflung eines Patienten verschwindet nicht einfach, wenn er auf seinen Therapeuten wütend wird. Im Gegenteil: Sie kann sogar noch stärker werden, wenn der Patient den Eindruck hat, dass der Therapeut sein Entsetzen nicht wirklich zu erfassen vermag, es durch triviale Verbalisierungen zu nivellieren sucht, dabei jedoch ihn (den Betroffenen) innerlich allein lässt. Angesichts des Unsagbaren gibt es keine Regeln für ‚passende' Reaktionen. Hier ist der Therapeut auf sein Gespür dafür angewiesen, welcher (verbaler oder nonverbaler) Verhaltensweisen der Patient in diesem Moment am dringendsten bedarf – orientiert etwa an der Frage: „Was würde mir selbst vielleicht gut tun, wenn ich an seiner (des Patienten) Stelle wäre? Was würde ich vermutlich *auf keinen* Fall hören wollen?"

– Zum anderen sind Verbalisierungen dann unangebracht, wenn ein Patient in *Selbstmitleid* versinkt, wenn er aufgrund seiner Fixierung auf das eigene ungerecht-schwere Schicksal für einfühlsame Zuwendung von außen nicht mehr ‚offen' ist: „Mir kann doch keiner mehr helfen!", „Wenn Sie wüssten, wie mir zumute ist!" In einer solchen Situation dringen Verbalisierungen meist nicht mehr zum Patienten durch – oder aber sie bestärken ihn noch in seinem Kreisen um das eigene Ich. Günstiger sind Interventionen, die den Patienten dabei unterstützen, (wieder) eine gewisse Distanz zur eigenen Person und Situation zu gewinnen, das Geschehen einmal aus einer anderen als der gewohnten Perspektive zu betrachten. Die weiter unten beschriebenen Techniken *Rollenwechsel und Rollentausch* (9.4.) begünstigen einen solchen Perspektivewechsel: Der Therapeut könnte den Patienten beispielsweise darum bitten, in seiner Phantasie die Rolle seines besten Freundes einzunehmen und sich vorzustellen, was dieser Freund ihm - dem

Betroffenen - wohl sagen, raten oder wünschen würde (vgl. 9.4.2.). Kaum ein Patient fällt nach einem solchen Rollentausch in sein früheres ‚Jammern' zurück. Fast alle Patienten werden ruhiger, auch wieder aufnahmefähig für nachfolgende Verbalisierungen des Therapeuten. Nicht immer reicht ein einmaliger Rollentausch aus, um die Klagemauer, die ein Patient um sich herum errichtet hat, zu erschüttern. Oft jedoch öffnet er zumindest ‚ein Fenster'.

Auswirkungen von „Verbalisierungen emotionaler Erlebnisinhalte"
— Dadurch, dass der Therapeut das Erleben des Patienten in Worte fasst, kann er überprüfen, ob er auch tatsächlich *verstanden* hat, was diesen bewegt.
— Die Verbalisierungen des Therapeuten vermitteln dem Patienten, dass er sich verständlich machen kann – eine Erfahrung, die sein *Selbstvertrauen* stärkt, zumindest das Vertrauen in seine Fähigkeit, sich einem anderen Menschen mitteilen zu können.
— Der Patient gewinnt umso mehr Vertrauen zu seinem Therapeuten, je mehr er sich von diesem auch in denjenigen Gefühlen verstanden fühlt, über die er bisher nur in Andeutungen zu sprechen vermag.
— Die Erfahrung, dass jemand da ist, der *für* ihn ausdrückt, was er selbst (noch) nicht formulieren kann oder auszusprechen wagt, entspricht dem Bedürfnis des Patienten nach Sicherheit (vgl. 8.4.) ebenso wie seinem Bedürfnis nach menschlicher Nähe und Zuwendung (vgl. 8.5.).
— Am Modell des Therapeuten (genauer: seiner Verbalisierungen) lernt der Patient, sich seinen emotionalen Erlebnisinhalten zuzuwenden, auch angstbesetzte Inhalte offen und direkt zu äußern. Verbalisierungen fördern somit die *Selbstauseinandersetzung* des Patienten. Selbstauseinandersetzung wiederum ist eine Voraussetzung für persönliche Weiterentwicklung (vgl. 8.2.2.).
— Durch das Zusammenspiel von selbstexplorativen Äußerungen des Patienten und Verbalisierungen des Therapeuten verändern sich mitunter die Bewertungen, die bestimmte Ereignisse für den Patienten haben, neue Sichtweisen können entwickelt, die eigene Person sowie Bezugspersonen umfassender und genauer wahrgenommen werden. Diesem *Differenzierungsprozess* dienen vor allem konkrete und spezifische Formulierungen des Therapeuten sowie ein Aufgreifen dessen, was bestimmte Erfahrungen für den Patienten bedeuten.
— Starker Schmerz ist oft mit dem Empfinden verbunden, das eigene ‚Ich' löse sich im Meer der Schmerzen auf. Verbalisierungen *stärken das Identitätserleben* des Patienten.
Identität entsteht durch das Zusammenwirken folgender Aspekte (vgl. Petzold 1984):
a) Identifikation = Ich erkenne mich selbst
b) Identifizierung = Ich werde erkannt
c) Identifikation der Identifizierung = Ich erkenne, dass ich erkannt werde.

Alle drei Komponenten werden durch Verbalisierungen ‚aktiviert':
a) Die Verbalisierungen des Therapeuten ermutigen den Patienten, seine Gedanken und Gefühle auszusprechen und zu klären. Dadurch lernt er sich selbst besser kennen und verstehen: *Er erkennt sich selbst.*
b) Der Therapeut begibt sich imaginativ in die Welt des Patienten – in dem Bemühen, nicht nur die Inhalte des Gesagten, sondern auch die damit verbundenen Erlebnisinhalte und Bewertungen zu erfassen: *Der Patient wird erkannt.*
c) Dadurch, dass der Therapeut ausspricht, was er glaubt, verstanden zu haben, erfährt der Patient, dass seine Empfindungen einfühlbar und verständlich sind: *Der Patient erkennt, dass er erkannt wird.*

– Der Therapeut bezieht sich in seinen Verbalisierungen auf die Gefühle, Bedürfnisse, Wünsche und Bewertungen des Patienten. Auf diese Weise wird ein Prozess in Gang gesetzt, bei dem der Patient lernt, sich vor allem an seinem *inneren* Erleben zu orientieren – statt an von außen vorgegebenen Normen und Erwartungen.

9.3. Fragen

Erzähle mir von deiner Verwundung. Was hast du dabei gefühlt?
(Friedemann Wieland 1986, S. 91)

Im Folgenden werden verschiedene Arten von Fragen diskutiert, die im Rahmen einer psychologischen Begleitung von Schmerzpatienten (nicht nur hier) von Bedeutung sein können.

• **Fragen nach den Wünschen und Zielen**
Auffallend an den Heilungen Jesu ist, dass er die Betroffenen nicht einfach gesund macht, sondern ihnen zuerst eine *Frage* stellt. Den Kranken am Teich Betesda fragt er: „Willst du gesund werden?" (Johannes 5, 6), den Blinden in der Nähe von Jericho: „Was soll ich für dich tun" (Markus 10, 51)? Liegt es nicht auf der Hand, dass der Blinde wieder sehen und der Lahme wieder gehen möchte? Jesus jedoch geht nicht vom Offensichtlichen aus – er *vergewissert* sich. Er verlässt sich nicht auf seine Vermutung über die möglichen Ziele des Betroffenen – er *fragt nach*. Er zwingt seinem Gegenüber keine persönlichen Vorstellungen von Gesundheit auf – er *erkundigt* sich nach dem, was *er* (der Betroffene) sich wünscht. Die **Frage nach den Wünschen und Zielen** des Patienten sollte am Beginn einer *jeden* Psychotherapie stehen, auch einer psychologischen Schmerztherapie. Nicht jeder Mensch, der an chronischen Schmerzen leidet, möchte psychologisch behandelt werden! Nicht jeder Schmerzpatient sucht freiwillig einen Psychologen auf. Einige erscheinen, weil sie vom Arzt überwiesen, von Angehörigen oder Freunden zur Therapie gedrängt werden. Andere stimmen einer Psychotherapie zu, weil sie sich davon einen Vorteil für ein bestimmtes Gutachten versprechen, o.ä.. Einige Menschen beginnen eine Therapie, kommen dann jedoch mit ihrem Therapeuten nicht zurecht. Andere lehnen eine psycho-

logische Behandlung grundsätzlich ab, völlig unabhängig von der Person des Therapeuten und der Art der Therapie. Wieder andere sind zwar prinzipiell zur Therapie bereit, haben aber noch gewisse Vorbehalte (etwa aufgrund von Fehlinformationen oder negativen Erfahrungen mit anderen Psychologen). Was der Patient selbst von einer psychologischen Behandlung hält, welche Wünsche und Erwartungen er damit verbindet, welche Einwände er möglicherweise noch hat, sollte offen thematisiert werden – am besten dadurch, dass der Therapeut danach *fragt*: „Herr A., Sie sind von Herrn Dr. X überwiesen worden. Wie denken *Sie selbst* über eine Psychotherapie?", „Was möchten Sie?", „Was könnte ich für Sie tun?", „Was erhoffen Sie sich von Therapiegesprächen?" Fragen dieser Art helfen dem Patienten, seine Einstellung gegenüber einer psychologischen Behandlung zu konkretisieren und zu klären. Ist der Patient unsicher, was die *Person* des Therapeuten, die *Art* der Gesprächsführung und/oder *eigene Zielvorstellungen und Veränderungswünsche* betrifft, können zunächst zwei oder drei Gespräche vereinbart werden, um ihm die Möglichkeit zu geben, den Therapeuten und sein Vorgehen besser kennen zu lernen und sich über die eigenen Motive klarer zu werden. Mit seiner Frage nach den Wünschen und Zielen des Patienten geht es dem Therapeuten nicht nur darum, Informationen über den Patienten einzuholen. Darüber hinaus regt er diesen dazu an, seinen Blick nach *Innen* zu richten: *Eine Psychotherapie kann nur dann Früchte tragen, wenn sich der Betroffene aus eigenem freien Willen heraus dafür entscheidet und die Therapieziele seinen ganz persönlichen Bedürfnissen und Wertvorstellungen entsprechen* (vgl. 6., 11.1.2.). Einige Patienten möchten schmerzfrei *gemacht* werden, sich jedoch nicht mit sich selbst auseinandersetzen. Unter diesen Umständen führt eine Psychotherapie fast immer zu beiderseitiger Enttäuschung. Diese Enttäuschung kann vermieden werden, wenn die Erwartung des Patienten von Anfang an ausführlich besprochen und ihm glaubwürdig vermittelt wird, dass er das Angebot einer Therapie auch ablehnen kann – ohne befürchten zu müssen, sein „Nein" werde einen negativen Vermerk in seiner Krankenakte zur Folge haben. Welche Gründe auch immer ein Mensch hat, psychotherapeutische Gespräche abzulehnen: sein „Nein" sollte *respektiert* werden. Psychotherapie erfordert nicht nur kein „Nein", sondern ein ausdrückliches „Ja". Der Betroffene sollte wirklich *wollen*, es andernfalls lieber *lassen* – zumindest zu diesem Zeitpunkt. Dies muss klar sein – sowohl dem Patienten als auch dem Therapeuten. Einige Schmerztherapeuten haben den Anspruch, Patienten zu ihrem ‚Glück', d.h. zu einer Therapie, zu überreden. Das Ergebnis ist meist wenig erfreulich. Ein Therapeut sollte seine Patienten nicht zu missionieren suchen! Menschen, die zu einer psychologischen Behandlung gedrängt werden, wenden sich möglicherweise endgültig von der Psychologie ab – weil sie sich in ihrem Bedürfnis nach Autonomie verletzt fühlen. Respekt vor dem „Nein" eines Menschen zum gegenwärtigen Zeitpunkt verdirbt zumindest nicht die Voraussetzung dafür, dass er sich zu einem *späteren* Zeitpunkt *dafür* entscheidet.

Herr N. (ein Patient mit chronischen Kopfschmerzen nach einem Schädelhirntrauma durch Arbeitsunfall) teilt mir gleich nach der Begrüßung mit, dass er nur gekommen sei, weil sein Arzt das so wünsche. Er selbst halte nichts von der Psychologie. Er fürchte jedoch, der Arzt könnte „sauer" auf ihn sein, wenn er nicht bei mir erscheine.

Therapeutin (Th): Herr N., ich bin froh, dass Sie mir offen sagen, wie es zu diesem Gespräch gekommen ist. Psychotherapie ist eine ganz und gar *freiwillige* Angelegenheit. Denn schließlich geht es um Sie! (Herr N. nickt.) Wäre es in Ordnung, wenn wir uns heute eine Weile unterhalten? Am Ende der Stunde werden *Sie* entscheiden, ob Sie noch ein zweites Mal, mehrere Male oder überhaupt nicht mehr zu mir kommen. Wie auch immer Sie entscheiden: Es ist in Ordnung. Ich werde das mit Herrn Dr. X. (Arzt des Patienten) klären.

Patient (Pt): Einverstanden. Also, ich muss sagen, Sie wirken gar nicht wie eine Psychologin. Sie machen eigentlich einen ganz normalen Eindruck.

Th (lacht): Welchen Beruf hätten Sie denn eher vermutet?

Pt (überlegt): „Hm, Apothekerin? Nee, doch nicht. Hm ... (schaut auf meine Regale voller Bücher) Irgendwas mit Büchern?

Th: Das stimmt ja auch. Ich lese wirklich sehr viel. Nicht nur psychologische Sachen. Und Sie? Welchen Beruf haben Sie? Ich weiß nur, dass Sie im Baugeschäft sind. Aber das ist schon alles.

Herr N. erzählt einiges von seinem Beruf. Ich höre zu, frage nach, u.a. wie es damals zu dem Unfall gekommen ist. Schließlich weise ich darauf hin, dass die vereinbarte Zeit bald vorbei sein wird.

Pt (erstaunt): Schon? Eigentlich haben wir uns doch ganz gut unterhalten. Ich hatte gedacht, Sie würden mich nach meiner Kindheit fragen oder nach meinem sexuellen Leben ... Aber bei Ihnen kann ich ganz normal reden.

Th: Ja, Herr N., Therapie bedeutet, dass wir uns beide mit dem beschäftigen, was für *Sie* wichtig ist. Ich muss mich nach *Ihnen* richten – nicht umgekehrt! (Herr N. wirkt zunehmend nachdenklich.) Herr N., angenommen, Sie würden sich jetzt oder vielleicht später für Gespräche mit mir entscheiden: *Was könnte ich für Sie tun?*

Pt: Oh, das weiß ich schon. Einfach zuhören. Ich habe niemanden, mit dem ich reden kann, wissen Sie. Mit meinen Arbeitskollegen geht das nicht. Meine Frau ist vor vier Jahren gestorben. Meine Kinder möchte ich mit meinem Kram nicht belasten. Aber manchmal habe ich so den Eindruck, es sammelt sich einiges an. Ich kann mich allerdings nicht so gut ausdrücken.

Th: Hatten Sie in dieser Stunde den Eindruck, dass es darauf ankommt? (Herr N. schüttelt den Kopf.) Was an Gefühlen und Gedanken aus Ihnen heraus will, das soll und darf herauskommen. In welcher Form auch immer. Ich höre Ihnen zu, und wenn ich etwas nicht richtig verstanden habe, frage ich nach. Wichtig ist, dass Sie wirklich zu mir kommen *wollen* – nicht, weil der Arzt Sie geschickt hat, sondern weil *Sie* das Gefühl haben, eine Therapie könnte Ihnen gut tun. Wie gesagt: Es geht um *Sie*! *Was erhoffen oder wünschen Sie sich von Gesprächen mit mir?*

Pt: Hm, was ich mir wünsche? Also, ehrlich, nach meinen Wünschen, da hab' ich mich schon lange nicht mehr gefragt. Habe einfach gemacht, was anliegt. Immer so weiter ... Nur, dass ich dabei immer unzufriedener geworden bin. Und die Schmerzen werden nur durch Arbeit auch nicht besser. Hm, was ich mir wünsche? Vielleicht, dass ich wieder klarer sehe in meinem Leben. Gewissermaßen mal Bilanz mache. Ordnung schaffe in meinem Gefühlsdurchein-

der. Dann hätte ich wohl noch den Wunsch, das Wünschen wieder zu lernen (lacht etwas verlegen). Ob das ausreicht?
Th: Ja, sich selbst, die eigenen Gefühle und Wünsche besser kennen zu lernen – daran können wir arbeiten.
Pt (verlegen): Nehmen Sie mich denn jetzt noch, nachdem ich am Anfang gesagt habe, ich halte nichts von der Psychologie?
Th: Herr N., ich hoffe, Sie behalten Ihre Offenheit mir gegenüber bei! Was sollen denn Gespräche nützen, wenn wir uns gegenseitig etwas vormachen? ... Dann werden wir also zusammenarbeiten?
Pt: Ja!

- **Fragen nach dem Leid**

Ebenso wichtig wie die Frage nach den Wünschen und Zielen des Patienten ist die **Frage nach seinem Leid** – vor allem dann, wenn es ihm schwer fällt, von sich aus darüber zu reden: „Erzählen Sie mir von Ihrem Leid!", „Was bedeutet das alles für Sie – die Krankheit, die dauernden Schmerzen?" Ungeeignet sind Fragen, die nur mit „Ja" oder „Nein" beantwortet werden können und suggestiv eine bestimmte Antwort nahe legen: „Meinen Sie nicht auch, dass ...?" Fragen dieser Art sind an einer Antwort im Grunde nicht interessiert (oder fürchten sie sogar).

Welche Bedeutung die aufrichtige Frage nach dem Leid des Betroffenen hat, wird eindrücklich in der Geschichte von Parzival beschrieben, dem Ritter auf der Suche nach dem Gral. Der Gral - in der Fassung von Wolfram von Eschenbach (1170-1220) - ist ein Stein mit wunderbaren Kräften, der Nahrung spendet. Er ist ein Sinnbild höchsten himmlischen und irdischen Glücks. Eines Abends gelangt Parzival in eine prächtige Burg und wird dort ehrenvoll empfangen. Der Herr der Burg, König Anfortas, leidet an einer schweren Wunde, die nur dann heilen kann, wenn ein fremder Ritter unaufgefordert danach fragt. Parzival ist berührt vom Leid des Königs, aber er *fragt* ihn nicht. Er bleibt Zuschauer – und so kann der König nicht erlöst werden. Nach langen Reisen und vielen Kämpfen kommt Parzival schließlich erneut auf die Burg und fragt: *„Oeheim, waz wirret dir?"* (in: Wieland 1986, S. 151). Durch diese Frage herzlicher Anteilnahme wird der in seinem Leid erstarrte König endlich erlöst.

Die Aussage dieser Geschichte ist nach wie vor aktuell. Angst vor dem Leiden des anderen, persönliche Hilflosigkeit und Unsicherheit, wie man darauf reagieren sollte, führen dazu, dass die **Frage des Parzival** eher selten gestellt wird. Einige Menschen, die niemanden haben, mit dem sie offen über sich sprechen können, ‚erstarren' im Leid – ähnlich wie Anfortas. Die aufrichtige Frage nach ihrer ‚Wunde' könnte sie aus ihrer Erstarrung er-lösen, weil ihnen dadurch vermittelt wird, dass ihr Leid etwas ist, worüber man *reden* kann.

Ärzte, die von ihren Patienten als hilfreich erlebt und besonders geschätzt werden, unterscheiden sich von ihren weniger erfolgreichen Kollegen in der Anwendung einer bestimmten *Frage-Technik*, bei der es sich - genau besehen - um eine *Ausdifferenzierung der Parzival-Frage* handelt (Stuart & Lieberman 1993). Servan-Schreiber (2004, S. 237 ff.) fasst

diese Technik in fünf aufeinander folgenden *Schritten* zusammen – unter der Überschrift *"Die Fragen nach ELSE"*:
1. Der Therapeut beginnt das Gespräch mit der Frage: *"Was ist passiert?"* Dann hört er dem Patienten aufmerksam zu – ohne ihn zu unterbrechen. Empfohlen werden drei Minuten. Das ist viel, wenn man bedenkt, dass ein Patient gewöhnlich nach bereits achtzehn Sekunden von seinem Arzt unterbrochen wird. Lässt man den Patienten sehr viel länger als drei Minuten reden, besteht die Gefahr, dass er sich in der Schilderung äußerer Ereignisse verliert. Entscheidend aber sind nicht die Fakten an sich, sondern die damit verbundenen *Gefühle*. An sie richtet sich die zweite Frage.
2. E steht für *"Emotion"* – für die Frage: *"Was haben Sie dabei empfunden, als das passiert ist?"* Mit dieser Frage wird die Aufmerksamkeit des Patienten auf seine *Gefühle* gelenkt, die mit den geschilderten Ereignissen verbunden sind. Der Therapeut hält sich zurück mit Interpretationen oder Mutmaßungen über das, was der Patient möglicherweise empfinden *könnte*. Er *fragt* danach und signalisiert damit seine Bereitschaft, sich wirklich auf den *Patienten* einzulassen. Dann folgt die dritte und wichtigste der fünf Fragen.
3. L steht für *"Lassen Sie mich das Schwierigste wissen"* oder für die Frage: „Was war *das Schwierigste* für Sie?" Will man von seinen Gefühlen nicht überschwemmt werden, muss man bis ins Zentrum der Verzweiflung, bis an den tiefsten Punkt des Schmerzes vordringen: „Nur dort unten kann man sich abstoßen und dann wieder nach oben steigen" (ebd. S. 238). Die Sorge, der Patient könnte mit einer solchen Frage erst richtig in sein Elend ‚hineingetrieben' werden, ist unbegründet, beruht meist auf *eigenen* Ängsten vor dem Leid. Die Frage nach dem Schwierigsten „wirkt geradezu magisch, weil sie die Verwirrung im Kopf des leidenden Menschen auflösen kann. Die Gedanken ordnen sich um den zentralen Punkt herum, um das Detail, das am meisten Schmerz bereitet, während sie sonst - das ist bei uns allen so - dazu neigen, in alle Richtungen gleichzeitig zu strömen" (ebd. S. 239).
4. S steht für *"Standhalten"* – für die Frage: *"Und was hilft Ihnen am meisten standzuhalten?"* Mit dieser Frage wird die Aufmerksamkeit des Betroffenen auf das gelenkt, was ihm helfen könnte, die Belastungen seiner Situation zu tragen. Bei einigen ist es die Orientierung an inneren Werten, bei anderen das Vertrauen in Gott oder der Glaube an einen übergeordneten Sinn, bei wieder anderen sind es Ressourcen in der Umgebung, bestimmte Menschen zum Beispiel, auf die sie sich verlassen können.
5. E steht für *"Empathie"*, d.h. dafür, dass der Therapeut sagt, wie es *ihm selbst* beim Zuhören ergangen ist. Er fasst das Verstandene zusammen, drückt seine eigene Betroffenheit aus oder teilt dem Patienten in einfachen Worten mit: „Ich sehe Ihren Schmerz (Ihre Angst, Ihre Verzweiflung)." Für den Patienten ist allein schon die Erfahrung tröst-

lich, dass jemand dazu bereit ist, sich für einen Moment auf seine Trauer, Angst und Verzweiflung einzulassen!

- **Joker-Fragen**

Im *Laufe einer Behandlung* kommt es gelegentlich vor, dass der *Therapeut* nicht mehr weiterweiß und angestrengt darüber nachzudenken beginnt, was er wohl als nächstes sagen könnte. Mit Überlegungen dieser Art entfernt er sich vom Patienten, da sie vor allem um die eigene Person kreisen, d.h. darum, die eigene Hilflosigkeit zu beenden. Am *Patienten* orientiert sind dagegen die von Johannes Wiltschko (1995, S. 22) beschriebenen „**Joker-Fragen**", die - wie ein Joker - an fast jeder Stelle des Gesprächs eingesetzt werden können, insbesondere dann, wenn der Therapeut im Hinblick auf das weitere Vorgehen unsicher ist.

Beispiele für Joker-Fragen:
- „Wie könnte es jetzt weitergehen?"
- „Was würde Ihnen jetzt gut tun?"
- „Was könnten Sie jetzt brauchen?"
- „Wenn Sie in sich hineinhören: Wo in Ihrem Körper fühlen Sie sich am lebendigsten?"
- „Wenn Sie das, wie Ihnen im Moment zumute ist, einmal gänzlich ohne Worte ausdrücken würden, wie sähe das aus? Welche Gesten würden Sie machen, welche Körperhaltung würden Sie einnehmen?"

Joker-Fragen sind „keine Verlegenheitslösungen" (ebd.)! Allein schon deshalb nicht, weil sie die Beziehung zum Patienten wieder herstellen, ihm vermitteln, dass Therapie ein *partnerschaftliches* Geschehen ist und sich der Therapeut an seinem (des *Patienten*) Erleben orientiert, nicht an persönlichen Theorien oder äußeren Sachverhalten. Zum anderen: Joker-Fragen wenden sich vor allem an das *emotionale Gehirn* des Patienten, aktivieren sein intuitives Gespür für das, was gut und richtig für ihn ist. Selbst wenn er im Moment keine konkrete Antwort geben kann, wird doch ein entsprechender Suchprozess in Gang gesetzt, der oftmals noch über die Therapiestunde hinaus wirksam ist. Die Frage an den Patienten, wie er sein Befinden *körperlich* ausdrücken würde, hat fast immer eine unmittelbare Reaktion zur Folge, wobei einige Patienten zunächst verschiedene Gesten ‚ausprobieren', bevor sie sagen: „Ja, so fühle ich mich!" Sowohl körperliche als auch seelische Schmerzen sind ‚irgendwo innen' lokalisiert – *unsichtbar*. Das *Tun mit dem Körper* hilft, ihnen nach *außen* hin einen *sichtbaren* Ausdruck zu geben. Dabei kommen mitunter Aspekte zum Vorschein, die bisher kaum oder gar nicht beachtet worden sind (weil der Patient sie verbal nicht erwähnt hat) – wenn er z.B. mit seinen Füßen nach etwas tritt, die Hände zur Faust ballt, den Arm mit der geschlossenen Faust nach vorne stößt, wenn er die Arme um sich schlingt, den Oberkörper nach vorne auf die Knie beugt und aus seinem Körper so etwas wie eine geschlossene Kugel macht ...

- **Fragen nach Bildern**

Zur Erfassung der Intensität und Qualität des Schmerzerlebens sind Rating- und Schmerzempfindungsskalen entwickelt worden, die jedoch nur von begrenzter Aussagekraft sind (vgl. 7.1., 7.2.). Um die Schmerzerfahrung eines Patienten besser nachvollziehen zu können, sollte der Therapeut ihn nach einem *Bild* dazu fragen (vgl. 7.4.). **Fragen nach Bildern zum Schmerz und/oder damit verbundenen Gefühlen** werden ähnlich formuliert wie Fragen nach dem Leid – offen lassend, ohne die Richtung der Antwort vorzugeben: „Ich möchte besser verstehen können, wie sich Ihr Schmerz anfühlt. Vielleicht gibt es ein Bild, das Ihnen zu Ihrem Schmerz einfällt?" Nachdem der Patient ein bestimmtes Bild beschrieben hat, könnte der Therapeut weiterfragen: „Wenn Sie Ihr Bild betrachten - so als wäre es zum Beispiel ein Bild in einer Galerie -, gibt es etwas, das Ihnen besonders auffällt? Woran bleibt Ihr Blick haften?" Durch die Antworten auf Fragen dieser Art erfährt der Therapeut mehr über den Schmerz des Betroffenen als durch eine abstrakte Zahl auf einer Ratingskala. Zudem wird der Patient dazu angeregt, sich mit seinem Schmerz vertraut zu machen, vor allem auch mit der *Bedeutung*, die er für sein Leben hat.

Fragen nach einem Bild sind zum einen dann angezeigt, wenn der Patient seinen Schmerz überwiegend sachlich-distanziert schildert (so dass über die damit verbundenen Gefühle nur spekuliert werden kann), zum anderen dann, wenn er von bestimmten Gefühlen überwältigt zu werden droht. „Wie hilfreich es vom therapeutischen Gesichtspunkt aus ist, die hinter den Emotionen liegenden Bilder bewusst zu machen", hat insbesondere C. G. Jung (1987 b, S. 181) wiederholt betont. Sagt der Patient beispielsweise, sein Schmerz mache ihm große Angst, könnte der Therapeut fragen: „Wie sieht diese Angst aus? Angenommen, Sie sollten ein Bild von Ihrer Angst malen, wie würde das aussehen? Welche Farben, welche Formen fallen Ihnen zu Ihrer Angst ein?" Fragen nach den *visuellen* Erscheinungsformen der Angst können ergänzt werden durch Fragen nach ihren *taktilen* und *akustischen* Qualitäten: „Wie fühlt sich Ihre Angst an? Eher glatt oder rau? Kalt oder eher heiß? Ist sie eher leise oder lärmend?" Fragen dieser Art versetzen den Patienten in die Rolle des Beobachters und Forschers, der seiner Angst ein sozusagen wissenschaftliches Interesse entgegenbringt. Das Beobachten und Beschreiben einer Schmerz- oder Angsterfahrung schafft eine gewisse Distanz, so dass die Identifikation mit dem Schmerz oder der Angst leichter zurückgenommen werden kann: ‚Ich *habe* Schmerzen, aber ich bin nicht meine Schmerzen. Ich *habe* Angst, aber ich bin nicht meine Angst. Denn es gibt einen Teil in mir, der diesen Schmerz, diese Angst beobachtet.'

Auswirkungen von „Fragen"

- *Fragen nach den Wünschen und Zielen* des Patienten betonen die *Freiwilligkeit* der therapeutischen Beziehung, lenken seine Aufmerksamkeit auf seine ganz persönlichen Motive und Erwartungen.

- *Fragen nach seinem Leid* vermitteln dem Patienten die Botschaft: „Ich möchte wirklich hören und verstehen, wie es Ihnen geht." Offen lassende Fragen, die den Patienten nicht unter Druck setzen, aber doch ein deutliches Interesse an ihm und seinem Leiden zeigen, *lindern seine innere Einsamkeit*, die durch die Mauer des Schweigens um Krankheit und Leid sehr oft entsteht.
- *Joker-Fragen* fordern den Patienten dazu auf, sich dem eigenen Erleben zuzuwenden – nach *innen* zu horchen, zu schauen und zu fühlen. Damit fördern sie seine Aufmerksamkeit für die Botschaften seines emotionalen Gehirns, d.h. für sein intuitives Wissen und seine impliziten Bewertungen. Auch wenn der Patient das, was er in sich selbst vorfindet, nur mit Worten bezeichnen kann, die eher ‚negativ' klingen (einsam, traurig, bedrückt, ...), führt *erhöhte Achtsamkeit gegenüber dem eigenen Erleben* zu größerer Ruhe und Gelassenheit – insbesondere deshalb, weil er sich (wieder) mehr ‚eins' mit sich selbst fühlt.
- *Fragen nach Bildern* zum Schmerz und den damit verbundenen Gefühlen und Gedanken machen den Patienten zum *Zeugen* seiner inneren Befindlichkeit: ‚Ich *habe* Schmerzen, aber ich *bin nicht* diese Schmerzen. Ich *habe* Gefühle, aber ich *bin nicht* diese Gefühle. Ich *habe* Gedanken, aber ich *bin nicht* diese Gedanken.' Die damit verbundene *innere Distanzierung* wird fast immer als befreiend erlebt: Das Ich ist nicht mehr identifiziert mit dem Schmerz, der Angst, der Sorge um die Zukunft (Wilber 1991). Zudem leiten *Fragen nach Bildern* einen Prozess zunehmender *Klärung* und *Differenzierung* ein – einen Prozess, an dem explizites und implizites Wissen (kognitives und emotionales Gehirn) gleichermaßen beteiligt sind: Die Aktivierung innerer Bilder erleichtert den Zugang zum emotionalen Gehirn des Patienten. Anschließend können die in den Bildern liegenden Aussagen kognitiv analysiert und in Beziehung zu seiner konkreten Lebenssituation gesetzt werden. Nicht durch Interpretationen des Therapeuten, sondern durch die Sprache seiner eigenen Bilder erfährt der Patient etwas über sich selbst, wodurch sein *Vertrauen in die eigene Person* unterstützt, sein Identitäts- und Selbstwerterleben gefördert wird.
- *Fragen nach den Wünschen des Patienten, nach Bildern zu seinem seelischen und körperlichen Schmerz sowie Joker-Fragen* signalisieren, dass sich der Therapeut am Erleben des *Patienten* zu orientieren sucht und *ihm* die Führung überlässt. Damit werden diese Fragen dem Bedürfnis des Patienten nach *Achtung* (vgl. 8.2.) ebenso gerecht wie seinem Bedürfnis nach *Selbstverwirklichung* (vgl. 8.3.). *Fragen nach dem Leid* entsprechen vor allem dem Bedürfnis nach *emotionaler Nähe und Zuwendung* (vgl. 8.5.).

9.4. Rollenwechsel und Rollentausch

Die ganze Welt ist Bühne,
Und alle Frau'n und Männer bloße Spieler.
Sie treten auf und gehen wieder ab.
Sein Leben lang spielt einer manche Rollen.
(William Shakespeare: „Wie es euch gefällt", II, 7)

Beeinträchtigungen der körperlich-geistigen Leistungsfähigkeit sowie Abhängigkeiten von medizinischen Maßnahmen, organisatorischen und institutionellen Bedingungen gefährden das Vertrauen in die eigene Handlungs- und Entscheidungskompetenz: „Seitdem ich diese Schmerzen habe, bin ich nur noch ein halber Mensch" (ein Schmerzpatient). Diagnostische und therapeutische Interventionen können zwar die Hoffnung auf eine Verbesserung der körperlichen Beschwerden stärken. Gleichzeitig jedoch führen viele dieser Maßnahmen (oder die Art und Weise, wie sie durchgeführt werden) zu Erfahrungen, die für das Selbstwerterleben des Betroffenen äußerst ungünstig sind. Die negativen Folgen der mit dem Status „Schmerzpatient" verbundenen Psychopathologisierungen wurden bereits beschrieben (vgl. 3.2.1.). Ein Betroffener muss schon über ein sehr stabiles Selbstbewusstsein verfügen, um sich durch die sozial überwiegend negativ bewerteten Eigenschaften, die man ihm als Schmerzpatienten zuspricht, *nicht* abgewertet zu fühlen. Widersprüchliche Informationen über die Ursachen der Beschwerden sowie Behandlungsempfehlungen, die sich gegenseitig ausschließen, tragen ebenfalls zur Verunsicherung bei. Einige Patienten reagieren auf diese Situation mit schweigendem Rückzug und brechen die Therapie ab. Oder sie wechseln den Therapeuten – auf der Suche nach jemandem, der sie ernst nimmt und versteht, sich zumindest darum bemüht. Andere Patienten kehren die an sie herangetragenen Schuldzuweisungen um, klagen nun ihrerseits den Therapeuten an. Wieder andere übernehmen die Pathologisierungen ihrer Person, stellen sich selbst und ihr Leben in Frage, weil es ihnen nicht gelingt, etwas zu kontrollieren, von dem man ihnen vermittelt, dass es *prinzipiell kontrollierbar* sei. Wie auch immer ein Patient auf das Bild reagiert, das man an ihn heranträgt: Zweifel an der eigenen Person und Versagensängste nehmen meist zu.

Ein Gefühl für seinen Wert als Mensch kann man einem Patienten nicht über Vorträge und Argumentation vermitteln. Entscheidend sind selbstwerterhöhende *Erfahrungen*, d.h. das wiederholte und direkte *Erleben*, geachtet und respektiert zu werden. Von der Bedeutung therapeutischer Grundhaltungen wie *Wertperspektive* (8.3.1.) und *Wertschätzung* (8.5.1.), *Einfühlung* (8.2.2.) und *Mitgefühl* (8.5.2.) war bereits die Rede. Eine *konkrete* Möglichkeit, Selbstwert- und Kompetenzerleben des Patienten zu steigern, besteht im Einsatz zweier im *Psychodrama* entwickelter Techniken – *Rollenwechsel* und *Rollentausch*:

– **Rollentausch** bedeutet, dass man seine eigene Rolle für einen Moment verlässt und die Rolle einer *anderen* - realen oder vorgestellten - Person ein-

nimmt. Man identifiziert sich mit dieser anderen Person, d.h. man versetzt sich in ihre Lage, um für eine Weile wie sie zu denken, zu fühlen und zu handeln oder sich dies vorzustellen.
– **Rollenwechsel** bezeichnet den Vorgang, in dem man eine andere Rolle aus seinem *eigenen* Rollenrepertoire einnimmt. Hier geht es nicht um die Nachahmung eines konkreten Gegenübers, sondern um die Aktivierung einer inneren Erfahrung, die im Rollenwechsel ihren offenen Ausdruck findet.

Bei der **Durchführung** von Rollenwechsel und Rollentausch sind vor allem folgende Aspekte zu beachten:
– Rollenwechsel und Rollentausch werden stets als ein *Angebot* vorgeschlagen, das der Patient annehmen, aber auch *ablehnen* kann.
– Durch Veränderung der Position im Raum werden Rollenwechsel und Rollentausch im Allgemeinen auch äußerlich sichtbar gemacht – etwa durch einen Wechsel des Stuhls. Sie können jedoch auch ohne Positionsveränderung - lediglich in der Imagination des Patienten - durchgeführt werden, zum Beispiel dann, wenn dieser im Bett liegt. Entscheidend ist der *innerlich* vollzogene Standortwechsel.
– Rollenwechsel und Rollentausch werden dann *beendet*, wenn der Patient einen neuen Gesichtspunkt formuliert, bisherige Sichtweisen in Frage gestellt, sich selbst ein bestimmtes Verhalten empfohlen oder sich Mut zugesprochen hat. Die Dauer dieser Dialoge mit sich selbst schwankt gewöhnlich zwischen fünf und zehn Minuten.
– Rollenwechsel und Rollentausch werden in der *ursprünglichen* Rolle des Patienten (und auf seinem ursprünglichen Platz) beendet.
– Ist der Patient mit dieser Technik vertraut, kann er sie auch ohne Anwesenheit eines Therapeuten anwenden, wobei er seine Gedanken und Gefühle in den verschiedenen Rollen jeweils laut ausspricht, sie auf ein Blatt Papier oder in sein Tagebuch schreibt. Ist lautes Sprechen nicht möglich (z.B. in einem Mehrbettzimmer) und kein Blatt zur Hand, stellt sich der Betroffene den Rollentausch/Rollenwechsel lediglich vor.

Im Folgenden werden verschiedene *Varianten* beschrieben, in denen Rollenwechsel und Rollentausch durchgeführt werden können.

9.4.1. Dialog mit dem inneren Therapeuten

Von Albert Schweitzer stammt die Bemerkung: „Wir sind dann am erfolgreichsten, wenn wir dem Arzt, der in jedem Patienten steckt, die Chance geben, in Funktion zu treten" (in: Cousins 1981, S. 72). Um eben diese Chance geht es bei der Technik der *„Kollegialen Interaktion"* (Leutz 1980, S. 176 – 187): Der Patient wird darum gebeten, sich einmal vorzustellen, ein Kollege des Therapeuten zu sein:

Herr M. ist mehrfach an der Wirbelsäule operiert worden. Schon seit Jahren leidet er an starken Schmerzen im unteren LWS-Bereich sowie in den Beinen. Seinen Beruf hat er aufgeben müssen, da er seine Wirbelsäule jeweils nur kurzzeitig belasten kann. Immer wieder kreisen seine Gedanken um die Frage, welchen Sinn sein Leben jetzt noch hat, wie er seinem Tag eine Struktur, sich selbst eine Aufgabe geben könnte.

Th: Herr M., bitte stellen Sie sich einmal vor, Sie wären ein Kollege von mir. Wir haben einen gemeinsamen Patienten, Herrn M.. Ihm geht es zur Zeit nicht gut. Vor allem beschäftigt ihn die Frage, wie er seinem Leben - nun, da er berentet ist, - Sinn und Bedeutung geben kann. Ich bin froh, dass wir uns einmal über Herrn M. unterhalten können. Denn Sie kennen ihn ja schon wesentlich länger und auch viel besser als ich. Wie sehen Sie seine Situation? Haben Sie eine Idee, was ihm jetzt gut tun würde? Oder was wir ihm sagen könnten?

Pt: Tja ... schwere Frage. Was kann Herr M. denn überhaupt noch tun? Er kann Musik hören, fernsehen, telefonieren, lesen, schreiben, ... hm (stockt). Man kann aber nicht den ganzen Tag fernsehen ... (Pause) Hm, Schreiben ... Wenn er zum Beispiel einen Brief an seinen Freund schreibt oder etwas in seinem Tagebuch notiert, dann geht es ihm stimmungsmäßig eigentlich etwas besser. Das Schreiben lenkt ihn von den Schmerzen ab. Außerdem *tut* er etwas. Lesen ist auch gut, aber Lesen allein lenkt auf Dauer nicht genug ab. Die Gedanken schweifen umher ... Außerdem: Er nimmt zwar viel in sich auf, eignet sich jede Menge Wissen an. Aber was macht er dann damit? Die Umsetzung ins Leben fehlt. Das Gegenüber fehlt ...

Th: Das Gegenüber?

Pt: Ja, das Gegenüber. Es gibt niemanden, mit dem er sich über das, was er gelesen hat, austauschen könnte. Erst im Austausch mit anderen lernt man, Wichtiges von Unwichtigem zu unterscheiden, stellt Verbindungen her zu dem, was man anderswo gelesen oder gehört hat ... So wie früher – im Studium: Man diskutiert in einer Arbeitsgruppe. Oder man schreibt eine Hausarbeit über ein bestimmtes Thema und erhält dann Rückmeldungen vom Professor und anderen Seminarteilnehmern.

Th: Sie meinen, es wäre gut für Herrn M., wenn er jemanden hätte, mit dem er sich austauschen könnte, der ihm Rückmeldung gibt ...

Pt (unterbricht): Ja, das wäre besser als so alleine vor sich hin zu lesen – alles durcheinander und ohne ein bestimmtes Ziel. Dabei fällt mir ein: Es gibt doch da diese Fernuniversität. Habe mal einen Artikel darüber gelesen. Genau! Herr M. sollte sich mal das Programm schicken lassen. Vielleicht gibt es da Kurse, die ihn interessieren. Dann könnte er weiter lesen und schreiben. Aber er hätte eine *Aufgabe*, er müsste sich wirklich konzentrieren ... Es wäre eine echte Herausforderung. Also, das wäre gar keine schlechte Idee.

Menschen, die sich hilflos fühlen, haben gewöhnlich Mühe, den ihnen verbliebenen Freiraum wahrzunehmen. Spontaneität und Kreativität sind blockiert. Durch den Rollenwechsel mit seinem ‚inneren Therapeuten' wird der Patient aus seiner Lähmung herausgenommen, findet wieder Zugang zu seinen kreativen Möglichkeiten. Im kollegialen Gespräch spricht er von sich selbst in der *dritten* Person. Dadurch gewinnt er Abstand von sich, kann sich selbst und seine Situation von einer höheren Warte aus betrachten. Dieser *Perspektivewechsel* erleichtert es vielen Patienten, Aspekte wahrzunehmen, die sie bisher ‚übersehen' haben. Auch fällt es aus der Distanz heraus leichter, bisherige Lebensziele zu hinterfragen, andere Schwerpunkte zu setzen als bisher, sich also auf einen Prozess *neuer* Sinn- und Identitätsfindung einzulassen, der sowohl an den gegebenen Umständen als auch am persönlichen Wertesystem orientiert ist (vgl. 6.).

Die Autorität, die der Patient im Rollenwechsel mit seinem ‚inneren Therapeuten' annimmt, zeigt sich nicht nur im Inhalt seiner Worte, sondern auch in seinem *nonverbalen* Verhalten: Die Stimme wird kräftiger und entschiedener, der Körper richtet sich auf. Bereits Moreno (1973, S. 251) hat wiederholt darauf hingewiesen, dass die Übernahme einer jeden Rolle mit der Aktivierung bestimmter Muskeln einhergeht: „Jedesmal, wenn eine verschiedene Rolle gespielt wird, zum Beispiel die Rolle eines Angreifers, eines Zaghaften, eines Vorsichtigen, eines Beobachters, eines Zuhörers, eines Liebenden, usw., wird eine andere Kombination von Muskelgruppen in Bewegung gesetzt." Umgekehrt wird das Verkörpern einer bestimmten Rolle dadurch erleichtert, dass man eben *die* Muskeln aktiviert, die bei dieser Rolle besonders beansprucht werden. Die Bedeutung von Bewegungsmustern bei der Rollenverkörperung wird aus neurowissenschaftlicher Sicht bestätigt: Jede Übernahme einer neuen Rolle führt zu Veränderungen im Bewegungsapparat. Diese Veränderungen wiederum lösen neuronale Erregungsmuster in spezifischen Hirnregionen aus. Da neuronale Kartierungen von Körperzuständen jeweils mit bestimmten Gefühlen korrelieren, geht ein veränderter Körperzustand immer auch mit einer *gefühlsmäßigen* Veränderung einher (Damasio 2003). Daraus folgt: Nimmt der Patient eine von ihm mit der Therapeutenrolle assoziierte Körperhaltung ein, verändert sich gewöhnlich auch seine gefühlsmäßige Befindlichkeit.

9.4.2. Dialog mit einem Freund

Krankheitsbedingte Hilflosigkeitserfahrungen sowie Psychopathologisierungen durch die Umwelt erschüttern Selbstwert- und Identitätserleben des Betroffenen, wobei die Gefahr besteht, dass negative Einschätzungen der eigenen Person und Situation auch bei Hinweisen auf *positive* Aspekte im Sinne eines Ja-aber-Verweises auf persönliche Defizite und objektive Belastungen beibehalten werden. Negative Bewertungsmuster eines Patienten können durch Appelle an seine Einsicht *nicht* verändert werden, wohl aber durch positive *Erfahrungen*. Diese Erfahrungen werden erleichtert, wenn der Betroffene für eine Weile aus der Kranken-Rolle herausgenommen und gebeten wird, die Rolle einer Person einzunehmen, die ihm *positiv* gegenübersteht – die Rolle eines guten Freundes oder einer anderen Bezugsperson, die für ihn von emotionaler Bedeutung war oder ist.

Th: Frau F., gibt oder gab es in Ihrem Leben eine Person, die Ihnen viel bedeutet, die Sie schätzen und von der Sie wissen, dass sie sich um Sie sorgt – eine Person, auf deren Meinung Sie sehr viel Wert legen?

Pt: Ja, meine Großmutter. Sie lebt nicht mehr. Aber früher habe ich immer *sie* um Rat gefragt, wenn ich einmal nicht weiterwusste.
Th: Könnten Sie sich vorstellen, Ihre Großmutter würde für eine Weile hier bei uns sitzen und an unserem Gespräch teilnehmen? Wenn sie gehört hätte, was Sie soeben über sich gesagt haben – dass Sie im Moment sehr wenig von sich halten ... Wie, glauben Sie, würde Ihre Großmutter darauf reagieren?
Pt (spontan): Kind, jetzt hör aber damit auf, dich fertig zu machen! Mit ständigen Schmerzen zu leben, ist das etwa nichts? Vielleicht ist eben *das* deine Aufgabe jetzt – mit dieser Krankheit zu leben! *Ich* jedenfalls bin sehr stolz auf dich, wie du bisher damit zurechtgekommen bist. Lass dich nicht verunsichern durch das, was andere sagen. Die Leute sagen *immer* etwas ... Jemand ist nicht weniger wert, nur weil er Schmerzen hat! Das weißt du doch!

Was vielen Patienten in der eigenen Rolle nicht möglich ist, gelingt ihnen im Rollentausch mit einer wichtigen Bezugsperson: sich anzunehmen und zu bejahen. Im Rollentausch mit ihrer Großmutter formuliert die Patientin *selbst*, was sie als Argument von außen womöglich als Floskel abtun würde: „Jemand ist nicht weniger wert, nur weil er Schmerzen hat!" Hätte ich etwas Ähnliches gesagt, hätte die Patientin meine Worte vielleicht sogar bejaht – als abstrakte Feststellung über den Wert des Menschen im Allgemeinen. An ihrer negativen Selbsteinschätzung jedoch hätte sich vermutlich *nichts* geändert. Die Möglichkeit einer Pseudo-Einsicht wird durch den Rollentausch zwar nicht ausgeschlossen, jedoch vermindert, da die Patientin selbst die entsprechenden Argumente formuliert.
Weiß der Therapeut aus vorangegangenen Gesprächen, dass der Patient nur wenige Bezugspersonen hat und von sich aus eher selten Kontakt zu anderen Menschen sucht, zeigt er auf einen Gegenstand im Therapieraum (z.B. einen Schrank, einen Stuhl oder eine Vase):

Th: Dieser Schrank steht schon sehr lange hier. Er hat schon eine Menge gehört – an Leid, an Ängsten und Zweifeln. Nun hört er auch von *Ihrem* Leid. ... Einmal angenommen, der Schrank könnte für ein paar Minuten sprechen, was meinen Sie, würde er sagen?

Manchen Patienten fällt es leichter, die Rolle eines *Gegenstandes* einzunehmen als die Rolle eines Freundes, da der Gegenstand keinerlei *persönliche* Interessen vertritt, der Situation gewissermaßen ‚neutral' gegenübersteht. Das Entscheidende auch bei dieser Intervention besteht darin, dass der Patient sich selbst und seine Situation aus einer *anderen Perspektive* betrachtet.
Fast alle Patienten sprechen in der für sie ungewohnten Rolle positiver über sich selbst als in ihrer eigenen Rolle. Die eigene Situation wird nicht mehr ausschließlich als negativ und sinnlos bewertet, vielmehr als ein Geschehen gesehen, das mehrere, zum Teil sogar positive Bedeutungen hat. Eine Patientin beispielsweise sagt in der Rolle ihrer besten Freundin: „Dein Mann und du, ihr hattet schon immer eine gute Beziehung. Aber ich habe den Eindruck, dass ihr beiden durch diese Ge-

schichte noch enger zusammengewachsen seid. Trotz all des Schweren eurer Situation: Um *diese* Erfahrung der Verbundenheit bist du sehr zu beneiden, auch um die Erfahrung, dass dein Mann zu dir hält, in guten wie in schlechten Zeiten."

9.4.3. *Dialog mit dem Schmerz*

Setzt sich der Patient vor allem mit dem *Schmerz* an sich auseinander, kann der Therapeut ihn zu einem Dialog mit ihm auffordern. Zunächst stellt er einen leeren Stuhl vor den Patienten, der den Schmerz (oder den vom Schmerz befallenen Körperteil) ‚repräsentiert'. Patienten, die im Bett liegen müssen, können darum gebeten werden, aus verschiedenen Münzen, kleineren Steinen oder Farbstiften zwei auszuwählen und sie vor sich auf die Bettdecke zu legen. Ein Stein (oder eine Münze) steht für den Patienten, der andere Stein für den Schmerz. Im folgenden Dialog berührt der Patient den ihn symbolisierenden Stein, wenn er in seiner eigenen Rolle spricht. Antwortet er als Schmerz, so berührt er den anderen Stein (oder nimmt ihn in die Hand). Erfahrungsgemäß erleichtert eine auch nur minimale körperliche Veränderung den Rollenwechsel.

Frau P. steht ihrem Schmerz äußerst feindselig gegenüber. Sie fühlt sich von ihm nicht nur in ihrer körperlichen Beweglichkeit, sondern auch in ihrer geistigen Leistungsfähigkeit beeinträchtigt. Zudem erlebt sie es als persönliches Versagen, „dass ich den Schmerz nicht in den Griff bekomme. Ich habe doch bisher immer alles mit Willenskraft erreicht, was ich mir vorgenommen habe." Zum ersten Mal in ihrem Leben macht sie nun die Erfahrung, dass ihrem Willen Grenzen gesetzt sind.
Th: Frau P., bitte stellen Sie sich einmal vor, Sie könnten Ihren Schmerz wie eine Person ansprechen, ihm alles sagen, was Sie über ihn denken, wie Sie sich fühlen.
Die Patientin spricht zunächst von ihrer Hilf- und Hoffnungslosigkeit, auch von ihrer Wut, die sie auf ihn - den Schmerz - hat. Schließlich fragt sie:
Pt: Manchmal denke ich, du willst mich bestrafen. Aber wofür?
Th: Bitte, übernehmen Sie nun für einen Augenblick die Rolle des Schmerzes. Was würde er Ihnen antworten?
Pt (in der Rolle des Schmerzes): Bestrafen? Nein ... (Pause) Ich kann doch auch nichts dafür, dass ich da bin und dir wehtue. Wenn du älter wirst, dann ist das zwar in gewisser Hinsicht unangenehm, aber das Altern ist keine Bestrafung – genauso wenig wie *ich* eine Bestrafung bin. Ich bin Natur ... Man kann zwar manchmal Einfluss nehmen auf die Natur. Aber man kann ihre Gesetze nicht außer Kraft setzen. Wir sollten ein Arrangement finden.
Th (zur Pt in der Rolle des Schmerzes): Was meinen Sie mit „ein Arrangement finden?" Bitte, könnten Sie das Frau P. genauer erklären?
Pt (in der Rolle des Schmerzes): Ich gehöre jetzt zu deinem Leben dazu. Wenn du „Nein" zu mir sagst, dann verkrampfst du dich immer mehr. Außerdem wirst du verbittert und kannst noch weniger leisten – vor lauter Ärger, vor lau-

ter Verzweiflung. Mit „Arrangement" meine ich: Du solltest mich hinnehmen – wie andere Unannehmlichkeiten des Lebens auch. Und du solltest mehr auf deinen Körper hören: Wenn du müde bist, dann schlafe; wenn dir nach Bewegung ist, dann bewege dich; wenn dir die Tränen kommen, dann weine. Also, hör auf damit, dir Druck zu machen, tu dir stattdessen so oft wie möglich etwas Gutes. Ich werde dann nicht mehr so quälend sein. Das wäre *mein* Anteil an dem Arrangement. Noch etwas: Wenn du dir etwas Gutes tust, dann nicht mit dem Hintergedanken, dass ich dadurch verschwinde. Du sollst dir einfach deshalb Gutes tun, weil es sich auf diese Weise angenehmer mit mir leben lässt.
Th: Frau P., würden Sie jetzt bitte wieder Ihre eigene Rolle einnehmen. ... Was halten Sie von dem, was Ihnen der Schmerz vorgeschlagen hat?
Pt: Hm, ja ... In einem Punkt hat er sicher recht: Je mehr ich den Schmerz weghaben will, umso schlechter geht es mir, vor allem auch stimmungsmäßig. Na ja, und dass ich mir Gutes tun soll – das ist sicher ein Aspekt, der in meinem Leben bisher zu kurz gekommen ist ... Das sollte ich auf jeden Fall ändern – ob mit oder ohne Schmerz. Ob ich das mit dem *Hinnehmen* schaffe, das weiß ich noch nicht. Auf jeden Fall aber wird es mir leichter ums Herz, wenn ich mir vorstelle, dass der Schmerz mich nicht bestraft, dass er *Natur* ist – wie ein Erdbeben, wie das Alter, wie der Tod. All diese Erscheinungen müssen wir Menschen schließlich auch hinnehmen. Das ist traurig. Ja, traurig bin ich schon ... Aber der Druck in meinem Magen ist weg.

Schmerz, der als *Gesprächspartner* behandelt wird, verliert viel von seiner Bedrohlichkeit. Im Dialog mit ihm werden seine negativen Aspekte weder bagatellisiert noch verleugnet. Sie werden vielmehr *angeschaut* – ebenso wie die Grenzen persönlicher Einflussnahme. Im Rollenwechsel entwickelt Frau P. eine neue Sichtweise des Schmerzes, wonach er keine Bestrafung, sondern ein Phänomen ist, das den Gesetzen der Natur unterliegt. Schmerz, der als Folge oder Ausdruck eines *naturgegebenen* Geschehens verstanden wird, tut zwar immer noch weh, stellt aber nicht mehr die Persönlichkeit der Patientin oder ihre Willensstärke in Frage. In der Rolle des Schmerzes kann die Patientin auch die eher ungünstigen Folgen ihrer bisherigen Haltung reflektieren (Kampf). Wäre der Hinweis „Wenn du ‚Nein' zu mir sagst, dann verkrampfst du dich immer mehr" von mir gekommen, hätte die Patientin ihn vermutlich als moralisierend erlebt und von sich abgewehrt. Der Einstellungsforschung zufolge haben Argumente, die der Betroffene *selbst* entwickelt, eine wesentlich größere Chance, in Verhalten umgesetzt zu werden, als Argumente, die ihm von außen nahe gelegt werden. Zudem werden Einstellungsänderungen „durch aktive Beteiligung nicht nur erleichtert, sondern auch in ihrem Fortbestand gefestigt" (Frank 1985, S. 163). Frau P. *selbst* überzeugt sich davon, dass ihr Schmerz nicht als persönliches Versagen oder als Bestrafung zu bewerten ist. Sie *selbst* löst ihre Fixierung auf den Schmerz. Sie *selbst* schlägt vor, in Zukunft mehr als bisher auf ihren Körper zu hören und sich „etwas Gutes" zu tun.

9.4.4. Dialog mit Gott

Konfrontiert mit chronischer Erkrankung setzen sich einige Patienten mit Glaubensfragen auseinander, insbesondere mit der Frage nach Gott (vgl. 2.3.). Der Rollenwechsel stellt eine *konkrete* Möglichkeit dar, um ihnen bei einer solchen Auseinandersetzung zu helfen. Rollenwechsel mit Gott bedeutet nicht, dass der Mensch sein individuelles Ich an die Stelle Gottes setzen, mit ihm die Rolle ‚tauschen' kann. Hinter der Aufforderung zum Rollenwechsel steht vielmehr die Überzeugung, dass Gott „eine seelische Tatsache von unmittelbarer Erfahrbarkeit" ist (Jung 1987 a, S. 27), oder - wie Somerset Maugham (1973, S. 302) es formuliert -, „dass man Gott ebenso sicher erleben kann wie Freude und Schmerz". Im Dialog klärt und konkretisiert sich die *persönliche* Gotteserfahrung des Patienten. Er verwirklicht *seine* Vorstellung von Gott – und das ist die einzige Vorstellung, von der eine ‚heilende' Wirkung ausgehen kann. Wobei ‚Heilung' nicht als Gesundung verstanden wird, vielmehr als Aussöhnung mit sich selbst (vgl. 6.).
Kreisen die Gedanken eines Patienten wiederholt um die Frage „Warum?" (und weiß der Therapeut aus früheren Gesprächen zumindest ansatzweise, welche Bedeutung die Religion für den Patienten hat), lässt sich ein ‚Dialog' mit Gott auf folgende Weise einleiten: „Wenn Sie Ihre Geschichte Gott erzählten, was würde er dazu sagen?"

Th: Frau A., Sie haben vorhin erwähnt, dass Sie sich oft nach dem Warum Ihrer Erkrankung fragen. Stellen Sie sich einmal vor, Sie könnten Gott all das sagen, was Sie bewegt – so, als wäre er jetzt bei uns.
Nachdem die Patientin ihre Gefühle ausgesprochen und ihre Fragen gestellt hat („Warum hast Du zugelassen, dass ich krank geworden bin? Warum schickst Du mir diesen Schmerz? Ist es jetzt nicht genug, nachdem ich ihn schon fünf Jahre lang ausgehalten habe?"):
Th: Was würde Gott Ihnen vielleicht antworten, wenn wir ihn hören könnten?
Pt (nachdenklich): Vielleicht würde er gar nicht viel sagen. Ich habe – also ich habe so die Vorstellung von einer großen Hand, die mich umfängt oder trägt. Vielleicht so, wie eine Mutter ihr Kind einfach in den Armen hält, wenn es mit sich und der Welt verzweifelt ist. Die Mutter zaubert das aufgeschlagene Knie nicht gesund, aber sie ist *da*, sie *leidet mit*.

Statt zu versuchen, die Patientin von ihrer Klage abzulenken, wird ihr ein *Ansprechpartner* gegeben. Allein schon die Erfahrung, ihre innere Not, ihre Gefühle der Sinnlosigkeit und Verzweiflung vor Gott zur Sprache bringen zu können, wirkt ent-lastend, erlöst aus der inneren Einsamkeit, die aus der Tabuisierung der Klage erwächst (vgl. 8.2.1.).
Gelingt es dem Betroffenen, sich für einen Moment aus der Perspektive Gottes zu betrachten, verwandelt sich hilfloses Jammern über das eigene Leid sehr oft in *Trauer*. Während Jammern an der Illusion eines leidfreien Lebens festhält, vermag sich die Trauer von dieser Vorstellung zu lösen. Der Blick wird wieder frei – auch für das Leiden anderer, wodurch die eigenen Erfahrungen nicht bagatellisiert, aber relativiert wer-

den. Nicht die *Situation* des Betroffenen ändert sich, oft jedoch seine *Sicht der Dinge*, seine persönliche Einstellung dazu: „Das ist nun mal mein Leben. Wenn ich darauf bestehe, dass es eigentlich ganz anders sein sollte, wird alles noch schwerer", reflektiert ein Patient – wieder in seiner eigenen Rolle.

Der Dialog mit Gott vermittelt vielen Patienten ein *Gefühl der Geborgenheit und des ‚Aufgehobenseins'* – eine Erfahrung, die insbesondere dann von Bedeutung ist, wenn die Grenze menschlicher Hilfsmöglichkeiten erreicht ist. Leichter als in der eigenen Rolle kann im Rollenwechsel reflektiert werden, dass Gott sich mit dem Betroffenen in seinem Leiden *solidarisiert*. Die Erfahrung der Zugehörigkeit zu Gott (zum Universum, zum Kreislauf der Natur) macht viele Patienten gelassener, lässt sie auf einen *übergeordneten Sinn* hoffen, auch wenn dieser (noch) nicht zu verstehen ist. Die höchste Überzeugungskraft für die ‚Berechtigung' einer solchen Hoffnung hat der Betroffene selbst. Sich selbst kann er glauben, was er als billige Vertröstung erleben würde, verwiese ihn der Therapeut (oder ein anderer) auf diese Hoffnung.

Manche Patienten sprechen im Dialog mit Gott eine tatsächliche oder vermeintliche Schuld an – sich selbst und/oder anderen gegenüber. Der Rollenwechsel ist kein Instrument, mit dem Schuld annulliert werden könnte oder sollte. Was aber Schuld im subjektiven Erleben des Betroffenen ist, wird im Gespräch mit Gott offen ausgesprochen. Bereits das Eingestehen von Schuld wirkt erleichternd. Der Therapeut versucht nicht, dem Patienten seine Schuld auszureden, sie durch moralisierende Spekulationen zu rationalisieren oder gar in Zusammenhang mit seiner Erkrankung zu bringen. Er fordert den Patienten lediglich dazu auf, sich selbst und seine Schuld einmal *mit den Augen Gottes* zu sehen. Was vielen Patienten in ihrer eigenen Position nicht möglich ist, gelingt im Rollenwechsel: die Orientierung an der Liebe Gottes und seiner Barmherzigkeit.

In Termini der *Rollentheorie* (4.1.) formuliert: Indem der Mensch seine persönliche Gotteserfahrung im Rollenwechsel konkretisiert, überschreitet er den Bereich seiner psychischen und sozialen Rollen, handelt er in seinen ethischen oder religiösen, d.h. in seinen *transzendenten* Rollen – in der Rolle des Vertrauenden, Hoffenden, Vergebenden, Liebenden. Im Falle chronischer Erkrankung kommt den transzendenten Rollen insofern besondere Bedeutung zu, als es vor allem diese Rollen sind, die es einem Menschen ermöglichen, den unwiderruflichen Rollenschwund auf anderen Ebenen zu verarbeiten und ein stabiles Selbstwertgefühl zu erlangen oder zu erhalten – unabhängig von seinen physisch-geistigen Kräften, die zur Verkörperung bestimmter Rollen notwendig sind, unabhängig auch von der Gegenwart anderer Personen. Denn während die psychischen und sozialen Rollen des Menschen an seine Interaktion mit einem Gegenüber gebunden sind, repräsentieren die transzendenten Rollen sein Wertesystem, die ideelle Ausrichtung seiner Person. Diese persönliche Wertorientierung findet im Rollenwechsel ihren offenen Ausdruck.

9.4.5. Dialog mit einem inneren Bild

Hilf- und Hoffnungslosigkeitserfahrungen eines Patienten sollten nicht geleugnet oder negativ bewertet, sondern zunächst einmal *anerkannt* werden. Einem Patienten, der in Hoffnungslosigkeit zu ‚versinken' droht, kann man kaum dadurch helfen, dass man ihn mit den ungünstigen Folgen dysfunktionaler Bewertungsmuster konfrontiert und ihn in positiven Affirmationen unterweist. Hilfreicher ist es, mit genau *diesen* Hilf- und Hoffnungslosigkeitserfahrungen zu *beginnen* – beispielsweise durch die Aufforderung, ein Bild zu (er)finden, das seiner gegenwärtigen Verfassung entspricht, oder seinen Erfahrungen mit Farben und Formen auf einem Blatt Papier ‚Gestalt' zu geben. Nachdem der Patient sein Bild beschrieben oder gemalt hat, wird er zum Rollenwechsel mit einem oder mehreren der Symbole aufgefordert, die in dem Bild enthalten sind:

Eine 22jährige Patientin, Frau C., ist wegen eines Neurofibrosarkoms in der Halswirbelsäule mehrfach operiert, bestrahlt und mit Chemotherapie behandelt worden. Unser zweites Gespräch beginnt sie mit den Worten: „Mein Leben ist nichts wert. Ich bin noch jung, habe noch nichts erreicht und werde wohl auch nichts mehr erreichen." Sie sagt dies weder jammernd noch verbittert – in einem sachlich-beschreibenden Ton, der dabei doch ‚abgrundtief' hoffnungslos klingt.[41]

Th (legt ein Blatt Papier, einen Bleistift sowie mehrere Farbstifte vor die Patientin): Frau C., in unserem ersten Gespräch haben Sie erwähnt, dass Sie gerne zeichnen. Wäre es möglich, ein Bild oder eine Skizze davon zu machen, wie Sie sich gerade fühlen?

Die Patientin greift sofort zum Bleistift, zeichnet konzentriert und sicher - so, als ob sie dieses Bild schon seit langem in sich trägt, - eine Rose mit großen, kräftigen Blütenblättern, einem sehr dünnen Stil, an dem sich (kaum sichtbar) zwei kleine Dornen befinden. Die Rose steht auf sandig-steinigem Boden, umgeben von unkrautähnlichem Pflanzengestrüpp. Auf einigen Blättern der Rose liegen große Wassertropfen. Der Hintergrund ist mit schwarzen Strichen skizziert. Die Stimmung ist düster (Pt: Es scheint keine Sonne.) Um die Rose herum zeichnet die Patientin einen feinen schwarzen Strich. Es sieht aus, als ob ein durchsichtiges Glas von oben über die Blume gestülpt worden sei. Nachdem wir das Bild eine Weile betrachtet haben:

Th: Sie haben eine Landschaft gemalt – mit einer Blume. Eine Rose ... Stellen Sie sich einmal vor, es kommt jemand vorbei. Ein Wanderer. Was sagt er wohl, wenn er die Rose sieht?

Pt (ohne zu überlegen): Er wundert sich, dass die Rose hier wachsen kann! Er sagt: Es ist alles so hässlich, so dürr und sandig hier. Das ist ja wie ein Wunder, dass diese Rose unter solchen Bedingungen überleben kann. (Die Patientin schweigt eine Weile, schaut plötzlich auf, lächelt mit Tränen in den Augen): Komisch, ich erinnere mich, dass mir eine Freundin und jetzt auch meine Zimmernachbarin hier so etwas Ähnliches gesagt haben: Es ist wie ein Wunder, dass

---

[41] Das Beispiel wurde erstmals veröffentlicht in: „Förderung von Hoffnung durch Psychodramatherapie" (Frede 2006, S. 344 f.).

du unter diesen Bedingungen überlebt hast – deine schlimme Kindheit, dann diese schwere Krankheit, von Krankenhaus zu Krankenhaus. Und dabei bist du so lieb geblieben, gar nicht hart und verbittert.
Th: Ihre Freundinnen bewundern und achten Sie – genau wie ein Wanderer diese Rose bewundern würde. (Pt nickt.) Und die Rose? Wenn Sie sich vorstellen, die Rose auf dem Bild könnte sprechen? Was würde die Rose sagen?
Pt (in der Rolle der Rose): Ich habe hier wirklich keinen guten Platz. Aber ich erfreue Wanderer, die manchmal vorbeikommen und dann in dieser Gegend eine schöne Blume sehen. ... Ich habe nur zwei kleine Dornen (zeigt darauf). Ich kann mich nicht gut wehren. Doch ich habe einen unsichtbaren Schutz um mich. Den sieht man nur, wenn man genau hinschaut. Aber ich weiß, dass er da ist.
Th: Einen Schutz?
Pt: Ja, ich weiß einfach, dass Gott um mich ist. Gott ist nicht wie wir Menschen. Deshalb hier so dieser Strich um die Rose (sie zeigt auf das, was wie ein umgekehrtes Glas aussieht). Ich weiß nicht, wie ich das anders zeichnen soll. (Wieder in der Rolle der Rose:) Gott weiß, dass ich hier keine guten Bedingungen habe. Aber hier ist eben mein Platz. Auch wenn ich ab und zu weine (zeigt auf die Tropfen).
Th: Sie weinen, Rose ...
Pt (in der Rolle der Rose): Ja, ich weine. Ich muss hier in dieser hässlichen Gegend bleiben. Aber es ist *wichtig*, dass ich hier stehe. Und wenn nur einer vorbeikommt und sich freut, dann hat es doch schon einen Sinn!
Th: Es ist wichtig, dass Sie da sind, Frau C. – wie die Rose. *Sie* sind wichtig? (Pt nickt. Nach kurzem Schweigen:) Frau C., was meinen Sie zu dem, was die Rose gesagt hat?
Pt (lächelt): Vielleicht bin ich doch von Nutzen. Ist ja nicht viel, was ich noch tun kann, aber das, was ich kann, das *muss* ich tun. Man kann auch unter schlechten Bedingungen überleben, ohne böse zu werden. (Entschieden:) Das ist auch schon etwas!
Th: Das ist sehr viel. Und längst nicht selbstverständlich. Das ist etwas Besonderes. Menschen, die Ihnen begegnen, bemerken das. Vielleicht werden auch diese Menschen einmal in eine schwierige Lage geraten. Und dann werden sie sich an Sie erinnern ... Ich z.B. *werde* an Sie denken, sollte ich auch einmal schwer krank werden!

Fünf Jahre nach diesem Gespräch *bin* ich schwer erkrankt. Und ich *habe* an Frau C. gedacht, denke noch heute an sie, an ihre Rose und was sie bedeutet ... Mitunter leuchtet gerade dann, wenn das Leid weder verdrängt noch beschönigt, sondern in seiner vollen Größe *angeschaut* wird, etwas ‚Schönes' auf. Man könnte auch sagen: etwas Positives. Doch das Wort „schön" gefällt mir in diesem Zusammenhang besser – weil es mehr das *Gefühl* anspricht, „positiv" hingegen mehr den urteilenden Verstand. Philosophische Diskussionen über das Positive und Negative im Leben verbieten sich angesichts der konkreten Leiden eines Menschen. Das Bild von Frau C. veranschaulicht unmittelbar, dass hässliche und schöne Dinge *gleichzeitig* nebeneinander bestehen können. Als Therapeutin bestätige und verstärke ich das, was Frau C. sagt. Die Interpretation ihres Bildes jedoch und die Übertragung seiner Bedeutung auf ihr Leben gehen *allein* von ihr, der Betroffenen, aus.

Im Rollenwechsel mit einem der Symbole ihres Bildes vermögen viele Patienten etwas zu entdecken, das ihnen bislang nicht bewusst gewesen ist: dass es trotz der schmerzlichen Erfahrungen etwas in ihrem Leben gibt, das tröstlich ist, auf das sie auch in Phasen der Verzweiflung zurückgreifen können, das ihnen hilft, die Belastungen ihrer Situation auszuhalten. Im obigen Beispiel trägt der Rollenwechsel mit der Rose dazu bei, dass Frau C. wieder hoffen kann – nicht auf Wiedererlangung ihrer körperlichen Gesundheit, aber darauf, dass ihre Existenz von Bedeutung ist, *dass es wichtig ist, dass es sie gibt.* Die Inhalte einer solchen Hoffnung sind bei jedem Menschen verschieden, da sie aus dem Lebenshintergrund des Betroffenen erwachsen. Im Rollenwechsel verwirklicht der Mensch *seine* Hoffnung – und das ist die einzige Hoffnung, die trägt.

9.4.6. Dialog mit einem Gefühl

Überwiegt bei einem Patienten ein bestimmtes Gefühl (Trauer, Wut oder Angst), das beim kleinsten Anlass aktiviert wird und ihn offensichtlich völlig ‚beherrscht', ist ein Dialog mit diesem Gefühl angezeigt. Dieser kann dadurch eingeleitet werden, dass der Therapeut den Patienten dazu auffordert, sich einmal vorzustellen, seine Angst (Trauer oder Wut) säße vor ihm (etwa auf einem leeren Stuhl) und er könne sich mit ihr unterhalten – wie mit einer Person:

Th: Sie sagen, die Angst ist immer da, auch jetzt. Stellen Sie sich einmal vor, die Angst ist für eine Weile nicht mehr *in* Ihnen, sondern *außerhalb*: Sie sitzt vor Ihnen, hier auf diesem Stuhl, so dass Sie mit ihr sprechen können. Was möchten Sie ihr sagen?
Nachdem der Patient seine Angst angesprochen und sich beispielsweise gewünscht hat, sie möge endlich verschwinden, zumindest kleiner werden, bittet ihn der Therapeut, sich auf den Stuhl der Angst zu setzen.
Th: Wenn die Angst sprechen könnte, was würde sie dem ... (Vorname des Patienten) sagen? Was antwortet die Angst?

Statt dem Patienten nahe zu legen, seiner Angst mit Bewältigungskognitionen zu begegnen, fordert der Therapeut ihn dazu auf, ihr eine *Stimme* zu verleihen. Bereits dadurch, dass er die Angst nicht mehr als persönlichen Feind, sondern als *Gesprächspartner* behandelt, fühlt sich der Patient weniger als ihr ‚Opfer', vielmehr als ein Mensch, der dieses Gefühl handhaben und damit umgehen kann. Bei einigen Patienten ändert sich die zunächst globale und unspezifische Angst in konkrete Furcht vor einer ganz bestimmten Situation. Seiner diffusen Angst gegenüber hat sich der Betroffene hilflos ausgeliefert gefühlt. Die spezifische Furcht dagegen kann er zumindest teilweise beeinflussen (z.B. durch ein klärendes Gespräch mit einem Arzt, dem Partner, einem Freund, durch Beschaffung von Informationen, usw.). Bestimmte Ängste bei chronischer Krankheit (z.B. die Angst vor Metastasen und damit verbundener Schmerzverstärkung) lassen sich nicht auflösen, da sie eine adäquate Reaktion auf eine tatsächliche Bedrohung darstellen. Bei Ängsten dieser Art trägt der Rollenwechsel dazu bei, dass der Patient zumindest die Angst vor der Angst verliert und er sie als zu seinem Leben dazugehörig zu akzeptieren lernt.

Der Dialog mit Gefühlen wie Angst, Trauer oder Wut erinnert an eine Form buddhistischer Meditation, bei der die negative Emotion *direkt angeschaut* und beschrieben wird. Das tibetische Wort für *Meditation* bedeutet soviel wie „Vertrautwerden" (Goleman 2003, S. 138). Mit einer Emotion können wir uns dadurch vertraut machen, dass wir den Gedanken anschauen, der durch sie hervorgerufen wird, und uns fragen, wem oder was dieser Gedanke gleicht, ob er eine bestimmte Form oder Farbe hat, ob er einem bestimmtem Ort im Körper zugeordnet werden kann (der Brust, dem Kopf, dem Herzen). Je genauer wir den Gedanken betrachten, umso mehr verliert er an Kraft.

Für Menschen, die in Meditationstechniken wenig geübt sind, erscheint mir der zuvor beschriebene Rollenwechsel eine gute Alternative, um sich mit Emotionen wie Angst, Trauer oder Wut vertraut zu machen, ihre Signale einordnen und gegebenenfalls als Botschaften verstehen zu lernen, z.B. als einen Hinweis darauf, was im eigenen Leben geändert werden könnte und sollte.

Einige Patienten erkennen im Rollenwechsel, dass Trauer oder Angst nicht ausschließlich negativ sind, vielmehr die dunkle Rückseite einer Medaille ausmachen, deren Vorderseite etwas Schönes und Gutes ist. Ein Patient beispielsweise, der seine Trauer zunächst als Zeichen „seelischer Schwäche" abgelehnt hat, formuliert in der Rolle der Trauer: „Ich bin da, weil dir dein früheres Leben sehr viel bedeutet – wie überhaupt das Leben. Ich, deine Trauer, bin ein Zeichen dafür, dass du lebendig bist. Ein Mensch, der bei einer schweren Erkrankung niemals weint, dem bedeutet das Leben nicht viel." Im Dialog mit ihr akzeptiert der Patient seine Trauer als normale Reaktion auf das, was er durch seine Krankheit verloren hat, als eine Reaktion, die seinen *Wunsch nach Leben* ernst nimmt. Die Kraft, die er nicht mehr verbraucht, um gegen seine Trauer anzukämpfen, steht ihm nun zur Verfügung, um das zu nutzen, was ihm geblieben ist.

Wenn der Dialog zwischen dem Patienten und dem als bedrohlich erlebten Gefühl (z.B. Angst) in einer Ja-aber-Argumentation erstarrt und sich im Kreise zu drehen beginnt („Ich, deine Angst, gehe nicht weg. Ich werde dich weiter quälen!"), kann der Therapeut den Patienten darum bitten, sich zunächst auf ein von ihm als *positiv* bewertetes Gefühl zu besinnen:

Th: Herr O., Sie haben vorhin erwähnt, Sie würden sich mehr Gelassenheit wünschen. (Pt nickt.) Bitte, stellen Sie sich einen Moment lang vor, Sie *wären* gelassen, Sie wären sozusagen die Gelassenheit selbst. Woran würde ich das äußerlich erkennen? Welche Körperhaltung haben Sie, wenn Sie gelassen sind? Wie halten Sie Ihren Rücken, Ihre Arme, Ihre Beine? Wie zeigt sich die Gelassenheit in Ihrem Gesicht? Wie ist Ihre Atmung, wenn Sie ganz und gar gelassen sind?

Der Therapeut achtet darauf, dass sich der Patient Zeit nimmt, Körperhaltung, Mimik und Gestik so zu verändern, dass sie Gelassenheit signalisieren. Die meisten Patienten lehnen sich ‚als Gelassenheit' im Sessel zurück, senken die Schultern, legen die Arme auf die Armlehnen des Stuhls oder auf ihre Oberschenkel, stellen die Beine locker nebeneinander. Die Füße haben Bodenkontakt. Kiefern- und Stirnmuskeln entspannen sich. Der Atem geht ruhig und regelmäßig.
Die Emotionsforscher Paul Ekman und Richard Davidson fanden Folgendes heraus: Wenn wir unseren Gesichtsausdruck bewusst verändern, kommt es auch zu physiologischen Veränderungen. Diese wiederum bewirken neuronale Muster im Gehirn, die mit der entsprechenden Emotion einhergehen. Das Gesicht dient also „nicht bloß der Darstellung, sondern auch der Aktivierung von Emotionen" (Ekman, in: Goleman 2003, S. 198). Wenn wir willentlich lächeln, lösen wir Aktivitäten im Gehirn aus, die für Glück typisch sind. Machen wir dagegen ein finsteres, bedrücktes Gesicht, kommt es im Gehirn zu Aktivitäten, die für Trauer und Kummer kennzeichnend sind. Warum das so ist, erklärt Andreas Hennenlotter, Neuropsychologe am Münchner Klinikum rechts der Isar: „Es gibt im Gehirn starke Verbindungen zwischen Bereichen, die Empfindungen aus der Gesichtsmuskulatur abbilden, und Bereichen, die für Gefühle zuständig sind" (in: Illinger 2005, S. 13). Eine absichtlich herbeigeführte Mimik, die Gelassenheit ausdrückt, fördert demnach die entsprechende Emotion. Anders formuliert: Das körperliche *So-tun-als-ob* ist ein wichtiger Schritt zum *So-ist-es*.

In dem Film „Anna und der König von Siam" fürchten sich Anna und ihr Sohn in der für sie fremden Umgebung (Anna ist mit ihrem Sohn von England nach Siam gereist, um die Kinder des Königs zu unterrichten). In dieser Situation schlägt Anna ihrem Sohn vor, eine fröhliche Melodie zu pfeifen, um ihre Furcht in Zuversicht zu verwandeln: „Das Ergebnis dieses Täuschungsmanövers ist höchst eigenartig. Denn wenn ich die Menschen, die ich fürchte, hinters Licht führe, führe ich auch mich selbst hinters Licht" (in: Damasio 2003, S. 88 f.). Anna nimmt körperlich die Haltung der Fröhlichen ein – und beeinflusst damit auch ihr Gefühl. Das berühmte Pfeifen im dunklen Keller oder im finsteren Wald dient dem gleichen Zweck. Intuitiv tun wir das, was neurobiologisch sinnvoll ist: Wir nutzen den Einfluss unseres Körpers auf unseren Geist.

Hat der Patient im obigen Beispiel (Herr O.) die Rolle der Gelassenheit eingenommen, wird er gebeten, aus *dieser* Rolle heraus den zuvor unterbrochenen Dialog mit der Angst wieder aufzunehmen. In der Rolle eines positiv bewerteten Gefühls (Gelassenheit, Durchsetzungsfähigkeit, Vertrauen, ...) wirken fast alle Patienten deutlich selbstsicherer in ihrem Auftreten und entwickeln neue Gesichtspunkte im Umgang mit ihrer Angst: „Okay, du bist da. Hab verstanden. Ich werde dich in Zukunft einfach weniger beachten" (ein Schmerzpatient). Oder aber sie beenden das ‚Gespräch', weil die Angst - aus der Perspektive der Gelassenheit betrachtet - nicht mehr so bedrohlich wirkt:

Pt: Also, wenn ich meine Angst jetzt so betrachte, dann erscheint sie mir eigentlich gar nicht so groß. Und *etwas* Angst ist außerdem völlig normal in meiner Situation. Die *hat* man dann einfach – diese Angst.

Je nach Persönlichkeit und Situation des Patienten könnte der Therapeut den Dialog mit der Angst auch dadurch variieren, dass *er* (der Therapeut) den Patienten in der Rolle seiner Angst befragt:

Th: Sie sind die Angst von Herrn W.. Herr W. hofft, dass Sie endlich kleiner werden. Was aber müsste passieren, damit Sie nicht kleiner, sondern noch *größer* werden? Wann wären Sie am allerschlimmsten? Und was könnte Herr W. dann tun?

Mit Fragen dieser Art wird der Patient dazu aufgefordert, seine Angst konsequent ‚zu Ende' zu denken. Bei einigen Patienten steht am Ende der Angst der *Tod*. Die Erkenntnis, dass es letztlich der *Tod* ist, vor dem man die meiste Angst hat, wird fast immer auch als *befreiend* erlebt: Der Tod wird ohnehin einmal eintreten. Wir können ihn auf Dauer nicht vermeiden, auch wenn wir uns noch so sehr anstrengen. Haben wir das einmal wirklich begriffen, brauchen wir keine Angst mehr vor ihm zu haben. So geht die Auseinandersetzung mit der Angst mitunter in eine Auseinandersetzung mit der eigenen Endlichkeit über. Wie wichtig eine solche Auseinandersetzung ist, wurde bereits betont (vgl. 2.4.).

9.4.7. Dialog mit dem Tod

Wenn ein Patient direkt oder indirekt Gedanken an den Tod äußert, sollten diese Gedanken nicht übergangen oder nivelliert, sondern *aufgegriffen* werden. Wobei der Therapeut dem Patienten vermittelt, dass es sich hier um ein Thema handelt, das *jeden* Menschen betrifft, also auch ihn, den Therapeuten. Darüber hinaus kann der Patient zum ‚Dialog' mit dem Tod aufgefordert werden (in ähnlicher Weise wie zum Dialog mit Gott) – etwa mit den Worten:

Th: Ich versuche gerade mir vorzustellen, der Tod säße bei uns – vielleicht hier auf diesem Stuhl (Th weist auf einen leeren Stuhl). Herr J., Sie können ihm all das sagen, was Sie im Moment bewegt, was Sie über ihn denken, wie Sie sich fühlen.

Zögert der Patient, beginnt der *Therapeut* das Gespräch mit dem Tod, indem er - zum leeren Stuhl gewandt - sinngemäß das wiederholt, was der Patient bereits in diesem Zusammenhang direkt gesagt oder angedeutet hat:

Th: Ich weiß von Herrn J., dass er einerseits Angst vor dem Tod hat. Dass er sich andererseits aber auch nach dem Tod sehnt. Um endlich Ruhe vor seinen Schmerzen zu haben. Wir Menschen wissen so wenig über den Tod. Er macht uns Angst, gleichzeitig kann er auch Erlösung bedeuten …

Mit Worten dieser Art signalisiert der Therapeut, dass er die Ambivalenz des Patienten gegenüber dem Tod versteht und er ihn bei der Auseinandersetzung mit diesem Thema nicht allein lassen will. Den nächsten Schritt leitet er mit der Frage ein:

Th: Wenn der Tod sprechen könnte, was würde er sagen? Oder wenn er eine Geste machen würde – wie sähe sie aus?

Je selbstverständlicher der Dialog mit dem Tod für den *Therapeuten* ist, umso leichter wird sich auch der Patient darauf einlassen können. Der Aufforderung zum Rollenwechsel mit dem Tod liegt die Auffassung zugrunde, dass der Mensch zu jedem Zeitpunkt seines Daseins ein Sterbender ist, nicht erst im Augenblick seines unmittelbar bevorstehenden Todes (Heidegger 1927). Auch wenn er nicht bewusst darüber nachdenkt oder darüber spricht, so hat doch jeder Mensch eine bestimmte Einstellung zur eigenen Sterblichkeit: Einige Menschen versuchen, ihr Sterblichsein zu verdrängen, andere finden sich mit dem Unverfügbaren ab, wieder andere schwanken zwischen diesen beiden Polen.
Die Fähigkeit und Bereitschaft kranker Menschen, sich mit dem Thema Tod auseinanderzusetzen, wird im Allgemeinen *unter*schätzt (vgl. 2.4.), wenn auch Gefühle und Gedanken in diesem Zusammenhang eher indirekt angesprochen werden, so dass diesbezügliche Signale leicht überhört werden können. Legt der Therapeut seinem Patienten nahe, mit dem Tod in einen Dialog zu treten, so gibt er ihm allein schon durch diesen Vorschlag zu verstehen, dass er dazu bereit ist, sich auf *alle* Aspekte seiner (des Patienten) Person einzulassen – auch auf seine Einstellung gegenüber dem Tod.
Wie in Märchen und alten Sagen nimmt der Tod im Rollenwechsel ‚Gestalt' an. Er erscheint in vielen Gestalten – entsprechend der individuellen Vorstellung des Patienten. Im Dialog mit ihm werden die persönlichen Vorstellungsbilder vom Tod konkretisiert und differenziert, wodurch er viel von seiner lähmenden Macht über den Patienten verliert. Mitunter werden durchaus verschiedene Sichtweisen des Todes artikuliert, die gleichwertig nebeneinander bestehen können (der Tod als *Erlöser*, der Tod als *Feind*). Während der Patient einige Aspekte des Todes nach wie vor fürchtet (z.B. die Trennung vom geliebten Partner), haben andere Aspekte etwas Beruhigendes, ja sogar Tröstliches (z.B. das Aufhören der Schmerzen). Die bedrohlichen Seiten des Todes werden dadurch nicht ausgelöscht, erhalten jedoch einen anderen Stellenwert.
Im Dialog mit dem Tod entwickelt der Patient nicht nur sein eigenes Todesbild, sondern auch seine *persönlichen Reaktionen* darauf. Einige Patienten können sich - trotz verbleibender Ängste - mit dem Tod versöh-

nen: „Du kommst zu *jedem* Menschen. Also auch zu mir. Du bist ein Teil meines Lebens" (eine Schmerzpatientin). Andere Patienten lehnen sich nach wie vor gegen den Tod auf, erfahren jedoch im Dialog mit ihm, dass er zwar ihr Leben beenden, ihre Identität aber nicht zerstören kann: „Du kannst mich töten, doch besiegen kannst du mich nicht" (ein Hirntumorpatient). Fast alle Patienten formulieren im Gespräch mit dem Tod, dass sich die Bewusstheit der Endlichkeit ihres Lebens positiv auf ihren Alltag auswirkt: Sie werden achtsamer für das, was ihnen wichtig ist, gehen sorgsamer mit ihrer Zeit um, bemühen sich darum, noch bestehende Konflikte zu klären (vgl. 2.4.).

9.4.8. Dialog mit einem Konfliktpartner

Bei unerledigten Konflikten dient ein imaginativer Dialog der Aufarbeitung und Klärung bestimmter Gefühle (Scham, Schuld, Ärger, Trauer, ...). Ein Rollentausch mit dem Konfliktgegner fördert die Bereitschaft des Betroffenen, sich selbst und das, worum es geht, auch einmal vom Standpunkt des anderen aus zu betrachten, sich in dessen Position und Reaktion einzufühlen. Darüber hinaus wächst die Fähigkeit, die eigenen Wünsche zu konkretisieren, die persönliche Sichtweise zu hinterfragen, sie gegebenenfalls zu revidieren oder aber mit mehr Nachdruck und größerer Überzeugungskraft zu vertreten. Zusammengefasst: Der imaginative Dialog mit dem Interaktionspartner verbessert das Verständnis des Patienten für den gegebenen Konflikt und das Verhalten des anderen, bereitet ihn auf eine Klärung in der Realsituation vor und vermittelt ihm Sicherheit bezüglich seiner eigenen Verhaltensweisen in der antizipierten Situation.
Fühlt sich der Patient seinem Konfliktgegner (z.B. dem Chef, dem Arzt) deutlich unterlegen, kann der Therapeut ihn dazu auffordern, zunächst einmal eine Rolle einzunehmen, die *nicht* mit dem Patientenstatus verbunden ist – eine Rolle, in der er bereits Anerkennung und Bestätigung erfahren hat, in der er sich kompetent und selbstsicher fühlt, um dann aus *dieser* Rolle heraus den eigenen Standpunkt zu vertreten.

Th: Frau K., ich denke gerade an unser Gespräch über Ihre Arbeit als Stationsschwester. Unter anderem haben Sie erzählt, wie Sie die Spannungen zwischen dem neuen Chefarzt und dem Pflegepersonal beigelegt haben. Erinnern Sie sich an Ihr Auftreten in dieser Situation? (Pt nickt.) Stellen Sie sich einmal vor, Sie würden Ihr Anliegen gegenüber Herrn X. (Konfliktpartner) in ähnlicher Weise vertreten. Besinnen Sie sich auf Ihre Kompetenz als Stationsschwester. Wie treten Sie auf?

Die Wiederbelebung einer bestimmten *sozialen Rolle* kann noch dadurch intensiviert werden, dass der Patient - vor einer verbalen Reaktion - zunächst die *Körperhaltung* einnimmt, die für ihn in dieser Rolle kennzeichnend war oder ist. Auch die Aktivierung bestimmter *psychischer Rollen* erweist sich als hilfreich:

Th: Frau G., bitte stellen Sie sich einmal vor, wir hätten hier einen Schrank – angefüllt mir einer Vielzahl von Eigenschaften: z.B. Gelassenheit, Selbstsicherheit, Gleichgültigkeit, Geduld, Heiterkeit usw.. Bitte, suchen Sie sich aus diesen Eigenschaften eine aus, die Sie im Gespräch mit Frau X. (Konfliktpartnerin) vielleicht brauchen könnten.
Pt: Selbstsicherheit! Besser noch: Selbst*vertrauen* – das würde ich brauchen.
Th: Bitte, stellen Sie sich vor, wie Sie sich diese Eigenschaft überstreifen – etwa so, wie Sie ein Kleid oder einen Anzug anziehen. Was würde sich verändern? Woran könnte ich erkennen, dass Sie gerade *diese* Eigenschaft gewählt haben? Wie würden Sie Ihren Kopf halten, Ihren Körper? Wie würden Sie sprechen?

Auch hier geht es darum, das Zusammenspiel von Körperhaltung und Empfindung zu nutzen (vgl. 9.4.6.): Die Aktivierung bestimmter Muskelgruppen bewirkt neuronale Muster, die wiederum mit bestimmten Emotionen verbunden sind. Vereinfacht: Die Einnahme einer selbstsicheren Körperhaltung erleichtert die Bildung neuronaler Kartierungen, die mit Gefühlen vermehrter Sicherheit und Kompetenz assoziiert sind.

Auswirkungen von „Rollenwechsel und Rollentausch"
– Durch die Aufforderung zum Rollenwechsel/Rollentausch signalisiert der Therapeut, dass er Vertrauen in das innere Wissen des Patienten darüber hat, was für ihn in seiner ganz persönlichen Situation ‚gut' und ‚richtig' ist. Das heißt, der Therapeut geht von den *Ressourcen* des Betroffenen aus, von seinen aktiven und schöpferischen Möglichkeiten – statt von potentiellen Defiziten und Fehlhaltungen. Damit stellen Rollenwechsel und Rollentausch wesentliche Möglichkeiten dar, therapeutische Grundhaltungen wie *Wertperspektive* (8.3.1.) und *Förderung von Autonomie* (8.3.2.) in konkretes Handeln umzusetzen: Die ‚gesunden' Rollen des Betroffenen werden aktiviert, die Rolle des Kranken dagegen gerät in den Hintergrund.
– Nicht selten geschieht es, dass der Patient aus einer anderen als seiner gewohnten Rolle heraus etwas erkennt, das er zuvor vielleicht auch schon wahrgenommen, jedoch nicht *bewusst* reflektiert hat. Vergessen geglaubtes Wissen wird wieder verfügbar, Erfahrungen, an die er nicht mehr gedacht hat, werden neu aktiviert, Erinnerungen werden wach an das, was ihm in früheren Krisen seines Lebens Halt gegeben hat. All diese Erfahrungen steigern sein *Kompetenz-* und *Selbstwerterleben* – nicht über den Weg rationaler Einsicht, sondern durch unmittelbares Handeln.
– Rollenwechsel und Rollentausch erleichtern es dem Patienten, von sich und seiner Situation Abstand zu gewinnen: Er ist nicht mehr identifiziert mit bestimmten Erlebnisinhalten, wird vielmehr zum *Beobachter* seiner Gedanken, Gefühle und Verhaltensweisen. Aus der Distanz heraus kann er seine bisherigen Bewertungsmuster leichter durchschauen, gegebenenfalls auch eine neue oder umfassendere Sichtweise seiner Erfahrungen entwickeln (vgl. 6.).
– Viele Patienten nehmen das, was sie in der eigenen Rolle sich selbst angelastet haben, aus einer anderen Rolle heraus nicht mehr nur als

persönliches Versagen wahr, können es zumindest zum Teil auch als *external* bedingt erkennen. Rollenwechsel und Rollentausch sind somit wichtige Instrumente zum *Abbau persönlicher Hilflosigkeit* (vgl. 4.2.).

– Rollenwechsel und Rollentausch erfordern eine intensive und eingehende Beschäftigung mit den eigenen Gedanken und Gefühlen, wodurch diese konkretisiert und in Beziehung zu bestimmten Situationen gebracht werden können. Die Wahrscheinlichkeit dafür wird erhöht, dass Hilflosigkeitsgefühle und Versagensängste weniger verallgemeinert, die eigenen Fähigkeiten und Grenzen *differenzierter* eingeschätzt werden (vgl. 4.2.).

– Während der Durchführung von Rollenwechsel und Rollentausch muss der Patient improvisieren, d.h. er muss ‚aus dem Stand heraus' Argumente entwickeln, die der *neuen* Rolle entsprechen. Gewohnte Denkmuster und Bewertungen werden auf diese Weise unterbrochen, Fixierungen auf bestimmte Denkinhalte gelockert – nicht aufgrund einer Vorgabe von außen, sondern *spontan*, aus dem eigenen Inneren heraus. Der Einstellungsforschung zufolge ist *Improvisation* „der entscheidende Faktor" bei Einstellungsänderungen (Frank 1985, S. 162): Wer improvisiert, entwickelt Beweisführungen, findet Argumente und Beispiele, die ihm persönlich überzeugend erscheinen. Im Rollentausch und Rollenwechsel wird somit jeweils das zum Ausdruck gebracht, was sowohl dem persönlichen Erfahrungs- und Bildungshintergrund als auch den Motiven und der Bedürfnislage des Betroffenen entspricht, wodurch sich die Wahrscheinlichkeit dafür erhöht, dass tatsächlich *der Person und Situation des Patienten gemäße Antworten* auf ihn bewegende Fragen gefunden werden.

– Moreno (1973, S. 189) beschreibt den Rollenwechsel auch als *„Lehr- und Lerntechnik"*, weil ein Mensch besser und nachhaltiger lernt, wenn er das zu Lernende nicht nur hört, sondern mit seinen eigenen Worten selbst erklärt. Danach ist zu erwarten, dass der Patient eine im Rollentausch oder Rollenwechsel formulierte Sichtweise eher übernimmt und beibehält, als wenn er Ähnliches vom Therapeuten hören oder in einem Informationsblatt lesen würde. Diese Hypothese wird durch Ergebnisse der Einstellungsforschung bestätigt, wonach sich Menschen ein Argument, auf das *sie selbst* gekommen sind, *schneller* und *dauerhafter* zu eigen machen als ein Argument, das ihnen von einer anderen Person nahe gelegt wird.

– Durch Eigenbeteiligung und Standortwechsel wirken Rollenwechsel und Rollentausch emotional stark erregend, was sich bereits in Mimik, Gestik und Stimmlage des Patienten zeigt. Neurowissenschaftlichen Untersuchungen zufolge ist die Aktivierung *emotionaler Zentren* im Gehirn von entscheidender Bedeutung für *anhaltende* Veränderungs- und Reorganisationsprozesse (vgl. 5.6.3.).

9.5. Techniken zur Aufmerksamkeitslenkung

Wenn alle Aufmerksamkeit auf ein Objekt gesammelt ist, ordnet sich der Atem ganz von selbst, und wenn der Atem regelmäßig ist, bleibt der Geist fest.
(Nakamura 1987, S. 86)

Dauerschmerzen stellen eine anhaltende Stresserfahrung für den Organismus dar und gehen fast immer mit einer langfristig erhöhten Muskelspannung sowie einer Übererregung des sympathischen Nervensystems einher. Muskelrelaxantien und Sympathikusblockaden gehören zu den Methoden *medizinischer* Schmerztherapie, um muskulärer Anspannung und sympathischer Überaktivierung entgegenzuwirken. Im Rahmen *psychologischer* Behandlung werden *Entspannungsmethoden* eingesetzt. Menschen finden verschiedene Wege, um Körper und Seele ins Gleichgewicht zu bringen: Manche versenken sich in ein Gebet, einige meditieren, andere hören Musik. Nicht jede Entspannungsmethode tut allen Patienten gleichermaßen gut. Es liegt an dem Betroffenen selbst, dasjenige Verfahren herauszufinden, bei welchem er sich am besten entspannen kann. Dies wird ihm umso eher dann möglich sein, wenn er sich nicht nur mit einer, sondern mit verschiedenen Entspannungsübungen vertraut machen kann. Zu den bekanntesten Methoden gehören:

– Progressive Muskelrelaxation nach Jacobson (PMR)
– Autogenes Training (AT)
– Imaginationsübungen
– Atemtechniken
– Biofeedback
– Hypnose
– Meditation

Übungen, bei denen der Geist leicht abschweifen kann (wie z.B. beim Autogenen Training), sind für Schmerzpatienten im Allgemeinen wenig geeignet. Zum einen gehen manchen Patienten genau die Gedanken durch den Kopf, die sie auch zuvor schon beschäftigt (belastet) haben. Zum anderen können die Schmerzen verstärkt wahrgenommen werden. Oder traumatische Erfahrungen (eine schmerzhafte Untersuchung, eine demütigende Erfahrung, ein Unfall, usw.) überschwemmen ‚blitzartig' das Bewusstsein des Patienten (Flash-backs), wodurch Schmerz- und Angst-Engramme verstärkt werden. Was Knud E. Buchmann (2005, S. 76) für traumatisierte Patienten empfiehlt, gilt auch für Schmerzpatienten – „dass sie nicht primär nur in einen Entspannungszustand versetzt werden, sondern sich durch entspannende, eher ablenkende Aktivitäten beschäftigen (sollten), um ein Äquivalent zu dem zu finden, was sie die Zeit zuvor beschäftigt hat. Entspannung mit der Möglichkeit zur freien Assoziation von Gedanken ist eher kontraproduktiv." Auch aus neurophysiologischer Sicht sollten sich Betroffene vor allem mit Vorstellungen befassen, die ein *Gegengewicht* zu den körperlichen und/oder seelischen Trauma-Erfahrungen darstellen und mit entsprechend anderen neuronalen Kartierungen verbunden sind. Nicht um Verdrängung geht es, sondern darum, die Fähigkeit des Gehirns zur Plastizität in *konstruktiver* Weise zu nutzen.

Im Folgenden werden einige **Meditations-, Atem- und Visualisierungstechniken** beschrieben, wobei ich mich auf diejenigen Übungen beschränke, die mir - aufgrund meiner eigenen sowie der Erfahrungen anderer Schmerzpatienten - im Umgang mit *chronischen Schmerzen* besonders hilfreich erscheinen. Das *Gemeinsame* aller hier erwähnten Übungen besteht darin, dass der Patient seine *Aufmerksamkeit gezielt auf eine bestimmte Vorstellung lenkt,* weshalb sie unter der Überschrift „Techniken zur Aufmerksamkeitslenkung" zusammengefasst werden. Die Grenzen zwischen Meditation, Atemübungen und Visualisierungen sind fließend. Bei der Meditation geht es primär um die Sammlung geistiger Energien, bei den Atemübungen um Konzentration auf die Atmung, bei den Visualisierungen um die Entwicklung innerer Bilder. *Eine häufige Folge von Meditations-, Atem- und Visualisierungsübungen ist eine Vertiefung von Entspannung.* Im Gegensatz etwa zu Progressiver Muskelrelaxation werden diese Übungen jedoch *nicht* mit dem ausdrücklichen Ziel der Entspannung durchgeführt: Je mehr Entspannung *gewollt* wird, umso weniger ist sie möglich! Entscheidend ist, dass der Patient seine Aufmerksamkeit für eine Weile nach innen lenkt, ruhig ein- und ausatmet und wahrnimmt, was in den folgenden Minuten in seinem Inneren geschieht.

Über Meditation, Atem- und Visualisierungstechniken ist schon viel geschrieben worden, weshalb ich hier nur auf die wichtigsten Aspekte der jeweiligen Übung eingehe, insbesondere auf ihre Bedeutung für *Schmerzpatienten.* Die einzelnen Übungen sind schnell zu erlernen, am besten unter Anleitung eines erfahrenen Therapeuten. Viele von ihnen können innerhalb von nur wenigen Minuten auch im Alltag, d.h. außerhalb der therapeutischen Situation, durchgeführt werden. Die Reihenfolge der Übungen stellt keine Rangordnung dar: Es gibt hier kein ‚besser' oder ‚schlechter', nur ein mehr oder weniger ‚passend' im Hinblick auf die Person und Situation des Betroffenen.

9.5.1. Meditation

Meditation kann auf vielerlei Weise praktiziert werden. Allen Varianten gemeinsam ist die **Sammlung geistiger Energien** zur Förderung von Gelassenheit, Gleichmut, Heiterkeit – also zur Förderung von Affekten, die ein Gegengewicht darstellen gegenüber Anspannung und Angst. Dennoch werden meditative Techniken bei Schmerzpatienten bislang eher selten eingesetzt. Während die Progressive Muskelentspannung nach Jacobson zu den routinemäßigen Behandlungsbausteinen in Schmerzbewältigungsprogrammen gehört, erfolgt eine Unterweisung in Meditation nur im Einzelfall – meist dann, wenn Therapeut und/oder Patient die Methode bereits in anderen Zusammenhängen kennen gelernt haben. Das geringe Interesse an Meditation im Rahmen psychologischer Schmerztherapie ist insofern erstaunlich, als die *positiven Auswirkungen* durch neurophysiologische Messungen inzwischen gesichert sind. Die Situation chronisch kranker Menschen enthält eine Vielzahl von Reizen, die negative Emotionen auslösen – mit entsprechenden Folgen für die Organisation des Gehirns: Die neuronalen Verbindungen im rechten präfrontalen Cortex sind eher überaktiv. Wie der Neurowissenschaftler Richard J. Davidson zeigen konnte, korreliert eine hohe Aktivität im *rechten* präfrontalen Bereich bei *verminderter* Aktivität im *linken* präfrontalen Bereich mit Empfindungen der Trauer, Sorge und Angst, während ein hoher Aktivitätsgrad im Bereich der linken präfrontalen Rinde (v.a. im linken Gyrus frontalis medialis) mit Empfindungen wie Glück, Heiterkeit, Freude verbunden ist (vgl. 5.5.). Bei häufiger Meditation kommt es zu einer deutlichen *Linksverschiebung* im Aktivitätsverhältnis der präfrontalen Funktionen: die Übererregung im rechten präfrontalen Cortex wird gehemmt, die Aktivität im linken dagegen erhöht (Goleman 2003). Zusammengefasst: Meditation begünstigt neuronale Kartierungen, die mit positiven Emotionen und weniger negativen Affekten einhergehen.

Auch Rehfisch & Basler (2004, S. 546) berichten über positive Auswirkungen von meditativen Techniken, kommen jedoch zu dem Schluss, dass sie „durch ihren theoretischen Hintergrund und ihren Übungsaufbau mehr auf *religiöse und/oder bewusstseinsverändernde Ziele* gerichtet und nicht ohne weiteres als klinische Interventionstechniken anzusehen" seien. Diese Schlussfolgerung ist unzutreffend. Tatsächlich gibt es viele Meditationsübungen, die keineswegs „auf religiöse und/oder bewusstseinsverändernde Ziele gerichtet" sind. Offensichtlich ist die unterschiedliche Einschätzung von Meditation - zumindest teilweise - darauf zurückzuführen, dass der *Begriff* unterschiedlich verwendet wird (vgl. Svoboda 1986). *Hier* bezeichnet *Meditation* den Vorgang, bei dem geistige Energien gesammelt und auf einen bestimmten äußeren und/oder inneren Inhalt zentriert werden. Von der Vielzahl an Meditationstechniken beschreibe ich drei Varianten, mit denen ich gute Erfahrungen gemacht habe.

- **Meditation über das Mitgefühl**

Diese Art der Meditation, die so genannte *Tonglen-Praxis*, ist eine zentrale Übung buddhistischer Tradition. „Tonglen" bedeutet soviel wie „nehmen und aussenden" (Wilber 1994, S. 276). Im Allgemeinen halte ich nichts davon, bestimmte Praktiken aus ihrem kulturellen Kontext zu lösen und sie beliebig in das Repertoire westlicher Entspannungstechniken einzufügen. Diese Übung beruht zwar auf buddhistischem Gedankengut, entspricht jedoch einem **Prinzip der Humanität**, dessen Entwicklung von der Antike an in *allen* Kulturen als höchste Aufgabe des Menschen betrachtet worden ist: „Humanität ist der Schatz und die Ausbeute aller menschlichen Bemühungen, gleichsam die Kunst unsres Geschlechtes. Die Bildung zu ihr ist ein Werk, das unabläßig fortgesetzt

werden muß; oder wir sinken, höhere und niedere Stände, zur rohen Thierheit, zur Brutalität zurück" (Herder 1985, S. 74).
Unabhängig von religiöser Praxis kann die Meditation über das Mitgefühl als eine *Übung in echter Menschlichkeit* verstanden werden, die im Falle chronischer Schmerzen u.a. folgende Auswirkungen hat: Sie erleichtert es dem Betroffenen, sich von seinem Schmerz sowie von belastenden Gedanken zu distanzieren, sein persönliches Leiden in einem übergeordneten Zusammenhang zu sehen und vor dem Leid nicht mehr so leicht zurückzuschrecken – weder vor dem eigenen noch vor dem Unglück anderer. Der eigene Schmerz und das eigene Leid werden zu einem Weg, über den der Einzelne in Beziehung zu anderen Betroffenen treten kann. Die folgende Anleitung stammt - mit wenigen Abweichungen - von Ken Wilber (1994, S. 276 f.), der diese Übung als eine der „wirklichen Hilfen" im Umgang mit der Krebserkrankung seiner Frau beschrieben hat:

Vergegenwärtigen Sie sich (möglichst bildhaft) einen Menschen, den Sie kennen und lieben und der schwer zu leiden hat – an einer Krankheit, einem Verlust, an Schmerzen, Depressionen, Angst ... Stellen Sie sich beim Einatmen das Leiden dieses Menschen als schwarze, rauch- oder teerartige dichte schwere Wolken vor, die Sie durch die Nase einatmen und dann in Ihr Herz sinken lassen. Halten Sie dieses Leiden in Ihrem Herzen. Geben Sie beim Ausatmen all Ihren Frieden, Ihre Freiheit, Ihre Güte und Ihre Stärken der Atemluft mit, um sie diesem Menschen als heilendes und befreiendes Licht zu senden. Setzen Sie das einige Atemzüge lang fort. Stellen Sie sich dann den Ort vor, an dem dieser Mensch lebt. Nehmen Sie beim Einatmen alles Leiden dieser Ortschaft in sich auf, und senden Sie den Menschen, die dort leben, beim Ausatmen all Ihre Kraft und Ihr Glück. Beziehen Sie dann nach und nach die ganze Gegend, das Land und schließlich die Erde und das gesamte Universum ein. Sie nehmen das Leiden aller Wesen in sich auf und schicken dafür Güte und Frieden zurück.

Untersuchungen mit funktioneller Magnetresonanztomografie und EEG zufolge bewirkt die Meditation über das Mitgefühl „eine dramatische Steigerung der elektrischen Gamma-Aktivität im linken Gyrus frontalis medialis", in einer Hirnregion also, die als ein „Ort positiver Emotionen" gilt (Goleman 2003, S. 39). Das heißt, aufrichtige Anteilnahme am Leiden und Wohlergehen *anderer* Menschen erhöht das *eigene Wohlbefinden*. Damit wird bestätigt, was der Dalai Lama als entscheidende Wirkung beschreibt: „Die Übung des Mitgefühls gleicht einer Arznei, die einem, wenn man sehr erregt ist, wieder Gemütsruhe schenkt. Mitgefühl ist ein großartiges Beruhigungsmittel" (in: ebd. S. 407).
Bei chronischen Schmerzen kann es leicht geschehen, dass sich die Wahrnehmung auf den Schmerz sowie auf die mit ihm verbundenen Beeinträchtigungen und Verluste zentriert. Was bei akuten Schmerzen noch funktionieren mag, verliert bei anhaltendem Schmerz an Überzeugungskraft – sich selbst Mut zuzusprechen im Sinne von „Es wird schon alles gut werden." Anhaltende oder immer wiederkehrende Schmerzen

lassen sich nicht schönreden. Aber auch Selbstmitleid hilft nicht weiter, denn es erschwert den Blick auf das Gute und Schöne im Leben, bläht die Bedeutung des eigenen Ichs unnötig auf. Bei der Meditation über das Mitgefühl wird das Leid weder bagatellisiert noch verleugnet. Es wird als solches anerkannt, dabei jedoch von einer höheren Warte aus betrachtet und in Beziehung zum Leiden anderer gesetzt. Diese Art der Meditation muss sich nicht unbedingt auf einen Menschen beziehen, den man persönlich kennt. Ausgangspunkt kann ebenso gut auch das Leid von Flüchtlingen in Kriegsgebieten, von Opfern einer Erdbeben- oder Flutkatastrophe sein: In dem Moment, in dem man sich mitfühlend auf diese Menschen konzentriert und sich vorstellt, *einer von ihnen zu sein*, verliert der eigene Schmerz an Bedeutung. Er bleibt *bestehen*, wird jedoch *relativiert* durch die Erkenntnis: ‚Ich bin nicht der Einzige, der leidet.' *Das Leid ist in der Welt*. Unterschiede gibt es nur in der *Form*, in der es sich jeweils zeigt. Indem man das Leiden anderer Menschen in sich aufnimmt, ist man mit seinem eigenen Leid nicht mehr allein. Das Gefühl der Verbundenheit befreit vom selbstmitleidigen Kreisen um das eigene Ich ebenso wie vom Anspruch auf Gesundheit und Glück. Die therapeutische Wirkung der „Universalität des Leidens" wurde bereits erwähnt (vgl. 8.4.1.).

- **Zentrierung der Aufmerksamkeit auf einen Gegenstand**
Bei einer anderen Variante der Meditation wird die Aufmerksamkeit auf ein bestimmtes Objekt zentriert. Dabei kann es sich um einen Gegenstand im Raum handeln (eine Blume, einen Stein, ein Glas) oder um ein imaginiertes Objekt (eine erinnerte Blume, einen erinnerten Stein). Die *Konzentration auf einen Gegenstand* entspricht dem ersten Schritt der Hypnose-Induktion – der Einengung der Aufmerksamkeit: „Wenn alle Aufmerksamkeit auf ein Objekt gesammelt ist, ordnet sich der Atem ganz von selbst, und wenn der Atem regelmäßig ist, bleibt der Geist fest" (Nakamura 1987, S. 86). Die Zentrierung der Aufmerksamkeit führt zur Sammlung des Geistes, zur Zentrierung der Gedanken, wenn sich diese im Kreise drehen oder sich in alle Richtungen zu ‚zerstreuen' drohen.

- **Zentrierung der Aufmerksamkeit auf einen Satz oder ein Wort**
Statt auf einen Gegenstand kann der Patient seine Aufmerksamkeit auch auf einen bestimmten *Satz* oder ein *Wort* (Mantra) richten, indem er diesen Satz bzw. das Wort mehrmals wiederholt. Der Satz kann als eine Selbstinstruktion formuliert sein („Ich atme ein, ich atme aus") oder als eine Aussage von allgemeiner Bedeutung – wie etwa ein Satz aus einem Gebet („Vater Unser, der du bist im Himmel") oder einem Gedicht („Und meine Seele spannte/ Weit ihre Flügel aus"). Ein tranceartiger Zustand stellt sich ein, wenn man sich den gleichen Satz einige Male vorspricht. Diese Übung erweist sich zum Beispiel dann als hilfreich, wenn man eine negative Nachricht erhalten oder sich über einen bestimmten Vorfall geärgert hat. Das Aufsagen einer immer gleichen

Wortfolge bringt die aufgewühlten Gedanken zur Ruhe. Bereits nach wenigen Wiederholungen normalisieren sich Atmung und Puls. Nun lässt sich effektiver darüber nachdenken, wie man auf die gegebene Situation reagieren könnte. Belastende Untersuchungen und/oder Behandlungen lassen sich durch Konzentration auf einen Satz oder ein Wort leichter überstehen. Länger dauernde Computer- oder Kernspintomografien strengen an, weil man während dieser Zeit vollkommen unbeweglich auf einer ebenso engen wie harten Liege ausharren muss, mit der Außenwelt lediglich durch einen Knopf verbunden, den man im Notfall drücken kann. Für Entspannungsverfahren wie Autogenes Training ist die Lagerung zu unbequem, der Lärmpegel zu hoch (v.a. bei der Kernspintomografie). In dieser Situation hilft es, sich mehrmals hintereinander eine Strophe aus einem Gedicht aufzusagen – eine Strophe mit möglichst gleichmäßigem Rhythmus. Oder man passt den Rhythmus des Gedichts den Klopfgeräuschen des Kernspingerätes an. Die Klopfgeräusche werden gleichsam zu Trommelschlägen umgedeutet, die den Vers rhythmisieren. Viele Gedichte von Rainer Maria Rilke haben allein schon von der Sprachmelodie her etwas Beruhigendes, Halt-Gebendes – z.B. die Verse:

Sein Blick ist vom Vorübergehn der Stäbe
so müd geworden, dass er nichts mehr hält.
Ihm ist, als ob es tausend Stäbe gäbe
und hinter tausend Stäben keine Welt.
(Rainer Maria Rilke: „Der Panther" 1987, S. 505)

Ähnlich wie beim Betrachten eines Gegenstandes kommt es auch bei dieser Übung zu einer Zentrierung des Geistes. Durch das gleichmäßige Aneinanderreihen der Wörter beruhigen sich Atmung, Herzrhythmus, Puls und andere vegetative Funktionen. Ist der Betroffene allein, so dass er *laut* sprechen kann, wirkt sich das *Hören* der eigenen Stimme zusätzlich beruhigend aus.

In der *Kinesiologie* wird das rhythmische Rezitieren einiger Zeilen aus einem Gedicht auch deshalb empfohlen, weil es das *Gleichgewicht zwischen den beiden Gehirnhälften* fördert (Diamond 1983). Das harmonische Zusammenspiel von rechter und linker Gehirnhälfte verbessert nicht nur das allgemeine Wohlbefinden, sondern auch die Kreativität, wodurch anstehende Aufgaben leichter (umfassender) bewältigt werden können als bei Dominanz einer der beiden Hemisphären.

Der italienische Arzt Luciano Bernardi und seine Kollegen von der Universität Pavia haben die Bedeutung des *Gebets* untersucht und folgende Gemeinsamkeit zwischen Rosenkranz und Mantra entdeckt: Werden das Yoga-Mantra (z.B. „Om-mani-padme-om") und der Rosenkranz („Ave Maria, gratia plena, Dominus tecum, benedicta tui ...") einhundert bis einhundertfünfzig Mal wiederholt (wie üblich), sinkt die Atemfrequenz von durchschnittlich vierzehn auf durchschnittlich sechs

Atemzüge pro Minute. Zudem kommt es zu einer Synchronisierung von Atemfrequenz und Herzrhythmus, wodurch Kreislauf und Hirndurchblutung positiv beeinflusst, innere Ruhe und Wohlbefinden gefördert werden (Ritzert 2004).[42]

9.5.2. Atemübungen

Abgesehen von kleinen Unterschieden in der Durchführung geht es bei allen Atemübungen vor allem darum, *sich auf die eigene Atmung zu konzentrieren*, in einer natürlichen Weise sanft ein- und auszuatmen: „Die natürliche Atmung ist bewusst, frei von Ungeduld, ermüdungsfrei, leicht, stetig und fein. Sie ist weder kurz noch lang, sondern weich und ausgeglichen" (Nakamura 1987, S. 44). Die positiven Folgen dieser Übungen für das körperlich-seelisch-geistige Wohlbefinden sind inzwischen vielfach belegt: Eine ausgeglichene Atmung aktiviert das parasympathische Nervensystem, harmonisiert den Herzrhythmus, fördert den Kreislauf, regt den Stoffwechsel an, unterstützt die Funktion der inneren Organe und setzt körpereigene Endorphine frei. Persönlich bevorzuge ich die beiden folgenden Varianten:

- **Den Atem zählen**

Der Patient wird gebeten, eine bequeme Sitz- oder Liegeposition einzunehmen, die Augen zu schließen, den Unterkiefer zu lockern und die Zunge an den inneren Gaumen zu legen (etwas hinter die Oberzähne).[43] Die weitere Anweisung lautet:

Bitte, atmen Sie etwa vier bis fünf Minuten lang durch die Nase ein und aus – möglichst ruhig, gleichmäßig, leicht. Dabei zählen Sie Ihre Atemzüge. Sie beginnen mit der Ausatmung und zählen „eins". Beim Einatmen denken Sie „und", beim weiteren Ausatmen „zwei". Dann atmen Sie wieder ein und denken „und", atmen aus und zählen „drei", usw.. Bei „zehn" beginnen Sie mit dem Zählen wieder von vorne.

Eine leichte Abwandlung der Übung besteht darin, nur das *Ausatmen* zu zählen, während das Einatmen nicht beachtet wird. Die entsprechende Anweisung lautet: „Beim ersten Ausatmen konzentrieren Sie sich auf „eins", beim zweiten Ausatmen auf „zwei", usw.."

---

[42] Offensichtlich sind Mantra- und Rosenkranzbeten miteinander verwandt: „Den Rosenkranz haben die Kreuzritter von den Arabern übernommen, die das Gebet wiederum von tibetischen Mönchen und Yogis gelernt hatten" (Ritzert 2004, S. 9).

[43] In der Kinesiologie wird die Stelle am Gaumen ungefähr einen halben Zentimeter hinter den oberen Schneidezähnen, als „zentrierender Knopf" bezeichnet (Diamond 1983, S. 61). Liegt die Zungenspitze an diesem Punkt, wird die Thymusdrüse aktiviert und die zerebrale Ausgeglichenheit (d.h. die Zusammenarbeit der beiden Gehirnhälften) gefördert.

Man bringt sich selbst ein wenig in **Trance**, wenn man sich ausschließlich auf das Zählen seiner Atemzüge konzentriert. Das Bewusstsein wird dabei nicht herabgesetzt: Man nimmt weiterhin wahr, was in der unmittelbaren Umgebung geschieht. Auch stellen sich hin und wieder ablenkende Gedanken ein. Diese Gedanken sind jedoch nicht weiter von Bedeutung und beeinträchtigen die Entspannung nur dann, „wenn man sie als ‚gut' oder ‚schlecht' wertet und sich dementsprechend an sie klammert oder versucht, sie loszuwerden" (Kapleau 1984, S. 64). Man sollte den Gedanken also nicht weiter nachhängen, sie vielmehr kommen und gehen lassen – im Wissen um ihre Vergänglichkeit.

Sinnvoll ist diese Übung zum einen nachts vor dem Einschlafen, zum anderen dann, wenn man sich über ein bestimmtes Ereignis übermäßig ärgert, so dass vor einer Reaktion zunächst einmal das eigene Fühlen und Denken zur Ruhe gebracht werden sollten. Das Zählen der Atemzüge fördert die innere Sammlung und Ausgeglichenheit bei der Bewältigung einer anstehenden Aufgabe. Beispielsweise tut es gut, sich vor einem wichtigen Telefonat einige Atemzüge lang nur auf *diese* zu konzentrieren. Die Stimme klingt fester nach einer solchen Atem-Pause, man fühlt sich ruhiger und kann sein Anliegen mit größerer Klarheit und Kraft vortragen. Vor und während einer diagnostischen oder therapeutischen Intervention (z.B. einer Myelographie oder Sympathikusblockade) wirkt die Beruhigung des paraympathischen Nervensystems einer stressbedingten sympathischen Übererregung entgegen.

- **Farben ‚atmen'**

Diese Übung wird am besten in Rückenlage durchgeführt, wobei vor allem bei Schmerzpatienten darauf zu achten ist, dass die Lagerung *bequem* ist: Die Unterlage darf nicht zu hart sein (eine einfache Krankengymnastik-Matte reicht nicht aus!). Der Nacken wird durch ein kleines Kissen unterstützt, unter die Knie eventuell eine gerollte Decke oder eine Knierolle aus Schaumstoff geschoben. Die Beine liegen locker nebeneinander, die Zehen weisen nach oben. Für die Lagerung der Hände gibt es verschiedene Möglichkeiten:

– Die Hände liegen so auf dem Bauch, dass sich die beiden Daumenspitzen leicht über dem Nabel, die beiden Zeigefingerspitzen etwas darunter berühren. In dem Gebiet, das durch Daumen und Zeigefinger umgrenzt wird, liegt das so genannte *Hara* oder *Tanden*.[44]

---

[44] Das japanische Wort *hara* bedeutet Bauch, Unterbauch, Eingeweide. Gleichzeitig hat es eine seelisch-geistige Bedeutung, wie Harada Roshi (1870 - 1961), ein japanischer Zenmeister, betont: „Sie müssen realisieren - d.h. wirklich machen -, dass Ihre Bauchhöhle der Mittelpunkt des Weltalls ist" (in: Kapleau 1984, S. 108). Die Lage des Haras ist nicht exakt definiert. Vorherrschend ist die Ansicht, dass es vier bis fünf Zentimeter (oder drei bis vier Finger breit) unterhalb des Bauchnabels liegt. Richtet man seine Aufmerksamkeit auf diese Stelle, lassen körperliche Anspannungen nach, das vegetative Nervensystem beruhigt sich.

- Die rechte Hand ruht leicht unter, die linke Hand leicht über dem Bauchnabel, d.h. die eine Hand liegt auf dem unteren, die andere Hand auf dem oberen Hara.
- Die linke Hand liegt auf der Brustmitte, die rechte Hand auf dem Unterbauch, wobei sich der Daumen direkt unter dem Nabel befindet.

Hat der Patient eine bequeme Lage gefunden, lautet die weitere Anleitung:

Bitte, stellen Sie sich nun vor, dass Sie durch Ihren rechten Fuß einatmen. Dabei visualisieren Sie eine bestimmte Farbe, die Sie das Bein hinauf durch die rechte Bauch- und Brustseite bis hoch zur Schulter, dann weiter an der rechten Kopfseite bis zum Scheitel hinauf hoch-atmen ... Mit Ihrer Ausatmung fließt die Farbe an der linken Kopfseite zur linken Schulter hinunter und wird schließlich durch die linke Körperhälfte und den linken Fuß wieder ausgeatmet ... Dann atmen Sie die Farbe durch Ihren linken Fuß ein, die linke Körperhälfte hoch bis zum Kopf hinauf. Mit der Ausatmung atmen Sie die Farbe durch Ihre rechte Körperhälfte wieder hinunter und den rechten Fuß aus.

Diese Übung lässt sich folgendermaßen abwandeln: Der Patient wird gebeten, beide Hände auf den schmerzenden Körperteil zu legen (sofern dies in bequemer Lage möglich ist) und sich vorzustellen, wie er eine von ihm spontan gewählte Farbe zu seinen *Händen* hin-atmet. Das heißt, die Farbe wird imaginativ in denjenigen Bereich des Körpers ‚gelenkt', der besonders verspannt ist und/oder wehtut. Das *Hineinatmen in den Schmerz* verringert die Gefahr, dass sich die Muskulatur schmerzbedingt immer weiter anspannt. Die betreffenden Körperpartien werden besser durchblutet – und *ent*spannen sich.

Farben sind Lichtschwingungen mit verschiedenen Frequenzen und unterschiedlichen Wellenlängen. Diese Lichtschwingungen lösen sowohl körperliche als auch emotionale Reaktionen aus. Auf die Symbolkraft und die mögliche Heilenergie der einzelnen Farben soll hier nicht eingegangen werden – es gibt eine ausreichende Literatur zu diesem Thema (z.B. Ray 1994). Vereinfacht zusammengefasst: Grüntöne haben im Allgemeinen eine ausgleichende, beruhigende Wirkung. Rot-Orange-Töne wirken belebend, anregend und wärmend, Gelbtöne aufmunternd und ‚antidepressiv'. Blautöne vermitteln innere Ruhe und Klarheit, auch Geistigkeit und Kontemplation. Sie haben eine nicht nur entspannende, sondern auch entzündungshemmende Wirkung (Fieberkranke wurden früher in blaue Tücher gehüllt). Bei der Farb-Atmung geht es jedoch in erster Linie nicht um eine indirekte Form der Farbtherapie, sondern vor allem darum, *die Atmung zu harmonisieren*, was durch die Visualisierung einer bestimmten Farbe noch unterstützt werden kann. Diese Übung bewährt sich vor allem dann, wenn der Betroffene eine belastende Situation *vor* oder *hinter* sich hat, wenn er voller Angst oder in anderer Weise übererregt ist. Die Farb-Atmung vertieft und verlangsamt die unter solchen Umständen meist beschleunigte Atmung: die Atemzüge verlängern sich, das Atemvolumen wird größer, wodurch der Austausch von Sauerstoff und Kohlendioxid beschleunigt, der Kohlendioxidgehalt des Blutes reduziert, parasympathisches Nervensystem und Sonnengeflecht angeregt werden, „was wiederum zur Beruhigung des Geistes beiträgt" (Nakamura 1987, S. 45).

9.5.3. Visualisierungen

Phantasiereisen und Visualisierungstechniken sind vor allem im Kontext des *Katathymen Bilderlebens* (Leuner 1982) sowie der *Aktiven Imagination* (nach C. G. Jung) entwickelt worden. Im Rahmen verhaltenstherapeutisch orientierter Schmerztherapie werden sie als „Bewältigungsstrategien im Sinne der Gate-control-Theorie" verwendet (Schneider 1994, S. 100). Übungen, die unter dem Aspekt der Schmerzbewältigung durchgeführt werden, können Patienten (und Therapeuten) unter erheblichen Druck setzen, der dem angestrebten Erfolg eher abträglich ist. Visualisierungen sollten deshalb (ebenso wie Meditations- und Atemübungen) nicht *gegen* den Schmerz, sondern *für* das eigene Wohlbefinden eingesetzt werden. Vielleicht klingt eine solche Differenzierung nach einem bloßen Spiel mit Worten. Erhöht sich nicht automatisch das Wohlbefinden, wenn die Schmerzen zurückgehen? Und doch gibt es einen Unterschied: Wer den Schmerz *loswerden* will, *verstärkt* ihn durch eben dieses Begehren. Wer den Schmerz kontrollieren will, *kämpft* gegen ihn. Wer kämpft, ist im Allgemeinen *nicht entspannt*. Günstiger ist es, die Kampfarena gar nicht erst zu betreten. Von der Vielzahl an Visualisierungen beschreibe ich hier lediglich zwei Varianten: Bei der ersten Übung wird die innere Wahrnehmung auf *positive Vorstellungsbilder*, bei der zweiten Übung auf den *Schmerz* gerichtet.

- **Ort der Ruhe und Kraft**
Die folgende Anleitung orientiert sich an der Broschüre der Rheuma-Liga Schleswig Holstein „Entspannung und Schmerzbewältigung für Rheumakranke" (Bunge & Eggerichs 1986). Während der Übung kann eine leise Instrumentalmusik gespielt werden (z.B. Panflötenmusik):

Machen Sie es sich bequem, schließen Sie die Augen ... Konzentrieren Sie sich zunächst auf Ihr Gesicht, spüren Sie die Spannung in Kiefern-, Stirn- und Augenmuskulatur, lassen Sie mehr und mehr von dieser Spannung los ...
Konzentrieren Sie sich nun auf Ihren Atem, wie er einströmt und wieder ausströmt. Verändern Sie nichts an Ihrem Atem, beobachten Sie ihn nur ...
Nun stellen Sie sich einen Ort vor, an dem Sie sich wohl fühlen. Das kann ein Ort aus Ihrer Phantasie sein oder ein Ort, an dem Sie schon einmal waren. Achten Sie auf die Besonderheiten des Ortes: die Farben, die Sie umgeben ..., die Geräusche ..., die Gerüche ...
Nehmen Sie die Bilder, die in Ihnen aufsteigen, einfach wahr und schauen Sie sich um an Ihrem Ort der Ruhe und der Kraft. Nehmen Sie von dieser Ruhe und Kraft so viel wie möglich auf. Dies ist Ihr Ort der Ruhe und Kraft, an dem Sie neue Zuversicht und Lebensenergie tanken ...
Genießen Sie diesen Ort der Ruhe und Kraft ...

Stellen Sie sich vor, wie Sie mit jedem Atemzug etwas von der Ruhe des Ortes einatmen und sie beim Ausatmen durch Ihren ganzen Körper hindurch strömen lassen ...
Verabschieden Sie sich nun von Ihrem Ort der Ruhe und der Kraft und stellen Sie sich darauf ein, die Übung bald zu beenden.
Nun öffnen Sie die Augen, recken und strecken Sie sich.

Als hauptsächliche Wirkung dieser Übung werden *„größere innere Ruhe"* und *„Gelassenheit"* betont: „Merkwürdig, den Schmerz hatte ich total vergessen. Jetzt spüre ich ihn wieder. Ich empfinde ihn aber nicht mehr als so schlimm" (eine Schmerzpatientin). Die Schmerzen sind also nach wie vor ‚da', werden jedoch als „etwas weiter weg" und „weniger vernichtend" erlebt. Die Visualisierung eines Ruheortes verändert jedoch nicht nur die *affektive*, sondern mitunter auch die *sensorische* Schmerzkomponente – und zwar über die *Verminderung von Muskelspannung*. Muskeln, die durch den Schmerz reflektorisch verspannt sind, können *willentlich* kaum gelockert werden. Konzentriert sich der Betroffene jedoch auf ein Vorstellungsbild, das mit durchweg positiven Emotionen einhergeht, lösen sich Verspannungen ‚autonom', d.h. auf dem Weg über das emotionale Gehirn und das mit ihm verbundene autonome Nervensystem. Der enge Zusammenhang zwischen Vorstellungsinhalten und körperlichen Reaktionen kann mittels der Zitronen-Vorstellung verdeutlicht werden: Stellt man sich vor, wie man eine reife Zitrone in Scheiben schneidet und eine Scheibe zum Mund führt, erhöht sich automatisch der Speichelfluss. Neurowissenschaftliche Untersuchungen bestätigen, dass intensive Vorstellungen messbare physiologische Veränderungen zur Folge haben, dass die *Erinnerung* an angenehme Erfahrungen oder ihre bloße *Vorstellung* ähnliche Prozesse im Gehirn auslösen wie entsprechende Erfahrungen in einer *realen* Situation (vgl. 8.3.1.).

- **Hingabe**

Wenn etwas wehtut im Körper, besteht die erste Reaktion gewöhnlich darin, sich um den Schmerz herum anzuspannen, so als wolle man ihn einkapseln. Das aber *verstärkt* den Schmerz. Meine Erfahrung: Widerstand ist die schlechteste Beziehung, die ich zu meinem Schmerz haben kann. Zur-Kenntnis-Nehmen ist gut, Sich-Aussöhnen noch besser. Unabänderlichen Schmerzen gegenüber gibt es vermutlich nur zwei Reaktionen: *Verzweiflung* oder *Annahme*. Den Schmerz anzunehmen bedeutet *nicht*, ihn gut zu finden oder aber zu resignieren, sondern einfach – *ihn als gegeben anzuerkennen*. Was wiederum auf zweierlei Weise geschehen kann. Zum einen: Der Betroffene nimmt den Schmerz zur Kenntnis, beschäftigt sich aber ansonsten nicht weiter mit ihm, lenkt seine Wahrnehmung stattdessen auf andere Inhalte. Zum anderen: Er wendet sich dem Schmerz zu, fasst ihn bewusst ins Auge. Welcher dieser beiden Wege gewählt werden sollte, ist nicht zuletzt auch eine Frage der Schmerz*intensität*. Leichte bis mittelstarke Schmerzen kann man ausblenden, indem man sich auf etwas anderes konzentriert. Wobei ich mit „leicht bis mittelstark" keine objektive Schmerzstärke meine (die es

nicht gibt), sondern mich auf das beziehe, was der Betroffene selbst in dem jeweiligen Moment als leichten bis mittelstarken Schmerz erlebt. Von einer bestimmten Schmerzstärke an ist es für die meisten Menschen - wenn überhaupt - nur noch kurzzeitig möglich, sich vom Schmerz abzulenken. Dann wählt man besser den zweiten Weg – sich dem Schmerz zuzuwenden, also *bewusst* zu tun, was ohnehin geschieht. Dieser Weg ist umso leichter, je mehr der Betroffene anerkennen kann, dass viele Aspekte des Lebens zwar durchaus nicht schön, aber dennoch Bestandteil menschlichen Daseins sind (vgl. 2.1.3.).
Auch wenn wir auf die dunklen Seiten des Lebens nur wenig oder gar keinen Einfluss haben, so sind wir doch frei zu entscheiden, ob das, was geschieht, ohne, gegen oder mit *unserer Zustimmung* geschieht. Das *rationale* Wissen um die Bedeutung einer solchen Zustimmung reicht nicht aus. Entscheidend ist, dass sie vom *emotionalen Gehirn* mitgetragen wird. Wie aber kann man einem Geschehen zustimmen, das einen zermürbt, erschöpft und nicht selten am Sinn des Lebens zweifeln lässt? Hilfreich ist hier eine Übung, die ich mit dem Begriff **Hingabe** umschreiben möchte. Ich verdanke sie dem Psychotherapeuten Wolf Paffen. Bei einem unserer Gespräche über den Umgang mit meinem Schmerz schlug er mir vor, mich meinem Schmerz „hinzugeben". Meine erste Reaktion damals war Überraschung, Skepsis, auch Abwehr: „Ich soll mich dem Schmerz *hingeben* – das ist wohl etwas viel verlangt!" Andererseits: Was hatte ich zu verlieren – nach vielen Jahren Dauerschmerz? Nachdem ich schon die verschiedensten Verhaltensweisen ausprobiert hatte, konnte ich es ebenso gut auch einmal damit versuchen. Heute ist es *die* Übung, die mir bei starken und sehr starken Schmerzen am meisten hilft – vor allem im Sinne einer vermehrten Gelassenheit. Ich formuliere die Übung (die vielmehr eine *Haltung* ist) als Anleitung für den Patienten:

Bitte, schließen Sie die Augen. Atmen Sie einige Male tief ein- und aus …
Nun lenken Sie Ihre Aufmerksamkeit auf den Schmerz, verändern Sie nichts, beobachten Sie nur, wie er sich anfühlt …
Während Sie den Schmerz beobachten, könnte es passieren, dass sich immer mehr Zellen Ihres Körpergewebes in der Umgebung des Schmerzes zu lockern beginnen, dass es um ihn herum immer weicher wird. Bemühen Sie sich nicht darum, lassen Sie einfach geschehen, was auch immer passiert. Versuchen Sie nicht, den Schmerz loszuwerden, erlauben Sie ihm vielmehr, da zu sein …
Nun machen Sie sich noch ein wenig weiter vertraut mit dem Schmerz. Schauen Sie genau hin, spüren Sie ihn genau, während Sie versuchen, so viel wie möglich über ihn zu erfahren: Welche Farbe hat er? … Welche Form? … Welche Größe? … Welches Gewicht? … Welche Temperatur? … Wie ist seine Beschaffenheit – weich oder fest, glatt oder rau?
Gehen Sie in Ihrer Vorstellung immer näher an den Schmerz heran. Beobachten Sie einfach, was geschieht. Verändert der Schmerz seine Farbe, seine Form, seine Beschaffenheit? Bewegt er sich?

Nun stellen Sie sich vor, wie Sie sich dem Schmerz ganz und gar hingeben. Es gibt keine Grenze zwischen Ihnen und dem Schmerz. Beobachten Sie, was geschieht ...
Nun lenken Sie Ihre Wahrnehmung auf den Raum, der Sie umgibt. Wo hört Ihr Körper auf? Wo beginnt der Raum? Spüren Sie die Grenzen? Können Sie Ihren Körper in Ihrer Vorstellung immer mehr in den Raum hinaus ausdehnen? Woraus besteht Ihr Körper, woraus der Raum? Warten Sie einfach ab, was geschieht ... Vielleicht bleibt die Beschaffenheit Ihres Körpers von der Beschaffenheit des Sie umgebenden Raumes verschieden? Vielleicht gleichen sich Körper und Raum in ihrer Beschaffenheit einander an, gehen ineinander über? ... Beobachten Sie ...
Schweifen Sie mit einem Teil Ihrer Wahrnehmung wieder zum Schmerz. Hat sich etwas verändert? Seine Form, seine Farbe, seine Beschaffenheit? Nehmen Sie einfach wahr ...
Bitte, besinnen Sie sich jetzt wieder auf Ihren Atem – wie er einströmt und wieder ausströmt ... Bereiten Sie sich innerlich darauf vor, gleich wieder die Augen zu öffnen ...
Nun öffnen Sie die Augen. Sie recken und strecken sich.

Es mag sein, dass man den Schmerz im ersten Moment stärker wahrnimmt als bisher, wenn man sich ihm zuwendet. Dann aber wird er eher geringer. Genauer: Der Schmerz löst sich durch bewusste Hingabe nicht auf, verliert jedoch seine quälende Qualität. Das Gewebe um ihn herum wird weicher, so dass zumindest *der* Schmerz zurückgeht, der sekundär entsteht – aus der Spannung des Kampfes heraus. Häufig erscheint ein Lächeln auf dem Gesicht der Betroffenen, Kiefern- und Stirnmuskeln lockern sich – nicht willentlich gesteuert, sondern als Nebeneffekt davon, dass sie damit aufhören, gegen den Schmerz anzukämpfen, Widerstand zu leisten. Das „Nein" gegenüber einem Schmerz, dem man nicht ausweichen kann, macht ihn gefühlsmäßig unerträglich, verstärkt womöglich auch seine sensorischen Anteile, denn das *Nein* hat eine anspannende, das *Ja* eine entspannende Wirkung. „Wenn man gefoltert wird, darf man nicht Nein! denken", schreibt Manès Sperber (1981, S. 431). Ist nicht auch mancher Schmerz eine Art Folter – weil er vom Betroffenen nicht beendet, in Qualität und Intensität nur begrenzt beeinflusst werden kann?
Durch die Aufforderung, den Schmerz (seine Form, Farbe, Temperatur und Beschaffenheit) zu beobachten, wird der Patient in die Rolle des *Zeugen* versetzt. Ein Zeuge bezeugt das Geschehen – ohne es zu beurteilen oder zu bekämpfen. Er nimmt es zur Kenntnis, d.h. *er steht über dem, was er beobachtet,* ist nicht (mehr) damit identifiziert. Gleichzeitig geht es bei dieser Übung um die Erfahrung einer *Aufhebung oder Lockerung von Grenzen:* zwischen dem Ich und dem Schmerz, zwischen dem Körper und dem ihn umgebenden Raum – eine Erfahrung, die äußerst befreiend wirkt, sich mit Worten jedoch nur schwer vermitteln lässt. Zwischen Einswerdung mit dem Schmerz und Ent-Identifizierung besteht kein Widerspruch, geht es doch um eine grundsätzliche Erfahrung menschlicher Existenz: als einzigartige individuelle Person Teil eines übergeordneten ‚Ganzen' (der Welt, des Universums, des Kosmos) zu

sein – so, wie eine Welle immer zugleich auch das Meer ist. Wilber (1991, S. 13) spricht in diesem Zusammenhang vom „Bewusstsein der All-Einheit", eine Erfahrung, die mit tiefer Gelassenheit einhergeht sowie mit vermehrtem Vertrauen in das eigene Dasein: ‚Ich bin nicht verloren in der Welt, sondern untrennbar verbunden mit ihr.'

In der buddhistischen Tradition geht man davon aus, dass sich Energieblockaden (Verspannungen und Schmerzen) *auflösen*, wenn wir unsere Aufmerksamkeit auf die betreffende Stelle richten. Statt unnötig Energie darauf zu verschwenden, einem unabänderlichen Schmerz zu entfliehen oder ihn zu bekämpfen, sollten wir *eins mit ihm werden* (Kapleau 1984). Im Rahmen von Schmerzbewältigungstrainings dagegen wird überwiegend gelehrt, dass sich der Schmerz *verstärkt*, sobald wir uns auf ihn konzentrieren (Vollborn 2004). Welche der beiden Ansichten ist ‚richtig'? Die Antwort liegt nicht in einem Entweder-Oder, sondern in einem Sowohl-als-Auch. Mal ist es hilfreicher, sich vom Schmerz *abzu*lenken, mal hilft es mehr, sich ihm *zuzu*wenden – je nach persönlicher Grundeinstellung gegenüber dem Schmerz, je nach konkreter Situation, je nach Art und Intensität der Schmerzen. Der Betroffene muss es ausprobieren und herausfinden, mit welcher Methode er persönlich am besten zurechtkommt, wobei nicht jede Methode zu allen Zeiten gleich wirksam ist.

„Mit körperlichen Schmerzen fertig zu werden, wenn sie länger dauern, ist gewiss etwas vom Schwierigsten", schreibt Hermann Hesse (1990, S. 36): „Meinerseits bin ich mit starken Schmerzen immer am besten fertig geworden, wenn ich mich nicht gegen sie gewehrt habe, sondern mich ihnen überlassen habe, so wie man sich einem Rausch oder Abenteuer überlässt." Im Zusammenhang mit *chronischen* Schmerzen lässt sich nicht von „fertig werden" sprechen. Heißt es dagegen „mit chronischen Schmerzen leben", stimme ich Hesse ganz und gar zu: „Meinerseits lebe ich mit chronischen Schmerzen immer dann am besten, wenn ich mich nicht gegen sie wehre, sondern mich ihnen überlasse, so wie man sich einem Rausch oder Abenteuer überlässt."

Auswirkungen von „Techniken zur Aufmerksamkeitslenkung"
– Jede der hier beschriebenen Übungen beruhigt die Atmung, normalisiert den Herzschlag und verbessert das Gleichgewicht zwischen sympathischem und parasympathischem Nervensystem.
– Befinden sich die beiden Stränge des autonomen Nervensystems im Gleichgewicht, kommt es zu einem regelmäßigen Wechsel zwischen Beschleunigung und Verlangsamung des Herzschlags (Kohärenz). Ein ausgeglichener Herzschlag wiederum signalisiert dem emotionalen Gehirn (über das autonome Nervensystem), „dass physiologisch alles in Ordnung ist" (Servan-Schreiber 2004, S. 73). Auf diese Botschaft reagiert das emotionale Gehirn, indem es seinerseits den Herzrhythmus stabilisiert, d.h. es kommt zu einem Prozess positiver Rückkoppelung, der dem Circulus vitiosus von Schmerz, Muskelverspannung, Schmerzsteigerung usw. entgegenwirkt. Physiologische Stresssympto-

me, Anspannung und Angst gehen zurück, Ruhe und Gelassenheit nehmen zu.
– Die positiven physiologischen Veränderungen führen im Gehirn zu neuronalen Kartierungen, die mit größerem körperlich-seelischem Wohlbefinden einhergehen. Die sensorische Komponente der Schmerzen kann, muss sich aber nicht verändern. Fast immer aber ändert sich der *affektive* Schmerzanteil: *die Schmerzen werden als weniger bedrohlich erlebt*.

Zusammenfassung
Die hier diskutierten Techniken sind *Möglichkeiten*, um die zuvor beschriebenen Therapieprinzipien ‚in die Tat' umzusetzen. *Zuhören, Verbalisieren emotionaler Erlebnisinhalte* und *einfühlsames Fragen* sollten Bestandteil einer *jeden* Begleitung von Schmerzpatienten sein. Der Einsatz weiterer Techniken (*Rollentausch* oder *Rollenwechsel*, bestimmte *Techniken zur Aufmerksamkeitslenkung*) ist von der individuellen Person und Situation des Betroffenen abhängig. Nochmals sei betont: Entscheidend ist nicht die Technik an sich, sondern die dahinter stehende *Haltung* des Therapeuten – ob und inwieweit seine Interventionen Ausdruck des Bemühens sind, den Patienten selbstwerterhöhende Erfahrungen machen zu lassen, ihn in seiner Individualität zu achten und zu fördern, ihm bei der Entfaltung seiner Ressourcen zu helfen – unabhängig von seiner Leistungsfähigkeit und unabhängig davon, ob sich seine Schmerzen reduzieren lassen oder nicht.

10. Fallbeispiel

Der Patient muss nämlich nicht von einer Wahrheit belehrt werden - so wendet man sich nämlich nur an seinen Kopf -, sondern er muss sich vielmehr zu dieser Wahrheit entwickeln – und so erreicht man sein Herz, was tiefer ergreift und stärker wirkt.
(C. G. Jung 1988 b, S. 106)

10.1. Vorgeschichte

Herr M., ein 38jähriger Junggeselle, lebt im Haushalt seiner verheirateten Schwester in einem kleinen Dorf im Schwarzwald. Seit der operativen Entfernung eines Hirntumors leidet er an Konzentrations- und Gedächtnisstörungen, Beeinträchtigungen der körperlichen und geistigen Belastbarkeit sowie an einem Dauerkopfschmerz, der lediglich in der Stärke variiert. Seine frühere Tätigkeit als Waldarbeiter kann er nicht mehr ausüben. Während seines Heilverfahrens in einer Neurologischen Rehabilitationsklinik wird mir Herr M. vom Stationsarzt mit folgender Bemerkung überwiesen: Unzureichende Krankheitsverarbeitung, depressive Reaktion mit gedrückter Stimmung, Selbstwertverlust, Antriebsminderung und Suizidtendenz.

10.2. Die erste Stunde

Bei unserem ersten Gespräch sitzt Herr M. ängstlich angespannt vorn auf der Stuhlkante. Den Blick hält er zu Boden gesenkt. Nur gelegentlich hebt er den Kopf und schaut in den Wald vor meinem Fenster. Er hat eine nur ungenaue Vorstellung davon, warum er zu mir überwiesen worden ist: „Der Arzt meint, dass es mir vielleicht gut tun würde, wenn ich mal über alles reden würde – die Kopfschmerzen und so. Also, ich weiß nicht ... Zu Hause, da machen wir nicht viele Worte. Bin überhaupt nie ein großer Redner gewesen. Außerdem bin ich zu dumm für solche Gespräche. Hab nichts gelernt, nur Bäume gefällt. Und jetzt - mit diesem dauernden Kopfweh - jetzt geht gar nichts mehr. Und an meinem Kopfweh können Sie auch nichts ändern. Ach nein, da reden Sie doch lieber mit Patienten, wo sich das noch lohnt. Mich können Sie mal abschreiben." (Er seufzt und sieht sehnsüchtig in den Wald.)

Therapeutin (Th): Jetzt im Wald sein ... Das wäre schön?
Patient (Pt): Ja, das wäre schön!
Th: Sollen wir einen Spaziergang durch den Wald machen?
Pt (schaut überrascht auf): Jetzt? Müssen wir nicht hier sitzen?

Th: Nein, müssen wir nicht!
Einige Minuten später spazieren wir nebeneinander den Waldweg entlang, zunächst schweigend. Herr M. sieht sich aufmerksam um, wobei er zunehmend entspannter wirkt. Nach einer Weile zeigt er auf eine kleine Blume am Wegrand.
Pt: Eine Akelei. Die gibt's bei uns zu Hause auch, jede Menge. Aber hier, das Immenblatt, das ist selten.
Th (bedauernd): Ich kenne mich leider mit Pflanzen nicht aus. Von vielen Blumen weiß ich noch nicht einmal, wie sie heißen.
Pt (erstaunt): Oh. Ich hab die Namen von Blumen und Bäumen schon als Kind gelernt. Von meinem Großvater.
Während wir weitergehen, weist mich Herr M. auf andere Pflanzen hin, nennt ihre Namen. Plötzlich bleibt er stehen und zeigt mit dem Finger nach oben.
Pt: Hören Sie, ein Kleiber!
Th: Ein Kleiber? Hm, also … Was ist denn das für ein Vogel? Ich kenne ihn nicht.
Pt: Ein Kleiber – der ist oben so blaugrau und unten sieht's aus wie Rost. Über die Augen hat er einen schwarzen Streifen. Ja – und der Schwanz, der ist ganz kurz.
Th: Sie können ihn an seinem Gesang erkennen?
Pt: Ja, das hör ich sofort, ob das ein Kleiber ist. Hören Sie – sechs- bis achtmal hintereinander macht er „tüit, tüit, tüit, tüit, tüit, tüit." Der hier hält den Ton, bei manchen Kleibern sinkt der Ton aber auch ab.
Th: Haben Sie das auch von Ihrem Großvater gelernt – Vogelstimmen zu erkennen?
Pt: Ja klar! Er hat mir das beigebracht. Also, von dem hab ich überhaupt 'ne Menge gelernt.
Th: Sie hängen sehr an ihm, nicht wahr?
Pt: Tja, ist eigentlich für mich der wichtigste Mensch gewesen. Jetzt ist er tot – schon seit vier Jahren (traurig).
Th: Sie vermissen ihn sehr …
Pt: Oh ja!
Th: Wenn Sie jetzt noch manchmal mit ihm zusammen sein könnten … das würde Ihnen sicher gut tun?
Pt (entschieden): Auf jeden Fall! Wissen Sie, also der hatte auch immer einen Rat, wenn man mal nicht weiterwusste oder so.
Th: Wenn er jetzt hier bei uns wäre? Einmal angenommen, Ihr Großvater würde jetzt zusammen mit uns durch den Wald gehen. Könnten Sie sich vorstellen, was er zu Ihnen sagen würde?
Pt (bleibt abrupt stehen, zunächst zögernd, dann immer entschiedener): Oh, ich glaube, er würde mir den Kopf waschen. Mensch, Hans (Vorname des Patienten), würde er sagen, jetzt lass dich bloß nicht hängen. Ich war zum Schluss auch krank, aber von Trübsalblasen war nicht die Rede. Jetzt mach mir bloß keine Schande! Weißt du noch, was wir immer gesagt haben? „Kopf hoch, auch wenn der Hals noch so dreckig ist!" Du packst das schon. Und wenn nicht, dann eben nicht. Dann hat's

eben nicht sollen sein. Aber du hast dich wenigstens bemüht. Nur darauf kommt es an. Das ist schlimm mit deiner Krankheit, klar, aber du darfst dich nicht unterkriegen lassen. Und sich wegen der Schmerzen verkriechen, macht die Sache auch nicht besser.
Herr M. schaut mich überrascht an. Offensichtlich ist er selbst erstaunt über das, was er soeben gesagt hat.
Pt: Also, das war ja eine richtige Rede ... Aber wirklich, das würde er sagen ... (nachdenklich). Na ja, er hat ja auch Recht damit. (Energisch nimmt er den unterbrochenen Gang wieder auf, schüttelt den Kopf, dann lächelnd): Na, ich sollte wohl öfter an meinen Großvater denken!
Th: Auch an das, was er Ihnen sagen würde?
Pt: Ja, eben daran.
Wir sind am Ende unseres Rundgangs wieder vor dem Klinikgebäude angelangt.
Th: Für heute müssen wir uns verabschieden, Herr M.. Ich habe viel von Ihnen gelernt. Ich danke Ihnen!
Pt (strahlt): Na, sieht so aus, als ob ich doch noch nicht ganz dumm bin. Dass ich das noch alles weiß, die Namen und so ... Wo doch mein Gedächtnis so schlecht geworden ist nach der Operation und wegen dieser Kopfschmerzen. (Er schaut mich zögernd an): Dann könnte das vielleicht doch gehen – so mit Gesprächen bei Ihnen?
Th: Klar! Morgen, um 15.00 Uhr wäre gut. Möchten Sie dann wieder zu mir kommen?
Pt: Ich komme. Jetzt weiß ich ja, dass man ganz normal mit Ihnen reden kann. Also, bis morgen! Hätt ich vor einer Stunde auch nicht gedacht, dass ich so viel reden würde. Ist überhaupt lange her, dass ich so viel am Stück geredet habe.

10.3. Verlauf und Abschluss der Therapie

Am nächsten Tag setzt sich Herr M. entspannt auf seinen Stuhl. Er lächelt.
Pt: Es geht mir irgendwie besser. Hab gestern noch viel an meinen Großvater gedacht. Er soll doch stolz auf mich sein, wenn er mich jetzt sehen könnte. Bin am Nachmittag noch mal allein in den Wald gegangen. Auf einmal war ich dankbar, dass ich das überhaupt noch kann. Ich kann keine Bäume mehr fällen. Aber ich kann doch noch all die Pflanzen sehen und die Bäume, und die Vögel kann ich hören.
Th: Sie haben etwas Wichtiges verloren – Ihren Beruf. Aber Sie haben nicht *alles* verloren? Im Wald, in der Natur zu sein – das gibt Ihnen Kraft, nicht wahr?
Pt: Ja, eben. Muss ja nicht den ganzen Tag in meinem Zimmer hocken, nur weil ich Kopfweh habe. Mein Großvater ist bis kurz vor seinem Tod noch jeden Tag in den Wald gegangen – und wenn es nur ein kleines Stück war.

Th: Der Wald ist Ihnen offensichtlich ebenso wichtig wie Ihrem Großvater ... Könnte man das so sagen: Sie haben den Wald. Für ihn lohnt sich zu leben?
Pt (nachdenklich): Stimmt. Ich hab den Wald nicht verloren. Und der ist für mich - solange ich denken kann - das Wichtigste im Leben.

...

In der nächsten Woche zeigt mir Herr M. einige Fotos, die er in den letzten Tagen gemacht hat – Aufnahmen von Pflanzen, einer Baumrinde, einem Stein mit einer besonderen Maserung ... Er hat sich angewöhnt, auf seinen Gängen durch den Wald den Fotoapparat mitzunehmen. Von einem Freund hat er sich ein Album besorgen lassen, in das er die Fotos sorgfältig einklebt – mit Datum und Bezeichnung: „Das ist mein Tagebuch! Sollte ich je nochmals wieder in ein Krankenhaus müssen – das Buch kommt mit."
Insgesamt führen Herr M. und ich acht Gespräche. Auch seine Kopfschmerzen werden gelegentlich thematisiert, doch stehen sie nicht im Mittelpunkt. Folgende Faktoren verstärken seinen Schmerz: zu wenig Schlaf, mehrere Anforderungen gleichzeitig, Gespräche in Gruppen von mehr als drei Personen, hoher Lärmpegel (z.B. in einer stark besuchten Gaststätte). Gemeinsam überlegen wir, wie er mit diesen ‚Schmerzverstärkern' umgehen oder sie von vornherein vermeiden kann. Dabei geht es vor allem darum, ob und inwieweit es ihm gelingt, seine Belastbarkeitsgrenzen rechtzeitig zu erkennen, vor sich selbst und auch vor anderen dazu zu ‚stehen'. Bisher hat sich Herr M. bemüht, nach außen hin das Bild eines Waldarbeiters aufrechtzuerhalten, der hart im Nehmen ist. Seine Schmerzen hat er „wohl einmal kurz erwähnt", ansonsten aber „mache ich das lieber mit mir selbst aus". Auf diese Weise gerät er immer wieder in Überforderungssituationen – mit vermehrten Schmerzen als Folge. Ich bitte ihn um ein konkretes Beispiel:
Pt: Wenn ich mit meinen beiden Freunden in der Gaststube sitze, dann kann ich denen doch nicht sagen, dass ich nach zwei Stunden, manchmal auch schon nach einer Stunde, wieder gehen muss, weil meine Kopfschmerzen sonst mörderisch werden. Dann hör ich mich ja an wie ein Jammerlappen.
Th: Bitte, könnten Sie sich für einen Moment in den einen Ihrer beiden Freunde hineinversetzen? Was würde Ihr Freund Ihnen antworten, wenn er gehört hätte, was Sie soeben gesagt haben?
Pt: Hm, also der eine, der Erich, der ist auch kein Mann vieler Worte. Wahrscheinlich würde er sagen: ‚Besser kurz als gar nicht!'
Th: Und wenn Sie sich in den anderen Freund versetzen ... Was würde er Ihnen sagen?
Pt: Der Eberhard, also der schaut mich manchmal etwas besorgt an. Ich glaube, der merkt auch, wenn es mir nicht so gut geht. Vielleicht würde er sagen: ‚Wenn du immer käsiger wirst, habe ich ein schlechtes Gewissen, dass ich dich mit in die Kneipe geschleppt habe. Wenn ich weiß,

dass du rechtzeitig verschwindest, wenn's zu viel wird, muss ich nicht dauernd darüber nachdenken, wie's dir wohl geht.' (Nach einer kleinen Pause): Eigentlich stimmt es ja: Besser kurz als gar nicht! Die anderen können ja nicht in mich hineinsehen. Wenn *ich* nichts sage, kann keiner wissen, wie es mir geht. Ist aber schwer, das zuzugeben – dass man mit seiner Kraft am Ende ist.

Th: Sollen wir gemeinsam überlegen, was Sie in solchen Situationen sagen könnten? Wie ausführlich Sie werden, hängt auch davon ab, wie viel Vertrauen Sie zu den betreffenden Leuten haben. Zu Ihren beiden Freunden können Sie sicher offener sein als zu Menschen, die Sie nur oberflächlich kennen. Da würde vermutlich eine kurze Bemerkung genügen wie ‚Ich verabschiede mich dann mal für heute.' Sie sind niemandem Rechenschaft schuldig. Es geht einzig darum, dass Sie besser als bisher auf den Hans aufpassen. Was, meinen Sie, könnten Sie in der Situation, die Sie eben geschildert haben, zu Ihren beiden Freunden sagen?

…

Im Laufe der Gespräche lernt Herr M., krankheitsbedingte Grenzen nicht mehr als Makel oder persönliches Versagen anzusehen, sondern als etwas, das nun zu seinem Leben dazugehört. Je mehr es ihm gelingt, seine Erkrankung anzunehmen, umso leichter fällt es ihm, damit verbundene Beeinträchtigungen anzusprechen und in seinem Verhalten zu berücksichtigen. Auch wenn er seine Kräfte nun besser einteilt als zuvor, sind Überforderungssituationen nicht gänzlich zu vermeiden – einfach deshalb nicht, weil sich das Leben niemals hundertprozentig organisieren lässt, weil unvorhergesehene Ereignisse immer wieder einmal zu Schmerzspitzen führen können – trotz bester vorausschauender Planung. Diese Schmerzspitzen - so findet Herr M. heraus - sind emotional leichter zu ertragen, wenn er sie sich nicht selbst anlastet, sondern ‚an sich vorüberziehen' lässt, ohne darüber nachzugrübeln, wie er sie vielleicht hätte verhindern können. Er hat die Wahl:

a) Um Schmerzspitzen durch unvorhersehbare Zwischenfälle zu vermeiden, kann er auf Unternehmungen verzichten und seinen Verhaltensspielraum - abgesehen von kurzen Spaziergängen - auf seine Wohnung beschränken.
b) Er kann weiterhin am Leben teilnehmen, sich mit Freunden treffen, seine sichere Wohnung verlassen, dabei jedoch das Risiko eingehen, unerwartet in eine Situation zu geraten, deren Bewältigung seine Belastbarkeitsgrenzen übersteigt.

Herr M. entscheidet sich für das Leben – im Bewusstsein dessen, dass er dafür immer wieder einmal den Preis vermehrter Schmerzen zahlen muss: „Wenn ich mich in mein Zimmer verkrieche, dann bin ich doch schon tot, obwohl ich noch lebe." Die Vorstellung, sich so zu verhalten, dass sein Großvater stolz auf ihn sein würde, wird mehr und mehr zu einer Art Richtschnur für sein Verhalten, zu einer Herausforderung, die seinem Leben Sinn und Bedeutung verleiht: „Der eine hat dieses, der andere jenes Päckchen zu tragen. Ich habe eben das Päckchen ‚Hirntumor, Operation, ständige Kopfschmerzen'. Dieses Päckchen will ich mit Anstand tragen."

Zum Zeitpunkt der Entlassung hat sich am Dauerkopfschmerz von Herrn M. im Wesentlichen nichts geändert. Schmerzspitzen allerdings treten deutlich seltener auf. Selbstwert- und Kompetenzerleben sind merklich gesteigert. Für Suizidgedanken gibt es keine Anzeichen mehr. In einer der letzten Stunden von mir darauf angesprochen, antwortet Herr M.: „Also, wenn die Kopfschmerzen sehr stark sind, dann denke ich schon manchmal: ‚Wenn ich jetzt tot wäre, dann hätte ich Ruhe davon.' Aber ich würde mich nicht umbringen. Nein! (Er lächelt): Wissen Sie, da hätte ich viel zu viel Angst, im Jenseits meinem Großvater zu begegnen. Das würde ein Donnerwetter geben! Nein, nein. Da warte ich lieber ab, bis es soweit ist. Dann kann ich mich darauf freuen, ihn wieder zu sehen."

10.4. Begründung des therapeutischen Vorgehens

Im Folgenden wird das beschriebene Vorgehen begründet – mit Bezug auf zuvor diskutierte ethische Grundpositionen und Prinzipien therapeutischen Handelns.

- „Der Patient ist der Schöpfer und Hauptdarsteller. Seine Handlungen und Stimmungen deuten den Weg an" (J. L. Moreno 1973).

Bevor ich Herrn M. zum ersten Mal begegne, weiß ich nur das von ihm, was im Krankenblatt steht (medizinische Diagnose, Geburtsdatum, familiäre Situation, früherer Beruf). Immerhin ist mir also bekannt, dass Herr M. vor seiner Erkrankung als Waldarbeiter gearbeitet hat. Während er in den Wald schaut, habe ich den Eindruck, dass er sich dort - im Wald - *deutlich* wohler fühlen würde als in meinem Zimmer, wo er ganz vorne auf der Stuhlkante sitzt, so als wolle er jeden Moment aufspringen und wieder gehen. Für Herrn M. ist nicht nur die Therapiesituation fremd; ungewohnt ist auch die Vorstellung, über sich selbst zu reden: *„Zu Hause, da machen wir nicht viele Worte. Bin überhaupt nie ein großer Redner gewesen."* Statt von Herrn M. zu verlangen, sich meiner Welt anzupassen (einer Welt, in der man über Gefühle redet), begebe ich mich in *seine Welt*, indem ich ihm einen Gang durch den Wald vorschlage (vgl. 8.3.2.). Ich habe keine genaue Vorstellung davon, wie sich dieser Vorschlag auswirken wird, nehme jedoch an, dass das übliche therapeutische Setting (Therapeut und Patient sitzen einander gegenüber und reden über das Problem des Patienten) zum gegenwärtigen Zeitpunkt für Herrn M. eher belastend als hilfreich ist. Zudem orientiere ich mich an seinem sehnsüchtigen Blick in den Wald. Die Sehnsucht eines Menschen liegt gewöhnlich dort, wo auch seine *innere Kraft* liegt. An diese Kraft kann ich anknüpfen. Denn oftmals findet sich über dem, was einen Menschen mit Sehnsucht erfüllt, auch ein Weg, wie er seinem Schmerz begegnen kann. Den Schmerz *hat* der Betroffene. Was viele nicht haben (oder ihnen nicht *bewusst* zur Verfügung steht), ist eine Kraft, die ihnen hilft, den Schmerz zu er-tragen. Bei Herrn M. führt die Sehnsucht in den Wald. Indem wir dieser Sehnsucht nachgehen, spürt er, wie viel Kraft er in der Welt des Waldes gewinnt, und dass er *diese Welt nicht verloren hat*. Während unseres Spaziergangs gebe ich kein Gesprächsthema vor, folge stattdessen den Impulsen des Patienten – gemäß der These Morenos (1973, S. 248): „… der Patient ist der Schöpfer und Hauptdarsteller. Seine Handlungen und Stimmungen deuten den Weg an."

- „Der archimedische Punkt der Behandlung (ist) die psychologische Ebene eines Individuums …, auf der es wahrhaft spontan ist" (J. L. Moreno 1945).

Durch die mit dem Spaziergang verbundenen Aktivitäten übernimmt Herr M. zunehmend die *Rolle eines Experten* in Sachen Tier- und Pflanzenwelt, während seine Patienten-Rolle in den Hintergrund gerät. Auch mein deutlich gezeigtes Interesse und meine Fragen auf einem Gebiet, in dem sich Herr M. besser auskennt als ich, bestätigen ihn in den ‚gesunden Anteilen' seiner Person (vgl. 8.3.1.). Man mag einwenden, dass nicht jeder Therapeut einen Wald vor seinem Fenster hat. Das stimmt, ist aber nicht entscheidend. Wichtig vor allem ist, herauszufinden, bei welchen Themen der Betroffene *emotional besonders beteiligt* ist. Wäre vor meinem Zimmer kein Wald gewesen, hätte ich Herrn M. darum bitten können, mir von seinem Beruf als Waldarbeiter zu erzählen. Ich hätte ihn fragen können, was er am Wald besonders liebt, wie er zu seinem Beruf gekommen ist, usw.. Einen Seefahrer frage ich nach dem Meer und nach den Schiffen, auf denen er gefahren ist, einen Maler nach seinen Vorbildern in der Malerei, nach den von ihm bevorzugten Farben und Formen, usw.. Nicht um von den eigentlichen Problemen des Patienten abzulenken, sondern um seine *Spontaneität zu aktivieren*, die ihm dann auch bei der Auseinandersetzung mit seinen Belastungen zugute kommen wird. Der Begriff *spontan* leitet sich ab aus dem lateinischen *sua sponte* = von innen heraus, freiwillig. *Spontaneität* ist also die Bereitschaft einer Person, so zu handeln, wie es die Situation erfordert – ohne äußeren Zwang oder äußere Anleitung (Moreno 1973). Im Wald reagiert Herr M. spontan: Von sich aus beginnt er zu reden, von sich aus erklärt er mir Pflanzen und weist auf Vögel hin, von sich aus erwähnt er seinen Großvater … Im Therapiezimmer erscheint Herr M. wie ‚gelähmt', in seiner Spontaneität blockiert. Durch den Wechsel des Settings wird er aus seiner Lähmung herausgenommen. In *seiner* Welt gewinnt er wieder Zugang zu seiner Spontaneität, die er nun für die Entwicklung alternativer Einstellungs- und Verhaltensweisen im Umgang mit seiner Erkrankung nutzen kann: „The level at which a patient is spontaneous is the working level of the treatment" (Moreno 1945, S. 46).

- „Handeln ist wichtiger als reden" (J. L. Moreno 1919).

Zu Beginn der Therapie leidet Herr M. an depressiven Verstimmungen, Antriebsminderung, Zweifeln am Wert der eigenen Person und am Sinn seines Lebens: *„da reden Sie doch lieber mit Patienten, wo sich das noch lohnt. Mich können Sie mal abschreiben."* Beteuerungen meinerseits, dass ich ihn keineswegs „abschreibe", würden an seiner negativen Selbsteinschätzung kaum etwas ändern. Wie überhaupt das Gefühl eigener Wertlosigkeit nicht durch *rationale* Argumentation zu beeinflussen ist. Entscheidend ist die *emotionale Beteiligung* des Betroffenen. Zwischen emotionalen und körperlichen Prozessen besteht eine enge Verbindung, so dass Veränderungen in der Körperhaltung und in den Bewegungsabläufen - über die Aktivierung spezifischer Hirnregionen - auch zu *gefühlsmäßigen* Veränderungen führen können (vgl. 9.4.1.). Schon nach den ersten Schritten im Wald verändert sich die Körperhaltung des Patienten: Er geht aufrechter, seine Bewegungen sind ‚ausholender', gleichzeitig wirkt er entspannter. Die körperliche Aktivierung, während er ausschreitet, sich nach einer Pflanze bückt, mit dem Finger über eine Baumrinde streicht oder den Arm nach oben reckt, um auf einen Vogel aufmerksam zu machen, verbessert auch seine emotionale Befindlichkeit. Er, der *„nie ein großer Redner"* gewesen ist, spricht nun mit Interesse und offensichtlicher Freude über das, was er sieht und hört.

Was ist passiert? Statt Herrn M. auf die negativen Auswirkungen seiner ‚dysfunktionalen Kognitionen' hinzuweisen (ihn also mit seinen Defiziten zu konfrontieren), wird er in eine Situation versetzt, die er *bewältigen* und in der er *deshalb* auch wieder positiv über sich denken kann: *„Dass ich das noch alles weiß, die Namen und so ..."* Nicht durch mein Zureden also, sondern durch sein *eigenes Handeln* ‚begreift' Herr M., dass er nicht nur aus Depressionen und Kopfschmerzen besteht *(„Na, sieht so aus, als ob ich doch noch nicht ganz dumm bin."),* dass er nicht einfach nur ein Niemand ist, den man am besten *„abschreiben"* sollte, sondern ein Mensch, der etwas zu sagen hat, dem man zuhört und den man nach seinen Kenntnissen fragt (vgl. 8.3.1.).

Die Erfahrung persönlicher Kompetenz wird noch verstärkt durch den *Rollentausch mit seinem Großvater*. In der Rolle des Großvaters konfrontiert sich Herr M. sowohl mit seinem derzeitigen Verhalten als auch mit möglichen Verhaltensalternativen. Wiederum erfährt er durch sein eigenes *Handeln*, dass er sich selbst beurteilen, sich selbst den Weg für sein Leben weisen kann. Eine so begründete Einstellungsänderung ist effektiver und von größerer Dauer als eine Einstellungsänderung, die lediglich auf rationaler Einsicht beruht (vgl. 8.3.2.).

Wie das Beispiel zeigt, bezieht sich das Prinzip des Handelns keineswegs nur auf den Patienten, sondern ebenso auf den *Therapeuten* (vgl. 8.5.2.). Für einige Menschen ist die künstliche Situation eines Therapiegesprächs nicht nur ungewohnt, sondern befremdend, sogar bedrohlich, wodurch kreativ-aktives Verhalten eher blockiert als gefördert wird. Statt auf dem konventionellen Therapiesetting zu beharren, mache ich einen Spaziergang mit Herrn M.: Der Aufenthalt in der Natur und körperliche Bewegung entsprechen *seiner* Persönlichkeit und *seinen* Lebensgewohnheiten. In anderen Fällen könte *therapeutisches Handeln* beispielsweise bedeuten, für den Patienten ein bestimmtes Telefonat zu führen, ihm einen Artikel oder ein Buch mitzubringen, usw.. Entscheidend für das Handeln des Therapeuten ist die *Bezogenheit auf den Patienten*: Dient die jeweilige Aktivität dem *Patienten* oder eher ihm selbst (dem Therapeuten)? Im *gemeinsamen Handeln* festigt sich die therapeutische Beziehung: Herr M. fasst Vertrauen zu mir als einem Menschen, der sich auf ihn einzulassen und sich mit ihm zu solidarisieren bemüht – nicht nur mit Worten, sondern mit *Taten*, die wirklich *ihn* meinen (vgl. 8.2.2.): „Handeln ist wichtiger als reden ... Das Reden über eine Sache hat nur Symbolwert" (Moreno 1919, S. 60).

- „Diese Lösung tritt nicht durch fremden Eingriff ein, sondern autonom" (J. L. Moreno 1970).

Im Rollentausch mit seinem Großvater bringt Herr M. zum Ausdruck, was seinen *persönlichen* Erfahrungen entspricht (nicht *meiner* Sicht der Dinge). Nicht *ich* empfehle ihm, sich von seiner Krankheit „*nicht unterkriegen*" zu lassen (was womöglich als leere Banalität aufgefasst worden wäre), sondern er selbst, wobei er diesen ‚Rat' sofort in konkretes Handeln umzusetzen versteht. Im Rollentausch mit seinem Großvater (später auch im Rollentausch mit seinen Freunden) gelingt es ihm, sein eigenes Verhalten sowie seine Situation differenzierter einzuschätzen als bisher: „*Ich kann keine Bäume mehr fällen. Aber ich kann doch noch all die Pflanzen sehen und die Bäume, und die Vögel kann ich hören. ... Die anderen können nicht in mich hineinsehen. Wenn ich nichts sage, kann keiner wissen, wie es mir geht.*" Zu dieser umfassenderen Sicht seiner Situation gelangt Herr M. nicht durch rationale Argumentation meinerseits, sie ergibt sich vielmehr spontan (von innen heraus) aufgrund einer Veränderung seiner *emotionalen Bewertungsmuster*: „Diese Lösung tritt nicht durch fremden Eingriff ein, sondern *autonom*" (Moreno 1970, S. 71). Die von Herrn M. selbst entwickelten Verhaltensweisen entsprechen *seiner Person und Situation* – und haben deshalb eine größere Wahrscheinlichkeit, *dauerhaft* verwirklicht zu werden, als wenn sie ihm von mir, der Therapeutin, vorgeschlagen worden wären (vgl. 9.4.). Eine Karte sowie zwei kurze Briefe von Herrn M. ein halbes, anderthalb und zwei Jahre nach Beendigung der Therapie bestätigen diese Annahme.

11. Der Therapeut – innere und äußere Belastungen

Man muss, um zum andern ausgehen zu können, bei sich selbst gewesen sein.
(Martin Buber)

Man mag einwenden, dass die in diesem Konzept formulierten therapeutischen Grundhaltungen im Blick auf den psychotherapeutischen Alltag unrealistisch sind. Ist es z.B. möglich, sich jedem Patienten gegenüber wertschätzend zu verhalten, sich in ihn ein und mit ihm zu fühlen? Es ist *nicht* möglich – nicht bei jedem Patienten und bei einem bestimmten Patienten nicht immer. Psychotherapie ist ein zwischenmenschliches Geschehen – ein Geschehen, bei dem Persönlichkeit und Situation des Therapeuten von ebenso großer Bedeutung sind wie Persönlichkeit und Situation des Patienten. Es gibt keinen Therapeuten, der eine befriedigende Beziehung zu *allen* Patienten herstellen könnte, der jedem Patienten und jeder Problemlage gleichermaßen gewachsen wäre. Nicht nur persönliche Begrenzungen spielen hier eine Rolle. Ab einer bestimmten Anzahl von Therapiegesprächen pro Tag ist es allein von der physischen und psychischen Belastbarkeit her kaum noch möglich, sich auf die Individualität eines Patienten einzulassen, ihm mit kontinuierlicher Aufmerksamkeit und anhaltendem Engagement zu begegnen. Viele Therapeuten können ihren Arbeitsalltag jedoch nicht nach Maßgabe ihrer persönlichen Kraft und Belastbarkeit gestalten. Ausschlaggebend sind vielmehr *äußere* Anforderungen durch gesundheitspolitische und institutionelle Regelungen, die sich an der Frage orientieren: „Wie können möglichst *viele* Patienten von möglichst *wenigen* Therapeuten in möglichst *kurzer* Zeit therapeutisch versorgt werden?" Auf *diese* Frage gibt das vorliegende Konzept keine Antwort. Denn es ist als Antwort auf eine *andere* Frage entwickelt worden: „Wie kann dem einzelnen Menschen bei der Auseinandersetzung mit seinen körperlichen und/oder seelischen Belastungen so geholfen werden, dass er sich in und mit seinem Leben wieder wohler fühlt?" Ohne Zweifel: Die im Hinblick auf *diese* Frage entwickelten Therapieprinzipien sind unter den derzeitigen Rahmenbedingungen nur begrenzt zu verwirklichen. Dennoch sollten sich Therapeuten dafür einsetzen, denn Grundhaltungen wie Standhalten, Einfühlung, Wertschätzung und Mitgefühl wirken sich bereits dann günstig aus, wenn sie nicht durchgängig, sondern nur in Ansätzen, aber immerhin *so* verwirklicht werden, dass der Patient das *Bemühen* um sie spüren kann.

Im Folgenden geht es um *innere und äußere Belastungen*, mit denen Therapeuten bei der Begleitung von Schmerzpatienten konfrontiert werden – mehr oder minder häufig. Mögliche Verhaltensweisen im Umgang mit diesen Belastungen werden diskutiert.

11.1. Vor der Therapie

Psychotherapie beginnt nicht erst im Moment der unmittelbaren Begegnung mit dem Patienten! Sie beginnt in dem Augenblick, in dem der Therapeut weiß, dass er diesen bestimmten Menschen behandeln wird. Sie beginnt mit den Informationen, die er vorab über ihn erhält, mit den Vorstellungen, die er sich von ihm macht (und umgekehrt), mit den Erwartungen, die Therapeut und Patient an ihre zukünftige Beziehung herantragen, sowie mit den äußeren Bedingungen, denen beide unterworfen sind. Bereits in diesem ‚Vorfeld' werden entscheidende Weichen für den Therapieverlauf gestellt. Welche Möglichkeiten hat ein Therapeut, um bereits *vor* Beginn einer Therapie zu deren Gelingen beizutragen?

11.1.1. Erkennen von Belastbarkeitsgrenzen

Therapie nach Fließbandart (bei der sich die einzelnen Patienten die Klinke in die Hand geben) nützt irgendwann niemandem mehr. Der Therapeut sollte sich seine Arbeit nach Möglichkeit so einteilen, dass zwischen zwei Therapiegesprächen jeweils eine *patientenfreie* Pause liegt. Wer die ersten vier bis fünf Stunden des Tages nahtlos ein Gespräch an das andere reiht, wird in der zweiten Tageshälfte mehr oder minder erschöpft sein – je nach persönlicher Belastbarkeit. Erfahrene Bergsteiger erwandern einen Berg von Beginn an in einem *gleichmäßigen*, doch nicht zu schnellen Tempo. Laien dagegen stürmen los, bis sie aus der Puste sind und von den zunächst langsameren Bergsteigern überholt werden. Ein mäßig-gleichmäßiges Arbeitstempo *von Anfang an* erhöht die Wahrscheinlichkeit dafür, am Ende eines Arbeitstages nicht völlig ermattet zu sein. Pausenloses Arbeiten ist gelegentlich nötig und möglich, doch sollte es nicht zum Dauerzustand werden.

Erschöpfung ist nicht nur eine Frage der *Quantität* (*Anzahl* der zu behandelnden Patienten), sondern ebenso eine Frage der mit den einzelnen Therapien verbundenen *psychischen Belastungen*. Standhalten, Ein- und Mitfühlen kosten Kraft. Doch sind manche Therapien - aus welchen Gründen auch immer - anstrengender als andere. Theoretisch wäre zu empfehlen, bei der Arbeitseinteilung nicht nur auf zwischenzeitliche Pausen, sondern auch darauf zu achten, dass belastende und weniger belastende Therapien einander abwechseln. Die alltägliche Praxis allerdings lässt Stundenpläne dieser Art nur selten zu. Im Gegenteil – es gibt Tage, die sind ein einziges Chaos: Einige Patienten sagen unerwartet ab, Notfälle bedürfen einer sofortigen, manchmal auch unvorhergesehen langen Intervention, ein Kollege wird plötzlich krank und muss bei wichtigen Terminen vertreten werden, ein Arzt ruft an, weil er möglichst sofort einen bestimmten Patientenbericht braucht, usw., usw.. Tage wie diese sind – wenn nicht (mehr) mit Gelassenheit – nur mit Durchhalteparolen zu überstehen. Wie viele Patienten pro Tag ein Therapeut bei gleich bleibender *Qualität* behandeln kann, hängt von seiner Konstitution ab, seiner Erfahrung und ‚Tagesform' sowie von den Anforderungen, die die jeweiligen Therapien an ihn stellen. Es gibt hier kein objektives Maß. Zu bedenken aber ist: Wer Patienten dabei unterstützen will, die Grenzen eigener Belastbarkeit zu akzeptieren, sollte dies auch selbst beherzigen. Ein Therapeut, der sich ständig bis zum Letzten seiner Kraft verausgabt, ist kein gutes Modell für seine Patienten. Zudem besteht die Gefahr, dass er die Freude an seinem Beruf verliert. Diese Freude aber braucht er, um Patienten bei der Auseinandersetzung mit ihrem seelischen und körperlichen Schmerz begleiten zu können.

11.1.2. Freiwilligkeit

Viele Vorlieben und Abneigungen in Therapeut-Patient-Beziehungen beruhen nicht (oder nicht nur) auf Übertragungs- und Gegenübertragungsprozessen, sondern auf bestimmten Realitäten im Leben des Einen, denen bestimmte Realitäten im Leben des Anderen entsprechen.[45] Da wir auf eigene Bewertungsmuster zurückgreifen müssen, um uns in jemanden einfühlen zu können, „fließt bei diesem Vorgang – gezwungenermaßen – immer eine Menge eigenes Material in die Wahrnehmung des Partners ein" (Bauer 2005, S. 99 f.). Ein gewisses Maß an Projektion ist also unvermeidbar – auch in therapeutischen Beziehungen (vgl. 5.6.1.). Um unangemessene Übertragungen und Gegenübertragungen nach Möglichkeit zu vermeiden, sollte der Therapeut die eigene Wahrnehmung wiederholt an den Reaktionen des Patienten überprüfen und nachfragen, sobald er den Eindruck hat, dass sich dieser von ihm nicht richtig verstanden fühlt. Schwierigkeiten in der therapeutischen Interaktion beruhen nicht in jedem Fall auf unbewussten Fixierungen des Patienten an frühere Bezugspersonen, sind vielmehr – zumindest teilweise – Folge einer durchaus realistischen Wahrnehmung unvereinbarer Wesenszüge. Nicht jeder Therapeut ist für jeden Patienten geeignet – es gibt bestimmte Inkompatibilitäten. Davon ausgehend ist die *Freiwilligkeit* des Patienten ebenso wie die des Therapeuten entscheidende Voraussetzung für das Gelingen ihrer Beziehung. Weder Therapeut noch Patient sollten durch äußere Einflüsse in die Situation gedrängt werden. Ihre Beziehung sollte vielmehr auf beiderseitiger Gesprächsbereitschaft beruhen. Dieses Ideal ist in der Praxis nicht immer zu verwirklichen.

---

[44] Moreno (1945) spricht in diesem Zusammenhang vom *Tele-Faktor* (vgl. 8.5.2.).

Im *ambulanten* Bereich kann der Patient gewöhnlich zwischen verschiedenen Psychotherapeuten wählen. In *stationären* Einrichtungen mit nur einem Stationspsychologen besteht seine Entscheidungsfreiheit lediglich in einem „Ja" oder „Nein" zur *Therapie* an sich, wobei er ein „Nein" möglichst vermeiden wird, um nicht als unmotiviert und unkooperativ zu gelten. Größere Schmerztherapiestationen verfügen über zwei oder drei Psychologen. Eine freie Therapeutenwahl ist hier zwar theoretisch möglich, wird jedoch in der Praxis nur ungern gesehen, da sie mit erhöhtem Verwaltungsaufwand verbunden ist, u.U. auch zu Konflikten zwischen den Kollegen führen kann – beispielsweise dann, wenn sich die meisten Patienten der Station für Therapeut A entscheiden, dieser daraufhin deutlich mehr zu tun hat als die Therapeuten B und C. Im Allgemeinen sind die Therapeut-Patient-Zuordnungen *festgelegt*: Die Anzahl der Betten wird zwischen den auf der Station arbeitenden Psychologen aufgeteilt: Therapeut A ist für die Betten (d.h. für die Patienten) 1 bis 25 zuständig, Therapeut B für die Betten 26 bis 50, Therapeut C für die Betten 51 bis 75. Das aber bedeutet, dass die jeweiligen Therapeut-Patient-Beziehungen *zufällig* zustande kommen, nicht durch beiderseitige *Wahl*.

Trotz organisatorischer Schwierigkeiten: Im Hinblick auf die *Bedeutung*, die eine gute Patient-Therapeut-Beziehung für das Ergebnis einer Psychotherapie hat, sollten Patienten auch in stationären Einrichtungen dazu ermutigt werden, *grundsätzliche Einwände* ihrem Therapeuten gegenüber zu äußern, gegebenenfalls auf einem Therapeutenwechsel zu bestehen oder sich - wenn ein Wechsel nicht möglich ist - nach der Entlassung in ambulante Psychotherapie zu begeben. Therapeuten ihrerseits sollten bedenken, dass die Verwirklichung der oben beschriebenen Grundhaltungen leicht zur Überforderung werden kann, sollten sie einen Patienten innerlich ablehnen (ihn als *Person*, nicht nur bestimmte seiner Verhaltensweisen).
Die *Freiwilligkeit* als Kriterium einer therapeutischen Beziehung ist inzwischen aus neurowissenschaftlicher Sicht bestätigt. Nicht nur rufen die Einstellungen des Patienten im Therapeuten eine *Resonanz* hervor, auch umgekehrt die des Therapeuten im Patienten (vgl. 5.6.1.). Beim Patienten können also Einstellungen und Stimmungen aktiviert werden, die denjenigen des Therapeuten entsprechen: „Dies schließt nicht aus, dass eine solche Resonanz *in einem zweiten Schritt* eine ablehnende Gegenreaktion des Patienten auslöst – zum Beispiel, wenn er sich nicht angenommen fühlt" (Bauer 2005, S. 131). Zu Resonanzverhalten kommt es sogar dann, wenn der Patient das, worauf er reagiert, nicht *bewusst* wahrnimmt! Welche Einstellung auch immer ein Therapeut hat, „er wird sie - auch bei größtem Bemühen um äußere Höflichkeit und Korrektheit - nicht verbergen können" (ebd.). Der Patient ‚spürt', wenn sein Therapeut ihm gegenüber negativ eingestellt ist. Wertschätzung ist keine Haltung, zu der man sich rational überreden könnte. Sie ‚funktioniert' nur dann, wenn sie authentisch und spontan (d.h. freiwillig) ist. Therapeutisch handelt, wer sich der *Grenzen* seiner Wertschätzung bewusst und dazu bereit ist, einen bestimmten Patienten gegebenenfalls an einen Kollegen zu überweisen. Idealerweise sollte jeder Patient die

Chance erhalten, mit einem Therapeuten zu arbeiten, der ihn – unabhängig von bestimmten Verhaltensweisen – grundsätzlich bejaht.

11.1.3. Selbstauseinandersetzung

Chronische Schmerzen offenbaren die Grenzen der Medizin und Psychologie – eine Erfahrung, die viele Ärzte und Psychologen nur schwer akzeptieren können. Häufige Folgen: Überaktivität (um zu demonstrieren, dass man doch noch etwas tun kann) oder Rückzug (um vom Patienten nicht an die eigene Hilflosigkeit erinnert zu werden). Dass Patienten auch ‚hinter die Fassaden' sehen und spüren können, wenn die Äußerungen des Therapeuten nicht mit seinen innersten Überzeugungen übereinstimmen, wurde soeben erwähnt. Das gilt insbesondere auch für Gedanken und Gefühle des Therapeuten im Zusammenhang mit Krankheit und Schmerz. Manuals mit ihren vorgegebenen Übungen, Informationsblättern und Diskussionsthemen können dem Therapeuten zwar einen gewissen Orientierungsrahmen für sein Verhalten geben. Doch entbinden sie ihn nicht von der Aufgabe, sich auch gefühlsmäßig mit menschlichem Leid auseinanderzusetzen sowie mit seiner persönlichen Einstellung gegenüber Krankheit und Schmerz. Beispielsweise könnte er sich fragen:

– Welche Gedanken und Gefühle löst die Vorstellung starker und/oder anhaltender Schmerzen in mir aus?
– Wie sehen meine eigenen Ängste im Zusammenhang mit Krankheit und Schmerzen aus? Was genau macht mir Angst?
– Wie steht es mit *meiner* Zuversicht, dass ein Leben trotz anhaltender Schmerzen seinen Sinn behält?
– Wie gehe ich mit dem Leiden in meinem eigenen Leben um?
– Was tue ich selbst, um mir Unterstützung von anderen zu holen?
– Wie würde ich mich vermutlich verhalten, wenn ich selbst an chronischen Schmerzen leiden würde?
– Bin ich bereit, Patienten bei der Auseinandersetzung mit ihrem Schmerz zu begleiten, auch wenn wir dabei vielleicht auf Themen stoßen, die mir selbst Angst machen?

Nicht um fertige Antworten auf diese Fragen geht es (zumal sich die Antworten im Laufe eines Lebens verändern können), wohl aber um die Bereitschaft, sich mit Fragen dieser Art auseinanderzusetzen. Eine solche Auseinandersetzung kann und sollte allerdings nicht rund um die Uhr erfolgen. Ein ständiges Kreisen um die Themen Krankheit und Schmerz ist ebenso wenig hilfreich wie ein Vermeiden dieser Themen. Hier das richtige Maß zu finden, ist entscheidend dafür, dass die Begleitung von Schmerzpatienten auf Dauer nicht zur Belastung wird, sondern immer wieder neu als *positive* Herausforderung erlebt werden kann.

11.1.4. Einstimmung auf den Patienten

„Um eine bestimmte Handlung adäquat durchführen zu können, sollte man sich für diese Handlung so gut wie möglich erwärmen" – diese Beobachtung Morenos (1981, S. 61 f.) gilt nicht nur für körperliche Aktivitäten (z.B. ist eine ausreichende Erwärmung der Muskulatur Voraussetzung dafür, dass Sportler diejenigen Leistungen erbringen können, die ihren Möglichkeiten entsprechen), sie lässt sich auch auf *therapeutisches Handeln* übertragen. Ist der Therapeut für das Gespräch mit einem Patienten nicht ausreichend ‚erwärmt', wird er sich nicht in dem Maße auf ihn einlassen können, als ihm von seinen Fähigkeiten her möglich ist. Mangelnde Erwärmung liegt beispielsweise dann vor, wenn der Therapeut seinen Patienten begrüßt, während er in Gedanken noch beim vorausgegangenen Gespräch ist, wenn er sich Argumente für eine spätere Teambesprechung überlegt, während der Patient bereits Platz nimmt. Günstiger ist es, vor jeder Therapie ein paar *gesprächsfreie Minuten* einzuplanen, um sich auf den betreffenden Patienten einzustimmen (vgl. 11.1.1.). Eine solche Einstimmung kann durch folgendes Verhalten begünstigt werden:

- Der Therapeut stellt sich vor, wie er all das, was ihn zur Zeit beschäftigt, ‚zur Seite stellt' – etwa so, als würde er einen Koffer, den er bei sich trägt, für eine Weile abstellen, um die Hände für etwas anderes frei zu haben. Er wird diesen Koffer später wieder aufnehmen müssen. Im Moment jedoch lässt er ihn los, um für den Patienten ‚da' zu sein.
- Nicht nur eigene Belastungen sollten zur Seite gestellt werden – auch eigene Vollkommenheitsansprüche und Selbstermahnungen im Sinne von ‚Ich müsste!', ‚Ich sollte!': ‚Ich müsste Herrn X. doch davon überzeugen können, dass ...', ‚Ich sollte Frau Y. dazu bewegen, dass ...' Insbesondere auf persönliche Vorstellungen ‚guter Leidensbewältigung' ist zu verzichten. Erst wenn der Therapeut die Illusion loslassen kann, ein *Experte* für Leid- und Schmerzerfahrungen zu sein, wird er sich wirklich für den *Patienten* öffnen können, für *seine* (des Patienten) Sicht der Dinge und für *seine* (des Patienten) Möglichkeiten, sich mit der gegebenen Situation auseinanderzusetzen. Der Therapeut kann jede Menge Theorien haben über den Umgang mit chronischem Schmerz. Unmittelbar vor der Begegnung mit dem Patienten sollten diese Theorien jedoch in den Hintergrund treten. Denn das Bemühen, sich an vorgegebenen Mustern und Konzepten zu orientieren, stört den Erwärmungsprozess ebenso wie das Bemühen um Perfektion (Moreno 1964).
- Kennt der Therapeut den Patienten bereits, stellt er sich sein Gesicht vor, seine Gestalt, seine Art zu sprechen und sich zu bewegen. Er erinnert sich an frühere Gesprächsthemen, ‚überfliegt' eventuell die Notizen vom letzten Gespräch. Die intensive Vorstellung des Patienten trägt mit dazu bei, von der eigenen Person absehen, sich gänzlich auf *ihn* (den Patienten) und *seine* Situation einstellen zu können.

– Zur Erwärmung tragen nicht nur psychische Prozesse wie Erinnerung und Vorstellung bei, sondern auch *körperliche Betätigung* – wie z.B. bestimmte Bewegungen oder Körperhaltungen. Das heißt: Man kann sich für eine bestimmte Rolle dadurch erwärmen, dass man eine der Rolle gemäße *Körperhaltung* einnimmt, also diejenigen Muskeln aktiviert, die bei dieser Rolle gewöhnlich besonders beansprucht werden (Moreno 1945). Fühlt sich der Therapeut vor einem Therapiegespräch angespannt, könnte er *willentlich* eine Körperhaltung einnehmen, die er haben würde, wenn er gelassen *wäre*: Er hält den Rücken aufrecht, aber nicht starr; die Füße haben Kontakt mit dem Boden; die Schultern sind leicht nach hinten-unten genommen; der Kopf ist vom Scheitelpunkt her aufgerichtet; die Gesichtsmuskeln sind entspannt. Die *muskuläre* Verkörperung von Gelassenheit beeinflusst die innere Befindlichkeit in Richtung vermehrter Ruhe. Wie schon erwähnt: „Das körperliche *So-tun-als-ob* ist ein wichtiger Schritt zum *So-ist-es*" (9.4.6.).

Die Minuten, in denen sich der Therapeut auf seinen nächsten Patienten vorbereitet und einstimmt, sind nicht verschwendet, kommen vielmehr der *Qualität* seiner Arbeit zugute. Die Ausgangsbedingungen für das Gespräch werden verbessert, was insbesondere dann wichtig ist, wenn die zur Verfügung stehende Zeit von den organisatorischen Gegebenheiten her begrenzt ist und die ‚Bearbeitung' anstehender Fragen besonders dringlich erscheint. Ein Arbeitstag, an dem sich ein Termin nahtlos an den anderen reiht, ist für die meisten Therapeuten nur mit professioneller Routine und innerer Distanzierung vom Patienten zu bewältigen. Routine und Distanz aber verunmöglichen die Entwicklung einer echten Patient-Therapeut-Beziehung – und reduzieren damit die Wahrscheinlichkeit für therapeutische Veränderungen.

11.2. Während der Therapie

Behandelt die Menschen so, wie ihr selbst von ihnen behandelt werden wollt – das ist alles, was das Gesetz und die Propheten fordern.
(Matthäus 7, 12)

Im Laufe einer jeden Therapie kann es vorkommen, dass der Therapeut nicht mehr recht weiterweiß. Der Rückgang an Spontaneität und Kreativität zeigt sich u.a. darin, dass er bestimmte Sätze und Gesten wiederholt, sich auf bestimmte Theorien beruft, aus Büchern zitiert, auf externale Inhalte ausweicht oder aber betroffen schweigt und krampfhaft darüber nachdenkt, was er als Nächstes tun oder sagen könnte. Folgendes Vorgehen kann möglicherweise helfen:

11.2.1. Rollentausch mit dem Patienten

Eine vertrauensvolle Patient-Therapeut-Beziehung entwickelt sich vor allem dann, wenn sich der Therapeut nicht an theoretischen Konzepten oder persönlichen Vorstellungen ‚adäquater Schmerzbewältigung' orientiert, sondern an der Realität des *Patienten*, an *seinen* Bedürfnissen und *seiner* ganz spezifischen Situation (vgl. 8.6.). Eine solche Orientierung wird durch gelegentlichen *imaginären Rollentausch mit dem Patienten* gefördert, d.h. der Therapeut fragt sich selbst:

- Wenn ich an Stelle des Patienten wäre, wie würde ich mich vermutlich fühlen?
- Was täte mir in einer solchen Situation gut?
- Welche Art von Hilfe würde ich von meinem Therapeuten erwarten?
- Wollte ich das, was ich dem Patienten gerade sagen möchte, selbst hören, sollte ich einmal in einer ähnlichen Situation sein wie er?

Der mit dem Rollentausch verbundene *Perspektivewechsel* bewirkt, dass bestimmte Sachverhalte mitunter *anders eingeschätzt oder neu gewichtet* werden. Was zuvor im Vordergrund gewesen, tritt in den Hintergrund, was bislang kaum beachtet worden ist, gewinnt an Bedeutung, wird die Situation mit den Augen des Patienten betrachtet.

Erinnert sei an den eingangs erwähnten Lastkraftwagenfahrer, Herrn N. (vgl. 2.2.3.). Von außen betrachtet zeigt Herr N. eine eher geringe Eigenverantwortung im Umgang mit seinen Schmerzen. Er investiert zu wenig Zeit und Geld in Entspannungs- und Bewegungsübungen, nimmt eine überwiegend sitzende Körperhaltung ein, missachtet die Grenzen der eigenen Belastbarkeit. Im Rollentausch mit ihm kann der Therapeut den Druck nachempfinden, unter dem Herr N. steht, und kommt vielleicht zu dem Schluss: „Vermutlich würde ich an Herrn N.'s Stelle ebenso handeln. Statt an seine Eigenverantwortlichkeit zu appellieren, sollte ich ihn vor allem in seinem Selbstwertgefühl stärken. Außerdem sollte ich herausfinden, ob Herr N. ausreichend über alle Kassenleistungen informiert ist."

Viele chronisch kranke Menschen wissen nicht, dass sie sich von weiteren Zuzahlungen befreien lassen können, wenn sie ein Prozent ihres Bruttoeinkommens gezahlt haben, dass ein Teil der Fahrkosten zum Arzt bei bestimmten Voraussetzungen erstattet wird, usw. (vgl. 3.3.7.). Ein Psychotherapeut ist zwar in erster Linie für das seelische Leiden seiner Patienten zuständig. Da dieses jedoch in vielen Fällen von äußeren Umständen ausgelöst oder verschärft wird, sollte er mit den Regelungen des Gesundheitssystems zumindest so weit vertraut sein, dass er Patienten auf ihre Rechte hinweisen kann. Viele Vergünstigungen werden einfach deshalb nicht in Anspruch genommen, weil die Betroffenen nichts davon wissen, demzufolge keine entsprechenden Anträge stellen. Gewicht und Bedeutung äußerer Lebensbedingungen können oftmals erst dann umfänglich erfasst werden, wenn sich der Therapeut vorstellt, *er selbst* sei mit diesen Bedingungen konfrontiert. So betrachtet entfallen vorschnelle Psychologisierungen von selbst. Die Erfahrung, dass sich sein Therapeut auch für eine Verbesserung seiner *äußeren* Lebensumstände einsetzt, stärkt das Selbstwertgefühl des Patienten, vermittelt ihm die Erfahrung, im Kampf gegen Paragraphen und Bürokratie nicht allein zu sein.

Wird das Handeln des Therapeuten lediglich von seiner Außenperspektive bestimmt, besteht die Gefahr, dass er die Realität des Patienten verkennt und er ihn zum Objekt von Interventionen macht, die vor allem seinen eigenen Überlegungen und/oder theoretischen Vorstellungen entsprechen. Ergänzt der Therapeut dagegen seine persönliche Sicht durch die im Rollentausch nachvollzogene *Sicht des Patienten*, wird er sich vollständiger in ihn hineinversetzen können und sein Vorgehen vor allem an seinen (des Patienten) Bedürfnissen und Möglichkeiten orientieren. Wer eine bestimmte Problemlage *auch* aus der Perspektive des Patienten betrachtet, weiß deshalb zwar nicht immer, was genau nun zu tun ist. Fast immer aber bekommt er eine Ahnung davon, was er besser *unterlassen* sollte. Bereits das ist ein Gewinn: für den Therapeuten, weil er gelassener wird; für den Patienten, weil ihm unerfreuliche Erfahrungen durch unpassende Interventionen erspart bleiben.

11.2.2. Übernahme der Rolle des Lernenden

Sollte es dem Therapeuten schwer fallen, sich in einen bestimmten Patienten hineinzuversetzen, so liegt das nicht ausschließlich und in jedem Fall an seinem mangelnden Einfühlungsvermögen, sondern mitunter auch daran, dass ihm, dem Gesunden, bestimmte *Erfahrungsgrundlagen* fehlen, die mit schwerer Krankheit und chronischem Schmerz verbunden sind. Einfühlung in einen anderen Menschen setzt voraus, dass etwas Entsprechendes im Beobachter aktiviert wird. Therapeuten, die über geringe persönliche Schmerzerfahrungen verfügen und bislang eher selten mit Schmerzpatienten gearbeitet haben, können auf nur wenig ‚Material' zurückgreifen, um das Schmerzerleben eines Patienten intuitiv zu erfassen. In einer solchen Situation ist es ebenso angebracht wie hilfreich, *bewusst die Rolle des Lernenden* einzunehmen – denn eben dies *ist* die Rolle des Therapeuten, wenn sein Patient von Erfahrungen berichtet, über die er selbst nicht verfügt. Das heißt, der Therapeut sollte dem Patienten sorgfältig zuhören, nachfragen, ihn gegebenenfalls darum bitten, seinen Schmerz und/oder ein bestimmtes Gefühl mit einem Bild zu umschreiben (vgl. 9.1., 9.3.). Auf diese Weise erweitert er sein eigenes, eher ‚abstraktes' Wissen über Krankheit und Schmerz um die *konkreten* Erfahrungen des Betroffenen, wird er zu seinem authentischen Begleiter in einer Situation, die mehr Fragen als Antworten enthält. Ein Therapeut, der nicht auf seiner überlegenen Autorität in allen Lebensbereichen beharrt, sondern im Hinblick auf bestimmte Erfahrungen die *Autorität des Patienten* anerkennt, befreit sich selbst vom Druck belastender Omnipotenzvorstellungen, wird auf diese Weise (wieder) offen für das, was er dem Patienten innerhalb der vorgegebenen Grenzen tatsächlich noch geben kann.

11.2.3. Wechsel von Rolle, Ort und Zeit

Die im imaginären Rollentausch vollzogene Übernahme der Sichtweise des Patienten fördert die Wahrnehmung des Therapeuten für dessen Gedanken und Gefühle. Sie kann aber auch zu lähmender *Überidentifikation* führen, wenn der Rollentausch nicht bewusst wieder beendet wird. In einem solchen Fall hilft es, sich gedanklich für einen Moment *aus der Situation herauszunehmen* – durch einen Wechsel von Rolle, Ort oder Zeit:

- *Wechsel der Rolle:* Der Therapeut stellt sich vor, die betreffende Szene in einem Kinofilm oder Theaterstück zu sehen. Er selbst nimmt die Rolle des Zuschauers ein. Wie sollte sich der Therapeut in dem beobachteten ‚Stück' verhalten?
- *Wechsel des Ortes:* Der Therapeut begibt sich imaginativ an einen Ort, an dem er sich wohl fühlt. Das kann sein Wohnzimmer sein, ein Urlaubsort, ein bestimmtes Café, ein Waldweg, ... Weiterhin stellt er sich vor, an die gegenwärtige Therapie-Szene zu denken, während er sich an diesem Ort befindet ... Wie könnte sich die Szene weiterentwickeln?
- *Wechsel der Zeit:* Nicht nur der Ort, auch die Zeit kann in der Imagination verändert werden: Der Therapeut stellt sich vor, er sei einige Jahre älter, die gegenwärtige Szene also Vergangenheit. Wie wünschte er sich, in der erinnerten Situation reagiert zu haben?

Die mit einer Veränderung von Rolle, Ort und Zeit verbundene *Distanzierung* von der Situation erweitert das Gesichtsfeld des Therapeuten, so dass er u.U. (wieder) Aspekte wahrnehmen kann, die er nicht zu sehen vermag, solange er - in Überidentifikation mit dem Patienten - ‚zu nah dran' ist am Geschehen. Je differenzierter und vollständiger der Therapeut sowohl seine eigene als auch die Realität des Patienten erfassen kann, umso wahrscheinlicher wird er (wieder) so reagieren, wie es die Problemlage erfordert. Das gedankliche Sich-Herausnehmen aus der Situation steigert zudem das Bewusstsein des Therapeuten für seine *eigene* Identität, d.h. für die *Grenze* zwischen seiner und des Patienten Welt. Im Bewusstsein dieser Grenze ist er dem Patienten *nah*, ohne jedoch mit ihm ‚eins' zu werden.

11.3. Nach der Therapie

Lehre uns bedenken, dass wir sterben müssen, damit wir weise werden.
(Psalm 90, 12)

Unsicherheit über das eigene Verhalten, Hilflosigkeit und Zweifel können nicht nur vor und während, sondern auch *nach* der Begegnung mit einem Patienten auftreten. Die Funktion gelegentlicher Selbstauseinandersetzung des Therapeuten im Vorfeld einer Therapie wurde bereits betont (vgl. 11.1.3.). *Nach* einem Therapiegespräch gewinnt sie erneut an Bedeutung. Jetzt sind persönliche Einstellungen gegenüber Krankheit und Schmerz nicht mehr nur im Allgemeinen zu reflektieren, sondern im Hinblick auf diesen ganz *konkreten* Patienten. Unterstützend hierbei kann folgendes Vorgehen sein:

11.3.1. Supervision

Supervision und *kollegiale Supervision* sind nicht nur etwas für unerfahrene Therapeuten. Auch erfahrene Therapeuten sollten sich ihrer therapeutischen Kunst nie zu sicher sein, sondern ihr Verhalten hin und wieder hinterfragen und hinterfragen lassen. Inhaltlich könnte es im Verlauf einer Supervisionssitzung um folgende *Themen* gehen:

– Reflexion persönlicher Ängste, Unsicherheiten oder Aggressionen gegenüber einem bestimmten Patienten
– Hinterfragen der Motive, die das eigene Handeln diesem Patienten gegenüber beeinflussen könnten
– Umgang mit eigenen Omnipotenzvorstellungen sowie mit den Grenzen therapeutischen Handelns
– Auseinandersetzung mit persönlicher Trauer und Hilflosigkeit angesichts der Unmöglichkeit, für bestimmte Probleme Abhilfe zu schaffen
– Entwickeln und Einüben möglicher Verhaltensweisen gegenüber einem bestimmten Patienten und/oder seinen Angehörigen

Themen dieser Art sollten nicht nur diskutiert, sondern auch in *Rollenspielen* bearbeitet werden: Zum einen, um bewusst erlebte Belastungen ebenso wie verdeckte Konflikte in der Patient-Therapeut-Interaktion differenzierter, zugleich umfassender diagnostizieren zu können. Zum anderen, um durch unmittelbares *Handeln* zu *erfahren*, wie auf diese Belastungen und Konflikte reagiert werden könnte.

Der Therapeut bittet einen anderen Supervisionsteilnehmer, die Rolle seines Patienten zu übernehmen. Im anschließenden Rollenspiel verhält sich dieser Supervisionsteilnehmer nach Möglichkeit so, wie der Therapeut seinen Patienten zuvor beschrieben hat. Beispielsweise erzählt er in der Ich-Form von seinem Leiden – so, als *wäre* er der Patient. Der Therapeut ‚spielt' zunächst sich selbst, d.h. er reagiert so, wie er sich auch in der Realität dem Patienten gegenüber verhalten hat. Nach einer Weile tauscht er mit dem ‚Patienten' die Rolle, während dieser (d.h. der betreffende Gruppenteilnehmer) den Therapeuten darstellt. Beim nächsten Rollentausch übernimmt der Therapeut wieder seine eigene Rolle, während der Mitspieler erneut den Patienten ‚spielt'.

Im Anschluss an das Rollenspiel geben die Gruppenteilnehmer dem Therapeuten Rückmeldung über sein verbales und nonverbales Verhalten. Wichtig ist insbesondere die Rückmeldung desjenigen Gruppenteilnehmers, der den Patienten dargestellt hat: Wie hat er - in dieser Rolle - das Verhalten des Therapeuten erlebt? Was hat ihm gefehlt? Was hat er als angenehm und hilfreich erlebt? Rollenspiele dieser Art fördern das *Einfühlungsvermögen* des Therapeuten und helfen bei der Klärung von Fragen wie: „Welche Beweggründe könnte der Patient für sein Verhalten haben?", „Wie könnte er sich fühlen?", „Wie könnte der Therapeut auf ihn wirken?" Darüber hinaus verbessern Rollenspiele die *Selbstwahrnehmung* des Therapeuten: Sich mit den Augen des Patienten zu betrachten, verkleinert den eigenen ‚blinden Fleck', führt zu einer vollständigeren Einschätzung persönlicher Verhaltensweisen und Motive, lässt den *eigenen* Anteil an einem bestimmten Konflikt leichter erkennen.

Das Rollenspiel kann dahingehend variiert werden, dass verschiedene Gruppenteilnehmer abwechselnd die Therapeuten-Rolle einnehmen, während der Therapeut den Patienten ‚spielt'. Auf diese Weise werden alternative Reaktionsmöglichkeiten in der Begegnung mit dem Patienten entwickelt – nicht, indem sie diskutiert, sondern in der Semi-Realität des Rollenspiels unmittelbar *erprobt* werden. Das Gespür des Therapeuten dafür verbessert sich, wie sich ein bestimmtes Verhalten auf sein Gegenüber auswirken kann: In der Rolle des Patienten erfährt er diese Wirkung ‚am eigenen Leib'.

11.3.2. Rollenwechsel und Rollentausch

Eine Möglichkeit der *Selbsthilfe* (mit oder ohne Anwesenheit einer Supervisionsgruppe) ist der *Dialog mit dem inneren Therapeuten* (9.4.1.): Der Therapeut übernimmt in seiner Vorstellung die Rolle eines fiktiven oder tatsächlichen Kollegen und reflektiert sein Verhalten aus *dieser* Rolle heraus. Die mit dem Rollenwechsel verbundene Distanzierung von sich selbst erleichtert es ihm, mögliche Übertragungsreaktionen wahrzunehmen und/oder zu erkennen, ob und inwieweit seine Reaktionen eher von persönlichen Omnipotenzphantasien und Alles-ist-machbar-Ansprüchen bestimmt werden als von den Bedürfnissen des Patienten.

Ein imaginativer Dialog mit dem betreffenden Patienten - angelehnt an den *Dialog mit einem Konfliktpartner* (9.4.8.) - dient einer Klärung bestehender Konflikte, fördert die Sicherheit des Therapeuten im Hinblick auf eigene Verhaltensweisen ebenso wie im Hinblick auf mögliche Reaktionen des Patienten: Der Therapeut stellt sich vor, der Patient säße vor ihm auf einem leeren Stuhl. In der Imagination (oder auch laut) spricht er aus, was ihn in der Beziehung zum Patienten bewegt und belastet, und/oder er fragt den Patienten, womit er (der Therapeut) ihm helfen, was er für ihn tun könnte. Anschließend übernimmt er die Rolle des Patienten und antwortet sich selbst aus *dieser* Rolle heraus. Der imaginäre Rollentausch kann auch schriftlich durchgeführt werden (im Büro, im Café, zu Hause): Der Therapeut notiert in Stichworten, was er in seiner eigenen Rolle sagen und wie er in der Rolle des Patienten reagieren würde.

11.3.3. Zentrierung der Aufmerksamkeit

Techniken zur Aufmerksamkeitslenkung (9.5.) sind für Patienten und Therapeuten gleichermaßen wichtig. Bei körperlich-seelischer Belastung kommt es zu einer Überaktivierung des sympathischen Nervensystems mit den erwähnten Folgen wie z.B. beschleunigter Atmung, vermehrter Muskelanspannung und gesteigertem Blutdruck. Das Wissen um diese Zusammenhänge schützt den Therapeuten zwar nicht vor stressbedingter sympathischer Übererregung, sollte ihm jedoch dabei helfen, rechtzeitig für *Gegengewichte* zu sorgen.

Längere Übungen sind während eines Arbeitsalltags nicht möglich. Einige der oben genannten Verfahren jedoch bedürfen nur weniger Minuten und können ohne weiteren Aufwand im Anschluss an eine Therapie durchgeführt werden. Hilfreich beispielsweise ist es, sich für eine Weile auf den eigenen *Atem* zu konzentrieren, die *Aufmerksamkeit* auf einen bestimmten Gegenstand (ein Wort oder einen Satz) zu *lenken* oder sich intensiv ein mit *positiven Erfahrungen* verbundenes Ereignis *vorzustellen* (vgl. 9.5.2., 9.5.1., 9.5.3.). Die Zentrierung der Aufmerksamkeit verbessert das Zusammenspiel von sympathischem und parasympathischem Nervensystem. Ein verbessertes Sympathikus-Parasympathikus-Gleichgewicht wiederum harmonisiert den Herzrhythmus, Stresssymptome gehen zurück, Entspannung und Gelassenheit nehmen zu.

Zusammenfassung
Bei den zuvor beschriebenen Einstellungs- und Verhaltensweisen handelt es sich um *Idealvorstellungen*, denen ein Therapeut sich immer nur mehr oder weniger *annähern* kann. Je nach Patient, konkreter Situation und persönlicher Verfassung fällt es mal leichter, mal schwerer, sich einfühlsam, wertschätzend und mitfühlend auf einen Patienten einzulassen. Ein Therapeut, der mit Menschen arbeitet, die an chronischen Schmerzen leiden, wird wiederholt auch mit Problemen konfrontiert, die nicht oder nur ansatzweise zu beheben sind. Angesichts unlösbarer Leiden hilft die Suche nach dem Schuldigen ebenso wenig weiter wie die Suche nach dem ‚richtigen' Verhalten. Therapeut und Patient müssen sich hier *gemeinsam* einer Situation stellen, für die es keine allgemeingültigen Bewältigungsstrategien gibt, in der das Ziel einer Beseitigung oder deutlichen Linderung der Schmerzen durch die Frage ersetzt werden muss, wie der Betroffene mit diesem Schmerz so gut wie nur irgend möglich

leben kann. Aufgabe des Therapeuten ist es, sich um Einfühlung und Mitgefühl, um Echtheit und Verlässlichkeit, um Wertschätzung und Förderung der Autonomie des Patienten zu *bemühen*. Was daraus wird, liegt nicht nur in seiner Hand. Dies anzuerkennen, ist entscheidende Voraussetzung für die wichtigste aller therapeutischen Haltungen: dem Leid des Betroffenen *standzuhalten*.

12. Abschließend

Als oberstes Therapieziel gilt gewöhnlich, „den Patienten von seinem Leiden zu befreien" (Grawe 2004, S. 376). Ein solches Verständnis von Therapie ist für viele Schmerzpatienten (wie auch für andere Patienten) unzutreffend. Denn es gibt Leiden, von denen ein Mensch nicht befreit werden *kann*, auch wenn er selbst und sein Therapeut dies noch so sehr anstreben. Sollten sich Psychotherapeuten von Patienten mit unabänderlichen Beschwerden und Belastungen zurückziehen oder ihnen erst gar keine psychologische Begleitung anbieten? Das wäre ein Armutszeugnis für Psychologie und Psychotherapie. Liegt nicht eher eine *Herausforderung* darin, auch und gerade mit denjenigen Menschen therapeutisch zu arbeiten, die unter einer Vielzahl von ungünstigen und kaum zu beeinflussenden Lebensbedingungen leiden? In einer solchen Situation besteht das Ziel nicht darin, „den Patienten von seinem Leiden zu befreien", sondern darin, *ihm dabei zu helfen, mit seinem Leiden leben zu lernen, sich mit sich selbst, seinen Mitmenschen und einer Welt auszusöhnen, die immer auch Krankheit, Schmerzen und Tod enthält.* Mit diesem Anliegen vor Augen darf der Therapeut den negativen Einfluss objektiv ungünstiger Bedingungen weder verharmlosen noch so tun, als sei das Unglück des Patienten vor allem darauf zurückführen, dass er nicht positiv genug denke. Der Therapeut darf weder resignieren noch seine Therapie auf das Zusprechen von Trost reduzieren. Er sollte vielmehr darauf vertrauen, dass sich das *seelische Wohlbefinden* eines Menschen selbst dann noch verbessern lässt, wenn sein körperliches Befinden sowie bestimmte äußere Lebensumstände nur geringfügig beeinflusst werden können. *Der Schmerz lässt sich nicht immer lindern, oft aber die Verzweiflung daran.*

Einzelne der hier beschriebenen Therapieprinzipien und Interventionen können zwar der einen oder anderen therapeutischen Schule zugeordnet werden. Letztlich jedoch sind sie *methodenübergreifend*, da sie nicht aus einem bestimmten Therapie-Modell abgeleitet sind, sondern aus dem eingangs diskutieren *Welt- und Menschenbild*, der *Situation von Schmerzpatienten* sowie *neurowissenschaftlichen Erkenntnissen*.[46] Ausgangspunkt ist keine Theorie, an die der Patient angepasst wird. Ausgangspunkt sind vielmehr die Bedürfnisse und Motive des Patienten, denen sich der *Therapeut* anzupassen hat. Eine solche ‚Anpassung' bedeutet, dass sich der

---

[46] Die besprochenen Einstellungs- und Verhaltensweisen sind nicht nur methoden-, sondern auch *störungsübergreifend*: Ihr Einsatz ist bei Patienten mit anderen psychischen und/oder körperlichen Beeinträchtigungen ebenso hilfreich wie bei Schmerzpatienten.

Therapeut an der Person und Situation des Patienten orientiert, dabei von theoretischen Konzepten und seinen persönlichen Vorstellungen guter Leidensbewältigung absieht, ohne dabei jedoch in eine passiv-abwartende Haltung zu verfallen. Im Gegenteil: Der Therapeut zeigt bei der Gestaltung einer jeden Therapiesitzung ein hohes Maß an Aktivität! Worum es bei dieser *Aktivität* im Wesentlichen geht, wird abschließend zusammengefasst:

– Zu Beginn einer jeden Therapie werden die **Ziele** herausgearbeitet, die für den *Patienten* von Bedeutung sind: Geht es ihm primär um eine Auseinandersetzung mit seiner Trauer, Angst und Verzweiflung, um die Steigerung seines Selbstwertgefühls, die vermehrte Nutzung seiner Ressourcen und/oder um die Klärung zwischenmenschlicher Beziehungen?

– Im Allgemeinen steht nicht ein bestimmtes Problem im Vordergrund der Gespräche, sondern die **Person** des Patienten. Ob und inwieweit eine Situation als problematisch eingeschätzt wird oder nicht, ist *relativ*, d.h. abhängig vom jeweiligen Kontext sowie von den bewussten und impliziten Bewertungen des Betroffenen. Zu Beginn einer Therapie weiß der Therapeut nur wenig (oder gar nichts) über den Kontext und die Bewertungsmuster seines Patienten. Würde er die Gesprächsinhalte sogleich auf ein bestimmtes (*ihm* wichtig erscheinendes) Problem fokussieren, könnte er damit an den eigentlichen Motiven des Patienten vorbeireden. Der Therapeut strukturiert die Gesprächssituation deshalb so, dass der Patient - unabhängig von den jeweiligen Gesprächsinhalten - möglichst oft Erfahrungen machen kann, die seinen Bedürfnissen nach *Selbstwerterhöhung* und *Achtung, Selbstverwirklichung* und *Kontrolle, Sicherheit* und *Orientierung, Nähe* und *Zuwendung* entsprechen. Aufgrund einer detaillierten Analyse von etwa viertausend Therapieausschnitten kommt Klaus Grawe (2004, S. 385) zu dem Schluss, „dass das Ausmaß bedürfnisbefriedigender Erfahrungen in der Therapiesitzung mehr zu einem produktiven Ergebnis der Therapiesitzung beiträgt als die Art, in der die jeweiligen Probleme behandelt wurden".

– Der Therapeut achtet nicht nur beim Patienten, sondern auch bei sich selbst sowohl auf den **Inhalts-** als auch auf den **Beziehungsaspekt** der Äußerungen, insbesondere darauf, wie seine eigenen nonverbalen Verhaltensweisen vom Patienten aufgefasst werden, denn die Patient-Therapeut-Beziehung wird nicht so sehr vom Was, sondern vor allem vom *Wie des Gesagten* beeinflusst. Eine **positive therapeutische Beziehung** ist für den Verlauf sowie für den Erfolg einer Therapie von entscheidender Bedeutung.

– Der Therapeut trägt durch sein eigenes Verhalten dazu bei, dass der Patient in jeder Therapiestunde trotz belastender Gesprächsinhalte auch **positive Erfahrungen** manchen kann: Positive Emotionen verbessern die Problemlösefähigkeit eines Menschen, öffnen seinen Zugang zu persönlichen Ressourcen und geben ihm Halt angesichts ungünstiger Lebensumstände. Die Suche nach dysfunktionalen Kognitionen und Verhaltensweisen wird ebenso vermieden wie die Konfrontation mit Vorab-Pathologisierungen, da beides vor allem negative Emotionen auslöst. Wertschätzendes, ein- und mitfühlendes Verhalten dagegen erzeugt beim Patienten eine überwiegend positive Befindlichkeit. Fällt es dem Patienten zu einem bestimmten Zeitpunkt (meist zu Beginn der Therapie) schwer, sich auf Positives einzulassen, ermöglicht der Therapeut positive Emotionen zunächst auf indirektem Weg – vor allem durch sein eigenes wertschätzend-akzeptierendes Verhalten, aber auch durch den Einsatz von Meditations-, Atem- und/oder Visualisierungsübungen.

– Erscheint die Auslösung negativer Emotionen unumgänglich (beispielsweise bei einem Gespräch über unwiederbringliche Verluste), sorgt der Therapeut durch die *gleichzeitige* Verwirklichung von Wertschätzung und Mitgefühl für ein **emotional positives Gegengewicht** – nicht, um den Patienten zu schonen oder zu vertrösten, sondern um ihm dabei zu helfen, die negativen Emotionen zu (er-)tragen.

– Der Therapeut erkundigt sich wiederholt nach positiven Ereignissen in Vergangenheit und/oder Gegenwart des Patienten, bittet ihn darum, von beruflichen und/oder privaten Tätigkeiten zu erzählen, bei denen er sich kompetent und sicher fühlt (oder gefühlt hat). Auf diese Weise verschafft sich der Therapeut ein Bild von den inneren und äußeren **Ressourcen** des Patienten. Gleichzeitig aktiviert er diese Ressourcen, indem er den Patienten darüber *reden* lässt. Die Aktivierung von Ressourcen wiederum fördert das Selbstwertgefühl des Patienten, verhilft ihm zu einer differenzierteren Sicht seiner Person und Situation, wodurch er zunehmend lernt, Situationen, in denen er tatsächlich hilflos ist, von denjenigen Situationen zu unterscheiden, die er durch sein eigenes Verhalten (zumindest teilweise) beeinflussen kann.

– Um Selbstwert- und Kompetenzerleben des Patienten *dauerhaft* zu ändern (über die Bahnung neuer neuronaler Erregungsmuster), kommt es nicht nur auf rationale Einsichten an. Entscheidend ist vielmehr die **wiederholte und direkte Erfahrung**. Eine Herausforderung für den Therapeuten besteht darin, gute Voraussetzungen für solche Erfahrungen zu schaffen, die Therapiesituation auch unter schwierigen Bedingungen so zu gestalten, dass Fähigkeiten und Stärken des Patienten *unmittelbar zum Tragen* kommen können – beispielsweise dadurch, dass er die bisherige Auseinandersetzung des Betroffenen mit seinem Schmerz anerkennt, ihn in Überlegungen zum Therapieablauf *einbezieht*, Vorbehalte und Einwände nicht voreilig als Widerstand abwehrt, sondern *ernst nimmt* und aufgreift.

– Der Therapeut lässt sich nicht entmutigen, wenn Ressourcen schwer auszumachen sind oder der Patient vom Bemühen, ihn positive Erfahrungen machen zu lassen, unbeeindruckt erscheint. Einer Veränderung psychischer Prozesse liegt eine Veränderung neuronaler Vorgänge zu Grunde. Diese Veränderungen brauchen **Zeit**. Das Wissen um diese Mechanismen bewahrt den Therapeuten vor Ungeduld, Enttäuschung sowie davor, die willentlichen Einflussmöglichkeiten des Patienten zu überschätzen. Auch hält es ihn davon ab, sich allein aufgrund ökonomischer Erwägungen Behandlungsprogrammen zuzuwenden, die die Verantwortung allzu sehr auf den Betroffenen übertragen – auf seinen Willen und seine Einsatzbereitschaft. Der Wille des Patienten ist wesentliche Voraussetzung einer jeden Therapie, nicht aber *allein* entscheidend für ihren Erfolg.

Im Zusammenhang mit der Frage „Wie kann man mit Schmerzen weiterleben, die bestenfalls gelindert, nicht aber beseitigt werden können?" ist der Therapeut ein ebenso Suchender und Lernender wie der Patient. Er hat einen gewissen Vorsprung an Wissen (z.B. über bestimmte neuronale Grundlagen, über das Zusammenwirken von physischen und psychischen Prozessen). Doch entbindet ihn dieses Wissen nicht von einer persönlichen Auseinandersetzung mit der subjektiven Seite des Schmerzes. Womit wir wieder beim Anfang sind: Therapie von Schmerzpatienten setzt voraus, dass sich der Therapeut seiner persönlichen Einstellungen gegenüber dem Phänomen „Schmerz" bewusst ist. Denn es sind vor allem diese Einstellungen, die auch die Art und Weise prägen, wie er sich den vom Schmerz Betroffenen gegenüber verhält.
Trotz vieler Jahre mit anhaltendem Schmerz kann ich für den Umgang mit ihm keine allgemeingültigen Regeln aufstellen. Jeder Mensch muss für sich einen Weg finden, mit dem Schmerz zu leben. Nicht, mit ihm fertig zu werden, nicht, ihn zu bewältigen – *mit ihm zu leben*. Mir persönlich ist insbesondere eines wichtig: mich nicht als Opfer des Schmerzes zu sehen, ihn weder als Feind noch als Freund zu betrachten, sondern mit Gleichmut. Etwa so, wie ich das näher rückende Alter oder den Tod betrachte – als selbstverständliche Gegebenheit meiner wie einer jeden Existenz.

Literatur

Abeln, R. & Kner, A.: Jeder Schmerz entlässt dich reicher: Vom rechten Umgang mit dem Leid. Kevelaer 2003.
ACM-Magazin. Hrsg.: Arbeitsgemeinschaft Cannabis als Medizin. 2006, S. 1 – 2.
Allende, I.: Paula. Frankfurt 1995.
Albers, R.: Fluch der guten Tat. Focus 23/2006, S. 92 – 95.
Alterhoff, G.: Grundlagen klientenzentrierter Beratung. Stuttgart 1983.
Aristoteles: Gründliche Beschreibung eines gewissen Schmerzgefühls. In: Kronauer, U.: Vom Mitleid: Die heilende Kraft. Frankfurt 1999, S. 46 – 49.
Arnold, F.: Der Glaube, der dich heilt: Zur therapeutischen Dimension des christlichen Glaubens. Regensburg 1983.
Bandura, A.: Self-efficacy: Toward a unifying theory of behavioral change. Psychological Review. 84/1977, S. 191 – 215.
Bandura, A.: Sozial-kognitive Lerntheorie. Stuttgart 1979.
Basler, H.-D.: Chronischer Rückenschmerz: Vorbeugung und Behandlung durch psychologische Methoden. In: Hoefert, H.-W. & Kröner-Herwig, B. (Hrsg.): Schmerzbehandlung: Psychologische und medikamentöse Interventionen. München/Basel 1999, S. 62 – 75.
Basler, H.-D.: Chronische Kopf- und Rückenschmerzen: Psychologisches Trainingsprogramm. Patientenhandbuch. Göttingen 2001.
Bauer, J.: Das Gedächtnis des Körpers: Wie Beziehungen und Lebensstile unsere Gene steuern. München 2004.
Bauer, J.: Warum ich fühle, was du fühlst: Intuitive Kommunikation und das Geheimnis der Spiegelneurone. 3. Aufl. Hamburg 2005.
Beck, D.: Das „Koryphäen-Killer-Syndrom": Zur Psychosomatik chronischer Schmerzzustände. Dt. Med. Wochenschr. 102/1977, S. 303 – 307.
Beck, D. & Frank, Y.: Der therapieresistente psychosomatisch Kranke und sein Arzt. Folia Psychother. 2/1977, S. 1 – 17.
Besser-Siegmund, C.: Sanfte Schmerztherapie: Mit mentalen Methoden. Düsseldorf/ Wien/ New York 1989.
Bischoff, C. & Pein, A. von: Chronischer Schmerz. In: Die Schmerzhilfe. Nr. 2/4. 2004, S. 3 – 5.
Bonhoeffer, D.: Widerstand und Ergebung: Briefe und Aufzeichnungen aus der Haft. Hrsg. v. Eberhard Bethge. 17. Aufl. Gütersloh 2002.
Bowlby, J.: Bindung. Frankfurt 1975.
Braun, R.: Manual der Schmerztherapie. 3., neubearb. Aufl. Stuttgart 2002.
Brunner, G. & Schmatz, St.: Überlegungen und Beiträge aus der Kognitiven Verhaltenstherapie: Informationen aus Sucht und Psychosomatik. Furth im Wald. 25/2003.
Buchmann, K. E.: Wer ständig in der Spannung lebt. In: Entspannungsverfahren. 22/2005, S. 69 – 79.
Budde, H.-G.: Auswirkungen und Bewältigung von Behinderung: Psychologische Ansätze. In: Koch, U., Lucius-Hoene, G., Stegie, R.: Handbuch der Rehabilitationspsychologie. Berlin 1988.
Bunge, B. & Eggerichs, S.: Entspannung und Schmerzbewältigung für Rheumakranke. 2. Aufl. Rheuma-Liga Schleswig Holstein. Kiel 1986.

Byatt, A.: Besessen. 4. Aufl. Frankfurt 1993.
Canacakis, J.: Ich sehe deine Tränen: Trauern, Klagen, Leben können. 3. Aufl. Stuttgart 1988.
Canacakis, J.: Ich begleite dich durch deine Trauer. 5. Aufl. Stuttgart 1993.
Carver, R.: A New Path to the Waterfall. New York 1989.
Caspari, C.: Ein „Vorfall" passiert – und dann...? Eine Nachuntersuchung von BandscheibenvorfallpatientInnen. In: Hermann, A., Schürmann, I., Zaumseil, M. (Hrsg.): Chronische Krankheit als Aufgabe: Betroffene, Angehörige und Behandler zwischen Resignation und Aufbruch. Tübingen 2000, S. 133 – 155.
Cermak, I.: Ich klage nicht: Begegnungen mit der Krankheit in Selbstzeugnissen schöpferischer Menschen. Wien 1983.
Charpak, G. & Broch, H.: Was macht der Fakir auf dem Nagelbrett? Erklärungen für unerklärliche Phänomene. München 2003.
Condrau, G.: Der Mensch und sein Tod: certa moriendi condicio. 2. Aufl. Zürich 1991.
Cousins, N.: Der Arzt in uns selbst: Anatomie einer Krankheit aus der Sicht des Betroffenen. Reinbek 1981.
Damasio, A. R.: Der Spinoza-Effekt: Wie Gefühle unser Leben bestimmen. München 2003.
Das Tibetanische Totenbuch. Neu übersetzt u. kommentiert v. Monika Hauf. München 2003.
Daudet, A.: Im Land der Schmerzen. Hrsg. v. Julian Barnes. Bremen 2003.
Davidson, R. J. & Fox, N. A.: Frontal brain asymmetry predicts infant's response to maternal separation. Journal of Abnormal Psychology. 98/1989, S. 127 – 131.
Dethlefsen, Th. & Dahlke, R.: Krankheit als Weg: Deutung und Be-deutung der Krankheitsbilder. Zürich 1988.
Diamond, J.: Der Körper lügt nicht. Freiburg 1983.
Didion, J.: Das magische Jahr. 5. Aufl. Berlin 2006.
Diggelmann, W. M.: Schatten: Tagebuch einer Krankheit. Frankfurt 1981.
Domin, H.: Hier. Gedichte. Frankfurt 1993.
Dostojewskij, F. M.: Die Brüder Karamasow. 5. Aufl. München 1983.
Dostojewskij, F. M.: Der Jüngling. 14. Aufl. München 1986.
Drewermann, E.: Psychoanalyse und Moraltheologie. Bd. 1: Angst und Schuld. 10. Aufl. Mainz 1991.
Eco, U.: Im Namen der Rose. 2. Aufl. München/Wien 1982.
Elle: Wir sind anders. April 2006, S. 207 – 209.
Eissler, K. R.: Der sterbende Patient: Zur Psychologie des Todes. Stuttgart 1978.
Ende, M.: Momo. Stuttgart 1993.
Erikson, E. H.: Identität und Lebenszyklus. 6. Aufl. Frankfurt 1980.
Flor, H. & Hermann, C.: Kognitiv-behaviorale Therapie. In: Basler, H.-D., Franz C., Kröner-Herwig, B., Rehfisch, H.-P.: Psychologische Schmerztherapie: Grundlagen, Diagnostik, Krankheitsbilder, Schmerzpsychotherapie. 5., überarb. u. erw. Aufl. Berlin 2004, S. 589 – 601.
Flor, H. & Turk, D. C.: Der kognitiv-verhaltenstherapeutische Ansatz und seine Anwendung. In: Basler, H.-D., Franz, C., Kröner-Herwig, B., Rehfisch, H. P., Seemann, H. (Hrsg.): Psychologische Schmerztherapie: Grundlagen, Diagnostik, Krankheitsbilder, Behandlung. 3., erw. Aufl. Berlin 1996, S. 613 – 630.
Fontane, Th.: Effi Briest. Zürich 1983 a.
Fontane, Th.: Der Stechlin. Berlin 1983 b.
Forth, W., Beyer, A., Peter, K.: Schmerzen lindern: Pharmakologie und Klinik der medikamentösen Schmerzbehandlung. München 1991.

Frank, A.: Mit dem Willen des Körpers: Krankheit als existenzielle Erfahrung. München 1993.

Frank, J. D.: Die Heiler: Über psychotherapeutische Wirkungsweisen vom Schamanismus bis zu den modernen Therapien. Stuttgart 1985.

Frankl, V.: Ärztliche Seelsorge: Grundlagen der Logotherapie und Existenzanalyse. 4. Aufl. Frankfurt 1987.

Franz, M.: Das chronische lumbale Schmerzsyndrom als symptomatische Endstrecke eines psychogenen Konflikts. Der Nervenarzt. 1992, S. 21 – 27.

Franz, C. & Bautz, M.: Interaktionsverhalten des Patienten mit „chronisch unbehandelbarem Schmerz". In: Basler, H.-D., Franz C., Kröner-Herwig, B., Rehfisch, H.-P.: Psychologische Schmerztherapie: Grundlagen, Diagnostik, Krankheitsbilder, Schmerzpsychotherapie. 5., überarb. u. erw. Aufl. Berlin 2004, S. 525 – 535.

Frede, U.: Psychodrama mit unheilbar Erkrankten. In: Integrative Therapie. Zeitschrift für Verfahren Humanistischer Psychologie und Pädagogik. 1987, 1, S. 54 – 79.

Frede, U.: Einsamkeit. In: Chronische Schmerzen. Verhaltenstherapie & Verhaltensmedizin. Hrsg. v. Hans Reinecker. Themenschwerpunkt: Chronische Schmerzen. 2/2000, S. 155 – 178.

Frede, U.: Von Wegen mit Schmerzen. Gedichte. Gelnhausen 2004.

Frede, U.: Förderung von Hoffnung durch Psychodramatherapie. In: Huppmann, G. & Lipps, B. (Hrsg.): Prolegomena einer Medizinischen Psychologie der Hoffnung. Würzburg 2006, S. 333 – 351.

Frede, U. & Frede, H.-J.: Anwendung des Hilflosigkeitskonzeptes im Umgang mit Hirntumorpatienten. In: Ziegler, G. Jäger, R. S., Schüle, I. (Hrsg.): Krankheitsverarbeitung bei Tumorpatienten. 2. Aufl. Stuttgart 1990, S. 99 - 132.

Fredrickson, B.: What good are positive emotions? In: Review of General Psychology. 2/1998, S. 300 – 319.

French, M.: Meine Zeit in der Hölle. München 1999.

Freud, S.: Der Witz und seine Beziehung zum Unbewussten. Frankfurt 1958.

Freud, S.: Das Unbehagen in der Kultur. Und andere kulturtheoretische Schriften. 8. Aufl. Frankfurt 2003.

Fried, E.: Unverwundenes: Liebe, Trauer, Widersprüche. Gedichte. Berlin 1995.

Frister, Th.: Lass deine Klage hören: Mit Verlusten umgehen. Stuttgart 1991.

Fromm, E.: Die Kunst des Liebens. Frankfurt/Berlin 1989.

Geisler, L.: Arzt und Patient: Begegnung im Gespräch. Frankfurt 1987.

Geissner, E.: Psychologische Modelle des Schmerzes und der Schmerzverarbeitung. In: Psychologie des Schmerzes. Hrsg. v. Edgar Geissner & Georg Jungnitsch. Weinheim 1992, S. 25 – 41.

Geissner, E., Dalbert, C. & Schulte, A.: Die Messung der Schmerzempfindung. In: Psychologie des Schmerzes. Hrsg. v. Edgar Geissner & Georg Jungnitsch. Weinheim 1992, S. 79 - 97.

Geissner, E.: Die Schmerzempfindungsskala – SES. Göttingen 1996.

Georgescu, V.: Schmerz – und was man dagegen tun kann. In: Contra Schmerz: Damit unnötiges Leiden vermieden wird. Hrsg. Grünenthal GmbH. Aachen 2004, S. 8 – 9.

Gesang, B.: Eine Illusion von Freiheit. In: Süddeutsche Zeitung. 19/2005, S. 10.

Geuter, U.: Der körperbezogene Ansatz im neueren wissenschaftlichen Diskurs der Psychotherapie. In: Psychotherapeutenjournal. 2/2006, S. 116 – 122.

Gesundheit: Journal für Gesundheit, Fitness, Wellness. 3/2005, S. 5.

Glier, B.: Chronischen Schmerz bewältigen: Verhaltenstherapeutische Schmerzbehandlung. Stuttgart 2002.
Goleman, D.: Dialog mit dem Dalai Lama: Wie wir destruktive Emotionen überwinden können. München/Wien 2003.
Gräbener, J.: „... sondern ich muss funktionieren und funktionieren ..." Das berufliche Erleben von Ärzten in der Arbeit mit Krebspatienten. In: Hermann, A., Schürmann, I., Zaumseil, M. (Hrsg.): Chronische Krankheit als Aufgabe: Betroffene, Angehörige und Behandler zwischen Resignation und Aufbruch. Tübingen 2000, S. 77 – 102.
Grawe, K.: Neuropsychotherapie. Göttingen 2004.
Grawe, K.: (Wie) kann Psychotherapie durch empirische Validierung wirksamer werden? In: Psychotherapeutenjournal. 1/2005, S. 4 – 11.
Greenberg, L. S.: Emotionszentrierte Therapie: Ein Überblick. Psychotherapeutenjournal. 4/2005, S. 324 – 337.
Grönemeyer, D.: Mensch bleiben: High-Tech und Herz - eine liebevolle Medizin ist keine Utopie. 2. Aufl. Freiburg 2003.
Grotenhermen, F., Huppertz, R.: Hanf als Medizin: Wiederentdeckung einer Heilpflanze. Heidelberg 1997.
Günther, J. Ch.: Werke. Bibliothek der frühen Neuzeit. Bd. 10. Hrsg. v. Reiner Bölhoff. Frankfurt 1998.
Haase, U.: Über das Kranksein hinausgehen: Krankheitsverarbeitung und persönliche Entwicklung. Beispiel Neurodermitis. In: Hermann, A., Schürmann, I., Zaumseil, M. (Hrsg.): Chronische Krankheit als Aufgabe: Betroffene, Angehörige und Behandler zwischen Resignation und Aufbruch. Tübingen 2000, S. 103 – 131.
Härtling, P.: Das war der Hirbel: Wie der Hirbel ins Heim kam, warum er anders ist als andere und ob ihm zu helfen ist. Weinheim 1996.
Haller, A.: Von den guten Eigenschaften. München 1939.
Hammerman, I., Nieraad, J.: Ich wollte, dass du lebst: Eine Liebe im Schatten des Todes. Berlin 2005.
Hasenbring, M., Hallner, D., Klasen, B.: Psychologische Mechanismen im Prozess der Schmerzchronifizierung: Unter- oder überbewertet? Der Schmerz. Bd. 15. 6/2001, S. 442 – 447.
Hasenbring, M. & Pfingsten, M.: Psychologische Mechanismen der Chronifizierung – Konsequenzen für die Prävention. In: Basler, H.-D., Franz C., Kröner-Herwig, B., Rehfisch, H.-P.: Psychologische Schmerztherapie: Grundlagen, Diagnostik, Krankheitsbilder, Schmerzpsychotherapie. 5., überarb. u. erw. Aufl. Berlin 2004, S. 99 – 118.
Haun, R.: Der befreite Patient: Wie wir Selbsthilfe lernen können. Eine Alternative zum Medizin-Konsum. München 1982.
Hay, L. L.: Heile deinen Körper: Seelisch-geistige Gründe für körperliche Krankheit. 19. Aufl. Freiburg 1990.
Heidegger, M.: Sein und Zeit. Tübingen 1927.
Heinl, H.: Und wieder blühen die Rosen: Mein Leben nach dem Schlaganfall. München 2001.
Herbert, S.: Überleben Glückssache: Was Sie als Krebspatient in unserem Gesundheitswesen erwartet. Frankfurt 2005.
Herden, B.: Erinnerungen im Rückenmark: Wie auch leichter Schmerz Spuren hinterlässt und chronisch wird. In: Süddeutsche Zeitung. 136/2006, S. 18.

Herder, J. G.: Briefe zur Beförderung der Humanität. (27. Brief). 1794. In: Geschichte der deutschen Literatur: Lesebuch. Vom Barock bis zur Gegenwart. Bearbeiter: Ulrich Müller, Dietrich Steinbach, Rosemarie Tietz, Dietmar Wenzelburger. Stuttgart 1985, S. 73 – 74.

Hesse, H.: Siddharta. Frankfurt 1981.

Hesse, H.: Mit der Reife wird man immer jünger: Betrachtungen und Gedichte über das Alter. Frankfurt 1990.

Høeg, P.: Das stille Mädchen. München 2007.

Hoppe, F.: Die Hamburger Schmerz-Adjektiv-Liste (HSAL). Weinheim 1991.

Hüther, G.: Psychotherapie und Beratung kann die Plastizität des Gehirns nutzen. In: Gesprächspsychotherapie und personenzentrierte Beratung. 4/2004 a, S. 243 – 245.

Hüther, G.: Die neurobiologische Verankerung von Erfahrungen und ihre Auswirkungen auf das spätere Verhalten. In: Gesprächspsychotherapie und personenzentrierte Beratung. 4/2004 b, S. 246 – 251.

Illhardt, F. J.: Ethische Aspekte der Schmerztherapie. In: Der Schmerz. Bd. 12. 1/1998, S. 12 – 18.

Illinger, P.: Einfach mal wieder lächeln. In: Süddeutsche Zeitung. 304/2005, S. 13.

Isen, A. M.: Positive affect and decision making. In: Lewis, M. & Haviland-Jones, J. M. (Hg.): Handbook of Emotions. 2. Aufl. New York 2000, S. 417 - 435.

Jaspers, K.: Philosophie Band II. Wien 1956.

Juchli, L.: Heilen durch Wiederentdecken der Ganzheit. Zürich 1985.

Jung, C. G.: Psychologie und Religion. 3. Aufl. Olten 1982.

Jung, C. G.: Von Religion und Christentum: Einsichten und Weisheiten. 2. Aufl. Olten 1987 a.

Jung, C. G.: Erinnerungen, Träume, Gedanken von C. G. Jung. Aufgezeichnet und herausgegeben von Aniela Jaffé. Erw. Aufl. Olten 1987 b.

Jung, C. G.: Welt der Psyche. Frankfurt 1988 a.

Jung, C. G.: Grundfragen zur Praxis. Grundwerk Band 1. Hrsg. v. Helmut Barz et al.. 2. Aufl. Olten 1988 b.

Jung, C. G.: Traumsymbole des Individuationsprozesses. Grundwerk Band 5. Hrsg. v. Helmut Barz et al.. 4. Aufl. Olten 1989.

Jung, C. G.: Von Leben und Tod: Einsichten und Weisheiten. Olten 1992.

Jungnitsch, G. & Stöveken, D.: Entwicklung und empirische Überprüfung eines psychologischen Schmerz- und Krankheitsbewältigungstrainings für Patienten mit Morbus Bechterew. In: Wahl, R. & Hautzinger, M. (Hrsg.): Psychotherapeutische Medizin bei chronischem Schmerz: Psychologische Behandlungsverfahren zur Schmerzkontrolle. Köln 1994, S. 145 – 162.

Kästner, E.: Doktor Erich Kästners Lyrische Hausapotheke. 9. Aufl. München 1996.

Kahlo, F.: Jetzt, wo Du mich verlässt, liebe ich Dich mehr denn je: Briefe und andere Schriften. Hrsg. und mit einem Vorwort v. Raquel Tibol. München 2004.

Kane, J.: Mit Krankheit richtig umgehen: Sich wohlfühlen trotz chronischer Leiden. Stuttgart 1995.

Kant, I.: Grundlegung zur Metaphysik der Sitten. Hrsg. v. Alexander Heine. Phaidon. Essen o.J.

Kapleau, Ph.: Die drei Pfeiler des Zen: Lehre - Übung - Erleuchtung. 6. Aufl. Bern/München 1984.

Kellermann, P. F.: Übertragung, Gegenübertragung und Tele – eine Studie der therapeutischen Beziehung in Psychoanalyse und Psychodrama. In: Leutz, G. A. & Oberborbeck, K. (Hrsg.): Psychodrama. Göttingen 1980, S. 188 – 205.

Kertész, I.: Roman eines Schicksallosen. Berlin 1996.
Kluge, F.: Etymologisches Wörterbuch der deutschen Sprache. Bearb. v. Elmar Seebold. 23. erw. Aufl. Berlin/New York 1999.
Kluun: Mitten ins Gesicht. Frankfurt 2005.
Kranz, W.: Die Griechische Philosophie: Zugleich eine Einführung in die Philosophie überhaupt. Köln 1997.
Kröner-Herwig, B.: Eine Replique aus der Sicht einer Schmerzforscherin und Therapeutin. In: Verhaltentherapie & Verhaltensmedizin. Hrsg. v. Hans Reinecker. Themenschwerpunkt: Chronische Schmerzen. 2/2000, S. 133 – 136, S. 186 – 190.
Kröner-Herwig, B.: Ratgeber Rückenschmerz: Informationen für Betroffene und Angehörige. Göttingen/Bern/Toronto/Seattle 2004 a.
Kröner-Herwig, B.: Schmerz – eine Gegenstandsbeschreibung. In: Basler, H.-D., Franz C., Kröner-Herwig, B., Rehfisch, H.-P.: Psychologische Schmerztherapie: Grundlagen, Diagnostik, Krankheitsbilder, Schmerzpsychotherapie. 5., überarb. u. erw. Aufl. Berlin 2004 b, S. 3 – 15.
Kröner-Herwig, B.: Klinische Schmerzdiagnostik. In: Basler, H.-D., Franz C., Kröner-Herwig, B., Rehfisch, H.-P.: Psychologische Schmerztherapie: Grundlagen, Diagnostik, Krankheitsbilder, Schmerzpsychotherapie. 5., überarb. u. erw. Aufl. Berlin 2004 c, S. 289 – 305.
Kröner-Herwig, B. & Frettlöh, J.: Behandlung chronischer Schmerzsyndrome: Plädoyer für einen multiprofessionellen Therapieansatz. In: Basler, H.-D., Franz C., Kröner-Herwig, B., Rehfisch, H.-P.: Psychologische Schmerztherapie: Grundlagen, Diagnostik, Krankheitsbilder, Schmerzpsychotherapie. 5., überarb. u. erw. Aufl. Berlin 2004, S. 499 – 524.
Kröner-Herwig, B. & Hoefert, H.-W.: Zum Stand der Schmerzbehandlung in Deutschland. In: Hoefert, H.-W. & Kröner-Herwig, B. (Hrsg.): Schmerzbehandlung: Psychologische und medikamentöse Interventionen. München/Basel 1999, S. 7 – 21.
Kübler-Ross, E.: Interviews mit Sterbenden. 7. Aufl. Stuttgart 1978.
Kundera, M: Die unerträgliche Leichtigkeit des Seins. 6. Aufl. München 1985.
Kushner, H.: Wenn guten Menschen Böses widerfährt. München 1983.
Larbig, W.: Kultur und Schmerz. In: Hoefert, H.-W. & Kröner-Herwig, B. (Hrsg.): Schmerzbehandlung: Psychologische und medikamentöse Interventionen. München/Basel 1999, S. 44 – 59.
Lautenbacher, S.: Schmerzmessung. In: Basler, H.-D., Franz C., Kröner-Herwig, B., Rehfisch, H.-P.: Psychologische Schmerztherapie: Grundlagen, Diagnostik, Krankheitsbilder, Schmerzpsychotherapie. 5., überarb. u. erw. Aufl. Berlin 2004, S. 271 – 288.
Lazarus, A. & Fay, A.: Ich kann, wenn ich will: Anleitung zur psychologischen Selbsthilfe. Stuttgart 1977.
Le Breton, D.: Schmerz: Eine Kulturgeschichte. Zürich/Berlin 2003.
LeDoux, J. E.: Das Netz der Gefühle. München 2001.
Lehmann, K. A.: Kampf dem Schmerz. In: Contra Schmerz: Damit unnötiges Leiden vermieden wird. Hrsg. Grünenthal GmbH. Aachen 2004, S. 3.
Le Shan, L.: Psychotherapie gegen den Krebs: Über die Bedeutung emotionaler Faktoren bei der Entstehung und Heilung von Krebs. Stuttgart 1982.
Lessing, G. E.: Lessings Briefwechsel mit Mendelssohn und Nicolai über das Trauerspiel. Hrsg. v. Robert Petsch. Leipzig 1910.
Leuner, H.: Katathymes Bilderleben. Grundstufe: Einführung in die Psychotherapie mit der Tagtraumtechnik. 3. Aufl. Stuttgart/New York 1982.

Leutz, G. A.: Das klassische Psychodrama nach J. L. Moreno. Psychodrama: Theorie und Praxis. Berlin 1974.

Leutz, G. A.: Das Psychodramatisch-Kollegiale Bündnis. In: Leutz, G. A. & Oberborbeck, K. (Hrsg.): Psychodrama. Göttingen 1980, S. 176 – 187.

Lieb, H. & Pein, A. von: Der kranke Gesunde. Psychosomatik für Betroffene: Verstehen und Heilen psychosomatischer Erkrankungen. Stuttgart 1990.

Lowen, A.: Depression: Ursache und Wege der Heilung. München 1978.

Lux, M.: Neurowissenschaftliche Perspektiven für den Personenzentrierten Ansatz. In: Gesprächspsychotherapie und personenzentrierte Beratung. 4/2004, S. 261 – 267.

Martel, Y.: Schiffbruch mit Tiger. 8. Aufl. Frankfurt 2005.

Matthews-Simonton, St.: Heilung in der Familie. Reinbek 1986.

Maugham, S.: Auf Messers Schneide. Zürich 1973.

Maurina, Z.: Wege zur Genesung: Erfahrungen und Beobachtungen. Freiburg 1968.

May, R.: Freiheit und Schicksal: Anatomie eines Widerspruchs. Frankfurt 1985.

McEwan, I.: Abbitte. Zürich 2002.

McEwan, I.: Saturday. Zürich 2005.

Melzack, R. & Wall, P. D.: Pain mechanisms: a new theory. Science. 150/1965, S. 971 – 979.

Montada, L.: Bewältigung von Ungerechtigkeiten in erlittenen Verlusten. In: Report Psychologie. Februar 1995, S. 14 – 25.

Montaigne, M. de: Essais. Hrsg. v. Ralph-Rainer Wuthenow. Frankfurt 2001.

Moreno, J. L.: Die Gottheit als Komödiant. Der neue Daimon. 1919, H. 3/4, S. 48 – 63.

Moreno, J. L.: Psychodrama and the Psychopathology of Inter-Personal Relations. Psychodrama Monographs, NO 16, Beacon, New York 1945.

Moreno, J. L.: Psychodrama. Vol. I. 3. Aufl. Beacon, New York 1964.

Moreno, J. L.: Das Stegreiftheater. 2. Aufl. Beacon House 1970.

Moreno, J. L.: Gruppenpsychotherapie und Psychodrama: Einleitung in die Theorie und Praxis. 2. Aufl. Stuttgart 1973.

Moreno, J. L.: Die Psychiatrie des Zwanzigsten Jahrhunderts als Funktion der Universalia Zeit, Raum, Realität und Kosmos. In: H. Petzold (Hrsg.): Angewandtes Psychodrama in Therapie, Pädagogik und Theater. Paderborn 1978, S. 101 – 112.

Moreno, J. L.: Soziometrie als experimentelle Methode. Ausgewählte Werke/ Jakob L. Moreno. Hrsg. v. Hilarion Petzold. Paderborn 1981.

Mucchielli, R: Das nicht-direktive Beratungsgespräch. Salzburg. o.J.

Müller-Busch, H. C.: Kulturgeschichtliche Bedeutung des Schmerzes. In: Basler, H.-D., Franz C., Kröner-Herwig, B., Rehfisch, H.-P.: Psychologische Schmerztherapie: Grundlagen, Diagnostik, Krankheitsbilder, Schmerzpsychotherapie. 5., überarb. u. erw. Aufl. Berlin 2004, S. 147 – 163.

Müller-Schwefe, G. & Likar, R.: Nie mehr Schmerzen. Audio-CD. 2006.

Murphy, J.: Die unendliche Quelle Ihrer Kraft: Ein Schlüsselbuch positiven Denkens. München 1983.

Muschg, A.: Das Licht und der Schlüssel. Frankfurt 1984.

Nakamura, T.: Das große Buch vom richtigen Atmen: Mit Übungsanleitungen zur Entspannung und Selbstheilung für jedermann, mit altbewährten Methoden der fernöstlichen Atemtherapie. München 1987.

Nietzsche, F.: Götzen-Dämmerung. Werke in zwei Bänden: Band II. München 1967 a, S. 323 – 397.

Nietzsche, F.: Ecce Homo. Werke in zwei Bänden: Band II. München 1967 b, S. 399 – 481.
Nietzsche, F.: Von den Mitleidigen. In: Kronauer, U.: Vom Mitleid: Die heilende Kraft. Frankfurt 1999, S. 141 – 161.
Nilges, P.: Schmerz- und Kontrollüberzeugungen. In: Psychologie des Schmerzes. Hrsg. v. Edgar Geissner & Georg Jungnitsch. Weinheim 1992, S. 123 - 131.
Nilges, P. & Wichmann-Dorn, E.: Anamneseerhebung bei chronischen Schmerzpatienten. In: Psychologie des Schmerzes. Hrsg. v. Edgar Geissner & Georg Jungnitsch. Weinheim 1992, S. 45 – 78.
Nilges, P. & Wichmann-Dorn, E.: Schmerzanamnese. In: Basler, H.-D., Franz C., Kröner-Herwig, B., Rehfisch, H.-P.: Psychologische Schmerztherapie: Grundlagen, Diagnostik, Krankheitsbilder, Schmerzpsychotherapie. 5., überarb. u. erw. Aufl. Berlin 2004, S. 243 – 270.
Noll, P.: Diktate über Sterben und Tod. Zürich 1984.
NOVA: Das Magazin der deutschen Schmerzliga. Oberursel 1/2005, S. 17.
NOVA: Das Magazin der deutschen Schmerzliga. Oberursel 4/2005, S. 3.
Olbricht, I.: Alles psychisch? Der Einfluss der Seele auf unsere Gesundheit. München 1989.
Papst Johannes Paul II.: Apostolisches Schreiben über den christlichen Sinn des menschlichen Leidens. 2. Aufl. Stein a. Rhein 2000.
Peltzer, K. & Normann, R. von: Das treffende Wort: Wörterbuch sinnverwandter Ausdrücke und Redewendungen. Bindlach o.J.
Peseschkian, N.: Der Kaufmann und der Papagei: Orientalische Geschichten als Medien in der Psychotherapie. Mit Fallbeispielen zur Erziehung und Selbsthilfe. Frankfurt 1980.
Petermann, F.: Weiterentwicklung des Konzeptes „erlernte Hilflosigkeit" in Theorie, Forschung und Anwendung. In: Seligman, M. E. P.: Erlernte Hilflosigkeit. 2., veränd. Aufl. München 1983.
Petzold, H.: Psychodrama-Therapie: Theorie, Methoden, Anwendung in der Arbeit mit alten Menschen. Integrative Therapie, Beiheft 3. Paderborn 1979.
Petzold, H.: Integrative Therapie – der Gestaltansatz in der Begleitung und psychotherapeutischen Betreuung sterbender Menschen. In: I. Spiegel-Rösing, H. Petzold (Hrsg.): Die Begleitung Sterbender: Theorie und Praxis der Thanatotherapie. Paderborn 1984, S. 431 – 500.
Peurifoy, R. Z.: Angst, Panik und Phobien: Ein Selbsthilfe-Programm. Bern/ Göttingen/Toronto 1993.
Pfingsten, M.: Multimodale Verfahren – auf die Mischung kommt es an! Der Schmerz. Bd. 15. 6/2001, S. 492 – 498.
Pfingsten, M. & Hildebrandt, J.: Rückenschmerzen. In: Basler, H.-D., Franz C., Kröner-Herwig, B., Rehfisch, H.-P.: Psychologische Schmerztherapie: Grundlagen, Diagnostik, Krankheitsbilder, Schmerzpsychotherapie. 5., überarb. u. erw. Aufl. Berlin 2004, S. 395 – 414.
Pohlmeier, H.: Selbstmord und Selbstmordverhütung. München/Wien/Baltimore 1978.
Porter, R.: Rezension: Geschröpft und zur Ader gelassen: Eine kurze Kulturgeschichte der Medizin. In: Literaturen 7/8/2004, S. 87 – 88.
Rampe, M.: Der R-Faktor: Das Geheimnis unserer inneren Stärke. Frankfurt 2004.
Raudszus-Nothdurfter, I.: Buchbesprechung: R. Mathias Dunkel: Das Kreuz mit dem Kreuz: Rückenschmerzen psychosomatisch verstehen und behandeln. In: Entspannungsverfahren. 22/2005, S. 96 – 97.

Ray, C.: Die persönliche Magie der Farben: Symbolkraft, Psychologie und Heilenergie. 2. Aufl. St. Goar 1994.

Rehfisch, H. P. & Basler, H.-D.: Entspannung und Imagination. In: Basler, H.-D., Franz C., Kröner-Herwig, B., Rehfisch, H.-P.: Psychologische Schmerztherapie: Grundlagen, Diagnostik, Krankheitsbilder, Schmerzpsychotherapie. 5., überarb. u. erw. Aufl. Berlin 2004, S. 537 – 550.

Richter, D.: Das Land, wo man nicht stirbt: Märchen vom Leben und vom Tod. Frankfurt 1982.

Richter, H. E.: Der Gotteskomplex: Die Geburt und die Krise des Glaubens an die Allmacht des Menschen. Hamburg 1979.

Richter, W. G.: Edukation bei Non-Compliance-Patienten. In: Der Schmerz. Bd. 11. 1/1997, S. 37.

Rilke, R. M.: Die Aufzeichnungen des Malte Laurids Brigge. Frankfurt 1982.

Rilke, R. M.: Werke I. Gedichte. Erster Teil. Frankfurt 1987.

Rilke, R. M.: Leben, Werk und Zeit in Texten und Bildern. Hrsg. v. Horst Nalewski. Frankfurt 1992.

Rilke, R. M.: Lektüre für Minuten. Ausgew. von Ursula und Volker Michels. 4. Aufl. Frankfurt 1994 a.

Rilke, R. M.: Briefe an einen jungen Dichter. 41. Aufl. Frankfurt 1994 b.

Ripke, Th.: Placebo und personenzentrierte Beziehung. GwG-Zeitschrift. 98/1995, S. 38 – 42.

Ritzert, B.: Spiritualität. In: NOVA: Das Magazin der deutschen Schmerzliga. Oberursel 4/2004, S. 6 – 11.

Ritzert, B.: Patienten sind die Verlierer. In: NOVA: Das Magazin der deutschen Schmerzliga. Oberursel 1/2005, S. 4 – 6.

Ritzert, B.: Erbgut und Schmerz: Das Geheimnis in den Genen. In: NOVA: Das Magazin der deutschen Schmerzliga. Oberursel 2/2006, S. 6 – 7.

Rogers, C. R.: Die klient-bezogene Gesprächstherapie. Client-Centered Therapy. München 1973 a.

Rogers, C. R.: Entwicklung der Persönlichkeit. Stuttgart 1973 b.

Rogers, C. R.: Therapeut und Klient. München 1977.

Rogers, C. R.: Der neue Mensch. Stuttgart 1981.

Roll, U.: Personalisierte Medizin: Maßgeschneiderte Behandlung. In: NOVA: Das Magazin der deutschen Schmerzliga. Oberursel 2/2006, S. 8 – 11.

Roth, E.: Der Wunderdoktor: Heitere Verse. München 1950.

Rowling, J.: Harry Potter und der Gefangene von Askaban. Hamburg 1999.

Sacks, O.: Der Tag, an dem mein Bein fortging. Hamburg 1993.

Saint-Exupéry, A. de: Der kleine Prinz. Düsseldorf 1963.

Schäfer, S.: „Jeder hat so sein Ventil": Liebeskummer und Mobbing erzeugen im Gehirn ähnliche Reize wie körperlicher Schmerz. Süddeutsche Zeitung. 29/2006, S. 10.

Schellong-Lammel, B.: „Ich muss die Krankheit beherrschen." In: Contra Schmerz: Damit unnötiges Leiden vermieden wird. Hrsg. Grünenthal GmbH. Aachen 2004, S. 11.

Schmitz-Emans, M.: Das Problem Sprache: Poesie und Sprachreflexion. Studienbrief. Kurseinheit 2. FernUniversität Hagen 1994 a.

Schmitz-Emans, M.: Das Problem Sprache: Poesie und Sprachreflexion. Studienbrief. Kurseinheit 3. FernUniversität Hagen 1994 b.

Schneider, H. J.: Verhaltenstherapeutische Grundüberlegungen und Standardmethoden bei der Behandlung chronischer Schmerzsyndrome. In: Wahl, R. & Hautzinger, M. (Hrsg.): Psychotherapeutische Medizin bei chronischem

Schmerz: Psychologische Behandlungsverfahren zur Schmerzkontrolle. Köln 1994, S. 69 – 112.
Schneider, W.: Deutsch für Kenner: Die neue Stilkunde. Gruner & Jahr, Hamburg 1995.
Schödlbauer, U.: Geschichte als Erzählfiktion. I. Zwischen Empirismus und Rationalismus: Vom vernunftgemäßen Erzählen. Studienbrief. Kurseinheit 1. Fern-Universität Hagen 1996.
Schoenberner, F.: Erinnerungen 3: Ausflüge aus der Unbeweglichkeit. München 1957.
Scholl, N.: Warum denn ich? Hoffnung im Leiden. München 1990.
Schopenhauer, A.: Aphorismen zur Lebensweisheit. Zürich 1987.
Schopenhauer, A.: Die allein echte moralische Triebfeder. In: Kronauer, U.: Vom Mitleid: Die heilende Kraft. Frankfurt 1999 a, S. 123 - 135.
Schopenhauer, A.: Das große Mysterium der Ethik. In: Kronauer, U.: Vom Mitleid: Die heilende Kraft. Frankfurt 1999 b, S. 136 - 140.
Schwarzer, R.: Stress, Angst und Hilflosigkeit: Die Bedeutung von Kognitionen und Emotionen bei der Regulation von Belastungssituationen. Stuttgart 1981.
Seemann, H.: Freundschaft mit dem eigenen Körper schließen: Über den Umgang mit psychosomatischen Schmerzen. 3. Aufl. Stuttgart 2000.
Seligman, M. E. P.: Erlernte Hilflosigkeit. 2., veränd. Aufl. München/ Wien/ Baltimore 1983.
Seligman, M. E. P.: Der Glücks-Faktor: Warum Optimisten länger leben. Bergisch Gladbach 2003.
Servan-Schreiber, D.: Die neue Medizin der Emotionen. Stress, Angst, Depression: Gesund werden ohne Medikamente. München 2004.
Shneidman, E.: In grenzenloser Unempfindlichkeit: Briefe und Zeugnisse von Menschen, die ihren Tod erwarten. München 1989.
Siegel, B.: Prognose Hoffnung: Heilerfolge aus der Praxis eines mutigen Arztes. Bindlach 1996.
Simm, M.: Dein Schmerz, mein Schmerz. In: NOVA: Das Magazin der deutschen Schmerzhilfe. Oberursel 3/2004, S. 4 – 9.
Sontag, S.: Krankheit als Metapher. München/Wien 1980.
Sölle, D.: Leiden. Freiburg 1993.
Spaink, K.: Krankheit als Schuld? Die Fallen der Psychosomatik. Hamburg 1994.
Sperber, M.: Wie eine Träne im Ozean. Romantrilogie. 2. Aufl. München 1981.
Spitzer, M.: Entscheiden ist eine Königsdisziplin des Gehirns. In: Brigitte. 6/2004, S. 128 – 131.
Sporken, P.: Hast du denn bejaht, dass ich sterben muss? Eine Handreichung für den Umgang mit Sterbenden. Düsseldorf 1981.
Sporken, P. (Hrsg.): Was Sterbende brauchen. Freiburg 1982.
Stein, A.: Den Schmerz besiegen. Audio-CD. 1990.
Sternbach, R. A.: Pain: A psychophysiological analysis. New York 1968.
Stuart, M. R. & Lieberman, J. A.: The Fifteen Minute Hour: Applied psychotherapy for the primary care physician. Westport 1993.
Svoboda, Th.: Schmerzen psychologisch überwinden. München 1986.
Taubitz, U.: Staunen über das Kunstwerk Körper. In: Woman. 24/2005, S. 88 – 89.
Tausch, A.-M.: Gespräche gegen die Angst: Krankheit – ein Weg zum Leben. Reinbek 1981.
Tölle, T. R. & Berthele, A.: Biologische Mechanismen der Chronifizierung – Konsequenzen für die Prävention. In: Basler, H.-D., Franz C., Kröner-Herwig, B., Rehfisch, H.-P.: Psychologische Schmerztherapie: Grundlagen, Diagnostik,

Krankheitsbilder, Schmerzpsychotherapie. 5., überarb. u. erw. Aufl. Berlin 2004, S. 77 – 98.

Trautmann, W.: Im Warten auf den Tod gewinne ich das Leben: Psychogramm eines Krebspatienten. Olten 1990.

Truax, Ch. B. & Carkhuff, R. R.: Toward effective counseling and psychotherapy. Training and practice. Chicago 1967.

Überall, A.: Obstipation: Stellenwert der opioidbedingten Obstipation/Verstopfung aus schmerztherapeutischer Sicht. Deutsche Gesellschaft für Schmerztherapie e.V.. Oberursel Febr. 2007, S. 1 – 8.

Ulfig, A.: Lexikon der philosophischen Begriffe. 2. Aufl. Wiesbaden 1999.

Ulich, D.: Vom Defizit-Modell zur Entwicklungstheorie. In: Seligman, M. E. P.: Erlernte Hilflosigkeit. 2., veränd. Aufl. München/Wien/Baltimore 1983, S. 240 - 243.

Ustorf, A.-E.: Angst: Ein langer, unendlicher Schrei. Brigitte, Kultur. 2004, S. 106 – 107.

Vollborn, M.: Teufelskralle, Gift und Nadeln. In: Contra Schmerz: Damit unnötiges Leiden vermieden wird. Hrsg. Grünenthal GmbH. Aachen 2004, S. 13 – 14.

Wander, M.: Leben wär' eine prima Alternative: Tagebuchaufzeichnungen und Briefe. 6. Aufl. Darmstadt 1981.

Watzlawick, P., Beavin, J. H., Jackson, D. D.: Menschliche Kommunikation: Formen, Störungen, Paradoxien. 3. Aufl., Bern Stuttgart Wien 1967.

Watzlawick, P: Wie wirklich ist die Wirklichkeit? Wahn. Täuschung. Verstehen. München/Zürich 1976.

Weber, A.: Schmerz und Schmerzkrankheiten: Ursachen und Behandlung von akuten und chronischen Schmerzzuständen. Medizinische, psychologische und psychotherapeutische Hilfen. Stuttgart 1991.

Weiß, Th.: Psychophysiologische Aspekte des Placeboeffekts bei Schmerz: Schlussfolgerungen für die Patient-Therapeut-Interaktion. Zeitschrift für Neuropsychologie. 15 (2), 2004, S. 99 – 110.

Wieland, F.: Die ungeladenen Götter: Selbsterfahrung mit Mythen und Märchen. München 1986.

WiesoWeshalbWarum: Schmerz lass nach! Wissensmagazin des SWR. Informationen zur Sendung vom 27. Oktober 2005, S. 1 – 5.

Wilber, K.: Wege zum Selbst: Östliche und westliche Ansätze zu persönlichem Wachstum. München 1991.

Wilber, K.: Mut und Gnade: In einer Krankheit zum Tode bewährt sich eine große Liebe – das Leben und Sterben der Treya Wilber. 6. Aufl. Frankfurt 1994.

Wilpert, G. von: Sachwörterbuch der Literatur. 7. Aufl. Stuttgart 1989.

Wiltschko, J.: Focusing-Therapie: Einige Splitter, in denen das Ganze sichtbar werden kann. GwG-Zeitschrift. 98/1995, S. 17 – 28.

Wittgenstein, L.: Philosophische Untersuchungen. Frankfurt 3. Aufl. 1975, S. 19 ff. In: Schmitz-Emans, M.: Das Problem Sprache: Poesie und Sprachreflexion. Studienbrief. Materialienband. FernUniversität Hagen 2000, S. 80.

Wölfel, K.: Aufklärung und Tragödie. Studienbrief. FernUniversität Hagen 1986.

Woman: Wartezeit. 13/2004, S. 79.

Worden, J. W.: Beratung und Therapie in Trauerfällen: Ein Handbuch. Bern/ Stuttgart/ Toronto 1987.

Yalom, I. D.: Gruppenpsychotherapie: Grundlagen und Methoden. Ein Handbuch. München 1974.

Yalom, I. D.: Die Reise mit Paula. 3. Aufl. München 2000.

Zaumseil, M.: Ein neues Verständnis von chronischer Schmerzkrankheit? Einleitung. In: Hermann, A., Schürmann, I., Zaumseil, M. (Hrsg.): Chronische Krankheit als Aufgabe: Betroffene, Angehörige und Behandler zwischen Resignation und Aufbruch. Tübingen 2000, S. 7 – 20.

Zeintlinger, K. E.: Analyse, Präzisierung und Reformulierung der Aussagen zur psychodramatischen Therapie nach J. L. Moreno. Salzburg 1981.

Ziegler, G. & Gemeinhardt, A.: Konzepte und Modelle zur Krankheitsverarbeitung. In: Ziegler, G., Jäger, R. S., Schüle, I. (Hrsg.): Krankheitsverarbeitung bei Tumorpatienten. 2. Aufl. Stuttgart 1990, S. 42 – 81.

Zieglgänsberger, W.: Verstehen, warum Hoffnung wichtig ist. In: NOVA: Das Magazin der deutschen Schmerzliga. Oberursel 1/2006, S. 9 – 10.

Zimmermann, M.: Physiologie von Nozizeption und Schmerz. In: Basler, H.-D., Franz C., Kröner-Herwig, B., Rehfisch, H.-P.: Psychologische Schmerztherapie: Grundlagen, Diagnostik, Krankheitsbilder, Schmerzpsychotherapie. 5., überarb. u. erw. Aufl. Berlin 2004, S. 17 – 58.

Zwerenz, G.: Hat das Leben einen Sinn? Die Zeit. 16/2004, S. 41 – 42.

Barbara Rabaioli-Fischer

Frühe Gefühle
Die Bearbeitung der Lebensgeschichte in der Therapie

Das Therapiekonzept der Transaktionsanalyse und der kognitiven Verhaltenstherapie und deren Behandlungsschritte ergänzen sich optimal bei der Bearbeitung der Lebensgeschichte von Patienten. Im Buch erhalten Sie ein Kompendium zu Verfahren, die es ermöglichen, die Lebensgeschichte von Patienten so zu bearbeiten, dass traumatisierende Kindheits- und Jugenderlebnisse dadurch in den Lebenslauf integrierbar werden. Es wird Wert auf eine praxisnahe Darstellung der Verfahren anhand von Fallbeispielen gelegt. Somit können auch Anfänger in der klinischen Psychologie, Psychotherapie und Psychiatrie die Anwendung leicht erlernen.

PABST SCIENCE PUBLISHERS
Eichengrund 28
D-49525 Lengerich,
Tel. ++ 49 (0) 5484-308,
Fax ++ 49 (0) 5484-550,
pabst.publishers@t-online.de
www.pabst-publishers.de

220 Seiten, ISBN 978-3-89967-356-2
Preis: 20,- Euro